D1718986

Peter Stadler
Zwischen Mächten, Mächtigen und Ideologien

Peter Stadler

Zwischen Mächten, Mächtigen und Ideologien

Aufsätze zur europäischen Geschichte

Verlag Neue Zürcher Zeitung

Meinen Schülerinnen und Schülern in Giessen, Zürich
und dem Andenken an Martin Göhring (1903–1968)

© 1990, Verlag Neue Zürcher Zeitung, Zürich
ISBN 3 85823 302 1
Printed in Switzerland

Inhaltsverzeichnis

Vorwort in Form einer kleinen Geschichtstheorie

Wer sich während gut vierzig Jahren mit Geschichte befasste und berufs-
wie interessehalber der Neuzeit von ihren Anfängen bis an die Schwelle der
Gegenwart nachging, braucht nicht unbedingt zum systementwickelnden
Geschichtsphilosophen zu werden, sieht sich aber doch immer wieder mit
bestimmten Dominanten und Grundfragen konfrontiert. Die Zusammen-
ballung von Macht, wie sie sich in Staaten und gesellschaftlichen Formationen vollzieht, macht Geschichte im weitesten Sinne überhaupt erst möglich, als eine amorphen Menschenansammlungen entwachsende Kristalli-
sation von Kräften. Dazu bedarf es keines Gesellschaftsvertrags, wie natur-
rechtliches Denken annahm; es genügt, dass Menschen immer wieder und
zwar seit Jahrtausenden in Gemeinschaften, Verbände, staatliche Organisationen hineinwachsen, die ihre Zugehörigkeit bestimmen – zu Einordnung, Geborgenheit, manchmal zur einzelnen oder kollektiven Vernichtung. Mächte aber, gleich welcher Grösse, rufen immer auch Gegenmächte
hervor, aus denen sich ein spannungsvolles Nebeneinander bildet, häufig
permanent, als räumlich determinierte Rivalität, aber auch als Ordnung in
Gestalt eines Systems, das die Lebenskreise respektiert. Wo Macht ist, gibt
es stets auch Mächtige, welche Staat und Gesellschaft formen, als Repräsentanten ihrer Epoche die Richtungen oder auch Irrwege weisen. Der alte
und abgedroschene Satz, wonach Persönlichkeiten (beiden Geschlechts)
die Geschichte machen, behält bei aller Vereinfachung doch jene Gültigkeit, die solchen «terribles simplifications» nun einmal eigen bleibt –
Geschichte ohne Persönlichkeiten läuft immer Gefahr, in ein gestaltloses
Etwas von Anonymität zu zerfliessen. Man klammere aus dem 20. Jahrhundert ein Dutzend wichtiger Namen aus: die Zeitgeschichte wäre in
ihrem Ablauf schwer zu rekonstruieren – es sei denn, andere (durch den
Gang der Geschichte verdrängte) Namen hätten das Vakuum ausgefüllt.
Dem Prozess der Entstehung, des Verschwindens und der Regeneration
von Eliten, deren letzte – und bisweilen verhängnisvollste – Aufgipfelun-
gen die vielberufenen «historischen Grössen» sein können, entspricht die
Bildung und Verbildung von Ideen und Idealen, die eine Zeit beschwingen
und prägen, bis sie zu Herrschaftsideologien erstarren oder als funktions-
los gewordene Gebilde dahinwelken. Das heisst nicht, dass sie für immer
zu verschwinden brauchen. Wir erlebten gerade in jüngster Zeit das Wiederaufleben religiöser Fundamentalismen, die man seit langem «überholt»

wähnte und die zeigen, wie sich das ideologische Instrumentarium der Geschichte in einem fort bereichert, beziehungsweise aus alten Beständen wieder ergänzt.

Vor rund zwanzig Jahren beherrschte der Disput um den Primat von Ereignissen (histoire évènementielle) oder Strukturen die Geschichtswissenschaft. Im Grunde handelte und handelt es sich dabei um eine ziemlich akademische Angelegenheit. Was sind Strukturen, wenn nicht verhärtete, geologischen Formationen vergleichbare Ereignisse? Jedes französische Département mit seiner Préfecture widerspiegelt die zur Institution erstarrte Umwälzung am Anfang der grossen Revolution, da es darum ging, die alten Provinzen der Monarchie zu zerschlagen, die ihrerseits ja in vielen Fällen auch nichts anderes waren, als zu Verwaltungskörpern erstarrte, ehemals souveräne Staaten. Die Präfekturen aber bilden die autoritäre Fortsetzung dieses Prozesses, da der Erste Konsul diesen neuen Verwaltungsgebilden systemkonforme, jederzeit absetzbare Befehlsübermittler an die Spitze stellte. Das zufällig herausgegriffene, aber anschauliche Beispiel lässt sich auf fast alle Länder beliebig übertragen; überall findet man Residuen, die mehr als nur pittoreske Anschauungsmittel sind, sofern sie gleich Findlingen versunkene Strukturen bezeugen, die durch Ereignisse – die ihrerseits wieder neue Strukturen schufen – beseitigt worden sind. Dass solche von Persönlichkeiten geschaffen oder verändert werden können, ist fast schon ein geschichtlicher Gemeinplatz. Dass aber ein jäher Personen- oder Systemwechsel scheinbar eingefrorene Strukturen fast über Nacht zum Verschwinden bringen kann, lehrt beinahe jede Umwälzung, bis hin zur allerjüngsten Vergangenheit.

Geschichte somit als ständige Wechselwirkung von Mächten, Mächtigen und Ideologien? Und die Armut? Bildet sie nicht eine stille, doch permanente, über- wie unterhistorische Dominante allen Geschehens, weit wichtiger als jene Wechselwirkung von oben, die Geschichte heisst? Rein quantitativ müsste sie es in der Tat sein, seit den Anfängen der Historie. Ist sie es auch wirklich? Betrachten wir das 17. Jahrhundert – eine Ära der bittersten Armut und Not, verschärft durch die sogenannte kleine Eiszeit: Wieviel hungernde und verhungernde, frierende und erfrierende Menschen es damals gab, lässt sich schwer errechnen und wird von Historikern (einer wachsenden Zahl von Ausnahmen abgesehen) lieber verdrängt als vergegenwärtigt. Dass aber dieses Elend der Unterschichten den geschichtlichen Gang des «Grand Siècle» irgendwie fassbar bestimmt hätte, lässt sich nicht genau sagen. Mächte und Mächtige dominierten ihn, Gestirnen gleich, bestimmten den Ablauf von den Konfessionskriegen zum Absolutismus hin, unbekümmert um die Not der Volksmassen, höchstens ganz vorübergehend zu Konzessionen bereit, wenn etwa die Wellen popularer Empörung unerwartet einmal – wie z.B. beim Aufstand Masaniellos in

Neapel – über ihren Köpfen zusammenschlugen. Hatten sie wieder festen Grund unter den Füssen, dann kam mit der Repression die hergebrachte soziale Ordnung mit ihrem oben und unten wieder zu ihrem Recht. Bert Brechts böses Bonmot, wonach die Moral erst nach dem Fressen komme, bestätigt sich eben auch darin, dass die Herrschenden nie Mangel litten und Subsistenzkrisen allenfalls durch geringere Erträgnisse von Feudalabgaben zu spüren bekamen. Das aber hat die Entstehung von herrlichen Kunstwerken und ausladender Prunkarchitektur nicht spürbar behindert, so wenig wie es den Ablauf des politischen Geschehens zu beeinflussen vermochte. Wohl gab es Anwandlungen schlechten Gewissens und der Zerknirschung, die jedoch einen Richelieu nicht davon abhielten, sich inmitten eines unter wachsendem Steuerdruck verzweifelnden Volkes hemmungslos zu bereichern. Man könnte sich fragen, ob sich das seither verändert hat, ob die Nöte der Dritten Welt – von gängiger Beileidsrhetorik abgesehen – irgendeinen realen Einfluss auf die politischen Konfrontationen und Übereinkommen der Gegenwart zu gewinnen vermochten, ob Diktatoren wie einst barocke Herrscher ihren Untertanen mehr als nur eben das jeweils zeitgemässe Existenzminimum zu konzedieren brauchen. Mehr noch – auch das heutige Publikum, soweit es sich überhaupt für Geschichte interessiert, nimmt im Grunde lieber Anteil an den Mächtigen als an den Armen – gerade weil es sich grossteils aus Menschen zusammensetzt, die selber so ganz und gar nicht mächtig sind. Deshalb die Konjunktur von entsprechenden Büchern, ob sie sich nun mit Persönlichkeiten von wirklichem Format oder nur mit grossen Damen und Herren der Vergangenheit oder mit Machthabern zufälligen Zuschnittes befassen. Das ist keine «querela paupertatis», sondern die nüchterne Feststellung eines Tatbestandes von «Erkenntnis und Interesse». Die Tragik der Geschichte besteht ja nicht zuletzt darin, dass jede Gegenwart reich ist an Vorspiegelungen, die zu Begeisterungen entflammen und sich dann – nicht immer, aber oft – als illusionäre Verlockungen erweisen. Dennoch können sie der Aufmerksamkeit selbst späterer Generationen ziemlich sicher bleiben. Selber bin ich dem Armutsproblem auch erst durch die Beschäftigung mit der geschichtlichen Biographie Pestalozzis und durch Dissertationen von Schülerinnen nähergekommen.

Eine Sammlung von Aufsätzen, die teilweise fast um das Drittel eines Jahrhunderts auseinanderliegen, weist naturgemäss gewisse Divergenzen in Sprache und Verständnisansatz auf. Dass ich z. B. Bismarck heute anders verstehe als um 1960, ergibt sich wohl aus dem Fortschritt seitheriger Forschung, aber auch aus einer gewissen Ernüchterung gegenüber historischer Grösse, die mir heute fragwürdiger erscheint als damals. Zeitereignisse und Alter verändern die Perspektive. Das zeigt sich an den beiden universalgeschichtlichen Studien, die den Band beschliessen. Eine gewisse

Entästhetisierung des «Geschichtsbildes» hat diesem wohl kaum zum Schaden gereicht. Den Primat der ideengeschichtlich und sozioökonomisch vertieften politischen Historie kann ich auch heute nicht preisgeben.

Ökonomische Antriebe und Organisationsformen sind wohl von zentraler Bedeutung, denn sie bilden mit ihren Modernisierungsfaktoren einen ständig sich bewegenden und erneuernden Untergrund allen geschichtlichen Lebens. Eine Vorgegebenheit, aber doch nur selten eine wirkliche Determinante. Es ist wohl kein Zufall, dass keiner der beiden Weltkriege wirklich ökonomischen Motivationen entsprungen ist – ähnliches gilt auch von den Grosskriegen der Frühneuzeit bis zu denen des 19. Jahrhunderts. In meiner Kindheit sprachen kluge Erwachsene allen Ernstes davon, der Machthaber des 3. Reiches könne sich aus finanziellen Gründen einen Krieg gar nicht leisten. Das war im Prinzip vollkommen richtig, wurde aber durch die Kriegsentfesselung Lügen gestraft. Hitlers zynisches Diktum «An Schulden ist noch kein Staat zugrundegegangen» trifft insoweit zu, als Mächtige sich von ihren Zielsetzungen durch wirtschaftliche Zwänge nur selten abhalten lassen. Schopenhauers Lehre vom Primat des Willens über den Intellekt hat sich im Kern eben als realistischer erwiesen als die Theorie des historischen Materialismus. Wer einen Staat beherrscht, findet stets Ressourcen, um seinen Willen durchzusetzen. Auch der Imperialismus geht letztlich wohl mehr auf politisch-prestigemässige und strategische denn auf ökonomische Erwägungen zurück. Die meisten europäischen Staaten haben denn auch den Verlust ihrer Kolonialreiche wirtschaftlich erstaunlich gut überstanden. Das letzte Wort ist allerdings noch nicht gesprochen, das finale «Roma locuta» steht noch aus. Falls nämlich die sich abzeichnende Ökokrise der Gegenwart in eine Umwälzung und Zerstörung unserer Lebensverhältnisse umschlagen würde – dann allerdings wäre der Primat des Ökonomischen in der Geschichte erwiesen, zum ersten und voraussichtlich dann auch zum letzten Mal...

Ein Lehrer widerspiegelt sich bis zu einem gewissen Grade in seinen Schülerinnen und Schülern. Ich hatte ihrer viele und habe doch keine eigentliche Schule begründet. Vielfalt und auch ein Nebeneinander von Interessen brachten es mit sich, dass ich thematischen und methodischen Anregungen, die an mich herangetragen wurden, ziemlich offen gegenüberstand. Winke zu Themen gab ich gerne, doch nahm ich sie fast lieber noch entgegen. Der Doktortitel ist übrigens heute offenbar nicht mehr so gefragt wie auch schon; mitunter wird er geradezu gemieden. Das ist an sich keineswegs unerfreulich. Bedauerlich ist nur, dass die Lizenziatsarbeiten ungedruckt und damit der Wissenschaft weitgehend entzogen bleiben. Den Schülern der Universitäten, an denen ich wirkte, und dem

Andenken an Martin Göhring, der in Giessen mein väterlicher Kollege und einer der eminentesten Frankreichkenner unter den deutschen Historikern war, widme ich den Band.

Aus Raumgründen musste eine Auswahl getroffen werden, der manches (z.B. die Abhandlung über die Diskussion um eine Totalrevision der Bundesverfassung 1933–1935) zum Opfer fiel. Der lebensgeschichtliche Rückblick findet seine Rechtfertigung (bzw. Entschuldigung) darin, dass ich seit Gymnasialjahren ein geradezu leidenschaftlicher Leser von Historiker-Autobiographien gewesen bin. Wer damit nichts anfangen kann, mag diese Seiten getrost überschlagen. Unberücksichtigt blieben die vielen Rezensionen und sonstigen kleinen, teilweise tagespolitischen Gelegenheitsarbeiten, die im Laufe all der Jahre angefallen sind.

Danken möchte ich in erster Linie den Stiftungen und Persönlichkeiten, die das Erscheinen des Sammelbandes ermöglicht haben, nämlich der Bank Vontobel, Zürich, dem Zürcher Hochschulverein und Herrn Dr. Paul Sacher. Sodann den Herren Dr. Peter Keckeis und Manfred Papst vom Buchverlag NZZ sowie den Herren lic. phil. Roland E. Hofer und lic. phil. Nikolaus Salzburger für Mithilfe beim Lesen der Korrekturen.

Zürich, im Spätsommer 1990   Peter Stadler

11

I. Einstieg

Geschichtsstudium um die Jahrhundertmitte. Reminiszenzen

Wer die Vergangenheit nüchtern betrachten will, muss bei sich selber anfangen. Die leidige Tatsache, dass jede Erinnerung durch Gedächtnis- oder Verdrängungslücken beeinträchtigt wird, sollte aber gerade den Historiker nicht davon abhalten, das eigene Werden ohne nachträgliche Veredelung in Beziehung zu seiner Gegenwart zu setzen.

Mein Interesse an Geschichte wurde durch die Zeitereignisse wachgerufen. Das Alter (1925 in Zürich geboren) brachte es mit sich, dass ich in die Ära der Diktatoren hineinwuchs. Mussolinis Abessinienkrieg machte mich neugierig. Man sprach davon, dass es einen grossen Krieg geben könnte, falls den Italienern der Suezkanal gesperrt würde. Aber was war das, der Suezkanal? Bald schon wusste ich es zwar; gesehen habe ich ihn jedoch erst 47 Jahre später. Um 1936 herum las ich das erste Geschichtswerk meines Lebens, Emil Ludwigs «Juli 14», fand es ungemein packend und habe später stets ein schlechtes Gewissen gehabt, wenn die Zunft sich abfällig über diesen «historischen Belletristen» äusserte; für mich besass er die seltene Fähigkeit des Erweckenkönnens. Seither wusste ich jedenfalls, wer der schwankende Wilhelm II., der Kriegsgraf Berchtold, Poincaré und der einkreisungsfiebrige Iswolski gewesen waren. Damit war auch die Beziehung zum Weltkrieg geschaffen, dessen Vorfeld mir dann weitere Lektüren – ein Jugendbuch über einen der Balkankriege, populäre Literatur über 1870/71 – rudimentär erschlossen. Die Schweizergeschichte fesselte etwas weniger, weil ihre grossen Zeiten doch gar weit zurücklagen und ich den Attributen ihrer Neuzeit – etwa Fabriken – noch kein sonderliches Interesse abgewann. Dabei wurde man auf der Volksschulstufe durchaus und recht lebendig in die Vergangenheit des eigenen Landes eingeführt.

Sehr bewusst erlebte ich den Spanischen Bürgerkrieg, bis in Einzelheiten der Operationen hinein. Er rief auch das Interesse am Seekrieg wach. Ich wusste genau, was es bedeutete, als die «España» auf eine Mine lief und die «Baleares» torpediert wurde. So wünschte ich mir und erhielt von meinen Eltern Weyers «Taschenbuch der Kriegsflotten», das ich zeitweilig beinahe auswendig kannte. Gross war mein Stolz, als ich bei einer Ferienreise in Le Havre 1937 einen fast fertiggestellten grossen polnischen Zerstörer (den auch bei Günter Grass irgendwo vorkommenden «Gryf») richtig diagnostizierte. Damals begann auch das so gefährliche Hinnehmen von Bombardierungen friedlicher Städte, der Anblick massakrierter Menschen in den illustrierten Zeitungen. Man gewöhnte sich daran, wie man sich an den Strassenecken mit dem Anblick zusammengestossener Autos abfand, ja als Abwechslung mit einer Anwandlung lustvoll schlechten Gewissens sogar genoss. Kinder neigen ohnehin zum Opportunismus und finden sich noch mehr als Erwachsene mit vollendeten Tatsachen ab, so unvollendet diese auch sein mögen. Der Spanische Bürgerkrieg hatte aber eine polarisierende Wirkung, die ich bis ins Schulzimmer hinein verspürte. Während die Kinder ärmerer Eltern mit der Volksfront sympathisierten, hielten es die der «besseren» Leute und die Katholiken – selbst wenn sie arm waren – durchwegs mit Franco. Ich durchlebte eine gewisse Gespaltenheit. Sozial gesehen hätte ich zu den Nationalisten gehören müssen – wir lebten in einem Haus am Waldrand mit Garten. Meine Eltern aber standen auf der Seite der Republik, besonders meine Mutter, die eine dezidierte Feministin, Pazifistin und Anhängerin des in der Bourgeoisie eher verfemten religiössozialen Theologen Leonhard Ragaz war. Sie wies mich (als ich konservative Klagen über zerstörte Gotteshäuser weitergab) auf die Schuld der spanischen Kirche und ihres Grossgrundbesitzes an der gegenwärtigen Misere hin – ein erster Ansatz zu einer «strukturalistischen» Erklärung der Geschichte, den ich damals aber noch kaum rezipierte. Mir imponierten bei den Nationalisten die schnittigeren Kampfflugzeuge, die kleidsameren Uniformen, überhaupt die bessere Ordnung. Als ich im Sommer 1937 in Begleitung meiner Eltern die Pariser Weltausstellung und dort auch den spanischen Pavillon besuchte, war ich dann doch beeindruckt ob des Anblicks der vielen zerstörten Spitäler und Schulen, vor allem weil diese im Unterschied zu den unsrigen so modern wirkten und nun doch in Schutt lagen. Picassos Guernica-Fresko sah ich auch, aber es befremdete mich.

Die Diktatoren waren überhaupt ein Problem für sich. Mussolini wurde vom durchschnittlichen Schweizer mit einem gewissen Argwohn betrachtet und doch auch respektiert als ein Mann, der sein Volk diszipliniert, ihm das Streiken – das in Frankreich so sehr überbordete und in der Schweiz zutiefst suspekt war – abgewöhnt hatte. Hitler dagegen erschien fremder, bedrohlicher, wenn auch – die Ehrlichkeit gebietet es zu sagen – mitunter auf eine unbestimmte Art faszinierend. Die wenigen Male, da ich ihn damals reden hörte – meine Eltern hatten bis 1940 kein Radio – wirkten irgendwie abstossend und elektrisierend zugleich. Er hatte eine Fähigkeit des Verkürzens und Vereinfachens, zugleich des Auf- und Einpeitschens, die den landesüblichen Magistratenreden völlig abging, glücklicherweise. Da die Schweizer zumeist keine Judenfreunde waren und es auch heute häufig nicht sind – denn der gegenwärtige Antizionismus ist ja nur eine Variante des damaligen Antisemitismus – hielt sich das Mitleid mit den Verfolgten in Grenzen. Das gilt auch für die Zeit des 2. Weltkriegs und für das damalige Versagen, das ein durchaus kollektives war und nicht einfach

16

einzelnen Sündenböcken angelastet werden darf. Man wollte eben unter sich sein, fürchtete zwar eine feindliche Invasion, aber auch eine Unterwanderung durch Nichtschweizer. Doch kannte ich die Realitäten der Hitlerdiktatur relativ früh, da ich schon im Volksschulalter die (in der elterlichen Bibliothek selbstverständlich vorhandenen) «Moorsoldaten» Wolfgang Langhoffs las.

Als im März 1938 der Anschluss Österreichs erfolgte, wühlte mich das auf. Meine Eltern, die Deutschland während der Hitlerzeit niemals betraten, hatten im Winter 1935 mit uns Skiferien in Österreich gemacht, die ich wegen des internationalen Ambiente – viele Franzosen, Engländer, Holländer, sehr sympathische Österreicher, kaum Schweizer – ganz besonders genoss; den politischen Aspekt dieser Ferien – Unterstützung des «freien» Österreich gegen die Bedrohung aus dem Norden – realisierte ich nicht. Nun, im März 1938, erwartete ich den Ausbruch eines Weltkrieges – einen neuen Juli 14 – und war enttäuscht, als nichts sich rührte. Ähnliche Erwartung dann einige Monate später im Herbst; eines Nachmittags ein Zusammenlauf von Menschen am Bellevueplatz (wo Lenin den Ausbruch der Revolution in Russland vernommen hatte); es gab ein Extrablatt, aber es verkündete keine Mobilmachung, sondern die Viermächtekonferenz. Das ungeheuerliche Anwachsen des Kolosses in Mitteleuropa wurde durch eine vom deutschen Reisebüro – damals an der Bahnhofstrasse – ausgehängte Karte sehr sichtbar, vor allem nach der uns allen widerwärtigen Abrundung durch die Einverleibung Böhmens und Mährens. Meine ältere Schwester, die im Jahr zuvor einen Schulvortrag über Masaryk gehalten hatte, war durch den Untergang dieses Staates zu Tränen gerührt. Ich verhielt mich etwas gemessener, empfand aber doch grosse Erleichterung, als Englands Garantieerklärung an Polen dem verbrecherischen Treiben endlich Einhalt zu gebieten schien. Den spannungsvollen Sommer 39, der mit der schweizerischen Landesausstellung zusammenfiel, habe ich anderswo geschildert. Als anfangs September 1939 dann der Krieg ausbrach, fuhr ich mit meinem Vater, der nicht mehr aktiver Offizier war, im Auto an die Nordgrenze und sah den Aufmarsch der Truppen an. Wenig später wurde der Treibstoff rationiert und das Fahren rigoros eingeschränkt.

Mittlerweile war ich Gymnasiast geworden. Meine Interessen hatten sich dermassen fixiert, dass das künftige Geschichtsstudium von Anfang an feststand. Zudem waren meine beiden Eltern Akademiker; der Vater Arzt, die Mutter hatte in Romanistik promoviert. Damit lag ein Hochschulstudium nahe, ergab sich von sozialen Vorgegebenheiten wie von der Eignung her. Allerdings lagen in meinem Fall Interessen und Einseitigkeiten nahe beisammen. Mathematik bereitete mir keine Schwierigkeiten, solange es ums Kopfrechnen ging. Mit ihrer zunehmenden Komplizierung hingegen konnte ich wenig anfangen. Buchstaben z.B. bildeten für mich einen Teil des Alphabets und damit der Sprache; dass man sie multiplizieren, quadrieren, dividieren und sogar potenzieren konnte, erschien mir unnötig, unverständlich, ja unsinnig. Auch die Formelsprache der Physik oder Chemie blieb mir unzugänglich; ich musste dergleichen auf Klausuren hin mühsam auswendig lernen, um es dann gleich wieder zu vergessen. Dagegen hatte ich mit geschichtlichen Jahreszahlen überhaupt keine Mühe, weil sie sich einem fassbaren Sinnzusammenhang einordneten; so flogen sie mir fast von selber zu. Schon als Kind las ich gerne im Ploetz, den ich (entgegen landläufigen Urteilen) überhaupt nicht langweilig fand. Ein guter Schüler war ich deshalb noch lange nicht. Vielmehr war die ganze Gymnasialzeit eine Art von permanentem Balancieren zwischen Disziplinen, die ich verstand, und solchen, die mir verschlossen blieben. Ohnehin machte mir die Fächeranarchie dieser Stufe zu schaffen. Es waren denn auch die einzigen Jahre meines Lebens, in denen ich mich immer wieder gestresst und überfordert fühlte. An der Hochschule kannte ich derartige Schwierigkeiten nicht mehr.

Mittlerweile hatten sich meine Interessen aber auch nach anderen Richtungen erweitert. Einmal durch das Theater. Ich realisierte kaum, dass ich in die grosse Zeit des Zürcher Schauspielhauses hineinwuchs, nahm aber sehr dankbar diese Möglichkeiten der oft recht mässig besuchten Bühne – so dass man mühelos Schülerkarten bekam – wahr. So sah ich nicht nur die berühmten Brecht-Erstaufführungen, die seither Theatergeschichte gemacht haben, auch die damals viel häufiger gespielten Klassiker (so beide Teile des «Faust» schon 1940, mit Langhoff in der Titelrolle und Ginsberg als Mephisto) und den seither etwas verdrängten Gerhart Hauptmann. Dass Theaterinteressen immer wieder mit den Schulinteressen kollidierten, versteht sich – aber ich gab häufig den ersteren den Vorzug und tat recht daran. Auch später habe ich diese Liebhaberei beibehalten, unabhängig von Aufenthaltsorten. Als ich während drei Jahren Professor in Giessen war, ging ich dort recht häufig ins Theater, obwohl viele Kollegen die Nase rümpften und fanden, dass «man» zu diesem Zweck nach Frankfurt fahren müsse.

Wie verhielt es sich mit der Musik? Den standesüblichen Klavierunterricht absolvierte ich zwar eine zeitlang, doch verleidete er mir schon bald. Fingerfertigkeit und Fähigkeit im Umgang mit dem Notenschlüssel gingen mir gleichermassen ab. Was mich ergriff, war Orchestermusik und besonders die Oper. Nicht alles gleichermassen, freilich. Unvergesslich blieb mir eine Einführung in den «Till Eulenspiegel» durch Volkmar Andreae anlässlich eines Jugendkonzerts; seither ist das Werk förmlich in mich eingegangen. Als ich hingegen erstmals die «Zauberflöte» hörte, gefiel sie mir mässig; das Vogelfängerlied fand ich gar ein bisschen einfältig. Um so mehr brachte mich der «Freischütz» mit der Wolfsschluchtszene in Vibration.

Das grosse Erlebnis kam durch Wagner, der für mich geradezu eine Droge wurde. Eine Episode ist mir noch erinnerlich: Beim Üben irgendeiner mir völlig gleichgültigen Czerny-Etüde verhaute ich mich, griff einen falschen Akkord. Die Klavierlehrerin korrigierte mich, wie es ihres Amtes war. Mir aber ging der Akkord nach, und ich war umso beglückter, als ich ihn wenig später im «Tristan» wiederfand. Mit fünfzehn hörte ich dieses Wunderwerk, zuvor schon den «Tannhäuser», wenig später den «Parsifal» und die «Meistersinger». Es waren die Jahre der ersten Junifestspiele. Furtwängler dirigierte die «Götterdämmerung», Clemens Krauss die «Walküre»; die Deutschen kamen ganz gern für einige Zeit nach Zürich. Dank meinem Onkel, dem Komponisten Arthur Honegger, der meine Wagnerbegeisterung mit wohlwollender Ironie gelten liess, fand ich früh auch einen Zugang zur damals modernen Musik. Die szenische Erstaufführung von «Jeanne d'Arc au bûcher» von 1942 unter Paul Sacher mit Maria Becker in der Titelrolle und Gretler als Frère Dominique ist mir unvergesslich geblieben; keine spätere Inszenierung hat mich derart beeindruckt. Natürlich fesselten mich auch die Nachwagnerianer. Noch heute ärgere ich mich, weil ich wegen Vorbereitung der Chemiematur den «Armen Heinrich» von Pfitzner versäumte, der konzertant in Winterthur gegeben wurde – die Gelegenheit, dieses Werk zu hören, hat sich nie mehr geboten. In Basel liess ich dafür die «llsebill» von Friedrich Klose auf mich wirken – ein höchst packendes, sich zu grossartiger Steigerung erhebendes Drama. Völlig unbegreiflich, dass es für immer von den Bühnen verschwinden konnte, während belanglose Barockopern so beflissentlich ausgegraben werden. Natürlich liebte ich daneben auch die mir (dank der Schallplattensammlung meiner Eltern) z. T. seit Kindheit vertraute klassische Musik, jedoch mit Massen: Beethoven mehr als Mozart, dessen gleichmässige Schönheit Schwierigkeiten bereitete und sich mir erst mit der Zeit erschloss. Ehrlicherweise muss ich anfügen, dass ich auch mit Bach lange Zeit nur wenig anzufangen wusste, weit weniger als mit Bruckner, dessen Harmonien und Steigerungen mir vertrauter waren.

Zum häufigen Anhören Wagnerscher Musik (die mich übrigens zeitlebens gegen den Jazz immunisierte) war der damalige deutsche Rundfunk sehr hilfreich, und das brachte mit sich, dass ich neben den englischen Nachrichten (auf deutsch) auch die des Reiches zu hören bekam – die unpersönlich schnarrende Stimme des Nachrichtensprechers klingt mir noch heute in den Ohren nach. Übrigens wirkten diese Informationen gerade deshalb auf mich völlig kontraproduktiv. Damit sind wir wieder beim Krieg, der bis auf einige Monate Differenz mit meiner Gymnasialausbildung begann und mit ihr zu Ende ging. Ob ich das Privileg ganz realisierte, dass ich lernen durfte, während Altersgenossen an Fronten zugrundegingen, vermag ich nicht mehr genau zu sagen. Wir spürten, von den gesperrten Grenzen abgesehen, keinen Mangel. Die Rationierungen von Lebensmitteln waren auszuhalten – man litt nicht an Hunger, aber hie und da an ungestilltem Appetit –, die autoleeren Strassen hatten Vorteile. Lernen konnte man am Freien Gymnasium Zürich viel, einer Eliteschule, die christlich und nicht eben billig war. Die Eltern hatten sie für mich ausgewählt in der wohl richtigen Einsicht, dass am staatlichen Gymnasium mit seinem Grossbetrieb meines Bleibens nicht sein würde. Die meisten unserer Lehrer waren ältere Herren, die ihre Studien kurz nach oder noch vor der Jahrhundertwende absolviert hatten; der Unterricht war sachlich und etwas trocken, aber sehr bereichernd. Der Deutschlehrer namens Rudolf Pestalozzi, früherer Universitätsdozent für alt- und mittelhochdeutsche Literatur, explizierte mit umfassender Sorgfalt, die nichts Wesentliches ausliess, die deutsche Dichtung von den Merseburger Zaubersprüchen bis Hofmannsthal und Thomas Mann, nicht nur die Klassiker, und sein Geschichtsunterricht war dadurch bekannt, dass er wirklich bis zur Gegenwart vorstiess, was auch heute noch beinahe eine Ausnahmeerscheinung ist. Sehr geistvoll und dabei als Pädagoge energisch und effizient der Französischlehrer (er hiess M. Barbezat), der übrigens einige Jahre zuvor wegen seiner Konversion zum Katholizismus die Stelle an diesem evangelischen Gymnasium beinahe eingebüsst hätte. Nur die Intervention empörter Eltern bewahrte die Schule vor diesem Fehlentscheid. Religionsunterricht erteilte an der obersten Klasse Prof. Emil Brunner von der Universität. Mit dem berühmten Theologen konnte man sehr frei diskutieren; ihm gegenüber verteidigte ich sogar den Atheismus, ohne daran zu glauben. Der kam mir schon damals phantasielos vor, als schlechtes 19. Jahrhundert empfand ich ihn. Fechten gab es an der christlichen Schule übrigens auch, und das war der erste Sport, der mich interessierte. Der Lateinlehrer Dr. Georg Walter unterrichtete auch in Musik und gab bei guter Laune Erinnerungen an Max Reger zum besten; ausgewählte Schüler führte er bei sich zuhause in die Kunstgeschichte ein.

So war man durch die tägliche Arbeit gleichsam etwas abgeschirmt vom Kriege, dessen Wechselfälle uns immer wieder zu schaffen machten. Der Exodus des Mai 1940 entleerte die Klassenzimmer; der Zusammenbruch Frankreichs deprimierte meine dort geborene und aufgewachsene Mutter zutiefst. Dann zeichnete sich allmählich die Wende ab, ansatzweise erstmals mit den italienischen Niederlagen im Winter 1940, deutlicher dann vom Sommer 41 an, unter vielen Rückschlägen. Was die Sache der Alliierten stärkte, waren zunächst weniger ihre Siege als ihr Zuwachs: Russland und die Vereinigten Staaten mit England verbündet – das war mehr als die Hälfte der Welt, das liess sich nicht mehr aus den Angeln heben und verbürgte den Endsieg, von der Ausdehnung und vom Potential her. Das spürten wir auch am nächtlichen Gedröhn der über unser Land hinwegfliegenden alliierten Bombergeschwader. Die Nachricht vom 20. Juli 1944 erfuhr ich in einem Davoser Sanatorium, wohin ich mich nach einem gesundheitlichen Zusammenbruch – dessen Folgen mich vom Militärdienst fernhielten – hatte begeben müssen. Gegen Kriegsende wurden die Rundspruchsendungen aus dem Dritten Reich, die bis dahin von penetranter Klarheit gewesen waren, immer undeutlicher. Ich entsinne mich noch der heiser empörten Stimme eines Gauleiters in München, der von einem gegen ihn versuchten oder verübten Anschlag zu berichten wusste. Als unser Radio dann die Kunde von Hitlers Tod verbreitete, brachte es als anschliessende musikalische Untermalung die Hugo Wolfsche Vertonung des «Prometheus», was ich zwar in mich aufsog, aber doch etwas überhöht fand.

So endete eine Zeit, die unser Haus immer wieder auf besondere Art in Bann gezogen hatte. Meine Mutter sorgte nämlich dafür, dass wir häufig Emigranten beherbergten. Ganz zu Anfang ein russisches Mädchen, dessen Familie wohl vor den Bolschewiken geflohen war. Dann aber ausschliesslich solche aus Hitlers Machtbereich. Ein Schriftsteller, der sich die Schuhe ablief, um seinem Roman einen Verleger zu finden und dann tatsächlich auch beim renommierten Oprecht-Verlag reüssierte – der (übrigens schwache) Emigrantenroman hiess «Kamerad Peter», spielte in Deutschland um 1933 und gipfelte in einer pathetischen Zukunftsvision des untergehenden Nazitums. Der Autor nannte sich Helmuth Groth, hiess aber in Wirklichkeit Kluge. Seine Frau unternahm damals einen Selbstmordversuch, was meine Eltern und unsere Nachbarschaft bei weitem mehr aufregte als mich. Dann kamen andere Flüchtlinge, auch Kinder. Eine Zeitlang wohnte auch der aus Österreich vertriebene Bildhauer Fritz Wotruba bei uns, dem mein Vater ein Werk abkaufte. Während des Krieges beherbergten wir für zwei Jahre ein Judenmädchen, das sich kürzlich aus Israel wieder gemeldet hat. Ob ich zu allen immer freundlich war, vermag ich nicht mehr genau zu sagen. In diesem Zusammenhang komme ich auch nicht um die Gretchenfrage herum, wann ich erstmals von den Judenausrottungen der Nazis hörte. Es muss im Sommer 1943 gewesen sein. Merkwürdigerweise erzählte mir davon eine (anfangs 1944 verstorbene) 88jährige Grosstante, die eine deutsche Bekannte hatte, die ihrerseits – aus welchen Quellen auch immer – etwas erfahren hatte, wenn auch nichts Präzises. Besagte Grosstante ist mir später als lebendiges Beispiel von «oral history» erschienen, da sie 1871 während eines Aufenthaltes im Neuenburgischen Zeugin des Übertritts der Bourbaki-Armee wurde und davon ausserordentlich plastisch zu erzählen wusste. Ich war damals überhaupt der Liebling älterer Tanten, die ich auf ihr zeitgeschichtliches Erleben hin regelrecht interviewte, während ich mit Gleichaltrigen wenig anzufangen wusste. Gewiss gab es da Ausnahmen – etwa Peter Löffler, den späteren

Theaterintendanten in Zürich und Kassel, oder Hans Zeller, meinen jetzigen Fribourger Kollegen und C. F. Meyer-Editor. Die meisten Altersgenossen aber genügten meinen Ansprüchen nicht, lasen zu wenig, teilten meine Musik- und Theaterinteressen kaum, erschienen mir ungebildet. Das war natürlich meine Schuld; ich war keineswegs frei von geistigem Hochmut. Meine grosse Leidenschaft galt in jenen Jahren dem Kauf antiquarischer Bücher, die billig zu haben waren und sich bald in meinen Zimmern – ich bewohnte mit der Zeit deren zwei – türmten. Vieles davon habe ich mit der Zeit liquidiert (manches übrigens vorzeitig), anderes behalten. Schon als Gymnasiast waren mir Namen wie Ranke, Schlosser, Gervinus, Gregorovius, Janssen, Macaulay, Michelet, Häusser etc. von meinen Bücherregalen her vertraut. Einer Mathematikerin, die mir Nachhilfestunden erteilte, kaufte ich Taines «Origines de la France contemporaine» ab. Mein Geschichts- und Deutschlehrer gewann auch deshalb meinen besonderen Respekt, weil er seinerzeit an der St.Galler Kantonsschule Schüler Dierauers und Götzingers gewesen war. In gewissem Sinne war ich auch ein Urenkelschüler Jacob Burckhardts, da mein Vater mir oft vom Geschichtsunterricht Otto Markwarts erzählte, der einer der wenigen Doktoranden des grossen Baslers gewesen und dann sein erster Biograph geworden war. Fueters «Geschichte der neueren Historiographie» las ich gleich zweimal: zuerst deutsch, dann – auch zur Sprachbildung – in der 1914 erschienenen französischen Übersetzung. Sie faszinierte mich der prägnanten Nüchternheit ihrer Urteile wegen, und ich stelle sie auch heute noch höher als Srbiks zwar kultiviert historisierendes, aber doch immer wieder völkisch romantisierendes Werk über «Geist und Geschichte». Schon damals fasste ich den Plan, etwas Entsprechendes über Frankreich im 19. Jahrhundert zu machen – daraus ist dann meine Habilitationsschrift geworden. Natürlich relativierte diese Überfütterung mit geschichtlichem Wissen auch etwas das Interesse am Zeitgeschehen – damals wie später. Ich war in jenen Jahren, auch aus innerer Protesthaltung gegen den auf Sportlichkeit und Abhärtung getrimmten Zeitgeist heraus, viel mehr Büchermensch als ich es heute bin. Die Eltern liessen mich gewähren, respektierten überhaupt meine Interessen, und mit Recht, da ich ansonsten keine Dummheiten machte. Ich rauchte nicht – hatte es in früheren Jahren mit Wissen und Duldung meines Vaters einmal getan, es mir dann aber ab- und nie mehr angewöhnt –, fand noch keinerlei Geschmack an alkoholhaltigen Getränken, war aktiv wie passiv unsportlich, hatte auch nicht die heutzutage fast unvermeidliche Freundin, weder damals noch später als Student. Ich tanzte auch nicht, da ich Tanzmusik nicht mochte und zudem tanzende Männer – vom Ballett abgesehen – etwas komisch fand. Das alles bedeutete Einsparungen an Zeit, Energie und nicht zuletzt an Geld, freilich auch ein Defizit an Lebenserfahrung. Heute mag das fast unnatürlich erscheinen, war aber wohl einfach Entwicklungshemmung, die mich eher mit Stolz erfüllte denn beeinträchtigte. Vor allem aber sehnte ich mich der Hochschule entgegen.

Im Herbst 1945 war es dann soweit. Sehr zielbewusst begann ich inmitten eines zerstörten Europa mit dem Studium. Dass ich mit Schwergewicht Neuzeit studieren würde, stand fest. Leonhard von Muralt, seit 1940 als Gagliardis Nachfolger Ordinarius, kam von der Reformationsgeschichte her, las aber in jenem Winter erstmals ausführlich über Bismarck. Aufgewühlt von der Hitlerzeit und der deutschen Niederlage, von den grauenvollen Meldungen aus den Konzentrationslagern, sah er im Reichsgründer nicht einfach nur eine grosse geschichtliche Gestalt neben anderen, sondern einen weltanschaulichen Orientierungspunkt. Bismarck war für ihn die richtig verstandene europäische Mitte, der Staatsmann, der den Sieg nicht verspielte, vielmehr massvoll nutzte, die Verkörperung des wahren – und das hiess auch: des protestantischen Deutschtums. So lief die Vorlesung denn auch auf eine sozusagen permanente Polemik gegen das kurz zuvor erschienene dreibändige Werk des liberalen Emigranten Erich Eyck hinaus, das er nicht nur ablehnte, sondern geradezu hasste. Mich beeindruckte die Vorlesung mehr kraft ihres Engagements, als dass sie mich innerlich ganz überzeugt hätte. Der Glaube, Geschichte von einer Mitte her zu verstehen – die dann von den geopolitischen Gegebenheiten Europas her fast zwangsläufig Deutschland heissen musste – erschien mir irgendwie fragwürdig. Doch bestätigte mich von Muralt in meiner schon früher gefassten Zuneigung zu Ranke und seinem Sinn für vergeistigte Machtgeschichte. Sie konnte bisweilen auch problematisch werden. Einmal erschien der Professor empört in der Vorlesung; er hatte nämlich zuvor eine Postkarte erhalten («Eine Postkarte, stellen Sie sich vor!»). Darin hatte sich ein Kommilitone erkundigt, ob und wann denn die Armenierfrage behandelt würde. Dann legte Leonhard von Muralt los, hielt eine auf ihre Art beeindruckende Bismarck-Vorlesung über den Berliner Kongress und sagte dann am Schluss, schon wieder besänftigt: «Begreifen Sie, warum ich wütend wurde, als ich diese Karte erhielt.» Natürlich begriffen wir alle, vielleicht nur zu sehr. Heute weiss ich, dass das Armenierproblem eines von den vielen verdrängten war, dass sich dort der erste Genozid dieses Jahrhunderts abzeichnete, der eben darum Schule machte, weil er sich so unbemerkt abspielen konnte. Kurz: etwas mehr Armenien und etwas weniger Bismarck hätte jener Vorlesung gewiss wohlgetan. Aber eben – von Muralt war auch darin echter Rankeaner, dass er in der Geschichte das Sinnvolle und nicht das Grauenhafte suchte, und da er es suchte, fand er es auch. Ich kann übrigens – und da setzt meine Selbstkritik ein – nicht sagen, dass ich mich grundsätzlich anders verhalten hätte. Vernichtungslager kamen uns als etwas Erst- und Einmaliges, hoffentlich auch als etwas

Letztmaliges vor, das eigentlich gar nicht in die Geschichte hineingehörte. Im Grunde bin ich erst durch die Anstösse des sog. Historikerstreits darauf gestossen worden, dass es sich ganz anders verhielt. Übrigens war von Muralt sehr wohlwollend fördernd und konnte auch Widerspruch ertragen. Nach dem Seminar pflegte er Studenten in der Unibar zum Tee um sich zu versammeln; dann lief die Diskussion informell weiter, und Missverständnisse liessen sich beheben. In seinem bekenntnishaften Protestantismus ordnete er sich, vielleicht ohne es ganz zu realisieren, ein in eine Grundströmung der Christlichkeit, die gerade an der Universität Zürich in jenen restaurativen Jahren nach 1945 eine starke Bedeutung gewann. Der andere Neuhistoriker war Max Silberschmidt. Er war im Sommer 1945 nach längerer Privatdozentenzeit eben ernannt worden und hatte eine Art Sammelprofessur für Wirtschafts-, Kolonial- und Angelsächsische Geschichte bekommen; sein Schwerpunkt lag auf den USA. Es war ja eine ausgesprochen globale Professur, deren Schaffung einige Jahre zuvor gewiss nicht denkbar gewesen wäre, und die erst der Sieg der Angelsachsen ermöglicht hatte. Silberschmidt, der 1932 seine Habilitationsschrift dem damals noch kaum bekannten A. J. Toynbee gewidmet hatte, war im Unterschied zu dem wenig reisefreudigen von Muralt weit herumgekommen, in Amerika, sogar (was damals noch etwas bedeutete) in Ostasien gewesen; «in Japan, wo ich war», pflegte er in seinen Vorlesungen gelegentlich zu sagen. Wie sein Kollege war auch er weltanschaulich festgelegt und sah in dem jeweiligen amerikanischen Präsidenten – mochte er nun Truman oder Eisenhower heissen – einen politischen Fixpunkt. Dass er in der Ära des Kalten Krieges ganz auf der Seite des Westens stand, war nichts aussergewöhnliches. Dort standen wir alle, zumal das stalinistische Russland mit seinen wiederauflebenden Säuberungen und dem Terror in den Satellitenländern einem kaum eine andere Option liess und die kurze Phase der Russenfreundlichkeit, die es in der Schweiz gegen Kriegsende durchaus gegeben hatte, jäh beseitigte. Leonhard von Muralt allerdings fand mit seinem genuinen Sinn für Machtgeschichte die Niederschlagung des Ungarnaufstandes von 1956 durch die Russen zwar brutal, aber begreiflich; die Russen wüssten im Unterschied zum Westen eben, dass man etwas Erobertes nicht herausgebe. Übrigens hatte Silberschmidt die sympathische Gewohnheit, regelmässig Studenten zu einem einfachen Mittagessen in seine der Universität nahegelegene Wohnung einzuladen, wobei er sich das Mitbringen von Blumen ausdrücklich verbat. Ich erwähne dieses Detail, weil der Publizist Niklaus Meienberg sich in seinem «Wissenschaftlichen Spazierstock» darüber sehr zu Unrecht mokiert hat.

Der grösste Systematiker unter den damals lehrenden Geschichtsprofessoren war der Althistoriker Ernst Meyer. Er wirkte norddeutsch spröde, aber ungemein kompetent und umfassend in seinem Wissen. Von allen

Kollegen sah man ihn weitaus am häufigsten in der Zentralbibliothek, wo er seine grosse Gelehrsamkeit in einem fort erweiterte und vertiefte. Obwohl er als junger Mann schon 1927 nach Zürich gekommen war, hatte er sich in seinem Habitus kaum schweizerischen Gewohnheiten angepasst. Eine Schule begründete er allerdings nicht, weil er keine eigentlichen Seminarien, lediglich Lese- und Übersetzungsübungen abhielt. Das Ordinariat für Mittelalter war vakant, da Karl Meyer im Sommer 1945 erkrankt war, aufgerieben durch die Doppelbelastung der Professur und des geistigen Abwehrkampfes gegen das Dritte Reich. So kam ich leider um das Erlebnis seiner vielbewunderten Vorlesungen. Historische Hilfswissenschaften lehrte Anton Largiadèr, Direktor des Staatsarchivs und Inhaber eines sog. kleinen Extraordinariats. Seine Lehrveranstaltungen galten als trocken und wurden von den Studenten eher gemieden. Ich habe daraus manches gelernt, da dies ein Bereich war, in dem ich kaum Vorkenntnisse besass. Wie eine Urkunde aufgebaut war, von der Arenga bis zum Vollziehungsstrich, wie die Paläographie sich über die Jahrhunderte veränderte, das alles kam einem zugute. Mittelalterlicher Privatdozent war Dietrich W. H. Schwarz, vor allem Kulturhistoriker, Kenner des Klosterwesens und – durch seine Stellung am Landesmuseum – der Sachkultur. Ich hatte bei ihm das Proseminar besucht (damals waren Mittelalter und Neuzeit bei diesen Veranstaltungen noch nicht getrennt), darnach weitere Übungen und stellte mich eigentlich darauf ein, dass er Karl Meyers Nachfolger würde. Er kam aber erst später zum Zuge. Die Vakanz zog sich fast zwei Jahre hin, was für die Studenten eine Zumutung war. Ich habe deshalb, als ich in Giessen und dann in Zürich als Fakultäts- und Kommissionsmitglied mit Nachfolgen zu tun bekam, immer und auch mit einem gewissen Erfolg darauf gedrungen, sie speditiv zu regeln. Neuer Mediaevist wurde der in Bern als Bibliothekar amtierende Marcel Beck, der in den 30er Jahren bei den Monumenta mitgearbeitet und manches publiziert hatte. Er entwikkelte sich schon bald zu einer der profiliertesten Figuren nicht nur der Zürcher Historie, auch der Universität. Er wirkte anregend und unkonventionell, spielte bald auch recht gerne das «Enfant terrible», indem er z. B. als amtlicher Augustredner die Neutralität in Frage stellte und damit einen Sturm heraufbeschwor. Sein Mittelalterbild, das er schon in seiner Antrittsvorlesung programmatisch verkündete, wich vom Herkommen ab, gab sich biologisch bzw. anthropologisch und zog gerne Parallelen zum Tierreich und zur Tierpsychologie. Er verstand es, seine Schüler zu motivieren und ihnen gewisse Sehweisen – z. B. im Blick auf ein archaisches Kriegertum – nahezubringen, die sich dann als höchst fruchtbar erwiesen. Die Dissertationen Walter Schaufelbergers und des früh verstorbenen Christian Padrutt legen (neben vielen anderen) davon Zeugnis ab. Eine ganz neue Dimension erschloss er vielen Studenten durch die von ihm organisierten Reisen. Das begann zuerst mit einer Romreise im Anno santo 1950. Schon im Frühjahr darauf ging es weiter, nach Griechenland und Kleinasien, in langen, streckenweise strapaziösen Fahrten. So lernte man Byzanz, Ephesus, Brussa und Nikäa kennen – immer mit höchst kompetenten Führungen. Später drang er noch tiefer in den nahen Osten ein. Das fiel aus dem Rahmen zu einer Zeit, da Professoren bei Reisen auf Komfort hielten, schuf Gemeinsamkeiten, Freundschaften, bisweilen auch Eheverbindungen fürs Leben. Allerdings zeichneten sich bald gewisse Schattenseiten ab. Becks steigende Popularität, die sich dann auch in der Wahl zum Kantonsrat (vorübergehend sogar zum Nationalrat) äusserte, hob sein Selbstgefühl und veranlasste ihn immer wieder zu Eigenmächtigkeiten. Seine vielen Verpflichtungen hielten ihn von grösseren wissenschaftlichen Arbeiten ab und verführten ihn dazu, sich in Lehrveranstaltungen politisierend über Gott und die Welt auszulassen. Bedenklicher als diese mitunter recht ergötzliche Eigenart war ein wachsendes Machtbewusstsein, das sich zu Willkürlichkeiten steigern und auch in unkontrollierten Ausbrüchen entladen konnte. Im Alter wiederfuhr ihm dann die Tragik, dass die Studenten ihn, den Unkonventionellen, links überholten und an ihm vorbeipolitisierten. Doch fand er bis zuletzt Schüler, die an ihm hingen und ihm die Treue hielten.

Ich besuchte ein breites Spektrum von Vorlesungen, natürlich auch diejenigen Emil Staigers, deren interpretativen Scharfsinn, kunstvollen Aufbau mit dem Vermögen, in einer Stunde ein geschlossenes Ganzes darzubieten, ich bewunderte. Daneben kunsthistorische und romanistische. Sehr schätzte ich wegen seines historischen Verständnisses den Komparatisten Fritz Ernst, einen Meister des Essays. Er lehrte an der Eidgenössischen Technischen Hochschule (ETH), wo auch der Germanist Karl Schmid tätig war und wegen seiner ganz anderen, mehr staatsbezogenen Literaturauffassung Staiger mühelos die Stange halten konnte. Zwischen den Historikern der beiden Hochschulen gab es damals kaum Kontakte; dennoch besuchten manche Geschichtsstudenten die Vorlesungen und Übungen eines J. R. von Salis (dessen Stimme mir aus den Kriegsjahren von seinen Wochenberichten am Radio vertraut war). Doch gab es auch Versäumnisse. So liess ich René König aus, den Soziologen, der in Zürich vergeblich auf eine Professur hoffte und nach Köln gehen musste. Zu seinen Hörern zählte auch Rudolf von Albertini, der «moderner» war als ich und gestand, gerade diesem von der Fakultät wenig geschätzten und geförderten Dozenten viel zu verdanken. Die andere Unterlassung betraf Richard Weiss, den Volkskundler, der zum bewunderten Lehrer meines Kollegen Rudolf Braun wurde. Warum ich nicht zu ihnen ging, weiss ich nicht mehr; vermutlich war ich einfach saturiert. Sie hätten den Sinn für soziale Probleme aktivieren können, die den damaligen Historikern ziemlich fernlagen. Ich glaube z. B. nicht, dass das unangenehme Wort «Armut» in den historischen Lehrveranstaltungen jemals mehr als höchstens beiläufig figurierte. Armut war eben ein Missgeschick, kein Thema, mit dem sich Historiker beschäftigten, die sich gar gern mit der Oberschicht identifizierten, von denen ihre Quellen sprachen. Auch ich machte da keine Ausnahme. Ich fühlte mich als Rankeaner schweizerischer Prägung, und diese Farbe trug auch meine Dissertation, die schliesslich den Titel «Genf, die grossen Mächte und die eidgenössischen Glaubensparteien 1571–1584» erhielt. Es war eine vorwiegend diplomatiegeschichtliche Arbeit über ein recht interessantes selbstgewähltes Thema. Es handelte von der Selbstbehauptung Genfs zwischen den Machtblöcken, dem savoyisch-spanischen und dem französischen, die nur durch eine möglichst enge Anlehnung an die Schweiz zu sichern war. Aber dem wirkten wiederum die katholischen Orte der Eidgenossenschaft entgegen, die ihrerseits freilich abhängig waren von französischem Solddienst. Und Frankreich wollte keinesfalls, dass Genf unter savoyisch-spanische Kontrolle geriete; weit lieber sah es eine engere Verbundenheit der Rhonestadt mit der Eidgenossenschaft. Also ein politisches Verwirrspiel vor universalhistorischem Hintergrund inmitten von Konstellationen und Krisen der Gegenreformation. Dem ging ich mit Freuden nach. Da ich das Thema zur Habilitationsschrift schon als Gymnasiast gewählt hatte, wollte ich als Doktorand mit der frühen Neuzeit anfangen. Für einen die Dozentur anstrebenden Neuhistoriker gehörte es sich damals, diese ganze Zeitspanne zu überblicken und forschend bearbeitet zu haben; die heute gängige Spezialisierung auf das 19./20. Jahrhundert, die Frühneuzeit oder gar auf Zeitgeschichte allein empfahl sich damals noch nicht. Anfangsschwierigkeiten blieben mir freilich nicht erspart. Als ich im Zürcher Staatsarchiv mit der Lektüre von Akten begann, verzweifelte ich fast, denn ich brauchte einen ganzen Vormittag zum Entziffern zweier langer Sätze. Aber dann lief es speditiver als erwartet; die Schnörkelschriften waren, hatte man sie einmal begriffen, weniger kompliziert als es zuerst aussah. Ich weitete die Arbeit auf diverse Archive aus, weilte längere Zeit in Genf, kürzere in anderen Städten; nach Bern fuhr ich einmal während Monaten jeden Vormittag mit dem Frühzug. Dann konstatierte ich mit Befriedigung, dass sich das Bild bereicherte und differenzierte. Natürlich war es fast ganz Ereignishistorie politisch-diplomatischer Art, also eine heute etwas verpönte Spezies. Eines meiner Vorbilder neben Ranke war Erich Marcks, den ich als einen Meister gegenreformatorischer Forschung und künstlerischer Darstellung geradezu verehrte. Weniger anzufangen wusste ich mit Max Weber. Ich weiss, es ist heute fast ein Sakrileg, das zuzugeben. Zwar besass und kannte ich seine berühmte Abhandlung über protestantische Ethik und den Geist des Kapitalismus, aber ich empfand ihre Quellenbasis als zu schmal und fast gar nicht auf Genf bezogen. Dass er nicht in Archiven gearbeitet hatte, spürte ich nur zu bald; darüber halfen mir auch die «Modelle» nicht ganz hinweg. Sein heute vergessener Widerpart Felix Rachfahl, Autor eines mehrbändigen Werkes über Wilhelm von Oranien, bewegte sich da auf soliderem Boden. Mit der Finanzgeschichte Genfs, die später dann der Amerikaner Monter untersuchte, befasste ich mich nicht, wurde von meinem Lehrer auch nicht dazu angehalten. Zwar stiess ich bei der Durchsicht der Genfer Ratsprotokolle einmal auf eine Stelle, die mich hätte stutzig machen müssen. Ami Varro, einer der politischen Leader der Stadt wurde nämlich verdächtigt, Bankgeschäfte zu betreiben, rechtfertigte sich aber; unter Tränen habe er die Ratsversammlung verlassen. Ein früher Hinweis darauf, dass solche Tätigkeiten offiziell zwar nicht toleriert wurden, aber eben doch vorkamen, sogar und vermutlich gerade auch bei den Spitzen der Gesellschaft. Nun war das damalige Genf keine reiche Stadt, und es gibt keinerlei Beweis dafür, dass finanzielle Rücksichtnahmen seine Aussenpolitik bestimmt hätten. Derlei müsste sich sonst in den Akten niedergeschlagen haben. Vielmehr ist es meiner Erfahrung als Historiker – auch der seitherigen – nach so, dass das nötige Geld immer zur Verfügung steht, wenn ein klarer politischer Wille einmal gefasst ist. Wer bedenkt, welche Riesensummen das durch Niederlage und Wirtschaftskrise angeblich so verarmte Deutschland nach 1933 in seine gigantische Aufrüstung hineinstecken konnte, wird dem beipflichten müssen. Auch den Russen hat es trotz zeitweilig deplorabler Wirtschaftslage nie an Mitteln gefehlt, ihre ehrgeizigen Raumfahrtprojekte zu realisieren oder sich in das Afghanistanabenteuer zu stürzen; die Prioritäten waren gesetzt; das Geld musste her und war dann auch da.

Ich promovierte problemlos im Sommer 1952, in meinem 27. Altersjahr. Das war für damalige Verhältnisse keineswegs besonders jung; das Quellenstudium hatte viel Zeit gebraucht, und ich hatte sie mir auch genommen. Hanno Helbling, der jetzige Feuilletonchef der «NZZ», der meinen Erstling stilistisch gelesen und korrigiert, dabei manche meiner Manierismen beseitigt hatte (es hat deren immer noch genug), war erst 23, als er sein Studium abschloss. Wir verstanden uns gut, hatten gemeinsame Interessen, an den ersten Beckreisen teilgenommen, wirkten unter den Studenten wohl etwas esoterisch. Zur unbestrittenen studentischen Elite gehörten ausser Hofer, dem früh nach Berlin berufenen ersten Assistenten des Historischen Seminars, auch meine späteren Kollegen Hans Conrad Peyer und Rudolf von Albertini. Beide entstammten gesellschaftlich weitgehend homogenen Verhältnissen – Verbindungen von alter Familie und modernem Unternehmertum – und entwickelten sich doch weltanschaulich recht verschieden: Peyer vertrat stets eine übrigens sehr reflektierte konservative Position, Albertini dagegen war, vor allem später, progressistischen Experimenten aufgeschlossen und gehörte wohl zu den ersten Erforschern und Befürwortern der 3. Welt unter den Schweizer Historikern. Ich stand irgendwo dazwischen, entwickelte mich wohl auch in Reaktion zu meiner ausgesprochen «links» denkenden und empfindenden Mutter mehr nach der konservativen Seite, als es meinen innersten Intentionen entsprach, wurde darin dann auch durch die in Deutschland miterlebten 68er Erfahrungen bestärkt. «Bürgerlich» aber waren wir allesamt, und keinem von uns wäre es in den Sinn gekommen, in einer Fabrik zu arbeiten und so das Leben «ganz unten» kennen zu lernen, wie es um jene Zeit Rudolf Braun mit so grossem wissenschaftlichen Ertrag tat. Ich hatte die ganze Studienzeit in Zürich verbracht, aus Abschluss-, aber auch Bequemlichkeitsgründen. Im Hause meiner Eltern fühlte ich mich aufgehoben, wohnte dort bis zur Verheiratung in meinem 38. Lebensjahr, besass da sowohl Infrastruktur als Geborgenheit, dazu manche kulturelle Anregungen, die Zürich auch im ersten Jahrzehnt nach Kriegsende in reichlichem Masse bot. Das «Collegium musicum» unter Paul Sacher lockte mit vielen Erstaufführungen; man sah Strawinsky und Hindemith dirigieren, Richard Strauss und Benjamin Britten wenigstens bei den Uraufführungen ihrer Werke (der Metamorphosen und der Illuminations) dabeisein; auch meinem Onkel Honegger wurde die letzte, sehr produktive Schaffenszeit zuteil. Interessant aber auch und immer wieder Oper und Schauspiel, bequem und noch nicht so überlaufen wie heute die Zentralbibliothek. Zwar hatte ich bei Reisen und Forschungsaufenthalten gelegentlich doch Blicke in andere Universitäten geworfen, nach Genf und Paris, wo Pierre Renouvin ein Riesenseminar (vielleicht hiess es auch anders) mit aggressiver Brillanz meisterte und wo mich auch Marrou mit seiner Rhetorik beeindruckte. Braudel, den ich viel später einmal durch die Zürcher Altstadt führen durfte, realisierte ich noch nicht, obwohl sein Standardwerk «La Méditerranée et le monde méditerranéen à l'époque de Philippe II» bereits vorlag, als meine Dissertation erschien. In Bern hörte ich leider nicht mehr Feller, wohl aber Werner Näf, den Verfasser der von mir wegen ihrer analytischen Konzentration hochgeschätzten «Epochen der neueren Geschichte». In Basel gastierte ich einmal nach einem Museumsbesuch bei dem bewunderten Burckhardtbiographen Werner Kaegi, der über ein humanistisches Thema las, sehr quellennah und hochkultiviert, die politische Geschichte freilich – ob zu Recht? – als bekannt voraussetzend. Gleich anschliessend sass ich bei Wolfram von den Steinen, und da wurde mir das gewaltige, wohl typisch baslerische Gefälle zwischen Ordinarien und Nichtordinarien bewusst: Kaegis Kolleg war bis zum Rande besetzt gewesen, sichtbarlich auch von vielen eleganten Damen der besseren Gesellschaft. Von den Steinen dagegen, obwohl doch eine Kapazität auf seinem Gebiet, las vor einem kleinen Grüppchen von vielleicht zehn Hörern. Edgar Bonjour hatte an diesem Tag offenbar keine

Vorlesung; von ihm hörte ich gelegentlich Radiovorträge (z. B. einen über Schiller als Historiker).

Nach Studienabschluss ging für mich die wissenschaftliche Arbeit weiter. Eine offene Stelle gab es nicht, ich suchte einstweilen auch noch keine. Dafür wollte ich den Studienaufenthalt im Ausland nun endlich nachholen. Dank meinem guten Abschluss konnte ich mit Stipendien rechnen. Zur Wahl standen zwei Möglichkeiten: das Croce-Institut in Neapel, das Federico Chabod leitete, sodann ein Platz als Stipendiat der Bundesrepublik, der mir die freie Wahl unter den deutschen Universitäten bot. Ich entschied mich für letzteres und habe es nie bereut. Vielleicht hätte mich auch die neapolitanische Option bereichert, denn für Albertini und Helbling, die beide an jenes Institut gingen, ist Chabod ein starkes Erlebnis geworden. Göttingen, wohin ich mich (wenn ich nicht irre, auch auf den Rat Hofers hin) begab, befand sich damals auf dem Höhepunkt seiner geschichtswissenschaftlichen Ausstrahlung. Das war auch eine Folge des verlorenen Krieges, denn zu den ansässigen Professoren, dem Mediaevisten Schramm und dem Neuzeitler Siegfried A. Kaehler, waren vertriebene gekommen: aus Strassburg Hermann Heimpel, aus Posen Reinhard Wittram. So war es eine Glanzbesetzung von Historikern, die sich ausgezeichnet ergänzten. Äusserlich hatte sich die unzerstört gebliebene Stadt seit der Zeit vor dem 1. Weltkrieg, da mein Vater dort studiert hatte und Assistent gewesen war, wenig verändert; ihr fast grossstädtischer Boom setzte erst später ein. Das Theater unter Heinz Hilperts Leitung war bemerkenswert gut, das Musikleben freilich recht provinziell. Die Atmosphäre wirkte mitunter etwas muffig, deutschnational; ich besuchte auch einmal eine Veranstaltung der Deutschen Reichspartei unter von Thadden, der gemessen an den Nazigrössen allerdings doch nur ein Demagoge kleinen Kalibers war. Hermann Heimpel hatte als Rektor, der er 1953 wurde, viel Ärger mit dem wiederaufblühenden Verbindungswesen und dessen nationalistischen Untertönen. Die Gefahr, wenn sie wirklich eine war, kam damals eindeutig von rechts. Im Lehrbetrieb der Universität spürte man wohltuend wenig von alledem. Heimpel, dessen Rektoratsrede über einen Entwurf der deutschen Geschichte uns damals als Vorspiel zu einem grossen Werk erschien, hielt hervorragende Vorlesungen, glanzvoll vor allem in den weiten Perspektiven der einleitenden Stunden. Im Seminar, wo wir verschiedene Deutsche Geschichten – ich diejenige Dietrich Schäfers – behandelten, konnte er witzig und recht pointiert sein. Schramm, gleichfalls Mediaevist und vor allem an den universalistisch-byzantinisch-symbolgeschichtlichen Aspekten seines Fachs interessiert, hielt unter gewaltigem Zulauf eine Vorlesung über den 2. Weltkrieg, den er als Offizier im Führerhauptquartier sozusagen an der Quelle miterlebt hatte, denn er war an der Abfassung des Kriegstagebuches beteiligt gewesen. Ein hamburgischer Grandseigneur und überzeugter Offizier, suchte er zwischen dem zu trennen, was sich in jenem Krieg noch verantworten liess und dem anderen, vorgeplant mörderischen. Siegfried A. Kaehler, der Neuhistoriker, war kein Dozent mit grossen Lehrveranstaltungen. Ich kannte und liebte sein Buch über Wilhelm von Humboldt und den Staat als eines der feinsinnigsten Werke aus der Schule Meineckes. Sehr ziseliert fragend und hinterfragend, behandelte er mit geistvoller Gründlichkeit die Bismarckzeit. Der skeptisch wache, stets kritisch überprüfende Duktus seines Dozierens hat mich, wie ich später spürte, stark beeindruckt. Kaehler war Sohn eines Theologen und seine Sicht der Probleme war latent lutherisch, säkularisiert sündenbewusst. In anderer Brechung galt das auch von Wittram, einem hageren Baltendeutschen, der mich äusserlich etwas an den ersten Offizier in Eisensteins Film «Panzerkreuzer Potemkin» erinnerte. Er war – im Unterschied zu Kaehler – stärker von NS-Ideologien erfasst gewesen und 1939 mit anderen Baltendeutschen aus Riga «heim ins Reich» umgesiedelt worden; in Posen hatte er als Ordinarius und Dekan natürlich zu den kulturellen Exponenten des 3. Reiches gehört. Darunter litt er nun und rang sich mit grosser Klarheit und Lauterkeit ein neues, erlebt christliches Bild der Geschichte ab. Daneben war er ein hervorragender Russlandhistoriker und vertrat damit einen Zweig, den es in Zürich noch nicht gab (denn ein Lehrauftrag für den Sozialdemokraten Valentin Gitermann war nach einem Semester auch aus politischen Gründen nicht erneuert worden). In seinen Vorlesungen erfuhr ich erstmals, wer Iwan der Gestrenge und Peter der Grosse wirklich gewesen, wie sie von ihren russischen Voraussetzungen her zu verstehen waren. Neben diesen Professoren gab es auch jüngere Dozenten. Einer von ihnen, Walter Bussmann, war Schüler Kaehlers und hatte eben ein Buch über den jüngeren Heinrich von Treitschke geschrieben, das mich, der ich die meisten Bücher dieses Historikers besass, sogleich in Bann zog, da es nicht einfach den Nationalisten brandmarkte, sondern in der Art seines Lehrers psychologisch einfühlsam den schwierigen Anfängen des grossen Essayisten und Politologen (der ja Treitschke ursprünglich war) nachging. Der andere war Walther Hubatsch, etwas gehemmt und auf edle Art vergrämt über den Verlust seiner ostpreussischen Heimat. Er machte daraus das Beste, indem er über das alte Preussen forschte und dann durch seine Schüler forschen liess. Sein Buch über die deutsche Besetzung Dänemarks und Norwegens, obgleich etwas apologetisch, war doch ein früher Versuch zur wissenschaftlichen Bewältigung der allerjüngsten Geschichte. Das Studienjahr, eigentlich meine erste wirkliche Begegnung mit Deutschland, wurde beschlossen mit einem gemeinsamen Besuch der Stipendiaten in Bonn, die auch vom Bundespräsidenten Heuss empfangen wurden. In Mainz lernte ich im neugegründeten Institut für Europäische Geschichte meinen späteren Giessener Kollegen Martin Göhring kennen, dessen Geschichte der Französischen Revolution für mich eines der besten Werke der narrativen Historie geblieben ist.

Noch in Göttingen begann ich, eigentlich paradoxerweise, am französischen Thema meiner Habilitationsschrift zu arbeiten, und fuhr damit in Zürich, nunmehr von einem Nachwuchsstipendium unterstützt, fort. Daneben gab es andere Projekte, so dasjenige eines Handbuchs der Schweizergeschichte, eines helvetischen Pendants zum deutschen Gebhardt. Autoren fanden sich, in dem jungen Altzürcher Dr. Conrad Ulrich vom Berichthaus auch ein historisch interessierter Verleger. Das war umso dankenswerter, als die Initianten lauter Historiker meiner Generation waren. Rückschläge blieben uns freilich auch nicht erspart. Marcel Beck hatte das Frühmittelalter übernommen, und wir versprachen uns viel davon, weil er diese Periode gut kannte und sie in den herkömmlichen Schweizergeschichten arg vernachlässigt worden war. Dann aber kam die kalte Dusche, indem er wegen politischer Beanspruchung seine Mitarbeit kurzfristig absagte. Nach verschiedenen vergeblichen Sondierungen – einmal waren Hanno Helbling und ich bei Werner Kaegi in seiner schönen Wohnung über dem Rhein, wurden höflich empfangen, aber doch etwas ratlos entlassen – sprang Hans Conrad Peyer in die Lücke und rettete mit seiner Arbeitskraft das Unternehmen. Becks Ausstieg war übrigens keineswegs die einzige Panne, die dem Handbuch widerfuhr, aber doch die bedrohlichste. Das Werk behält auch heute noch seinen Platz neben der zwar moderneren, streckenweise aber etwas hastig entstandenen «Geschichte der Schweiz und der Schweizer».

Es gab auch Fehlinvestitionen. So liess ich mich zur Übernahme der Edition eines Riesenunternehmens verleiten, der Schweizerchronik Gilg Tschudis, die viel Zeit und Arbeitskraft in Anspruch nahm und mir im Grunde gar nicht lag, da sie weit mehr ein mediaevistisches als ein frühneuzeitliches Projekt war. Immerhin lernte ich daraus, wie ein humanistischer Historiker mittelalterliche Quellen benützte, wo und aus welcher Absicht heraus er eigene Erfindungen bzw. Fälschungen – oder wie immer man das benennen mag – hinzutat. Aber ich lernte auch, dass ich mehr zum Darsteller als zum Editor geschaffen war. Des «Chronicon helveticum» hat sich dann Bernhard Stettler angenommen, und es bestehen gute Aussichten, dass er damit zu Ende kommt.

Mittlerweile nahm auch die berufliche Laufbahn festere Umrisse an. Im Frühjahr 1955 wurde ich Assistent, zwei Jahre später habilitierte ich mich. Die Probevorlesung über Holstein verlief ohne Zwischenfälle; die Diskussion, die heute so manchem Habilitanden zum Verhängnis gereicht, war noch nicht üblich. Dem Vernehmen nach habe sich Ernst Howald, der in der alten Fakultät einen dominierenden Einfluss ausübte, dagegen ausgesprochen; so kam sie erst im Laufe der 1960er Jahre hinzu. Ob sie immer der Sache zum Nutzen gereicht, darüber sind die Meinungen geteilt. Gewiss gibt sie dem angehenden Dozenten Gelegenheit, seine Beschlagenheit in der Diskussion zu zeigen. Doch dient sie gelegentlich auch dazu, Habilitanden durch besserwissende Fragen risikolos in Bedrängnis und zu Fall zu bringen. Die Habilitation war damals noch in jüngeren Jahren möglich, da das heute obligatorische Lizentiatsexamen eben erst vor der Einführung stand. Allerdings war man dann auch wirklich nur ein privater Dozent; in meinem Fall (welcher wohl der üblichen Norm entsprach) dauerte es sechs Semester, ehe ich meinen ersten bezahlten Lehrauftrag bekam.

Die Assistenz lief nach einigen Jahren aus; nicht zu meinem Schmerz. Denn ich geriet in zunehmendem Masse in das Spannungsfeld der Professoren, vor allem zwischen Beck und seinen Kollegen. Da war ich recht glücklich, neben meiner Privatdozentur auf eine höhere Mädchenschule hinüberwechseln zu können, wo ich neben Geschichte auch Kunstgeschichte und Soziale Fragen lehrte. Das war unbelastend, mit alljährlichen Diplomreisen nach Italien verbunden und anregend. Gelegentliche Disziplinschwierigkeiten, wie ich ihnen bei Stellvertretungen an Knabengymnasien etwa begegnet war, gab es nicht; da konnte ich – parlamentarisch gesprochen – immer auf eine solide Regierungsmehrheit zählen. Zudem hat man als Gymnasiallehrer den Vorzug der Universalgeschichte; man kann vom alten Ägypten an alles behandeln und beliebige Schwerpunkte setzen. Das führt freilich in nicht ganz seltenen Fällen dann aber dazu, dass die neueste Geschichte – vorab die seit 1945 – aus Zeitnot oder Desinteresse nur noch knapp behandelt wird, manchmal überhaupt nicht mehr. In der Schweiz ist, im Unterschied zu Deutschland, eine Berufstätigkeit als Lehrer (oder in einer anderen Sparte) für einen Dozenten und angehenden Professor durchaus üblich; sie bewahrt auch vor der Treibhausluft einer lebenslänglich ganz auf die Hochschule begrenzten Existenz. Mir ist die Trennung von der Schule nicht einmal ganz leicht gefallen, obwohl ich mir eingestehen musste, dass die Anregung wohl schon bald unter dem Wiederholungszwang gelitten hätte.

Auf Frühjahr 1963 wurde ich Assistenzprofessor an der Universität Zürich und bekam damit als einer der ersten eine Charge, die hier eben erst geschaffen worden war. Es war die Ausbauphase, in die ich nun hinein kam. Damit war die Studienzeit im weitesten Sinne des Wortes abgeschlossen. Für mich waren es zugleich Jahre der menschlichen Anpassung, der Normalisierung und auch erster administrativer Erfahrungen gewesen. Ich bewegte mich nun auf der «Laufbahn», die mir seit Jahren vor Augen gestanden hatte. Das wissenschaftliche Interesse war zum Beruf geworden.

Die «Landi»* als Jugenderinnerung eines Historikers

Wer die Landi selber noch bewusst erlebt hat, dann aber als Historiker aus der Distanz eines halben Jahrhunderts und in Kenntnis der heute gängigen Urteile über sie schreiben soll, findet sich in einem gewissen Zwiespalt. Damals war man, obwohl als jugendlicher Mensch (geb. 1925) nicht einmal unkritisch, vor allem beeindruckt, ergriffen, und dies in doppelter Hinsicht. Das Erlebnis des eigenen Landes, in wirksam dargebotener Verdichtung und landschaftlich schön eingebettet, war ebenso faszinierend wie das Erlebnis der Modernität. Beides ergänzte und durchdrang sich zum Bewusstsein, in einem Land zu leben, das sehr eigenartig und von allen Ländern unterschieden war und doch auf der Höhe seiner Zeit stand, nicht einfach versunken in gemütvoller Abseitigkeit. Zu beiden Grundeindrücken kann ich auch heute, als Historiker, noch durchaus stehen. Es war ja schwierig, eine Ausstellung zu konzipieren, die sich von den herkömmlichen Mustermessen unterschied, die den Willen zu einer übernationalen Nation demonstrierte, ohne in Zersplitterung oder leeres Pathos zu verfallen. Anderseits ging es eben auch darum, einem seiner Mentalität nach konservativen Volke den Grad erreichter Modernität vorzuführen, ohne durch provozierende Abstraktion anzustossen und die Gesamtwirkung zu gefährden.

So kam es zu einem geglückten Nebeneinander von mehr traditionellen Werten, die sich auf dem rechten Seeufer im Heimatstil aufgehoben fanden, und der kühnen Konzeption des linken, mit dem Höhenweg als verbindender Arterie. Durchblättert man heute die Bildwerke jenes Anlasses, so staunt man über die immer noch beeindruckende Fortschrittlichkeit mancher Architektur von damals, etwa des Aluminiumbaus für die Industrie, der Chemiehalle oder des Interpharmaturms. Solche Beispiele demonstrieren zugleich die Resistenz und Kontinuität der Moderne. Kaum zu denken, dass Ausstellungsbauten aus den 1880er Jahren ein halbes Jahrhundert später noch eine vergleichbare Wirkung erzielt hätten.

Aber das Pathos, wirkte und wirkt es nicht irgendwie faschistoid? Zwei Jahre zuvor hatte ich Paris und die Weltausstellung von 1937 besucht. Da konnte man selbst als Kind wahrnehmen, was pathetische Architektur wirklich war – die damals neuerrichteten Monumentalanlagen des Palais de Chaillot, die das alte Trocadéro ersetzt hatten (wie um die gleiche Zeit in

* Schweizerische Landesausstellung in Zürich 1939.

Zürich das neue Kongressgebäude die alte Tonhalle ersetzte). Dann in merkwürdig übereinstimmendem Pomp längs der Seine das Gegenüber des sowjetischen und des deutschen Palais; das erstere von einem jugendlichen, Sichel und Hammer schwingenden Athletenpaar, das letztere von einem etwas unsicheren Reichsadler (mit dem einen Auge schaut er auf den Sowjetpavillon, mit dem anderen auf den des Vatikans, spottete mein Vater) gekrönt. Das alles wirkte viel monumentaler und «faschistischer» als irgendein Bauwerk der Landi. Pathetisch auf seine Art wirkte aber auch Picassos eben vollendetes Guernica-Gemälde im spanischen Pavillon – für mich, der ich natürlich traditionellen Historienbildern den Vorzug gab, zu abstrakt, wenn auch auf wirre Art beeindruckend. Anschaulicher waren im selben Gebäude dann schon die vielen Fotos zerstörter Spitäler, Kinderheime und Schulen. Im deutschen Pavillon gab es ein Gedränge um ein, wie mir schien, höchst mittelmässiges Kino – erst nachträglich erfuhr ich, dass ich erstmals ferngesehen hatte.

Was aber jener Exposition mondiale völlig abging, war eben das, was die Stärke der Landi ausmachte, das Idyllische und Gemüthafte, das doch nicht ins Banale umschlug. Der Kitsch kam dann eigentlich erst mit gewissen musikalischen Umrahmungen («s Landidörfli») hinzu; das Landidorf selbst wirkte solid und bodenständig, allenfalls etwas aufpoliert, aber keineswegs geschmacklos. Dieses Doppelantlitz von zeitgemässer Modernität und Bodenständigkeit, welches die Landi kennzeichnete, macht sie auch heute noch für den Historiker interessant. Interesse heisst bekanntlich Zugegensein, und es war eben die Integrationswirkung auf weite Kreise, die ihre Bedeutung über alle vergleichbaren Darbietungen hinaushebt. Weltanschauliches Bekenntnis wurde nicht verdrängt, sondern an den Zuschauer herangetragen. Die Christlichkeit der Schweiz trat z.B. stärker in den Vordergrund, als dies Jahrzehnte zuvor oder später der Fall gewesen wäre. Die Zeit war zu ernst für Konfessionslosigkeit oder gar Atheismus. Randgruppen kamen kaum zu Wort. Einordnung wurde grossgeschrieben; asoziales Verhalten galt als egoistisch und unschweizerisch. Die Pflege der Tradition, die für heutige Begriffe beinahe etwas Kultisches hatte, diente dem Bewusstsein der Verbundenheit mit der Vergangenheit, der Eingebundenheit in sie. Das galt gerade auch für Kultur und Kunst. Man vermied Brüche wie 1914, da man eine – für damalige Begriffe – ultramoderne Kunst in ein biederes Ausstellungsensemble hineinverpflanzt hatte. Vertreter eines neuen Realismus wie Paul Bodmer und Hans Erni hatten mit ihren Fresken eine grosse Zeit; sie prägten die Erinnerung auch solcher Besucher, welche die Künstlernamen kaum im Gedächtnis behielten. Abstrakte Kunst fand, soviel ich mich entsinne, 1939 kaum einen Platz, jedenfalls ist mir nichts Derartiges in Erinnerung geblieben. Das lag sicher im Zuge der Zeit, da selbst ehedem moderne Maler wie

Cuno Amiet den Weg zur neuen Realität eines gehobenen Heimatstils gefunden hatten. Konzessionen also, vielleicht auch ein Schuss Anpassung an eine Zeit, in welcher Experimente weitgehend ausgespielt hatten – im hitlerischen Berlin übrigens ebenso wie im stalinistischen Russland und selbst anderswo. Modernität lag mehr im Technischen als in der Kunst; selbst Honeggers für die Landi geschaffenes Oratorium «Nicolas de Flue» wirkte sehr viel zugänglicher als seine in den zwanziger Jahren entstandenen, damals oft als atonal empfundenen Werke. Bodenständigkeit war gefragt, auch von den Intellektuellen wurde sie verlangt, und diese fügten sich dem Gebot mitunter nicht einmal ungern.

Man fühlte sich bedroht, anders als 1914, da der Krieg eigentlich völlig überraschend und aus heiterem Himmel eine an langen Frieden gewohnte Welt heimgesucht hatte. In den Jahren nach 1933 dagegen sah man den Krieg Monat für Monat näherrücken; man erkannte, dass die Diktatoren keinen anderen Daseinszweck als den des Krieges verfolgten. Dass dieser Krieg nicht schon 1938 ausgebrochen war, grenzte an ein Wunder; dass er 1939 oder spätestens im Jahr danach kommen würde, schien gewiss. Diese eigentümlich bedrückende Atmosphäre kann der nur sehr schwer nachfühlen, der in einem Europa ohne Krieg aufgewachsen ist. Die Landi ist von dieser Stimmung stark bestimmt gewesen; aber auch vom Willen, keine Endstimmung aufkommen zu lassen. Die Schweiz kann sich verteidigen – dieses Motto bestimmte den Wehrpavillon mit seiner Ausstellung moderner Waffen, an denen man sogar herumhantieren – lies: sich einüben – konnte. Wer damals von einer Abschaffung der Armee gesprochen hätte, wäre als geisteskrank oder Landesverräter deklariert worden, allenfalls als eine Kombination von beidem. Das Volk stand hinter der Armee wie nie zuvor; sogar Kommunisten und Frontisten bekannten sich in jenem Sommer – wenn auch mit Hintergedanken – dazu.

Der Pazifismus war – wie der «Zürcher Student» damals zutreffend feststellte – völlig ausser Kurs gesetzt. Im Unterschied zum Ersten Weltkrieg sind im Zweiten auch keine Fälle von Militärdienstverweigerung vorgekommen. Und so bildete denn auch die «Wehrwille» betitelte Statue den wirkungsvollen Schluss des Höhenweges; sie erfüllte einen Raum, den der Schweizer entblössten Hauptes (damals trug man noch Hüte) durchmass. Es war von grosser Bedeutung gewesen, dass die Sozialdemokratie und damit die Arbeiterschaft sich wenige Jahre zuvor zur Armee bekannt hatten; das Bürgertum verlor seinen Feindcharakter angesichts der so viel bedrohlicheren Gefahr, die vom Nationalsozialismus ausging, diesem Sozialistenzertrümmerer par excellence. Zwar war die SPS nach wie vor von der Landesregierung ausgeschlossen. Das blieb ein Schönheitsfehler, der in zunehmendem Masse auch von der Bourgeoisie als solcher erkannt wurde. Kein Geringerer als Ernst Gagliardi prangerte diese Anomalie im

36

Schlusskapitel der 1939 erschienenen letzten Ausgabe seiner Geschichte der Schweiz an.

Die Bundesräte des Landjahres waren zwar nicht durchwegs populär, aber doch akzeptiert. Nationale Disziplin waltete vor und hielt allfällige Kritik in Grenzen; die Medien waren unentwickelt; es gab noch keine Schweizer Wochenschau; Interviews mit Bundesräten fanden praktisch nicht statt. Nur ein kleiner Teil der Schweizer kannte sie vom Sehen (denn auch die Zeitungen brachten wenig Bilder); als ich sie am Eröffnungstag der Landi beisammen sah, war ich ob ihrer zum Teil recht altmodischen Gewandung erstaunt. Viele trugen Gehrock und Zylinder, einer (ich glaube Pilet-Golaz) sogar Gamaschen. Diktatoren wirkten zweifellos moderner, uniformer, aber auch unheimlicher. Als Pfadfinder war ich an einem dieser Tage zum sogenannten Ordnungsdienst aufgeboten – ziemlich unnötigerweise, da in dieser ordentlichen Zeit niemand an Unordnung dachte. Dafür sah ich alles aufs beste.

Ein feierlicher Tag, im Rückblick einer der wenigen, da man seine Zugehörigkeit und Zusammengehörigkeit förmlich spürte. Das prickelnd unheimliche Bewusstsein, dass zwanzig Kilometer im Norden ein völlig anderes System mit Diktatur und Konzentrationslagern (über die war man in meiner Familie dank Wolfgang Langhoffs «Moorsoldaten» aufs beste informiert) begann, kann sich der heutige Schweizer mit seinen vier harmlosen Nachbarstaaten kaum mehr vorstellen. Damals reagierte man übersensibel auf alle Kritik an schweizerischen Werten. Wer akzentfrei Hochdeutsch sprach, wurde leicht mit Misstrauen betrachtet: Das galt für Reichsdeutsche wie für Emigranten. Unverdächtig war das Englische, das aber kaum jemand fliessend beherrschte; die angloamerikanische Welle kam erst 1945. Mit den Romands und dem Tessin fühlte man sich verbunden; Welschlandaufenthalte waren verbreitet, die Französischmuffelei lag noch ferne. Das Rätoromanische als vierte Fremdsprache hatte zwar einen leicht exotischen Beigeschmack, doch begegnete man ihm an ausgewählten Stellen auch in der Landi. Die Schweizer von damals hielten sich zwar für weltoffen, aber die wenigsten hatten aussereuropäische Gebiete gesehen; zumeist Geschäftsleute oder ganz Wohlhabende. Griechenland- oder Ägyptenreisen galten als ein Privileg der Reichen und einiger Gelehrter. Man war eben der Wirtschaftskrise entronnen und ans Sparen gewöhnt; das erleichterte dann den Übergang in die kargen Kriegszeiten. Der Autoverkehr war zwar von zunehmender Dichte, aber unentbehrlich waren diese Fahrzeuge noch kaum, und nach der Benzinrationierung entwöhnte man sich ihrer rasch. Bedrohter Wohlstand also zwischen Zeiten der Knappheit – das war das Signet jenes Jahres 1939.

Natürlich war nicht alles auf Ernst gestimmt. Es gab Festgemütlichkeit, viele Wirtschaften, ein Seenachtsfest, dann das von manchen Besuchern als eigentlicher Höhepunkt erlebte Trachtenfest, dem Hörensagen nach elegante Modeschauen und dergleichen mehr. Die Schwebebahn, welche die beiden Ausstellungsteile verband, war technische Sensation und Gag zugleich; sie verlieh dem altgewohnten See gewissermassen eine neue Dimension. Ebenso der köstlich entspannende Schifflibach, eine beinahe genial zu nennende Erfindung. Wohl dem, der dank einer Dauerkarte die Ausstellung, sooft er wollte, besuchen und sie sich regelrecht zu eigen machen konnte.

Daneben gab es verdrängte Bereiche, zweifellos. Dazu gehörte etwa die Armut. Die Landi erweckte, wenn man sie sozial hinterfragte – was ich selbstverständlich so wenig tat wie die meisten ihrer Besucher –, den Eindruck bzw. die Illusion, in der Schweiz gebe es fast nur Mittelstand, allenfalls etwas mehr oder weniger gehobenen. Werner Möckli hat in seiner zitatenreichen Dissertation («Das schweizerische Selbstverständnis beim Ausbruch des Zweiten Weltkrieges», Zürich 1973) gezeigt, dass die Festspiele der verschiedenen Kantone darauf angelegt waren, Klassen- und Standesunterschiede herabzuspielen und zu bagatellisieren. Das Bauerntum erschien als gesunde Mitte, der Schweizerart gemäss. Man ahnte, dass man seiner bald wieder bedürfen würde. Anderes, minder Harmonisches, trat zurück. Die Trunksucht (das Drogenproblem jener Zeit) wurde, wenn ich mich richtig erinnere, in irgendeiner Ecke zwar angeprangert, aber diskret und beiläufig. Es gehört zur erwähnten Verdrängung der Randgruppen, dass die Fahrenden – deren Vernachlässigung jener Ära neuerdings so schwer angelastet wird – ebenfalls ausgeklammert blieben. Und zwar, wohlverstanden, ohne Anwandlungen schlechten Gewissens. Das Wort des Maréchal Pétain «La place d'un peuple n'est pas sur la route» (er prägte es allerdings im Blick auf den französischen Exode des Frühsommers 1940) bezeichnet auch die Mentalität der meisten Schweizer: Man war sesshaft, fuhr allenfalls mal in die Ferien, aber nicht jahrein jahraus im Lande herum. Ebenfalls verschwiegen blieb (Gedächtnislücke vorbehalten) die doch allbekannte Tatsache, dass es neben Reformierten und Katholiken auch noch Juden gab. Man unterdrückte sie zwar nicht wie im Dritten Reich, beileibe nicht, liebte sie jedoch nicht besonders und tabuisierte ihre Existenz gewissermassen.

Nationale Lebenslügen oder Verdrängungskomplexe? Von heute aus geurteilt, vielleicht. Aber die Landi war ja nicht einfach eine ausgestellte Statistik von all dem, was es in der Schweiz auch noch gab. Sie beruhte auf einem grossen Konsens. Wer zur Schweiz gehören wollte, musste eben seine Eigentümlichkeiten zurückstecken. Ein Chorgesang kommt auch nicht zustande, wenn jeder sein eigenes Lieblingslied singt.

Denn die Arglist der Zeit, die Bundespräsident Philipp Etter in seiner Festansprache in Anknüpfung an den Bundesbrief von 1291 heraufbeschwor, bedurfte keines Kommentars. Die Landi wurde zum Symbol eines Zusammenhalts für das ganze Land. Ausserhalb der Schweizer Grenzen hörte bald schon jede Geborgenheit auf. Da liegt denn auch, wenn ich recht sehe, das eigentliche und einmalige Vermächtnis jener Ausstellung im Blick auf die kommenden Kriegsjahre. Schwer vorzustellen, wie damals eine überzeugendere Ausstellung hätte aussehen sollen – das mögen Kritiker doch stets bedenken. Mehr als irgend etwas anderes hat sie, die wohl von den meisten Schweizern besucht wurde, jener Generation eine Art Wegzehrung mitgegeben. Ich rede vermutlich für Tausende von Zeitgenossen, wenn ich offen gestehe, dass sie für mich das bleibende Austellungserlebnis meines Lebens geblieben ist. Gewiss, die Expo von 1964 war in mancher Hinsicht raffinierter, aber auch unterkühlter und orientierungsärmer. Die Plastik Tinguelys war gleichsam das Zeichen einer Zeit, welche die Kontrolle über ihre eigene Technik einzubüssen begann. Dieser Befund bestätigt letztlich die These, dass jede übergreifende Ausstellung in einem epochalen Kontext steht, der sie bedingt und ihr vom geschichtlichen Erlebnisgehalt her eine bleibende oder auch nur vorübergehende Bedeutung verleihen kann.

II. Variationen zum Thema Schweiz, Zürich und Europa

Eidgenossenschaft und Reformation

Die folgenden Ausführungen beschäftigen sich mit dem Problem, warum die Eidgenossenschaft im Gegensatz zum übrigen Reich die Reformation heil überstanden hat. Stellen wir die Antwort auf diese Frage noch einen Augenblick zurück – jedenfalls bemühe ich mich, im folgenden mit ein paar knappen Thesen das herauszuheben, worin sich der Reformationsverlauf vom deutschen unterscheidet. Diese fünf Thesen gruppieren sich um folgende Stichworte:
1. Phasenverschiebung des Reformationsverlaufs gegenüber Deutschland
2. Reformation als primär städtischer Vorgang?
3. Solddienste
4. Sprachenfrage
5. Bauernfrage

Vorauszuschicken ist folgendes: Die alte Eidgenossenschaft der dreizehn Orte, Länder und Städtekantone – war in ihrer äusseren Entwicklung beim Reformationsbeginn gerade zum Abschluss gekommen; der letzte Ort, Appenzell, war erst 1513 zu vollwertiger Mitgliedschaft aufgenommen worden. Es bestand auch nicht einfach eine völlige Gleichberechtigung aller Orte: ein volles Bündnisrecht besassen z.B. nicht alle; es gab bestimmte Abstufungen, vor allem zugunsten der alten acht und zu Lasten der später hinzugekommenen Orte. Das ist für unser Thema insofern von Bedeutung, als die eidgenössischen Glaubenskriege nie einfach zwischen allen katholischen und allen reformierten Orten ausgetragen wurden, sondern begrenzt blieben: wirklich gekämpft haben jeweils die fünf inneren Orte, die den Kern der alten und zugleich der katholischen Eidgenossenschaft bildeten, gegen die zwei präponderanten und reformierten Städtekantone Zürich und Bern. Andere Orte nahmen eine mehr vermittelnde Position ein – vor allem Freiburg und Solothurn, Glarus und Appenzell.

Sodann: Der eigentliche Kitt, der die alte Eidgenossenschaft auch nach der konfessionellen Spaltung zusammenhielt, waren die Gemeinen Herrschaften, also die Untertanengebiete, die von allen oder einem Teil der dreizehn Orte gemeinsam regiert wurden. Die Tagsatzungen – eine Art eidgenössische Variante der Reichstage – hatten neben der Besprechung gemeinsamer Obliegenheiten wesentlich auch die Funktion von Verwaltungssitzungen in bezug auf diese Untertanengebiete. Die Gemeinen Herrschaften wurden aber gerade deshalb auch die spezifischen Reizzonen der konfessionellen Spaltung, da jede Veränderung des Status quo die ohnehin prekären Gleichgewichtsverhältnisse stören musste.

Neben den Orten und ihren Untertanengebieten gab es als eidgenössisches Spezifikum ferner die sog. Zugewandten, also politische Gebilde, die wohl der Eidgenossenschaft zugerechnet wurden, aber ihr nicht als voll gleichberechtigte Orte angehörten.

Auch da gab es Abstufungen, vor allem nach Bedeutung und Grösse – neben grossen wie den drei Bünden und dem Wallis auch Reichsstädte wie Rottweil und Mülhausen. Von Bedeutung aber ist, dass die konfessionelle Spaltung quer durch die Zugewandten ging.

Wenn ich einleitend sagte, die alte Eidgenossenschaft habe ihren Bestand um 1520 gerade erst erreicht, so ist hinzuzufügen, dass ein weiteres Wachstum – etwa durch die Erhebung von Zugewandten zu Vollmitgliedern – an sich denkbar gewesen wäre, aber durch die konfessionelle Spaltung fast zwangsläufig zur Unmöglichkeit wurde, da jede Änderung auf die Obstruktion der anderen Konfessionsgruppe stiess. Das zeigt sich z. B. am Veto der inneren Orte gegen eine Aufnahme Genfs in die gesamteidgenössische Zugewandtschaft. Dies ein paar Bemerkungen zum Vorverständnis[1].

1. Was zunächst rein äusserlich und chronologisch auffällt, ist eine Phasenverschiebung gegenüber den konfessionspolitischen Auseinandersetzungen im Reiche. Den 1. Glaubenskrieg (den sog. 1. Kappelerkrieg) durchficht die Schweiz – übrigens unter geringen Verlusten – bereits 1529, also zu einem Zeitpunkt, da in Deutschland die konfessionellen Grenzen und Verbindungen sich noch in ihren Anfängen befinden. Es folgt eine kurze Phase der reformierten Expansion, vor allem in den deutsch-schweizerischen Untertanengebieten, sie wird abgeblockt durch den überstürzt entfesselten 2. Kappelerkrieg mit der Niederlage der Reformierten.

Der Zweite Kappeler Landfriede von 1531 hat für die deutsche Schweiz Konfessionsgrenzen geschaffen, die (von geringen, noch offenen Ausnahmen wie Glarus und Appenzell abgesehen) auf Jahrhunderte Bestand haben sollten. Schwierig war die Ausscheidung vor allem in den Gemeinen Herrschaften; sie ist im wesentlichen zugunsten der mehrheitlich katholischen Herrschaftsorte vollzogen worden. In diesem Definitivum liegt also der entscheidende Unterschied etwa zum Augsburger Religionsfrieden von 1555, der das freie Spiel der expandierenden Konfessionskräfte nicht zu beeinträchtigen vermochte. Ein weiteres kommt hinzu. Der Tod des eigentlichen Kriegsurhebers Zwingli hat diese Schlichtung zweifellos erleichtert und gewisse Emotionen, die vor allem auf katholischer Seite bestanden, abbauen helfen: fortan herrschte beiderseits zwar kühles Misstrauen vor, aber die Kriegshysterie der Jahre 1530/31 blieb gebannt.

Die Konfessionsgrenzen waren somit im Sinne eines «status quo» eingefroren. Aber das schloss expansive Erweiterungen ausserhalb ihres Bereichs nicht aus. So gelang Bern bekanntlich 1536 die Eroberung der Waadt und die Entsetzung des bedrängten Genf – damit war die reformierte Niederlage mehr als kompensiert. Die katholischen Orte haben es aber bis zum Untergang der alten Eidgenossenschaft vermieden, die Waadt als eidgenössisch anzuerkennen und irgendwelche Verteidigungsverpflichtungen zu übernehmen. (Und der letzte Gebietszuwachs, den die Eidgenossenschaft überhaupt erfahren hat, ist konfessionell geteilt worden – es war dies die Grafschaft Greyerz, ein Gebilde von der Ausdehnung eines kleineren Kantons. Als der letzte Graf in Konkurs ging, übernahm wohl Bern einen Teil davon, das Gebiet um Gstaad und Saanen, und führte es dem neuen Glauben zu, das Kerngebiet Greyerz dagegen ging in den Besitz des katholischen Freiburg über. Das war um 1555.)

Dafür ist den katholischen Orten ein Abwehrgewinn gelungen, und zwar gleichfalls im Westen – sie schlossen 1579 ein Bündnis mit dem Fürstbischof von Basel und ermöglichten ihm so eine zielbewusste Rekatholisierungspolitik. Dadurch konnte dieses bereits protestantisch durchsetzte Territorium, im wesentlichen der heutige Kanton Jura, dem katholischen Glauben erhalten werden.

Man sieht: es waltet ein konfessionspolitisches Ausgleichsprinzip – Gewinne der einen Seite werden dann meist durch entsprechende Gegenzüge der anderen kompensiert, dies alles wohlverstanden immer in den peripheren Zonen. In den Kerngebieten blieb die Ordnung von 1531 ohnehin unangetastet, plötzliche Veränderungen, wie sie im Reich durch den Konfessionswechsel eines Fürsten jederzeit möglich waren, gab es keine mehr.

Vor diesem Hintergrund ermisst man die Bedeutung des relativ friedlichen Jahrhunderts zwischen 1540 und 1640. Es ist die Zeit, da sich in der Schweiz die Praxis der Neutralität herausbildete – nicht im Sinne einer Ideologie, sondern einer Notwendigkeit: ein Eingreifen des einen Teils in einen ausländischen Konfessionskampf hätte zwangsläufig den des anderen und damit die Selbstzerfleischung nach sich gezogen. Das hat sich am Beispiel Graubündens während des Dreissigjährigen Krieges deutlich genug erwiesen.

Freilich bedarf die These von der Phasenverschiebung der Präzisierung. Es ist zwar richtig, dass die eigentliche Entscheidung gegenüber der Entwicklung im Reiche antizipiert wurde – dafür gab es dann auch noch eine zeitliche Phasenverschiebung nach hinten. Die Schweiz holte nämlich später die lange Zeit ausgebliebenen Konfessionskämpfe doch noch nach: in den beiden sog. Villmergerkriegen von 1656 und 1712 – kurzen und heftigen Kriegen, die nach Ursache und Charakter eindeutige Glaubenskriege waren. Aber die änderten trotz ihres verschiedenartigen Ausgangs – im ersten siegten die Katholiken, im zweiten Zürich und Bern – nichts am konfessionellen Status quo. Ja selbst der Sonderbundskrieg von 1847 wies nach Anlass und Fronten deutlich das Kennzeichen eines Konfessionskrieges auf – beinahe des letzten in Europa. Diese nachgeholten Kriege haben zweierlei gemeinsam: einmal die Kürze des Verlaufs, sodann fielen sie zeitlich nicht mit anderen europäischen Konfessionskämpfen zusammen, führten also nicht zu ausländischer Intervention.

2. Wenn man die Reformation nach der bekannten Formel von Arthur Dickens als «urban event» definiert, so gilt das in besonderem Masse von der Schweiz. Entscheidend war Zürichs Beispiel, das dann nach Bern, später auch nach Basel und Schaffhausen weiterzündete.

Zürich vollzog nicht nur vor allen Reichsstädten zuerst den Bruch mit der alten Kirche – sein Übergang zur Reformation war noch aus einem anderen Grunde wegleitend. Er vollzog sich ja auf Weisung von Bürgermeistern und Räten, und zwar unter dem Eindruck zweier Disputationen, die nichts anderes waren als Glaubensentscheidungen mit obrigkeitlichem Plazet. Bernd Moeller hat in einer bahnbrechenden Abhandlung[2] auf das entscheidend Neue dieses Vorgangs hingewiesen, der die bisher streng akademische Tradition der Disputationen umstiess bzw. umfunktionierte. Er hat aber auch ihre Fernwirkungen aufgezeigt: diese neue, politisierte Form der Disputation (politisiert im wörtlichen Sinne: Disputation im Schoss und Rahmen der Polis) findet im Reich zahlreiche Nachahmungen, von süddeutschen Städten bis Hamburg und Lübeck. Bemerkenswert dabei ist fast immer, dass es die stärkere, die im Siege begriffene Seite ist, welche die Disputation anstrebt, um sie dann in ihrem Sinne manipulieren zu können. Salats Reformationschronik zeigt mit aller Deutlichkeit, wie Zwingli und sein Anhang dafür sorgten, dass die Verteidiger des alten Glaubens nicht zu Wort bzw. zu wirksamer Entfaltung ihrer Argumente kamen. Die Katholiken haben dann im Gegenzug 1526 ihrerseits eine Disputation unter eigener Regie in Baden durchgeführt, die ihnen optisch einen Erfolg brachte (dank einem so bewährten Matador wie dem aus Ingolstadt hergeladenen Johannes Eck), ihnen aber insofern misslang, als Zwingli sich nicht zur Teilnahme bewegen liess. Die Berner Disputation von anfangs 1528 stand dann wieder ganz im Zeichen der reformierten Präponderanz, diesmal war Zwingli dabei.

Es ist nun aber interessant, dass die Reformation nicht in allen Städtekantonen der Schweiz Fuss fassen konnte, sie scheiterte in Luzern, Freiburg und Solothurn. Das Warum wäre von Fall zu Fall zu untersuchen, etwa nach dem Beispiel von Rublacks Buch über die Gescheiterte Reformation. Haarscharf an der Reformation vorbei ging Solothurn, wo einzelne Zünfte (vor allem die Schiffleute) und einflussreiche Politiker bereits

46

für sie gewonnen waren. Man kann mit einer an Sicherheit grenzenden Wahrscheinlichkeit sagen, dass ohne Kappel die Stadt sich ihr unter dem Einfluss Berns binnen kurzem angeschlossen hätte. Ganz anders Luzern, wo es zwar unter der Geistlichkeit einige reformierte Aktivisten gab – so den späteren Zwinglibiographen Oswald Myconius/Geishüsler oder den Schaffhauser Sebastian Hofmeister. Den Ausschlag dürfte aber doch die enge Verbindung der führenden Ratsgeschlechter mit dem Solddienst gegeben haben, die ja auch die katholische Innerschweiz bestimmte. Der erste Gardehauptmann der 1506 geschaffenen päpstlichen Schweizergarde war Luzerner; daraus hat sich später eine gewisse Kontinuität ergeben. Die katholische Führungsgruppe berief dann ihrerseits einen militanten Geistlichen in der Person des Elsässers Thomas Murner, der durch seine Kampfschrift «Von dem grossen lutherischen Narren» berühmt geworden war und sich in den kritischen Jahren 1524–1529 für die Katholischerhaltung der Stadt einsetzte.

Retrospektiv muss man es als glückliche Fügung hinstellen, dass die Reformation nicht in allen Schweizerstädten durchbrechen konnte. Der Stadt-Land-Gegensatz innerhalb der Eidgenossenschaft, diese schwere Hypothek des 15. Jahrhunderts, wäre sonst erneut aufgekommen und hätte möglicherweise die Existenz der Eidgenossenschaft in Frage gestellt. Dass die westlichen Vorposten Freiburg und Solothurn katholisch blieben, hat überdies verhindert, dass die inneren Orte – die sich um 1480 entschieden gegen die Aufnahme dieser beiden Städte in die Eidgenossenschaft gesperrt hatten – sich völlig von jeglicher Westpolitik distanzierten. Ihr bereits erwähntes späteres Bündnis mit dem Fürstbischof von Basel exemplifiziert, dass es neben der reformierten Westpolitik, die vor allem Genf zugutekam, auch eine katholische gab. Ja es hat sich in der 2. Hälfte des 16. Jahrhunderts ein eigentliches eidgenössisches Staatssystem herausgebildet, beruhend auf einem labilen Gleichgewicht, aber auch auf einer Verflechtung gemeinsamer Interessen.

Übrigens: Wo die Reformation auch in Länderkantone eindringen konnte (Appenzell, Glarus), hatte sie doch ihre spezifisch städtischen Bezugspunkte und Bezugspersonen.

3. Man missversteht Zwingli, wenn man in ihm nur den Reformator, den Kritiker kirchlicher Missbräuche sieht. Er ist vor allem auch und zeitlich zuvor schon ein Gegner der Solddienste gewesen – das hebt ihn von Luther ab und macht ihn gewissermassen zu einer schweizerischen Sondererscheinung. Dem Disputationserfolg von 1523 ging 1521 ein anderer voraus: der unter seinem Einfluss beschlossene Nichtbeitritt Zürichs zum französischen Soldbündnis, der Zürich in der Eidgenossenschaft bereits isolierte. Die Tragweite dieses Alleingangs bemisst sich an der Tatsache, dass Soldbündnisse damals die heissen Eisen waren – nach der blutigen

Katastrophe von Marignano 1515, die sich dann in derjenigen von Bicocca erneuerte, war eine Ernüchterung, ein eigentlicher Meinungsumschwung über erhebliche Teile der Öffentlichkeit (im damaligen Sinne) gekommen – eine Ernüchterung, die Zwinglis Resonanz erst verständlich macht. In den Akten enthüllt sich ein weitverbreitetes Malaise: es ist vom Fluchen über das Pensionswesen die Rede, man sollte «die kronen fresser erstechen» etc.[3] Die Kronenfresser – das war in erster Linie die mit dem Söldnerwesen besonders verbundene politische Prominenz in den Städten wie auf dem Lande, aus der in zunehmendem Ausmass eigentliche Soldunternehmer hervorgingen. Das ist der eine Aspekt: eine Oligarchie von Kriegsgewinnlern. Es gibt aber einen anderen: nämlich die Unentbehrlichkeit der Solddienste. Sie waren vor allem für die inneren Orte mit ihrem starken Bevölkerungsdruck und ihrer Umstellung von der Agrar- auf die ertragreichere Alpwirtschaft mit ihrem geringeren Personalbedarf geradezu eine Lebensnotwendigkeit – weit mehr als für die Städtekantone des Mittellandes. Die reformierte Polemik gegen das Söldnerwesen traf somit in diesen alpinen Zonen einen eigentlichen Lebensnerv. Diese Zusammenhänge machen einerseits die Sympathien begreiflich, die Zwingli weiterum fand, aber ebenso die Emotionen, die sich gegen ihn entluden – eine nur reformatorische Aktivität hätte wohl kaum solche Antipathien ausgelöst. Die Reformation ist also durch die Solddienste wesentlich aktiviert worden, andererseits hat sie sich dadurch auch Grenzen gezogen. Auf den Solddiensten beruhte ja auch die sog. Grossmachtstellung der Schweiz, die keine echte war, weil ihr das machtmässige wie räumliche Potential und nicht zuletzt die Einheit der Staatsführung abgingen, ohne die eine echte Grossmacht schon damals nicht denkbar war.

Noch eines: die Soldbündnisse erfüllten – bei allen Missbräuchen, die sich mit ihnen verknüpften – nicht nur eine volkswirtschaftliche Funktion, sie sorgten das ganze 16. und 17. Jahrhundert hindurch für einen neutralisierenden Ausgleich, indem sie mit Frankreich ebenso wie mit der habsburgisch-spanischen Mächtegruppe geschlossen wurden. Sie erzwangen – im Interesse von ungestörtem Söldnerexport – ein aussenpolitisches Krisenmanagement von Fall zu Fall, das letztlich der Neutralität zugutekam.

4. Zunächst muss man sich vor dem Irrtum bewahren, als sei die Schweiz des 16. Jahrhunderts schon eine mehrsprachige Schweiz im späteren Sinne gewesen. Das war sie keineswegs. Vielmehr verstanden sich die dreizehn Orte, auf die es letztlich ankam, bewusst als deutschsprachig. Das hat sich erst 1798 bzw. 1815 zu ändern begonnen. Aber es gab doch italienisch- und französischsprachige Untertanen, auch Zugewandte, zwar nicht aller, aber doch einiger Orte, wie Genf und Neuchâtel; es gab zudem die italienischsprachigen Bündner Südtäler. Das waren, gesamtschweizerisch gesehen,

Randzonen, aber konfessionspolitisch fielen sie erheblich ins Gewicht, auch wenn man vom weltgeschichtlichen Sonderfall Genf absieht. Neuchâtel ging unter dem Einfluss und Druck Berns als erste französischsprachige Stadt von einiger Bedeutung 1530 zur Reformation über – von hier wandte sich der Reformator Neuchâtels, der Südfranzose Farel, dem Reformationswerk in der Rhonestadt zu. Seine eigentliche Breitenwirkung gewann der neue Glaube dank der bereits erwähnten bernischen Eroberung der Waadt – damit war ein geschlossenes Gebiet gewonnen, das für lange Zeit das einzige Territorium reformierter Konfession im französischen Sprachbereich bleiben sollte. Die Sonderentwicklung der Westschweiz gegenüber Frankreich ist ganz wesentlich von dieser Voraussetzung her zu verstehen. Aufs ganze gesehen kann man sagen, dass die kulturelle Bedeutung der reformierten Welschschweiz beträchtlich war – nicht zuletzt dank ihrer zwei Akademien – wesentlicher jedenfalls als ihre politische Bedeutung, die bis zum Ausgang des Ancien Régime gering blieb. Nicht zu unterschätzen ist auch die Bedeutung der italienischsprachigen Südtäler, vor allem des Puschlavs und Chiavennas. Hier setzte sich die Reformation zwar nicht völlig durch, aber es entstanden doch reformierte Gemeinden, die einigen prominenten italienischen Refugianten – beispielsweise Vergerio – als Wirkungsstätte dienten. In Poschiavo edierte eine Druckerei reformiertes Schrifttum, die einzige, die das im italienischen Sprachbereich tun durfte. Proteste fruchteten nichts; erst im Dreissigjährigen Krieg konnte wirksam dagegen vorgegangen werden.

Von daher begreift man auch, dass die katholische Mehrheit der regierenden Orte Ansätze einer reformierten Gemeindebildung in Locarno nicht hinnahmen, sondern die Bekenner zur Auswanderung zwangen.
5. Bekanntlich haben die Bauern in der Eidgenossenschaft aufs ganze gesehen mehr politische Mitsprachemöglichkeiten gehabt als im Reich. Das gilt aber nur für die Länderorte, kaum oder nur sehr beschränkt für die Untertanen der Städtekantone. In grösseren Bereichen des schweizerischen Mittellandes gab es Bauernunruhen, die zeitlich recht genau mit denen in Süddeutschland zusammenfielen, nämlich 1514/15 und 1524/25. Sie sind im wesentlichen hier wie dort gescheitert, wären also an sich keiner besonderen Erwähnung wert. Immerhin zeigen sich doch bestimmte Abweichungen. Ich denke da nicht nur an die weit weniger blutige Repression, obwohl auch dieser Aspekt nicht zu unterschätzen ist. Etwas anderes ist erwähnenswert. Zwingli hat sich viel deutlicher und konsequenter als Luther gegen die Berechtigung der Leibeigenschaft ausgesprochen – und zwar in seinen im Namen der Leutpriester abgefassten Ratschlägen auf die Beschwerden der Grafschaft Kyburg vom Mai 1525. Der Rat konzedierte daraufhin die Aufhebung der Leibeigenschaft, wobei er Zwinglis theologisches Argument der Gotteskindschaft aller Christen in seine Begründung

mitübernahm[4]. Das war ein nicht unwesentliches Zugeständnis, das beispielsweise den Schaffhauser Bauern verweigert, den Basler Landleuten zwar ebenfalls konzediert, dann aber 1532 wieder rückgängig gemacht wurde. Zwingli, der selber in bäuerlicher Umgebung aufwuchs, hat dieses Problem wohl klarer erkannt als andere Reformatoren und sich nicht einfach hinter der Freiheit des Christenmenschen verschanzt, die sich auch in der Unfreiheit bewähren könne. Im übrigen aber war der Reformationsverlauf in den Städtekantonen genauso obrigkeitlich bestimmt und dirigiert wie im Reiche; hatte die Obrigkeit gesprochen, so mussten die Dorfgemeinden nachziehen, allenfalls sogar gegen ihren Willen: Unruhen von Bauerngemeinden im Berner Oberland, die lieber katholisch geblieben wären, wurden gewaltsam unterdrückt.

Es gibt aber im schweizerischen Rahmen noch eine andere, wirkliche bäuerliche Sonderentwicklung, die derjenigen des Reiches völlig zuwiderlief: in Graubünden. Sie ist charakterisiert durch den Triumph des kommunalen Prinzips, auf dessen Bedeutung Peter Blickle jüngst wieder hingewiesen hat, das aber im Reich ausserhalb der Städte kaum wirklich zum Tragen gekommen ist. Die Gemeinden Graubündens waren (und sind weitgehend heute noch) Träger der politischen Willensbildung; von ihnen ging die Bewegung aus, die sich 1525 gegen den Bischof von Chur als Feudalherrn wie als Repräsentanten der katholischen Kirche erhob. Die Gemeindeautonomie erleichterte auch das Eindringen der Reformation, die relativ früh von Chur aus Anhänger gewann. Versuche der katholischen Orte, diese Bewegung durch Hilfeverweigerung nach aussen (Stichwort: Müsserkrieg) abzufangen, bewirkten das Gegenteil und beschleunigten die Ausbreitung des neuen Glaubens. Dazu spielten Beziehungen zum tirolischen Aufstand; Michael Gaismair hielt sich im Herbst 1525 in Graubünden auf. Das Forderungspaket der Bauern, eine Synthese der zwölf Artikel deutscher Bauern mit solchen ihrer Tiroler Standesgenossen, liess sich weitgehend realisieren: Bischof und Geistlichkeit verloren alle weltlichen Herrschaftsrechte, die Gemeinden erhielten das Pfarrwahlrecht (das sie zum Teil schon innehatten); alle Pfründen mussten an Bündner gehen, Wildbann und Fischerei fielen den Gerichten zu; der kleine Zehnte wurde abgeschafft, der Korn- und Weinzehnte auf den Fünfzehnten herabgesetzt etc. Diese Errungenschaften sind in den sog. Ilanzer Artikeln von 1526 niedergelegt und markieren, soviel ich sehe, das einzige erfolgreiche Beispiel einer Bauernerhebung um 1525. Allerdings war dieser Sieg zu sehr an bestimmte regionale Voraussetzungen geknüpft und kam überdies zu spät, um irgendwelche Signalwirkung zeitigen zu können. Bemerkenswert immerhin, dass Jahrzehnte später die streng katholischen Walliser in einer Erhebung der Zehnden ebenfalls die letzten Herrschaftsrechte des Bischofs beseitigen konnten.

Es ging nicht darum, einen geschichtlichen Sonderfall Schweiz herauszuheben – natürlich gab es ihn, aber eben doch nur so, wie jede Nation auf
ihre Art einen Sonderfall darstellt. Ich wollte vielmehr bestimmte Abweichungen von den Verlaufsformen im Reiche sichtbar machen, ebenso
Impulse, die auf Deutschland weitergewirkt haben – etwa die politisierten
Disputationen. Man könnte da noch weitere nennen: z.B. die Institution
des Zürcher Ehegerichts, das nach dem Wegfall der geistlichen Gerichtsbarkeit eine um so rigorosere tägliche wie nächtliche Überwachung und
Disziplinierung der Bevölkerung gestattete: Walther Köhler hat gezeigt[5],
wie diese Einrichtung zuerst von diversen süddeutschen Städten adaptiert,
dann über Strassburg nach Genf gekommen ist und dort als Konsistorium
eine exemplarische Form angenommen hat.

Um aber zur Ausgangsfrage zurückzukommen: ganz heil überstanden
hat die Schweiz ihre Reformation wohl nicht, sie hat sie in einem recht
schwierigen Anpassungsprozess über sich ergehen lassen müssen und
schliesslich verarbeitet – die daraus entspringende konfessionelle Zweiteilung konnte sie erst in allerjüngster Zeit, im Zeichen der ohnehin umsichgreifenden religiösen Indifferenz, überwinden.

Was der Schweiz aber erspart blieb, waren die dreissigjährigen Konfessionskämpfe, die zuerst Frankreich und die Niederlande, dann auch
Deutschland erleiden mussten. Dies nicht etwa dank grösserer Umsicht
oder Leidenschaftslosigkeit der Schweizer, sondern dank der frühvollzo-
genen Territorialisierung, einem Ergebnis des genuinen eidgenössischen
Föderalismus. Da es keine höhere Gewalt und kein höheres Prinzip gab,
das eine konfessionelle Einheit verkörperte (wie König- oder Kaisertum,
dieses vor allem unter Karl V. und dann wieder unter Ferdinand II.),
musste diese territorialisierte Zweiteilung der Schweiz wohl oder übel
hingenommen, Krisensituationen von Fall zu Fall pragmatisch gemeistert,
ausgebrochene Kriege aber (die schon aus Geld- und Verproviantierungs-
gründen nicht lange dauern durften) sobald als möglich durchgekämpft
und beendet werden.

Anmerkungen

1 Im übrigen verweise ich auf H.C. Peyer, *Verfassungsgeschichte der alten
Schweiz* (Zürich 1978).
2 B. Moeller, *Zwinglis Disputationen*, in: ZRG GA 56 (1970), 60 (1974).
3 J. Strickler, *Actensammlung zur Schweizerischen Reformationsgeschichte in den
Jahren 1521–1531*, Bd. 1 (Zürich 1878) Nr. 382, 28.2.1522.
4 E. Egli, *Actensammlung zur Geschichte der Zürcher Reformation in den Jahren
1519–1533* (Zürich 1879) Nr. 724, 726, die Antwort von Bürgermeister und
Räten datiert vom 28.5.1525.
5 W. Köhler, *Zürcher Ehegericht und Genfer Konsistorium*, 2 Bde. (1932–1942).

Vom eidgenössischen Staatsbewusstsein und Staatensystem um 1600[1]

Als Jean Bodin im Jahre 1576 «Les six livres de la République» veröffentlichte, leitete er eine neue Phase in der geistigen Begründung dessen, was man den modernen Staat nennt, ein[2]. Das Frankreich jener Zeit, in seiner Existenz aufs schwerste bedroht durch die allseitige Umklammerung Habsburg-Spaniens und zudem im Innern infolge der ständisch-religiösen Kriege der Auflösung nahe, bedurfte dringend der festigenden Ordnung, der straffenden Zusammenziehung aller Machtmittel. So entsprach es der Forderung des Augenblicks nicht weniger als der Sorge um die Zukunft seines Landes, wenn Bodinus die Souveränität in ihrer Einheit und Unteilbarkeit als «die absolute und ewige Macht eines Staates» zur kraftvoll herausgearbeiteten Grunddominante seines Werkes erhob, wenn er überdies betonte, dass der König – als Inhaber der Souveränität – seinen eigenen Gesetzen nicht unterworfen zu sein brauche[3]. «La justice est la fin de la loy, la loy œuvre du Prince, le Prince est image de Dieu»[4] – in der kühlen Logik solcher Deduktionen macht sich bereits eine Tendenz zum Absolutismus bemerkbar, die das politische Denken Frankreichs im 17. Jahrhundert dann vollends kennzeichnen wird. Doch ginge man fehl, wollte man darin das alleinige Anliegen des Bodinus wahrnehmen. Vielmehr wird er nicht müde, zu unterstreichen, dass das Wohl des Individuums und die Bestimmung des Staates übereinstimmen müssten, ja man glaubt in seinem Lobpreis der «harmonie melodieuse de tout ce monde» und in der Forderung, dass der wohlgeordnete Staat ein Abbild dieser harmonischen Welt darzustellen habe[5], fast schon einen frühen Hinweis auf jene Theodizee vorzufinden, die dann in die Aufklärung hinüberleitet. Bodinus' Buch bedeutet denn auch so etwas wie einen ideengeschichtlichen Fixstern, nach welchem sowohl die Staatstheoretiker des Absolutismus wie auch diejenigen des aufsteigenden Konstitutionalismus zu Zeiten ihre Kompasse eingestellt haben – ein Werk von grossem Ansehen und – zumal in seiner lateinischen Fassung – von weiter Verbreitung, dessen Auflagen sich in den Jahren nach dem ersten Erscheinen häuften.

Es war deshalb von einiger Bedeutung, wenn bei Bodinus in dem «De l'estat populaire» betitelten 7. Kapitel des 2. Buches auch die Schweiz kurz erörtert wurde, und nicht im günstigsten Sinne. Auch in anderem Zusammenhange hat sich der Franzose bedenkenvoll über die Demokratie geäussert, ja sie schliesslich geradezu als «die lasterhafteste» («la plus vicieuse») von allen Staatsformen abgetan[6]. Konkreter ist er dann in jenem Kapitel auf die – von ihm zumal am Beispiel Graubündens illustrierte – Problematik der eidgenössischen Volksherrschaft zu sprechen gekommen, wobei ihm eingestandenermassen die Berichte (oder vielleicht auch die mündlichen Äusserungen) eines französischen Gesandten in der Schweiz, des M. de Bassefontaine, als Quelle gedient haben[7]. «Denn das wahre Naturell eines Volkes» – lesen wir bei Bodinus – «ist darauf ausgerichtet, die volle Freiheit ohne Zügel und Zaum irgendwelcher Art zu geniessen, damit alle gleich an Gütern, Ehren, Mühen und Belohnungen seien, ohne dass Adel, Kenntnisse oder Tugend irgendwie geschätzt würden… Wenn aber die Vornehmen oder die Reichen vorherrschend werden wollen, dann beeilt sich das Volk, sie zu töten oder zu verbannen und ihre Güter an die Armen zu verteilen, wie es bei der Begründung der eidgenössischen Volksstaaten nach dem Tage von Sempach geschah, als beinahe der ganze Adel ausgerottet und der (überlebende) Rest gezwungen wurde, auf die Adelswürde zu verzichten; gleichwohl ist auch er dann von der Heimat und den Ämtern weggejagt worden – ausgenommen in Zürich und Bern[8]». Der Umstand, dass es in der Eidgenossenschaft neben den demokratischen Landsgemeindekantonen ja auch noch die wesentlich anders strukturierten Städtekantone gab, ist Bodinus natürlich nicht entgangen, hat aber sein Urteil nicht wesentlich zu mildern vermocht; ohnehin schienen ihm patrizische und demokratische Elemente schlechterdings unvereinbar zu sein: «Or il est impossible de moderer ces deux humeurs contraires de mesme breuvage»[9]. Über die Verlässlichkeit des dem französischen Juristen zugekommenen Nachrichtenmaterials zu urteilen, ist hier nicht der Ort: jedenfalls war an sichtbarer Stelle die Vorbildlichkeit der Eidgenossenschaft und ihrer Entstehungsgeschichte in Frage gestellt. Dass bei dieser Verurteilung der Demokratie als einer politischen Entartungserscheinung die Kriterien der aristotelischen Staatslehre mit im Spiele gestanden haben, darf als gewiss gelten[10]; wichtiger aber ist, dass die Volksherrschaft mit ihrer unberechenbaren Dynamik einem gewandelten Staatsbewusstsein und einem neuen Ordnungsbedürfnis als nicht mehr gemäss erschien. Und Bodinus war vielleicht nur der vernehmlichste, aber keineswegs der einzige Kritiker. In den diplomatischen Berichten der Zeit widerspiegeln sich ähnliche Reflexionen, die zum Teil noch durch die Absicht mitbestimmt sein mögen, den auftraggebenden Regierungen die Schwierigkeiten der übertragenen Mission ins rechte Licht zu setzen; so ist von der Eidgenossenschaft etwa als von einer «Lega delli elementi discordi» die Rede, oder wir lesen von einem «governo confuso et disordinato»[11]. Derlei Missverständnisse waren zwar nicht neu, drohten aber gleichwohl der schweizerischen Reputation gefährlich zu werden. Es entsprach deshalb ganz offenbar einem Bedürfnis, wenn der Zürcher Theologe und Professor am Carolinum Josias Simler sein «Regiment gemeiner loblicher Eydgnoschafft» betiteltes Buch, das 1576 (also im gleichen Jahre wie dasjenige Bodins und unabhängig davon) erschien, mit einer ausführlichen und begründenden Rechtfertigung der Genesis des schweizerischen Staates anheben liess[12]. Gleich zu Eingang nimmt er polemisch Stellung gegen die Auffassung, als ob die Eidgenossen keinen Begriff von rechtmässiger Obrigkeit hätten: «Es sind aber ettliche missgünstige der Eydgnossen», ereifert er sich, «wellich us grossem nyd und hassz so sy zů jnen tragend, unverschampt fürgeben dörffend, es seye kein Regiment und ordentliche Policey bey inen, dann ire Vordern habind den Adel erschlagen unnd undertruckt / und sich also wider billichs und råchts frey gesetzt.»[13] Nicht weniger als dreimal erwehrt Simler sich solcher Beschuldigungen, woraus immerhin hervorgeht, dass ihn der Vorwurf eines gewalttätigen Nivellierens keineswegs gleichgültig lässt. Sieht er doch selbst die alteidgenössische Freiheitstat des Burgenbruches davon bedroht, weshalb er sich denn auch prompt bemüht, der Gegenseite gleichfalls ihren Schuldanteil zuzumessen: «Es sind wol vil Schlösser zerbrochen / das is waar und kan man sölichs nit lôugnen / aber sy sind nit alle von den Eydgnossen zerstôret worden / sonder die Hertzogen von Österrych König Albrechts sün / als sy jres vatters tod zů rechen fürnamend / habend sy vil Adels erschlagen und verjagt / und ihre Schlösser zerbrochen.»[14] Und er leitet die Anfänge des eidgenössischen Bundes in die Zeit Ludwigs des Frommen – also beinahe auf Karl den Grossen selbst – zurück; damals seien die drei Länder dem Papste im Kampf mit den Sarazenen, die Rom bereits erobert hatten, siegreich beigestanden und hätten durch Fürbitte des Heiligen Vaters vom Frankenherrscher ihre Freiheit verliehen erhalten[15] – eine historisch kühn ausholende Kombination, die indessen allen billigen Legitimitätsanforderungen genügen durfte. Zudem war es seit der humanistischen Chronistik üblich geworden, die Helvetier Cäsars in direkten Zusammenhang mit den Schweizern zu bringen[16], so dass der Waadtländer Jean Baptiste Plantin in seiner «Helvetia antiqua et nova» (1656) schon für die vorrömische Zeit eine geordnete «Helvetiorum Republica» nachzuweisen[17] und mit grossem Wissen deren Kontinuität durch Spätantike und Frühmittelalter hindurch darzutun bestrebt war. Man sieht aus alledem: Staatsbewusstsein und Geschichtsbewusstsein hingen eng zusammen, und eine Staatlichkeit, die des Ansehens sicher sein wollte, war eben auf das Lob ihres historischen Herkommens notwendig angewiesen. «Dann» – lesen wir in der Einleitung zur «Schweitzer-Chronic» des Berners Michael Stettler – «dann gewisslich ein unfåhlbare Regul ist / dass durch was Ursachen / Mittel / Weiss unnd Weg ein Regiment gesetzt / wåchst und zunimbt / es ebner gestalten müsse erhalten werden / unnd wo dieselben ursachen / mittel / weiss und weg auffhören / und nicht weiter würcken / das Regiment seinen herzu nahenden undergang zu erwarten habe...»[18] Neben einer dem organischen Wachstum zugekehrten Vergangenheitsbetrachtung, die sich in solchen Worten kundtut und damit bereits den frühen Historismus eigentümlich präludiert, zeigt sich noch ein zweites: man will deutlich machen, dass man der neuen Ordnung des zentralistisch straffen, modernen Staates gar nicht notwendig bedürfe, weil man ja die alte Ordnung bewährter und lieber Überkommenheiten noch keineswegs eingebüsst habe.

Denn diese ehrwürdige Vergangenheit war nicht unbedingt nur Gegenstand pietätvoller Kontemplation, sie konnte gelegentlich auch zu einem Ferment dynamisch-revolutionärer Gärung werden. Das eindrucksvollste Beispiel dessen stellt innerhalb des schweizerischen Ancien Régime wohl jener Huttwiler Bund von 1653 dar, da die aufständischen Bauern den feierlichen Schwur leisteten, «dass wir den ersten eidgenössischen Bund, so die uralten Eidgenossen vor etlich hundert Jahren zusammen geschworen haben, haben und erhalten und die Ungerechtigkeit einander abtun helfen, mit Leib, Hab, Gut und Blut schützen und schirmen wollen, also dass, was den Herren und Obrigkeiten gehört, ihnen bleiben und gegeben werden soll, und was uns Bauern und Untertanen gehörte, soll auch uns bleiben und zugestellt werden...» Also nicht Revolution und subversive Neuerung, sondern Wiederherstellung des Alten, d. h. letztlich der bäuerlichen Sozialstruktur des Dreiländerbundes: das war in diesem Falle die politisch-gesellschaftliche Zielsetzung. Seit dem Twingherrenstreit und dem Waldmannhandel war der unter Umständen doppelgesichtige Charakter solcher Rückbesinnungen auf die Tradition den Regierungen der Städte immer wieder offenbar geworden. Eine gewisse Vorsicht war da geboten, und etwas davon spürt man auch bei Simler.

Freilich ergaben sich da gewisse Schwierigkeiten. Denn das Lob patriachalischer Staatsweisheit, das in Simlers «Regiment gemeiner loblicher Eydtgnoschaft» über weite Strecken den Ton angibt, liess sich mit dem Lob jener unbändig-kriegerischen Kräfte, die der Eidgenossenschaft zu ihrer Grösse verholfen hatten, nicht eben leicht vereinen. Es kann deshalb nicht wundern, wenn der Theologe des späteren 16. Jahrhunderts die rauhen Seiten dieses von jüngster Forschung (H. G. Wackernagel, W. Schaufelberger) sehr plastisch herausgearbeiteten eidgenössischen Kriegertums im historischen Rückblick nach Möglichkeit zu glätten trachtete. «Unsere Altvordern,» schreibt Simler, «habend auch in jrer kriegsordnung ernstlich gebotten / das alle Eydgnossen in kriegen treüwlich einandern helffind und brüderliche liebe gegen einandern erzeigind / auch allen hassz und fyendtschafft / die sy vormal zůsamen gehebt / fallen lassind». Wohl sei es auch bei den deutschen Landsknechten der Brauch, sich gegenseitig Bruder zu nennen. «Aber diss sind rowe brůder die stäts mit einandern schlahend und houwend / ... Dargegen by den Eydgnossen und in iren lägern ist meerteils gûter frid und rûw / und da glych einer dem anderen nit bekandt / allein weisst dz er ein Eydgnoss ist / erzeigt er sich früntlich gegen jm / als wenn er sein bekandter brûder wâre.»[19] Ordnung, Mässigkeit, friedliebende Besonnenheit und brüderliche Eintracht – das sind die Werte, die nach Simler das Gedeihen der Eidgenossenschaft förderten, und die er auch für die Gegenwart als Bedingungen ihres Glückes erkennt. Deshalb lässt er gelegentlich durchblicken, dass er nicht so sehr den Landsgemeinden mit ihren möglicherweise turbulenten Begleiterscheinungen als vielmehr den «Tagleistungen und zâmenkommnussen», wo «weyse und verstendige leüt» das Wort führen, den Vorzug gibt, wie denn nichts ohne «gûten rath unnd eigentliche vorbetrachtung» geschehen soll[20]. «Moderata durant» – das Massvolle hat Dauer – lautete denn auch das Motto Michael Stettlers[21]. Es sind die Maximen eines bedächtigen und väterlich waltenden Obrigkeitsstaates, die hier zum Ausdruck kommen, Maximen, die keine leeren Ideale sind, sondern vielfältiger politischer Wirklichkeitserfahrung ihr Dasein verdanken. Und jene Generation weiss denn im Grunde wohl, dass am komplizierten Gefüge dieser Eidgenossenschaft mit ihren Orten, Zugewandten und Untertanengebieten, ihren Stadt- und Landkantonen, mit den vielfach abgestuften und sich wohl etwa auch überschneidenden lokalen und obrigkeitlichen, zünftischen und ständischen Rechten alle Versuche eines staatsrechtlich exakten Definierens nach antikem Schema zum Scheitern verurteilt sind. Der Freiburger Humanist Franz Guilliman z. B., der sich in seinen «De rebus helvetiorum sive antiquitatum libri V» einmal dieser Mühe unterzieht, muss einsehen, dass sich der ciceronische Begriff der «civitas» hier nicht anwenden lasse, weil es sich ja nicht um eine, sondern um dreizehn «civitates» handle; eher noch passe der Vergleich mit den griechischen Amphiktyonien[22]. Auch Simler gibt zu, dass vielfach behauptet werde, die Eidgenossenschaft sei nicht eine Kommune oder Regierung «darumb dass kein ort schuldig sye zû gehorsammen / dem / so von andern erkennt wirt / es thûye es dann gutwilligklich / …», ja er gesteht, dass sie «uffs subteylist zu reden» auch tatsächlich keine Kommune darstelle, fügt aber dem mit Besinnung auf die glorreiche Vergangenheit gleich bei: «mag doch ein gmeine lobliche Eydgnoschafft für ein Commun und ein Regierung gehalten und genennt werden / unnd hat diss Commun nun ob zwey hundert jaren gewârt, auch sin fryheit mit grosser einigkeit mit einandern erhalten.»[23] Gleichsam um die Konkretheit dieser geschichtlichen und gegenwärtigen Zusammengehörigkeit über alles Terminologische hinaus zu veranschaulichen, zeigt Simler in anderem Zusammenhang, wie es zugeht, bis so eine eidgenössische Tagsatzung überhaupt zusammentreten kann: der Bote von Zürich – das als älteste der Eidgenossenschaft zugehörige Reichsstadt ja zugleich eidgenössischer Vorort ist – schickt den Untervogt von Baden in die verschiedenen Herbergen, der sieht nach, welche Boten schon gekommen sind und welche nicht, begrüsst sie und gibt dann den Zeitpunkt der ersten Versammlung auf dem Badener Ratshaus bekannt. Das Prozedere, das dann anhebt, ist erst recht kompliziert, da alles von den Instruktionen der einzelnen Boten abhängt, die zumeist das Wichtige offenlassen. Geht es aber um die Verwaltung der Gemeinen Herrschaften, so kommt hinzu, dass dabei stets auf örtliche Gewohnheitsrechte – für die Simler ausdrücklich eintritt – Rücksicht genommen werden muss[24]. Ein derart schwerfälliges Getriebe erinnerte in seiner mehr und mehr zutagetretenden Unzeitgemässheit etwas an die Behäbigkeit und Buntheit des alten Reiches, von dem man ja rechtlich noch immer nicht ganz losgelöst war. In diesem Zusammenhang darf übrigens eine Eigentümlichkeit nicht übersehen werden, obwohl man sie heute als der Schweiz wesensfremd einzuschätzen geneigt sein mag. Die dreizehnörtige Eidgenossenschaft des ausgehenden 16. Jahrhunderts gab sich betont und ausschliesslich als deutschsprachige, nicht etwa als eine im modernen Sinne übernationale Staatlichkeit. Diese von Hermann Weilenmann im einzelnen materialreich belegte Tatsache[25] erklärt sich zunächst daraus, dass nur in den Untertanenlanden oder den nachträglich eroberten Gebieten die italienische oder französische Sprache heimisch war, sie steht aber auch damit im Zusammenhang, dass man gerade im romanischen Ausland auf diese nationale Eindeutigkeit Gewicht gelegt zu haben scheint. Im Ewigen Frieden, den Frankreich 1516 mit der Eidgenossenschaft geschlossen hatte, war ausdrücklich stipuliert worden, dass die darin gewährten Vergünstigungen nur den deutschsprachigen Eidgenossen – was offensichtlich tautologisch aufgefasst war – zustatten kommen sollten[26]. Bezeichnenderweise sperrte man sich in dem am weitesten westlich gelegenen Ort der Eidgenossenschaft – wenn auch ohne dauernden Erfolg – gegen eine Französisierung am stärksten: Freiburg begünstigte in einer Fremdenordnung von 1550 die Zuwanderung deutschsprachiger und erschwerte diejenige welscher Elemente, «damit Stadt und Land mit tapfern Dütschen und eidgnössischem volck, des man sich in Nöten möge befreuen und nicht mit wälschen, ussländigen, unnachtbaren Lüthen besetzt werde»[27]. Es war eben so, dass der Kriegsruhm noch immer den vielleicht bedeutsamsten Bestandteil eidgenössischer Reputation ausmachte; diese Reputation aber sollte tunlichst auf diejenigen Gebiete und Bevölkerungen eingeschränkt bleiben, die sie hatten schaffen helfen. Zudem lautete ja eine von den amtlichen Bezeichnungen der Eidgenossenschaft ausdrücklich der «grosse alte pund obertütscher lande», französisch: «les ligues Suisses des Hautes Allemagnes»; sie blieb bis in den Anfang des 18. Jahrhunderts gebräuchlich[28]. Und das kriegerische Ansehen, das sich daran knüpft, war nachgerade zu einem volkswirtschaftlich unentbehrlichen Qualitäts- und Exportartikel geworden. Damit und mit dem damals anhebenden industriellen Aufschwung hing es nicht zuletzt zusammen, wenn die Eidgenossenschaft um 1600 – allen publizistischen Bemängelungen zum Trotz – respektiert und umworben, aber auch in zunehmendem Masse wohlhabend war. Ihre Strassen zählten zu den sichersten des Kontinentes, ihr Kinderreichtum erweckte zumal im Ausland Erstaunen[29]. Und die gesteigerte Prosperität spiegelt sich nicht nur in den Berichten ausländischer Reisender und Diplomaten, sie erfasste und durchdrang auch das Bewusstsein der Bewohner selber; es ist die Zeit, da hie und da ein monumentaler Bauwille barocken Ausdrucks – man denke an den Stockalper- oder Freulerpalast – sich geltend zu machen beginnt. Es mag als Symptom dieses Ansehens gelten, wenn dem auf so glückliche Weise verständniswerbenden Buche des Josias Simler ein Erfolg beschieden war, der demjenigen Bodins an Internationalität nicht einmal viel nachstand[30]. Waren doch die Verheerungen des Dreissigjährigen Krieges dann vollends dazu angetan, dem Reichtum und der Sekurität der Schweiz jene den Simplizissimus Grimmelshausens so sehr beeindruckende, kontrastwirksame Auffälligkeit zu verleihen. Selbst die ärgerlich vielen Bettler, die sich damals im Land herumtrieben und von denen in den Tagsatzungsabschieden ab und zu die Rede ist, brachte man mit diesem materiellen Wohlergehen indirekt in Zusammenhang. Der Zürcher Geistliche Johann Heinrich Schweizer, dessen «Chronologia helvetica» (1607) in einzelnen Partien fast zu einem Katalog helvetischer Tugenden wird, sieht die Ursache des Misstandes in der sprichwörtlichen Freigebigkeit der Schweizer, die sich eben attraktiv auswirke: «Ea de causa in nulla regione plures sunt peregrini mendicantes quam apud Helvetios.»[31]

Und doch – ganz selbstgewiss und ungebrochen stellt sich uns das eidgenössische Nationalbewusstsein um diese Zeit ja keineswegs dar. Ermangelt schon Simlers gelegentliche Mahnung an die Eidgenossen «in kriegen von des vatterlandes wegen» auch die «geschworene feyndtschafft gentzlich fallen zu lassen» nicht des ernsten Untertons, so vollends nicht seine Warnung, dass die Eidgenossenschaft auf keinen Fall «umb das alt lob der dapfferkeit inn kriegen» geraten dürfe: «unnd so das bescheche / wurde darauff volgen / dass die vor hefftig nach der Eydtgnossen freündtschafft und Pündten gestellet haben / ihr gemüt umbkardind / und nichts mehr dann wie sy uns undertrucken möchtind betrachten.»[32] Die Einsicht, die politische Umwelt sich in wachsendem Masse als bedrohlich darstelle, wurde eben noch vertieft durch das Wissen, dass man selber ja seit Jahrzehnten im Zustand der konfessionellen Uneinigkeit und im Gefühl eines jederzeit möglichen Glaubenskrieges lebe. Wie taktvoll dieser Bruch, der doch der Schweizergeschichte des 16. Jahrhunderts zu einem guten Teil ihr Gepräge gibt, in Simlers Staatslehre verdeckt, um nicht zu sagen übertüncht wird, ist auffallend. Seit 1526 – dem Jahr der Badener Glaubensdisputation – war aber die feierliche Beschwörung der alten Bünde, diese ehrwürdig-zeremonielle Vergegenwärtigung eidgenössischer Einhelligkeit, unterblieben[33]. Von diesem Zeitpunkt an war die Zerklüftung offensichtlich und jede Einheit politischen Handelns, ja selbst der diplomatischen Repräsentation nach aussen in Frage gestellt gewesen; auch um 1600 ging die scharfe politisch-konfessionelle Trennungslinie, die den Kontinent aufriss, mitten durch die Schweiz. Wohl fehlte es an Bemühungen, miteinander im Gespräch zu bleiben und wenn möglich zu einer Wiederannäherung zu kommen, nicht; allein schon die gemeinsamen Tagsatzungen boten den beiden Glaubensparteien hierzu Gelegenheit. Diese Hoffnung hatte die vier evangelischen Städte 1585/86 auch bewogen, eine Ratsabordnung zu den katholischen Orten zu senden, die in ausführlicher Rede darauf hinwies, dass man «inn dem houptstuck, daruff Christenlicher gloub gebuwen», ja doch übereinstimme; man solle sich deshalb durch die «vorgefallene usserliche enderung» nicht von der Bewahrung des inneren Friedens abhalten lassen. Eindringlich hatte sich daran die Erinnerung an Philipp von Makedonien geschlossen, der sich ja auch die Zwietracht unter den griechischen Staaten zunutze gemacht habe, um sie dann alle seiner Gewalt zu unterwerfen[34]. Dieses Philippmotiv bildet in der Folge geradezu einen Warnungstopos, zumal innerhalb der protestantischen Publizistik der Schweiz; auch in Michael Stettlers «Schweitzer-Chronic» taucht es wieder auf[35].

Die katholische Antwort legte demgegenüber das Schwergewicht zunächst auf die Feststellung, dass Neuerung und damit Uneinigkeit von der Gegenseite ausgegangen seien; einer Vergewaltigung durch einen fremden Potentaten aber hoffe man, so eine solche je drohen sollte, «mit Gottes Hilff letzlich für ze kommen»[36]. Wie notwendig solche gesamteidgenössischen Kontakte bei allen dabei unvermeidlichen Sticheleien eben doch waren, zeigt ein Blick auf die Anforderungen, denen das gesamteidgenössische Bewusstsein damals ausgesetzt sein konnte. So richtete in der ersten Zeit des Dreissigjährigen Krieges ein spanischer Botschafter an eine Tagsatzung der katholischen Orte die folgenden Worte: «Ihr sollt wissen, dass ein Afrikaner oder Indianer, der katholisch ist, euch näher verwandt ist, und dass ihr ihm mehr Gunst zu erzeigen schuldig seid, als einem Schweizer oder Landsmann, der ein Ketzer wäre, und werfet von euch die bösen Worte de(r) ‹libertà di conscienza› und die ‹raggione di stato›, so aus dem Abgrund der Hölle entsprungen sind.»[37] Diese Meinungsäusserung einer hochbarocken und gleichsam überpolitischen Glaubensinbrunst stellt natürlich einen Extremfall dar; sie zeigt aber doch die Überzeugung, die in dem Völker und Staaten verbindenden Prinzip des erneuerten Katholizismus lebendig war. Denn die kirchliche Reformbewegung, die seit den Tagen Kardinal Borromeos die innere Schweiz so kraftvoll durchdrang und das Gemeinschaftsbewusstsein der V Orte erneut profilierte[38], führte auch ein Zeitalter intensiverer konfessioneller wie politischer Verbundenheit mit Italien und Spanien herauf. Zu den beiden Grundpfeilern des aussenpolitischen Systems der Gesamteidgenossenschaft seit den Mailänderkriegen und «Eckpfeiler der Neutralität» (R. Feller) – der Erbeinung mit Habsburg-Österreich und dem Ewigen Frieden mit Frankreich – war katholischerseits ein kunstvolles Strebewerk weiterer, vornehmlich italienischer Sicherungen gekommen. Das war möglich nicht zuletzt deshalb, weil es mit den südlichen Ambitionen der Eidgenossenschaft nach Marignano für immer vorbei war. Das Herzogtum Mailand, an dem einstens die eidgenössische Expansionskraft sich hatte erproben können, war 1535 an Habsburg übergegangen und bildete seit 1556 eine wichtige Aussenposition der Grossmacht Spanien: damit war es unangreifbar. Und nicht nur das: durch die Schaffung des «Collegium helveticum» war Mailand für die katholische Schweiz, die ja selber der eigenen Hochschule ermangelte, so etwas wie eine geistliche Metropole geworden. Dazu kam, dass gerade die Kappelerkriege gezeigt hatten, wie unbedingt notwendig in Zeiten der Gefahr die gesicherte Lebensmittelzufuhr aus dem Süden für die V inneren Orte war[39]. In diesem Sinne verstanden, entbehrt die Allianz, welche die VI katholischen Orte (Solothurn hielt sich fern) 1587 mit Spanien – d.h. vor allem: mit Mailand, aber auch mit Neapel – schlossen, bei aller Universalität doch auch wieder nicht der nüchternen Zweckdienlichkeit. Das Herzogtum Savoyen anderseits, dem das stärkere Bern noch 1536 das Genferseebecken entrissen hatte, stand ein halbes Jahrhundert später unter dem doppelten Bündnisschutz Spaniens und der katholischen Eidgenossenschaft. Betrachtet man daneben noch die mannigfachen Verbindungen der katholischen Orte mit der Kurie und mit Florenz, so vollendet sich das Bild dieses nach Süden hin nahezu lückenlosen Beziehungssystems. Gewiss: Historiker, die im Banne der liberaldemokratischen Ideen von 1848 und 1874 herangereift sind – die Dierauer und Oechsli vorab –, haben mit Temperament und mit der Kraft eines echten staatsbürgerlichen Ethos diese Allianzpolitik als widereidgenössisch gebrandmarkt. Man wird – ohne die Berechtigung dieses Vorwurfes bagatellisieren zu wollen – aber doch die Besonderheiten der regionalen Situation und auch die Massstäbe, die jenem Zeitalter religiöser Durchdrungenheit eigen waren, nicht ausser acht lassen dürfen. Denn auf reformierter Seite bestand ja gleichfalls eine verstärkte Neigung zu politischen Anknüpfungen. Dass sie nicht ein gleiches Ausmass annahmen, ist neben der im ganzen doch grösseren Zurückhaltung auch den ungünstigeren Voraussetzungen zuzuschreiben. Die geopolitische Lage war ja bekanntermassen die, dass die protestantischen Orte und Zugewandten zwar die katholischen in potentieller Überlegenheit im Norden, Osten und Westen recht eng umschlossen hielten, dass sie ihrerseits aber ebenfalls wieder vorwiegend an katholisch gesinnte Staatlichkeiten angrenzten. Deshalb gewannen die Verbindungen mit einigen protestantischen Ständen Deutschlands – etwa mit Strassburg, Baden-Durlach oder der Pfalz – nur bescheidene Bedeutung und haben sich geschichtlich als wenig triebkräftig erwiesen.

Aber das war im Grunde auch nicht entscheidend. Denn innerhalb und neben dem konfessionellen Gegensatz, aber auch über ihn hinaus wirkte um 1600 ein machtpolitischer: der Gegensatz zwischen der habsburgischen Staatengruppe und Frankreich. Ein Antagonismus, dessen Bedeutung für die Eidgenossenschaft der damaligen Zeit kaum hoch genug eingeschätzt werden kann. Denn Frankreich war schliesslich nicht nur der älteste von den verschiedenen Verbündeten, es war auch die einzige Macht, die von der Eidgenossenschaft immer wieder das wollte, was diese in grossem Ausmass zu bieten hatte: nämlich Söldner, und der Eidgenossenschaft deshalb auch immer wieder das bot, dessen sie bedurfte: nämlich Geld. So aber war Frankreich an der Erhaltung des innereidgenössischen Friedens aufs angelegentlichste interessiert. Nur eine Schweiz, die von keinem kriegerischen Zerwürfnis erfasst war, konnte überschüssige Kriegsknechte ins Ausland abgeben. Das sind die Faktoren, die der eidgenössisch-französischen Allianz während des ganzen 17. Jahrhunderts jene so wichtige, alle politischen Augenblickskonstellationen und konfessionellen Erregungszustände überdauernde Beständigkeit verliehen haben[40]. Dadurch, dass Bern und Zürich sich nach einer Phase bündnisfeindlicher Absonderung wieder in die Allianz mit Frankreich einfügten, war diese konfessionell neutralisiert und damit zu einem wesentlichen Instrument des Ausgleichs gegenüber einer einseitig italienisch-spanischen Orientierung geworden. Der – auf lange Zeit gesehen – folgenreichste politische Schachzug Berns und Zürichs, ihr Bündnis mit Genf, ist nicht von ungefähr gerade während der kritischen Verhandlungssituationen durch die französische Diplomatie entscheidend gefördert worden: die Erhaltung der Stadt als eines wichtigen Verbindungspunktes im Verkehr mit Frankreich lag in gesamteidgenössischem Interesse, ihre Bewahrung als eines sichernden Stützpunktes gegen Savoyen und Spanien entsprach einem französischen wie bernischen Anliegen; dazu aber kam reformiertenseits, neben allen politischen Erwägungen und letztlich als deren tiefstes Motiv, das Bewusstsein der Sympathie für dieses «civitas» gewordene Vorbild evangelischer Glaubensbewährung.

Genf war vielleicht der markanteste, aber keineswegs der einzige jener konfessionell wie räumlich entscheidenden Brennpunkte im Bereich des damaligen eidgenössischen Staatensystems. Wie für die Gesamteidgenossenschaft die Verbindung mit Frankreich, so war eben für die inneren Orte diejenige mit Italien politisch lebenswichtig, und sie waren entschlossen, die entsprechenden Konsequenzen zu ziehen. Die rücksichtslose Unterdrückung reformierter Ansätze im Tessin – gipfelnd im sog. Locarnerhandel – ist bereits in den 1550er Jahren vollzogen worden. Im Wallis, das allein den direkten Zugang zu Savoyen bot, ging der gleiche Prozess schwieriger und blutiger vonstatten: zu Beginn des Dreissigjährigen Krieges ist er auch hier im wesentlichen abgeschlossen gewesen. Ein weiteres Gebiet, das nun aber keine der beiden Glaubensparteien zu einem Vakuum werden lassen wollte, war das Veltlin: graubündnerisch seit den Mailänderkriegen und trotz Marignano zäh behauptet, vermittelte dieses Tal den offenen Pass nach Venedig. Venedig aber war bald nach 1600 erst mit Graubünden, dann aber mit Zürich und Bern eine Allianz eingegangen. Denn die Serenissima war, obwohl katholisch und einer massvoll betriebenen Gegenreformation nicht abgeneigt, von Habsburg-Spanien wie von Habsburg-Österreich beidseitig umklammert und deshalb wie Frankreich zu einer «protestantischen» Politik (im Sinne Rankes) genötigt. Diese von Bern nach Venedig sich erstreckende Bündnisachse war nun aber in ihrer Mitte gefährdet. Denn auch das spanisch-mailändische Interesse konzentrierte sich auf das Veltlin, weil dieses Tal allein den direkten Verkehr mit Habsburg-Österreich und – im weiteren Zusammenhang – denjenigen mit den spanischen Niederlanden gewährte, mithin den Zusammenhalt der spanischen Monarchie in ihrer kontinentalen Erstreckung sichern half.

Man sieht, wie eng sich alles verflocht, wie vielseitig die Gegensätze waren und nach welchen grossen europäischen Koordinaten sie gleichwohl ausgerichtet blieben. Man wird zugeben, dass diese Antagonismen durch die religiöse Spaltung vielfach mitbedingt und vor allem auch verschärft worden sind.

Gleichwohl wird der Historiker die Glaubenstrennung heute nicht mehr als eine negative, sondern vielmehr als eine positive Eigentümlichkeit unserer geschichtlichen Vergangenheit beurteilen, der wir geistig wie politisch viel verdanken. Gewiss ist «ex eventu» leicht reden: aber gerade der Blick auf die konkreten Gegebenheiten dürfte dies im einzelnen belegen. So hat die konfessionelle Trennung nicht nur den in den Jahren vor Marignano so überaus bedrohlichen Gegensatz zwischen Städte- und Länderkantonen abgeschwächt, sie hat auch engere Beziehungen da geschaffen, wo in vorreformatorischer Zeit die Veranlassung fehlte, sie hat etwa die inneren Orte mit Freiburg und Solothurn, ja sogar mit dem Fürstbistum Basel (dem heutigen Berner Jura) verbunden, aber eben auch Zürich der Waadt und Genf, Bern Graubünden nähergebracht. Und es bleibt zu fragen, ob nicht die überlegenen und aktivierenden religiösen Kräfte, die vom calvinischen Genf wie vom gegenreformatorischen Italien her eindrangen, mit dazu beigetragen haben, die noch deutschbewusste Eidgenossenschaft des 16. Jahrhunderts zu der vielsprachig-übernationalen Schweiz unserer Gegenwart weiterzugestalten. Endlich hat – und dies darf im

Ausblick auf den Dreissigjährigen Krieg mit Bestimmtheit gesagt werden – gerade ihre Aufgespaltenheit die Eidgenossenschaft vor einem noch schwereren Schicksal bewahrt. Ist es doch nicht nur denkbar, sondern wahrscheinlich, dass eine glaubensmässig geeinte Schweiz – ob geeint nach den Plänen Zwinglis oder im Sinne der katholischen Gegenreformation bleibe unerörtert – in den Strudel der konfessionellen Kämpfe hineingerissen worden wäre, oder besser: sich hineingestürzt hätte[41]. So aber blieben die beiden Glaubensparteien immer wieder und zumeist notgedrungen auf eine gegenseitige Rücksichtnahme, auf eine Politik der Umsicht und des Masshaltens angewiesen. Wohl fehlte es an Allianzen nicht, aber gerade ihr Nebeneinander entschärfte sie im einzelnen und nahm ihnen den Charakter des So-und-nicht-anders einer hybriden Trutzpolitik. Und in den Augenblicken, da nicht nur periphere Interessen, sondern zentrale Positionen tangiert zu werden drohten, brach dann doch wieder der Wille zur Einhelligkeit bestimmend durch. Als 1629 – also zu einem Zeitpunkt, da die kaiserliche Macht sich ihrem Zenith näherte – die Rede ging, dass Habsburg «per amor o per forza» sich die schweizerischen Pässe zu eröffnen gedenke, fasste die gesamte Tagsatzung den Entschluss zur Ablehnung eines solchen Begehrens, «da es … zu Erhaltung des freien Standes kein köstlicheres Kleinod gibt, als die Pässe in der Gewalt zu haben»[42].

Seit Paul Schweizers «Geschichte der schweizerischen Neutralität» wissen wir, dass sich in jener Zeit die Neutralität der Eidgenossenschaft zwar noch keineswegs zu einem staatsrechtlichen Prinzip, aber doch zu einer von Fall zu Fall erprobten und so in wachsendem Masse als verbindlich erkannten Verhaltensweise gebildet hat. Sie ist nicht aus der Einfachheit, sondern aus der Kompliziertheit der eidgenössischen Verhältnisse erwachsen. Wie wenig hoch das Wort als solches damals im Kurs gestanden zu haben scheint, zeigt das erst jüngst bekannt gewordene missfällige Diktum eines venezianischen Residenten von 1617, der – aufgebracht über angebliche Pläne der spanischen Partei, die eine Neutralität Graubündens anstrebe – «diesen falschen Namm der Neutralität» brandmarkt als «ein neuer Fund, der Freyheit diser Völcker die Gurgel abzuschneiden»[43]. Indessen erkannte doch die Staatsräson der Mächte – die Entwicklungslinien bereits des 17. Jahrhunderts erweisen es –, dass die Neutralität der schweizerischen Eidgenossenschaft ihre eigenen Interessen während der Kriegsjahre immer wieder sinnvoll ergänzte: bedarf es doch gerade in Zeitaltern dynamischer Kräfteentladung und machtpolitischer Verschiebungen auch stets der konstanten, der nichtmiteinbezogenen Elemente. So lehrt uns gerade das Beispiel der schweizerischen Neutralität, wie widersprüchlich und umwegig die Geschichte verlaufen kann, wie unvermittelt aber auch Energien, die wir ihrem Ursprung nach als negativ und auflösend empfinden, neue Bindungen und neue Ordnungen bewirken können.

Frägt man sich freilich, ob die Zeitgenossen solch positiver Aspekte unserer geschichtlichen Zerklüftung auch schon innegeworden sind, so muss man gestehen – und das ist ja durchaus begreiflich –, dass die Klage über das verlorene Paradies alteidgenössischer Einhelligkeit im Chor der Stimmen im ganzen vorwaltet. Und doch klingt es mitunter auch anders. Der Zürcher Theologe und Orientalist Johann Heinrich Hottinger etwa, dessen 1654 veröffentlichtes Buch «Dissertationum miscellanearum pentas» auch einen bezeichnenderweise «Irenicum helveticum» überschriebenen Abschnitt enthält, erklärt hier ganz unverhohlen, dass die Schweiz noch nie eine friedlichere Zeit erlebt habe, als es die seit der Glaubensspaltung eingetretene gewesen sei. Und er fügt bei, man möge alle Winkel Europas durchforschen und einen zeigen, den im vergangenen Jahrhundert die Flammen des Krieges nicht verbrannt oder doch wenigstens angesengt hätten. Lediglich der Schweiz habe ein gnädiger Gott die Gunst solcher Bewahrung zuteilwerden lassen[44]. Die Dankbarkeit im Angesicht der eben beschworenen Schrecknisse des grossen Krieges, die sich in diesen Worten kundtut, hatte auch Michael Stettler zu einem Zeitpunkt, da die säkulare Auseinandersetzung noch keineswegs entschieden war, Ausdrücke der Ergriffenheit darüber finden lassen, dass Gott «noch bisshar / das Freyheit leitende / in hohen Wasserwogen schwanckende Eidtgnossische Schifflin / gnedig beschirmet / ihre Actionen gesegnet / sie bey einandren im schrancken der Einigkeit / und des lieben Friedens / behalten»[45]. Derselbe Chronist aber entwarf damals – worauf Hans von Greyerz neulich hingewiesen hat – wohl als erster das Bild von der Eidgenossenschaft als eines pflanzlichen Gebildes, das aus einem sehr zarten Gewächs mit Erstreckung und Ausbreitung der Wurzeln zu einem ansehnlichen, hohen Baum sich erhoben habe[46].

Die Beispiele, die ja ihren Dienst als gelegentliche «flores rhetorici» vaterländischer Ansprachen z. T. bis heute versehen, liessen sich mehren; eines zeigt sich an ihnen aber stets wieder. Das politische Bewusstein in der Eidgenossenschaft jener Zeit blieb der Gefahren und Spannungsmomente, aber auch der Einmaligkeit dieser Staatlichkeit sehr wohl gewahr. Allerdings haben die kriegerischen und politischen Erschütterungen des Kontinentes, deren Zeitgenossen die Generationen vor und nach 1600 gewesen waren, dazu geführt, im notgebotenen Stillehalten allmählich eine Bürgschaft des politischen Glückszustandes überhaupt zu sehen.

Der Historiker, im Vergangenen des Künftigen ja ohnehin gewiss, wird leicht – vielleicht zu leicht – in solcher Haltung die Symptome der Erstarrung zu diagnostizieren geneigt sein. Dass die alte Eidgenossenschaft einer Kraftprobe, wie sie die Französische Revolution dann schliesslich von ihr fordern sollte, nicht gewachsen war, trifft zu; ebenso sicher aber ist, dass sie auf eine solche hin ihrer Struktur nach gar nicht geschaffen war. Das strenge Wort Carl Hiltys: «Wir sind vor 1798 keine Nation gewesen»[47], geht eben von der Annahme einer einigenden Zentralgewalt als dem eigentlichen Kriterium einer Staatsnation aus. Für das 17. und für das 18. Jahrhundert aber gab jene Vielfalt ständischer Verwurzelungen und Bindungen den Ausschlag, die als Vertikalen den Horizontalen eines zusammenfassenden Integrationsstrebens kräftig und hemmend entgegengewirkt haben[48]. Da man sich mit solchen Voraussetzungen nicht nur abfand, sondern sie lieb hatte, fehlte es denn auch ganz und gar an jener Rigorosität des Zuendedenkens, die den grossen Staatstheoretikern grosser Krisenzeiten eigen gewesen ist. Dafür findet man neben einem bisweilen quietistischen Vertrauen in das Gewordene jenen lebendigen Sinn für die Notwendigkeit des Ausgleiches zwischen mannigfach divergierenden Berechtigungen, Interessen und Egoismen, der das Staatsbewusstsein von der Staatswirklichkeit her doch stets wieder heilsam hat erneuern helfen.

Anmerkungen

1 Zürcher Antrittsvorlesung, gehalten am 9. November 1957. Die zeitlich umfassendste und geistig bedeutendste Erörterung des Themas Staatsbewusstsein im schweizerischen Bereiche bietet für unsere Zeit das Buch von Hans von Greyerz, *Staat und Nation im bernischen Denken*, Bern 1953. Vgl. ferner die Studie von Albert Hauser, *Das eidgenössische Nationalbewusstsein. Sein Werden und Wandel*, Zürich und Leipzig 1941, sowie die Aufsätze von Gonzague de Reynold und Hans Dommann in dem von Oskar Eberle herausgegebenen Sammelband *Barock in der Schweiz*, Einsiedeln 1930. Wertvolles bei Georg von Wyss, *Geschichte der Historiographie in der Schweiz*, Zürich 1895, und bei Wilhelm Oechsli, *Die Benennungen der alten Eidgenossenschaft und ihrer Glieder*, Jahrb. f. Schweiz. Geschichte, Bd. 41/42, 1916/17. Richard Feller, *Von der alten Eidgenossenschaft*, Bern 1938. Fritz Ernst, *Der Helvetismus*, Zürich 1954.
2 Vgl. William Farr Church, *Constitutional thought in sixteenth-century France*, Cambridge Mass. 1941, 194 ff., sowie vor allem Pierre Mesnard, *L'Essor de la philosophie politique au XVIe siècle*, P. 1936, 473 ff., und desselben Einleitung in Bd. V, 3 des *Corpus général des philosophes français*: Jean Bodin, P. 1951, VII ff. Überragend bleibt Friedrich Meinecke, *Die Idee der Staatsräson in der neueren Geschichte* (Werke Bd. 1), Mü. 1957, 66 ff.
3 *Les six livres de la République*, Lyon 1580, 85, 92–93. Wir zitieren im folgenden nach dieser Ausgabe.
4 Ib., 112: «Car si la iustice est la fin de la loy, la loy œuvre du Prince, le Prince est image de Dieu, il faut par mesme suite de raison, que la loy du Prince soit faicte au modelle de la loy de Dieu.»
5 Ib., 5, 6 («ce monde, qui est la vraye image de la Republica bien ordonnée et de l'homme bien reiglé»).
6 Ib., 653 ff., insbes. 677.
7 Es handelt sich um Sébastien de l'Aubespine, der Abbé von Bassefontaine, später Bischof von Limoges war, und zwischen 1546 und 1565 zu wiederholten

Malen die Schweiz bereiste. Vgl. Ed. Rott, *Histoire de la représentation diplomatique etc.*, Bde. 1 und 2, passim.

8   *De la République*, 236–237.

9   Ib., 237. In der lateinischen Fassung (*De republica libri sex*, Francoforti 1593³, 378) lautet dieser Satz noch deutlicher: «Cum igitur tantopere inter se dissideant principes et optimates ab infima plebe, vix est ut eos ulla ratione aequare aut imperiis et honoribus exaequatos inter se et cum Republica conciliare possis.»

10 Vgl. dazu die Thèse von Roger Chauviré, *Jean Bodin. Auteur de «la République»*, P. 1914, 177 ff.

11 *Der Discorso de i Sguizzeri des Ascanio Marso von 1558*. Herausgegeben und bearbeitet von Leonhard Haas, QSG N. F. III, Bd. 6, Basel 1956, 42. Ed. Rott, *Henri IV, les Suisses et la Haute Italie*, P. 1882, 20, Anm. 2.

12 Vgl. die Studie von Ernst Reibstein, *Respublica Helvetiorum. Die Prinzipien der eidgenössischen Staatslehre bei Josias Simler*, Bern 1949.

13 Josias Simler, *Regiment Gemeiner loblicher Eydgnoschafft*, Zürich 1576, 10 v. Wir zitieren im folgenden nach dieser Ausgabe.

14 Ib., 4 r.

15 Ib., 13 r, v.

16 Fritz Ernst, *Der Helvetismus*, insbes. 21 f.

17 Joh. Bapt. Plantinus, *Helvetia antiqua et nova*, Bernae 1656, 179.

18 Michael Stettler, *Schweizer-Chronic, Erster Teil*, Bern 1627, II v (der Dedication).

19 Simler, v. 162 v, 163 r.

20 Ib., 158 v, 140 v.

21 Zit. bei Hans von Greyerz, a. a. O., 58.

22 Franciscus Guillimanus, *De rebus helvetiorum libri V*, Friburgi Aventicorum 1598, 391–392.

23 Simler, 10 r, v.

24 Ib., 177 v f.

25 Hermann Weilenmann, *Die vielsprachige Schweiz*, Basel-Leipzig 1925, insbes. 70 ff.

26 Abschiede III 2, 1407.

27 Zit. bei F. Heinemann, *Geschichte des Schul- und Bildungslebens im alten Freiburg bis zum 17. Jahrhundert*, Freiburger Geschichtsblätter, 2. Jahrg. (1895), 55. Den Hinweis auf diese Stelle verdanke ich der Untersuchung von Johann Kälin, *Franz Guillimann, ein Freiburger Historiker von der Wende des XVI. Jahrhunderts*, Diss. Freiburg i. Ue. 1904, 5.

28 Wilhelm Oechsli, *Die Benennungen der alten Eidgenossenschaft und ihrer Glieder*, Jahrb. f. Schweiz. Geschichte, Bd. 42 (1917), insbes. 142 f.

29 Vgl. Richard Feller, *Die Schweiz des 17. Jahrhunderts in den Berichten des Auslandes*, Schweizer Beiträge zur Allgemeinen Geschichte, Bd. 1 (1943), 55 ff. Ferner auch René Aeberhard, *Die schweizerische Eidgenossenschaft im Spiegel ausländischer Schriften von 1474 bis zur Mitte des 17. Jahrhunderts*, Diss. Zürich 1941.

30 Neben der lateinischen Fassung wurde es noch ins Französische und Holländische übersetzt: «dieses Werk blieb bis 1798 das vollständigste Handbuch des schweizerischen Staatsrechts» (G. v. Wyss, *Historiographie*, 212). Vgl. auch Ernst Reibstein, a. a. O., 13–14.

31 Johann Heinrich Schweizer, *Chronologia helvetica*, Hanoviae 1607, 11. Ähnlich auch Simler, 168 r.

32 Simler, 169 v.

33 Vgl. William E. Rappard, *Du renouvellement des pactes confédéraux (1351–1798)*, Beiheft 2 der Zeitschr. f. schweiz. Geschichte, Zürich und Leipzig 1944, 55 ff.

34 *Abschiede* IV. 2, 895 ff., 899.

35 *Schweitzer-Chronic, Zweiter Teil*, IIIr, v. (Vorrede). Ähnlich übrigens auch schon bei Simler, 140 r.

36 *Abschiede* IV. 2, 920 ff., 922–923.

37 *Abschiede* V. 2 a, 418.

38 Vgl. Hans Dommann, *Das Gemeinschaftsbewusstsein der 5 Orte in der alten Eidgenossenschaft*, in: Der Geschichtsfreund, Bd. 96 (1943), insbes. 158 ff.

39 Doch ist zu betonen, dass in normalen (d. h. nicht durch Kriege oder Mangel gekennzeichneten) Zeiten für die Innerschweiz die Getreidezufuhr aus dem Norden ausschlaggebend blieb. Vgl. dazu Reinhold Bosch, *Der Kornhandel der Nord-, Ost-, Innerschweiz und der ennetbirgischen Vogteien im 15. und 16. Jahrhundert*, Diss. Zürich 1913.
Die Literaturangaben beschränken sich im folgenden auf knappe Hinweise; der Vf. hofft nächstens in anderem Zusammenhang und ausführlicherer Darstellung die nötigen bibliographischen Angaben nachzuholen.

40 Das ist besonders markant herausgearbeitet bei Richard Feller, *Bündnisse und Söldnerdienst 1515–1798*, in: Schweizer Kriegsgeschichte, Heft 6, Bern 1916, insbes. 10 f.

41 Ernst Gagliardi, *Die Entstehung der schweizerischen, Neutralität*, Zürich 1915, 11.

42 *Abschiede* V. 2 a, 581.

43 Zit. bei Emil Usteri, *Ein interessantes Urteil über die Neutralität*, in: Zürcher Taschenbuch 1957, 48–49.

44 Joh. Heinrich Hottinger, *Dissertationum miscellanearum pentas, Tiguri 1654*, 189–190.

45 *Schweizer-Chronic, Zweiter Teil*, IIv. (Vorrede) Ein ähnliches Bild bei Joh. Bapt. Plantinus, *Helvetia antiqua et nova*, 3, (Widmung) der von der «illaesa haec Noachi arca» spricht, die den Opfern Schutz gewähre.

46 Hans von Greyerz, a. a. O., 59.

47 Carl Hilty, *Vorlesungen über die Politik der Eidgenossen*, Bern 1875, 29.

48 Vgl. auch Hans Nabholz, *Föderalismus und Zentralismus in der eidgenössischen Verfassung vor 1798*, in: Polit. Jahrbuch der Schweizerischen Eidgenossenschaft, 30. Jahrg. (1916), 157 ff.

Pestalozzi – eine verkannte dramatische Begabung?

Heinrich Pestalozzi hat den Dialog geliebt. Zwiegespräche durchziehen vor allem sein früheres Werk, profilieren manche Partien in «Lienhard und Gertrud», sind aber auch das Salz politischer Schriften aus der Zeit der Helvetik. Das Hin und Her der Argumente, spontan und kommentarlos dargeboten, fesselte ihn in immer neuen Varianten. Dialoge machen noch kein Drama aus, aber sie enthalten in nicht ganz seltenen Fällen Elemente einer dramatischen Struktur, vor allem dann, wenn sie menschliche Gegensätze und Nöte spiegeln. Nun hatte Pestalozzi kaum Beziehungen zum Theater. Im alten Zürich waren solche Darbietungen verpönt; auch der alte Bodmer schrieb nur vaterländische Lese- und nicht Aufführungsdramen. Auf dem Lande, wohin sein ehemaliger Schüler, der junge Ehemann und angehende Pädagoge Pestalozzi mit 23 Jahren übersiedelt war, lernte er aus um so grösserer Nähe den Alltag der Bedrückten kennen. Als Landwirt und Kleinunternehmer nutzte er ihre Arbeitskraft, als Schriftsteller wurde er zum Schilderer und Diagnostiker ihres Loses.

Neben dem grossen Roman, diesem Abbild dörflicher Lebensverhältnisse des späteren 18. Jahrhunderts, gab Pestalozzi 1782 eine kurzlebige Zeitschrift heraus, «Schweizer-Blatt» betitelt, mit Nebenarbeiten zu seinen Hauptthemen, mit Neuansätzen auch, die er später nicht weiterverfolgte. Stets aber ging es ihm um gesellschaftliche Gegensätze und ihren Ausgleich. Der edle Arner in «Lienhard und Gertrud», Landvogt und menschlich geläuterter Grandseigneur, erstrahlte als Vorbild eines Mittlertums zwischen arm und reich, das jedoch Ausnahme blieb. Unterdrückung und Ausbeutung waren weit häufiger, besonders da, wo die Stellung des Feudaladels sich ungebrochen aufrechterhielt. Pestalozzi setzten solche Ungerechtigkeiten zu; er illustrierte sie fasslich und fesselnd anhand eines ins «Schweizer-Blatt» eingefügten Dramoletts von drei Teilen. Warum wohl diese Kunstform wählte? Vermutlich gestattete sie ihm, die handelnden Personen direkter, ohne lange Charakterisierungen, dafür in ihren Aussagen und ihrem Gerede, vorzuführen.

Den Anfang macht eine Szene vor einem Schloss in Frankreich. Eine Mutter von neun Kindern, Frau eines überführten und verurteilten Wilddiebes, bittet vergeblich, beim Schlossherrn vorgelassen zu werden; ihre Kinder erhalten wenigstens durch die Gnade einer «Untermagd» von dem den Jagdhunden zugedachten Futter zu essen. Dann wechselt die Szene ins

Innere des Schlosses, wo die Herrschaften eine gehobene politische Unterhaltung pflegen. Es geht um die französische Unterstützung des amerikanischen Freiheitskampfes gegen das stolze England. «Unser Sieg macht der Menschheit Ehre – wir erretten die halbe Welt aus der Sklaverey», doziert ein Abbé, worauf ihm der Comte beifällt: «Man glaubt izt, die Herrschaften gewinnen dabey, wenn die Menschen frey sind – und das macht, dass fast Jedermann für die Freyheit ist.»

Wie sich Freiheit aus dieser Sicht ausnimmt, erläutert sodann der Abbé: «Sie erhöhet und verfeinert die Annehmlichkeiten in den höhern Ständen ohne Maas: indessen die niedern Stände in ihrer Freyheit mit einer unglaublichen Mühseligkeit uns die Fonds zu diesem erhöheten Lebensgenuss herbeyschaffen, und sich noch selig preisen, dass sie es dörfen.» – «Das ist sicher», ergänzt der Marquis, «ich will einmal auch ein halb dutzend Fabriques in meinen Ländern anlegen, wenn Amerikas Handlung frey ist; die Leute crepieren ja beynahe auf meinen Domaines, und vermögen kaum zu zahlen, was meine Ahnen schon vor vierhundert Jahren von ihnen bezogen – indessen dass Bürgersleute in meiner Nachbarschaft, bey Fabrique-Arbeit, wohl zwanzigmal mehr aus ihren Leuten ziehn, als ich.»

Über den Nutzen dieser rein geschäftlich verstandenen Freiheit sind sich alle drei Herren einig. «Sie ist allenthalben schön, wenn sie dem König und dem Adel nicht schadet.» – «Auf der See ist sie am allernothwendigsten.» – «Ohne das könnten wir nicht reich werden.» – «Ohne Freyheit ist der Menschen Leben nicht der Rede werth.» Während dieser Konversation, die in reine Zynismen ausartet, hat sich ein adeliges Fräulein ans Fenster begeben und richtet entsetzt die Aufmerksamkeit der Herren auf die Vorgänge im Schlosshof. Dort ist der Hundefrass den Kindern schlecht bekommen, worauf der Marquis die Magd, die ihnen diese Mahlzeit mitleidhalber verabreichte, ins «Loch» werfen lässt. Das Bittgesuch der Frau aber wird gar nicht erst zur Kenntnis genommen, da ja das Urteil über den Wilddieb rechtens ist.

Damit sind die Herren wieder sich und ihrer Selbstzufriedenheit überlassen. Dem allzu sensiblen Fräulein wird bedeutet, das Landleben sei ihre Sache nicht. «Man ist entsetzlich geplagt auf den Schlössern», findet der Marquis, und der Comte echot: «Die Bauern sind ein elendes Sklavenvolk.» – «Was auch vor ein Unterschied ist zwischen diesen Leuten und den Amerikanern» – ja, «ungeheuer» sei er, erklärt der Abbé abschliessend. Darauf bemerkt ein hinter dem adligen Fräulein stehender Bedienter «leise für sich: So ungeheuer nicht als deine Unmenschlichkeit, Pfaff!» Soweit diese dramatische Szenenfolge, der eine gewisse Kraft nicht abgesprochen werden kann und die weit hinausleuchtet in weltpolitische Konstellationen und Mentalitäten des späten Ancien Régime.

Ähnliche Stärken eines schlichten, aber fesselnden Dialogs finden sich in einem andern, gleichfalls sozial konzipierten Kleindrama, das ohne Titel und gewissermassen als Fortsetzungsgeschichte die Nummern vom 7. März bis zum 4. April 1782 ausfüllt. Heldin ist da eine rechtschaffene Magd namens Künigunde, die in der Stadt dient und unter Vernachlässigung ihrer Kleidung den ganzen ersten Jahrlohn von 25 Gulden ihrer kranken Mutter zukommen lässt. Ein gewandter und krimineller Dienerkollege, Rakkolli genannt, verspottet sie darob und will ihr etwas von seinem Geld, das er durch Diebereien zusammengebracht hat, aufdrängen, vorerst vergeblich.

Die Wendung zum Schlimmen tritt ein, als der Geldbote unvorsichtigerweise einem Bösewicht im Wirtshaus von seiner Sendung berichtet. Da die Schulden der kranken Mutter bekannt sind, die Gläubiger aber die Hoffnung auf ihre Realisierung verloren haben, gelingt es dem bösen Menschen, um ein Geringes die Schuldscheine zu erwerben und dadurch formal mit vollem Recht und behördlicher Unterstützung die Summe, die der alten Frau eben zukam, für sich zu behändigen. Diese geht am Schock des Unrechts zugrunde. Jetzt aber – erst jetzt – wird ihrer Tochter klar, wie schlimm es um diese Welt bestellt ist, und sie eröffnet sich der zynischen Lebensphilosophie Rakkollis, der ihr vorrechnet, wie sehr sie von ihrer Herrschaft ausgebeutet werde. «Was anders – 25 Gl. Jahrlohn von deiner Herrschaft, was kostet ihr Schosshund? was zahlt sie für eine Kazze? was ist der Hund, den sie mit Bon bon füttert? was thut der Peruquenmacher, dem sie göldene Uhren schenkt?... und diesem Weib trägst du Haargufen zusammen, damit es das Seine bhalte?»

Festliche Tage kommen, und Künigunde profitiert von Trinkgeldern und Nebeneinnahmen. Aber bald naht auch schon das Unheil. Im «Koth des Auskehrichts» findet die Magd den diamantenen Brautring eines Junkers von Grossgwühl, der im Hause ihrer Herrschaft gewohnt hatte. Sie zeigt ihn Rakkolli, der hier die Chance seines Lebens sieht und von einem Händler erfährt, dass der Ring über tausend Taler wert ist. So lässt er sich von seinem Herrn verabschieden und ausbezahlen, erlegt Künigunde unter falscher Wertangabe einen geringen Betrag als Abfindung und sucht das Weite. Mittlerweile bemerkt der Junker das Fehlen seines Juwels, fasst Verdacht und wendet sich an den Gastgeber jener festlichen Tage. Die Sache fliegt auf, die Magd – von der Herrin ultimativ zur sofortigen Rückgabe des Rings aufgefordert – kann ihn nicht beibringen, «und nach einer Viertelstunde war Künigunde in der Hand der Gerechtigkeit, wohin ich ihr nicht folge.»

Die Moral der Geschichte liegt nahe. Die schwache Armut verfällt der Bosheit der Welt, ist ihr gegenüber wehrlos, geht zugrunde. Eigentlich schuldig aber sind die Machtverhältnisse, die von vornherein zugunsten der Herrschenden angelegt sind und den Schwachen zwar scheinbar einen kleinen Ermessensspielraum, in Wirklichkeit aber keinen Ausweg lassen.

Diese dramatischen Versuche fanden das Interesse Isaak Iselins, der nun in Pestalozzis Begabung eine ganz neue Komponente entdeckte: «Wir glauben, alle Anlagen zu einem Schriftsteller aus der ersten Klasse zu finden, und wir zweifeln nicht, dass, wenn er auf ein seinen Talenten würdiges Theater versetzet, er in wenig Zeit sich die glänzendste Bahn eröffnen und unendlich viel Gutes bewirken würde.» Pestalozzi, der bisher kaum ein nachweisbares Interesse dafür bekundet hatte und nach seiner Jugend in einer theaterlosen Stadt und den anschliessenden Jahren auf dem Lande auch kaum je in mehr als beiläufige Berührung mit dieser Welt gekommen sein dürfte, fand sich durch Iselins Anregung doch angesprochen:

> «In Beziehung des eigentlichen Inhalts Ihres Schreibens muss ich Ihnen freymütig gestehen, dass der Gedanken, ich besize einige Fähigkeiten fürs Theater, mir schon mehrmals aufgestiegen. Aber bis jez schrekte mich der auffallende Mangel an bestimmter Kentnis der grossen Welt immer von Versuchen von dieser Art ab. Ich denke zwar frylich, dass das ein Mangel ist, dem leicht abzuhelfen were, wenn ich für einige Zeit in einer grossen Statt wohnen und mir genugsamen Zutritt verschaffen könte. Und in diesem Gesichtspunkt were ein Wuchenblatt in Wien frylich eine Arbeit, die, wie ich hoffe, sicher so vill abwerffen würde, als mir nothwendig were, um mit Anstand alda leben und sehen zu könen, wen ich nach meinem Zwekk suchen musste.»

Die Hoffnung auf einen Einstieg ins Theater verbindet sich mit derjenigen nach einem Ortswechsel, dem Wunsch nach der grossen Welt Wiens, zu der ihm – wie Pestalozzi im folgenden ausführt – der Menschenfreund dank seinen Beziehungen Zugang verschaffen könnte. Dazu kam es freilich nicht mehr. Es war einer der letzten Briefe, die er an Iselin richtete. Die ganze Nummer vom «25. Heumonat 1782» war dem Andenken an den am 15. Juli Verstorbenen gewidmet.

Lassen die vorliegenden dramatischen Fragmente, denen noch einige von minderer Bedeutung folgen sollten, den Schluss zu, dass eine echte Begabung für das Theater vorzeitig geknickt wurde? Es wäre wohl Spekulation, dies zu bejahen. Allenfalls zeigen sich Ansätze zu einem Talent, das sich bei einiger Pflege hätte weiterentwickeln lassen, etwa bis hin zum Umkreis der Dramatiker des Sturm und Drang, der Lenz, Klinger und Wagner, die ebenfalls das soziale Genre mit kurzen, oft abrupten Szenen pflegten und auf deutschen Theaterspielplänen gelegentlich dann wiederkehren, wenn das Interesse an der Klassik und den Modernen erlahmt. Pestalozzis dramatisches «Hauptwerk» ist m. W. im Säkularjahr 1946 unter dem Titel «Künigunde» in Basel aufgeführt worden und hat in neuerer Zeit eine gewisse Wiederbelebung dank einer Hörspielbearbeitung gefunden.

Möglich, dass ein ausgearbeitetes Theaterstück dieses Autors auch dank dem Klang seines Namens gewisse Überlebenschancen auf der Bühne gehabt hätte – aber das ist wohl alles, was sich mit einiger Sicherheit zu diesem Thema sagen lässt. Und so gehört es zu den Fügungen schweizerischer Literatur im 18. wie im 19. Jahrhundert, dass sie bei allem Reichtum keinen Dramatiker hervorzubringen vermochte, wohl aber immer wieder Dichter, die sich in dramatischen Fragmenten oft genug und fast stets erfolglos um das Theater bemühten.

Henri Monod und die Krise der Eidgenossenschaft 1813–1815

Der Waadtländer Henri Monod (1753–1833) gehört zu den eigentlichen Gründergestalten seines Heimatkantons; von 1798 bis 1830 hat er eine bedeutende, oft die entscheidende Rolle unter dessen Politikern gespielt. Er entstammte einem alten Honoratiorengeschlecht in Morges und studierte in den 1770er Jahren in Tübingen, wo er mit seinem Landsmann César de La Harpe eine Freundschaft fürs Leben schloss, wurde dann Advokat und Statthalter des Landvogts. Die helvetische Revolution, für die er sich ohne radikales Engagement einsetzte, brachte ihn empor: er stieg zum Präsidenten der Verwaltungskammer des neuen Kantons Léman, später zu dessen Préfet auf. Als die Helvetik zu Ende ging, blieb er gleichwohl an der Führungsspitze: Als Mitglied der Consulta half er 1802/03, die Neuordnung der Mediation auszuarbeiten. Noch im Alter freute er sich eines Kompliments, das ihm Napoleon nach einer mehr als siebenstündigen, gemeinsam durchstandenen Arbeitssitzung gemacht hatte. 1803/04 und wiederum 1811–1830 stand er dem Kanton Waadt als Landammann vor, wurde häufig in diplomatischen Missionen und zu Tagsatzungen entsandt. Als einer von wenigen Zeitgenossen verstand er es, durch alle politischen Umwälzungen hindurch unentbehrlich zu bleiben, ohne doch seine Überzeugungen zu kompromitieren. Für ihn als Waadtländer gehörte das Ancien Régime zu den Überlebtheiten, die nicht wieder herzustellen waren. Aber von einer Volksherrschaft wollte er gleichwohl nichts wissen: sein Herrschaftsideal war das einer aufgeklärten Elite von Bildung, Familie und Besitz. Diese Konzeption liess sich ohne Schwierigkeiten und Konzessionen über Jahrzehnte aufrechterhalten. Erst die Regeneration sollte ihr die Fundamente untergraben.

Henri Monod hat verschiedene Male seine Erinnerungen zu Papier gebracht. Schon 1805 erschien ein zweibändiges Memoirenwerk, das vor allem der Helvetik galt. Im Alter schrieb er reizvolle «Souvenirs», eine Art von Gesamtbilanz, die jedoch erst 1954 ediert wurden. Jetzt liegen endlich auch die «Mémoires du Landamman Monod pour servir à l'histoire de la Suisse en 1815» vor, von Jean-Charles Biaudet (unter Mitwirkung von Marie-Claude Jequier) bearbeitet und von der Allgemeinen Geschichtsforschenden Gesellschaft im Rahmen der «Quellen zur Schweizer Geschichte» herausgegeben.[1] Der Titel ist etwas zu eng gefasst: es geht um die Krise der Jahre 1813–1815. Monod hat an dieser Zeitenwende wenig

Freude gehabt. In den «Souvenirs» spricht er nur nebenbei davon und sagt, er sei damals «témoin de la lâcheté, de l'hypocrisie, de la ruse, des bassesses, de l'insolence, de la corruption» seiner Miteidgenossen geworden. Die «Mémoires» setzen mit dem November 1813 ein. Die Schlacht von Leipzig ist geschlagen, der Kampf um die Vorherrschaft in Deutschland damit zu ungunsten Napoleons entschieden: die verbündeten Heere der Russen, Österreicher und Preussen schieben sich gegen den Rhein vor. Die in Zürich versammelte Tagsatzung rafft sich unter dem eidgenössischen Landammann Hans Reinhard (der bei Monod schlecht wegkommt und als haltloser Opportunist hingestellt wird) zwar zur Neutralität auf, lässt aber alsbald die Mediationsakte doch fallen und nimmt wenige Wochen später auch die offene Verletzung der Neutralität durch die Alliierten widerstandslos hin.

Für den Kanton Waadt war diese Wendung der Dinge insofern besonders bedrohlich, als sie auch seinen Bestand in Frage stellte, der sich nun bernischen Restaurationswünschen preisgegeben fand. Monod setzte sich deshalb weisungsgemäss sofort mit dem Zaren Alexander I. in Verbindung und suchte ihn, gerade als die Invasion der Schweiz sich abzeichnete, in Freiburg i. B. auf. Auch La Harpe, der ehemalige Erzieher des Zaren, begann nun dank seinen brieflichen Ratschlägen wieder eine Rolle zu spielen. Seinem Einfluss auf Alexander ist es wesentlich zu verdanken, dass die Versuche einer Wiederherstellung der bernischen Herrschaft bis zum Genfersee die Billigung der Alliierten nicht fanden. Denn die Solidarität der anderen schweizerischen Kantone – Monod vermerkt es mit einiger Verbitterung – schwand bald dahin. Von den fremden Mächten war Österreich ja ganz für Bern eingenommen, aber auch die englische Diplomatie ihm zumindest nicht entgegen – England habe die Schweiz durch Bern beherrschen wollen, notiert der Memorialist einmal. Zürich, dem die natürliche Führerrolle zufiel, hätte bei entschiedenem Auftreten vor allem die ostschweizerischen Kantone um sich scharen können. Es erwies sich jedoch als Versager: von seinen Politikern habe sich einzig Paul Usteri auf der Höhe seiner Aufgabe gezeigt, aber damals leider keinen dominierenden Einfluss auszuüben vermocht. Weitere Details dieses Entscheidungsjahres 1814 sind zwar bekannt, werden aber in diesen Papieren durch manchen Zug nuanciert: das Zusammenwirken der neuen Kantone Waadt und Aargau, die durch gemeinsame Gegnerschaft gegen Bern auf Gedeih und Verderb aneinandergebunden waren und sich militärisch absprachen. Zum Äussersten kam es dann doch nicht, da die Mächte am Bestand der 1803 neugeschaffenen Kantone festhielten und nur eine geeinte Eidgenossenschaft zum Wiener Kongress zuliessen.

Monod selber gehörte nicht zu denen, die nach Wien fahren durften. Sein Urteil über die schweizerische Delegation klingt freilich vernichtend genug. Reinhard ein bornierter Junker: «J'ai vu peu d'hommes à idées plus embrouillées et par là même moins propres à diriger des affaires importantes.» Der Freiburger von Montenach «une espèce de charlatan»: einzig der Basler Wieland taugte etwas mehr, kam aber nicht gegen die Nullität seiner beiden Kollegen auf. In einem gesonderten Anhang seiner Memoiren, den er «Impolitique des Suisses» betitelt, führt Monod seinen Landsleuten einen Katalog der Versäumnisse vor Augen, die vor allem (nicht ausschliesslich) am Wiener Kongress begangen wurden: neben dem Veltlin und Konstanz liess sich die Schweiz auch die Landverbindung mit Genf entgehen, die bekanntlich erst am Zweiten Pariser Frieden nachgezogen werden konnte. Wenn der Waadtländer auch der grundlegenden Erklärung vom 20. März 1815 seine Anerkennung nicht versagt, so bleibt er doch dem Kongresswerk als Ganzem (wie auch dem Bundesvertrag) gegenüber reserviert. Selbst Alexander habe sich unter den Wiener Kongresseindrücken gewandelt und sei aus dem Befreier Europas zu einem Restaurator geworden, der sich den liberalen Anwandlungen seiner Jugend mehr und mehr verschloss.

Ausführlich und mit vorwiegend negativen Akzentsetzungen geht Monod auf das Zwischenspiel der Hundert Tage ein, dessen Episoden das Memoirenwerk beschliessen. In dieser neuen Machtprobe enthüllt sich für ihn beispielhaft die Fragilität der Schweizerischen Neuordnung: die Unfähigkeit, die eben vereinbarte Neutralität auch gegenüber dem Druck der Mächte aufrechtzuerhalten, die Unfähigkeit auch, nach der Entscheidung von Waterloo der Versuchung eines Eroberungsfeldzuges standzuhalten. Hätte Monod die näheren Begleitumstände gekannt, welche die Schweiz ihre Neutralität preisgeben liessen (das Verhalten des Tagsatzungspräsidenten David von Wyss, der die Neutralitätszusicherung des französischen Aussenministers der Tagsatzung vorenthielt), sein Verdikt wäre wohl noch schärfer ausgefallen. Mit besonderer Verbitterung gedenkt er der Unannehmlichkeiten, die der eidgenössische Oberst und Divisionskommandant Nicolas Gady, ein mit der Grenzsicherung betrauter freiburgischer Patrizier, der Lausanner Regierung bereitete (und sie offensichtlich auch ihm). In solchen Partien wird deutlich, dass Neutralität für Monod und seine Gesinnungsgenossen mehr war als nur ein Beiseitestehen. Es ging darum, in einem neuen Kampf der Ideologien nicht der «falschen» Seite Vorschub zu leisten und damit Restaurationstendenzen zu stärken, die letztlich die Grundlagen der neuen Kantone untergraben konnten. So gehen immer wieder waadtländische und eidgenössische Perspektiven ineinander über, wobei die ersteren nicht durchwegs auch die engeren sein müssen.

Henri Monod hat seine Memoiren zwischen 1818 und 1822 geschrieben, also zu der Zeit, da die Heilige Allianz ihren Höhepunkt eben erst erreichte. In jenen Jahren war also die Gefahr direkter ausländischer Einflussnahme nicht geringer geworden, was den gelegentlich etwas mentorhaften Ton der Niederschrift mitbedingt haben mag. Allen drei Bänden sind aufschlussreiche Aktenbeilagen angefügt, die allein schon eine wichtige Dokumentation für jene Übergangszeit abgeben. Der Wert der vorliegenden Edition besteht nicht zuletzt darin, dass sie das Verständnis der Wende von 1814/15 um Gesichtspunkte und Argumente bereichert, die in der traditionellen, zumeist von den deutschschweizerischen Orten bestimmten Wertung weniger zur Geltung kamen.

Anmerkungen

1 Henri Monod: *Mémoires du Landamman Monod pour servir à l'histoire de la Suisse en 1815.* Publiées par Jean-Charles Biaudet avec collaboration de Marie-Claude Jequier. Quellen zur Schweizer Geschichte. Hg. von der Allgemeinen Geschichtsforschenden Gesellschaft der Schweiz. Neue Folge. III. Abteilung: Briefe und Denkwürdigkeiten. *Bd. IX/1–3. Stadt- und Universitätsbibliothek, Bern 1975.*

Der Föderalismus in der Schweiz.
Entwicklungstendenzen im 19./20. Jahrhundert

Das föderative System der niederländischen Republik, das auf der Union von Utrecht beruhte, und dasjenige der alten Eidgenossenschaft sind von schweizerischen Historikern schon öfters miteinander verglichen worden.[1] Beide Staatengruppierungen sind aus einer Auseinandersetzung mit dem Hause Habsburg hervorgegangen, beide stellten eine Konföderation dar, die ihren Staaten ein grösstmögliches Mass an Selbständigkeit beliess, beide besassen gemeinsame Organe, die sich glichen: hier die Generalstaaten, dort die eidgenössische Tagsatzung. Schliesslich ist auch an die Untertanengebiete zu erinnern, über die sowohl die Niederlande als die alte Schweiz geboten. Erst in jüngster Zeit sind neben den politisch-militärischen auch die geistigen Beziehungen erforscht worden, die die Niederlande mehr als gebenden, die Eidgenossenschaft als empfangenden Teil erscheinen lassen: viele reformierte Schweizer haben in Holland – in Leiden zumal – studiert, und die Anregungen, die von Justus Lipsius und Hugo Grotius auf die schweizerische staatsrechtliche Literatur ausgingen, sind beträchtlich gewesen. Was damit indirekt zusammenhängt: die Reorganisation des schweizerischen Militärwesens im siebzehnten Jahrhundert ist ohne direkte Einflüsse der oranischen Heeresreform undenkbar. Das Vorbild des niederländischen Steuerwesens sollte zu ihrer Finanzierung dienen, konnte dann allerdings der bäuerlichen Unruhen wegen nur unvollständig verwirklicht werden.

Nun gab es aber auch wesentliche Strukturunterschiede. Es fehlte natürlich die Dynastie, die den Vereinigten Provinzen in kritischen Augenblicken immer wieder höheren Zusammenhalt verlieh; es fehlte die konfessionelle Einheit, es fehlte vor allem auch der politisch wie wirtschaftlich präpotente Einzelstaat, wie ihn Holland innerhalb der Republik der Vereinigten Niederlande darstellte. Vollends ging der Schweiz die Dimension der überseeischen Expansion ab, die den Vereinigten Niederlanden in der Frühneuzeit grossmachtähnliche Züge verlieh. Beiden Konföderationen aber ist zuletzt das gemeinsame Schicksal zuteilgeworden, von der Französischen Revolution verschlungen zu werden. Damit bricht die Parallele ab, die wir nicht weiterverfolgen wollen. Vielmehr wenden wir uns nun den Entwicklungstendenzen des schweizerischen Föderalismus im neunzehnten und zwanzigsten Jahrhundert zu. Es diene der Klärung, wenn mit einer Definition begonnen wird.

Unter Föderalismus versteht man in der Schweiz gemeinhin ein Prinzip, das auf dem staatlichen Selbstbewusstsein der Kantone neben der Zentralgewalt und notfalls auch im Widerspruch zu ihr beruht.[2] Ein Grundsatz, der sich nach unten auch auf das Eigenleben der Gemeinden und ihre relative Autonomie im kantonalen Verbande erstreckt. Es geht also im schweizerischen Wortgebrauch primär nicht um die bundesstaatliche Ordnung und um das Verbindende – was ja Föderalismus auch noch beinhalten kann –, sondern um die Eigenständigkeit der Teile innerhalb des Ganzen. Karl Ludwig von Haller wollte deshalb schon früh – nämlich 1807 – das damals aufkommende Schlagwort ersetzt wissen durch den Ausdruck «Selbständigkeit der Schweizer Kantone».[3] Seine geschichtlichen Wurzeln hat der Föderalismus denn auch in der alten Eidgenossenschaft und ihrem Staatenbund. Bewusst zum Problem erhoben aber wurde er doch erst an der Wende vom achtzehnten zum neunzehnten Jahrhundert, als es sich darum handelte, den durch die französische Okkupation erzwungenen Einheitsstaat der Helvetik zu beseitigen oder doch zu modifizieren. Die helvetische Republik von 1798 hatte die alten Untertanenverhältnisse beseitigt und damit eine soziopolitische Nivellierung geschaffen, die nicht nur in der Französischen Revolution, sondern auch in Neuerungen des aufgeklärten Absolutismus ihre Präzedentien findet. Sie reduzierte die Kantone zu blossen Verwaltungsbezirken und konzentrierte alle Gewalt auf die Zentrale, die ihrerseits Befehlsempfängerin der Besatzungsmacht war. Die Helvetik blieb eine kurze Episode von langer Nachwirkung. Ihre tiefere historische Bedeutung beruht darin, dass sie zum ersten Mal aus der Schweiz einen modernen und konfessionsfreien Staat von gleichberechtigten Staatsbürgern machte und damit spätere Entwicklungstendenzen vorwegnahm. Sie bildete gleichsam eine These, zu welcher die nachfolgende Staats- und Verfassungsentwicklung eine Reihe von Antithesen aufstellte.

Wir wollen diese Etappen nicht im einzelnen verfolgen: sie führen nach mehreren Experimenten zur napoleonisch oktroyierten Mediationsverfassung von 1803 und zu dem unter Einflussnahme der Siegermächte zustandegekommenen Bundesvertrag von 1815. Beide Grundgesetze markieren eine Rückkehr zu weitgehender kantonaler Souveränität, bedeuten aber im Vergleich zum Ancien Régime eine wesentliche Straffung und Modernisierung. Beibehalten wird vor allem eine wesentliche Errungenschaft der Helvetik: die Integration der ehemaligen Untertanengebiete oder der minderberechtigten Zugewandtschaften, die – mit der einen Ausnahme des zum Kanton Bern geschlagenen Fürstbistums Basel – als gleichberechtigte Kantone oder Kantonsteile anerkannt wurden. Freilich blieb der Staatenbund von 1815 nur beschränkt handlungsfähig, da sein oberstes Organ –

die Tagsatzung als eidgenössischer Gesandtschaftskongress – kaum eine brauchbare Exekutive abgab. Sie versagte, als zollpolitische Anforderungen herantraten oder dem Druck der Heiligen Allianz zu begegnen war. Nach innen beruhte die Ordnung 1815 zu ausschliesslich auf der Herrschaft der herkömmlichen politischen Führungsgruppen. Diese mangelnde soziale Durchlässigkeit hat mit zur raschen Abnützung des Systems von 1815 beigetragen. Als 1830 der politische Erneuerungsprozess der Regeneration anhob, erfasste der expandierende Liberalismus vor allem die grossen Kantone des Mittellandes mit ihrem demographischen und wirtschaftlichen Übergewicht und ihrer bereits fortschreitenden Industrialisierung.[4] Nicht nur den Radikalismus einer empordrängenden politischen Elite von jungen Akademikern und Offizieren, auch wirtschaftliche Organisationen wie der Zürcher Industrieverein oder der Schweizerische Gewerbeverein drängten nach einer «vereinten Schweiz» mit dem Ziel, «ihre nationalökonomische Existenz sich zu sichern und in bleibendem Zustand zu erhalten».[5] Zuletzt hielt nur noch ein Kern überwiegend katholischer Kantone an der alten Ordnung fest. Der Sonderbundskrieg brachte die Entscheidung, das Jahr 1848 mit der Bundesverfassung die politische Lösung. Sie regelte das Verhältnis von Bund und Kantonen in einer Weise, die sich bewährt hat, obwohl sie damals konservativen Beurteilern improvisiert und fremdartig erschien. Der Vorwurf hängt mit dem Modell der amerikanischen Unionsverfassung zusammen, das den schweizerischen Verfassungsschöpfern ein schwieriges Dilemma überwinden half. Dieser spontanen Entscheidung war ein längerer geistiger Annäherungsprozess vorausgegangen. Bereits 1800 hatte ein Waadtländer Pfarrer in einem Essay eine ähnliche Kompetenzabgrenzung zwischen Bund und Kantonen vorgeschlagen, wie sie in der amerikanischen Bundesverfassung niedergelegt sei.[6] Die Parallele war aufgezeigt, sie gewann nach der Restauration wieder an Aktualität. 1833, als der erste missglückte Anlauf zu einer Bundesrevision unternommen wurde, und dann wieder 1848 wies der Philosoph Ignaz Troxler ausdrücklich darauf hin. Er betonte, Nordamerika stehe da als «grosses leuchtendes und lehrreiches Beispiel einer Eidgenossenschaft mit Bundesverfassung und der Verbindung der Zentralität mit Föderalismus», zugleich aber als «Beispiel einer göttlich-menschlichen Gesellschaftsschöpfung, welche die ganze Welt nicht kannte».[7] Die damit fast ins Metaphysische entrückte Analogie bestand darin, dass in beiden Fällen ein Bund von Staaten unterschiedlicher Grösse, aber auch divergierender politisch-sozialer Struktur zu einer Einheit zusammenzufassen war:[8] Daher der Gedanke einer doppelten Repräsentation, wobei dem nach Kopfzahl der Bevölkerung zu wählenden gesamtschweizerischen Nationalrat der sogenannte Ständerat als Vertretung der Kantone gleichberechtigt zur Seite stand. Indessen modifizierte die schweizerische Bundesverfassung das amerikanische Beispiel unter anderem darin entscheidend, dass sie auf eine präsidiale Spitze verzichtete. Die Regierung wurde vielmehr auf sieben Bundesräte verteilt, wobei der Bundespräsident nur als primus inter pares fungierte. Dieses Kollegialsystem kam insofern föderativen Wünschen entgegen, als die Exekutive dadurch nicht zentralistisch personifiziert wurde, sondern eine Berücksichtigung verschiedener Kantone und Landesteile gewährleistete. Das politische Leben pulsierte eben noch ganz vorwiegend in den Kantonen, ihren Hauptorten und Parlamenten; sie bildeten noch auf lange Zeit das Experimentierfeld für Innovationen verfassungsrechtlicher Art. Während die Unterlegenen des Sonderbundskrieges das Ende der kantonalen Selbständigkeit beklagten, sahen es ausländische Zeitgenossen anders. Ein bezeichnendes Beispiel bietet die Berichterstattung eines Arthur de Gobineau, der um 1850 der französischen Gesandtschaft als Attaché angehörte. Er glaubte nicht an die Zukunft des Bundesstaates, weil ihm dessen Regierung – eben der Bundesrat – viel zu schwach erschien. Gobineau spricht von einer impuissance complète dieses Gremiums, das ganz von den Kantonen abhänge.

> Le conseil fédéral est presque absolument désarmé, en fait et en bonne volonté … Il n'est au fond rien, il ne dispose de rien, il ne peut rien.[9]

Das war etwas überspitzt, aus dem Erlebnisbereich des Bonapartismus geurteilt. Soviel aber war klar: Der Bund übernahm nur die staatlichen Aufgaben, denen sich die Kantone nicht unterziehen konnten und wollten. Finanziell war er zunächst auf indirekte Steuern – vor allem Zolleinnahmen – beschränkt. Er richtete sich demgemäss auf kleinem Fuss ein; seine Institutionen behielten noch lange etwas Provisorisches. Selbst ein konservativer Beobachter wie Bluntschli konstatierte an der neuen Verfassung

> ein so auffallendes Schwanken … zwischen Kantonalität, Föderalismus und Nationalität, dass bei ihrer Betrachtung nicht leicht ein Gefühl dauerhafter Gestaltung aufkommen kann.[10]

Es gab ja auch keine Präponderanz eines einzelnen Kantons und folglich keine hegemonieähnliche Ausgangslage. Dennoch haben die Tendenzen zur Zentralisierung sehr bald die Oberhand gewonnen und die Kraft des Bundesstaates gestärkt. Dieser Prozess, der wesentlich durch die Nationalstaatsbildungen in Italien und Deutschland vorangetrieben wurde, ist bekannt und braucht hier im einzelnen nicht belegt zu werden: Die Verfassungsrevision von 1874 bezeichnet einen wichtigen Abschnitt dieses Weges. Seither ist die Verfassung als Ganzes nicht mehr revidiert worden, aber die zahlreichen Partialrevisionen, die inzwischen erfolgten, kommen summiert dem Ergebnis einer Totalrevision sehr nahe: die meisten räumten dem Bunde zusätzliche Befugnisse ein. Die grosse Beschleunigung im Ausbau der Bundeskompetenzen trat Ende des neunzehnten und dann im zwanzigsten Jahrhundert ein mit den sachlich gebotenen Vereinheitlichungen im Militär- und Rechtswesen, der Eisenbahnverstaatlichung und der Sozialfürsorge. Ihr stärkster Motor aber wurde – wie in den Vereinigten Staaten auch – das Recht des Bundes zur Erhebung eigener Steuern: diese sind seit dem Ersten Weltkrieg unter wechselnden Benennungen zur permanenten Einrichtung geworden.[11] Damit wuchsen die Mittel und die administrativen Kräfte des Bundes schliesslich ins Grosse an – durch Finanzausgleich und Bundessubventionen hat er heute die Möglichkeit, gerade die finanzschwachen Kantone und damit die traditionellen Stützpfeiler des Föderalismus weitgehend von sich abhängig zu halten.

Kann man aber einfach pauschal von einem Abbau des Föderalismus im Bundesstaat sprechen? Sicherlich geht es viel zu weit, die Kantone als souverän zu bezeichnen, wie dies die Bundesverfassungen von 1848 und 1874 noch übereinstimmend tun – richtiger ist es wohl, mit Fleiner-Giacometti von «potenzierten Selbstverwaltungskörpern» zu sprechen.[12] Denn Souveränität meint oberste Gewalt im Staat und umfasst auch das Recht auf eigene Aussenpolitik. Davon kann seit 1848 keine Rede mehr sein – übrigens war diese Möglichkeit schon vorher den Kantonen nur in beschränktem Ausmass, sozusagen gruppenweise, zugestanden gewesen. Selbst die katholischen Kantone hatten nur zusammengeschlossen eine politische Handlungseinheit – den anderen Kantonen und dem Ausland gegenüber – zu bilden vermocht. Die schweizerischen Kantone waren im europäischen Zusammenhang ganz einfach zu klein, um wirkliche souveräne Gebilde darstellen zu können. Allerdings fiel es nicht allen Zeitgenossen leicht, davon Kenntnis zu nehmen. Man kann dies an zwei Beispielen, nämlich Äusserungen von Persönlichkeiten verdeutlichen, die verschiedenen Epochen angehören, aber doch repräsentativ sind für das Verständnis dessen, worum es in der grundsätzlichen Auseinandersetzung im schweizerischen Selbstverständnis des neunzehnten Jahrhunderts ging. Ganz an dessen Anfang, nämlich im November 1801, schrieb Frédéric-César Laharpe, gestürzter Direktor der Helvetischen Republik und damit deren Apologet, seinem früheren Zögling, dem eben an die Regierung gelangten Zaren Alexander I. einen längeren Brief, worin er vor einer Wiederherstellung des Ancien Régime in der Schweiz – die damals durchaus möglich schien – warnte. Auf die Frage «Donnera-t-on à l'Helvétie le régime fédératif?» antwortete er:

> Ce régime a des avantages incontestables dans une position insulaire, ou pour un pays tel que l'Amérique septentrionale. Dans le cas ou se trouve l'Helvétie, au contraire, dont le territoire placé au centre de l'Europe sépare ceux de grands états rivaux, jamais un gouvernement fédératif n'aurait assez de force et de vitesse pour empêcher que ce territoire ne devint l'arène de leurs armées.[13]

Laharpes Überlegung geht also davon aus, dass die Schweiz als ohnehin exponierter Kleinstaat in der Mitte Europas sich den Luxus eines Föderalismus nach nordamerikanischer Art gar nicht leisten könne – ihm stehen die kriegerischen Heimsuchungen von 1799 noch sehr unmittelbar vor Augen. Die andere Äusserung ist rund siebzig Jahre später formuliert worden und entstammt den sogenannten Weltgeschichtlichen Betrachtungen Jacob Burckhardts – sie dürfte bekannter sein und lautet:

> Der Kleinstaat ist vorhanden, damit ein Fleck auf der Welt sei, wo die grösstmögliche Quote der Staatsangehörigen Bürger im vollen Sinne sind … Denn der Kleinstaat hat überhaupt nichts als die wirkliche tatsächliche Freiheit, wodurch er die gewaltigen Vorteile des Grossstaates, selbst dessen Macht, ideal völlig aufwiegt; jede Ausartung in die Despotie entzieht ihm den Boden, auch die in die Despotie von unten, trotz allem Lärm, womit er sich dabei umgibt.[14]

Was Jacob Burckhardt von dem Helvetiker Laharpe unterscheidet, ist keineswegs bloss die Differenz von Zentralismus und Föderalismus. Beide gehen vielmehr von einem ganz verschiedenen Kleinstaatbegriff aus. Für Laharpe ist der Kleinstaat die Schweiz und nichts kleineres. Für Burckhardt hingegen ist es die Polis, oder konkretisiert der kleine Stadtstaat Basel, und nicht etwa der Bundesstaat, zu dem er – wie fast alle Föderalisten seiner Generation – ein gebrochenes Verhältnis hatte. Auch der junge Segesser bekannte, dass die Schweiz ihn nur deshalb interessiere, weil sein Heimatkanton Luzern darin gelegen sei; er ist erst nach und nach in den Bundesstaat hineingewachsen. Was aber bis 1848 noch möglich war, erwies sich nach 1870 in zunehmendem Masse irreal: man konnte nicht mehr von der Polis im Sinne des Kantons ausgehen, schon deshalb nicht, weil die demokratischen Bewegungen deren alte Führungsschicht in die Opposition verdrängt hatten, zugunsten jener «Despotie von unten», die Burckhardt so argwöhnisch diagnostizierte. Dieser Prozess, ebenso sozial als politisch intendiert, war irreversibel. Infolgedessen standen die Apologeten des kantonalen Kleinstaates – darunter auch Jacob Burckhardt und Philipp Anton von Segesser – zum vornherein auf verlorenem Posten. Ihre kritisch-ablehnende Haltung ist jedoch für den konservativen Föderalismus nicht schlechthin repräsentativ, oder doch höchstens in der ersten Phase des Bundesstaates. Um 1880 beginnt sich ein bedeutsamer Mentalitätswandel und auch eine Verlagerung im Föderalismus abzuzeichnen. Das ist einmal generationsbedingt: die Zeitgenossen der Epoche vor 1848 gehen dahin oder verlieren an politischem Einfluss. Im Katholizismus selbst, der nach wie vor festesten Bastion des Föderalismus, zeichnet sich eine Akzentverschiebung ab. Der Kulturkampf, der die Abwehrhaltung noch einmal verstärkt hatte, verliert an Virulenz. Vor allem bildet sich ausserhalb der katholischen Kantone mit ihren traditionellen und festgefügten Honoratioren-Eliten ein numerisch rasch anwachsender Diasporakatholizismus in den Industrieballungen und grösseren Städten – dies eine Folge der in der Bundesverfassung garantierten Niederlassungsfreiheit und der

dadurch ausgelösten Binnenwanderungen. Das alles führte zu einer allmählichen Verjüngung der politischen Kader, einem Wandel der politischen Organisationsformen, es förderte auch die Anpassung an den Bundesstaat.[15]

Noch ein weiteres Element trug gegen Ende des neunzehnten Jahrhunderts zur Bereicherung und Verstärkung der föderalistischen Tendenzen
bei. Die welschschweizerischen Kantone, bis 1848 eher Förderer der Vereinheitlichung, sind bald schon zu Trägern und Sammelpunkten einer
antizentralistischen Opposition geworden. Es wäre ein lohnendes Thema,
diesen Prozess der Adaptation bzw. Nicht-Adaptation der welschen
Schweiz, ihre Opposition gegen Bern und dessen Etatismus im einzelnen
zu untersuchen. Sicherlich spielt dabei ein sprachliches Minoritätsbewusst-
sein mit. Die Mehrsprachigkeit der Schweiz ist zwar seit 1848 verfassungsrechtlich gewährleistet.[16] Diese Sicherungsbestimmung hat wesentlich zum
Sprachenfrieden beigetragen, aber eine Präponderanz des alemannischen
Schweizertums nicht zu bannen vermocht. Dadurch sind Abwehrreflexe
entstanden. Jedenfalls bot die Schweiz um die Jahrhundertwende
keineswegs bloss das Beispiel eines reinen und ungetrübten Sprachenfrie-
dens, wie es eine manchmal zu idyllisierende Sicht hat wahrhaben wollen.
Es gab ziemlich intensive, obgleich kleinräumige und auch kleinkarierte
Auseinandersetzungen, wobei aufs Ganze gesehen die französische Sprache eher expandierte. Sicher ist der vielberufene Graben, der sich nach 1914
zwischen Deutsch und Welsch auftat, bereits in diesen Vorkriegsdiskussio-
nen angelegt gewesen.[17] Die welsche Schweiz empfand sich sehr ausgesprochen als Minderheit, zumal sie während mehrerer Jahre nur mit einem
einzigen Bundesrat in der Landesregierung vertreten war. Alte waadtländische Abwehrinstinkte gegen Bern kamen hinzu. Bezeichnenderweise sind
die Waadt wie auch etwa Fribourg im zwanzigsten Jahrhundert zu eigentlichen «föderalistischen Kampfkantonen» (U. Meile) geworden.[18] In diesem
Zusammenhang muss wohl auch die Entstehung des Kantons Jura gesehen
werden. Dieses Gebiet hatte seine geschichtliche Eigenständigkeit – eben
die von einer politischen Elite bewusst wachgehaltene Tradition des Fürstbistums Basel – und es war, ähnlich der Waadt im achtzehnten Jahrhundert, der bernischen Herrschaft entwachsen.

Die Verstärkung des welschschweizerischen Elements durch einen ganz
französischsprachigen Kanton kann aber ebenso als innereidgenössische
Ausgleichsübung verstanden werden. Sie verstärkt zugleich das Potential
der Sperrminorität gegenüber einem deutschschweizerisch-protestanti-
schen Übergewicht. Bekanntlich muss seit gut einem Jahrhundert jede vom
Bund ausgehende Vorlage auf den Widerspruch sowohl der katholischen
als auch der welschschweizerischen Kantone gefasst sein; nicht wenige sind
an dieser kombinierten Opposition gescheitert. Ein bedeutender Vertreter

der Romandie, nämlich Gonzague de Reynold, hat deshalb von einer tiefen inneren Verwandtschaft zwischen den Welschschweizern und den Innerschweizern gesprochen und den Föderalismus scharf dem sogenannten Kantönligeist als einer Dekadenzerscheinung entgegengesetzt. Föderalismus sei auch nicht dem Regionalismus oder der blossen Dezentralisation vergleichbar, er sei vielmehr die schweizerische Wirklichkeit – «la réalité suisse, le caractère constant et unique grâce auquel il existe réellement une Suisse».[19] Diese ideologische Verklärung macht aus dem Föderalismus fast einen Mythos, signalisiert aber zutreffend den Geist jener föderalistischen Kombination der coincidentia oppositorum, die sich so oft als wirksame Bremse im Bundesstaat erwiesen hat.

Das Instrumentarium des Föderalismus hat sich um die Jahrhundertwende bereichert. Die demokratische Bewegung, die sich in verschiedenen Kantonen in den 1860er Jahren durchsetzte und mit der Bundesrevision von 1874 auch auf eidgenössischer Ebene zu einem Teilerfolg gelangte, trug dazu bei. Zwar blieb das Prinzip der Repräsentativdemokratie in der Eidgenossenschaft gewahrt, und zu einer Volkswahl der Bundesräte ist es weder damals noch später gekommen. Dafür wurden seit 1874 Bundesgesetze und allgemeinverbindliche Bundesbeschlüsse (nicht dringlicher Natur) dem fakultativen Referendum unterstellt, falls 30 000 Stimmbürger dies verlangten. Damit war die direkte Mitwirkung des Volkes bei der Gesetzgebung institutionalisiert. Diese Neuerung war bereits in den meisten Kantonen erprobt und wurde nun auf die höhere Ebene des Bundes übertragen. Sie ermöglichte verhältnismässig kleinen Gruppen, über nicht genehme Gesetze einen Abstimmungskampf zu erzwingen – eine Chance, von der immer wieder und häufig mit Erfolg Gebrauch gemacht worden ist. Ein Beispiel: 1882 scheiterte ein Versuch, das Volksschulwesen zu zentralisieren, an einer solchen Referendumsabstimmung. 1891 kam noch das Initiativrecht für einzelne Verfassungsartikel hinzu. Man sieht, wie demokratische Tendenzen, denen es ursprünglich keineswegs um eine Schwächung der Zentralgewalt ging, den Wirkungsbereich des Föderalismus erweiterten, indem sie unzufriedene Kräfte verschiedenster Richtung in seinem Sinne mobil machen konnten. Daraus ergab sich, dass die Opposition in zunehmendem Masse unberechenbarer und unüberblickbarer wurde, zumal die direkte Demokratie mit ihren Sachvorlagen den Stimmbürger ohnehin intellektuell und emotional strapaziert. Hier wäre überdies an das komplexe Verhältnis von Föderalismus und Parteien zu erinnern. Die Parteien, die sich um die Jahrhundertwende zu organisieren begannen, beruhen durchwegs auf kantonalen Grundlagen, bei oft nur lose organisierten Dachverbänden. Der Bundesrat war bis 1891 von der liberal-radikalen Siegergruppierung monopolisiert, dann hielt der erste Vertreter der katholisch-konservativen Opposition, der zugleich ein Repräsentant des

Föderalismus war, Einzug in die oberste Landesbehörde. Sie ist dann sukzessive zu einem Spiegelbild des Machtverhältnisses der grossen Parteien und zu einem Ausdruck der Konkordanzdemokratie geworden – perfekt schliesslich seit 1959, als auch die Sozialdemokratie zu vollberechtigter Partizipation gelangte. Dabei spielte jeweilen weniger politische Konzessionsbereitschaft als vielmehr das Bestreben mit, abseitsstehende Schichten in die politische Ordnung und das Gesellschaftsgefüge des Bundesstaates zu integrieren. Das föderalistische Prinzip, wonach nicht mehr als ein Mitglied des Bundesrates einem Kanton entstammen darf, hat sich bisher aufrechterhalten lassen – es schränkt zwar die Selektion ein, wahrt aber die Vertretungschancen kleinerer Kantone in der Exekutive.

Der Föderalismus ist – mindestens indirekt – auch an der «Verwirtschaftlichung der schweizerischen Politik» erstarkt.[20] Mit der politischen ist die wirtschaftliche und industrielle Struktur des Landes dezentralisiert geblieben, indem sie sich zwar nicht ausgesprochen kantonal, aber doch regional entwickelt hat. Wohl gibt es die grossstädtischen Wirtschafts- und Bankenzentren, aber daneben seit Beginn der Industrialisierung eine Vielfalt kleinerer, wichtiger Industriesiedlungen. Diese Erscheinung hat die politische wie die wirtschaftliche Bedeutung einzelner Kantone – darunter auch ausgesprochener Kleinkantone – gehoben; aus dieser Verbindung von Wirtschaft, Gemeinde und Kanton ist mancher profilierte Politiker hervorgegangen. Erich Gruners Forschungen zur schweizerischen Parlamentariersoziologie geben darüber reichen Aufschluss.[21] Schon der Ausbau des schweizerischen Bahnnetzes in den ersten Jahrzehnten des Bundesstaates liess sich – entgegen ursprünglichen Absichten – nicht auf Bundesebene bewerkstelligen, sondern blieb der Privatinitiative anheimgestellt. Unter der mehr oder weniger straffen Aufsicht der Kantone errichteten die Eisenbahngesellschaften und die hinter ihnen stehenden Bankenkonsortien ein Netz, dessen wuchernde Vielfalt und Überdichte man mit Recht als lebendiges Abbild des Föderalismus bezeichnet hat.[22] Wohl sind diese Bahnen nach 1898 verstaatlicht und ist damit der Einfluss der häufig in der Kantonalpolitik verwurzelten Eisenbahnbarone gebrochen worden. Dafür war eine andere Macht im Kommen: die der wirtschaftlichen Interessenverbände, deren Gewicht in den Anfangsjahren des Bundesstaates noch gering gewesen war. Auch hier markieren die Jahre um 1880 eine Zäsur: um diese Zeit beginnt – in der Schweiz wie auch im Deutschen Reiche – der grosse Aufschwung dieser Verbände als einer direkten Folge der Depressionen, Rezessionen und Agrarkrisen.[23] Sie haben sich seither institutionalisiert und einen so starken Einfluss gewonnen, dass jede eidgenössische Gesetzgebung im sogenannten Vernehmlassungsverfahren neben den Kantonen auch die interessierten Verbände – in denen informell ja vielfach auch kantonale Interessen aufgehoben sind – zu begrüssen hat.

Vor allem aber erweist sich die Steuerhoheit der Kantone und auch der Gemeinden als Instrument des Föderalismus von andauernder und zunehmender Wirkkraft. Die Attraktivität steuerbegünstigter Zonen hat ein eigentliches Filialnetz von wirtschaftlichen Unternehmen erstehen lassen, sie hat das Gewicht auch marginaler Gebiete und wirtschaftlich benachteiligter Kantone gehoben und ihre Interessen mit denen der Wirtschaftsverbände und mit denen der Banken eng verflochten. Dadurch konnten die von Anfang an vorhandenen Elemente der Dezentralisation trotz zunehmender Urbanisierung und der aufsaugenden Kraft grosser Agglomerationen ihre Bedeutung bewahren. Auch die bereits erwähnten Bundessubventionen haben diese Tendenz nicht wesentlich verändert. Wohl haben wir die Erscheinung des sogenannten Vollzugsföderalismus, die den Kantonen lediglich die Ausführung von Bestimmungen überlässt, bei weitgehenden Interventions- und Steuerungsmöglichkeiten des Bundes. Die Praxis zeigt jedoch, dass gerade die von den Subventionen am stärksten abhängigen Kantone auch die gegebenen Widerstandszentren des Föderalismus bleiben. Der Ständerat aber ist heute nicht mehr, wie noch zu Beginn dieses Jahrhunderts, ausschliesslich eine Vertretung der Kantone; er vertritt ebensosehr bestimmte wirtschaftliche Interessen und Interessengruppen.

Soviel zum historischen Aspekt des schweizerischen Föderalismus. Dass er nach wie vor eine ungebrochene Kraft im schweizerischen öffentlichen Leben darstellt, ist unbestritten. Er wird im internationalen Kontext gestützt durch den wiedererwachenden Trend zur Kleinräumigkeit, zur Beschränkung auf überblickbare politische Lebensformen. Die Entstehung des Kantons Jura ist nur ein Beispiel dafür. Versuche, den Föderalismus etwa durch Beseitigung des Ständerates zu schwächen, haben wenig Aussicht; auch dürfte es kaum gelingen, die traditionelle Bedeutung der Kantone durch eine künstliche Regionalisierung wirksam zu konkurrenzieren. Vor allem aber ist es die eben skizzierte wirtschaftliche und steuerpolitische Bedeutung der einzelnen Kantone, die dem Antizentralismus zugute kommt und eine Systemkorrektur ausschliesst.[24] Eine Folge davon ist allerdings, dass die Schweiz zu einem Steuerrefugium von internationaler Ausstrahlung geworden ist und dass der Föderalismus zum Aushängeschild wirtschaftlicher Interessengruppen zu entarten droht, die sich des föderalistischen Instrumentariums als eines Mittels zum Zweck bedienen. Daraus erwachsen ihm Gefahren und zugleich gestärkte ökonomische Existenzgrundlagen.

Anmerkungen

1 Edgar Bonjour, *Die Schweiz und Holland. Eine geschichtliche Parallelbetrachtung* (1936), wiederabgedruckt in *Die Schweiz und Europa* (Basel, 1958) 33 ff. (mit Angabe älterer Lit.); Claudio Soliva, *Der kleine Grotius von Zürich*, in *Festschrift für Ferdinand Elsener zum 65. Geburtstag* (Sigmaringen, 1977) 233 ff., sowie vor allem die Zürcher Diss. von Frieder Walter, *Niederländische Einflüsse auf das eidgenössische Staatsdenken im späten 16. und frühen 17. Jahrhundert* (Zürich, 1979).

2 Die Literatur über den schweizerischen Föderalismus ist uferlos, da fast alle staatsrechtlichen oder verfassungsgeschichtlichen Darstellungen darauf zu sprechen kommen. Die umfassendste Sammlung der Verfassungstexte bieten immer noch Simon Kaiser und Johann Strickler, *Geschichte und Texte der Bundesverfassungen der Schweizerischen Eidgenossenschaft von der helvetischen Staatsumwälzung bis zur Gegenwart* (Bern, 1901). Auswahl mit neueren Ergänzungen: Hans Nabholz und Paul Kläui, *Quellenbuch zur Verfassungsgeschichte der Schweizerischen Eidgenossenschaft und der Kantone* (Aarau, 1940). Für alle Einzelheiten über die Entwicklung zwischen 1798 und 1914 bleibt grundlegend: Eduard His, *Geschichte des neuern schweizerischen Staatsrechts* (3 Bde., Basel, 1920–1938). Im folgenden einige Titel, die das Problem speziell thematisieren: Hans Nabholz, *Der Kampf um den zentralistischen Gedanken in der eidgenössischen Verfassung 1291–1848* (Zürich, 1918); Fritz Fleiner, *Ausgewählte Schriften und Reden* (Zürich, 1941) (darin die Abhandlungen «Zentralismus und Föderalismus in der Schweiz» und «Unitarismus und Föderalismus in der Schweiz und in den Vereinigten Staaten von Amerika»). Max Imboden, *Die staatsrechtliche Problematik des schweizerischen Föderalismus* (Basel, 1955) (wiederabgedruckt in *Staat und Recht. Ausgewählte Schriften und Vorträge* (Basel, 1971); hier noch weitere Aufsätze zu diesem Themenkreis). Ferner das Föderalismus-Heft der Schweizer Monatshefte, XXXIX (November 1959) 681 (hier vor allem die Studie von Dietrich Schindler, *Entwicklungstendenzen des schweizerischen Föderalismus*, 697–709); «Föderalismus», *Schweizerisches Jahrbuch für politische Wissenschaften*, IV (1904); «Der Föderalismus vor der Zukunft», *Die Schweiz. Jahrbuch der Neuen Helvetischen Gesellschaft* (Bern, 1965). Daraus gesondert: Herbert Lüthy, *Vom Geist und Ungeist des Föderalismus* (Zürich, 1971). Zur gegenwärtigen Rechtswirklichkeit: Yvo Hangartner, *Die Kompetenzverteilung zwischen Bund und Kantonen*, Europäische Hochschulschriften, *Reihe II, Bd. 86 (Bern, 1974); Föderalismus-hearings. Le fédéralisme réexaminé. Protokolle von zehn öffentlichen Befragungen zum Zustand des schweizerischen Föderalismus* (3 Bde., Bern, 1973). Daraus zusammenfassend: Leonhard Neidhart, *Der Föderalismus in der Schweiz* (Zürich-Köln, 1975). Zuletzt Roland Ruffieux, *Fédéralisme et liberté en Suisse durant la première moitié du XIXe siècle*, in Raymond Oberlé, ed., *Le concept de liberté dans l'espace rhénan* (Mulhouse, 1976) 9 ff; Max Frenkel, *Swiss Federalism in the twentieth Century*, in J. Murray Luck, ed., *Modern Switzerland* (Palo Alto, USA, 1978) 323 ff. Zur neuesten Entwicklung: *Zusammenstellung der Ergebnisse des Vernehmlassungsverfahrens zur Neuverteilung der Aufgaben zwischen Bund und Kantonen 1977/78*, hrg. von der Eidgenössischen Justizabteilung (Bern, 1978).

3 Zit. bei Christoph Pfister, *Die Publizistik Karl Ludwig von Hallers in der Frühzeit 1791–1815*, Europäische Hochschulschriften, Reihe III, Bd. 50 (Bern, 1975) 87.

4 Unter Mittelland versteht man das Gebiet zwischen Alpen, Jura und Rhein also die sozio-ökonomisch entwickeltste und reichste Zone der Schweiz.

5 Hans Nabholz, «Die Entstehung des Bundesstaates wirtschaftsgeschichtlich betrachtet», in *Ausgewählte Aufsätze zur Wirtschaftsgeschichte* (Zürich, 1954) 205. Zur Haltung des Schweizerischen Gewerbevereins: Walter Rupli, *Zollreform und Bundesreform in der Schweiz 1815–1848*, Wirtschaft-Gesellschaft – Staat, I (Zürich, 1949) 183.

6 David-Frédéric Monneron, *Essai sur les nouveaux principes politiques* (Lausanne, 1800) (insbes. das Kapitel «De l'unité fédérative»). Die sogenannte Verfassung von Malmaison vom 29. Mai 1801, die aber nicht in Kraft trat, enthält eine gewisse Annäherung an amerikanische Vorstellungen: neben einer Tagsatzung, die proportional nach Grösse und Volkszahl der Kantone zusammengesetzt wurde, einen Senat mit nicht mehr als drei Mitgliedern pro Kanton, dazu eine exekutive Spitze von zwei Landammännern, die alternierend die Regierungsgeschäfte führten; dem regierenden Landammann untersteht ein Staatssekretär. Text: Kaiser und Strickler, *Geschichte und Texte*, 65–72.

7 Vgl. dazu Emil Spiess, *Ignaz Paul Vital Troxler* (Bern und München, 1967) 535 ff., 891 ff.

8 Aus zeitgenössischer Sicht behandelt bei Jakob Rüttimann, *Das nordamerikanische Bundesstaatsrecht, verglichen mit den politischen Einrichtungen der Schweiz* (2 Teile, Zürich, 1867–1976).

9 Zit. bei Emil Dürr, *Arthur de Gobineau und die Schweiz in den Jahren 1850–1854*, Basler Zeitschrift für Geschichte und Altertumskunde, XXV (1926) 185 f.

10 Johann Caspar Bluntschli, *Geschichte des schweizerischen Bundesrechtes*, I (Zürich, 1849) 558.

11 Zu dieser Entwicklung Eduard Merk, *Hauptprobleme der direkten Bundessteuern*, Diss. Zürich (Immensee, 1950) 19 ff.; Hanspeter Oechslin, *Die Entwicklung des Bundessteuersystems der Schweiz von 1848 bis 1966*, Diss. Freiburg, Schweiz (Einsiedeln, 1967).

12 Fritz Fleiner und Zaccaria Giacometti, *Schweizerisches Bundesstaatsrecht* (Zürich, 1949) 45.

13 Jean-Charles Biaudet und Françoise Nicod, ed., *Correspondance de Frédéric-César de La Harpe et Alexandre Ier,* I (Neuchâtel, 1978) 347. Brief vom 21. November 1801 an den Zaren.

14 Jacob Burckhardt-Gesamtausgabe, VII (Basel, 1929) 24 f.

15 Urs Altermatt, *Der Weg der Schweizer Katholiken ins Ghetto. Die Entstehungsgeschichte der nationalen Volksorganisationen im Schweizer Katholizismus 1848–1919* (Zürich Köln, 1972). Allerdings möchte ich eher von einem Weg aus dem Ghetto sprechen, der die Integration in den Bundesstaat letztlich doch geebnet hat.

16 Cyril Hegnauer, *Das Sprachenrecht der Schweiz*, Studien zur Staatslehre und Rechtsphilosophie, Heft 3 (Zürich, 1947) 33 f. Vgl. auch Peter Schäppi, *Der Schutz sprachlicher und konfessioneller Minderheit im Recht von Bund und Kantonen* (Diss. Zürich, 1971).

17 Dazu Hans-Peter Müller, *Die schweizerische Sprachenfrage vor 1914* (Wiesbaden, 1977).

18 Dazu die noch unveröffentlichte Zürcher Lizenziatsarbeit von Urs Meile, *Der schweizerische Föderalismus in der Zwischenkriegszeit* (1979).

19 Gonzague de Reynold, *Défense et Illustration de l'esprit suisse* (Neuchâtel, 1939) 57, 71 ff.

20 Der Begriff bei Emil Dürr, *Neuzeitliche Wandlungen in der schweizerischen Politik* (Basel, 1928) insbes. 21 ff.

21 Dazu (in Zusammenfassung früherer Forschungen) Erich Gruner, *Politische Führungsgruppen im Bundesstaat,* Monographien zur Schweizer Geschichte, VII (Bern, 1973).

22 So Herbert Lüthy, *Die Schweiz als Antithese (Zürich, 1969) 22.*

23 Dazu Erich Gruner, *Der Einfluss der Wirtschaftsverbände auf das Gefüge des liberalen Staates,* Schweizerische Zeitschrift für Geschichte, VI (1956) 315 ff.

24 Der «Verfassungsentwurf» einer «Expertenkommission für die Vorbereitung einer Totalrevision der Bundesverfassung» von 1977, der einige Akzente im Sinne zusätzlicher Zentralisierung setzt, stösst denn auch auf wachsenden Widerspruch aus verschiedenen Kreisen.

Die Hauptstadtfrage in der Schweiz

Die Frage nach einer Hauptstadt hat sich in der Schweiz spät gestellt[1]. Das hängt mit den Verflechtungen von «föderalem Staatsaufbau» und «Multizentralität» eng zusammen. Föderalismus heisst autonome Eigenständigkeit der Kantone gegenüber der Zentralgewalt und bedeutet somit Multizentralität: die eigentlichen politischen Mittelpunkte der Schweiz waren und blieben über Jahrhunderte die Kantonshauptorte. Solange die alte Eidgenossenschaft existierte, kam ein gesamtschweizerisches Zentrum nicht in Frage, zumal nicht einmal eine einheitliche Bundesakte vorlag, und der konfessionelle Dualismus den traditionellen, vorreformatorischen Vorort Zürich für die katholischen Kantone disqualifizierte. Die formal strikte Gleichberechtigung der XIII alten Orte (Kantone) verhinderte jede Schwerpunktbildung, die der herkömmlichen Struktur und ihrer Ponderation hätte gefährlich werden können. Es ist eine Problematik, die in mancher Hinsicht an die des alten Reiches – als deren verkleinertes Abbild die alte Eidgenossenschaft erscheinen mochte – gemahnt. Bezeichnend ist auch der Typus der «Konferenzstadt» als Ersatzmetropole. So diente bis 1712 Baden, später Frauenfeld als Versammlungsort der Tagsatzungen, an denen die notwendigen Entscheidungen getroffen wurden. Beide Städtchen waren Bestandteile von gemeinsam beherrschten Untertanengebieten und konnten somit als neutral gelten. Daneben bewahrte Luzern als katholischer Vorort und Sitz des Nuntius einen besonderen Rang – von den Anfängen der Gegenreformation bis zur Sonderbundszeit, wenn auch mit zeitweiligen Unterbrechungen. Bemühungen um eine eidgenössische Staatsreform und eine Straffung ihrer Institutionen setzten zwar nie aus, überwanden aber kaum das Stadium unverbindlichen Projektierens.

Die entscheidende Zäsur kam 1798. Die französische Invasion brachte die Umwälzung, den erzwungenen Konstitutionalismus der helvetischen Republik mit dem improvisierten Einheitsstaat. Die Zentralisation von oben erforderte eine Hauptstadt als notwendigen Sammelpunkt der verschiedenen Verwaltungsbehörden. Es war eine Zentralisation ohne wahre Mitte, abstrakt und konstruiert; sie liess die Wahl zwischen verschiedenen Zentralen offen. Von diesem Zeitpunkt an hat die Schweiz bis zur Errichtung des Bundesstaates 1848 verschiedene Varianten durchgespielt und diverse Hauptstädte ausprobiert. Der Basler Politiker Peter Ochs, einer der

Promotoren von Besetzung und Helvetik, nannte im ersten Entwurf der neuen Verfassung (Art. 17) Luzern als provisorische Hauptstadt, sprach sich aber in einem wenig später entstandenen Brief für Basel aus, das «pendant un temps indéfini» Sitz der Regierung werden solle. Bern schied aus, da die französische Regierung noch kurz vor dem Fall des Ancien Régime ihr Veto gegen diesen Schwerpunkt aristokratischer Ordnung aussprach.

Bekanntlich ist dann weder Luzern noch Basel die erste Hauptstadt der neuen Republik geworden, sondern das unauffällige Aarau[2]. Verschiedene Momente haben diese überraschende Option bewirkt. Der französische Oberbefehlshaber Brune begünstigte die Stadt, und Ochs billigte diesen Entscheid. Überdies scheint die zuverlässig revolutionäre Gesinnung ihrer Bürgerschaft, die sich noch kurz vor der Umwälzung gegen die bernische Herrschaft erhoben hatte, den Ausschlag gegeben zu haben. Zudem lag Aarau etwa im Schnittpunkt der vier grösseren Zentren Bern, Zürich, Basel und Luzern. Am 12. April 1798 konnte im Aarauer Rathaus die Republik feierlich proklamiert werden. Doch machten sich alsbald beengende Raumnöte geltend und führten dazu, dass schon wenige Wochen später die Grundsatzdiskussion um die Hauptstadt erneut entbrannte. Wohl setzten sich, da es um Prinzipielles ging, auch die Verteidiger Aaraus ein, liessen das Lob alteidgenössischer Einfachheit erklingen und warnten vor dem «Einfluss des oligarchischen Gifts der grossen Städte». Der Grosse Rat der Republik entschied anders, ersuchte am 16. Juli 1798 die Verwaltungskammern von Zürich, Basel, Luzern, Bern, Solothurn und Freiburg um Verzeichnisse ihrer öffentlichen Gebäude und schrieb damit informell einen Wettbewerb aus. Da kurz zuvor die innerschweizerischen Kantone unterworfen worden waren, fiel ein wesentlicher Grund, der gegen Luzern geltend gemacht werden konnte, aus. Auch Bern trat wieder hervor, zumal sich die französischen Bedenken mittlerweile zerstreut hatten. Die Regierung hatte mehr Spielraum als zuvor. Bemerkenswert immerhin, dass nur alte Kantonshauptstädte in das Ausleseverfahren einbezogen wurden. Darin wirkte die tradierte Multizentralität nach. So kam – vom halbwelschen Freiburg abgesehen – ausschliesslich die deutsche Schweiz zum Zuge. Es ist nicht ohne Reiz, die Bewerbungen der verschiedenen Städte zu durchmustern. Häufig werden günstige Lage und Lebensmittelpreise, ein reiches Angebot an privaten und öffentlichen Gebäuden ins Treffen geführt. Bezeichnend auch das Bemühen Basels, die Peripherie zu seinen Gunsten sprechen zu lassen: «London und St. Petersburg liegen an der Grenze des Landes und sind doch Hauptstädte desselben. Basels Lage bringt es mit sich, die Nachrichten und Neuigkeiten sowohl von Paris als aus Deutschland am schnellsten zu erhalten».

Die Wahl der neuen Hauptstadt fand am 7. August statt. Bereits im ersten Wahlgang führte Luzern mit 35 Stimmen vor Bern mit 28 und vor

Aarau, das immerhin noch 24 Stimmen auf sich vereinigte; der sechste und letzte Wahlgang ergab nach dem Ausscheiden der jeweils schwächeren Konkurrenten den Sieg Luzerns vor Bern mit 61 gegen 57 Stimmen.

Luzern als ehemaliges Zentrum der katholischen Schweiz vermochte den Anforderungen einer Hauptstadt ungleich besser zu entsprechen. Es erschien auch den Zeitgenossen, von denen viele Leser und Bewunderer Johannes von Müllers waren, als ein durch die Nachbarschaft einer heroischen Vergangenheit geweihtes Sinnbild. Dazu kam der «Anblick der grossen Naturszenen, die unserem Vaterland ausschliessend eigen sind und die wir hier in der Nähe haben». Für Luzern bedeutete der Aufstieg zur Hauptstadt eine kurze Phase der Prosperität. Sie hatte ihre zeitgemässen Schattenseiten in der Teuerung, in Klagen über das Verhalten der Hauseigentümer, über Mietzinswucher und zu hohe Löhne.

Im März 1799 brach der 2. Koalitionskrieg aus, führte zu österreichischen Anfangserfolgen und stellte damit das System der Helvetik in Frage. Gebirgskämpfe und die Besetzung der Ostschweiz rückten Luzern in Frontnähe. Am Abend des 28. Mai beschlossen die gesetzgebenden Räte – als Folge einer Anweisung General Massénas – die Verlegung der Regierung nach Bern. Obwohl manche Parlamentarier dem «ungern verlassenen Luzern» nachtrauerten und die ostschweizerischen Gebiete bereits im Herbst wieder zurückerobert wurden, blieb Bern Hauptstadt bis zum Ende der Helvetik im Winter 1802/03. Es fand ein Prozess der Angewöhnung statt, der dem Provisorium Dauer verlieh. Zudem büsste das Problem an Dringlichkeit ein. Die Helvetik geriet um die Jahrhundertwende in eine Dauerkrise. Verfassungspläne wurden fast am laufenden Band ausgearbeitet; die Opposition der wiedererstarkten Föderalisten richtete sich weniger gegen eine bestimmte Hauptstadt als gegen das Prinzip der Zentralgewalt selbst. So führte der Bürgerkrieg des Spätsommers 1802 das Ende der Helvetik herbei. Aber diese Liquidation erbrachte nicht die von den Siegern erhoffte Restitution der alten Eidgenossenschaft, sondern die auf Napoleons Geheiss und Vermittlung eingeführte Mediationsakte vom 19. Februar 1803.

Die Vermittlungsakte, immer wieder und zu Recht als Zeugnis der Einfühlung Napoleons in die schweizerischen Verhältnisse bewundert, stellte die traditionelle Einrichtung der Tagsatzung wieder her. Doch schuf sie zugleich mit der Institution des Direktorialkantons etwas grundsätzlich Neues; anstelle des alten Tagsatzungsortes oder der einen helvetischen Hauptstadt eine Pluralität von insgesamt sechs wechselnden Regierungssitzen: Freiburg, Bern, Solothurn, Basel, Zürich und Luzern. Der Schultheiss oder Bürgermeister des Direktorialkantons wurde für die Dauer eines Jahres Landammann (und damit gewissermassen Staatsoberhaupt) der Schweiz, der betreffende Kantonshauptort damit eidgenössische Kapitale.

Diese Kehrordnung beendete einstweilen die Rivalität der verschiedenen Städte: abgesehen von dem ohnehin aus der Konkurrenz ausgeschiedenen Aarau kamen nun alle Städte, die sich 1798 um die Hauptstadtwürde beworben hatten, turnusgemäss zum Zuge. Alles in allem eine geschickte Synthese von föderalistischer Herkömmlichkeit und dezentralisierter Zentralität. Napoleon aber hatte jeweilen (und darauf kam es ihm nicht zuletzt an) im Landammann einen Verantwortlichen, an den er sich in Entscheidungskrisen der zwischenstaatlichen Beziehungen wenden konnte.

Das Prinzip der rotierenden Hauptstadt wurde als so zweckmässig empfunden, dass es auch in der Neuordnung von 1814/15 wieder Berücksichtigung fand. Der Bundesvertrag vom 8. August 1815 ist bekanntlich das Ergebnis längerer und spannungsreicher Auseinandersetzungen gewesen. In der Hauptstadtfrage lehnt sich diese Verfassung grundsätzlich an die Modalitäten der Mediation an. In § 10 heisst es: «Das Vorort wechselt unter den Kantonen Zürich, Bern und Luzern je zu zwei Jahren um, welche Kehrordnung mit dem ersten Januar 1815 ihren Anfang genommen hat.» Die relativ breite Auswahl von 1803 wird somit modifiziert durch die Beschränkung auf drei Vororte von ausgeprägt alteidgenössischem und deutschschweizerischem Charakter. Darin liegt wohl die gewichtigste Einschränkung gegenüber der Mediation – damals setzte das schon weitgehend französisierte Freiburg immerhin einen welschen Akzent. Jetzt, da die Eidgenossenschaft doch um Genf, Neuenburg und das Wallis erweitert wurde, fehlte ein französischsprachiger Vorort gänzlich, wie auch die jüngeren Kantone nicht zum Zuge kamen. Der Bundesvertrag war eben das Ergebnis eines restaurativ konzipierten und nur mühsam zustandegekommenen Kompromisses, der schon damals auf Vorbehalte stiess[3].

Immerhin behielt das Ausgleichswerk bis 1830 seine kaum ernsthaft bestrittene Gültigkeit; erst mit der Regeneration kam von den Kantonen her der Anstoss zu einer Erneuerung des Bundes. Die Tagsatzung selbst schritt zur Bildung einer Kommission, als deren Werk der vom 15. Dezember 1832 datierte Entwurf einer «Bundesurkunde der schweizerischen Eidgenossenschaft» hervorging. Das neue Verfassungsprojekt entstand binnen weniger Monate. Einer seiner geistigen Urheber war der aus Carrara gebürtige, in Genf lehrende Jurist Pelegrino Rossi, der dann im Revolutionsjahr 1848 als Minister Pius' IX. einem Attentat zum Opfer fiel. Von ihm stammt der begleitende «Bericht über den Entwurf einer Bundesurkunde», in welchem auch auf die besondere Ausstrahlung hingewiesen wurde, die einer Kapitale möglicherweise eignen könnte. «Wo ist die Hauptstadt der Schweiz?», fragt Rossi. «Wo haben wir jene National-Stadt, Schauplatz aller ausgezeichneten Geister, Ziel aller Bestrebungen, die sich mit allen Talenten ziert, mit allen Schätzen bereichert, mit allen Künsten schmückt und verschönert, jene Stadt, auf die Aller Augen, Aller

Gedanken, Aller Gespräche gerichtet sind, der Stolz der Nation, die Königin des Reiches, welcher alle Paläste und Hütten, alle Städte und Dörfer huldigen? nirgends.» Einen solchen Mittelpunkt sollte die Schweiz nicht missen. Es gab damals wunderliche Projekte, darunter sogar den schon um 1800 einmal flüchtig hingeworfenen Plan einer völlig neu anzulegenden «Central- oder Hauptstadt für die ganze Schweiz», wobei Bauland und Baukosten «durch scalamässige Beiträge der sämtlichen Kantone» aufzubringen gewesen wären[4]. Tatsächlich brachte die Bundesurkunde von 1832 auch die Rückkehr zum helvetischen Prinzip der Hauptstadt, und dieses ergab sich aus der neugeschaffenen zentralen Instanz: dem Bundesrat als exekutivem Organ. Art. 105 des Verfassungsentwurfs setzte kurzerhand Luzern als «Bundesstadt» fest. Dieser Fixierung waren harte kommissionsinterne Verhandlungen vorangegangen. So war nach Rossis Bericht auch «von Städten zweiten Ranges, wie Zofingen oder Rapperschwyl… mit ihrer Erhebung zum Bundesgebiet» die Rede gewesen, also einem schweizerischen District of Columbia. Demgegenüber schienen realistischere Erwägungen für Luzern zu sprechen: die Hoffnung, die Innerschweiz durch die Vorortschaft einer katholischen Stadt «mit dem Dasein und Wirken einer Bundesregierung zu versöhnen», vor allem aber Luzerns Lage als «der beste Vereinigungspunkt für die verschiedenen Teile der Schweiz»: «Chur, Lugano, Frauenfeld, Schaffhausen, Basel, Genf, Sitten bieten sich in Luzern die Hand. Wie die Radien des Kreises im Zentrum treffen hier die drei Nationalitäten der Schweiz zusammen»[5]. Es ist das erste Mal, dass die Nationalitätenfrage ausdrücklich mit der Hauptstadtfrage gekoppelt erscheint – so sehr man gerade unter diesem Gesichtspunkt die besondere Eignung Luzerns dahingestellt sein lassen konnte.

Der Verfassungsentwurf, der alsbald Bedenken Zürichs und Berns begegnete, ist nicht in Kraft getreten. Als das zur Abstimmung aufgerufene Luzernervolk am 7. Juli 1833 sein Nein aussprach, war durch diesen negativen Entscheid des Hauptstadtkantons die Vorlage um ihren Sinn gebracht und galt als verworfen. Bald schon kam es zu zunehmender Verhärtung der innereidgenössischen Fronten, zur Polarisierung im Zeichen des konservativ-liberalen Gegensatzes, zur Festigung der katholischen Schweiz. Die Pläne des Schultheissen von Luzern, Constantin Siegwart-Müller, zeigen, dass für den Fall einer erfolgreichen Selbstbehauptung des Sonderbundes ein «Corpus catholicum» und eine katholische Tagsatzung in Luzern institutionalisiert worden wären. Demgegenüber wurde der Wille zur Bundesrevision eins mit dem Willen zur Beseitigung dieses engeren katholisch-konservativen Staatenbundes innerhalb der Eidgenossenschaft. Beim Ausbruch des Sonderbundeskrieges im Herbst 1847 hatte die Schweiz faktisch zwei Hauptstädte: Luzern als traditionelles Zentrum der katholischen Schweiz und nunmehr des Sonderbundes; Bern als legalen Vorort und Tagsatzungsstätte der Schweiz, zugleich aber als einen Mittelpunkt des kriegerischen Radikalismus. Nach dem unerwartet raschen Zusammenbruch des Sonderbundes verblieb Bern einziges gesamtschweizerisches Zentrum politischer Willensbildung. Die Bedeutung dieses Vorentscheids ist nicht zu unterschätzen, wenn er auch nichts präjudizierte. Einmal mehr unterzog sich eine Tagsatzungskommission der Ausarbeitung eines Verfassungsentwurfes. Anders als 1832 wurde diesmal die Frage nach dem Bundessitz bewusst im Hintergrund gelassen. Als sie in der Sitzung vom 27. März 1848 zur Sprache kam, stellte man die Entscheidung der künftigen Legislative anheim. Dass es eine einzige Hauptstadt geben würde, war ziemlich unbestritten. Lediglich Uri wollte «in bisheriger Weise» am periodischen Wechsel festhalten, fand aber mit diesem Wunsch nach dem «Bundesomnibus» nur noch die Zustimmung Unterwaldens: die Mehrheit ging darüber hinweg.

Die Zurückstellung der Hauptstadtwahl erwies sich psychologisch als günstig. Die Abstimmung über die neue Bundesverfassung, die kantonsweise durchgeführt wurde, erlitt keine zusätzliche Belastung durch Emotionen für oder wider eine bereits erkorene Stadt. Am 12. September 1848 erklärte die Tagsatzung die neue Verfassung aufgrund der Abstimmungsergebnisse für angenommen, am 6. November versammelten sich erstmals National- und Ständerat in Bern, das bis Jahresende als Vorort galt. Bald schon hatten sich die Kammern mit der Wahl des Bundessitzes zu befassen. Dass daraus eine Prestigefrage wurde, liess sich kaum vermeiden. Der Zürcher Bürgermeister Jonas Furrer, der alsbald erster Bundespräsident werden sollte, wollte seine Wahl in den Bundesrat sogar von einem Entscheid zugunsten Zürichs abhängig machen. Eingehende Erörterungen in der Presse und persönliche Einwirkungsversuche liefen parallel. Im wesentlichen konzentrierte sich die Auswahl aber auf die drei Tagsatzungsstädte. Neue Kandidaturen gab es höchstens am Rande, vor allem fehlten auch solche welschschweizerischer Städte. In einem Land, dessen Eisenbahnboom erst bevorstand und wo man noch fast ganz auf die Postkutschen angewiesen war, spielte die zentrale Lage eine entscheidende Rolle. Dadurch schob sich Bern ohne viel eigenes Zutun in den Vordergrund. Zürichs Benachteiligung war in dieser Hinsicht schwer zu kompensieren. Daran konnten auch publizistische Anpreisungen seines Reichtums an Gebäuden und seiner «wohltuenden kosmopolitischen Denkungsart und Hospitalität» nichts ändern. Nur für die ostschweizerischen Parlamentarier lag die Stadt bequem, für die welschschweizerischen allzu abgelegen. Luzern hatte angesichts seiner jüngsten Vergangenheit ohnehin kaum Chancen. Es war verlorene Liebesmüh, wenn sein neuer, von den Siegern eingesetzter Schultheiss die Kandidatur dieser Stadt in seiner Zeitung vor allem mit dem Argument verfocht, «die freisinnigen Institutionen immer mehr zu befestigen und auszubilden». Wie weit dieser Argumenten-austausch, der mitunter an die Reklamen von 1798 gemahnt, die Parlamentarier wirklich beeinflusst hat, ist schwer zu entscheiden. Der Prozess der Meinungsbildung dürfte für die meisten wohl schon abgeschlossen gewesen und weniger durch publizistische Einwirkungen als durch eigene Erfahrungen und Gewohnheiten bestimmt worden sein.

Am 28. November 1848 trafen die eidgenössischen Räte getrennt und in offener Abstimmung ihren Entscheid. Bereits im ersten Wahlgang erkor der Nationalrat Bern, das mit 58 Stimmen den Sieg über die 35 auf Zürich entfallenden Stimmen davontrug. Luzern erlangte nur 6 Stimmen, ein Einzelgänger trat für Zofingen – ein Sinnbild der gesamtschweizerischen Studentenverbindung «Zofingia» – ein. Die regionale Streuung der Stimmen zeigt, dass Zürich wohl überwiegend, aber keineswegs einheitlich diejenigen der Ostschweiz für sich gewonnen hatte. Die Masse der west-schweizerischen, baslerischen, freiburgischen, solothurnischen, aber auch die Tessiner Stimmen fielen Bern zu, während eine Unterstützung aus diesen Gebieten Zürich nicht einmal vereinzelt zukam. Auch der Ständerat entschied mehrheitlich für Bern: mit 21 Stimmen gegen nur 13 Stimmen für Zürich und 3 für Luzern.

In Zürich war die Verstimmung während einiger Zeit gross; sie lässt sich aus der Reaktion Jonas Furrers wie aus der Presse ablesen. Man ging dabei allerdings zu sehr von traditionellen Vorortvorstellungen aus und übersah, dass gerade die im 19. Jahrhundert angestiegene Bedeutung der West-schweiz das Schwergewicht innerhalb der Eidgenossenschaft verschoben und Zürich beinahe an die Peripherie verdrängt hatte. In dieser Sicht wirkten gerade die multizentral-föderalistischen Gesichtspunkte eher für Bern, so sehr dieses anderseits als Mittelpunkt des einwohnerstärksten Kantons vorbelastet scheinen mochte[6].

Die Auseinandersetzung um die Hauptstadt der Schweiz hat damit ihren Abschluss gefunden. Ein zentrales Thema im Leben der Nation bildete sie während der Jahre von 1798 bis 1848 jeweilen lediglich kurze Zeit; meist nur einige Tage oder allenfalls Wochen. Die Diskussion war ohnehin nur eine Begleiterscheinung jenes grösseren Prozesses, in welchem die Schweiz sich modernisierte und allmählich ihre bundesstaatliche Gestalt gewann. Die zentralistische Herausforderung von 1798 kann in diesem Zusammen-hang als Initialimpuls betrachtet werden, der schockartig wirkte und doch als Beginn einer notwendigen Integralisierung tiefere Spuren hinterliess: nach diesem Einschnitt war ein Zurückkommen auf die vorrevolutionären Zustände nicht mehr möglich, auch 1815 nicht. Dass es der Schweiz aber besonders schwer fiel, sich auf eine Hauptstadt zu einigen, dass dies erst als Folge eines nationalen Adaptationsprozesses schliesslich gelang, hängt nicht nur damit zusammen, dass es in ihr die natürlichen Rivalitäten verschiedener traditionell gleichberechtigter städtischer Mittelpunkte gab. Es ist auch eine Folge davon, dass sich die bäuerlich strukturierten innerschweizerischen Landkantone der Schaffung einer festen Hauptstadt überhaupt und bis zuletzt widersetzten, weil sie in einer solchen ein Instrument der Zentralisation fürchteten. Indessen wandelte sich der Föderalismus im Bundesstaat, wusste sich ihm anzupassen und nach der Wende der späten 1870er und der 1880er Jahre immer mehr mit der Zeit zu gehen.

Der 1848 getroffene Entscheid ist im späteren «plébiscite de tous les jours» gutgeheissen und nie mehr ernsthaft in Frage gestellt worden. Man akzeptierte Bern vielleicht gerade deshalb, weil es das geistige Zentrum, nach welchem die Bunderserneuerer von 1832/33 riefen, nie geworden ist. Was diese Hauptstadt bot und was sich in der Folge verstärkte, war ihre durch Lage und Tradition vorgezeichnete Möglichkeit, als «Bindeglied zwischen der deutschen und der französischen Schweiz» zu wirken. Zugleich, wenn auch weniger ausgesprochen, als Bindeglied zwischen einer versinkenden aristokratischen und einer aufsteigenden modernen Schweiz.

In seinen Erinnerungen spricht Jean R. von Salis von den «zwei Bern», die seine Jugend umgaben und wenig Beziehungen zueinander hatten: dem alten mit der «wundervollen städtebaulichen Organisation» seiner Gassen und dem neuen, «das im überdimensionierten Bundeshaus und Parlamentsgebäude verkörpert ist». Ihnen entsprachen «zwei Gesellschaften, deren Gesinnungen verschieden waren». Die eine, «traditionsbewusst und konservativ» vom Patriziat und seinem bürgerlichen Anhang getragen; die andere, «mit dem neuen Bundesstaat gross gewordene, hatte ihre Stütze in einem freisinnigen, geistig und wirtschaftlich aufstrebenden Bürgertum»[7]. Bereits in der 2. Hälfte des 19. Jahrhunderts begann eine unverkennbare städtebauliche Expansion, die neben den üblichen urbanistischen Beschleunigungsfaktoren (Industrialisierung, zunehmende Bedeutung als Verkehrsmittelpunkt) auch durch die Entwicklung der Bundesbürokratie gefördert wurde. Mit den neuen Bundeskompetenzen wuchsen der Stadt neue Dimensionen der Bedeutung zu. «Bern» in seiner doppelten Bedeutung als Bundes- und Kantonshauptstadt wurde zu einem neuen politischen Begriff, nicht selten zu einem emotional aufgeladenen Reizwort. Dennoch blieb es der Stadt erspart, zu einem Wasserkopf zu entarten. Sie bewahrte mittelstädtische Proportionen, blieb an Einwohnerzahl hinter Zürich und Basel (zeitweilig auch hinter Genf) zurück und gehört selbst heute noch zu den kleinsten Hauptstädten des europäischen Kontinentes. Kaum ein dreissigster Teil aller Landesbewohner lebt in der Hauptstadt, deren wirtschaftlicher Aufschwung beschränkt blieb. Das Bankwesen konzentriert sich keineswegs auf Bern, sondern primär (auch im historischen Sinne) auf Genf, Zürich und Basel. Die Industrie gewann erst im

Zuge der sog. Zweiten Industrialisierung an Bedeutung, vermochte indessen die Stadt nicht mehr entscheidend zu prägen. Dass Bern «seinem Wesen nach nicht Grossstadt» sei, konnte der Stadtpräsident (Oberbürgermeister) schon 1941 mit deutlichem Unterton der Befriedigung feststellen: «es fehlt ihm die grossstädtische Talmikultur, es fehlt gottlob auch das Wohnungselend, die Unterwelt, das Grauen der Grosstadt»[9]. Allerdings kam es an künstlerisch-kultureller Ausstrahlung weder an Zürich noch an Basel heran. Unter Diplomaten und Ausländern galt die Stadt mitunter als langweilig und kleinbürgerlich. Zudem verhinderten – was Friedrich Engels schon 1848 kritisch voraussah – multizentral-innereidgenössische Ausgleichsübungen, dass sich zu viele Institutionen des Bundes in der Hauptstadt konzentrierten. Das Eidgenössische Polytechnikum bekam Zürich (gewissermassen als Trostpreis für die entgangene Hauptstadtwürde) bereits 1855, das Bundesgericht Lausanne 1874 und die an Bedeutung rasch anwachsende Schweizerische Unfallversicherungsanstalt Luzern 1918. Genf endlich erhielt nach dem Ersten Weltkrieg als Sitz des Völkerbundes eine internationale Bedeutung eigener Art und bewahrte sie nach dem Zweiten als Zweigstelle der Vereinten Nationen. Da die Schweiz geschichtlich von keiner Mitte, sondern von mehreren Zentren aus gewachsen ist, blieb die Hauptstadt somit letztlich ein Überbau, politisch und administrativ zwar notwendig, aber doch nicht eine unabdingbare Basis oder ein Kristallisationskern des Landes. Daher haben auch die ansonsten fast zwangsläufigen Agglomerationsmechanismen im Falle Berns nur bedingt gespielt. Der Föderalismus selbst trug zu dieser Beschränkung bei, indem er fortwährend Kräfte von den grossen Städten des Landes abzog, sie regional verteilte. Berns Zug zur Zweisprachigkeit – in den Lebensgewohnheiten seiner alten Führungsschicht und der Bilinguität seiner kantonalen Verwaltung angelegt – hat sich dank den Erfordernissen der Bundesadministration noch verstärkt. Dadurch hat die Stadt eine über die geographische Lage hinausweisende Mittelstellung gewonnen. Dieser Umstand hat sich in den Krisen und Peripetien der fortschreitenden Nationalisierung Europas gesamtschweizerisch doch als Stabilisierungsfaktor erwiesen.

Anmerkungen

1   Eine ausführliche Darstellung der Thematik bietet mit zahlreichen Belegen: P. Stadler, *Die Hauptstadtfrage in der Schweiz 1798–1848*, in: Schweizerische Zeitschrift für Geschichte 21 (1971), S. 526–582. Doch habe ich manches konzentriert und ergänzt.

2 Dazu neuerdings A. Lüthi u. a., *Geschichte der Stadt Aarau*, Aarau 1978, S. 411 ff. Die Belege zum folgenden P. Stadler (Anm. 1), S. 532 f.

3 Übrigens gab es eine ähnliche Rotation des Regierungssitzes auch im Kanton Tessin, wo bis 1878 die Hauptstadtwürde jeweilen zwischen Lugano, Bellinzona und Locarno wechselte. In Pestalozzis 1815 veröffentlichter Schrift *An die Unschuld, den Ernst und den Edelmut meines Zeitalters und meines Vaterlandes* steht der Satz: «Wir dürfen uns nicht verhehlen, so wie eine unvernünftig und unverhältnismässig grosse Hauptstadt die Kräfte eines Königreichs verschlingt und vergiftet, also verschlingt und vergiftet eine unvernünftig und unverhältnismässig angeschwollene Familiengewalt die wesentlichen Kräfte eines Freistaats». Die Analogie von überdimensionierter Hauptstadt und überdimensionierter Familienherrschaft ist bezeichnend, wobei für die Schweiz aber nur die zweite Wucherung als Gefahr erscheint J. H. Pestalozzi, Sämtliche Werke, Bd. 24 A, Zürich 1977, S. 156–57.

4 Dazu die Miszelle von H. Sommer, *Ein seltsames Hauptstadtprojekt*, Neue Zürcher Zeitung, 4. 2. 1972, Nr. 59. Zu einem ähnlichen Vorschlag von 1802: P. Stadler (Anm. 1), S. 551.

5 Bericht über den Entwurf einer Bundesurkunde erstattet an die Eidgenössischen Stände von der Kommission der Tagsatzung, Zürich 1833, S. 14, 128. Die deutsche Fassung des Rossischen Berichts stammt von Ferdinand Meyer, dem Vater C. F. Meyers.

6 Friedrich Engels, der sich im Herbst 1848 als Berichterstatter der «Neuen Rheinischen Zeitung» in Bern aufhielt, billigte dessen bevorstehende Wahl ausdrücklich unter Berufung auf die Bedeutung «als Übergangspunkt der deutschen in die französische Schweiz, als Hauptstadt des größten Kantons, als entstehender Zentralpunkt für die ganze Schweizer Bewegung», fügte aber hinzu: «Nun muss Bern, um etwas zu werden, auch die (eidgenössische) Universität und das Bundesgericht haben. Aber das bringe einer den für ihre Kantonsstadt fanatisierten Schweizern bei!» MEW 6, S. 16 (9. 11. 1848). Der sozialistische Zentralist diagnostizierte damit durchaus zutreffend die föderalistischen Gegenkräfte, die jeder administrativen Machtzusammenballung in einem Mittelpunkt widerstrebten.

7 J. R. von Salis, *Grenzüberschreitungen*. Ein Lebensbericht, Frankfurt 1975, S. 30 f.

8 Ein für die katholisch-konservative und ständische Ideologie der 1930er Jahre charakteristisches Zeugnis bietet die Schrift von Gonzague de Reynold, *Conscience de la Suisse. Billet à ces Messieurs de Berne*, Neuchâtel 1938. Hier wird den «Bürokraten» der Bundeshauptstadt in Erinnerung gerufen, die Schweiz sei «un tissu de cellules naturelles, un réseau d'autonomies locales» (S. 166). Stimmen und Stimmungen föderalistisch-katholischer Frustration finden sich verbreitet auch im 19. Jahrhundert. Die päpstliche Nuntiatur behielt übrigens selbst nach 1848 bis zum Bruch der diplomatischen Beziehungen während des Kulturkampfes, ihren Sitz in Luzern; erst nach deren Wiederherstellung (im Gefolge des 1. Weltkrieges) richtete sie sich in Bern ein.

9 E. Bärtschi, *Die Stadt Bern in der Zeit des Bundesstaates*, Der Bund, 4. 9. 1941, Nr. 32 (2. Sonntagsausgabe).

Amerikanischer Bürgerkrieg und mitteleuropäischer Einigungskampf – ein Vergleich am Beispiel der Schweiz

Zwischen den Vereinigten Staaten und der Schweiz bestand das ganze 19. Jahrhundert hindurch ein Sonderverhältnis, das in gewissen Parallelen des geschichtlichen Werdeganges wie der staatsrechtlichen Struktur gründete[1]. Beide Staaten waren Republiken – und das war um 1860 eine wesentlich exklusivere Staatsform als heute –, aber es waren Republiken besonderer Art, die durch das Stichwort «Bundesstaat» bzw. «Konföderation» einigermassen adäquat erfasst wird. Und das heisst: aus mehreren Republiken war ein gemeinsamer Staatsverband geworden, der nun aber die alten Staaten nicht einfach aufgehoben hatte, sondern sie innerhalb der neuen Staatsform bestehen liess. Das heisst im weiteren: beide Konföderationen waren in einem Entstehungsprozess von mehreren Jahrhunderten entstanden. In Amerika bildeten sich diese Staaten zuerst im kolonialen Rahmen, schufen sich dann im Befreiungs- und Emanzipationskampf die neue, gemeinsame Verfassung, welche die Konföderation überdachte, ohne die Gegensätze der Einzelteile doch ganz neutralisieren und unter einen Hut bringen zu können: dies gab – in Verbindung mit dem gewaltigen Wachstum der Union – Anlass zum Krieg, dem unsere vergleichende Betrachtung gilt. In der Schweiz gibt es grundsätzliche Verschiedenheiten, aber doch auch Übereinstimmungen, die es gestatten, von Vergleichbarkeit (comparability) zu sprechen.

Beginnen wir mit den Verschiedenheiten: am wichtigsten ist wohl die, dass die alte Eidgenossenschaft noch im Spätmittelalter entstanden ist und räumlich um die Mitte des 16. Jahrhunderts ausgewachsen war. Neue Gebiete sind nicht mehr hinzugekommen – ja man könnte sie boshaft als eine Art von steckengebliebenen «Mini Vereinigten Staaten» in Mitteleuropa bezeichnen, die sich auf die Grenzen von Alpen, Jura und Oberrhein beschränkten. Damit fehlte die Frontier-Problematik, und natürlich war erst recht jene Entwicklung zur Grossmacht abgeblockt, die dann etwa den deutschen und italienischen Einigungskämpfen weitere Perspektiven eröffneten. Die Verschiedenheit besteht im weitern darin, dass die Schweizerische Eidgenossenschaft lange, sehr lange brauchte, bis sie – endlich – die ihr gemässe Form des Bundesstaates fand. Während Jahrhunderten, nämlich bis zur Französischen Revolution, blieb sie ein lockerer Staatenbund fast ohne gemeinsame Organe. Dann kam als Folge der französischen Invasion 1798 das abrupte Experiment eines modernen Einheitsstaates, die

Republique helvetique une et indivisible: ein totaler Bruch mit der Vergangenheit. Das hat es in den USA niemals gegeben, in der Schweiz aber wirkte es als Fanal und ständige Warnung an alle Verfassungsmacher: so etwas durfte sich nicht wiederholen. Man kann die schweizerische Verfassungsentwicklung des halben Jahrhunderts zwischen 1798 und 1848 geradezu als einen dialektischen Prozess betrachten, der sich zwischen den beiden Extremen des Einheits- und des Antieinheitsstaates abspielte.

Und damit kommen wir zum wichtigen Aspekt der Übereinstimmung in der Geschichte und Struktur der beiden Staatsverbände. Die Vereinigten Staaten wie die Schweiz setzten sich aus Staaten bzw. Kantonen von grosser Diversität zusammen: Verschiedenheit der Grösse wie der Konfession, des Industrialisierungsgrades und damit der Mentalitäten: neben hochindustrialisierten Kantonen solche von fast ganz agrarischem Zuschnitt. Dennoch beanspruchten sie grundsätzlich gleiche Rechte, und dieser Spannung von Vielheit und Einheit musste konstitutionell Rechnung getragen werden. Die Verfassung der Vereinigten Staaten von 1789 ist in der Schweiz denn auch früh als Modell betrachtet worden – das beginnt schon bald nach dem Scheitern des helvetischen Experiments von 1798. Um 1800 taucht der Gedanke einer doppelten Repräsentation nach amerikanischem Muster gleich mehrmals auf, ohne sich wirklich durchsetzen zu können.[2] Die heikle Frage des Ausgleichs zwischen den Interessen der einwohnerstarken und der kleinen Kantone blieb nach wie vor in der Schwebe. 1848, nach der Zerschlagung des Sonderbundes, gelang dann der entscheidende Durchbruch. Unter dem Einfluss einer Broschüre des Philosophen Ignaz Paul Vital Troxler (der schon 1832 diese Lösung befürwortet hatte) stimmte die Tagsatzung dem Zweikammersystem zu, das einem dem amerikanischen Repräsentantenhaus entsprechenden Nationalrat den als Abbild des Senats geschaffenen und die Interessen der Kantone wahrenden Ständerat gegenüberstellte.[3] Damit hatte es allerdings sein Bewenden: die Schweiz vermied es, an die Spitze einen mit monarchischen Kompetenzen versehenen Präsidenten zu stellen und schuf stattdessen das Kollegialsystem der sieben Bundesräte. Man sieht: es ging nicht einfach um eine Kopie, sondern um die konstitutionelle Anpassung in einer bestimmten Hinsicht, freilich einer solchen von zentraler Bedeutung. Dies wurde von den Zeitgenossen sehr bewusst realisiert. 1850, beim Abschluss des ersten Handelsvertrages zwischen den U.S.A. und der Schweiz, ist in der einleitenden Präambel denn auch die Rede von der «Ähnlichkeit der demokratischen und föderativen Einrichtungen der beiden Länder…, welche eine Gemeinschaft der politischen Grundsätze und Interessen erzeugt.»[4]

Im Zentrum unserer Betrachtung aber steht der innere Krieg, der für die Vereinigten Staaten wie für die Schweiz die entscheidende Integrationskrise ihrer Nationsbildung darstellte. Der schweizerische Sonderbundskrieg (1847) und der amerikanische Sezessionskrieg (1861–1865) sind keine gewöhnlichen Bürgerkriege, vielmehr Kriege zweier Staatengruppen gewesen – das verbindet sie übrigens mit dem italienischen und dem deutschen Einigungskrieg von 1859/1866. Auch der Sonderbundskrieg war ein Sezessionskrieg: den Führern des Sonderbundes ging es letztlich darum, die politische Sonderexistenz der katholischen Schweiz mit allen Mitteln aufrechtzuerhalten bzw. zu stärken. Dieses konfessionelle Element, das aus dem Sonderbundskrieg einen der letzten Konfessionskriege der Neuzeit macht, fehlt dem amerikanischen gänzlich: auf dessen besondere Ursachen braucht hier nicht hingewiesen zu werden. Immerhin war den katholischen Kantonen und den amerikanischen Südstaaten doch eines gemeinsam: eine gewisse ökonomische Rückständigkeit vor allem im industriellen Sektor und die daraus entspringende Abwehrhaltung gegenüber innovativen Reformen. Im einen wie im andern Fall ging es jedenfalls darum, eine konservative Minorität enger an den sich rasch modernisierenden Bundesstaat zu ketten. Der entscheidende Unterschied ist allerdings der: in der Schweiz ging der Sonderbundskrieg der konstitutionellen Neuordnung von 1848 voran, machte sie erst möglich, während der Sezessionskrieg in einem Staat entbrannte, dessen konstitutionelle Basis seit fast dreiviertel Jahrhunderten gelegt war und eigentlich zu keinen grundsätzlichen Divergenzen Anlass gab. Der Krieg in der Schweiz war wohl der kürzeste und unblutigste des Jahrhunderts – in einem Monat, dem November 1847, war alles zu Ende – wogegen der Sezessionskrieg nach Dauer, Erbitterung, Verlusten und Zerstörungen bereits die Ära der grossen Kriege des 20. Jahrhunderts antizipiert. Beide Kriege aber gingen ohne ausländische Intervention über die Bühne. Im Falle der Schweiz hat nur der rasche Ablauf eine solche verhindert. Die Bereitschaft der Mächte – vor allem Frankreichs und Österreichs – zum Eingreifen war an sich gegeben, wurde aber durch den Gang der Ereignisse und dann auch durch den Revolutionsausbruch von 1848 überholt. Gegenüber den U.S.A. bestand die Möglichkeit der Intervention angesichts ihrer Grösse und der sonstigen Risikofaktoren ohnehin nicht – allenfalls kann das mexikanische Abenteuer Napoleons III. als Versuch einer indirekten Intervention bewertet werden.

Beide Kriege sind endlich von der öffentlichen Meinung weiterum mit leidenschaftlicher Anteilnahme verfolgt worden, ja sie haben geradezu als Katalysatoren der Meinungsbildung gewirkt.[5] Das Engagement der liberalen bzw. der konservativen Öffentlichkeit Europas im Vorfeld der Revolution von 1848 ist bekannt. Anderseits ist auch ein grosses Interesse der Schweiz am amerikanischen Sezessionskrieg festzustellen. Allerdings zeigen sich dabei bemerkenswerte Differenzierungen der Meinungsbildung, die einigermassen der Parteiengruppierung im damaligen Bundesstaat entsprechen. Da gab es die demokratisch-radikale Linke, deren Zeitungen begeistert für den Norden eintraten, gegen die Sklaverei polemisierten und in Lincoln einen neuen Winkelried begrüssten. Sie dürfte den grössten Sympathisantenanteil hinter sich vereint haben; auch der Bundesrat (also die schweizerische Landesregierung) stand, nach anfänglicher Zurückhaltung, dieser Gruppe nahe und lehnte es ab, diplomatische Kontakte zum Süden aufzunehmen. Weniger eindeutig war die Haltung des sog. liberalen Centrums, der kleinen, aber einflussreichen Gruppe um die Unternehmer. Hier gab es wohl Sympathien für den Norden, aber auch solche für die Südstaaten, die weniger ideologisch als ökonomisch begründet waren: für die Textilunternehmer waren die Beziehungen zu den Baumwollstaaten ein entscheidender Faktor, demgegenüber andere Gesichtspunkte zurückzutreten hatten. Wortführerin dieser Gruppe war die «Neue Zürcher Zeitung», die konföderierte und freihändlerische Neigungen kundtat, ja anfänglich sogar bereit war, eine Zweiteilung der U.S.A. als unabänderliche Gegebenheit hinzunehmen. Der kriegsbedingte Anstieg und später der jähe Zerfall der Baumwollpreise hat in einigen Industriekantonen die ohnehin vorhandenen Depressionstendenzen erheblich verstärkt. Der Dichter Gottfried Keller hat 1861 in einem Zeitungsartikel diese «Ökonomie der Baumwolle» kritisch glossiert und ihr vorgehalten: «Sie hat gleich der katholischen Kirche ihren Schwerpunkt ausserhalb; sie ist nicht nur ultramontan, sondern sogar transatlantisch; so wenig wir die katholischen Eidgenossen schlechte Schweizer nennen, so wenig tun wir es den ‹Baumwollenen›; aber bei beiden erlauben wir uns, wenn gewisse Fragen aufs Tapet kommen, sie in ihren Gedankengängen etwas zu kontrollieren.»[6] Der Dichter diagnostiziert hier scharfsinnig die internationalen Verflechtungen bestimmter Kapitalinteressen und setzt sie zur Internationalität der Romkirche in Parallele: dies eine kaum überhörbare Kritik am System eines Alfred Escher, dem Gottfried Keller als zürcherischer Staatsschreiber ja selber nahestand. Die katholischen Konservativen endlich, die Unterlegenen des Sonderbundskrieges, haben sich zwar – da es ja nicht um eine konfessionelle Angelegenheit ging – nicht geschlossen hinter die Südstaaten gestellt. Dennoch klingen deutliche Sympathien an: weil der Süden, mitsamt seiner patriarchalischen Plantagenwirtschaft eine relativ heile Welt darstelle, die gerade deshalb von den Radikalen in Verruf gebracht werde. Nostalgische Rückblicke und Identifikationen der konföderierten Sache mit der eigenen Position fehlen somit nicht, aber es bleibt auch nicht einfach dabei. Anton Philipp von Segesser, der bei weitem scharfsinnigste Denker unter den katholischen Konservativen, zog schon bald nach Kriegsbeginn eine eher trübe Bilanz. In jedem Falle werde «die particulare Selbständigkeit… grösserer Centralisation und erweiterter Wirkung der Staatsgewalt weichen. Die wiederhergestellte Union oder die getrennten

Staaten werden an Macht gewinnen, aber ihre Völker werden an Freiheit verlieren.»[7] Als dann der Krieg entschieden war, sah er eine gestärkte Machtstellung der Union, ihre Beteiligung an den Fragen des Gleichgewichts der grossen Weltmächte und an den Konflikten Europas voraus.[8] Es ist die Vision eines neuen, gewaltigen, schiedsrichterlichen Amerika, die sich hier auftut. Wenige Jahre später wird Jacob Burckhardt in seiner Vorlesung über das Revolutionszeitalter formulieren: «Hier war ein neues Element entstanden, das der alten Welt potentiell gewachsen war.»[9]

Wir können es bei diesen Beispielen bewenden lassen. Der Sezessionskrieg ist in der Schweiz nicht nur sorgfältig verfolgt worden, er gab – neben anderem – auch Anstoss zu einer neuen Welle der Verfassungsrevision, die 1865/66 einsetzte und in der grossen Bundeserneuerung von 1874 kulminierte. Die U.S.A. blieben für die Schweiz von zentraler Bedeutung als Einwandererland, als wesensverwandte Republik. Einen amerikanischen Gesandten in Bern gab es bereits seit 1850, einen schweizerischen in Washington erst seit 1882. Eine neue Seite enthüllten die Vereinigten Staaten, als ihre Uhrenindustrie seit den 1870er Jahren die schweizerische wirksam zu konkurrenzieren begann. Die Zeit des 20. Jahrhunderts hat deshalb ein schweizerisch-amerikanischer Historiker als die einer «friendship under stress» beschrieben[10], aber eine Freundschaft blieb es eben doch. Vor allem in den Jahren des Zweiten Weltkrieges, als die angelsächsischen Mächte den europäischen Kontinent davor bewahrten, hitlerisch zu bleiben oder stalinistisch zu werden.

Anmerkungen

1 Gesamtdarstellung der Beziehungen bietet Heinz K. Meier, *The United States and Switzerland in the Nineteenth Century*, The Hague 1963 (speziell über den «Civil War»: S. 70–90). Verfassungsrechtliche Probleme in komparativer Sicht bei Fritz Fleiner, *Unitarismus und Föderalismus in der Schweiz und in den Vereinigten Staaten von Amerika*, Kiel 1931 (wiederabgedruckt: Fritz Fleiner, *Ausgewählte Schriften und Reden*, Zürich 1941, S. 250–251). Unter Föderalismus versteht man in der Schweiz die Eigenständigkeit der Kantone gegenüber dem Bund, somit die Gegenkraft zur Zentralisation.

2 Hinweise bei William E. Rappard, *Pennsylvania and Switzerland: The American Origins of the Swiss Constitution*, in: Studies in Political Science and Sociology. University of Pennsylvania Bicentennial Conference, Philadelphia 1941, S. 51 ff.

3 Ignaz Paul Vital Troxler, *Die Verfassung der Vereinigten Staaten Nordamerikas als Musterbild der schweizerischen Bundesreform*, Schaffhausen 1848. Vgl. auch Emil Spiess, *Ignaz Paul Vital Troxler*, Bern und München 1967, S. 894 ff., 540 ff. (für 1832).

4 Bundesblatt der Schweizerischen Eidgenossenschaft, Jg. 1850. III, S. 727. Zum Handelsvertrag auch H. K. Meier (Anm. 1), S. 26 ff.

5 Dazu mit reichen Quellenangaben George Müller, *Der amerikanische Sezessionskrieg in der schweizerischen öffentlichen Meinung* (Basler Beiträge zur Geschichtswissenschaft, Bd. 14), Basel 1944.

6 Die Artikelserie aus dem «Zürcher Intelligenzblatt» vom 16.–27. März 1861 abgedruckt bei Hans Max Kriesi, *Gottfried Keller als Politiker*, Frauenfeld und Leipzig 1918, S. 262–70 (zit. Stelle auf S. 270).

7 Der Aufsatz *Am Ausgang des Jahres 1861*: Anton Philipp von Segesser, *Sammlung kleiner Schriften*, Bd. 1, Bern 1877, S. 261.

8 Ib., S. 327 ff. Titel des Aufsatzes *Die Monarchie und die Republik in Europa und Amerika* (1866).

9 Jacob Burckhardts *Vorlesung über die Geschichte des Revolutionszeitalters. In den Nachschriften seiner Zuhörer. Rekonstruktion des gesprochenen Wortlautes.* Von Ernst Ziegler. Basel/Stuttgart 1974, S. 124.

10 Heinz K. Meier, *Friendship under Stress. U. S.-Swiss Relations 1900–1950*, Bern 1970.

Der Kulturkampf in der Schweiz –
Versuch einer Bilanz

Der Kulturkampf befand sich in den letzten Jahrzehnten wohl eher im Schatten der schweizergeschichtlichen Forschung. Der Grund ist nicht schwer zu finden. Historiker sind als rückgewandte Propheten häufig genug von den Fragestellungen und «Erkenntnisinteressen» ihrer Gegenwart geleitet, gerade auch dann, wenn sie sich Themen der Vergangenheit zuwenden. Der Kulturkampf aber ist ein Produkt und eine Auseinandersetzung des 19. Jahrhunderts; er weist nicht nach vorne auf unsere Gegenwart hin. Das unterscheidet ihn von Industrialisierung, Arbeiterbewegung, revolutionären Konflikten oder Umweltproblemen. Er ist ein Sich-Aufbäumen der katholischen Kirche gegen den Prozess der Säkularisierung und Modernisierung von seiten des Staates und der Gesellschaft. Als «der Investiturstreit des 19. Jahrhunderts» ist er bezeichnet worden.[1]

Gewiss fiel dieser Kampf in eine Zeit, da es im Rückblick kaum noch zweifelhaft erscheint, wem diese Investiturgewalt letztlich zufallen würde. Die Zeitgenossen der 1870er Jahre sahen es freilich anders: sie sahen den jungen Bundesstaat – wie in Deutschland die Reichsgründung – gefährdet durch eine Kirche, die über ein erhebliches Potential an Anhängern und Organisationsenergien gebot. So war es unausbleiblich, dass der Kulturkampf vor und nach der Bundesrevision von 1874 während ungefähr eines Jahrfünfts (zirka 1872 bis 1877) im Mittelpunkt der damaligen Aufmerksamkeit stand – nach langer, bis ins 18. Jahrhundert zurückreichender Vorgeschichte und mit Nachwirkungen, die sich bis in die Zwischenkriegszeit erstrecken.

Bündelt man die Ursachen, so kann man den Kulturkampf – im Jargon der modernen Geschichtswissenschaft – etwas verkürzt als Integrationskrise, sodann als Modernisierungskrise bezeichnen.

Als Integrationskrise: Es ging einmal um die schwierige Einbindung des schweizerischen Katholizismus in den Bundesstaat, der ja wesentlich gegen den Katholizismus geschaffen worden war. Mit dem Sonderbund verschwand eine Form altgläubig-eidgenössischer Sonderstaatlichkeit, die sich seit der Reformation in wechselnder Gestalt, doch in erstaunlicher substantieller Kontinuität erhalten hatte. Bereits die 1850er und 1860er Jahre ergaben aber eine unerwartet rasche Erholung und Wiedererstarkung des Katholizismus. Dieses Revirement brachte es freilich mit sich, dass dann der Kampf in den 70er Jahren um so intensiver ausgetragen wurde, da dieser Katholizismus seinerseits durch die ausserschweizerische Entwicklung – Stichwort: 1. Vatikanisches Konzil – zentralisiert und somit besser befähigt war, sich der vom Bundesstaat herkommenden staatlichen Zentralisation zu widersetzen. Da die Integration auf beiden Seiten spielte, resultierte eine eigentliche Konkurrenz von Integrationsmechanismen. Man kann die Geschichte des römischen Katholizismus seit der Restauration unter diesen Aspekt stellen. Das Papsttum arbeitete mit Erfolg daran, die Restbestände nicht nur des Feudalismus, sondern auch des nationalen «Gallikanismus» in den verschiedenen Ländern abzubauen und einen eindeutig auf Rom ausgerichteten, «ultramontanen» Katholizismus mit klaren Befehlsabstufungen durchzusetzen. Die fundamentalistischen Papstenzykliken dieser Jahrzehnte zeigen das in den grossen Linien ebenso klar wie in den kleinen Details die Nuntiaturberichte aus der Schweiz mit ihren Klagen, Zensuren und Warnungen bis zum Abbruch der diplomatischen Beziehungen um die Jahreswende 1873/74. In der Entwicklung von Staat und Kirche zeichnen sich deutliche Analogien ab. Die Romkirche der Kulturkampfzeit unterschied sich organisatorisch ebenso eindeutig von derjenigen des 18. Jahrhunderts wie die erneuerte Eidgenossenschaft jener Jahre von derjenigen des Ancien Régime.

Damit hängt die Modernisierungskrise zusammen, das heisst der Widerstand gegen einen Prozess, der in der Schweiz seit 1798 bald beschleunigt, bald verlangsamt im Gange war und der sich – nicht nur, aber doch vor allem – gegen den Romkatholizismus richtete. Man muss sich dabei im klaren sein, dass es um 1870 eigentlich zwei Katholizismen gab. Den römischen oder (in der Sprache der Zeit) «ultramontanen» Katholizismus, der sich auf die Masse des Kirchenvolkes und auch auf die politischen Strukturen fast aller katholischen Kantone (Ausnahmen: Solothurn und – bis 1875/1877 – Tessin) stützen konnte. Sodann den liberalen Katholizismus, der – in der Aufklärung wurzelnd – seit den Anfängen der Regeneration an Bedeutung gewonnen hatte, sich der Modernisierung weitgehend öffnete, den Bundesstaat bejahte. Er verfügte zwar nicht über den gleichen Rückhalt in der Bevölkerung, war aber als elitäre Gruppierung wichtig durch seinen politischen Rückhalt in den liberalen und industrialisierten Kantonen. Das zeigte sich jeweilen in seiner relativ starken Vertretung in kantonalen Parlamenten und in den beiden Kammern der Bundesversammlung. Er besass auch eine Art Grundsatzprogramm in den sogenannten Badener Konferenzbeschlüssen von 1834, die einen liberal erneuerten und von Rom möglichst unabhängigen Katholizismus postuliert hatten.

In solchen Vorgegebenheiten liegt auch die Basis für die auf dem Höhepunkt des Kulturkampfes erfolgte, relativ problemlose Schaffung des Christkatholizismus als einer dritten Konfession: Diese orientierte sich wohl am deutschen Modell des Altkatholizismus, wies aber doch auch genuin schweizerische Überlieferungen auf. Die Anerkennung der neuen Kirche war beim Bund und den liberalen Kantonen leicht zu erwirken; schwieriger gestaltete sich ihre Durchsetzung nach unten. Am empfänglichsten erwiesen sich traditionell liberalkatholische Zonen des Aargaus und Solothurns sowie grössere Industriestädte, unzugänglich dagegen die eigentlich katholischen Stammgebiete.

Der Modernisierungsprozess richtete sich gegen Restbestände kirchlicher Einflusspositionen, die in vielen katholischen Ländern bereits preisgegeben und nun auch in der Schweiz nicht mehr länger zu halten waren. Die geistliche Gerichtsbarkeit wurde beseitigt, die Zivilehe obligatorisch, neue Bistümer durften nicht ohne Zustimmung des Bundes errichtet werden. Dazu kam eine sukzessive Demokratisierung der Pfarrwahl und in verschiedenen Kantonen die Wiederwahl bzw. die mögliche Abberufung der Geistlichen. Manches davon schnitt recht tief in herkömmliches Gewohnheitsrecht ein, teilte aber das Schicksal so vieler Neuerungen, nach einiger Zeit als selbstverständlich hingenommen zu werden. Schlimmer waren ausgesprochene Kampfmassnahmen, willkürliche Absetzungen von Geistlichen und selbst von Bischöfen durch Regierungsbefehl, Versuche, den neuen «Staatskatholizismus» traditionell römisch-katholischen Bevölkerungen aufzuzwingen.

Es lag in der Natur des Kampfes, dass er in peripher gelegenen katholischen Gebieten (Berner Jura, Genfer Landschaft) am schärfsten ausgetragen wurde. Hier war er zugleich ein Mittel staatlicher Gewalt, diese als zurückgeblieben eingestuften Zonen sowohl zu modernisieren als auch der kantonalen Zentralgewalt zu integrieren. Doch zeigt gerade der Berner Jura kein völlig einheitliches Bild. Es gab da die geschlossen ländlichen Regionen mit der fast undurchdringlichen Mauer ihres passiven Widerstandes, es gab jedoch auch den relativ fortschrittlich-bernfreundlichen Notabelnliberalismus der Städte Pruntrut und Delsberg, es gab zudem wachsende Spannungen unter den kirchlich gesinnten Konservativen selber.[2]

Oft sind auch die «neuen» Kantone wie Aargau, St. Gallen, Tessin oder Thurgau Konfliktzonen gewesen, zumal dann, wenn prekäre politisch-konfessionelle Mischverhältnisse bestanden. Dazu kam Solothurn als Sonderfall eines konfessionell fast einheitlich katholischen, jedoch seit der Regeneration ununterbrochen liberalen Kantons, endlich die Spezialfälle einiger grösserer Städte (Zürich, Basel) mit einer Diaspora von liberalkatholischen Eliten und römisch-katholischen Unterschichten. Es steht auch fest, dass einige katholische Unternehmer zu den besonderen Förderern des Christkatholizismus zählten.

Liegen dem Kulturkampf letztlich sozioökonomische Determinanten zugrunde? Das ist gelegentlich angenommen worden, vor allem im Blick auf die nach 1873 einsetzende sogenannte Grosse Depression. Ihm käme somit Ventilfunktion zu, gesteuerte Ablenkung der Massen von den eigentlichen Ursachen der Konjunkturwende und der Krise. Dieses Interpretationsmuster ist allerdings zu weitmaschig, um wirklich zu überzeugen. Bereits der Zeitplan bereitet Schwierigkeiten. Die eigentliche Eskalation des Kampfes setzt nämlich schon wesentlich früher ein, schon bald nach der Verkündung der päpstlichen Unfehlbarkeit, also in einer Phase der noch anhaltenden Hochkonjunktur. Sodann liegen die Schwerpunkte des Kampfes (Berner Jura, Genfer Landschaft) nicht in den besonderen Reizzonen der ökonomischen Krise. Zudem sind die Vorantreiber des Konfliktes auf staatlicher Seite nicht etwa die liberalen Unternehmer und «Bundesbarone» im Umkreis Alfred Eschers gewesen, weit eher politische Ideologen und dem Advokatenstand entstiegene Regierungsmänner radikalen Zuschnitts.

Dass vom Kulturkampf nationale Einigungsimpulse ausgingen, ist sicher nicht zu bestreiten, aber sie dienten weniger ökonomischen Zielen als vielmehr der Einbeziehung der Romandie in das staatspolitisch wichtige Programm der Bundesrevision. Die Verwerfung der ersten Vorlage im Jahre 1872 zeigte die Stärke der welschföderalistischen Opposition. Ihrer Überwindung kam der kirchenpolitische Konflikt mit Bischöfen wie Mermillod und Lachat als Feindfiguren sehr zustatten. Schwer zu sagen, ob der zweite Anlauf von 1874 ohne dieses verbindende Kampferlebnis die Hürden von französischer und innerschweizerischer Obstruktion genommen hätte.

Damit ist auch die Frage angeschnitten, ob sich der Kampf allenfalls hätte vermeiden lassen. Gegen diese Vermutung spricht die Tatsache, dass ähnliche Auseinandersetzungen – wenn auch mit Phasenverschiebungen – andern Ländern (Sardinien-Piemont, Österreich, Preussen-Deutschland, Frankreich) ebenso wenig erspart blieben. Zweifellos gehören sie mit zum Säkularisierungsprozess von Staat und moderner Gesellschaft.

Dennoch gab es Galionsfiguren, die den Kampf im Innern wollten und vorantrieben. Das gilt etwa von der radikalen Regierungsequipe Berns in den früheren 70er Jahren und dem Genfer Carteret, von Augustin Keller oder dem St.-Galler Johann Matthias Hungerbühler. Aber auch katholischerseits fehlte es nicht an solchen Protagonisten der Konfrontation: Mermillod vor allem, die Gruppe um die «Schweizer Kirchenzeitung», der allen Konzessionen abgeneigte Bischof Lachat und manchen mehr anonymen, kämpferischen Geistlichen. Nicht zu vergessen Theodor Scherer-Boccard, das fromme und streng fundamentalistische Haupt des politischen Ultramontanismus in der Schweiz.

Dazwischen gab es die Mahner zur Zurückhaltung wie Bundesrat Welti oder Segesser. Der Luzerner Schultheiss stand auch insofern über den

Parteien, als er der Zentralisation des Bundesstaates ebenso wie derjenigen der Romkirche widerstrebte und nicht die Inkonsequenz so vieler Katholiken teilte, die politischen Föderalismus mit kirchlichem Zentralismus verbanden – was mit umgekehrter Tendenz auch für so viele radikale Politiker zutrifft, die sich politisch als stramme Etatisten gaben, vom Katholizismus aber soviel Selbständigkeit gegenüber Rom verlangten, als es nur irgend anging.

Kulturkampf heisst also die Auseinandersetzung zwischen Staat und katholischer Kirche. Einen analogen Konflikt mit der reformierten Kirche hat es nicht gegeben, höchstens episodische Ansätze dazu. Der Grund liegt wohl darin, dass der Protestantismus als kirchliche Organisation (nicht als geistig-theologische Kraft!) seit dem 16. Jahrhundert weitgehend eine Schöpfung des Staates darstellt und sich den institutionellen wie ideologischen Wandlungen des Staates weitgehend angepasst hat. Die Dichotomie von «Staat und Kirche» findet innerhalb dieser Konfession nur beschränkt statt. Anderseits ist bezeichnend, dass der Christkatholizismus in der welschen Schweiz wenig, im Tessin überhaupt keinen Anklang gefunden hat.

Bleibt noch die Frage nach den Resultaten des Kampfes. Lange Zeit hat man etwas vorschnell von einem Abwehrerfolg der Kirche gesprochen. Gewiss ist der umfassende Sieg des radikalen Staates nicht eingetreten, vor allem ist die erstrebte Umgestaltung des Katholizismus zu einer liberalen Nationalkonfession nicht geglückt. Dennoch hat sich der Staat in wesentlichen Bereichen durchgesetzt und die verschiedenen Modernisierungen und neuen Gesetzgebungen aufrechterhalten. Als dann 1973 endlich die konfessionellen Kampfbestimmungen fielen, war das weniger ein staatlicher Rückzieher als eine Flurbereinigung im beidseitigen Einvernehmen. Hatte doch mittlerweile auch die Kirche ihre Kampfposition gegenüber dem liberalen Staat, die von den Päpsten des 19. Jahrhunderts so eindrücklich markiert worden waren, weitgehend preisgegeben.

Der konservative Katholizismus seinerseits war im 20. Jahrhundert immer mehr zu einem Bestandteil des Bundesstaates geworden und gab ihm vor allem in der Zwischenkriegszeit mit der «Ära Motta» sein unverkennbares Gepräge. Die Wiederaufnahme diplomatischer Beziehungen mit dem Vatikan war ein ebenso deutliches Zeichen dieses Konstellationswandels wie der seit 1919 den Katholiken fest eingeräumte zweite Bundesratssitz. Zu diesem Aufstieg hatte nicht zuletzt die Referendumsdemokratie beigetragen, dieses bedeutsame Ergebnis der – den Katholiken abgetrotzten – Bundesrevision von 1874.

Bereits die Eisenbahnvorlage von 1891 hatte die Schwierigkeiten aufgezeigt, die es mit sich brachte, gegen eine kohärente katholische Opposition regieren zu wollen. Damals hatte die liberale Mehrheit ohne Begeisterung die Konsequenzen gezogen und den Konservativen den ersten Bundesratssitz eingeräumt; die Nachwirkungen des 1. Weltkrieges mit der Erschütterung des Generalstreiks boten dann die zweite grosse Chance. Nur so liess sich – einstweilen noch! – die ansonsten drohende Einbeziehung der Sozialdemokratie in die Regierung vermeiden. Diese Doppelvertretung signalisierte zugleich die Entschlossenheit der Regierenden im Bundesstaat, von Konzessionen nach links Abstand zu nehmen und die Arbeiterschaft von der Macht fernzuhalten.

Dem politischen Aufstieg des Katholizismus in der Schweiz war die Verfestigung der organisatorischen Strukturen vorangegangen. Das hatte schon vor dem Kulturkampf begonnen mit der Gründung des Schweizerischen Studentenvereins (1843), diesem Gegenstück zur Zofingia, und derjenigen des Piusvereins (1857), der durch sein weitverzweigtes Netz bald grosse Bedeutung erlangte. Es setzte sich fort mit dem Aufbau einer die verschiedenen Regionen berücksichtigenden Presse, der Entstehung der katholischen Universität Fribourg (1889), Katholikentagen und Volksvereinen, Gewerkschafts- und Jugendorganisationen bis schliesslich – spät genug – zur formellen Parteigründung von 1912[3].

Der schweizerische Katholizismus war eine Welt für sich, und gerade dadurch gelang es ihm, aus dem Ghetto auszubrechen und den Staat mit seinem Einfluss zu durchdringen. Das ist mit ein Ergebnis des Kulturkampfes, politisch vielleicht eines der folgenreichsten.

Abgeschlossen ist die Forschung zu diesem Thema noch keineswegs, auch wenn nun eine Gesamtdarstellung vorliegt. Es fehlen ausser Studien zu diversen Regionen Arbeiten zur Volksfrömmigkeit und zur Bedeutung der sozialen Gruppen im Kulturkampf, zu dem wichtigen, quellenmässig aber nicht immer leicht zu ermittelnden Anteil der Frauen, zu den Wechselwirkungen von Industrialisierung und Kulturkampf, zur Gesetzgebung (insbesondere den Strafgesetzen), zu Aspekten der Schulpolitik, aber auch zu dem in der Schweiz noch verhältnismässig wenig erforschten Streit um den Modernismus. Es gibt noch manches zu tun auf diesem Felde.

Anmerkungen

1   Peter Stadler, *Der Kulturkampf in der Schweiz, Eidgenossenschaft und Katholische Kirche im europäischen Umkreis 1848 bis 1888*, Frauenfeld und Stuttgart 1984, S. 21. Die folgenden Ausführungen beruhen auf diesem Buch und sind die erweiterte Form eines Einleitungsreferates, das vor dem Historischen Zirkel Basel am 15. Juni 1985 im Rahmen einer Tagung gehalten wurde, die dem Kulturkampf in der Schweiz galt. Unter dem Vorsitz von Andreas Amiet sprachen bei diesem Anlass noch Eduard Vischer (Glarus), Heidi Bossard-

Borner (Luzern), Urs Altermatt (Fribourg), H. Aldenhoven (Bern), Peter Amiet (Bern) und Victor Conzemius (Luzern).

2 Werner Humbel, *Der Kirchenkonflikt oder «Kulturkampf» im Berner Jura 1873 bis 1878, unter besonderer Berücksichtigung des Verhältnisses zwischen Staat und Kirche seit der Vereinigungsurkunde von 1815 (Geist und Werk der Zeiten – Nr. 59)*, Bern 1981. Stadler (Anm. 1), S. 381–431.

3 Urs Altermatt, *Der Weg der Schweizer Katholiken ins Ghetto. Die Entstehungsgeschichte der nationalen Volksorganisationen im Schweizer Katholizismus (1848 bis 1919)*, Zürich/Einsiedeln/Köln 1972.

Konfessionalismus im Schweizerischen Bundesstaat 1848–1914

Konfessionalismus entsteht immer dann, wenn die Alleinherrschaft einer Konfession in Frage gestellt ist, wo Abgrenzungen und Fronten an die Stelle der Einheit treten. Der Zwiespalt der Konfessionen hat die Schweizergeschichte seit der Neuzeit begleitet, den Bikonfessionalismus begründet und binnen knapp zwei Jahrhunderten zu vier Glaubenskriegen geführt, kurzen und zumeist heftigen Auseinandersetzungen, zwischen denen dann kürzere oder längere Phasen einer permanenten Spannung lagen. So bildete sich in der alten Eidgenossenschaft ein prekäres Gleichgewicht heraus, das zwar auf dem numerischen Übergewicht von sieben katholischen gegenüber vier reformierten Orten (bei zwei paritätischen) beruhte, aber nicht verhindern konnte, dass die eigentliche Macht in Gestalt des wirtschaftlichen Reichtums, der Innovationen wie auch der militärisch-administrativen Überlegenheit sich immer eindeutiger auf die reformierte Schweiz konzentrierte. Es ist eine ähnliche Entwicklung, wie sie sich im Jahrhundert der Aufklärung auch im Deutschen Reiche (diesem grösseren Spiegelbild der alten Eidgenossenschaft) vollzieht: die protestantischen Kräfte werden umso stärker, je mehr der katholische Konfessionalismus gegenreformatorischen Stils an Virulenz verliert.

Der Bikonfessionalismus hat also die schweizerische Identität mitbestimmt, wobei ich Identität als spontanes und eigentlich unreflektiertes Zugehörigkeitsbewusstsein verstehen möchte – man ist Schweizer, weil man in die Schweiz hineingewachsen ist, nichts anderes sein will, zugleich aber ist man Zürcher, Berner, Zuger, Schwyzer usw. und man ist reformierter oder katholischer Christ – etwas anderes ist im Ancien Régime gar nicht möglich, zieht den Verlust des Bürgerrechts nach sich. Also im Grunde eine dreifache Identität – im Unterschied zu anderen Staaten, wo Konfession und Nationszugehörigkeit eng zusammengehören und wo es unterhalb des einen Staates allenfalls Regionen mit Ständen, aber keine Einzelstaaten gibt. Auch da kann man eine gewisse Entsprechung zum alten Reich sehen. Dazu kommt dann noch die Mehrsprachigkeit, die aber unser Problem des Konfessionalismus nicht direkt berührt.

Mit der Französischen Revolution kamen zwangsläufig und von aussen her neue Prioritäten. Die Helvetik, dieser abrupte Versuch einer sowohl nachgeholten als antizipierenden Modernisierung, versuchte erstmals, den Konfessionalismus auf dem kalten Weg einer Einheitsverfassung zu überwinden. Indem sie die «unbegrenzte» Gewissensfreiheit proklamierte, die Freiheit der religiösen Überzeugungen und der Kulte ausdrücklich höher eingestuften Ordnungsprinzipien wie «concorde», «paix» und «ordre public» unterstellte, auf dem Gesetzesweg gegen Klöster, Prozessionen und Wallfahrten vorging, dekretierte sie zwar nicht – wie man in den inneren Orten befürchtete – den offenen Atheismus, huldigte tatsächlich jedoch einem praktischen Aufklärungsprotestantismus, der sich aus der geistigen Herkunft ihrer Träger (Rengger, Stapfer, Ochs, Laharpe) ergab. Das System der Helvetik hat nur gerade anderthalb Jahre wirklich funktioniert, das ihm zugrundeliegende Prinzip aber erwies sich als überaus zählebig – es wurde gewissermassen zu einem ideologischen Dauerbrenner, der die konfessionspolitischen Dispute des 19. Jahrhunderts immer wieder neu alimentierte.

Von daher erklärt sich auch, dass die nächsten Verfassungen – die Mediationsakte wie der Bundesvertrag – ausdrücklich gegen diese konfessionelle Vereinheitlichung Front machten und eine stillschweigende Rekonfessionalisierung auf der Basis der kantonalen Souveränität normierten. Am weitesten ging dabei der Bundesvertrag mit seinem Klosterartikel, der vermöge der Garantie dieser Institution den ansonsten strikte gewahrten Föderalismus durchbrach und eine gesamtschweizerisch verbindliche Regelung zugunsten der katholischen Kirche erzwang. Das war restaurativ gedacht und lag insofern ganz im Stil der Zeit, die auch den Jesuitenorden neu ins Leben rief. Beide – Klöster wie Jesuiten – sind denn auch mit einer gewissen Zwangsläufigkeit zu den Zielscheiben einer Politik geworden, die bewusst an die Aufklärung anknüpfte, aber mit dem Zweck eines engeren Bundes auch die Programmatik der Helvetik wieder aufnahm, dies in modifizierten Formen. Wir sind damit beim Stichwort und der Epoche der Regeneration angelangt, dieser Vorstufe des modernen Bundesstaates. Man könnte sie auch die Liberalisierung der Schweiz im Zeichen eines gewandelten nationalen Selbstbewusstseins nennen. Bekanntlich verlief diese Bewegung anfänglich über die Konfessionsgrenzen hinweg und führte erst nach einigen Jahren zur konfessionellen Konfrontation, so dass es schliesslich eines neuen und letzten Krieges bedurfte, um den Widerstand der auf Abschliessung und unveränderliche Selbsterhaltung bedachten katholischen Kantone zu brechen.

Hier muss nun auf ein grundsätzliches Problem hingewiesen werden, das den schweizerischen Katholizismus des 19. Jahrhunderts belastete. Anders als in Belgien, wo er sich in der Revolution von 1830/31 voll engagierte und in der Verfassung von 1831 weitgehende Freiheiten eingeräumt bekam, fehlte dem schweizerischen Katholizismus der Regenerations- und der Bundesstaatsära das nationale Aufschwungerlebnis. Was seit 1830 und dann wieder seit 1848 geschah, erfolgte ohne seine Beteiligung, ja gegen seinen Willen. Das hängt zusammen mit der stark traditionellen Struktur dieses zeitweilig so gefährdeten und seit 1803 sukzessive wiedererstarkten Katholizismus, der sich in seinen Spitzen und Repräsentanten eng mit dem – ja ebenfalls so gefährdeten und dann wiedererstarkten – Papsttum fast zu einer Art von Schicksalsgemeinschaft verband. Gewiss gab es seit dem frühen 19. Jahrhundert eine Alternative in Gestalt des innovatorischen Katholizismus, personifiziert im Konstanzer Bistumsverweser Wessenberg und dem gar nicht so kleinen Personenkreis seiner schweizerischen Anhänger, die alle geistig in der Aufklärung wurzelten und eine entsprechende – liturgische wie ideologische – Erneuerung des alten Glaubens anstrebten. Der sog. Wessenbergianismus aber ist vom schweizerischen Katholizismus nie integriert, ja nicht einmal als ernstzunehmender Gesprächspartner notifiziert, sondern früh und zielbewusst – unter der sehr energischen Führung der Nuntiatur in Luzern – ins Abseits gedrängt und konfessionell disqualifiziert worden. Vollends gab es, sehr anders als in Belgien, in der Schweiz kaum Anhänger eines Lamennais und seiner Forderung einer Öffnung des Christentums nach unten. Stark waren und blieben hingegen die laizistischen Anhänger eines liberalen, wessenbergianisch gefärbten Katholizismus, und sie wirkten – da sie innerkirchlich ausgeschaltet waren – umso dezidierter in der Politik. Die sog. Badener Artikel von 1834 legen davon Zeugnis ab: sie programmierten ein liberalkatholisches Staatskirchentum mit starken geistlichen Zwischengewalten als Stossdämpfer gegenüber Rom und einer entsprechend positiven Einstellung gegenüber den neuen Kräften in der Schweiz.

Wir kommen damit zu einem wesentlichen Aspekt der konfessionellen Schichtungsverhältnisse in der Schweiz unmittelbar vor 1848, aber auch in den Jahrzehnten des jungen Bundesstaates. Es gibt nicht mehr – wie in der alten Eidgenossenschaft – einfach den tradierten Gegensatz von reformiert und katholisch, es gibt vielmehr eine sehr aktive dritte Kraft in Gestalt jenes liberalen Notabelnkatholizismus, der vor allem in den jungen Kantonen – St. Gallen, Thurgau, Aargau, sogar im Tessin und in alten, aber aufklärungsoffenen Orten wie Solothurn und Luzern – wurzelt. Innerkirchlich hatte er kaum Einfluss, umso bedeutsamer waren seine ausserkirchlichpolitischen Einwirkungsmöglichkeiten, zumal er eine Elite verkörperte. Es genügt, auf Namen wie Munzinger, Anderwert, Augustin Keller, die Brüder Pfyffer, Franscini oder Hungerbühler hinzuweisen. Es ist also wichtig zu wissen, dass der Bundesstaat von 1848 nicht einfach gegen den Katholizismus geschaffen wurde, so wie auch die Revision von 1874 nicht gegen die Katholiken erzwungen wurde. Es gab vielmehr einen innerkatholischen Dualismus, auf dem der junge Bundesstaat konfessionspolitisch ganz wesentlich beruhte. So hat es denn auch schon vor 1891 praktisch immer Katholiken auch im Bundesrat gegeben, zeitweilig sogar zwei, aber es waren eben freisinnige Katholiken, die indessen – wie Munzinger, Knüsel, Pioda oder Hammer – ihren Katholizismus mit unbedingter Zustimmung zum Bundesstaat verbanden. Was 1891 hinzukam und 1919 erweitert wurde, war das katholisch-konservative Element im Bundesrat, also jene Kraft, die man im gegnerischen Lager als «Ultramontanismus» zu bezeichnen pflegte.

Es ist bekannt und braucht hier nicht wiederholt oder im einzelnen belegt zu werden, dass die Bundesverfassung von 1848 auch darin liberal war, dass sie sich aller wirklich einschneidenden Schikanen gegen den Katholizismus enthielt. Die einzige Kampfbestimmung, der (1874 dann noch verschärfte) Jesuitenartikel ergab sich aus der vorangegangenen Auseinandersetzung und liess sich auch insofern rechtfertigen, als die S. J. um die Mitte des 19. Jahrhunderts ein ausgesprochener Kampforden gegen den Liberalismus war und erklärtermassen sein wollte. Es ist ja auch nicht einfach so, dass die Eidgenossenschaft nach einem Jahrhundert klein beigegeben hätte – die Preisgabe des Jesuitenartikels von 1973 illustriert vielmehr, dass die Schweiz ihre Position behaupten konnte: sie blieb ihren liberalen Grundprinzipien treu, während der Orden seinerseits die Kampfposition gegen diese Weltanschauung abgebaut hat. Revolutionär wirkte im Kontext von 1848 allerdings die Niederlassungsfreiheit, die grundsätzlich auch schon die Helvetik postuliert, aber nicht wirklich in die Verfassung eingebaut hatte. Man befürchtete katholischerseits eine Überflutung der eigenen Stammgebiete, deren Umwandlung in konfessionelle Mischzonen. Zunächst ist das Gegenteil eingetreten, eine Ausweitung des Katholizismus in bisher wesentlich protestantische Zonen, die sich nun plötzlich mit wachsenden katholischen Minoritäten konfrontiert sahen – Minoritäten, die ihrerseits allerdings zumeist aus Unterschichten gebildet und mit den Schwierigkeiten der Diasporabildung beladen waren, so dass ihre kirchliche und politische Formierung viel Zeit brauchte. Immerhin: der Katholizismus schwand – entgegen Befürchtungen im eigenen Lager – nach 1848 nicht dahin, er erlebte eine kaum voraussehbare Entfaltung.

Zunächst zeichnete sich eine unverkennbare Entspannung ab. Die «NZZ» gab wohl einer ziemlich verbreiteten Meinung Ausdruck, als sie am 20. Juli 1850 in einem Leitartikel feststellte: «Denn, in Wahrheit, wer wird in unserer Zeit noch an einen systematischen Kampf zwischen Kirche und Staat glauben? Es kann keine mit Erfolg politisierende Kirche mehr geben, wo die konstitutionellen Verhältnisse geordnet sind. Die Kirche wird dadurch nicht unfreier, ja sie wird um so mehr emanzipiert, als sie auf sich selbst, auf ihre ursprüngliche Bestimmung angewiesen wird.»[1]

So ist die neue konfessionspolitische Auseinandersetzung denn auch erst ein rundes Vierteljahrhundert später entbrannt. Zum Thema Kulturkampf möchte ich mich nicht wiederholen. Man kann ihn als Integrations- und

Modernisierungskrise verstehen. Beides ist richtig. Gerade die ungestörte Entfaltung der Romkirche hat die Gegenseite alarmiert und zu Kampfbestimmungen verleitet mit dem Zweck, diesen Prozess zu bremsen und zu erschweren. Man darf in diesem Zusammenhang nicht vergessen, dass die Kanzel das ganze 19. Jahrhundert über bis ins zwanzigste hinein ein wichtiges Medium der Meinungserziehung und -beeinflussung war. Anderseits liess sich der Katholizismus selbst – in Gestalt des damaligen Papstes und gewisser Exponenten seiner Politik – von Hoffnungen verleiten, die irreal waren und scharfe Reaktionen förmlich provozieren mussten. Man kann in diesen Umkreis auch Verlautbarungen wie den Syllabus und vor allem das in seinen politischen Wirkungen damals weit überschätzte Infallibilitätsdogma stellen. Aber diese Erklärungen verfolgten eben doch den Zweck, dem nationalstaatlich liberalen Einigungsprozess – vor allem demjenigen Italiens – wenn immer möglich offensiv zu begegnen. In der Schweiz mag der Fall Mermillod als Beispiel eines solchen ehrgeizig gegenoffensiven Expansionismus stehen. Es waren also zwei Offensiven, die aufeinanderstiessen und ganze Regionen in ihrem religiösen Selbstbestimmungsrecht schwer beeinträchtigten – am brutalsten solche in peripheren Lagen wie dem Berner Jura und der Genfer Landschaft. In anderen Kulturkampfkantonen wie Aargau, Thurgau und St. Gallen verfuhr man glimpflicher und hütete sich, alle Brücken abzubrechen – das erleichterte nachher das Einlenken. Allerdings war der Kulturkampf auch eine notwendige Modernisierungskrise, der nach der Anpassung nun auch die Integration der römischen Katholiken in den Bundesstaat erzwang. In diesem Sinne brachte die Revision von 1874 Neuerungen, die in anderen europäischen Ländern – selbst katholischen – schon lange eingeführt waren wie Abschaffung der geistlichen Gerichtsgewalt, Verstaatlichung der Zivilstandsregister, Ehe- und Konfessionsfreiheit (und damit übrigens auch das Recht, sich als Atheist bekennen zu dürfen). Ferner verstärkter – aber nicht zu starker – Einfluss des Staates auf die Schulen. Eine weitere Folge dieses Modernisierungsprozesses ist der Aufschwung des Partei- und Organisationswesens, der gerade auch dem Katholizismus zugute kam – ja man kann auch die Gründung einer katholischen Universität diesem Umfeld zurechnen. Es war ja eine nicht vorgeplante Folge der 1874 auch auf Bundesebene realisierten Referendumsdemokratie, dass der Katholizismus ein politisches Gewicht gewann, wie seit der Restauration nicht mehr – so konnte die Wahl des ersten konservativ-katholischen Bundesrates 1891 schliesslich regelrecht erzwungen werden, da sonst die ganze parlamentarisch-gesetzgeberische Maschinerie des Bundesstaates funktionsunfähig geworden wäre (man denke nur an die Verstaatlichung der Bahnen). Integration des Katholizismus in den Bundesstaat also in einem doppelten Sinne – als Hineingezwungenwerden, aber auch als Fussfassen und Einflussgewinnen.

Eine weitere Folge des Kulturkampfes ist nun die Institutionalisierung des liberalen Katholizismus als besonderer Konfession. Der Christkatholizismus geht sicher auf deutsche Anstösse (Altkatholizismus) zurück, aber auch auf schweizerisch-wessenbergische. Allerdings ist er – entgegen den Hoffnungen seiner Schöpfer – nicht zu einer breiten Protestkonfession gegen das Vatikanum und den Ultramontanismus angeschwollen, sondern im wesentlichen eine Gruppe regionalen bzw. elitären Zuschnitts geblieben, hat aber doch ein beachtliches geistiges Potential auf sich vereint, anderseits aber auch dem Romkatholizismus die konzessionslose Abschirmung gegen links erleichtert. Eine gewisse Inkonsequenz hing dem Christkatholizismus ja insofern an, als er sich archaisch und altchristlich verstand (mit Betonung der synodalen Formen), aber in seinem Denken eben doch betont liberal-staatsoffen und spätaufgeklärt-modern blieb.

Die Natur unseres Themas brachte es mit sich, dass fast ausschliesslich vom Katholizismus die Rede war, ganz einfach, weil er sich schwieriger in den Bundesstaat einfügte. Einen Kulturkampf zwischen Staat und reformierter Kirche hat es nicht gegeben, weil diese Kirche genuin – seit ihrem Entstehen im 16. Jahrhundert – auf den Staat zugeschnitten war und dessen Wandlungen mitmachte, ohne grosse Schwierigkeiten, wenn auch nicht immer ganz reibungslos. So gab es wohl Konflikte mit einzelnen Pfarrern, aber nie um die und mit der Kirche als solcher.

Um die Jahrhundertwende bildete der Konflikt zwischen Staat und Kirche auf Bundes- oder Kantonsebene kaum noch ein Thema, das Aufmerksamkeit beanspruchte. Es ist dies zugleich eine Begleiterscheinung des um sich greifenden Säkularisierungs- und Entkirchlichungsprozesses. Nachwehen erfolgten gelegentlich in Form von Repressionen religiöser Randgruppen – das zeigt etwa der in einzelnen Städten (wie Zürich und Genf) oft brutale und letztlich erfolglose Kampf gegen die Heilsarmee, der unschöne Reminiszenzen an Kulturkampfepisoden wachrief. Von nun an aber waren die Kirchen sich selber überlassen, auch in der Auseinandersetzung mit ihren Abweichungen. Das gilt reformierterseits vom religiösen Sozialismus, katholischerseits von dem – für die Schweiz leider noch viel zu wenig erforschten – Phänomen des Modernismus und der Auseinandersetzung damit. Mit dem Ersten Weltkrieg, der Wiederherstellung der im Kulturkampf abgebrochenen diplomatischen Beziehungen zum Vatikan, begann sich die Lage vollends zu normalisieren. Die Schweiz war im internationalen Kontext nach rechts gerückt, und das heisst: sie war auf geordnete und möglichst reibungslose Beziehungen zwischen Staat und Kirche angewiesen. Zwar wäre es falsch, von einer neugewonnenen Identität im Zeichen eines völlig überwundenen Konfessionalismus zu sprechen. Die Konfessionen blieben vielmehr säuberlich geschieden, weltanschaulich und organisatorisch – von den Parteien bis zu den Studenten- oder Pfadfinderorganisationen. Aber das hielt sich in den Grenzen einer wachsenden Verständigungsbereitschaft, die umso leichter fiel, als der Katholizismus ja nicht mehr – wie noch im 19. Jahrhundert eine bedrohliche (oder als bedrohlich empfundene) Macht darstellte. Die Kirchen waren zu Stabilisierungsfaktoren, zu Garanten eines stillschweigend praktizierten Konservatismus geworden. «Man» wünschte keine gesellschaftliche Veränderung, wenn man sich einer Konfession zugehörig wusste.

So wirkte es ein halbes Jahrhundert später dann schon fast als Herausforderung, als die Kirche oder kirchliche Gruppen ihrerseits wieder offensiv wurden und – im Blick auf den mangelhaften Zustand der ersten wie der dritten Welt – eine Ordnung, die sich eingelebt hatte und fraglos geworden war, ihrerseits in Frage stellten. Ob damit ein neues Kapitel aufgeschlagen wird oder ob es bei gelegentlichen Beunruhigungen und Provokationen bleibt, ist noch nicht abzusehen.

Anmerkungen

1   *Neue Zürcher Zeitung* 20. 7. 1850, Nr. 201.
    N. B. Von weiteren Nachweisen wurde abgesehen. Einzelbelege bei Peter Stadler, *Der Kulturkampf in der Schweiz*, Frauenfeld-Stuttgart 1984, und bei Rudolf Pfister, *Kirchengeschichte der Schweiz*, Bd. 3: Von 1720 bis 1950, Zürich 1984.

Föderalismus und Zentralismus bei Philipp Anton von Segesser

Die Geschichte des schweizerischen Bundesstaates ist arm an wirklich prominenten Persönlichkeiten, solchen zumal, die auch noch ein halbes oder ein ganzes Jahrhundert nach ihrem Tode in aller Mund sind. Glücklicherweise, möchte man hinzufügen. Der Historiker (und nicht nur er) weiss, dass grosse Figuren fast immer auch Gewalttäter waren, hinter deren Wirken sich oft Unterdrückung verbirgt, die überdies häufig andere Wege, geschichtliche Alternativen abgeblockt haben. Als ich nach dem Zweiten Weltkrieg zu studieren anfing, lobte ein deutscher Kommilitone gesprächsweise die politischen Einrichtungen der Schweiz, weil sie es ermöglichten, dass hier niemand den Bundespräsidenten zu kennen brauche – von dem einen allbekannten Staatsoberhaupt seines Landes hatte er offensichtlich genug. In der Tat: zwar sind die heutigen Bundesräte dank den Medien ziemlich allgegenwärtig, diejenigen aber, die vor dreissig Jahren wirkten, dürften nur noch älteren Menschen ein Begriff sein, und von den Bundesräten des 19. Jahrhunderts sind die meisten in die Anonymität abgesunken, nur noch den Geschichtskundigen bekannt. Das ist bezeichnend und im Grunde auch gut so. Denn Bundesräte sind – selbst in prominenten Fällen – Amtsträger eines republikanischen Staates und nicht «Männer, die Geschichte machen».

Bekannter sind bei uns die Generäle. Dufour war sogar eine Art Nationalheld, mindestens im liberalen Lager und in der ersten Phase des Bundesstaates. Guisans Popularität überdauerte sein Leben. Wille wiederum war mehr respektiert als geliebt; ob das so plötzlich neu erwachte Interesse an seiner Person anhalten wird, bleibt abzuwarten.

Philipp Anton von Segesser (1817–1888) wird kaum eine derartige Reaktualisierung erleben oder brauchen. Wohl gehört er zu den reichsten Figuren des jungen schweizerischen Bundesstaates, aber auch zu den bescheidensten. Nicht nur war er nie Bundesrat, er wollte es auch nie werden – abgesehen davon, dass er keine Chancen dazu hatte. Alfred Escher dagegen verschmähte den Einsitz in die Landesregierung, aber aus ganz anderen Gründen. Er wusste sich dank seiner dominierenden Stellung im Nationalrat und in seinen wirtschaftlichen Führungspositionen ohnehin als Herr einer starken parlamentarischen Gruppierung in beiden Kammern; mindestens zeitweise war er informell so etwas wie ein achter Bundesrat, an Einfluss nicht unähnlich dem Bauernpolitiker Laur im ersten

Drittel unseres Jahrhunderts. Segesser dagegen, der zwar dem Nationalrat fast genau vierzig Jahre – von 1848 bis zu seinem Tod – angehörte, war nie ein wirkliches Einflusszentrum, obwohl in zunehmendem Masse geachtet als eine der stärksten geistigen Potenzen dieses Gremiums, gleichsam als dessen Gewissen. Freilich nicht von Anfang an. Als sich die wenigen Vertreter der Unterlegenen im Sonderbundskrieg im neugewählten eidgenössischen Parlament einfanden, mussten sie sich von Alfred Escher, dem Präsidenten des Nationalrates, als «eingefleischte Feinde des Vaterlandes» brandmarken lassen – Segesser hat ihm diese authentischen Worte niemals vergessen und ihrer noch dreissig Jahre später gedacht. Und doch hielt ihn die neue Ordnung, der von ihm sobenannte «Fetisch von 1848», fast wider Willen im Bann. Föderalist sein hiess für ihn historisch denken.

Die Kantone waren ihm Staaten, Gebilde von innen- wie aussenpolitischer Selbständigkeit; Luzern aber war der traditionelle Vorort der katholischen Eidgenossenschaft, der auf dem Höhepunkt seines Ansehens mit katholischen Mächten fast von gleich zu gleich verhandelt hatte. Segessers späteres grosses Werk über «Ludwig Pfyffer und seine Zeit» hält diese Ära europäischer Ausstrahlung anhand archivalischer Forschungen fest, seine «Rechtsgeschichte der Stadt und Republik Luzern», die als wissenschaftlicher Nekrolog auf die entschwundene Souveränität seiner Vaterstadt bezeichnet worden ist, stellt auch die Frucht jener historischen Rechtsschule dar, die aus den Studien bei Savigny und Ranke hervorging. Von Segesser als einem Föderalisten zu reden ist darum beinahe eine Selbstverständlichkeit. Die Eidgenossenschaft des Bundesvertrages von 1815, die ihn bis an die Schwelle seines vierten Lebensjahrzehnts umgab, war genuin föderalistisch, weil sie von den Kantonen als den gegebenen Souveränitäten ausging – selbst dann, wenn die fünf inneren katholischen Orte im Grunde stets eine politische Handlungsgemeinschaft gebildet hatten, bis in die Kriegsallianz der Sonderbundszeit hinein.

Die so rasche und – anders als 1798 – gänzlich unheroische Niederlage dieses Sonderbundes im Spätherbst 1847 bildete für den schon nicht mehr ganz jungen Segesser ein eigentliches Trauma, über das er nur schwer hinwegkam. Die politische Ordnung seines Umfeldes war zerbrochen. Man kennt die berühmten, manchmal fast etwas strapazierten Worte, wonach die Schweiz ihn nur deshalb interessiere, weil der Kanton Luzern darin liege – ein zorniger Satz, der übrigens durch den eifrigen Briefwechsel mit konservativen Eidgenossen anderer Kantone und anderer Konfession wie Eduard von Wattenwyl, August von Gonzenbach, Andreas Heusler oder Georg von Wyss hinreichend widerlegt wird. Fast bezeichnender als jener Ausbruch ist eine Jahre später erfolgte

Lagebeurteilung zuhanden Heuslers von 1852: «Alle Tatkraft und Energie ist aus unserem Volke gewichen», heisst es da (und mit Volk ist selbstverständlich das luzernische gemeint):

> «Allerdings ist noch ein Kern fester, entschlossener und unentwegter Konservativer vorhanden, allein er ist konzentriert in einzelne Landesgegenden und der Zahl nach nicht so stark, dass er eine Entscheidung hervorzubringen vermöchte. Aber von der allgemeinen aufopfernden Begeisterung, die in den Jahren 1845–1847 das Volk durchdrungen und ihm einen so erhebenden Schwung gegeben hat, ist nichts mehr zu finden. Die unendliche Täuschung, nach solchen Opfern, Entbehrungen, Anstrengungen ohne Kampf schmachvoll zu unterliegen, im Stich gelassen von seinen Regenten, im Stich gelassen von seinen Anführern, im Stich gelassen von ganz Europa, das seine Augen passiv auf jene Katastrophe gerichtet hatte nach so vielen Verheissungen, Teilnahmsbezeugungen, Aufmunterungen, dies mag psychologisch vieles erklären. Vieles aber erklärt sich auch aus der sehr materiellen Richtung unseres Volkscharakters, namentlich auf dem Lande.»

Dreierlei springt aus dieser Analyse hervor. Zum ersten, wie sehr Segesser die Sonderbundsjahre doch als konservative Aufschwungphase erlebt hatte, deren er – bei aller Kritik an den Führern – mit einiger Nostalgie gedenkt: war es nicht die letzte wirklich grosse Zeit des katholischen Konservatismus überhaupt? Zum zweiten aber die seelische Transformation, die er im Volk von den materiellen Gegebenheiten her wahrnimmt – der Liberalismus hat nicht nur militärisch gesiegt, er erweist sich als ein viel wirksamerer Motor im Sinne einer ökonomischen Erneuerung, die eben dem «materiellen Volkscharakter» zutiefst entspricht, weil sie die gelegentlichen politisch-ideologischen Aufschwünge überdauert. Dass es die reicheren, wirtschaftlich fortgeschritteneren, industrialisierteren Kantone waren, die triumphiert hatten, das gab den Entscheidungen von 1847/48 letztlich den Charakter einer soziopolitischen Unabwendbarkeit und Unkorrigierbarkeit. Diese Entwicklung zog die übrige Schweiz in ihren Sog; darüber liess sich klagen, dagegen aber wenig machen.

In seinem bekannten «Rückblick als Vorwort» zum dritten Band seiner «Sammlung kleiner Schriften» hat Segesser die Wandlung skizziert, die sich transkantonal vollzog und zu jenem Phänomen führte, das man dann später Verwirtschaftlichung der Politik genannt hat. «Die bedeutendsten politischen Streitfragen waren entschieden», lesen wir bei Segesser, «auf dem materiellen Gebiete dauerte der Kampf zwischen den verschiedenen Interessengruppen fort, aber gerade diese Gruppierungen hatten die politische Ausscheidung der Parteien mit mancherlei Fäden durchzogen, welche persönliche Annäherung politischer Gegner vermitteln; der Kurszettel von Zürich wurde auch in den Tälern studiert, wo einst Stauffacher und Melchthal mit den Vögten gerechnet hatten.» Man sieht: neue Interessenverbindungen lockern alte Fronten auf und führen tendenziell zu einer Aushöhlung tradierter Parteistrukturen; dadurch fördern sie informell die

Zentralisierung: dies eine erstaunlich realistische Prognose, deren Richtigkeit sich auch ein Jahrhundert später noch erweist. Eine Triebkraft dieser Veränderungen sind die sogenannten Bundesbarone mit Alfred Escher als bemerkenswertem, aber nicht einzigem Protagonisten: «Um ihn scharten sich die Männer der hohen Finanz und Industrie, die ihre Nasen hoch trugen und in den Genüssen des Lebens schwelgten, jene modernen Feudalherren, welche bei nicht geringerem Appetit, als der ihrer Vorfahren auf den Schlössern war, sich den Anstrich von Wohltätern geben...»

Ein entscheidender Leitsektor der Aktivität dieser Herren, der ihre Interessen eng aneinanderband, war der Eisenbahnbau. An sich war ja das Eisenbahnwesen durch das Gesetz von 1852 der Privatinitiative anheimgestellt, formal sogar kantonalisiert. Das konnte gegenüber dem von Radikalen wie Stämpfli verfochtenen Staatsbau als Sieg des Föderalismus gelten und war es in gewissem Sinn auch. Die eigentliche Verstaatlichung, die Überführung des Bahnnetzes in die Schweizerischen Bundesbahnen, hat Segesser nicht mehr erlebt; der Volksentscheid fiel erst zehn Jahre nach seinem Tode. Indessen verstärkte der Bahnboom der 1850er Jahre vor allem die Macht der Bundesbarone; er wurde eine ihrer wesentlichen Domänen; die Bahnen wurden nicht kantonal konzipiert – das wäre rein technisch kaum möglich gewesen –, sondern gesamtschweizerisch unter Einbeziehung der wirtschaftlichen und politischen Entscheidungszentren geplant und gebaut.

Dem allem stand Segesser skeptisch gegenüber. Er sprach aus dem Abstand des Nichtbeteiligten von einer «Eisenbahnhierarchie, welche sich in die offiziellen Kreise der Kantone und selbst des Bundes in den mannigfaltigsten Verzweigungen hineinsteckte». Tatsächlich reduzierte der Bahnbau allein schon der Distanzüberwindung wegen die Bedeutung der kleineren Kantone, die man bisweilen in einer halben Stunde durchfahren, in noch problematischeren Fällen sogar umfahren oder allenfalls am Rande berühren konnte. Die eigentliche Stunde der Wahrheit sah er gekommen, als es um die Finanzierung des Gotthardunternehmens ging. In zwei Stufen hat er seine Bedenken zum Ausdruck gebracht. Zuerst im Luzerner Grossen Rat; da argumentierte er vorwiegend föderalistisch. «Höchstens und im besten Falle», liess er da verlauten, «wird eine Linie von zwei Stunden Länge auf unserem Gebiete gebaut, welche die schönste, von den Fremden am meisten bewunderte Halde verunstalten wird, ohne unserem Lande wesentlichen Nutzen zu bringen. Wir haben also nicht, wie die Kantone Uri, Schwyz, Tessin den Vorteil, erst eine Eisenbahn zu bekommen, erst in das Weltnetz der Eisenbahnen einzutreten... Wir haben nicht wie die Kantone Zürich und Basel eine bereits gemachte kommerzielle Weltstellung zu wahren oder zu verlieren; wir hoffen, erst eine solche zu erhalten, nach zwanzig Jahren im besten Fall.»

Diese rein kantonale Optik liess sich natürlich nicht mehr vertreten, als die Frage der Gotthardbahn 1870 vor das eidgenössische Parlament kam und den deutschen Staaten wie Italien für die vorgesehenen Zuschüsse bestimmte Konzessionen gewährt werden mussten. Da holte Segesser weiter aus und entwickelte Perspektiven, die bei aller Zeitbedingtheit die Universalität seines historisch-politischen Denkens dokumentieren. Dem damals üblichen Vergleich der schweizerischen Alpenbahn mit den Dardanellen und dem Suezkanal und dem daraus abgeleiteten europäischen Interesse an der schweizerischen Neutralität hielt er die spöttische Frage entgegen, «wie es etwa mit der Selbständigkeit der Türkei und Ägyptens unter dieser europäischen Vorsorge für deren Neutralität stehe». Nicht nur der kranke Mann am Bosporus bot sich als Warnung an, auch die so wirtschaftstüchtige und neutrale Republik Venedig tat es, die es klugerweise wenigstens unterliess, die Lagunenstadt durch eine direkte Landverbindung zu gefährden. «Wir müssen uns also sagen, dass wir die Neutralität, vielleicht sogar die Existenz der Schweiz gefährden, indem wir die Naturverhältnisse verändern, auf denen jene beruhen. Es lässt sich aber auch sagen, dass wir, indem wir auf der einen Seite die natürlichen Grundlagen unserer Neutralität, den Grund unserer Sonderexistenz im europäischen Staatensystem zerstören, im Innern eine Gewalt begründen, welche ich Diktatur nennen würde… Es wird uns erlaubt sein, fortwährend zu glauben, dass wir von unsern selbstgewählten Obrigkeiten regiert werden; aber der eigentliche Herr der Schweiz wird derjenige sein, der 200 Millionen Franken zu einem die Interessen eines grossen Teils der Schweiz umfassenden Zwecke in Zirkulation setzt.» Als Geldgeber der 200 Millionen, mit denen man damals das Projekt zu vollenden gedachte – aus dem Voranschlag wurde dann bekanntlich die erste (nicht die letzte) finanzielle Tunnelpleite der Schweizer Geschichte –, figurierten nur zum kleinen Teil die interessierten Schweizer Gemeinden und Kantone (der Bund überhaupt noch nicht); in erster Linie die fremden Staaten, vor allem aber ein internationales Bankkonsortium. Was solche Sorgen Segessers auch heute noch greifbar und keineswegs surreal erscheinen lässt (ja heute vielleicht wieder greifbarer als auch schon), ist die Furcht, man könnte sich in ein unentrinnbares Netz von Anpassungszwängen verstricken, aus lauter Angst, ins Hintertreffen zu geraten und die Schweiz mit einer Chinesischen Mauer zu umgeben. Kurz: Segesser glossiert die Torschlusspanik des Umfahrenwerdens. Die Zentralisierungsantriebe in der Schweiz, welche den Rest der kantonalen Eigenständigkeit gefährden, kommen also keineswegs allein von der Politik her, sie verschaffen sich Geltung auf dem Weg über internationale Wirtschaft und Kredite, welche den herkömmlichen Zuständigkeiten höchstens noch Approbationsfunktionen einräumen.

Mit diesen Erwägungen sind wir beim dritten der Stichworte jenes Briefes an Heusler angelangt, wörtlich: «im Stich gelassen von ganz Europa». Anders formuliert: das traditionelle Föderativsystem der Schweiz war aufgehoben gewesen in einem europäischen Staatensystem, das die Interessen der katholischen Kleinkantone wahrte, weil es daraus seinen Nutzen zog. So war es im 16./17.Jahrhundert gewesen, so sah es auch vor dem Sonderbundskrieg noch aus, als Österreich und Frankreich den Sonderbund unterstützten. Aus der Unterstützung war aber keine wirkliche Hilfe geworden. Und nach den gescheiterten europäischen Revolutionen von 1848/49? Da gab es ein wiedererstandenes und erstarktes Kaiserreich Österreich und das ebenfalls kaiserliche und katholisch-autoritäre, dabei aber plebiszitäre und daher zur Not als demokratisch zu bezeichnende Kaisertum Napoleons III. Auf dieses setzte Segesser grosse Hoffnungen, weil er im Second Empire eine konservative, jedoch nicht reaktionäre Ordnungsmacht von katholischem, aber nicht klerikalem Gepräge sah, einen Sozialstaat auch, der wohl den Reichtum förderte und beschützte, darüber aber die Armut wenigstens nicht ganz vergass. Napoleon III. war immerhin der erste Herrscher, der Arbeiterviertel besuchte und Sanierungsmassnahmen anordnete.

In der Bewunderung für den neuen Cäsar stand Segesser nicht allein da; fast könnte man von einer Modeerscheinung sprechen. Aber Segesser war kein Opportunist. Er hielt an seiner positiven Beurteilung auch dann noch fest, als dieses Empire 1870 von den Deutschen militärisch geschlagen worden war und zerbrach, ja er holte erst jetzt zu einer umfassenden und eindringenden Gesamtwürdigung des Phänomens in der Schrift «Das Ende des Kaiserreichs» aus. Ein starkes, katholisches Frankreich war für ihn eine moralische Notwendigkeit, gerade auch im Blick auf die Stabilität der Schweiz.

Ähnliches galt für Österreich, das Segesser sogar einen Lehrstuhl anbot (in Graz), den er allerdings verschmähte. Zwischen diesen beiden Grossmächten im Westen und im Osten bzw. Süden (denn bis 1859 beherrschte Österreich ja auch noch die Lombardei) gab es im Norden – zunächst noch – die drei süddeutschen Mittelstaaten, im Süden eine entsprechende föderalistische Staatenkonstellation. Sie bewahrte unser Land davor, ausschliesslich von Grossmächten umgeben zu sein, geriet aber mit den nationalen Einigungsbewegungen Italiens und Deutschlands ins Wanken. Das war unaufhaltsam und doch zutiefst bedrohlich, um so mehr, als Segesser – im Unterschied zu den meisten Schweizern der damaligen Zeit – der kontinentalen Ausgleichsfunktion Englands kein Vertrauen entgegenbrachte. Zu tief hatte ihn Palmerstons Stellungnahme gegen den Sonderbund und sein Eintreten für den neuen Bundesstaat getroffen. «England» – lesen wir in einem Brief von 1853 – «hat im Jahr 1847 in der Schweiz sich sein festländisches Malta oder Corfu» (damals noch englisch) «erobert, ich möchte an der Befestigung dieser Eroberung nicht arbeiten helfen.»

Die Einseitigkeit und Ungerechtigkeit dieses Urteils steht ausser Frage; sie ist nicht nur durch die damalige, später korrigierte Überzeugung bedingt, dass die Schweiz reif für den Untergang sei. Was Segesser zutiefst zuwiderlief, war die Gewichtsverlagerung innerhalb der Grossmächte. Dass England und dann vor allem Preussen aufstiegen, während die katholischen Grossmächte stagnierten oder fielen, bedrückte ihn. Im geeinten Deutschland Bismarcks sah er – trotz scheindemokratischen Strukturelementen – geradezu die Präformation dessen, was man im Zeitalter der Diktaturen dann den totalen Staat nennen sollte.

> «Mit all dem konstitutionellen Apparat ist die deutsche Reichsverfassung nichts anderes als die Darstellung des absoluten Staates, dessen Manifestation in einer Hand liegt, die nicht einmal diejenige des Trägers der Krone ist. Indem sie Militärgewalt und die Gesetzgebung über das ganze Deutschland zentralisiert hat, sind die Fürsten zu Theaterfiguren geworden, die partikularen Freiheiten der deutschen Stämme verschwunden, in der Einheit der Disziplin ist alles aufgegangen, in dem Rausch der Servilität hat sich der deutsche Geist verloren.»

Die Gefahr für die Schweiz sieht Segesser im Nachahmungseffekt, der zu einer entsprechenden Einebnung der noch verbliebenen kantonalen Kompetenzen führen könnte. Deshalb sein Kampf gegen die Bundesrevisionen von 1872 und 1874, gegen die erste mehr noch als gegen die zweite. Mochte er zeitweilig gehofft haben, den Bundesstaat nach rückwärts zu korrigieren, so war er nun froh, wenn dessen zentralisierende Dynamik nicht ganz überbordete.

Die Bemerkungen über Deutschland stehen in der Schrift über den Kulturkampf. In dieser Auseinandersetzung zwischen Staat und katholischer Kirche sah er neben der Nationalstaatbildung den wohl wichtigsten Ausdruck der Säkularisation seiner Zeit. Er hat diese Konfrontation seit langem kommen sehen, und er gehörte als überzeugter Katholik doch nicht zu denen, die alle Fehler nur bei der staatlichen Macht sahen. Dem Pontifikat Pius IX. stand er nüchtern gegenüber, ohne die in katholischen Kreisen übliche Devotion. Sein Rat an das Papsttum, sich der weltlichen Macht zu entkleiden, auf den Kirchenstaat zu verzichten: «mit dem Anschein von Freiwilligkeit zu tun, was es sonst gezwungen tun muss. Ich möchte nur, dass es sich nicht einer Niederlage aussetze, ewig auf der Defensive bleibe, wie wir im Sonderbundskrieg, beständig protestiere...» Resignierend dann der Nachsatz, dass es schon 1848 die Möglichkeit verspielt habe, in Italien wirklich eine Rolle zu spielen. «Und es ist nun einmal kein Holz mehr zu grossen Staatsmännern in diesen Kardinälen und Monsignoren.» Der päpstliche Rückzug in die Gegenoffensive mit dem «Syllabus errorum» und schliesslich mit dem Unfehlbarkeitsdogma vermochte ihn dann vollends nicht mehr zu überzeugen, da er in solchen Manifestationen eine Angleichung an die absolutistischen Strömungen der staatlichen Politik sah. Darin blieb er konsequent, sich selber treu; er war katholisch, nicht ultramontan. Darin unterschied er sich auch von jenen katholischen Konservativen seines Landes, die zwar den Zentralismus des Bundesstaates beklagten, den Zentralismus der Romkirche hingegen widerspruchslos, ja begeistert billigten.

Föderalismus hiess für Segesser Eigenständigkeit der Teile, im Politischen wie im Kirchlichen. Das gab ihm eine Überlegenheit in der Beurteilung des Zeitgeschehens, die heute noch souverän wirkt, wenn sie auch im Vatikan anstiess bis hart an die Grenze der Indizierung seiner Schrift. Seine einschneidende Kritik an den Methoden der Kulturkämpfer las sich gerade deshalb so aufrichtig, weil sie sich jeden Lamentos enthielt, statt dessen kühl diagnostizierte: der moderne Staat, der sich mit der gegenwärtigen Kultur identifiziert, ist im Grund ebenso absolut und intolerant wie der sich mit dem Christentum identifizierende Staat des Mittelalters. Jeder Kampf stärkt aber auch die Gegenseite; deshalb gibt es keinen vollständigen Sieg der einen und keine vollständige Niederlage der andern Seite.

> «Die Welt wird nicht von absoluten Prinzipien regiert. In der Bewegung und den Bahnen der Himmelskörper wie in dem organischen Leben, in der physischen und in der moralischen Welt beruht alles auf dem Gleichgewicht entgegengesetzter Kräfte. Wenn die eine dieser Kräfte ausser Wirksamkeit gesetzt wird, so ist das Ergebnis nicht die Vollkommenheit der andern, sondern nur die vollkommene Zerstörung.»

Die Antithese von Gleichgewicht und Zerstörung ist charakteristisch für das geschichtliche wie für das politische Denken Segessers. Er selbst hat in seinem Kanton erfahren, wie der Sieg der kulturkämpferischen Prinzipien katholische Reaktionen auslöste: Die Wahlen von 1871 ergaben einen Sieg der Konservativen und führten ihn selbst zum Schultheissenamt empor. Die grosse und vielleicht die bleibendste Leistung Segessers in dieser Stellung liegt wohl gerade darin, dass er sie nicht dazu benutzte, so etwas wie eine katholische Front gegen den Kulturkampf aufzubauen. Wohl tat er alles, um Übergriffe zu vermeiden oder doch – wie im Falle der Absetzung Bischof Lachats – in ihrer Auswirkung zu beschränken. Aber er wirkte zugleich einer ultramontanen Politik, wie sie etwa vom Grafen Scherer-Boccard oder von Freiburg aus versucht wurde, mit Bedacht und Erfolg entgegen. Das Sonderbundstrauma war in ihm noch keineswegs erloschen. So gelang es, den kulturkämpferischen Schaden in Grenzen zu halten und jenen Ausgleich vorzubereiten, dessen Zustandekommen er gerade noch erlebte. Der konservative Föderalismus ging nicht zuletzt dank ihm gestärkt und nicht geschwächt aus der Konfrontation hervor.

Es liegt nun nahe, diese Betrachtung im Sinne eines triumphierenden Bogens «von – zu» abzuschliessen und Segesser als Baumeister des erneuerten Föderalismus zu feiern. Das wäre nicht ganz falsch, aber auch nicht ganz richtig. Die Stärke des schweizerischen Föderalismus von heute beruht nicht zuletzt darin, dass er die ökonomische Modernisierung bejahte und im eigenen Interesse zu nutzen vermochte. Kleine Kantone, die wirtschaftlich vor einem Jahrhundert eigentliche Kümmerexistenzen führten, sind dadurch zu wesentlichen und wohlhabenden Faktoren, ja Trägern schweizerischer Politik geworden. Diese Entwicklung begann sich bereits um 1900 abzuzeichnen. An ihr hatte Segesser, der nie ein Verwaltungsratsmandat übernahm und dem jede Verknüpfung von Wirtschaft und Politik fernlag, keinen Anteil. Das unterschied ihn von Josef Zemp, der nicht nur Konservativer war, sondern als erfolgreicher Anwalt, Verwaltungsrat der Centralbahn, der Eisenwerke von Moos und als Befürworter des Rückkaufs der Bahnen durch den Bund ganz anders und sehr bewusst mit der Zeit ging und sich dadurch die Papabilität für die Bundesratswahl vorbereitete, die dem eher wirtschaftsfremden Segesser völlig fernlag.

Man sieht an diesem Beispiel die Zeitenwende wie den Wechsel der Generationen. Der Konservatismus alten Stils hatte sich überlebt, selbst bei den eigenen Parteigefährten, die über die Sorgen und Untergangsvisionen derer hinauswuchsen, die den Einschnitt von 1848 noch bewusst erlebt und erlitten hatten. Das gilt von Segesser wie von Jacob Burckhardt oder Bachofen, Zeitgenossen, mit denen er nie korrespondierte und deren Befürchtungen er doch teilte. Zwar war in den letzten Jahren sein Ansehen als Parlamentarier und als «grand old man» des Konservatismus unbestrittener als zuvor. Aber er war, menschlich wie politisch, ein Einsamer geworden, fremd in einer Zeit, deren parteienüberwindender Optimismus neuen Ufern zustrebte, die ihm fremd blieben und die er gerne unbetreten liess.

Zürcher Geist und schweizerische Identität

Das Begriffspaar «Zürcher Geist» und «schweizerische Identität» sugge-riert eine Spannung, die dann doch in einer höheren Harmonie aufgehoben sein soll, der Eidgenossenschaft als «coincidentia oppositorum», als Raum einer über Eigenart und Eigennutz der einzelnen Kantone hinausreichen-den Gemeinschaft. Unter Identität verstehen wir den Willen, einem Staat (und keinem anderen!) anzugehören, sich innerlich bei aller gelegentlichen Kritik mit ihm gleichzusetzen, sich in ihm – also in diesem Falle: in der Schweiz – wiederzuerkennen und aufgehoben zu wissen. Jeder Kanton ist auf seine Weise zu dieser schweizerischen Identität gelangt. Denn, geschichtlich gesehen, ist die Schweiz ja eigentlich eine in Jahrhunderten gewachsene «société d'assurance mutuelle» zu sehr realen Zwecken: der Einzelne tritt bei, weil er im Schadensfall eines Versicherungsschutzes teilhaftig wird, der über sein isoliertes Leistungsvermögen hinausgeht. Dieses nüchterne Kalkül liegt jeder Konföderation zugrunde und ruft jeweilen dann Krisen hervor, wenn einzelne Teile oder Teilgruppen sich in ihren Interessen, ihrer «raison d'être» innerhalb der Konföderation, für bedroht halten, so bedroht, dass sie auszutreten oder sich in einem engeren Bund zusammenzuschliessen trachten. Beispiele zeigen die weitgehend analogen Abläufe des schweizerischen Sonderbundes und der nordameri-kanischen Sezession. In beiden Fällen ging es darum, Sonderrechte zu wahren, um derentwillen man sich dem Bunde als grösserem Ganzen angeschlossen hatte. Im einen wie im anderen Falle wollte man einen Zusammenschluss zu einem straffen Bundesstaat verhindern, jedesmal erfolglos: die Idee des Ganzen, die gesamtstaatliche Identität, war den einzelnen Kantonen oder Staaten bereits über den Kopf hinausgewachsen. Der Fall Zürich illustriert sehr anschaulich diese Spannung zwischen poli-tischem Eigendasein und Einordnung in ein höheres Ganzes. Bereits der Beitritt zur Eidgenossenschaft im Jahre 1351 diente Zürich vor allem der Sicherung seines politischen Interessengebietes, diente damit zugleich der politischen Machtstellung des Bürgermeisters Rudolf Brun. Er war eine Art Rückversicherungsvertrag, da vorangegangene Allianzverhandlungen mit Österreich der Reichsstadt zu wenig geboten hatten – so verband man sich eben mit der Gegenseite, aber doch in der steten Hoffnung, dadurch seinen Wert zu steigern, und dem ursprünglich erworbenen Allianzpartner – eben Österreich – doch noch näher zu kommen. Eine Hoffnung, die kurzfristig auch nicht getrogen hat. Langfristig gesehen aber war das Bündnis mit den inneren Orten sehr viel folgenreicher: es legte den Grund zu jener Expansion ins Mittelland, welche die Eidgenossenschaft als Bund von Ländern und Städten überhaupt erst ermöglichte. Zürich als erste, freie Reichsstadt innerhalb dieser Eidgenossenschaft wurde ihr Vorort, ohne aber zur Hauptstadt zu werden – das verbot die lose Struktur des Bundes ebenso wie ein gewisses Rivalitätsverhältnis zu den anderen Städten, die in diese Schweiz nach und nach hineinwuchsen. Seine Politik der freien Hand, eines lockeren Verhältnisses zur Eidgenossenschaft aber führte knapp hundert Jahre nach dem Bundesbeitritt zur schwersten Krise des Bundes – zum alten Zürichkrieg. Ich greife dieses Stichwort nur auf, um zu zeigen, welch gefährliche Sprengkraft Zürich innerhalb dieses noch so ungefestigten Staatenbundes entwickeln konnte. Wenig fehlte, und er wäre wieder in seine Teile zerfallen. Die dritte schwere Belastungsprobe kam ein weiteres Jahrhundert später in Gestalt der Reformation, die anfänglich eine rein zürcherische Sondertour war und den inneren Zusammenhang der Eidgenossenschaft erneut schwer gefährdete. Zürich hat sich als erste Reichsstadt überhaupt zur Reformation bekannt und diese in seinem Machtbereich eingeführt. Schwer abzuschätzen, wie die eidgenössische Entwicklung sich angelassen hätte, wenn es bei Zürichs Alleingang geblieben wäre – ob die gesamtschweizerische Front des alten Zürichkrieges sich erneuert hätte. Nun: Zürichs Isolierung ist den Katholiken bekanntlich nicht gelungen; Berns Übertritt zur Reformation brachte dem neuen Glauben im Raum des schweizerischen Mittellandes und der Voralpen ganz neue Chancen – es folgten Basel, Schaffhausen und die Stadt St. Gallen: fast wäre die Reformation zum Glauben der schweizerischen Städte überhaupt geworden. Dass es dazu nicht kam, dass nicht nur Luzern, sondern auch Freiburg und Solothurn beim Katholizismus verharrten, muss als Glücksfall der Schweizergeschichte bezeichnet werden. Dadurch unterblieb jene erneute, so gefährliche Spaltung von Städten und Ländern, die unmittelbar vor dem Stanser Verkommnis eine drohende Auflösung der Eidgenossenschaft signalisiert hatte. Die XIIIörtige Eidgenossenschaft erhielt sich somit auch nach der Glaubensspaltung intakt dank einem prekären Gleichgewicht, in welchem die katholischen Orte zwar numerisch überwogen, die grösseren wirtschaftlichen Kapazitäten sich aber eindeutig auf die reformierten Kantone konzentrierten.

Man muss sich diese drei grossen Krisen des 14., 15. und 16. Jahrhunderts gegenwärtig halten, um die Sonderstellung Zürichs zu begreifen. Während die Folgen der beiden ersten bald an Aktualität verloren, blieb Zürich durch die Reformation geprägt über Jahrhunderte hinweg. Sie stellt eine wesentliche Vorbedingung und Basis dessen dar, was als «Zürcher Geist» verstanden werden kann. Das ist, nach der Katastrophe von Kappel,

politische Ernüchterung, die sich dann umsetzt in Nüchternheit als Dauer-
zustand: man hat genug von weiteren kriegerischen Engagements und
politischen Expansionen.

Zürcher Geist heisst in der alten Eidgenossenschaft vom 16. bis zum
18. Jahrhundert somit eindeutig Primat der Innenpolitik – im Unterschied
zu Bern, im Unterschied auch zur eigenen Vergangenheit. Das Territorium, der eigentliche Kanton Zürich, ist erworben; hinzugewinnen lässt
sich ohnehin nichts mehr, es gilt, diesen Besitz administrativ und konfessionell zu festigen. Vor allem die konfessionelle Sicherung bildet eine
Dominante: Zürich wird in der geschichtlich so bedeutsamen, weil lange
während Zeit Bullingers zu einem der internationalen Zentren des Protestantismus. Der erwähnten Nüchternheit entspricht aber auch die strenge
Disziplinierung der Lebensführung – ein Leben ohne Kleideraufwand,
ohne wirkliche Feste und glanzvolle Architektur, ein Leben vor allem auch
ohne Theater – so sehr, dass noch die ganze Generation der Bodmer,
Gessner, Lavater, Pestalozzi, Füssli das Theater entbehren musste: man
stelle sich ähnliches für Goethe oder Mozart vor!

Angesichts solcher Schranken mag es fast als Fügung höherer Art
erscheinen, dass der Zürcher Geist im 18. Jahrhundert seine europäisch
grosse Zeit hatte. Namen wie Bodmer und Breitinger gewannen europäische Weite und europäisch war auch der Rahmen ihres literarischen
Erweckungsinteresses. Der Zürichsee, an sich ein schöner See neben anderen, wurde durch Klopstock dichterisch verewigt, und Goethes Beziehungen zur Schweiz wurzelten doch vor allem in seinen persönlichen Begegnungen in der Limmatstadt. Indessen war es kein fremder, sondern doch
ein eigener Glanz, der von dieser Stadt ausstrahlte – einer Stadt, die mit
ihren eben 10 000 Einwohnern hinter Bern, Basel und vor allem hinter
Genf zurückstand, einer Stadt, die man in einer halben Stunde recht
bequem durchschreiten konnte. Bodmers Schülerkreis bestand aus lauter
Angehörigen privilegierter Familien der Stadt, und gerade sie waren es, die
den Weltruhm weitertrugen. Allerdings zeigen sich in diesem Zusammenhang Anzeichen eines Bruches, Symptome dessen, was man viel später mit
Karl Schmids Formel als «Unbehagen im Kleinstaat» umrissen hat. Die
zwei wohl überragendsten Schüler dieses Kreises, der Maler Füssli und
Heinrich Pestalozzi haben Zürich den Rücken gekehrt. Es war sicherlich
kein leichter Abschied. Dass er durch die Enge der Verhältnisse mitbedingt
war, steht wohl ausser Zweifel. Der junge Pestalozzi hat in verschiedenen
Aufsätzen den politisch-sozialen Niedergang Zürichs im späten Ancien
Régime diagnostiziert, am schärfsten und eindringendsten in der Studie
«Von der Freyheit meiner Vaterstadt!». Bemerkenswert an dieser Analyse
ist der Umstand, dass er gerade im wirtschaftlichen Aufschwung, der
industriellen Prosperität, dem sog. Grossreichtum die Keime des Verfalls

entdeckt. Wohl ist – so Pestalozzi – Zürich keine Patrizierstadt im Sinne Berns oder Luzerns, aber es ist auch keine Stadt des einfachen, zünftischen Bürgertums mehr; der Form nach besteht die alte Zunftverfassung wohl noch fort, aber die Zünfte sind unterwandert, werden kontrolliert von den durch Handel, Industrie und Bankgeschäfte reichgewordenen Oligarchen, den eigentlichen Herren von Stadt und Landschaft. Da lesen wir: «Vatterland, Industrie ist nur so lang Stütze deiner Freyheit und deines Wohlstandes, so lang der Geist deiner Verfassung die freye Krafft des Volks, seine Landessitten und Landestugenden schützen wird. Industrie kann in gewissen Fällen gerade die gleiche Wirkung hervorbringen, die das Daseyn der Höffe den Residenzstädten verursachet, die Fette des Landes wird ihnen unumgängliches Bedürfnis und bildet sie tiefer alls alle Unterthanen zu erniedrigten Sclaven des Hoffs.»

Man sieht: Pestalozzi zieht hier eine Parallele vom unternehmerischen Reichtum zum absolutistischen Fürstenluxus – im einen wie im andern Falle wird die gesunde Staats- und Gesellschaftsordnung dem Verfall preisgegeben. In der Tat: Zürich war im 18. Jahrhundert zu einer reichen Stadt und zum Mittelpunkt eines Wirtschaftsraumes geworden, der über den Kanton hinaus erhebliche Teile der Ostschweiz einbezog. Ein Reichtum, der wesentlich auf Arbeitsteilung und Ausbeutung der Landschaft beruhte. Das Verlagssystem bildete die Basis: der wirklich gewinnbringende Export war ganz auf die Stadt und ihre kapitalkräftige Oberschicht konzentriert. Privilegiert gegenüber der landschaftlichen Konkurrenz waren aber auch die städtischen Handwerker, privilegiert war endlich die geistig gehobene Mittelschicht, aus welcher der Pfarrstand für den Kanton hervorging – eine Berufsgattung, die den Angehörigen der Landschaft verschlossen blieb. Hier liegt ein wesentliches Kennzeichen des sog. Zürcher Geistes in seiner ganzen Exklusivität, im Unterschied auch zum Berner Geist. Gerade weil die bernische Staatsordnung patrizisch angelegt war, konnte sie es sich leisten, auch grosszügiger zu sein: von einer Ausschliessung der Landberner vom Unternehmertum oder von den gelehrten Berufen war keine Rede; daran zeigte sich das herrschende Patriziat schon deshalb nicht interessiert, weil es diese Funktionen – von eher seltenen Ausnahmen abgesehen – gar nicht wahrnehmen wollte.

Wir sind bisher vor allem vom Zürcher Geist ausgegangen, einem Geist der Autonomie und nicht selten der Sonderung. Die schweizerische Identität – also der Wille, sich mit der Eidgenossenschaft als einer höheren Gesamtheit zu identifizieren – ist bisher mehr nur am Rande unserer Betrachtung geblieben. Dennoch hat es sie immer gegeben, bald stärker, bald schwächer. Im Grunde war man sich in allen Kantonen im klaren, dass man einzeln wenig bedeutete: die XIII Orte waren im europäischen Kontext nicht Kleinstaaten, sondern (von Bern allenfalls abgesehen) Kleinststaaten, die nur soweit zählten, als sie einem angesehenen Bunde angehörten. Diese Erwägung bildete zweifellos einen stillschweigend akzeptierten Konsens, eine Art «plébiscite de tous les jours» aller eigenössischen Politiker. Darüber hinaus aber gab es im 18. Jahrhundert ein erstarkendes Nationalgefühl, das sich in der Publizistik ebenso wie in Sozietäten – Stichwort: Helvetische Gesellschaft – artikulierte. Aus diesem Kreis sind als eindrücklichstes Bekenntnis Lavaters «Schweizerlieder» entstanden, das als Muster patriotischer Lyrik bis weit ins 19. Jahrhundert hinein stilbildend gewirkt hat. Es war dies keine Blüte augenblicklicher Begeisterung, sondern eine Art Leitmotiv. Der Maler Füssli hat auch nach seiner Emigration nach England inmitten seiner antiken und shakespearisierenden Motive den grossartigen Entwurf seines «Rütlischwurs» geschaffen. Und Pestalozzi endlich ist nach seiner räumlichen Distanzierung von Zürich ganz bewusst zum Schweizer geworden – die politischen Schriften der Helvetik machen es deutlich. Mit der Helvetik ist auch die grosse Zäsur von der alten zur neuen Schweiz bezeichnet; der allen Kantonsgeist überwindenwollende Einheitsstaat als extremer Kontrast zur XIIIörtigen Eidgenossenschaft und als Auftakt zur Moderne. Die Bedeutung dieses oft so abschätzig beurteilten Zeitraums liegt ja bei aller Fremdherrschaft doch gerade darin, dass er die Schweizer zwang, sich einmal als Schweizer zu empfinden – und zu verstehen. Das ergibt eine Kette von Zusammenhängen: ohne Helvetik keine Regeneration, ohne Regeneration kein Bundesstaat. In allen Kantonen sind Träger und Ideologen dieser Erneuerung am Werk gewesen – einem Laharpe, einem Stapfer oder Rengger entspricht in Zürich ein Paul Usteri mit seinen weitverzweigten, wirklich gesamtschweizerischen Konnexionen. Mit der Regeneration aber beginnt der zweite grosse Aufschwung Zürichs: er manifestiert sich in den Schulgründungen der verschiedenen Stufen bis zur Universität an der Spitze wie im entscheidenden Anteil am Werden des Verfassungswerkes von 1848. Jonas Furrer markiert die politische, Alfred Escher mehr die ökonomische Seite dieser Entwicklung – beide Politiker aber sind in ihrem Wirken und ihrem Erfolg ganz bewusst auf die Eidgenossenschaft des neuen Bundesstaates ausgerichtet gewesen. Zürich war zwar im Ringen um die schweizerische Hauptstadt 1848 gegen das zentralere Bern unterlegen, entwickelte sich aber dank seiner wirtschaftlichen Expansion im 19. und vor allem im 20. Jahrhundert zu «Helvetiens heimlicher Hauptstadt» (nach den Worten Hugo Loetschers). Alfred Escher war am erfolgverheissenden Start, am démarrage dieses Aufstiegs entscheidend beteiligt: als Gründerpräsident der «Schweizerischen Nordostbahn», der Schweizerischen Kreditanstalt, der Schweizerischen Lebensversicherungs- und Rentenanstalt. Er zählte als eidgenössischer Parlamentarier auf einen Anhang, der in guten Zeiten auf 50–70 Köpfe geschätzt wurde, und konnte es umsichtig erreichen, dass Zürich anstelle der entgangenen Kapitale das neuentstehende Eidgenössische Polytechnikum zugesprochen erhielt – die zweite Hochschule im Bannkreis der Stadt. Die 1850er Jahre, in denen sich dies entschied, sind die zweite grosse Ära zürcherischer Kulturgeschichte – eine Ära, die wesentlich auch durch deutsche Emigranten ihre eigentümliche Aureole bekam: Richard Wagner, Theodor Mommsen, Gottfried Semper, daneben natürlich auch durch Einheimische: Gottfried Keller, zeitweilig Jacob Burckhardt sowie natürlich C. F. Meyer, alles in allem eine reiche Vielfalt sich anziehender und abstossender Elemente. Es darf bei dieser Gelegenheit darauf hingewiesen werden, wieviel der «Zürcher Geist», indirekt damit die «schweizerische Identifikation» den Fremden verdankt, es müssen aber auch gewisse Diskontinuitäten und Disharmonien zum Thema «Zürich und die Fremden» vermerkt werden. Den Locarner Glaubensflüchtlingen gegenüber, denen Zürichs Wirtschaft so viel verdankte, war man aufnahmebereit zurückhaltend, den waldensischen und französischen Glaubensflüchtlingen der Zeit Ludwigs XIV. gegenüber war man vor allem zurückhaltend, überbrückte elementarste Nöte, nutzte ihr «know how», verweigerte ihnen aber das Bürgerrecht und verhinderte Einheiraten. Wesentlich offener, vor allem aus ideologischen Gründen, verhielt man sich nach 1830 den politischen Flüchtlingen gegenüber, ja man integrierte sie geradezu in den Aufbau der eigenen geistigen Bastionen. Im 20. Jahrhundert, vor allem nach 1933, dann wiederum ein abgestuftes Verfahren: die relative Offenheit Zürichs gegenüber Flüchtlingen aus Hitlerdeutschland war auch dadurch bedingt, dass die Stadt über eine sozialdemokratische Regierungsmehrheit verfügte. In den Zeiten der unbegrenzten Übersiedlungsmöglichkeiten vor 1914 waren die Fremden aber auch freiwillig gekommen. Als südlichste Grossstadt im deutschen Sprach- und Kulturbereich übte Zürich eine Faszination auf viele Deutsche aus – eine Faszination, welche die Stadt fast mit Überfremdung bedrohte. War es doch zugleich Wirtschaftsmetropole und Touristenstadt. Franz Kafka notierte anlässlich seines einzigen Zürichbesuches in sein Tagebuch: «Starkes Sonntagsgefühl bei der Einbildung, hier Bewohner zu sein.» (27. August 1911). Aber Gottfried Benns Gedicht «Reisen» beginnt nicht von ungefähr mit dem Vers: «Meinen Sie Zürich zum Beispiel / sei eine tiefere Stadt, / wo man Wunder und Weihen / immer als Inhalt hat?»

Man sieht: die provinzielle Enge konnte ständig in die Internationalität umschlagen – heute wie vor hundert Jahren. Das Ringen um die schweizerische Identität bleibt aber stets ein beherrschendes Thema zürcherischer Geistesgeschichte – besonders eindrücklich bei Gottfried Keller, wo es neben «Grünem Heinrich» und den Zürcher Novellen, ja vorher anklingt in der politischen Lyrik der Frühzeit und sich machtvoll fortsetzt bis zu jener makabren Vision in «Lebendig begraben», da der dem schrecklichen

Tode Preisgegebene in der Gruft sich in seinen letzten Augenblicken erlabt an der Erinnerung an ein eidgenössisches Schützenfest, und weiter bis zu dem freudlosen Alterswerk «Martin Salander» mit seiner Verkettung von Gründungsschwindel und Konjunktureinbruch. Gerade damit ist ein Thema angeschlagen, das Zürichs Dichter und Schriftsteller nicht mehr loslassen sollte – das der Kehrseite des wirtschaftlichen Wachstums. Zum wirklichen Problem ist es aber, wenn ich recht sehe, doch erst nach dem Zweiten Weltkrieg geworden. Als Walter Muschg 1925 seinen Essay «Zürcher Geist» veröffentlichte, verlautete davon noch nichts. Fast sechzig Jahre später hat sein jüngerer Bruder Adolf Muschg in dem vielumstrittenen Merian-Heft über Zürich den Aufsatz «Eine grundanständige Stadt» publiziert, und da liest es sich so: «Zürich hat ein Geheimnis, das jeder kennt. Hier wohnt das Geld mit dem Zweck seiner stillen Vermehrung. Hier wird es bedient mit allen eingesessenen Tugenden dieser Stadt: Sicherheit, Diskretion, Tüchtigkeit. Hier ist das Beweismittel göttlicher Gnade den Reinlichen rein geblieben; und wenn ihm ein allzumenschlicher Geruch anhaften sollte: Hier kann man es waschen lassen. Hier gilt kein Ansehen der Person, wenn sie ein Konto eröffnet, vorausgesetzt, sie hat sich eine Krawatte umgebunden.» Zitat Ende – man kennt diese Töne, vernimmt sie je nach Einstellung mit Behagen oder Überdruss; sie tönen weder ganz richtig noch völlig falsch; freilich auch nicht völlig neu: manches klingt, moderner formuliert, sogar an Pestalozzi an. Sicher ist, dass Zürichs Übergewicht als Wirtschafts- und Bankenzentrum, sein ökonomischer Weltruhm ihm zugleich ein Image verliehen hat, das vielen Zeitgenossen – und keineswegs immer den schlechtesten – zu Nachdenken und Sorgen Anlass gibt. Anderseits leben wir alle oder doch fast alle ganz buchstäblich von diesem Wohlstand, auch der Inhaber einer Professur, ebenso der Schriftsteller, der ohne wohlhabendes Publikum kaum Leser und Käufer fände.

Um zur Ausgangsfrage zurückzukehren: das Thema «Zürcher Geist und schweizerische Identität» hat variabeln Charakter, es unterliegt Wandlungen nicht nur geschichtlicher, sondern interkontinentaler Art. Zürich ist ein Machtfaktor in der Eidgenossenschaft, ein unbequemer bisweilen wie im 15. und 16. Jahrhundert, aus der viertgrössten Stadt ist längst die grösste geworden und es ist mit einer gewissen Zwangläufigkeit auch ein wesentliches Element dessen, was man schweizerische Identität nennt, was dieser vor der Welt ihr Gepräge verleiht, mindestens ihr heutiges Gepräge. Schweizerische Identität ist somit eine Grösse, die von Jahrzehnt zu Jahrzehnt neu analysiert und hinterfragt werden müsste, als Erkennungszeichen und Dimension einer Mentalität, die ihren geschichtlichen und gesellschaftlichen Metamorphosen ausgesetzt bleibt.

Alfred Escher: Wirtschaftsführer und Politiker

Bekannt ist er dem heutigen Zürcher vor allem noch durch das Denkmal, das Richard Kissling zu seinen Ehren 1889 errichtete und das den Bahnhofplatz beherrscht. Da steht Escher in Rednerpose, zu seinen Füssen eine wenig monumentale Aktentasche, unter ihm der Brunnen mit dem Felsen, als Verkörperung des Gotthards. Die Figur aber ist wirkungsvoll placiert vor dem Eingangsportal des Hauptbahnhofes, das seine Erscheinung triumphbogenhaft überhöht. Er wendet sich der Bahnhofstrasse zu, auch sie eine Schöpfung seiner Ära. Zu diesem Monument kam drei Jahrzehnte später ein zweites, diskreteres: die zu Eschers 100. Geburtstag erschienene, «auf Veranlassung eines Kreises seiner Verehrer» von Ernst Gagliardi verfasste Biographie mit ihren rund 750 Seiten, eine eigentümliche Synthese von akribischer Forschung, psychologischer Einfühlung und bewunderndem Aufblick.

Er war der grösste Politiker Zürichs in seiner Zeit, eine Persönlichkeit von herrenhafter Dominanz, eine Trägerfigur des jungen Bundesstaates zwischen 1848 und 1874. Zugleich aber war er Repräsentant und Mitgestalter jener «Verwirtschaftlichung» der Politik, die sich damals abzeichnete. Er entstammte der alten, seit dem 14. Jahrhundert in Zürich nachweisbaren Familie der Glas-Escher, aus welcher Bürgermeister, Ratsherren, aber auch Fabrikanten und Kaufleute hervorgegangen waren. Erfolgreicher Kaufmann war auch sein Vater Heinrich Escher (1776–1853), der, aus Übersee zurückgekehrt, Lydia Zollikofer, die Tochter eines Junkers vom Schloss Hard bei Ermatingen, heiratete. Im Hause zum Neuberg am Hirschengraben kam Alfred Escher am 20. Februar 1819 zur Welt, eine Tafel erinnert daran. Der Vater war sehr reich, der Grossvater Johann Caspar war es auch einmal gewesen, hatte dann aber als «grosser, allerdings unvorsichtiger Marchand-Banquier» (H. C. Peyer) in einem jener Konkurse, die Zürichs Wirtschaft gegen Ende des 18. Jahrhunderts erschütterten, sein Vermögen eingebüsst. Nicht nur seines; verschiedene angesehene Zürcher musste seinetwegen empfindliche Verluste hinnehmen.

Alfreds Vater war somit trotz alter Familie ein Selfmademan und Wiederaufsteiger; er markierte eine gewisse Distanz zum alten Zürich, zumal er eine nachträgliche Entschädigung der Gläubiger seines Vaters – zu der ihn nichts verpflichtete, die aber denkbar gewesen wäre – unterliess. Er errichtete in der Enge den schönen Landsitz «Belvoir», interessierte sich für Naturwissenschaften und liess den Sohn durch Privatlehrer ausbilden. Einer davon war Oswald Heer, der ein berühmter Botaniker und ein Freund seines ehemaligen Schülers wurde.

Die Abstandnahme zur Stadt der Väter hat sich vom Vater auf den Sohn übertragen, was weniger in offener als in latenter Gegnerschaft zum Ausdruck kam. Davon zeugt etwa sein gebrochenes Verhältnis zu seinem Altersgenossen Georg von Wyss, dem Junker und bedeutenden Historiker, der unter dem System Eschers konsequent übergangen wurde und erst nach der demokratischen Umwälzung zur verdienten Anerkennung gelangte. Sicherlich hat die Regenerationszeit, in welche der jugendliche Alfred Escher hineinwuchs, diesen inneren Emanzipationsprozess gefördert. Der Besuch des Obergymnasiums der neuen Kantonsschule und das anschliessende Studium der Jurisprudenz an der gleichfalls neuen Universität fielen in die Jahre, da der liberale Staat Zürich sich entfaltete und progressiv profilierte, aber eben deswegen 1839 mit dem Straussenhandel in eine schwere Krise geriet. Die Reaktion schlug sich in der Ära Bluntschli (bis 1845) in gemässigt konservativem Rechtskurs nieder. Im Zeichen solcher Zeitumstände ist der «junge Herr aus grossem Hause» zum homo politicus geworden, und zwar zum Linkspolitiker (wie man heute sagen würde), natürlich nicht zum Sozialisten, wohl aber zum engagierten Radikalen.

Die gegebene, aber noch nicht lange bestehende Arena politischer Betätigung für einen Debütanten war nicht das Parlament, sondern der Zofingerverein, eine Studentenverbindung gesamtschweizerischer Ausrichtung und regenerativer Zielsetzung. In dieser Sozietät avancierte Escher mit einer Promptheit, die seine spätere Karriere vorwegzunehmen scheint: 1839 war er Vorsitzender der Zürcher Sektion, 1840/41 Zentralpräsident. Die Fähigkeiten der Repräsentation, des Sich-Gebens und des Dominierens – hier traten sie erstmals hervor. Das Studium führte ihn nach Bonn und Berlin, den Doktorgrad erwarb der 23jährige in Zürich mit einer römischrechtlichen, lateinisch verfassten Dissertation. Ein Aufenthalt in Paris schloss sich an. Alsdann Habilitation in Zürich, dreijähriges Wirken als Privatdozent. Die akademische Laufbahn wäre ihm, den sein Lehrer Friedrich Ludwig Keller schätzte, sicher gewesen, tiefere Anreize hat sie ihm offensichtlich nicht geboten. Das Warten an zweiter Stelle war seine Sache nicht, zumal seine politischen Chancen stiegen.

Das konservative Regime nutzte sich ab, die Emotionen des Straussenhandels verebbten, diejenigen der Luzerner Jesuitenberufung stiegen hoch. 1844 gelang Escher die Wahl in den Grossen Rat, nicht etwa in Zürich oder Enge, sondern im recht fernen Elgg, wahrscheinlich dank der fördernden Fürsprache seines Mentors und Freundes, des Winterthurer Advokaten Jonas Furrer. Das mochte als politischer Glücksfall erscheinen, aber es erwies sich gleichsam als Startschuss zu steilem Aufstieg. Das Jahr 1845 brachte den Radikalen die Macht, trug Furrer zuerst als Regierungsrat, dann als Amtsbürgermeister an die Spitze. Im Zuge dieses Revirements kam der jüngere Escher zum Zuge, wurde noch im gleichen Jahre dritter Tagsatzungsgesandter, Vizepräsident des Grossen Rates und Erziehungsrat, 1847 Staatsschreiber. Er gehörte damit zur innersten Führungsgruppe des Regimes, ebenso hart als Debatter wie als Arbeiter. Gottfried Keller, gleichen Alters und noch weit davon entfernt, seinen Weg gefunden zu haben, anvertraute damals seinem Tagebuch Worte der Bewunderung: «Der Sohn eines Millionärs, unterzieht er sich den strengsten Arbeiten vom Morgen bis zum Abend, übernimmt schwere, weitläufige Ämter in einem Alter, wo andere junge Männer von fünf- bis achtundzwanzig Jahren, wenn sie seinen Reichtum besitzen, vor allem aus das Leben geniessen.»

Zwar ging eine schwere Wirtschaftskrise über die Schweiz und den Kanton hinweg, aber die Antriebskräfte des siegreichen Sonderbundskrieges erwiesen sich als stärker. 1848 wurde zum Entstehungsjahr des neuen Bundesstaates, der Wahl Furrers zum Bundesrat und ersten Bundespräsidenten. Escher übernahm nun das Amt eines Regierungsrates, kam in den Nationalrat, wurde alsbald dessen Vizepräsident, 1849 Präsident, auf Jahresende 1848 aber stieg er als Nachfolger Furrers zum Amtsbürgermeister auf. Damit war er mit 29 Jahren ganz oben, aus dem Schatten seines Vorgängers und Wegbereiters herausgetreten.

Die Aufzählung der diversen Ämter und Aufstiegsstellungen mag ermüden; alles sieht sehr nach Ehrgeiz und Karrierismus aus. Dass daran etwas ist, lässt sich kaum bestreiten, bietet aber doch keine hinlängliche Erklärung. Man lese Eschers Eröffnungsrede, die er am 12. November 1849 als Präsident des Nationalrates hielt, ein eigentümliches und sehr persönliches Bekenntnis. Ausgehend vom Befund einer gewissen Abspannung im Volke, wendet er sich gegen den Versuch, daraus Erstarrung und politisches Desinteressement ablesen zu wollen. Vielmehr habe das Volk eine grosse Anstrengung vollbracht und gewissermassen den ruhigeren Alltag verdient. An den Volksvertretern sei es, durch «mutiges und entschlossenes Fortschreiten auf der durch die Bundesverfassung vorgezeichneten und von uns bis anhin befolgten Bahn» das Werk weiterzuführen. Dann folgen die Worte: «Wir sind, meine Herren, die Priester, denen das Volk das Feuer, welches in seinen Weihestunden in ihm aufgegangen ist, zur sorgsamen Pflege anvertraut hat.»

Politik wird in diesem Selbstverständnis des Parlamentarismus zu einer Art Religion, allerdings unter der Voraussetzung einer vom Volke übernommenen Mission. Es ist eine beinahe metaphysische Apologie der indirekten Demokratie und ihres Repräsentativsystems, die in dieser Rede anklingt und manches in Eschers politischem Gehaben verständlich macht, nicht zuletzt auch seine grundsätzliche Ablehnung einer unmittelbaren Volksherrschaft. Fortan war Escher in der kantonalen wie in der eidgenössischen Politik verwurzelt; wichtiger wurde für ihn freilich in zunehmendem Masse die letztere. Einzelheiten seien übergangen, aber doch zwei Entscheidungen von grosser Tragweite genannt, an denen er massgebend beteiligt war.

Die eine betraf die eidgenössische Hochschule. Die neue Bundesverfassung hatte in Art. 22 den Bund «befugt, eine Universität und eine polytechnische Schule zu errichten.» Dieser Doppelauftrag hätte es gemäss einer ursprünglichen Konzeption ermöglicht, Lausanne das Polytechnikum, Zürich aber – das bei der Wahl zur Bundeshauptstadt Bern unterlegen war – die Universität zuzuhalten. Diese Lösung entsprach auch den Intentionen Eschers als zürcherischen Erziehungsdirektors, da sie dem Kanton die Sorge um die teure Universität abgenommen hätte. Der geschlossene Widerstand der Welschen und der Konservativen (sowie einiger prinzipieller Gegner) verhinderte diese Lösung, erwies sich aber als Bumerang, da im Endergebnis wohl die «germanische» Universität verhindert wurde, aber auch Lausanne leer ausging. Statt dessen kam es zur Kompromisslösung des Eidgenössischen Polytechnikums, das 1855 mit seinen Kursen begann und 1864 auch den Semperbau beziehen konnte. Erstmals spielte in dieser grossen Auseinandersetzung die Kombination von welschem und katholisch-konservativem Föderalismus, die sich fortan als eine Konstante schweizerischer Innenpolitik erweisen sollte. Eschers Verdienst aber bestand vor allem darin, dass er nach dem Scheitern der grossen Lösung sich als energisch weitsichtiger Pragmatiker erwies und der kleineren die Bahn brechen half.

Noch vor der Entscheidung der Hochschulfrage war diejenige der Eisenbahnfrage gefallen. Die Schweiz war da in argen Rückstand geraten und hatte noch 1848 nahezu nichts vorzuweisen, zu einer Zeit, da man auf dem Schienenweg bereits von Wien über Breslau nach Berlin und Hamburg fahren konnte. Die gesetzlichen Grundlagen für den Bahnbau mussten auf eidgenössischer Ebene gelegt werden. Anfänglich dominierte das Konzept eines Staatsbaus, das eine gemischte Finanzierung durch Bund und Kantone vorsah. Eine Botschaft des Bundesrates vom 7. April 1851 gab der Befürchtung Ausdruck, dass bei einer Überlassung des Bahnbaus an Private für wichtige Interessen ein Staat im Staat, eine zweite Regierung geschaffen werden könnte. Dem standen die Befürworter des Privatbaus zunächst in wenig aussichtsreicher Lage gegenüber. Es ist wesentlich auf Alfred Eschers Einsatz und Einfluss zurückzuführen, dass die anti-etatistische Minderheit der nationalrätlichen Bahnkommission, die er repräsentierte, die Mehrheit in den Kammern zu erlangen vermochte. Ihr Antrag, «die Privattätigkeit ungehemmt gewähren zu lassen, solange sie den Staatszweck nicht gefährdet, und alles aus dem Wege zu räumen, was deren Emporkommen und freie Entwicklung stört und hindert», kann als Credo des Manchesterliberalismus verstanden werden. Das Eisenbahngesetz vom 28. Juli 1852 gab dieser Vorstellung freies Feld, eröffnete den Bahnbau der Privattätigkeit und stellte lediglich die Konzessionen den Kantonen anheim. Die waren jeweilen leicht zu erlangen, da die Eisenbahnpolitiker in den kantonalen Parlamenten und Regierungen ihren sicheren Anhang hatten.

Man kann den Entscheid von 1852 nachträglich als Fehler und Umweg deuten – sicher ist, dass der gewaltige Boom des Eisenbahnbaus in den folgenden zwanzig Jahren ohne ihn kaum erfolgt wäre, und diesem Boom verdanken wir heute noch die relative Dichte, ja Überdichte unseres Liniennetzes. Ungewiss war auch (und ist es heute noch), ob beim damaligen Stand der Bundesfinanzen ein wirklich effizienter Staatsbau überhaupt möglich gewesen wäre – selbst bei einer Finanzierung durch Anleihen. Jedenfalls entstanden mehrere grössere Bahngesellschaften, die ihre Interessenzonen im schweizerischen Mittelland abgrenzten. Dazu gehörte die dank Eschers Initiative entstandene, von ihm präsidierte und beherrschte Schweizerische Nordostbahn (als Fusion von Nord- und Bodenseebahn), deren Liniennetz im Bahnhof Zürich zusammenlief. Dieser zuerst einfache Bau wich dann 1865–1871 (als auch die Bahnhofstrasse entstand) der gründerzeitlichen Prunkarchitektur. Die NOB, die Schaffhausen und insbesondere den Thurgau eng mit Zürich verknüpfte, wurde zum vielleicht wichtigsten Machtinstrument Eschers; immerhin blieb sie zu seinen Lebzeiten – im Unterschied zu anderen schweizerischen Bahngesellschaften – weitgehend frei von Überfremdung durch ausländisches Kapital.

Diese Autonomie war nicht zuletzt der zweiten grossen Schöpfung Eschers zuzuschreiben, der 1855 gegründeten Schweizerischen Kreditanstalt. Sie war eine Nachbildung eines modernen Banktypus, des Pariser Crédit mobilier, der vor allem Eisenbahn- und Industrieunternehmen finanzierte. Mit der Gründung dieser Handels- und Industriebank wollte Escher nicht nur verhindern, dass die NOB bei künftigen Kapitalerhöhungen auf ausländische Institute angewiesen wäre, er wollte auch einer drohenden Niederlassung eines Leipziger Unternehmens zuvorkommen. Das Publikumsinteresse übertraf alle Erwartungen – ein Aktienkapital von 15 Millionen war vorgesehen, 218 Millionen wurden gezeichnet. Die 1850er Jahre standen im Zeichen der Hochkonjunktur. Die SKA fand bald zahlreiche Nachahmungen, von denen sie die meisten überlebte; sie prosperierte dank richtiger Anlage- und zurückhaltender Expansionspolitik, während der Crédit mobilier zusammenbrach. Als weitere Schöpfung entstand zwei Jahre später die Schweizerische Lebensversicherungs- und Rentenanstalt.

Mit der Gründung der SKA fiel eine Wende in Eschers Leben zusammen. Er nahm seinen Rücktritt aus dem Regierungsrat, erlebte einen gesundheitlichen Zusammenbruch, eine in der Sprache der Zeit «Nervenfieber» benannte Midlife-crisis, fing sich wieder auf. 1857 heiratete er Augusta von Uebel, die er nach wenigen Jahren durch frühen Tod verlieren sollte; als einziges Kind und Millionenerbin blieb ihm die Tochter Lydia erhalten. Auch ohne Regierungsmandat war sein Einfluss in der Zürcher Politik allgegenwärtig. In der Bezeichnung «Princeps» kommt diese auf die Augusteische Zeit zurückweisende Form einer indirekten Herrschaft zum Ausdruck: keine Ämter, aber doch eine Machtstellung, die faktisch der eines Amtsinhabers entspricht. «Er steht ganz wie ein Souverän und um so mehr, weil er den Titel nicht hat», schrieb Theodor Mommsen in einem Brief.

Dieses Eschersche System war in seinen guten Zeiten innovations- und anpassungsfähig, gewann fähige Köpfe – etwa den früheren Sozialisten Treichler, der Regierungsrat wurde, oder den zum Staatsschreiber beförderten Gottfried Keller. Zur Aktivierung der Landwirtschaft wurde das Institut auf dem Strickhof gegründet, ein Unterrichtsgesetz von 1859 koordinierte die verschiedenen Schulstufen und ist in seinen Grundzügen noch heute in Kraft, ein Fabrikgesetz vom gleichen Jahr brachte bei manchen Härten (12stündige Arbeitszeit für noch nicht konfirmierte Kinder), doch auch Verbesserungen. Als 1870, nach der demokratischen Umwälzung, ein fortschrittlicheres vorgelegt wurde, verwarf es das Zürchervolk. Die 1850er Jahre waren auch eine kulturelle Blütezeit der Stadt, durch fremde wie einheimische Glanzlichter gleichermassen erhellt. Dennoch ist Belvoir nicht zu einem Musenhof geworden. François und Eliza Wille haben trotz geringerer Möglichkeiten aus Mariafeld mehr zu machen verstanden.

Um die Mitte der sechziger Jahre ging das System in Stagnation über. Vieles wirkte dabei zusammen, verband sich zu kumulativen Effekten. Martin Schaffners Buch über die demokratische Bewegung (Basel 1982) lässt die Motivationen deutlicher erkennen. Der Eisenbahn- und Industrieboom gereichte der Landwirtschaft zum Schaden, da die Kapitalien sich von ihr abwandten bzw. sich verteuerten; überdies brach der Entfernungsschutz für agrarische Produkte zusammen. Erlebte die Bauernschaft sieben schlechte Jahre (1861–1867), so die Seiden- und Baumwollindustrie unter der Nachwirkung des amerikanischen Sezessionskrieges deren drei (1865–1867). Der Konjunkturrückschlag war offensichtlich, Geld schwer zu beschaffen, die Konkurse häuften sich in alarmierender Weise. Unter diesen Vorzeichen verstärkte sich das Misstrauen gegenüber dem glücklosen und reformunfähigen Regime; der Wunsch nach verstärkter Partizipation, nach Volkswahl der Regierung, nach Schaffung einer Volksbank (für agrarische und handwerkliche Bedürfnisse) brach sich Bahn. Zum Sammelbecken der Opposition wurde Winterthur mit dem demokratischen «Landboten» als Sprachrohr. In Zürich verteidigte die «NZZ» das System, die «Freitags-Zeitung» kritisierte es.

Der Umschwung, durch Friedrich Lochers aggressive Publizistik beschleunigt, braucht hier nicht geschildert zu werden: er verband sich mit einer Verfassungsreform und beseitigte das System, das Escher trug und von ihm getragen wurde. Eine dramatische Wende, die gleichwohl nicht überschätzt und isoliert werden darf: fast in allen Kantonen hatten sich die Männer und Ideale von 1848 abgenutzt; der Durchbruch zur direkten Demokratie wäre in Zürich gewiss auch ohne Escher erfolgt. Denn sein Sturz von 1867/68 war ein zürcherischer, kein schweizerischer. In Bern stand sein Ansehen fester denn je. Wirkliches Format hatte er während des Savoyerhandels 1860/61 gezeigt, als die radikale Linke mit Bundesrat Stämpfli als Bannerträger eine lärmende Kriegspolitik betrieb, eine Konfrontation mit Napoleon III. herbeiführen wollte. Scharf war Escher damals dem bernischen Antipoden entgegengetreten, der ihm wenig später als Befürworter einer Eisenbahnverstaatlichung noch verhasster wurde.

Escher hätte 1861 Bundesrat in der Nachfolge des verstorbenen Furrer werden können. Er lehnte ab, aus Anhänglichkeit zum Belvoir ebenso wie aus der richtigen Einsicht, dass er als Parlamentarier mehr bewirken konnte denn als Regierungsmitglied. Sein Unternehmertum, die Auseinandersetzung mit Stämpfli, der Gegensatz zu den Demokraten rückten ihn immer weiter nach rechts; aus dem Radikalen wurde ein Liberaler. Er war der mächtigste der sogenannten Bundes- oder Eisenbahnbarone; sein Anhang wurde auf rund 70 Parlamentarier geschätzt; er bildete einen lebendigen Mittelpunkt des «Centrums», jener einflussreichen Gruppierung zwischen links und rechts, die zwischen Stämpfli und den Konservativen im wesentlichen den Gang der Politik durch Bundesrevision und Kulturkampf bestimmte. «Um ihn scharten sich die Männer der hohen Finanz und Industrie, die ihre Nasen hoch trugen und in den feinen Genüssen des Lebens schwelgten», schreibt Philipp Anton von Segesser und fügt bei, dass für seine Parteigänger «sein Joch leicht und angenehm» gewesen sei: «Mit feinem Takte wusste er jeden an seiner schwachen Seite zu fassen und je nach dem Grade seiner Dienstuntauglichkeit an sich zu binden.»

Der Luzerner, der fast vierzig Jahre dem Nationalrat angehörte, war sicher ein klug-maliziöser Beobachter seines grossen Gegners, aber er hatte gar keinen Sinn für dessen grosse geschichtliche Leistung: die Vollendung der Gotthardbahn. Dem Zürcher Politiker und NOB-Präsidenten war die Frage der Alpenbahn nicht neu, aber er bevorzugte längere Zeit die Lukmanier-Planung. Die Wendung zum zentraleren Gotthardprojekt vollzog er um 1863 und stellte damit spezifisch ostschweizerische Interessen zurück, wahrte aber die zürcherischen durch den rechtzeitigen Bau einer Bahnverbindung nach Luzern. Das war entscheidend und brachte den fruchtlosen Streit um die «beste» Lösung mit seinen ermüdenden Pattsituationen zum Erliegen. Auch Bern schwenkte ein, gab das von Stämpfli favorisierte Grimselprojekt preis und fand seinerseits durch eine Linie nach Luzern den Anschluss an den Gotthard. Bei den nun folgenden Verhandlungen ging es um die Zustimmung der Regierungen und um die Bewilligung von Subventionsbeiträgen – da hat Escher grosse und aufreibende Arbeit geleistet. Im Sommer 1870, kurz vor Ausbruch des Deutsch-Französischen Krieges, konnte eine Übereinkunft zwischen dem Norddeutschen Bund, Italien und der Schweiz geschlossen werden.

Die Finanzierung, an welcher sich die Eidgenossenschaft nicht beteiligte, kam aus vielen Quellen zusammen. Den staatlichen Hauptbeitrag leistete Italien, im weitern bezahlten deutsche Staaten, schweizerische Kantone und Gemeinden – ein massiver Rest konnte dank Eschers Bemühungen einem internationalen Bankenkonsortium überbunden werden. Eine Gotthardbahngesellschaft mit Sitz in Luzern und Escher als dem Präsidenten wurde 1871 geschaffen, der Tunnelbau im folgenden Jahr begonnen. Er kam voran, aber mit ihm kam auch die unvorhergesehene Kostenexplosion, eine Differenz von über hundert Millionen gegenüber dem 1869 errechneten Betrag. Das war ein Verhängnis, das sich mit einem zweiten verknüpfte: mit der grossen Depression, die Mitte der siebziger Jahre über den Kontinent hereinbrach und die Euphorie der Gründerjahre jäh beendete. Fast alle Wertpapiere, vor allem die der Eisenbahngesellschaften, wurden von jähen Dividendenkürzungen heimgesucht, die ihrerseits zu Kursstürzen und Panikverkäufen führten. Und nun dieses schwere Missgeschick, das vielen Zeitgenossen als Folge drastischen Leichtsinns und Exemplifikation des Sprichworts von den kleinen und den grossen Dieben erscheinen mochte. Dass ein Projekt selbst dann richtig sein konnte, wenn die ihm zugrundegelegten Kalkulationen alles andere als richtig waren, leuchtete damals noch weniger ein als heute. Nun, die Krise liess sich meistern, ein «Bundesgesetz betreffend Gewährung von Subsidien für Alpenbahnen» kam im August 1879 zustande – es rettete mit Bundesmitteln den Bau und legte zugleich den Grundstein zur Mitsprache und Mitentscheidung der Eidgenossenschaft im bisher strikte privaten Eisenbahnwesen. Das Referendum wurde dagegen ergriffen, führte aber zu einem eindrücklichen Vertrauensentscheid des Volkes zugunsten der Vollendung: nur die Waadt, Graubünden und Appenzell Innerrhoden verwarfen.

Freilich, Alfred Escher hatte sich zuvor opfern und als Präsident der Gesellschaft zurücktreten müssen. Das lag nahe, erwies sich aber als Auftakt zu einer Reihe von Brüskierungen, die ihm den kurzen Lebensabend verdüsterten. Hatte man ihn bisher stets und überall zugezogen, so liess man ihn jetzt spüren, dass es auch ohne ihn ging. So 1880 bei der Feier des Tunneldurchstichs. Sein zweiter Sturz machte ihn vorübergehend fast zur Unperson. Zwei Jahre später, bei der Einweihung der Gotthardbahn, wurde er eingeladen, aber da konnte oder mochte er nicht mehr erscheinen. So kam er auch nicht dazu, die Strecke zu befahren, die doch die Krönung seines Lebenswerkes bedeutete. Am 6. Dezember 1882 ist er gestorben.

Alfred Escher verkörperte die in der Schweiz nicht ganz seltene Verbindung von Politik und Wirtschaftsführung auf einmalige Weise. Er war Repräsentant des Phänomens, das sein Zeit- und Altersgenosse Karl Marx in seinem Hauptwerk analysierte. Doch vertrat er einen Unternehmerkapitalismus klassischer Prägung; zum «organisierten Kapitalismus» der Verbände, der sich eben damals – etwa in Gestalt des «Handels- und Industrievereins» – zu entwickeln begann, fand er kaum engere Beziehungen. War er auch ein Staatsmann? Wenn dem grossen Wort der Sinn des Kreativen innebleiben soll, wird man die Frage zurückhaltend beantworten müssen. Bismarck lässt er sich nicht an die Seite stellen. Dennoch hat er, so eigenartig das klingen mag, Bleibenderes geleistet als der Kanzler, dessen Lebenswerk völlig zerronnen ist. Was Escher schuf oder schaffen half – Bahnlinien, Banken, Versicherungsgesellschaften, eine zeitgemässe Technische Hochschule – hat ihn überlebt, grossenteils bis heute, ist eingegangen in jene zum «heimlichen Imperium» gewordene Schweiz unserer Gegenwart, die sein Wesen und seine Problematik so sehr widerspiegelt.

Die Universität Zürich 1833–1983

Von der liberalen Erneuerung zu den Grenzen der Expansion

Die Universität Zürich, die am 29. April 1833 ihr erstes Semester eröffnete, ist eine Schöpfung der Regeneration und der liberalen Staatserneuerung. Doch wurde Zürich nicht erst damals Hochschulstadt. Seit 1525 gab es die durch Zwinglis Schulreform geschaffene, später Carolinum genannte Theologenschule. Diese schon bald um Philologien, Naturwissenschaften und Historie erweiterte Institution wurde im späten 18. Jahrhundert durch ein medizinisch-chirurgisches, 1806 durch ein politisches Institut ergänzt, das der Ausbildung in den juristischen Disziplinen diente. Die Schaffung einer «Hochschule» – so lautete bis 1912 die amtliche Bezeichnung unserer Universität – war also mehr Ausbau, Koordination und Synthese als völlige Neuschöpfung. Dennoch markiert das Jahr 1833 eine wichtige Zäsur, den Anfang Zürichs als eines wissenschaftlichen Zentrums neuer Art, des Kantons als eines Universitätskantons.

Man kann die europäische Hochschulgeschichte in drei grosse Gründungswellen unterteilen. Die erste beginnt in Italien und Frankreich und führt vom 13. bis zum frühen 16. Jahrhundert kontinental zu einer ganzen Reihe von Universitätsgründungen – eine davon ist Basel, das für Jahrhunderte die einzige Universität auf Schweizer Boden blieb. Die zweite, weit weniger umfassend, konzentriert sich auf das 18./19. Jahrhundert. Dazu gehören neben Universitäten auch zahlreiche Nachbildungen der 1794 geschaffenen Ecole polytechnique in Paris, z. B. das Eidgenössische Polytechnikum von 1855. In diese Phase reiht sich auch die Universität Zürich ein, der ein Jahr später (1834) die Berner Hochschule folgte.

Die dritte Gründungswelle läuft seit 1945 mit zahlreichen Neuschöpfungen. Sie hat in der Schweiz nur geringe Spuren hinterlassen. Denn bereits am Vorabend des Ersten Weltkrieges wies das Land eine erhebliche Hochschuldichte auf. Neben den drei deutschschweizerischen Universitäten und dem Polytechnikum gab es die Akademien von Lausanne, Genf und Neuenburg, die zu Universitäten erweitert wurden. Dazu kamen Freiburg, die St. Galler Handelshochschule und ein Polytechnikum in Lausanne. Die Frequenzen mancher dieser Lehranstalten waren zeitweilig bescheiden, so dass diese den gewaltig anwachsenden Bedarf der letzten Jahrzehnte einigermassen bewältigen konnten. Die Schweiz ist somit wohl das einzige Land, das in jüngster Zeit von neuen Gründungen absehen konnte.

Die sogenannte zweite Gründungswelle ist vor allem in Deutschland durch ein neues Ideal geprägt worden, das mit dem Namen Wilhelm von Humboldt und der 1810 geschaffenen Universität Berlin verbunden ist. Danach sollte die Universität weniger nur Stätte der Ausbildung sein, vielmehr auch Stätte der Forschung – in «Einsamkeit und Freiheit». Dem Staate liegt es nach Humboldt ob, die Wissenschaft auch dann zu fördern, wenn ihm daraus kein unmittelbarer Nutzen erwächst. Wenn nämlich die Universitäten ihre Zwecke erreichen, dann erfüllen sie – so formuliert er – auch seine (des Staates) Zwecke, indem sie geistige Kräfte in Bewegung setzen, die der Staat von sich aus nicht in Bewegung zu setzen vermöchte. Demgegenüber degradierte das napoleonische Unterrichtssystem die Universitäten zu rein ausbildungsbezogenen Fachschulen.

Nach Humboldts Überzeugung liegt das eigentliche Kernproblem in der Verbindung von Lehre und Forschung, dieser Paarformel, die im akademischen Alltagsgebrauch bisweilen zur blossen Scheidemünze entwertet wird. Jede Universität bedarf der Lehre, d.h. der Übermittlung von mehr oder weniger Bekanntem. Forschung ist dagegen das, was die Wissenschaft – und auch die akademische Lehre – weiterbringt.

Das Prinzip der Humboldtschen Reform prägte die deutschen Universitäten des 19. Jahrhunderts wie auch die schweizerischen Neuschöpfungen der Regeneration. Johann Caspar von Orelli, dieser treibende Geist der Zürcher Universitätsgründung, schrieb in einem seiner Gutachten: «Um das seinem eigenen höhern Dasein wesentlich notwendige geistige Prinzip zu erhalten und fortzuentwickeln, sorgt der Staat dafür, dass alle Bürger gleichmässige Gelegenheit finden, sich für Wissenschaft und Kunst, dem jetzigen Standpunkte beider entsprechend, naturgemäss zu bilden.» Das setzt einen organisierten Stufenbau der verschiedenen Ausbildungsanstalten voraus, wie er – bereits 1832 skizziert – sich dann im kantonalen Unterrichtsgesetz von 1859 ausdrückte – einem Werk der Ära Alfred Eschers, das die verschiedenen Verzweigungen von der Primar- und Sekundarschule über die Industrie- und Kantonsschule bis zur Hochschule umfasst, das in seinen Grundzügen bis heute in Kraft geblieben ist, bei mannigfachen Änderungen und Ergänzungen im einzelnen.

In eine erste schwere Krise geriet die junge Universität 1839 anlässlich des Straussen-Handels, als die Berufung des bibelkritischen Theologen eine Volksbewegung und den Sturz des liberalen Regimes auslöste, aber auch die Universität schwer erschütterte – ihre Frequenzen sanken zeitweilig auf unter hundert Studierende. Hätte es schon damals eine direkte Demokratie gegeben – wer weiss, ob die Universität am Leben geblieben wäre. Der Name D. F. Strauss erhellt indessen noch ein anderes Problem, das der vielen ausländischen, besonders der deutschen Professoren. Zumeist waren es liberale Gelehrte, die aus politischen Gründen in die

Schweiz gekommen waren, in den 1830er Jahren und dann wieder nach 1848. Glanzvolle Namen sind darunter wie der des Mediziners Schönlein, des Naturforschers Oken oder des Juristen Theodor Mommsen. Die fast übermässige Berücksichtigung von Ausländern hing u. a. auch mit einer an sich gesunden Reaktion gegen die Inzucht zusammen, die am Carolinum vorgeherrscht und zu arger Provinzialisierung geführt hatte. Je mehr sich dann aber auch eigener Nachwuchs entfaltete, desto stärker wurden Möglichkeit und Bedürfnis, Einheimische zu berücksichtigen. Doch gab es z. B. in der Medizin Lehrstühle, die bis zum Zweiten Weltkrieg sozusagen traditionell von Deutschen besetzt wurden. Das Problem bleibt heikel und bedarf von Fall zu Fall der Lösung. Die Suche nach dem besten Lehrstuhlinhaber führt häufig ins Ausland. Andererseits ist es wenig sinnvoll, mit grossen Kosten Nachwuchskräfte heranzubilden, um sie dann in Entscheidungsfällen doch nur auf Wartestellen sitzenzulassen.

Die Universität hat sich in dem runden Jahrhundert zwischen 1850 und 1950 trotz äusseren Gefährdungen ruhig entwickelt. Ihre Institutionen sind durch die beiden Marksteine des Gesetzes von 1859 und der Universitätsordnung von 1920 bezeichnet; sie glichen im wesentlichen denen der deutschen Universitäten. Der Senat schlägt den Rektor vor, dessen Wahl von der Regierung genehmigt wird; die Fakultäten haben bei der Besetzung der Professuren ebenfalls ihr Vorschlagsrecht. Spezifischer schweizerisch ist die Behördenorganisation an der Spitze: mit dem Erziehungsdirektor, einem Mitglied des Regierungsrates als Chef, der den Erziehungsrat – eine Schöpfung der Helvetik – präsidiert, ebenso aber die Hochschulkommission, die faktisch der Aufsichtskommission eines Gymnasiums entspricht und in welcher zwei Mitglieder des Erziehungsrates sitzen. Die Universität ist also nicht autonom, kann es auch gar nicht sein; ein Jurist hat sie als «eine unselbständige öffentliche Anstalt des Kantons» definiert.

In diese Aufbauphase gehört auch der bald nach der Universitätsgründung begonnene Bau des Kantonsspitals, dem sukzessive weitere Kliniken und Institute folgten.

Der Sieg der demokratischen Bewegung Ende der 1860er Jahre brachte mit dem Durchbruch der direkten Demokratie auch die periodische Volkswahl der Lehrer und Pfarrer. Von einer Volkswahl der Professoren sah man zwar vernünftigerweise ab, eingeführt wurde jedoch der Grundsatz ihrer Wiederwahl nach sechs Jahren – ein beträchtlicher Einschnitt, da die bisherige Praxis die lebenslängliche Anstellung vorsah.

Die Zeit um und nach 1870 brachte ausserdem die Einführung des Frauenstudiums – darin ging Zürich fast allen Universitäten der Schweiz und Europas voran. Die Tragweite dieser Innovation ist kaum zu überschätzen; sie war nur gegen gehässige Widerstände aller Art durchzuführen.

Zur Hochschulstadt von internationaler Bedeutung ist Zürich vor allem durch das Nebeneinander von Universität und Eidgenössischem Polytechnikum geworden. Die Universität, zuerst beim Fröschengraben, also unweit der heutigen Bahnhofstrasse sesshaft, übersiedelte 1864 in das eben fertiggestellte Polytechnikum und nahm dessen Südhälfte ein. 1914, am Vorabend des Ersten Weltkrieges, konnte dann das Hauptgebäude, die heutige Uni Zentrum, bezogen werden, «durch den Willen des Volkes», wie es am stadtwärts gelegenen Eingangstor heisst, nämlich auf Grund zweier Volksabstimmungen. Es war die Zeit eines ruhigen Ausbaus, da naturwissenschaftliche Institute entstanden, und bei den Geisteswissenschaften sich der Unterrichtsbetrieb in Form von Seminarien zu entwickeln begann. Bald nach der Jahrhundertwende überschritt die Studentenzahl das erste Tausend. Dass die Nachbarschaft zum Polytechnikum immer reibungslos blieb, kann kaum behauptet werden. Nicht nur kam es zu Streitereien unter den Studenten, auch die in manchen Fächern geschaffenen Doppelprofessuren führten mitunter zu Spannungen. Dennoch überwog das Erfreuliche bei weitem, die gegenseitige Bereicherung, die sich auch auf die geisteswissenschaftlichen Fächer übertrug.

Die Ära der beiden Weltkriege mit der Zwischenkriegszeit und der grossen Wirtschaftskrise beendet die Zeit einer relativen Sorglosigkeit des Universitätslebens. Bereits der Erste Weltkrieg führte zu eigentlicher Polarisierung unter den Dozenten, konfrontierte die Studierenden mit grossen militärischen Dienstleistungen, oft mit der Not, und brachte auch einen Fall der Dienstverweigerung aus Gewissensgründen, der die Wegweisung von der Universität und eine verbitterte Diskussion im Kantonsrat nach sich zog. Nach Kriegsende organisierte sich erstmals die Studentenschaft, und in den zwanziger Jahren begann der «Zürcher Student» zu erscheinen, anfänglich ein sehr gediegenes Organ, ganz auf Kultur und Bildung ausgerichtet. Das änderte sich in den dreissiger Jahren, als erstmals eine Welle bewusster Politisierung durch die Studentenschaft ging. Bekanntlich gehen die Anfänge des deutschschweizerischen Frontismus auf die Universität Zürich zurück. Diese Welle verebbte jedoch relativ rasch. Der Zweite Weltkrieg sah eine weltanschaulich geschlossene Studentenschaft; ein Fall von Dienstverweigerung ist damals nicht vorgekommen.

Entgegen vielen Erwartungen hatte die Weltwirtschaftskrise keine Abnahme der Studentenzahl gebracht, im Gegenteil. Die Zweitausendergrenze, die während des Ersten Weltkrieges annähernd erreicht worden war, wurde in den dreissiger Jahren für immer überschritten. Und nun begann die (nur von einer kurzen Stagnation in den fünfziger Jahren unterbrochene) Expansion der Studentenzahlen, die allen Prognosen zuwiderlief und jetzt bei rund 15000 angelangt ist. Nachdem schon vor sechzig Jahren Bern überflügelt wurde, hat unsere Universität auch die

ETH hinter sich gelassen. Das ist ein etwas zweifelhafter Rekord, zumal der Ausbau des Lehrköprers mit dem Wachstum der Studentenzahlen und mit der Entwicklung neuer Lehrgebiete doch nicht Schritt zu halten vermochte. Wohl kam Anfang der 1950er Jahre die Unterstützung durch den Schweizerischen Nationalfonds, der aber seinem Auftrag gemäss mehr die Forschung als die Lehre fördern konnte. Von zentraler Bedeutung war endlich die vermehrte Anstellung von Assistenten, die bis 1939 ganz der Medizin und den Naturwissenschaften vorbehalten geblieben waren. Ohne ihre Mitwirkung wäre der moderne Universitätsunterricht undenkbar.

Die Kostenexplosion von alledem war gewaltig; sie erreichte 1970 81, 1975 236 und 1980 gar 305 Millionen Franken (oder 5,8 bzw. 9 Prozent der Staatsausgaben, nicht eingerechnet Verzinsung und Abschreibung). Damals entstand jene stattliche Reihe der Institute, vor allem der Naturwissenschaften und der Medizin, in bescheidenerem Ausmass auch der Geisteswissenschaften – eine Entwicklungsphase, die in dem 1971 vom Volke gebilligten Bau der Universität Irchel kulminierte. Dann aber kam die Konjunkturwende, die sich bis jetzt zwar weniger im Bau- als im Personalsektor ausgewirkt hat. Bleibt zu hoffen, dass ein Numerus clausus auch weiterhin vermieden werden kann. Immerhin ist es nicht unbedenklich, dass in einzelnen besonders zugkräftigen Fächern – beispielsweise der Psychologie oder der Ethnologie – Wachstumsquoten zu verzeichnen sind, welche die gesamtschweizerischen Relationen sprengen und zu eigentlichen Wasserkopfbildungen führen. Die Explosion der Studentenzahlen ist übrigens kein Fatum, sie ist zeitweilig bewusst gefördert worden. Wir denken da an die Abschaffung des Lateinobligatoriums für Mediziner und Juristen – mit der Konsequenz zwangsläufiger Verschulung des Studienganges. Auch leiden nicht alle Studenten unter der Grossuniversität. Sie fördert die Anonymität, vermindert das in kleinen Lehrveranstaltungen grössere Risiko des persönlichen Gefordertwerdens.

Eine andere Begleiterscheinung der modernen Grossuniversität ist bekannt – die politische Radikalisierung einzelner Gruppen, welche die Kontrolle über die Universität anstreben, um von da eine gesellschaftliche Umwälzung in Gang zu bringen. Die Frontenbewegung war eine Art Vorspann gewesen. Diesmal aber kam die Radikalisierung von links – insofern unerwartet, als die Studentenschaft nach 1945 sich durchaus konservativ (manchmal fast zu konservativ) gebärdet hatte. Protestdemonstrationen gegen den Kommunismus waren von ihr begeistert mitgetragen worden, und noch 1950 hatte der Grosse Studentenrat gegen den vorlesungsfreien Nachmittag am 1. Mai protestiert. Die Wende brachten der Vietnamkrieg und die 68er Bewegung, sie artikulierte sich in einer wahren Flugblattflut, in zahllosen Meetings und gipfelte im Sommer 1971 in einer sogenannten antifaschistischen Woche, die prompt in eine prokommunistische Agitationswoche «umfunktioniert» wurde und zur Schliessung der Universität führte. Seither ist die Bewegung abgeflaut, ohne völlig zur Ruhe gekommen zu sein. Ihre relative Breitenwirkung ist nicht nur auf die Publizität, sondern auch auf die Tatsache zurückzuführen, dass der Ausbau der Universität mit den Anforderungen nicht Schritt hielt, dass studentische Anliegen oft verhallten, weil die Gesprächsbereitschaft der Dozenten sehr unterschiedlich war. Ein Teil der Reformforderungen ist, gefiltert und rationalisiert, durch die Volksabstimmung vom 25. April 1982 zur Gesetzeskraft erwachsen, mit dem nun vierjährigen Rektorat.

Im übrigen sollte man die Radikalisierungserscheinungen mitsamt ihren sichtbaren Spuren nicht bagatellisieren, aber auch nicht dramatisieren. Gewalttätiges gehört zu den Begleiterscheinungen fast jeder Hochschulgeschichte seit eh und je. Das 19. Jahrhundert kannte keinen studentischen Linksradikalismus (von einigen Emigrantengruppen abgesehen) und keine Wandschmierereien, aber es kannte z. T. heftige Streitereien mit dem Bürgertum der Städte, den sogenannten Philistern, die sich oft bitter über permanente Ruhestörungen beklagten; es kannte zahllose Duelle, die in Zürich die Rektorate beider Hochschulen in einem fort beschäftigten und keineswegs nur Schmisse hinterliessen, es kannte absurde und gesundheitswidrige Kneipereien, die zum Comment gehörten, es kannte den Anpassungszwang des früher so einflussreichen Verbindungswesens usw. Man muss das sehen und dann urteilen, ob wirklich alles schlechter geworden ist. Gewiss, es gibt keine «Herren Studenten» mehr – der Student von heute will kein Herr mehr sein, zumindest optisch nicht als solcher in Erscheinung treten; der Umgangston ist denkbar ungezwungen, und der Professor muss es sich immer mehr gefallen lassen, lediglich mit dem Familiennamen angesprochen zu werden (was früher undenkbar gewesen wäre). Nicht zuletzt ist doch auch das soziale Engagement der Studenten, die Aufgeschlossenheit gegenüber Unterprivilegierten grösser als in früheren Zeiten. Das alles gehört zum Stilwandel einer Epoche, die abschliessend zu beurteilen oder zu verurteilen noch verfrüht wäre. So viel ist sicher: Stets bleibt die Universität ein Spiegelbild ihrer Zeit, ein Ausdruck der ihr zugrunde liegenden Staatsgesinnung und ihrer gesellschaftlichen Kräfte.

Gottfried Keller und die Zürcher Regierungen

Eine Betrachtung über Gottfried Keller und die Zürcher Regierungen kann von zwei Voraussetzungen ausgehen: Erstens von der Tatsache, dass er mehrere Systemwechsel erlebte – das ist für uns keineswegs eine Selbstverständlichkeit. Sogar die 70- bis 80jährigen von heute haben zwar im Laufe ihres Lebens ein Vielerlei an Regierungsmitgliedern mitbekommen, aber niemals einen wirklichen Regierungs- oder gar Systemwechsel. Die Magistraten an der Spitze lösten sich in zumeist diskretem Wechsel ab, wirkliche Kontinuitätsbrüche gab es in diesem Jahrhundert eigentlich nie.

Anders für Gottfried Keller und seine Generationsgenossen: Sie erlebten allein in Zürich zwischen 1830 und 1869 nicht weniger als vier wirkliche Systemwechsel – dazu auf eidgenössischer Ebene den von ganz Europa mit Spannung verfolgten, kriegerisch vollzogenen Übergang zum Bundesstaat 1847/48, schliesslich dessen Erneuerung 1874 in Form einer wirklichen (nicht nur kosmetischen) Totalrevision. Erst von da an begann im schweizerischen wie zürcherischen Rahmen die Angewöhnung an einen ruhigen Verlauf der politischen Dinge.

Zum zweiten. Gottfried Keller hatte einen grossen Jahrgänger, nämlich Alfred Escher. Gewiss nicht er allein, alle 1819 geborenen Zürcher waren in der gleichen Lage – aber er, überragender als sie, war auch stärker geprägt und belastet durch diese Zeitgenossenschaft als die übrigen. Die Unterschiede waren sozialer wie persönlichkeitsstruktureller Art. Alfred Escher, junger Herr aus grossem Hause (um Hofmannsthals Formel aufzugreifen), war früh zur Repräsentanz geschaffen, nicht nur reich, auch zielbewusst und willensstark. Und gerade diese so eminent lebenswichtige Dreieinigkeit von Qualitäten fehlte Gottfried Keller fürs erste ganz; nicht nur war er nicht reich oder von gehobener sozialer Herkunft, er setzte sich kein Ziel, wusste vorerst nicht, was er wollte. Aber er war doch ehrgeizig genug, um den Vergleich mit dem frühreifen und früh zum Ziele gelangten Politiker zu wagen. Alfred Escher war für ihn nicht einfach etwas schlechthin Unvergleichbares, sein innerer Blick blieb irgendwie auf ihn fixiert, so dass man fast von einer Art Escher-Komplex sprechen könnte; er wusste, dass er jemand war, ahnte vielleicht sogar, dass er langfristig mehr sein würde als dieses Beispiel – und blieb doch weit zurück, einstweilen. Es gibt zwei Zeugnisse, die das illustrativ belegen. Das erste entnehmen wir einem Tagebucheintrag vom 20. September 1847, wo es über Alfred Escher heisst:

«der Sohn eines Millionärs, unterzieht er sich den strengsten Arbeiten von Morgen bis zum Abend, übernimmt schwere weitläufige Ämter, in einem Alter, wo andere junge Männer von fünf- bis achtundzwanzig Jahren, wenn sie seinen Reichtum besitzen, vor allem (aus) das Leben geniessen. Man sagt zwar, er sei ehrgeizig; mag sein, es zeichnet nur eine bestimmtere Gestalt. Ich meinerseits würde schwerlich, auch wenn ich seine Erziehung genossen hätte, den ganzen Tag auf der Schreibstube sitzen, wenn ich sein Geld besässe.» Gerade der Nachsatz ist bezeichnend und auch verräterisch – die Verführung durch den Reichtum, der keineswegs immer nur Sicherstellung ist. Gottfried Keller hätte sich wohl kaum selber gefunden, wäre ihm der materielle Daseinskampf erspart geblieben, der ihn wegen des Schuldenmachens zu fortwährend kontrollierter Leistung förmlich zwang.

Die andere Äusserung fällt gut acht Jahre später, in einem Brief aus Berlin vom 17. Oktober 1855, und nimmt Bezug auf den kürzlich erfolgten Rückzug Eschers aus seinen Regierungsämtern. «Ich habe mit Betrübnis gelesen», heisst es da, «wie der Bürgermeister Escher schon fertig ist mit seiner Gesundheit. Was hilft ihm nun sein grosser Eifer, denn er hat sich offenbar durch Regiererei und Arbeit ruiniert. Es ist am Ende doch dauerhafter, wenn man sich nicht zu sehr anstrengt. Indessen habe ich Mitleid mit ihm, da es traurig ist, in solcher Stellung, in solcher Jugend und bei solchem Reichtum abziehen zu müssen.» Aus diesen Worten wird wohl Anteilnahme, aber auch noch eine andere, etwas weniger vornehme Nuance des Empfindens spürbar – er hat sich aufgespart, während der andere, Glänzendere bereits verbraucht ist. Diese Diagnose war übrigens verfrüht; historisch erscheint Eschers Rückzug auf seine wirtschaftlichen Machtpositionen und auf seine dominierende Stellung im Nationalrat vielmehr als gesundheitlich bedingte, teilweise Entlastung, als Formveränderung seines Systems. Sei dem, wie ihm wolle – zwischen diesen beiden Zitaten liegt eine schwierige Lebenszeit für Gottfried Keller, die des allmählichen Findens eines Weges, die Identifikation in Gestalt des ersten grossen Romans. Während Escher emporstieg und glänzte, lebte er gleichsam im Dunkeln, unerfahren, von Tag zu Tag – als 1855 der erste grosse Lebens- und Laufbahnknick in der Karriere des Gefeierten eintrat, brachte er den «Grünen Heinrich» gerade unter Dach, blickte aber auch seinerseits auf eine Midlife-crisis – jene unglückliche, ihn zeitweilig schwer zerrüttende Liebe zu Betty Tendering – zurück.

Dies die zwei Voraussetzungen, welche die Etappen unserer Betrachtung gewissermassen markieren sollen. Fangen wir wieder etwas früher an. Das Zürich der Restauration war von seinen Schöpfern keineswegs als Übergangsregime gedacht, sondern schien ihnen auf Dauer angelegt, als mass- und sinnvoll modernisiertes Ancien Régime, das auch ländlichen Notabeln einen erheblichen wirtschaftlichen Spielraum einräumte. Dass diese Führungsschicht ausserhalb der Stadt mehr wollte, nämlich politische Mitwirkung, wurde schon in Kellers Kindheit offenkundig. Er wuchs in der Stadt auf, entstammte aber nicht nur mütterlicherseits (wie Pestalozzi) der Landschaft, sondern auch väterlicherseits. In seinem zwölften Lebensjahr sah er den siegreichen Durchbruch der Regeneration. Das Sehen ist ganz wörtlich gemeint, denn der Systemwechsel vollzog sich augenfällig im Verschwinden jener alten, militärisch aber noch sehr brauchbaren Stadtmauern, die Keller selber zu Beginn der «Zürcher Novellen» im Rundgang des Herrn Jacques noch so lebendig geschildert hat, dass man den Augenschein förmlich verspürt. Wie tief wirkliche Stadtzürcher diese Zerstörungsaktion als Einschnitt in ihre bisherige Geborgenheit empfanden, ist bekannt. Hören wir aber Keller: «Auch ich», sagt er rückblickend im «Grünen Heinrich», «heulte mit den Wölfen und dünkte mich im kindischen Unverstande glücklich, auch ein städtischer Aristokrat zu heissen. Meine Mutter politisierte nicht und sonst hatte ich kein nahestehendes Vorbild, welches meine unmassgeblichen Meinungen hätte bestimmen können. Ich wusste nur, dass die neue radikale Regierung einige alte Türme und Mauerlöcher vertilgt hatte, welche Gegenstand unserer besonderen Zuneigung gewesen, und dass sie aus verhassten Landleuten und Emporkömmlingen bestand. Hätte mein Vater, der zu diesen gehörte, noch gelebt, so wäre ich ohne Zweifel ein ganz liberales Männlein gewesen.»

Die Regeneration schuf neue Erziehungsanstalten: Neben der Hochschule auch die Kantonsschule, und als eine ihrer Verzweigungen die Industrieschule, die Gottfried Keller mit Gewinn zu besuchen anfing und von der er bekanntlich mit 15 Jahren als willkürlich ausgewähltes Opfer eines von ihm nicht verursachten Disziplinarfalles weggewiesen wurde. Der Vorfall zeigt, wie wenig der herrschende Liberalismus vor brutalem Zugriff schützte, wenn der Betroffene und Vaterlose keine Familie oder Förderer hinter sich hatte. Für Keller begann nun die gefährliche Phase der Führungs- und Orientierungslosigkeit – nicht ganz unähnlich der aus anderen Gründen schwierigen Jugend eines C. F. Meyer. Biografische Details, die Erfahrungen und Enttäuschungen mit dem Malerberuf übergehen wir – kein Wunder jedenfalls, wenn Keller vorerst weit davon entfernt war, die Aufschwungphase des zürcherischen Liberalismus an sich selber mitzuerleben. So wissen wir auch nicht, wie er das kritische Jahr 1839 mit seinem Straussenhandel und Züri-Putsch wirklich authentisch miterfuhr – er gibt zwar eine grossartige Schilderung seines 20. Geburtstags auf dem Üetliberg mit plötzlich einbrechendem Gewitter – aber von Politik keine Spur. Ich habe auch keine Bestätigung der erstmals bei Jakob Baechtold auftauchenden, dann verschiedentlich nachgeschriebenen Version finden können, wonach der junge Mann in jenen kritischen Septembertagen 1839 von Glattfelden, wo er damals geweilt habe, spontan aufgebrochen und der gefährdeten Regierung zu Hilfe geeilt sei. Doch geht sie möglicherweise auf eine mündliche Erzählung des Dichters zurück.

Als dann im September 1843 Altbürgermeister Melchior Hirzel, der Träger des in jener Septemberrevolution zu Ende gegangenen Systems starb, nahm der junge Keller neben vielen anderen an der Beisetzungsfeier teil und notierte in sein Tagebuch: «Er war ein edler Gefühlsmensch, sein Leben lang für Ideale kämpfend, ein Mann und Freund des Volkes und der Volksschule, für welch letztere er sehr viel getan und geopfert hatte. Aber er war weniger praktisch; so wurde er anno 1839 durch seinen Stichentscheid über die Berufung des Dr. Strauss ein Haupturheber der unseligen Septembertage und ihrer Nachgeburten. Er hatte dem Teufel ein Plätzlein bereitet, wo er seinen Schwanz drauf legen konnte. Grosse Enthusiasten sind auch den grössten Irrtümern unterworfen; dieser Satz bewährte sich an Hirzel.» Das klingt bei allem menschlichen Respekt doch altklug kühl und distanziert, ohne politisches Fluidum oder gar liberale Begeisterung. Es ist der Abstand des Künstlers von Ideologien aller Art. Als Maler fand Keller vollends keinen Anlass, sich von Zürichs Regenten besonders angesprochen zu fühlen. Kurz zuvor hatte seine Mutter beim Bürgermeister Johann Jakob Hess antichambriert, um zu erwirken, dass ein Bild ihres Sohnes anlässlich einer Ausstellung in die Verlosung aufgenommen würde; der grosse Herr gab ihr zwar freundliche Worte, engagierte sich aber nicht weiter, so dass sie seufzend nach München schrieb: «Also von keiner Seite her kann man Hoffnung haben.»

Und doch. Wie wurde Gottfried Keller zum Politiker, um die leicht missverständliche Titelformel der immer noch nützlichen Darstellung von Hans Max Kriesi zu gebrauchen, wie kam er zu seiner «politischen Sendung», um den Titel des anderen einschlägigen Buches von Jonas Fränkel in Erinnerung zu rufen? Die Antwort lautet kurzerhand: nicht primär in Zürich und nicht von Zürich her. Es war vielmehr die gesamtschweizerische Bewegung, die Anfang der 1840er Jahre polarisierend wirkte, Schweizer in Konservative und Fortschrittliche liberaler wie radikaler Observanz schied, die auch den jungen Keller belebte. Und zwar in München, wo er mit Landsleuten zusammenlebte, diskutierte, Zeitungen las. Dass Patriotismus im Ausland besonders intensiv gedeiht, wusste und wüsste man auch ohne die sprechenden Verse von «O mein Heimatland» – und dieser Zusammenhang wird noch dadurch intensiviert, dass die schweizerische Entwicklung von 1840 an im Ausland selbst mit einem Interesse registriert wurde, die über die übliche Zuschauerneugier hinausging. Man realisierte sehr wohl, dass den schweizerischen Entscheidungskämpfen präformative Bedeutung hinsichtlich der künftigen Gestaltung Europas zukam. Ich übergehe die bekannten Begeisterungen der Freischaren – und Jesuitenkonflikte, die in Sonderbundskrieg und Bundeserneuerung einmünden.

Von daher jedenfalls gewann Gottfried Keller jene politische Bewusstheit, die nun auch sein Zürchertum profilierte, zumal diese Stadt seit dem liberal-radikalen Systemwechsel von 1845, der das konservative Regime Bluntschli-Hess beseitigte, wieder ganz zur Vorkämpferin des Fortschritts – so wie ihn nun auch Keller verstand – geworden war.

Entsinnen wir uns jener Charakterisierung Eschers als eines Millionärs und Schwerarbeiters; davor steht eine andere – die des damaligen Regierungsoberhaupts und Bürgermeisters Jonas Furrer; vor ihm empfindet Keller eine womöglich noch grössere Ehrfurcht: «Man klagt immer», führt er aus, «die antike Tugend sei verschwunden, während wir die glänzendsten Beispiele, nur in modernem Gewand, in nächster Nähe haben. Bürgermeister Furrer genoss als Advokat eine jährliche Einnahme von etwa zehntausend Gulden. Als Bürgermeister bezieht er eintausend und nur, wenn Zürich Vorort ist, dreitausendfünfhundert, um die Etikette zu bestreiten. Mit tausend Gulden aber kann eine Familie, wenn sie einigen Anstand beachten will, nur knapp leben. Welches Opfer hat er also gebracht! Während er auf diese Weise im wörtlichsten Sinne für den Staat Entbehrungen trägt, hat er auf der einen Seite mit der niederträchtigsten, gewissenlosesten und kleinlichsten Opposition zu kämpfen, auf der andern aber mit den stäten Vorwürfen und Anfeindungen der eigenen Parteiextreme. Nichtsdestoweniger führte er seine Aufgabe mit seinen Freunden ruhig und standhaft, ohne Ostentation zum Ziele, so dass nun Zürich wieder moralisch an der Spitze der Bewegung steht.»

Zusammenfassend spricht Keller von der «grössten Achtung», mit der ihn «das Benehmen unserer Regierungsmänner» erfülle. «Ich bin ganz im geheimen diesen Männern viel Dank schuldig. Aus einem vagen Revolutionär und Freischärler à tout prix habe ich mich an ihnen zu einem bewussten und besonnenen Menschen herangebildet, der das Heil schöner und marmorfester Form auch in politischen Dingen zu ehren weiss…»

Das Zitat zeigt – abgesehen von dem in eigenen Entbehrungen geschärften Sensorium für finanzielle Dinge – vor allem auch, wie sehr Keller mittlerweile in seinen Staat Zürich hineingewachsen ist, sich ihm und seinen drei prominenten Führern gerade auch innerlich verbunden weiss. Unter diesem Regierungsteam ist die Republik in den jungen Bundesstaat integriert; Jonas Furrer wurde Zürich durch die Wahl in den Bundesrat entzogen, dadurch rückte Alfred Escher von selbst an die Spitze nach. Beispielhaftigkeit findet sich somit nicht nur in antiker Ferne, sie ist von täglicher und gegenwärtiger Präsenz. Dies vielleicht auch eine Erklärung dafür, dass dieser grosse Meister des Romans – so ungleich vielen seiner Zeitgenossen – selten der historischen Verhüllungen bedurfte, weil er in seiner Gegenwart genug geschichtliche Vorbilder und Nichtvorbilder am täglichen Werk sah. Denn der historische Roman hat ja oft diese Verhüllungs- oder Alibifunktion im Sinne eines «weg von hier» und «dorthin», wobei das «dort» eben fast von selbst zeitlich wie räumlich Nostalgiedimensionen annimmt. Man sucht Grösse und Perfidie, findet sie auch, will sie aber lieber nicht direkt beim gegenwärtigen Namen nennen – daher einem der zeitliche Abstand so gelegen kommt.

Kellers grosses Romanwerk aber, das in den folgenden Jahren allmählich heranwuchs, brachte ihn nun in Abhängigkeit von der Regierung – denn nur sie hatte es, da die mütterlichen Ressourcen allmählich ausgingen, in der Hand, ihn zu fördern oder lahmzulegen. Es war aber auch Wiedergutmachung am Werk, wenn der nun fast Dreissigjährige seine Bildung auf Staatskosten nachholen durfte, in Heidelberg zunächst, in Berlin sodann – wobei Bildung und eigenes, produktives Schaffen ineinandergingen, der Bildungsroman zum Zeugnis formgewordener Bildung erstand. Im Regierungsratsprotokoll vom 26. September 1848, wo «dem Herrn Gottfried Keller von Glattfelden zu seiner weitern Ausbildung im Ausland für das nächste Jahr aus dem freien Credite des Regierungsrathes Frkn. 800 ausgesetzt» wurden, steht dieses Traktandum übrigens an allererster Stelle. Drei Tage später erfahren wir in einem Brief weiteres; es heisst da: «Als Regierungsrat Bollier mit Regierungsrat Eduard Sulzer sprach wegen einer für mich auszufindenden Stelle, hatte dieser, sonst konservativ und mir gänzlich fernstehend, den ganz hübschen Gedanken: man wolle mich doch nicht jetzt schon für immer festbinden und isolieren, und liess mich zu sich kommen, um mich zu fragen, ob ich nicht auf Staatskosten eine grössere Reise, etwa nach dem Orient usw. machen wolle? Es seien alle bereitwillig, mir dazu zu verhelfen, nachher könne man noch immer wieder für mich sorgen.» Kein Zufall somit, sondern gewissermassen vorsehende Planung von oben – der junge Maler und Lyriker genoss ganz besondere obrigkeitliche Gunst.

Die Stipendien wurden in der Folge erneuert, aber man kann nicht sagen, dass der Empfänger dafür immer die gebotene Dankbarkeit bezeugte. Als er in einer Auseinandersetzung mit seinem Verleger den Vorwurf auf sich lud, er beantworte ganz einfach Briefe nicht, gab er «den Schein der Grobheit und Rücksichtslosigkeit» offen zu, meinte aber entschuldigend, das gehöre nun einmal zu seinen Gepflogenheiten: «So schrieb ich zum Beispiel seit einem Jahr nicht mehr an meine Regierung und habe den letzten damaligen Empfang einer Stipendiensumme nicht einmal angezeigt, weil ich, statt verabredeterweise damit nach Dresden und Wien zu gehen, in Berlin blieb, und die Leute mögen kaum wissen, wo ich mich aufhalte.» Kein einfacher Stipendiat also, und doch behielt man ihn wohlwollend im Auge, hielt weiterhin Ausschau, auch als der Aufenthalt sich programmwidrig in die Länge zog. In diesem Zusammenhang gehören die Bemühungen, Gottfried Keller am neugegründeten Eidgenössischen Polytechnikum eine

Professur zu verschaffen. Ich gehe darauf nicht weiter ein, da sie nicht zum Thema gehören, und da Adolf Muschg sie in einer Studie «Professor Gottfried Keller?» bereits erforscht hat.

Erstaunlich bleiben sie aber aus zwei Gründen – zum ersten, weil die wissenschaftlichen Voraussetzungen einer solchen Beförderung fehlten und man gleichwohl darüber hinwegsah, zum zweiten, weil gewisse Behördenmitglieder Keller förmlich drängten, der aber seinerseits nicht recht wollte. Jakob Dubs, mit Keller seit der Freischarenzeit befreundet, Regierungsrat und später als Furrers Nachfolger auch Bundesrat, versuchte, den Gedanken dem Dichter nahezubringen, dem es aber – eigenen Worten zufolge – mehr um «eine bescheidene Stelle in der Staatsverwaltung» zu tun war; «ich bin im Grunde gar nicht so unpraktisch, als man glaubt, wenn ich nur erst einmal Ruhe habe.» Für die Professur aber empfahl er in erster Linie seinen Freund Hermann Hettner, dessen Literaturgeschichte des 18. Jahrhunderts auch heute noch zu den Kostbarkeiten ihres Genres zählt.

Kein Zweifel: Gottfried Keller war bereit, eine Staatsstelle zu übernehmen, wenn sie sich ihm darbot. Fühlte er auch, wie er Cotta gegenüber einmal bekannte, «den Mangel eines Amtes oder einer bestimmten und sicherstellenden Tätigkeit», so drängte er sich keineswegs vor und liess erkennen, dass er nicht darauf angewiesen war. Und die fünf Jahre 1856 bis 1861 nach seiner Rückkehr in die Heimat zeigen, dass er auch sonst existieren konnte, weniger als Dichter denn als Publizist und Journalist. Wir verdanken diesem Zwischenakt mancherlei und erinnern nur an die Studie «Am Mythenstein» mit ihrer Erörterung des Festspielgedankens. Es gibt aus jener Zeit aber auch tagespolitische Betrachtungen, die aufhorchen liessen. So jener Aufruf zur Wahlversammlung in Uster vom Herbst 1860 mit der einleitend kühlen Feststellung, «dass der Stand Zürich, während er in seinem Innern gewissenhaft und geschickt verwaltet wird, in den eidgenössischen Räten zum guten Teil nicht auf eine Art vertreten ist, die ihm angemessen genannt werden kann». Einen unmittelbaren Anstoss zu dieser Betrachtung bot der Savoyer Handel, der vielerorts als Zurückweichen vor Napoleon III. verstanden und kritisiert wurde. Keller dramatisiert nicht, erkennt aber doch ein Symptom der Aufweichung. Ein Misstrauensvotum, weniger an die Adresse Alfred Eschers selbst als an diejenige seiner Anhänger und Unterstützer mit ihrer Verfilzung politischer und geschäftlicher Gesichtspunkte. «Wir wollen nicht, dass Zürich Zweifel und Streit hineinwerfe, wo die Urschweizer, die Berner und unser westlich bedrängtes Grenzland das ehrliche Banner der Entschlossenheit entfalten. Wir wollen nicht, dass die Zürcher, die Ostschweizer überhaupt in das Gerücht eines falschen Spekulantenvolks geraten, welches den Ernst des Lebens als ein Ränkespiel betreibt.» In eindrucksvoller Rhetorik und mit Verwendung der Anapher erklingen da Warnungen vor der Kapitulation vor sogenannten ökonomischen Zwängen – keineswegs zum erstenmal bei Gottfried Keller. Schon 1845 hatte er «die Staatsgewalt» kritisiert, weil sie gegen die damalige Hungersnot nicht eingreifen konnte oder wollte.

Nach 1848 wandte sich das Blatt. Die Depression wurde abgelöst durch eine Hochkonjunktur, die den jungen Bundesstaat favorisierte und auch das Eschersche System trug. Es gab nun keine Hungersnöte mehr, doch gab es noch immer das Elend der Fabrikkinder, deren Arbeitszeit fast unbeschränkt blieb, trotz halbherziger gesetzgeberischer Anläufe, die mehr nur Alibicharakter hatten. Sogar das damals moderne kantonale Fabrikgesetz von 1859 setzte die Arbeitszeit für noch nicht konfirmierte Kinder auf täglich 13 Stunden fest, obwohl die Kommission auf einen Vorschlag von «nur» 12 Stunden gekommen war. Auf diese Wunde hat Keller bemerkenswert freimütig hingewiesen. «Wessen Kinder sind nun diese?» fragt er in einem «Randglossen» betitelten Aufsatz. «Sollen wir sagen der Unfreien? Das geht nicht; denn ihre Väter, die auch in der Fabrik arbeiten, haben das Recht, zu den Wahlen zu gehen so gut wie die Väter der andern, ja sie werden von den Fabrikherrn sogar dazu aufgeboten, nur ist ihnen zu raten, dass sie so stimmen, wie ihnen empfohlen wird.» Und er fährt fort: «Freilich, der denkende und menschenfreundliche Staat, mit seinem pflichttreuen Blick in die Zukunft, sieht 50 Jahre weiter und erblickt ein verkümmertes Geschlecht überall, wo rädertreibende Wasser laufen, welches ihm weder taugliche Verteidiger noch unabhängige, auch nur zum Schein unabhängige Bürger mehr liefert; er berechnet, dass vielleicht gerade die dreizehnte Stunde, dreihundertmal jährlich wiederkehrend, die Stunde zuviel ist, welche die Lebensfrische retten könnte, und er bettelt bei der Baumwolle um diese einzige Stunde... Allein die Baumwolle ‹niggelet› stetsfort mit dem Kopfe, den Kurszettel der Gegenwart in der Hand, indem sie sich auf die ‹persönliche Freiheit› beruft, während sie wohl weiss, dass der Staat in kirchlichen, pädagogischen, polizeilichen, sanitarischen Einrichtungen oft genug diese unbedingte persönliche Freiheit zu beschränken die Macht hat, und dass die Quelle, aus welcher diese Macht fliesst, nicht versiegen kann. Sie wird niggelen mit dem Kopfe, bis der Staat einst sein Recht zusammenrafft und vielleicht nicht nur eine Stunde, sondern alle dreizehn Stunden für die Kinder wegstreicht.»

Mit diesen Worten kritisierte Keller in einer Artikelfolge des «Zürcher Intelligenzblatts» vom März 1861 nicht nur einen Missstand an sich, sondern speziell auch das Eschersche System, dessen eine Machtbasis der ländliche Fabrikherrenstand bildete und dem deshalb in entscheidenden Reformansätzen die Hände gebunden waren. Und die Prognose des Wegstreichens fand dann 1877 mit dem Eidgenössischen Fabrikgesetz und dessen Verbot der Kinderarbeit ihre Erfüllung. Bemerkenswert aber, wie der Autor sich unversehens mit dem Staat und seinen Interessen identifiziert, indem er dem Profit von heute die Wehrkraft von morgen entgegenhält. Diese durchaus staatsloyale Opposition mag die massgebenden Herren, die das System auch nach Eschers Rücktritt, jedoch in seinem Sinne verkörperten, bewogen haben, ihn näher an die Republik zu binden. Denn es gehörte zur Strategie des herrschenden Liberalismus, sich der Talente zu versichern, die gefährlich werden konnten. Das andere illustre Beispiel bot der Frühsozialist und Jurist Johann Jakob Treichler, der ihm seit 1856 als Regierungsrat und Gesetzesentwerfer diente. So kam auch die Stunde, da Gottfried Keller sich in Pflicht nehmen liess, um als Beamter von Staat und Regierung dem politischen Alltag zu dienen.

Staatsschreiber

Seine Wahl zum ersten Staatsschreiber des Kantons erfolgte am 14. September 1861. Erst drei Tage zuvor, am 11. September, hatte er sich um die Stelle beworben, als einer der letzten Interessenten übrigens und mit einem kurzen Schreiben von einem Satz. Andere, die erfolglos blieben, hatten Bewerbungen von fast drei eng beschriebenen Seiten eingereicht – im Staatsarchiv sind sie allesamt zu finden. Fast alle Bewerber waren studierte Juristen, einer National-, ein anderer ein späterer Regierungsrat. Das Regierungsprotokoll verrät nichts von Meinungsverschiedenheiten hinsichtlich der Wahl. Doch berichtet Adolf Frey in seinen «Erinnerungen an Gottfried Keller», sie sei mit fünf Stimmen gegen drei erfolgt. Ausgerechnet seinem Hauptförderer, einem Jugendbekannten, dem Regierungsrat und früheren Staatsschreiber Franz Hagenbuch, fiel dann die undankbare Aufgabe zu, Keller in seiner Wohnung aufzusuchen und zur Pflicht anhalten zu müssen, als dieser zufolge einer feuchten Feier bekanntlich den ersten Dienstmorgen verschlief. Nach dieser einmaligen Nachlässigkeit aber ist Keller voll in seinem Amt aufgegangen.

Die nun von ihm während fünfzehn Jahren bekleidete Stellung war erst mit der Regeneration von 1831 geschaffen worden. Für einige frühere Amtsinhaber – so für Ferdinand Meyer (den Vater Conrad Ferdinands), für Alfred Escher, aber auch für den eben genannten Hagenbuch – war sie eine Etappe auf dem Weg zum Regierungsrat gewesen. Solche Ambitionen lagen Keller völlig fern, aber er übernahm wesentlich mehr als ursprünglich wohl erwartet und fand sich voll ausgelastet, zumal er sich für einige Jahre auch noch in den Grossen Rat wählen liess. Von Amtes wegen stand er der Staatskanzlei vor und musste stets Protokolle führen (die Reinschrift freilich konnte er einem Kanzlisten überlassen).

Das Amtskleid entsprach dem des Regierungsrats. «Diese Zeilen schreib ich in feierlicher Ratsversammlung, im schwarzen Fräcklein, als Sekretär derselben», liess er Hermann Hettner einmal wissen. Ähnliches bekam Ludmilla Assing zu lesen: «In einer langweiligen Regierungssitzung, in welcher stundenlang debattiert wird, finde ich endlich die Gelegenheit, meiner Sünden zu gedenken, und da fällt mir vor allem meine bald zweijährige Briefschuld aufs Gewissen, die mich Ihnen gegenüber drückt.»

Wurde somit auch nicht jede Dienststunde restlos ausgenützt – darin unterschied sich Keller wohl nur unwesentlich von anderen Beamten –, so war doch der äussere Rahmen des Zeitaufwands beträchtlich. Er führe als «eine Art Mädchen für alles ein etwas vegetatives Leben, das aus Essen und Schlafen besteht, mit Einschaltung von acht bis zehn Stunden Amtsarbeit täglich.» Immerhin gibt es Äusserungen, die auf gelungene Einarbeitung und Routine schliessen lassen. Seine Effizienz bewährte sich. Das Amt frass ihn nicht völlig auf; Möglichkeiten einer Selbstorganisation zeichneten sich ab, welche die Hoffnung auf Ausgleich von Pflicht und Dichtung eröffneten. Da aber brachte die demokratische Umwälzung eine Zäsur. Die Wende war vorauszusehen gewesen, und Keller hatte in einer Artikelserie «Die Verfassungsrevision in Zürich» – bereits als Staatsschreiber – dazu Stellung genommen, nicht durchwegs negativ übrigens. Gewisse Anpassungen des Grundgesetzes von 1831 bejahte er sogar, warnte aber vor jeder Perfektionierung. In diesem Kontext stehen die berühmt gewordenen Worte, wonach eine Verfassung eben «keine stilistische Examenarbeit» sei: «Die sogenannten logischen, schönen, philosophischen Verfassungen haben sich nie eines langen Lebens erfreut... Uns scheinen jene Verfassungen die schönsten zu sein, in welchen, ohne Rücksicht auf Stil und Symmetrie, ein Konkretum, ein errungenes Recht neben dem anderen liegt.» Vor allem misstraute er der Totalrevision als einer Art von Multipack – modern gesprochen –, weil sie es gestatte, dem Volk Neuerungen zu unterschieben, die sonst keine Chance hätten. Gerade darum aber sei es der demokratischen Bewegung zu tun, deren Methoden der Dichter später im «Verlorenen Lachen» den Prozess machte. Man kann sich fragen, ob er dabei den Motivationen der kleinen Leute, die eben lange genug die Schattenseiten des Systems zu spüren bekommen hatten, wirklich gerecht geworden ist.

Jedenfalls rechnete er gelassen auch damit, nach der «demokratischen Revolution» seines Amtes verlustig zu gehen. Das ist allerdings nicht geschehen. Es kam ihm zugute, nicht an der Spitze zu stehen; zudem dürften die neuen Machthaber gewusst haben, was sie an ihm hatten. Bereits umgab ihn wohl auch seine Berühmtheit gleich einem Schutzmantel. Zudem besass er auch unter dem neuen Regime keine eigentlichen Gegner. Einer von dessen Exponenten, der Volksmann, frühere Sekundarlehrer und nunmehrige Erziehungsdirektor Johann Caspar Sieber, überreichte ihm sogar die Urkunde zum Ehrendoktorat anlässlich des 50. Geburtstags. Der Dichter wiederum bekannte sich ihm gegenüber zur Aufgabe, «volkstümlich zu schaffen, ohne die Gesetze des Schönen und der echten Poesie zu verlassen…»

Trotz solch versöhnlicher Worte hat der Systemwechsel Keller wohl in seinem Vorhaben bestärkt, sich von seinem Amt zu trennen. Und zwar weniger aus politisch-ideologischen denn aus dienstlichen Gründen; die erhoffte Entlastung verkehrte sich in ihr Gegenteil. Sehr offen hat er sich darüber an Theodor Storm zweieinhalb Jahre nach seinem Rücktritt ausgesprochen. «Gerade als ich in mein Amt so voll eingeschlossen war, dass ich Aussicht hatte, etwas Musse zu gewinnen, gab's eine trockene aber radikale Staatsumwälzung, eine neue Verfassung wurde gemacht, in Folge dessen eine Reihe neuer Gesetze, so dass ich neben den laufenden Geschäften zwei Jahre lang fast Tag und Nacht Schwatzprotokolle zu schreiben hatte, die nachher zur Interpretation dienen sollen, wenn die Esel nicht mehr wissen, was sie gewollt haben. Da war es denn mit der Dichterei wieder fertig, besonders da die zweite Staatsschreiberstelle auch abgeschafft wurde und ich als einziger und unteilbarer Scribax dastand…» Er fügte noch bei, dass ihm sein Titel «in der knauserigen Republik keine Pension» eintrage, was damals auch bei einer längeren Amtszeit als der seinen der Fall gewesen wäre.

Man sieht: Verschiedene Faktoren haben zusammengewirkt, um ihm seine Stellung nach und nach zu verleiden. Es war übrigens keineswegs Furcht vor Mehrbelastung, wenn er die direkte Demokratie ablehnte, es entsprang vielmehr einer tiefen Überzeugung. Schon aus Berlin hatte er dem damals vertrautesten seiner heimischen Freunde, dem Musiker Wilhelm Baumgartner (Vertoner von «O mein Heimatland») ein regelrechtes politisches Glaubensbekenntnis darüber abgelegt, das um so mehr ins Gewicht fällt, als ihm jede Rücksichtnahme abgeht. Er spottet da über die Manie, den Repräsentanten und Volksvertreter ständig zu überwachen «und ihn keine Minute ruhig zu lassen, ohne ihm alle fünf Finger in den Topf zu stecken und die Kelle zu beschnüffeln». Er fährt fort: «Die repräsentative Demokratie wird daher so lange der richtigste Ausdruck der zürcherischen Volkssouveränität sein, bis alle psychischen und physischen Materien so klar und flüssig geworden sind, dass die unmittelbarste Selbstregulierung ohne zuviel Geschrei, Zeitverlust, Reibung und Konfusion vor sich gehen kann, bis das goldene Zeitalter kommt, wo alles am Schnürchen geht und nur einer den andern anzusehen braucht, um sich in ihn zu fügen.»

Demnach fällt eben die Hauptarbeit der Umschmelzung der Materie in die klare Form der Gesetzgebung den Repräsentanten zu und ist ohne

Komplikatikonen und sinnlose Reibungsverluste gar nicht delegierbar – dies die echt Montesquieusche Grundeinsicht, deren spöttischer Nachtrag keinen Zweifel übriglässt, dass es für immer so bleiben werde. Dieser Satz schien nun, zwanzig Jahre später, überholt – aber war er es wirklich? Hat nicht gerade die direkte Demokratie, so muss man im Lichte unserer Erfahrung fragen, statt der übermächtigen Legislative andere Zwischengewalten und Interessengruppen geschaffen, die das Volk kaum minder effizient von wirklicher Volksregierung fernhalten: Verbände und Vertreter von Wirtschaftsinteressen, die sich in kaum vorauszusehendem Ausmass auch der Parteien bemächtigten? Ist es ein Zufall, dass gerade in den 1870er und 1880er Jahren der Aufschwung solcher Organisationen einsetzt, die zum Teil bis heute das öffentliche Leben von Kantonen und Eidgenossenschaft bestimmen? Man kann, ja man muss somit von einem Formwandel der Zwischengewalten sprechen, die – aus einer Form verdrängt – sich proteusartig in eine andere verhüllen und so ihren Spuk mit der als wirkliche Volksherrschaft verstandenen reinen Demokratie treiben.

Nun, solche Sorgen und Perspektiven mochten sich noch nicht aufdrängen, als Gottfried Keller im Sommer 1876 mit einer solennen Feier, an der viel Champagner floss, von seinen Regierungsleuten den Abschied nahm.

Wirtschaftlich war er längst über dem Berg; «ich verdiene, ohne eigentlich viel zu tun, doppelt so viel Barschaft, als ich als Staatsschreiber einnahm und bedaure nur, dass ich nicht anno 1869 mit den liberalen Biedermännern der früheren Regierung schon mit Pomp abgezogen bin». So sechs Jahre später an Adolf Exner. Dass Keller seinem Amt alle Ehre machte, dass er ein überaus tüchtiger Staatsschreiber war, dies zu sagen ist beinahe eine Banalität. War er auch ein innovativer Beamter? Dieser Frage ist vor einigen Jahren Alt-Staatsarchivar Ulrich Helfenstein nachgegangen und zu einer eher zurückhaltenden Antwort gelangt. Er spricht von einem «vielleicht etwas zurückgebliebenen, in der Routine erstarrten Betrieb der Staatskanzlei» und fügt bei, die wirklich belebenden Impulse seien dieser doch erst von Kellers Nachfolger Johann Heinrich Stüssi übermittelt worden – was er an verschiedenen Beispielen belegt.

Das Bleibende an der Amtstätigkeit sind zweifellos diverse Bettagsmandate, die er im Auftrag der Regierung zwischen 1862 und 1872 – keineswegs in allen Jahren – verfasste. Sie gingen nicht immer problemlos über die Bühne; das erste – eben dasjenige von 1862 – wurde von der Regierung zunächst nicht gebilligt, was mit seiner Länge zusammenhing, aber auch andere Gründe hatte. Sie sind mangels Unterlagen nicht genau zu ermitteln, doch hat Carl Helbling in seinen Anmerkungen zur kritischen Gesamtedition einige Protokollnotizen des Regierungsrats zum Mandat des folgenden Jahres 1863 festgehalten, etwa: «weniger bestimmte Urteile» oder «Wildheit geändert». Man durfte also – wie so oft in amtlichen

Kundmachungen – nicht zu deutlich werden, nicht über Gebühr anstossen, keine liebgewonnenen Gewohnheiten in Frage stellen, damals so wenig wie heute. Zwar gelte die Schweiz heute vielerorts als Muster, lesen wir 1862, «und erleuchtete Staatsgelehrte weisen schon allerwärts auf unsere Einrichtungen und Gebräuche als auf ein Vorbild hin». Für Keller aber steht solches Lob und Selbstlob unter einem gewichtigen Konditional, einem Wenn: «Wenn auch der grosse Baumeister der Geschichte in unserem Bundesstaat nicht sowohl ein vollgültiges Muster als einen Versuch im kleinen, gleichsam ein kleines Baumodell aufgestellt hat, so kann derselbe Meister das Modell wieder zerschlagen, sobald es ihm nicht mehr gefällt, sobald es seinem grossen Plane nicht entspricht.» Das warnende Beispiel der plötzlichen Spaltung einer scheinbar so bewährten Demokratie aber bot der amerikanische Sezessionskrieg, dessen Ausgang damals nicht abzusehen war. «Dort haben vor erst achtzig Jahren wahre Weise und Helden die grösste und freiste Republik der Welt gegründet, eine Zuflucht der Bedrängten aller Länder. Die unbeschränkteste Freiheit, die beweglichste Begabung in Verkehr und Einrichtung, in Erfindung und Arbeit aller Art, ein unermässliches Gebiet zu deren Betätigung, ohne einen freiheitfeindlichen und mächtigen Nachbar an irgend einem Punkte der weiten Grenzen, sehen wir den grossen blühenden Staatenbund jetzt in zwei Teile gespalten, die sich wie zwei reissende Tiere zerfleischen.»

Soviel ergab sich aus dem Vergleich: Die Schweiz konnte wegen ihres Republikanismus allein keineswegs auf ewige Schonung rechnen. «Vor dem Erhalter der Welt stehen alle Völker in gleichen Rechten; keinem vergönnt er seine besondere Vorsehung», lesen wir dann im Bettagsmandat von 1872. Wir lassen offen, wie viele Zürcher oder Zürcherinnen diese Bekanntmachungen mit ihren trotz schlichter Sprache nicht immer ganz einfachen Gedankengängen wirklich gelesen oder gar rezipiert haben. Als Wegmarken politischer wie gesellschaftlicher Bewusstheit bewahren sie überzeitlichen Rang. Sie fallen noch vor die Gründerzeit, vor die grosse Depression und die sogenannte Verwirtschaftlichung der schweizerischen Politik – lauter Phänomene, die dem alternden und alten Keller schwer zusetzten und ihn auch seinen eigenen Wohlstand nicht unbekümmert geniessen liessen. Ich erinnere nur an den Problemkreis um «Martin Salander», dieses unfrohe, aber vom Autor her gesehen im tiefsten notwendige Werk, für das er ein förmliches Ende mit Schrecken vorsah, das jedoch ungeschrieben blieb. Wie sehr er an dem Buche hing und um seine Vollendung rang, zeigt der abrupte Bruch des Briefwechsels mit Theodor Storm als Folge eines unverständigen Urteils dieses Dichters über sein Alters- und Bekenntnisbuch. Es lohne sich zu zeigen, schrieb er dem Redaktor der «Deutschen Rundschau» Julius

Rodenberg, «wie keine Staatsform gegen das allgemeine Übel schützt, und ich meinem eigenen Lande sagen kann, voilà c'est chez nous comme partout».

Dass ihm die Gründerzeit mit ihrer Veränderungs- und Bauethik ganz direkt zu Leibe rückte, zeigt das zufällig überlieferte Zeugnis eines Polytechnikum-Studenten, der den greisen Dichter ab und zu in seinem letzten Heim am Zeltweg besuchen durfte, und den er einmal in heller Aufregung fand, ohne zunächst zu wissen, warum, und deshalb auch prompt angefahren wurde: «Sind Sie denn blind? Oder sind Sie auch so einer, der keine Freude mehr hat an Blumen und Bäumen? Sehen Sie denn das Baugespann mitten im prächtigen Garten dort nicht? Wissen Sie, was der Millionär Schöller dort machen will? Einen grossen Palast von Steinen, einen Dreckpalast, der mich des einzigen Ausblicks in die freie grüne Natur berauben wird. Aufhängen sollte man ihn. Das Baugespann muss wieder fort, da werde ich auch noch ein Wort sagen.» Wir haben für diese Ereiferung heute mehr Verständnis als die Generation von 1940, da diese Erinnerung in der «Schweizer Illustrierten» erschien. Keller erreichte übrigens, dass der Textilunternehmer seine Villa auf den Hügel zurückverlegen musste, wo sie in ihrem Backsteinrot heute noch steht, möglicherweise auch schon unter Denkmalschutz. Diese Intervention bildet eine abschliessende Episode zum Thema Gottfried Keller und die Zürcher Regierungen.

Dieses Thema hat im Lauf der Jahrzehnte unmerklich an Farbe verloren. Wer die Regierungsmänner in der Zeit des späten Keller waren, interessierte ihn kaum noch, sehr im Unterschied zu früher. Einmal spielten sie in seinem Leben keine Rolle mehr – war er doch über sie hinausgewachsen –, andererseits vollzog sich eine unverkennbare Entpersönlichung der Politik: Es sind Namen, die auch dem Historiker nicht mehr viel sagen, was beileibe kein Qualitätsurteil darstellt, eher ein Symptom der Verschmelzung von Amtsträger und Amt. Ohnehin war das Regieren mehr und mehr zum Verwalten geworden. Eine Ausnahme bleibt freilich bestehen – die Persönlichkeit, von der wir ausgingen. Alfred Escher hat nach seinem frühen Rücktritt aus der Zürcher Regierung noch zwei Abstürze erleben müssen. Den ersten beim Zusammenbruch seines Systems in der demokratischen Revolution 1869, den zweiten auf eidgenössischer Ebene, als das von ihm inaugurierte Unternehmen der Gotthard-Bahn in eine schwere Krise geriet. Dennoch blieb «der Herr Präsident» für den Dichter eine Respektsperson bis zuletzt. Davon zeugen die paar Briefe, die er an ihn richtete, fast noch mehr aber diejenigen, die er der Tochter Lydia zukommen liess. Davon zeugten zuletzt noch, ein Jahr vor seinem eigenen Tode, sein Einsatz für das im Werden begriffene Monument auf dem Bahnhofplatz wie auch seine Sätze anlässlich der Denkmalweihe. «Alfred Escher war der letzte Bürgermeister Zürichs. Sobald er es geworden, legte er auf dem Wege des Gesetzes den mehr als halbtausendjährigen Titel nieder und nahm denjenigen eines Regierungspräsidenten an, womit er in die schlichte Reihe mit jedem Gemeinde- oder Vereinspräsidenten trat.» Und er fährt fort: «Diese Gesinnung war auch der Kern seines Lebens, welches von der Jugendzeit bis zum Tode eine Offenbarung gewesen ist.»

Kellers Worte erfassen eine Entwicklung, die dem Dichter besonders zu Herzen ging, weil sich in ihr jene Einfachheit und Vereinfachung der Öffentlichkeit widerspiegelt, die sein eigenstes Anliegen blieb – bei aller Bereitschaft zur Grösse.

Das «Geschichtsbild» der Schweiz von Österreich

Der vielgebrauchte und strapazierte Ausdruck «Geschichtsbild» hat eine doppelte Bedeutung. Ganz elementar meint er Bilder der geschichtlichen Vergangenheit, die visuell auf den Menschen wirken, also Historienbilder, wie sie vorab im 19. und frühen 20. Jahrhundert Vorstellungen und Anschauungen der Vergangenheit erweckten und noch erwecken, dies zumal bei einfacheren, aber durchaus auch bei gebildeten Betrachtern. Im weitern Zusammenhang gehören dazu alle Bilder – auch die authentischen – geschichtlicher Vorgänge. Sie sind vielfach ganz entscheidend für deren Verständnis. So gibt es kaum eine Kenntnis der NS-Vergangenheit ohne Bilder von Hitler und seines engeren Kreises, ohne sichtbar gemachte Massenaufmärsche, Vernichtungslager und zerstörte Städte – gäbe es sie, sie bliebe höchst schemenhaft. Man denke aber auch an Momentaufnahmen wie die eines fallenden Soldaten im Spanischen Bürgerkrieg: da verdichtet sich ein ganzes historisches Geschehen exemplarisch im «Zufall» eines einzigen Bildes.

Der bei Historikern übliche Gebrauch des Begriffs ist weniger direkt, mehr abgeleitet. Darunter versteht man gemeinhin die Vorstellung einer Vergangenheit – gesamthaft oder ausschnittweise –, die sich aus vielen Wissens- oder Erlebnisbestandteilen zusammensetzt, aus einer Fülle von Gelerntem, Gelesenem, Gehörtem oder Gesehenem. Jeder Mensch, auch der schlichteste, ist an diesem «Geschichtsbild» beteiligt, kaum ein Erwachsener, der nicht irgendeine Vorstellung von Vergangenheit seines Landes oder eines Stücks Welt in sich trüge, und wären es auch nur noch vage Erinnerungen an einen letzten Krieg oder an letzte Wahlen. Beim Historiker, der von berufswegen mit Vergangenheit zu tun hat, bereichert, differenziert, erweitert sich das alles, je nach Perspektiven von der Gegenwart bis zurück zu den Frühkulturen, es kann sich aber auch bei ihm auf bestimmte Abschnitte und Ausschnitte konzentrieren. Es ist klar, dass hier diese zweite, die reflektierte Form des Geschichtsbildes dominiert, ohne die ursprüngliche doch ganz zu verdrängen – vielmehr ergänzen sich Zeitgeschichte und weit zurückliegende Vergangenheit darin, dass sie vorwiegend mit optischen Mitteln beschworen werden müssen. Soweit einige grundsätzliche Vorüberlegungen zu unserem Thema. Was nun dieses selbst betrifft, so muss der Historiker freilich eine gewisse Verlegenheit eingestehen. Was der Durchschnittsschweizer heute noch von österreichischer Geschichte weiss, ist wenig, zufällig und umso willkürlicher, je mehr man sich von der Gegenwart entfernt. Etwas NS-Vergangenheit, dann – weiter zurückreichend – Ausschnitte der Franz-Joseph-Zeit, operettenhaft bzw. filmgerecht zubereitet, mit nostalgischen Einschlägen, viel Uniformenglanz und Walzerassoziationen. Denn auch das heutige Österreich präsentiert sich – wie ja die Schweiz auch – von aussen doch vorwiegend als «heiles Land» und Ferienidyll. Früher war das nicht ganz so. Um die Jahrhundertwende und darüber hinaus – ganz vereinzelt auch noch heute – wusste der Schweizer von der Volksschule her, dass die Eidgenossenschaft entstanden war in stetem Kampf mit dem Hause Habsburg, das mit Österreich oder den Österreichern gleichgesetzt wurde. Der Rütlischwur, Morgarten oder Sempach legten davon Zeugnis ab, fanden ihre Wiederkehr in Form regelmässiger Gedenkfeiern. Solche Erinnerungen wurden durchaus auch optisch dank einer recht kunstvollen Historienmalerei wachgehalten und aktiviert – geschichtliche Festspiele trugen dazu das ihre bei.[1] Ja, man kann von einem eigentlichen Feinderlebnis sprechen, das dieser Sicht und Rechtfertigung der eigenen Vergangenheit ihr Profil verlieh – man kämpfte gegen die bösen Vögte, gegen die Ritter, welche die freien Bauern heimsuchten, gegen einen schlimmen Herrscher wie Albrecht, der sie einem Grossreich eingliedern wollte. Dabei verschlug es wenig, dass die «Österreicher» jener Zeit zumeist die Adeligen und ihr Gefolge aus der Region des späteren schweizerischen Mittellandes waren und nur in selteneren Fällen dem eigentlichen Österreich entstammten.

Was im Volke Verbreitung fand, geht aber nicht notwendigerweise auf volkstümliche Traditionen zurück. Es war vielmehr eine Elite, die dieses Geschichtsbild prägte und durch stets neue Details anreicherte, erzählerisch ausschmückte. Im Falle der Schweiz ist es eine humanistisch bestimmte Chronistik, die im Spätmittelalter entstand, zu einer Zeit also, da das erwähnte Feinderlebnis noch frisch und einigermassen echt war, da man sich noch wirklich vom Hause Habsburg bedroht fühlte. Ihren letzten und monumentalsten Reifegrad hat sie dann in der zweiten Hälfte des 16. Jahrhunderts erfahren in der Schweizerchronik, dem «Chronicon helveticum» des Aegidius Tschudi, dessen Werk dann in der Goethezeit nochmals durch Johannes von Müller adaptiert und umstilisiert wurde.

Das Nachleben solcher Überlieferungen aber zeigt sich anhand von Schulbüchern bis ins 20. Jahrhundert hinein. Im Zentrum der Chronik Tschudis, die mit der Zeitenwende von 1000 anhebt und bis zum Jahre 1470 führt, steht die Rechtfertigung der Befreiung. War es einfach Naturrecht, kraft dessen sich die Bewohner der Talschaften gegen die Vögte und deren Herren, die Habsburger, erhoben und darüber zu Eidgenossen wurden, oder leitete sie nicht vielmehr auch geschichtliches Recht? Tschudi war gerade vom letzteren fest überzeugt und entwickelte zur Stützung dieser

Überzeugung eine auf ihre Art beeindruckende geschichtliche Ordnungs-
lehre. Als Humanist kannte er Cäsars Buch vom gallischen Krieg, dessen
Kunde von den Helvetiern für den schweizerischen Humanismus eine
ähnlich grundlegende Bedeutung hatte wie die Germania des Tacitus für
den deutschen. Der Dreiländerbund der alten Waldstätte aber ist nichts
anderes als die Anknüpfung an dieses alte vorrömische Helvetien; aus ihm
ist – ich zitiere Tschudi - «die Eitgenosschafft entsprungen und das land
Helvetia (jetz Switzerland genant) wider in sin uralten stand und frijheit
gebracht worden»[2]. Eine bedeutsame Legitimitätstheorie eröffnet sich
damit und ermöglicht es, den alten Vorwurf zu entkräften, als hätten sich
die Eidgenossen gegen die rechtmässige Obrigkeit des alten Reiches erhoben. Ihr Tun galt vielmehr der Wiederherstellung einer alten, besseren
Ordnung, die der römischen Eroberung – auf welcher ja die Legitimität
auch des Hl. Römischen Reiches deutscher Nation beruhte – zeitlich voranging: die Eidgenossenschaft ist selbständig, weil sie ihrer Substanz nach
älter und damit ehrwürdiger ist als das erneuerte bzw. deutsch-habsburgi-
sche Römerreich. Solch geschichtliche Deszendenzlehre hat zweifellos
dazu beigetragen, die innere Emanzipation der Eidgenossenschaft vom
Reiche zu begründen und zu fördern – oder vielmehr: sie ist Ausdruck der
gewandelten Mentalität einer Nation und ihrer Elite, die sich vom Reiche
als unabhängig empfand. Diese Auffassung hat in ihren weiteren Umrissen
nicht nur das schweizerische Geschichtsbewusstsein geprägt, sie ist –
gleichfalls durch das Medium Johannes von Müllers – in Schillers Tell-
drama eingegangen und hat so mindestens einen Teil des deutschen Bil-
dungsbürgertums berührt. Ich habe Tschudi als besonders markanten
Vertreter von Humanismus und altschweizerischer Chronistik herausge-
griffen. Er war zugleich Zeitgenosse der Konfessionskämpfe, die er als
Katholik miterlitt – in seinen Überzeugungen gleichermassen altgläubig
und altständisch. Für ihn war die Erhebung der Eidgenossen weniger eine
Volkssache als eine Bewegung, die von einer adeligen oder adelsähnlichen
Oberschicht getragen wurde – konsequenterweise hat er sich am Hofe
Ferdinands I. denn auch um seine Nobilitierung bemüht, anscheinend
erfolglos[3]. Der Annäherungsversuch des Humanisten an den habsburgischen Herrscher ermangelt jedoch nicht einer gewissen Symptomatik. Die
Reformation hat die Schweiz konfessionell getrennt, in zwei Glaubenskriege hineingeführt und ihr damit ein Schicksal auferlegt, das sich in jedem
Jahrhundert vom 16. bis zum 19. in Glaubenskriegen entlud. Es lage nahe,
dass die katholischen Orte angesichts dieser Spaltung ihre traditionelle
Haltung gegenüber Habsburg-Österreich einer Revision unterzogen.[4] Es
bildete sich nach innen wie nach aussen ein labiles Gleichgewicht heraus,
das sich aus der Mittellage zwischen Frankreich und Österreich ebenso
erklärt, wie aus der Notwendigkeit, mit den Eidgenossen der anderen

Konfession trotz aller Gegensätze und gelegentlicher Kämpfe immer wieder zum Einvernehmen zu gelangen. Der Allianz mit Frankreich – die allein schon aus wirtschaftlichen Gründen unentbehrlich war – stand die Erbeinung mit Österreich gegenüber. Aus diesen Voraussetzungen bildete sich eine von Fall zu Fall gehandhabte Praxis der Neutralität heraus: wohlverstanden, noch lange keine Neutralität als völkerrechtlich anerkanntes Prinzip (das wurde sie erst 1815), aber doch eine Neutralität der Praxis, die sich in den französischen Glaubenskriegen, dann im dreissigjährigen Ringen und ebenso in den Auseinandersetzungen der Zeiten Ludwigs XIV. und des XV. bewährte. Es war das grosse Glück der Schweiz, dass ihre Glaubenskriege nicht mit den grossen deutschen und europäischen zusammenfielen, sondern daneben und im Abseits geführt werden konnten. Allerdings entwickelten sich in diesen Jahrhunderten der Frühneuzeit die Schweiz und Österreich sehr unterschiedlich und auseinander. Die Eidgenossenschaft, seit 1648 bekanntlich auch nach internationalem Recht aus dem Reiche entlassen, blieb ein Kleinstaat in erstarrenden Formen mit Untertanenlanden und halbberechtigten sog. Zugewandten, aber ohne Zentrum – Österreich dagegen wurde zur Grossmacht und Führungsmacht Ostmitteleuropas, sein Absolutismus erwies sich als zeitgemäss und wandlungsfähig. Das Stichwort «Josephinismus» zeigt dies fast blitzlichtartig – diese moderne Form des unbeschränkten, aber rational gesteuerten Herrschertums hat gerade in der Schweiz Spuren gezogen und tiefe Eindrücke hinterlassen. Zu denen, die dieses Experiment bewunderten, gehörte auch Pestalozzi – gerade, weil er dessen Innovationsfähigkeit erkannte. Er sah den «Vorschritt der ächten Volksführung» von den Kabinetten weiser Fürsten ausgehen; «von uns kommt dieser Vorschritt gewiss nicht mehr – wir sind gewesen.» schrieb er dem Grafen Karl von Zinzendorf.[5] Es gab aber andere Stimmen. Johannes von Müller, der bereits genannte Historiker, nahm die Reise Pius VI. nach Wien zum Anlass einer Schrift, betitelt «Die Reisen der Päpste»: darin warnte er vor den Allmachtsbestrebungen des Habsburgers und stellte ihnen das Papsttum als notwendiges Gegengewicht gegenüber. In dieser Gleichgewichtstheorie, die Müller entwickelte, bestand die Aufgabe der kleineren Staaten – und dazu gehörte die Eidgenossenschaft ebenso wie der Kirchenstaat – eben darin, sich den Gefahren einer Universalmonarchie entgegenzusetzen. «Die Unterwerfung Europens unter Einen, das nenne ich Tod; die Unterwerfung Deutschlands unter Einen, halte ich für den Vorboten des Todes.»[6] Was Johannes von Müller (und mit ihm andere) vom Josephinismus befürchteten, realisierte die Französische Revolution. Sie errichtete ihre Vorherrschaft zumindest über West- und Mitteleuropa, zertrümmerte die alte Eidgenossenschaft und bedrohte zeitweilig die Habsburgermonarchie in ihrer Existenz. Die Epoche der französischen Fremdherrschaft markierte für die Schweiz aber auch den Beginn ihrer so dringend notwendigen Modernisierung und Vereinheitlichung – Stichwort: Helvetischer Einheitsstaat. Viele Angehörige des Ancien Régime sind damals, um 1798 und nachher, ausser Landes gegangen – einige von ihnen (darunter sogar Johannes von Müller) wandten sich nach Österreich, das immer mehr zu der konservativen Bastion heranwuchs, die es dann eigentlich das ganze 19. Jahrhundert hindurch im wesentlichen geblieben ist. Im Sog der napoleonischen Expansionspolitik vermochte die Schweiz ihre Unabhängigkeit – eine sehr relative Unabhängigkeit – zwar mit genauer Not zu behaupten. Eine grosse Versuchung trat aber 1809 an sie heran, als Napoleon ihr nahelegte, das im Aufstand befindliche Tirol mit der Schweiz zu vereinigen, ja ihr dieses unverdauliche Geschenk förmlich auferlegen wollte. Es ist das Verdienst der damaligen Leiter schweizerischer Politik, dies mit Energie von sich gewiesen zu haben: sie machten geltend, dass die Schweiz durch einen derartigen Gebietszuwachs in jeder Hinsicht disproportioniert würde – zudem geriete sie dann erst noch in einen zweifelhaften Ruf.

Der Wiener Kongress beendete diese Ära der Überraschungen und der kurzlebigen Veränderungen. Im Innern brachte sie eine massvolle Restauration – die nicht einfach Wiederherstellung des Ancien Régime war – nach aussen aber die internationale Anerkennung und völkerrechtliche Verankerung der Neutralität und die Garantie ihres Territoriums. Tatsächlich gehört die Schweiz zu den ganz wenigen Ländern der Welt – möglicherweise ist es sogar das einzige –, das seine Grenzen seit 1815 nicht mehr veränderte, es beim damaligen Umfang ein für alle Male bewenden liess. Dieses Prinzip erwahrte sich ein gutes Jahrhundert später, als nach Ende des 1. Weltkrieges die Möglichkeit sich abzeichnete, das Vorarlberg mit der Schweiz zu vereinen. Ein Grossteil der Vorarlberger hat den Übergang damals gewünscht, in der Schweiz selbst gab es gleichfalls eine starke Strömung dieser Richtung: daraus ist – glücklicherweise – nichts geworden.[7] Denn richtig verstandene Politik besteht ja nicht in der Aneignung dessen, was man bei sich bietender Gelegenheit einmal erwerben bzw. erobern kann, sondern in der Erkenntnis und Bewahrung der einmal gesetzten Grenzen.

Nun, 1815 bestanden solche Versuchungen ohnehin noch nicht. Das Zeitalter Metternichs bedeutete vielmehr, aufs Ganze gesehen, das Zeitalter des stärksten österreichischen Druckes auf die Schweiz. Einmal innenpolitisch, durch Unterstützung der reaktionären Führungsgruppen innerhalb der Schweiz, besonders etwa des bernischen Patriziates. Sodann aber durch verstärkte aussenpolitische Einflussnahme im Sinne einer argwöhnischen Beaufsichtigung der Schweiz. Dabei ging es darum, revolutionäre Tendenzen und eine allfällige französische Einwirkung zu verhindern, oder allfällige Einbruchstellen abzuriegeln. Das setzte sich faktisch in eine zumindest informelle Kontrolle über die Schweiz um, die allerdings mehr beabsichtigt war als dass sie realisiert werden konnte. Werner Näf hat davon in einer konzentrierten Studie «Die Schweiz im ‹System› Metternichs» – übrigens dem einzigen schweizerischen Beitrag zur Srbik-Festschrift von 1938 – gehandelt. Wir entnehmen ihr eine Instruktion Metternichs vom 9. Juni 1826 an den Gesandten in der Schweiz, Baron Binder; da lesen wir: «La Suisse, par sa position géographique, est l'un des pays qui peuvent le plus pour le bien et pour le mal: placée entre les foyers révolutionnaires de France et d'Italie elle a été, jusqu'ici, l'un des principaux conducteurs, le grand canal de communication entre ces deux pays, le véhicule de l'action révolutionnaire sur l'Allemagne et le nord; se ralliant à nous, elle couperait pour toujours une trainée de poudre qui… peut faire éclater à tout instant, dans trois pays voisin, une explosion.» Man sieht: in dieser Optik kommt der Schweiz geradezu eine zentrale Rolle hinsichtlich der Ausbreitung revolutionärer Agitation zu, eine Art Drehscheibenfunktion des umstürzlerischen Exportes, wobei nicht ganz klar wird, wie weit sie nur Durchgangsland ist oder nicht auch – neben Frankreich und Italien – selber aktiv werden kann. Das hängt mit ihrer föderalistischen Struktur zusammen, dem grossen Eigengewicht ihrer Kantone, bei einer eher schwachen Zentralgewalt. Aber eben: dieser Föderalismus, den die Helvetik ja vorübergehend zugunsten der Einheitsrepublik beseitigt hatte, ging ja auf konservative Kräfte zurück, die Metternich selber unterstützt hatte. Darauf war nicht mehr zurückzukommen, und so kann der Staatskanzler denn auch nur empfehlen, die Schweiz in das Ordnungssystem der konservativen Mächte einzubeziehen und dem Schutz der Stabilität anheimzustellen: «…l'égide de la fixité, de l'immutabilité qui protège aujourd'hui les grands états de l'Europe, doit couvrir également les droits, les possessions et les intérêts de la Suisse.»[9]

Diese Hoffnungen auf die kalmierende Wirkkraft seines Prinzips haben sich bekanntlich nicht erfüllt. Die Julirevolution von 1830, die den Zerfall des Metternichschen Systems signalisierte, leitete in der Schweiz auch jene liberale Bewegung der Regeneration ein, die von den Kantonen auf den Bund übergriff und seine Erneuerung in die Wege leitete. Der Sonderbundskrieg von 1847, dieser wohl am wenigsten blutige Krieg des ganzen Jahrhunderts, ist vor europäischem Hintergrund und Publikum zu einer grossen Auseinandersetzung des liberalen und des konservativen Prinzips geworden. Die Niederlage der katholischen Sonderbundskantone aber bildete einen Auftakt zur Revolution von 1848, die – mindestens vorübergehend – das konservative Europa aus den Angeln hob. Für die Schweiz hingegen wurde 1848 zum Jahr des Neubeginns auf Dauer, zum Ursprungsjahr der Bundesverfassung, die in ihren Hauptzügen bis heute das gültige Grundgesetz des Landes geblieben ist. Sie ist für unser Thema von Bedeutung, nicht nur weil sie den Bundesstaat zum Prinzip erhob, sondern weil sie (in Art. 109) erstmals die Mehrsprachigkeit der Schweiz festlegte und «das Deutsche, Französische und Italienische» zu den «Nationalsprachen der Schweiz» erhob. Die Meinung ist ja recht verbreitet, wonach die Bi- oder Trilinguität schon immer ein schweizerischer Charakterzug gewesen sei; sie ist aber falsch. Die alte Eidgenossenschaft hat sich bewusst als deutschsprachig verstanden; alle ihre dreizehn Orte – Freiburg nicht ausgenommen – bekannten sich dazu.[10] Erst die Helvetik hat dann wenigstens einen französischsprachigen Kanton – die Waadt – erstehen lassen; Genf, Neuenburg und das zweisprachige Wallis kamen erst 1815 als vollberechtigte Kantone hinzu. Aber die verfassungsrechtliche Konsequenz wurde erst später gezogen und nochmals fast hundert Jahre danach – nämlich 1938 – kam das Rätoromanische als vierte Landessprache hinzu. In dieser Entwicklung zu sprachlicher Gleichberechtigung liegt wohl der grundsätzliche Unterschied zur alten Donaumonarchie, wobei freilich deren Problematik mit dem Wirrwarr von Sprachen sehr viel komplexer liegt und deshalb kaum vergleichbar ist. Ehrlicherweise muss man auch zugeben, dass die Anerkennung des Rätoromanischen bei uns recht lange doch auf dem Papier blieb; erst in jüngster Zeit hat sich da – etwa bei den Medien – ein gewisser Wandel vollzogen. Man kann auch nicht sagen, dass es in der neueren Schweizergeschichte völlig an Sprachproblemen und -spannungen gefehlt habe – sie traten vor allem im Vorfeld des 1. Weltkriegs und während desselben hervor. Doch haben sie sich immer in Grenzen gehalten. Ein Zerfall in Nationalitäten kam ohnehin nicht in Frage, da keine der Sprachlandschaften im deutschen, französischen oder italienischen Nationalstaat aufgehen wollte – sogar in der Napoleonzeit war die Waadt das einzige französischsprachige Gebiet Europas, das nicht zu Frankreich gehörte und nicht dazu gehören wollte. Ebenso unmöglich war eine dualistische Lösung in der Art des österreichisch-ungarischen Ausgleichs von 1867. Die Romandie bildete niemals ein staatlich und ideologisch geschlossenes Gegenstück zur deutschen Schweiz; sie setzte sich vielmehr aus Kantonen zusammen. Das einzige wirkliche Minoritätenproblem des 19./20. Jahrhunderts war das jurassische, und es war dies bezeichnenderweise kein schweizerisches, sondern ein – aus spezifisch historischen Voraussetzungen erwachsenes – bernisches: die Bildung eines eigenen Kantons Jura im Jahre 1978 hat das Potential an welschen Kantonen verstärkt. Die im schweizerischen Geschichts- und Nationalbewusstsein sehr ausgeprägte Überzeugung von der Sonderexistenz der Schweiz gründet vor allem auf drei Komponenten: der Mehrsprachigkeit, der Neutralität und dem Föderalismus. Man findet die eine oder andere gewiss auch bei anderen Nationen, aber, soweit ich sehe, kaum in ähnlicher Kombination – einer Kombination, die erst noch durch die europäische Alpen- und Mittellage bereichert und verfestigt wurde.

Das 19. Jahrhundert verlief zwischen Österreich und der Schweiz im übrigen ohne Feindschaft und ohne Freundschaft. Zu verschieden war die staatsrechtliche und ideologische Entwicklung beider Länder, zu wenig Gemeinsames bestand auch in den Interessen. Politisch kehrten sie einander gewissermassen den Rücken oder doch die Schmalseite ihrer Grenzen zu. Vielleicht führte gerade diese räumliche und raumpolitische Distanzierung zu einer Versachlichung der geschichtlichen Urteilsbildung. Das zeigt recht anschaulich der Einstellungswandel gegenüber dem habsburgisch-österreichischen Herrscher, der während Jahrhunderten als der Unterdrücker der Urkantone schlechthin gegolten hatte: König Albrecht. Noch für Johannes von Müller war er der Machtmensch, welcher «von edleren Grundfesten der Menschenbehandlung weder Begriff noch Gefühl hatte», charakterisiert durch «Ländergier; Hass der gesetzlichen Schranken seiner Gewalt, welcher so oft für Kraft hohen Fürstensinns gehalten wird.» Hundert Jahre später, in Johannes Dierauers «Geschichte der schweizerischen Eidgenossenschaft», einem Klassiker des nüchternen Positivismus, wird einmal festgehalten, dass nur sehr spärliche Zeugnisse zu dieser Zeit für die Innerschweiz erhalten seien – gemeint sind natürlich authentische Dokumente, nicht die späteren chronikalischen Berichte. Dann wird auf die straffe Verwaltungsaktivität dieses Herrschers hingewiesen, deren quellenmässiger Niederschlag sich im «Habsburger Urbar» findet, und abschliessend festgehalten: «Weiter aber sind doch keine Tatsachen überliefert, welche die Meinung rechtfertigen würden, dass König Albrecht ein tyrannisches Regiment in den Waldstätten geführt habe.» Zwischen Johannes von Müller und Dierauer steht zeitlich mittendrin der Luzerner Historiker und Urkundenforscher Joseph Eutych Kopp (1793–1866), dessen seit 1845 erscheinende «Geschichte der eidgenössischen Bünde» den entscheidenden Methodenwandel signalisiert, von der Geschichtschronik und -rhetorik hin zur reinen Quellenkritik.

Im politischen Kontext des Kampfes um die Vorherrschaft in Deutschland wusste Österreich den Wert einer selbständigen Schweiz zu schätzen. So lehnte Wien es während des Neuenburger Konflikts von 1856 ab, den preussischen Standpunkt zu unterstützen, da ihm an einer Verstärkung des preussischen Einflusses in der Mitte Europas und im schweizerischen Raum kaum viel gelegen sein konnte. Den vatikanischen Akten habe ich zudem entnehmen können, dass der österreichische Gesandte in Bern unter der Hand viel zum Ausgleich des schweizerischen Kulturkampfes in den 1880er Jahren beitrug.[11] Schliesslich kam es vor dem 1. Weltkrieg zu recht engen, aber streng geheim gebliebenen Verhandlungen höchster schweizerischer und österreichischer Militärs im Blick auf befürchtete italienische Operationen gegen die beiden Staaten.[12] Der Erste Weltkrieg setzte dann mit seinem Ausgang die entscheidende Zäsur – wir haben schon darauf hingewiesen. In doppelter Hinsicht. Einmal hinsichtlich der Staatsformen. Während langer Zeit war die Schweiz die einzige Republik inmitten einer monarchischen Umwelt gewesen, das verlieh ihr einen Ausnahmecharakter, der auch durch die 3. Französische Republik nicht völlig aufgehoben worden war. Nun brachte das grosse Monarchiensterben von 1917/18 eine völlige Wende – Demokratien wurden sozusagen über Nacht zur Normalstaatsform, auch in Ländern ohne jegliche republikanische Tradition. Das galt für Österreich. Doch brachte der Zerfall der Donaumonarchie mit seiner Parzellierung ein verhängnisvolles machtpolitisches Vakuum, das sich – allen Anstrengungen zum Trotz – während der ganzen Zwischenkriegszeit nie ganz auffüllen liess. Die besondere Problematik der «österreichischen Rumpfrepublik», diesem «Staat wider Willen», mit seinem Wunsch nach Vereinigung mit dem Deutschen Reiche brauche ich hier nicht zu erörtern. Für unsere Fragestellung wichtiger ist die Tatsache, dass man in Bern die Gefahr einer grossdeutschen Machtzusammenballung früh erkannt hat und sich dagegen zu wehren suchte. Die «Diplomatischen Dokumente der Schweiz» enthalten einen interessanten Hinweis, nämlich die Anweisung des schweizerischen Aussenministeriums (genau: der Direktion des Politischen Departementes für Auswärtige Angelegenheiten) an die Gesandtschaften in Washington und London vom 17. März 1919. Wir lesen da: «Die Nichtvereinigung der beiden genannten Staaten» – Deutsch-Österreich und Deutschland – «ist für unser Land von grösster Wichtigkeit, denn eine vom Umbrail bis Basel reichende reichsdeutsche Grenze würde für die Schweiz wirtschaftlich und politisch schwerwiegende Folgen haben.» Vorangegangen war der Hinweis, solche Bedenken seien den «Entente-Vertretern in Bern zu wiederholten Malen und in unzweideutiger Weise» mündlich auseinandergesetzt worden.[13] Diese Auffassung hat sich in St. Germain, sicherlich ohne Zutun der Schweiz, aber aus ähnlichen Sicherheitserwägungen dann durchgesetzt. Die damalige Entrüstung in Deutschland und Österreich über eine derartige Missachtung des Selbstbestimmungsrechts ist allbekannt – sie muss im Grunde als reichlich naiv bewertet werden. Hätte doch ein Anschluss Österreichs das Deutsche Reich zum nachträglichen Sieger des Weltkrieges gemacht. Ohnehin hatte das Reich durch den Zerfall der Donaumonarchie an Gewicht gewonnen – statt an eine Grossmacht stiess es im Osten nunmehr auf Klein- und Mittelstaaten, die sich nur solange behaupten konnten, als die Entente entschlossen war, ihre Unabhängigkeit mit allen Mitteln zu verteidigen. Diese Zusammenhänge hat man in Bern mit der Kleinstaaten eigentümlichen Sensibilität offensichtlich durchschaut.

Daher denn auch die Stützungs- und Hilfsaktionen, welche die Schweiz in den Nachkriegsmonaten und -jahren dem leidenden Österreich zuteilwerden liess: das reicht von den Spenden für die hungernden Kinder Wiens bis zur Gewährung österreichischer Anleihen in den 20er und noch den frühen 30er Jahren. Gewiss spielten dabei humanitäre Gesichtspunkte mit, aber – wie fast immer, wenn die Schweiz sich wirtschaftlich engagiert – auch reale Interessenerwägungen. Deshalb auch die letztlich kühle Zurückhaltung Berns den bereits erwähnten vorarlbergischen Anschlussbestrebungen gegenüber: es lag nicht im Sinne schweizerischer Staatsräson, den an sich schon vom Zerfall bedrohten Nachbarn zusätzlich zu schwächen. Auch soll nicht übergangen werden, dass viele Schweizer privat dessen Inflation zu nutzen verstanden und zu Billigstpreisen österreichische Sachwerte – vor allem Grundstücke – erwarben. Umso grösser dann die Verärgerung, als Wien durch einen effizienten Mieterschutz dafür sorgte, dass die erhofften Renditen sich in Grenzen hielten. Durch solche Massnahmen sei der «Hausbesitzer in Österreich nahezu völlig entrechtet und hinsichtlich des Hauserträges ohne Entgelt enteignet», entrüstete sich die «Neue Zürcher Zeitung», die immer wieder und mit Entschiedenheit als Anwalt dieser Grundstückbesitzer hervortrat.[14] Wir berühren damit einen weiteren Aspekt unseres Themas, einen nicht uninteressanten: das linke Österreich, den Austromarxismus, personifiziert durch Figuren wie Otto Bauer, Friedrich Adler oder Julius Deutsch, konturiert auch durch die sog. Internationale 2½, Sozialistische Arbeiter Internationale, deren Organisation sich zeitweilig in Zürich niederliess. Eine Zürcher Lizentiatsarbeit eines österreichischen Studenten «Die Schweiz und der Austromarxismus 1919–1934», die noch zur Dissertation ausgebaut werden soll, zeigt, wie stark die Wirkung dieses Experiments auf die schweizerische Öffentlichkeit war – es wurde in der bürgerlich-katholischen Presse kritisch bis scharf ablehnend, in der sozialdemokratischen dagegen zustimmend, ja begeistert gewürdigt, als ein Sozialismus der Tat. Vor allem die grosszügige Kommunalpolitik des roten Wien mit ihrem ausgedehnten sozialen Wohnungsbau, Schulen und Kinderhilfswerken wurde – durch Filmpropaganda und Vorträge bekanntgemacht – mit grossem Interesse registriert; das rote Zürich der späten 20er und der 30er Jahre zeigt Spuren und Anregungen davon. Man kann also sagen, dass von diesem Phänomen fast eine Art Polarisierungseffekt ausging. Als dann die SPÖ in den Februartagen 1934 zugrundeging, war der Widerhall bei den schweizerischen Genossen gross und umso anteilnehmender, als die österreichischen Sozialisten Widerstand geleistet hatten und nicht wie diejenigen Italiens und Deutschlands kampflos gefallen waren. Von daher begreift sich auch, dass die Polarisierung sich mit einer gewissen Zwangläufigkeit auf das Dollfuss-Schuschnigg-Regime und seinen Ständestaat übertrug. Jetzt kam es zu

Manifestationen der Zustimmung im katholisch-konservativen Lager – schien doch für einmal die dem Konservatismus inhärente Stagnation überwunden, das Modell einer sich an der päpstlichen Soziallehre orientierenden Neuordnung in greifbare Nähe gerückt. Eine rechtskatholische Zeitung der Schweiz sprach von einer «gewaltigen Stunde. Österreich soll wieder ein katholischer Staat werden. Heil Österreich.»[15] Allerdings blieben andere Urteile aus dem gleichen Lager kühler und fanden, die neue österreichische Verfassung könne für andere Länder nur den Zweck einer Demonstration beanspruchen. Gemeinsam aber war Sozialdemokraten und Konservativen dann die Bestürzung, als im März 1938 mit dem Untergang Österreichs auch alle Erörterungen über dessen innere Form dahinfielen.

Damit war das, was man 1919 zu verhindern gehofft, doch noch eingetroffen. Es lohnt sich hier nicht, schweizerische Urteile über den Anschluss wiederzugeben. Immerhin sei das Bruchstück eines Dialoges hervorgehoben, der sich über jene Jahre hinzog: der nun veröffentlichte Briefwechsel zwischen Heinrich Ritter von Srbik, dem grossen österreichischen Historiker, und seinem Berner Kollegen Werner Näf. Srbik, in seinen Briefen sonst eher verhalten und bisweilen grämlich gestimmt, denn er gehörte zu jenen Österreichern, die sich nur schwer in ihrem Kleinstaat zurechtfanden, jubelte am 12. April 1938 förmlich auf: «Sie wissen, wie sehr meine ganze heisse Sehnsucht und mein bescheidenes Arbeiten bei aller Heimattreue diesem ganz grossen Ziel» – gemeint ist die Schaffung des Grossdeutschen Reiches – «gegolten hat. Für uns Deutsche in Österreich war diese Entwicklung, ganz anders als für den deutschen Schweizer, der unter verschiedenen historischen, raumpolitischen und ideenmässigen Bedingungen lebt, durch Geschichte und Natur gegeben, und die grossdeutsche Reichsgründung ist das Resultat des Willens der Nation und der einmaligen Tat eines Österreichers. Lassen Sie mich Ihnen die Hände reichen über die unüberbrückbaren Grenzen des Reichs und der Schweiz hinweg!» Auf diesen Begeisterungsausbruch, der klar die neueste Reichsgründung von der unvollendeten kleindeutschen Bismarcks abhebt, mochte die Antwort Werner Näfs (vom 23.4.1938) eher wie eine kalte Dusche wirken. Darin las es sich folgendermassen: «...wir können freilich mit ihrer Freude nicht Schritt halten. Glauben Sie nicht, dass ein Verständnis fehle. Es wird ja schon durch die Kenntnis des zugrundeliegenden historischen Problems vermittelt. Ich habe auch menschlich genug unter dem Eindruck des Kriegsabschlusses von 1919 gestanden, um die materielle und geistige Not Ihres Vaterlandes mitfühlen zu können. Jetzt ist Ihnen... ein Herzenswunsch in Erfüllung gegangen. Aber wird das Resultat des grossdeutschen nationalen Staates nicht mit teuersten menschlichen und menschheitlichen Werten erkauft? Sie schreiben, lieber Herr Kollege, dass wir in der Schweiz unter andern historischen, raumpolitischen, staatlichen und ideenmässigen Bedingungen leben. Dieses letztere ist entscheidend: ein anderer ideeller Glaube! Dass wir darin voneinander abweichen, ist schmerzlich.»[16] Soweit diese Zwiesprache, die dann mit Unterbrüchen fortlief, aber politisches erst wieder nach der grossen Wende berührte.

Es fehlte übrigens nicht an Schweizer Stimmen, die in dem Vorgang von 1938 den «logischen Abschluss» einer – anscheinend – unaufhaltsamen Entwicklung, die Vollendung des Nationalgedankens sahen.[17] Es mag ja in der Tat offen bleiben, ob es dabei nicht sein Bewenden gehabt und diese Neuschöpfung nicht Bestand gewonnen hätte, wenn – nun eben, wenn Hitler innezuhalten und seinen grossen politischen Erfolg zu erdauern verstanden hätte, statt ihn wie ein Hasardeur als Einsatz in die nächste Partie einzuwerfen. Dass es anders kam und das Grossdeutsche Reich im selbstentfesselten Krieg versank, hatte nun aber für das schweizerisch-österreichische Verhältnis eine fundamentale Bedeutung. Dieses gewaltsame Ende zwang nun nämlich das wiedererstehende Österreich, sich von seiner gross- oder gesamtdeutschen Vergangenheit, die ja keineswegs nur sieben Jahre, sondern eigentlich (mit einigen Unterbrechungen) Jahrhunderte gewährt hatte, zumindest politisch für immer zu lösen. Anders formuliert: Österreich holte nun den inneren Emanzipationsprozess vom Reiche nach, den die Schweiz zwischen dem 15. und dem 17. Jahrhundert vorwegvollzogen hatte. Darin liegt die tiefere geschichtliche Bedeutung dieser Wiedergeburt, die sich gesinnungsmässig ganz von derjenigen von 1919 unterscheidet, da ja damals eigentlich alle Österreicher – sozialistische wie völkische – Deutsche sein bzw. werden wollten. So ergab sich nun eine gewisse innere Angleichung an die Schweiz, die eben in der Zwischenkriegszeit noch nicht möglich gewesen und auch nicht erstrebenswert erschienen war.

Man kann übrigens kaum sagen, dass Österreich ein zentrales Thema für die schweizerische Geschichtsschreibung gewesen wäre – so wenig wie umgekehrt. Wenn die Historiker unseres Landes sich an universalen Themen erprobten, taten sie dies mehr an Beispielen der italienischen Renaissance, der deutschen und französischen Geschichte; nach 1945 begann in zunehmendem Masse auch die angelsächsische, später die Geschichte der 3. Welt ihre Aufmerksamkeit auf sich zu ziehen. Eine bedeutsame Ausnahme – wenn man von Werner Näf absieht – stellt immerhin Carl J. Burckhardt (1891–1974) dar, der dank seiner Diplomatenzeit im Wien der frühen 20er Jahre eng mit der Kultur des alten Österreichs verwuchs. Sein Briefwechsel mit Hofmannsthal ist belebt von geschichtlicher Anschauung; fast jedes dieser Zeugnisse ist erfüllt davon. Wenn er auch sein Hauptwerk Richelieu widmete, so hat er doch immer wieder österreichische Themen essayistisch durchgespielt: Maria Theresia, Friedrich von Gentz, Grillparzer – nicht zu vergessen die Edition der Korrespondenz des alten Metternich mit seinem glücklosen Nachfolger Buol-Schauenstein. Forschung und Form ergänzen sich da sehr persönlich. «In Österreich befahl man gedehnt, herablassend, leutselig, zerstreut. Noch im Zeitraum zwischen 1848 und 1913 genoss man, ganz abgesehen von der bäuerlichen Schicht, auf den zum Teil sehr grossen Gütern ein im allgemeinen noch so ungebrochenes Gefühl des Respektes, dass es nicht mehr brauchte als einen nur diesem Stand eigenen Ton, um ein angeborenes Verhalten der Dienstwilligkeit auszulösen.» So in seinen «Memorabilien» von den Aristokraten der Donaumonarchie, über die wir im weitern lesen: «Sie hatten immer Zeit, Bildung galt für bürgerlich. Wenn sie sie aber besassen, wurde sie verborgen, aber sie war von Qualität, weil sie auf einer nicht mehr vorhandenen Menschenkenntnis beruhte, und weil sie völlig aus ersten mündlichen Quellen hervorwuchs, aus dem grossen Gespräch mit den spanischen Granden, dem englischen Peerage und so fort über Europa.»[18] Das ist Sozialgeschichte von hohem Rang, selbsterlebte und deshalb frei von der diesem Genre so oft anhaftenden Schablone – aber eine Sozialgeschichte, die auf die vornehme Welt bezogen bleibt, sich ausschliesslich für sie interessiert und an ihr orientiert. Es ist wie ein Abschied.

Der Weg zum österreichischen Staatsvertrag gehört nicht zu unserem Thema. Die glückliche Lösung von 1955 fällt ja nicht von ungefähr in die Zeit der relativen weltpolitischen Windstille nach Stalins Tod und vor den neuen Verhärtungen der Chruschtschow-Ära. Für unsere Betrachtungen ist besonders ein Punkt wichtig. Gerald Stourzh hat in einem besondern Exkurs seiner «Geschichte des Staatsvertrages 1945–1955» auf die Wandlungen des Neutralitätsgedankens in Österreich seit 1918 hingewiesen und gezeigt, wie anfängliche Gleichgültigkeit und Zurückhaltung nach 1945 einer grundsätzlichen Neubewertung wichen. Immer häufiger wurde die Schweiz als Modell – auch als «Vorbild politischer Weisheit» – beschworen: so etwa in einer vielbeachteten Äusserung des Bundespräsidenten Theodor Körner vom Dezember 1951. Neutralität aber verhiess Ausklammerung aus dem West-Ost-Konflikt, die im Grunde beiden Machtblöcken zustatten kam. Das dem Staatsvertrag vorangehende Moskauer Memorandum vom 15. April 1955 und das ihm nachfolgende Bundesverfassungsgesetz vom 26. Oktober 1955 verankerten denn auch ausdrücklich die «immerwährende Neutralität», und zwar mit dem Nachsatz: «Österreich wird diese mit allen ihm zu Gebote stehenden Mitteln aufrechterhalten und verteidigen.»[19] Damit war ein tragender Pfeiler des geschichtlichen Selbstverständnisses der Schweiz bis auf die Terminologie – denn die «immerwährende Neutralität» entstammte dem Begriffsarsenal von 1815 – vom Nachbarland übernommen worden. Man kann nicht sagen, dass dieses neue und abgeleitete Beispiel in der Schweiz auf einhellige Begeisterung stiess. Ich entsinne mich noch gut der Bedenken meines Lehrers Leonhard von Muralt; er besorgte von der neuen österreichischen Neutralität eine Entwertung der altvertrauten schweizerischen – beide könnten in einen Topf geworfen werden. Ein Vierteljahrhundert später hat Edgar Bonjour, sein noch lebender Kollege und Generationsgenosse, «Österreichische und schweizerische Neutralität» einer komparativen Betrachtung unterzogen und, im Lichte seitheriger Erfahrung, auf die Unterschiede weniger prinzipieller als gradueller Art hingewiesen: die österreichische Neutralitätspolitik sei – und er hatte natürlich die Initiativen Kreiskys im Auge – risikofreudiger und dynamischer. Und er folgert daraus: «Die klassische Neutralität im Sinne des früheren schweizerischen Modells ist im Abbau begriffen.»[20] Damit ist tatsächlich ein signifikanter Unterschied aufgezeigt, der wohl auch darin seine tieferen geschichtlichen Wurzeln hat, dass in Österreich alte Traditionen einer aktiven und universal angelegten Aussenpolitik fortexistieren.

Wir stehen damit am Schlusse einer Betrachtung, die vom Geschichtsbild her fortwährend auf die Geschichte selbst übergreifen musste. Gerade das Beispiel Aussenpolitik zeigt, dass Kleinstaat nicht einfach gleich Kleinstaat ist, dass jeder Staat auch von seiner Vergangenheit bestimmt ist. Blieb die Schweiz auch von Einbrüchen und Zäsuren keineswegs verschont, so verlief ihre Geschichte doch insofern geradlinig, als sie sich stets im gleichen Raume und in republikanischen Formen vollzog – gewiss Formen, die mit der Zeit gingen. Österreichs geschichtliches Dasein stand, wie wir sahen, im Zeichen zweier Etappen. Zuerst der jahrhundertelangen habsburgisch-universalen Grossmachtzeit, die eigentlich damit begann, dass dieses Herrscherhaus aus dem schweizerischen Mittelland, dem es entstammte, gewaltsam durch die Eidgenossen verdrängt wurde, gleichzeitig in ganz andere und grössere Dimensionen hineinwuchs und der Schweiz fortan den Rücken zukehrte.[22] Dann folgte seit 1918 die zweite, mühsame und zunächst wenig kohärente Etappe der Republik und der Eingewöhnung in das kleinstaatliche Dasein – einer Gewöhnung, die so richtig erst nach 1945 und vor allem 1955 gelungen ist. Seither sind sich die beiden Staaten näher- und nahegekommen durch eine existentielle Verbundenheit, die sie – bei aller Neutralität – eben doch der westlichen Welt zuweist, mit deren Zukunft sich auch die ihre erhellt oder verdüstert. Bleibt zu hoffen, dass die seit 1945 bestehende kontinentale Friedensära – die bisher längste der neueren Geschichte Europas überhaupt – auch noch das historische Bewusstsein der nächsten Jahrhundertwende bestimmen möge.

Heute erscheinen die Schweiz und Österreich eng verbunden durch ihre Kleinstaatlichkeit, ihren überdurchschnittlich hohen Anteil am Weltwohlstand, verbunden auch durch mitteleuropäische Zwischenlage und Neutralität. Ein weiteres noch ist ihnen gemeinsam, eine gewisse Widerspenstigkeit gegen aussen, ein betonter Hang, Selbständigkeit zu demonstrieren, wenn nötig bis zur Eigenbrötlerei. Zwei Volksentscheide sind da bemerkenswert, wie immer man sie beurteilen will, beide fallen in das Jahr 1986. In der Schweiz das wuchtige Nein zum UNO-Beitritt, schwerverständlich nur für den, der die schweizerische Mentalität nicht kennt, mit ihrem Pochen auf die Besonderheit und Einmaligkeit unseres Landes, in ihrer Unzufriedenheit auch über die weltpolitische Entwicklung der letzten Jahrzehnte, die schweizerischen Wünschen und Erwartungen so oft zuwiderlief. In Österreich wenig später die umstrittene Wahl Waldheims zum Bundespräsidenten, ein Bekenntnis zur Besonderheit und auch zu einer Vergangenheit, über deren Schatten man offensichtlich nicht einfach springen und über deren Sinn und Widersinn man sich schon gar nicht vom Ausland die Leviten lesen lassen wollte. So jedenfalls mag man als Ausländer dieses Plebiszit beurteilen und darin eine österreichische Sperrigkeit wahrnehmen, die der schweizerischen die Waage hält. Es ist also nicht nur Harmonie, was unsere Betrachtung beschliesst, es ist die noch stets weiterlaufende Geschichte, die gerade mit ihren Faltenbildungen und Verwerfungen immer wieder neue Perspektiven eröffnet und Überraschungen bereithält.

Anmerkungen

NB: Angesichts der reichen Literatur beschränkt sich der Verfasser im folgenden auf direkte Belege.

1 Franz Zelger, *Heldenstreit und Heldentod*. Schweizerische Historienmalerei im 19. Jahrhundert, Zürich 1973.
2 Belege bei Aegidius Tschudi, *Chronicum Helveticum*, 1. Teil. Bearb. von Peter Stadler/Bernhard Stettler (Quellen zur Schweizer Geschichte. N. F., 1. Abt./ VII). Bern 1968, 28*; 1. Erg.-Bd. Bern 1970, 447. Tschudi setzt diesen Bund (in Unkenntnis der Urkunde von 1291) auf das Jahr 1307 an.
3 Frieda Gallati, *Gilg Tschudi und die ältere Geschichte des Landes Glarus*. In Jb. 49 des Historischen Vereins des Kantons Glarus. Glarus 1938, 209ff.
4 Andererseits distanzierte sich ein Humanist wie Joachim Vadian, der in Wien Karriere gemacht, von Maximilian I. in Linz zum Poeta laureatus gekrönt, Professor und Rektor der Wiener Universität geworden war, nach seiner Rückkehr in die Heimatstadt St. Gallen und der Zuwendung zur Reformation deutlich von Österreich, so dass seine spätere Chronistik kaum noch etwas von diesen Beziehungen erkennen lässt. Vgl. Werner Näf, *Vadian und seine Stadt St. Gallen*. Bd. 2. St. Gallen 1957, 285ff. Neuerdings auch Conradin Bonorand *(Joachim-Vadian und der Humanismus im Bereich des Erzbistums Salzburg. Vadian Studien. Untersuchungen und Texte.* Hg. vom Historischen Verein des Kantons St. Gallen. St. Gallen 1980, 127) zur Akzentverlagerung nach 1525: «In den nun herrschenden Habsburgern erblickte Vadian, und die mit ihm refor-

mierte Stadt St. Gallen, nicht mehr wie zu Zeiten Maximilians I. die Mäzene der Dichtung, Kunst und Wissenschaft, sondern die Feinde der reformatorischen Bewegung, und die Grenzen zu ihren Territorien lag im Rheinland in bedrohlicher Nähe.»

5 Heinrich Pestalozzi, *Sämtliche Briefe*. Bd. 3. Zürich 1949, 246 – Brief vom 26. 5. 1787.

6 Edgar Bonjour (Hg.), *Johannes von Müller, Briefe in Auswahl*. Basel² 1954, 133f. Brief vom 22. 5. 1782 an F. H. Jacobi.

7 Gustav Steiner, *Napoleon I. Politik und Diplomatie in der Schweiz während der Gesandtschaftszeit des Grafen Auguste de Talleyrand*. Bd. 1. Zürich 1907, 158ff., 170ff.

8 Daniel Witzig, *Die Vorarlberger Frage* (= Basler Beiträge zur Geschichtswissenschaft, Bd. 132). Basel-Stuttgart 1974.

9 Werner Näf, *Die Schweiz im «System» Metternichs*. In: *Gesamtdeutsche Vergangenheit. Festgabe für Heinrich Ritter von Srbik*. München 1938, 248ff. Zit. Stellen: 249, 251.

10 Hermann Weilenmann, *Die vielsprachige Schweiz*. Eine Lösung des Nationalitätenproblems. Basel-Leipzig 1925. Weiterführend Hand-Peter Müller, *Die schweizerische Sprachenfrage vor 1914*. Wiesbaden 1977.

11 Edgar Bonjour, *Preussen und Österreicher im Neuenburger Konflikt 1856/57*. In: *Die Schweiz und Europa. Ausgewählte Reden und Aufsätze*, Bd. 3. Basel 1973, 45–90. Hier (89) auch Wortlaut eines Briefes Kaiser Franz Josephs vom 6. 1. 1857 an König Friedrich Wilhelm IV. von Preussen mit Bedenken gegen ein kriegerisches Vorgehen. Peter Stadler, Der Kulturkampf in der Schweiz. Frauenfeld-Stuttgart 1984, insbes. 616ff.

12 Rudolf Dannecker, *Die Schweiz und Österreich-Ungarn*. Diplomatische und militärische Beziehungen von 1866 bis zum ersten Weltkrieg (= Basler Beiträge zur Geschichtswissenschaft, Bd. 102). Basel-Stuttgart 1966.

13 *Diplomatische Dokumente der Schweiz 1848–1945*. Bd. 7/1. Bern 1979, 514f.

14 NZZ 15. 12. 1925, Nr. 2012. Zit. bei Nikolaus Salzburger, *Die Schweiz und der Austromarxismus 1919–1934*. Zürcher Liz.arbeit 1984, 64.
Zum Themenkomplex Schweiz-Österreich in der Zwischenkriegszeit umfassend Rolf Zaugg-Prato, *Die Schweiz im Kampf gegen den Anschluss Österreichs an das Deutsche Reich 1918–1938*. Bern 1982. Die Publikationen Horst Zimmermanns, die sich gleichfalls damit befassen, werden leider durch Polemik und Ressentiments entwertet.

15 Zit. aus «Das neue Volk» bei Peter Stadler, *Die Diskussion um die Totalrevision der schweizerischen Bundesverfassung 1933–1935*. In: *Schweizerische Zeitschrift für Geschichte 19 (1969) 107, Anm. 72*.

16 Heinrich Ritter von Srbik. *Die wissenschaftliche Korrespondenz des Historikers 1912–1945*. Herausgegeben von Jürgen Kämmerer. Boppard a. Rh. 1988, S. 487.

17 Vgl. etwa J. R. von Salis, Giuseppe Motta. *Dreissig Jahre eidgenössischer Politik*. Zürich 1941, 448f.

18 Carl J. Burckhardt, *Memoriabilien*, München 1977, S. 244.

19 Gerald Stourzh, *Geschichte des Staatsvertrages 1945–1955. Österreichs Weg zur Neutralität*. Graz-Wien-Köln³ 1985, 92, 159f.

20 Edgar Bonjour, *Die Schweiz und Europa. Ausgewählte Reden und Aufsätze*, Bd. 7. Basel-Frankfurt/Main 1981, 23.

Eine schweizerische Audienz bei Mussolini (1935)

In dem auf der Zentralbibliothek Zürich deponierten Nachlass Ernst Gagliardis (1882–1940) befindet sich eine «Audienz bei Mussolini» betitelte Aufzeichnung.

Obwohl das Schriftstück die unverkennbaren Schriftzüge Gagliardis aufweist, ist der Historiker offensichtlich nur der Übersetzer und nicht der Verfasser des Textes gewesen. Der Name des Autors wird am Ende genannt: Dr. iur. Plinio Pessina (1894–1980), ein Tessiner, der am 13. Juni 1935 zusammen mit dem schweizerischen Gesandten in Rom, Minister Georges Wagnière (1862–1948), von Mussolini in Audienz empfangen wurde. Pessina war Beamter, später Direktor der Schweizerischen Rückversicherungsgesellschaft Zürich und übergab in deren Auftrag dem italienischen Regierungschef eine Geldspende. Wagnière, der am 14. Juni 1935 über die Audienz an Giuseppe Motta berichtete, hält dazu einleitend fest: «Comme j'ai eu l'honneur de vous en informer par ma lettre du 8 mars dernier, la Compagnie suisse de réassurances, ayant gagné une somme importante en Italie par suite de l'extraction d'un bon à prime du Trésor italien, a décidé de remettre au Chef du Gourvernement une somme pour une œuvre de bienfaisance[1].» Die SRG selbst präzisierte diese Angabe auf meine Anfrage hin folgendermassen: «Unsere Gesellschaft hatte schon damals in Italien ein sehr erhebliches Rückversicherungsgeschäft und musste deshalb in Italien auch ein entsprechendes Reservekapital hinterlegen. Ein Teil dieser Hinterlage bestand in italienischen Staatsobligationen. Aufgrund einer von der italienischen Regierung im Zusammenhang mit einer Anleihen-Zinsfusssenkung veranlassten einmaligen Auslosung entfiel auf eine sich im Besitz unserer Gesellschaft befindliche Obligation ein Haupttreffer von 1 Mio. Lire, weshalb sich die damalige Geschäftsleitung entschloss, 10% dieses Gewinns der italienischen Regierung für gemeinnützige Zwecke zur Verfügung zu stellen[2].»

Soweit der äussere Anlass zur Audienz, über welche Pessina – er vertrat den krankheitshalber verhinderten Vizepräsidenten und Delegierten des Verwaltungsrates Erwin Hürlimann (1880–1968) – einen aufschlussreichen und farbigen Bericht verfasst hat. Dieses Dokument, das wir mit Erlaubnis der Zentralbibliothek zum Abdruck bringen, ist über den geschäftlichen Anlass seiner Entstehung hinaus von historischem Interesse. Es widerspiegelt recht unmittelbar die Faszination, die der Duce

182

gerade damals auf viele Zeitgenossen auszuüben vermochte – eine Faszination, die sich in zahlreichen Zeugnissen niedergeschlagen hat, von Emil Ludwigs «Gesprächen mit Mussolini» (1932) über John Gunther bis zu Winston Churchill[3]. Dem heutigen Beurteiler mag es schwerfallen, dafür Verständnis aufzubringen. Doch ist die Anfälligkeit gegenüber politischem Erfolg, gewaltsamer Ordnungmacherei und Diktaturen keineswegs nur ein ausschliessliches Charakteristikum der 1930er und der frühen 1940er Jahre gewesen, sie pflegt sich – unter wechselnden ideologischen Vorzeichen – fast in jeder Gegenwart zu wiederholen.

Dass das faschistische Regime im schweizerischen wie im europäischen Bürgertum mindestens zeitweise gewisse Sympathien genoss, ist bekannt, allerdings noch zu wenig untersucht. Auch hat diese positive Einstellung nicht lange unvermindert angehalten. Den Höhepunkt seines internationalen Ansehens genoss der italienische Faschismus etwa in den Jahren 1929 bis 1935, zwischen den Lateranverträgen und dem Ausbruch des Abessinien-Krieges. Dieses Prestige beruhte im wesentlichen auf dem Stabilisierungseffekt, den die Diktatur eben damals nach innen wie nach aussen erzielte – eine mit revolutionären Mitteln realisierte konservative Wirkung, die Mussolini die Aureole eines «Gegen-Lenin» verlieh. Sie manifestierte sich im Frieden mit der Kirche wie im Arbeitsfrieden, in den pünktlich verkehrenden Zügen wie in der Überwindung der Bettelei – Wesentlichkeiten und Äusserlichkeiten, wobei gerade letztere auf Ausländer einen nicht zu unterschätzenden Eindruck machten. Hinzu kam die angeblich geringere Auswirkung der Weltwirtschaftskrise, die – ähnlich wie in der Sowjetunion – vom Regime propagandistisch hochgespielt wurde. Der Korporationsstaat, während langer Zeit angekündigt und nur stufenweise verwirklicht, schien zumindest ein prüfenswertes Rezept zur Überwindung der Lehre vom Klassenkampf. Dass der Kirchenfriede die Eigenständigkeit der Kirche gegenüber dem System bedrohte und der Arbeitsfriede um den Preis tiefer Löhne wie zerschlagener Gewerkschaften erzielt war, fiel für bürgerliche Beurteiler weniger ins Gewicht oder wurde sogar positiv vermerkt. Wer zur Bewunderung oder anerkennenden Respektierung einer Diktatur neigt, wird höchstens beiläufig nach dem Schicksal derer fragen, die auf ihrer Schattenseite leben müssen. Als vorläufige Zwischenbilanz stand zudem ausser Zweifel, dass das faschistische Experiment in Italien bei aller Brutalität weit weniger blutig verlaufen war als das bolschewistische in Russland.

Aussenpolitisch befand sich Mussolini damals, im Frühsommer 1935, vor einem Wendepunkt. Noch war Italien zu jener Zeit ein aktives Mitglied des Völkerbundes, unbefleckt vom Makel einer skrupellosen Eroberungspolitik. Vor allem aber dominierte in der europäischen Konstellation noch ganz der Gegensatz zum nationalsozialistischen Deutschland, der durch dessen Absichten auf Österreich ständig wachgehalten wurde. Keine europäische Grossmacht war hier so unmittelbar engagiert wie Italien und keine war denn auch bei der schweren Krise vom Hochsommer 1934 dem Dritten Reich so tatkräftig entgegengetreten. In ihrer Entschliessung von Stresa vom 14. April 1935 bekräftigten die drei Mächte Grossbritannien, Frankreich und Italien ihre Übereinstimmung nicht nur zur Behauptung der Unabhängigkeit Österreichs, sie missbilligten auch ausdrücklich die von Hitler im Monat zuvor einseitig verkündete Wiedereinführung der allgemeinen Wehrpficht. Italien stellte also in dem Sicherheitssystem, das sich um 1934/35 langsam gegen Berlin zu formieren schien, einen Faktor von erheblicher Bedeutung dar[5]. Als im September 1934 die Aufnahme der Sowjetunion in den Völkerbund beschlossen wurde, hatte Motta bekanntlich mit der ganzen Verve seiner Überzeugung dagegen protestiert, das faschistische Italien hingegen in realpolitischem Kalkül seine Zustimmung ausgesprochen.

Nun liefen allerdings im Zeitpunkt der Audienz die Vorbereitungen zur Eroberung Abessiniens bereits auf vollen Touren. Die Entscheidung zum Krieg hat Mussolini im Dezember 1934 getroffen – in der Einsicht, dass Äthiopien in einem langsamen, aber steten Modernisierungsprozess begriffen sei, die Zeit mithin gegen Italien arbeite[6]. Die Schatten des bevorstehenden Krieges traten im Sommer 1935 schon allenthalben hervor, sie werden auch im Gespräch bemerkbar. Und da ist bezeichnenderweise der Punkt, da der sonst zur bewundernden Anerkennung neigende Tessiner skeptisch wird, ein Abenteuer von schwer zu ermessendem Ausgang bevorstehen sieht. Die Feindschaft gegen England, die in dem vom Duce nach Diktatorenart alsbald monologisch geführten Gespräch hervorbricht und die auch Wagnière in seinem Bericht vermerkt, lässt bereits alle anderen Gegensätze in den Hintergrund treten. Grossbritannien als Beherrscher eines Viertels der Welt und von 460 Millionen ihrer Bewohner – hier klingt ein Thema an, das mit seiner Übertragung des Gegensatzes von reich und arm auf die weltpolitische Ebene zugleich eine propagandistische Entlastung bot, indem es von den sozialpolitischen Spannungen und Ungerechtigkeiten in Italien ablenken konnte: es ist dann im Zuge der Achsenpropaganda systematisch wiederholt und verstärkt worden. Doch zieht Mussolini aus diesem Gegensatz zum Empire auch die wirtschaftspolitische Folgerung, dass es möglich werden sollte, dem «Block von Ottawa» einen Gegenblock der westeuropäischen Staaten auf der Basis der Goldwährung entgegenzustellen – er nennt als mögliche Mitglieder dieser Wirtschaftsgemeinschaft neben Italien und Frankreich auch Holland und die Schweiz.

Dass in dieser Audienz ökonomische Interessen zur Sprache kamen, ergab sich aus dem Anlass der Visite. Schon zu Beginn überraschte der eben von einer Rundreise durch Sardinien zurückgekehrte Diktator[7] die Besucher mit einer anerkennenden Äusserung zum negativen schweizerischen Volksentscheid vom 2. Juni 1935 über die Kriseninitiative. Er nahm auch weitergehende Wunschanregungen Wagnières mit einer leutseligen Benevolenz entgegen, die er ausdrücklich mit der bedeutsamen Rolle der Schweiz als eines prominenten Abnehmerlandes italienischer Produkte motivierte. Man begreift, dass Wagnière die knapp halbstündige Unterredung als Erfolg bewertete, man begreift aber auch, wie schwer es wenige Monate später einem Motta fallen musste, diese beiderseits wohlgepflegten Wirtschaftsbeziehungen um der Sanktionen willen zu gefährden[8].

Besuche von Schweizern bei Mussolini sind in jenen Jahren nicht eben häufig, aber auch nicht ganz selten gewesen. Gonzague de Reynold war einige Male beim Duce und hat noch in seinen Memoiren mit Stolz davon berichtet[9]. Am bekanntesten wurde der Empfang von Vertretern der Berner Heimatwehr anlässlich einer Romreise im Oktober 1933; diese Visite erhielt allerdings durch das ursprünglich nicht vorgesehene Dabeisein Fonjallaz' einen besonders anstössigen Beigeschmack und wurde in der Schweizerpresse sehr kritisch kommentiert[10]. Solche Erfahrungen mögen Pessina und seine Firma bewogen haben, um strikten Verzicht auf jede Publizität zu bitten. Ohnehin unterscheidet sich die nachstehende Audienz insofern von anderen Unterredungen, als sie durch die Teilnahme des Gesandten einen sozusagen überprivaten Charakter erhielt. Es hing dies zweifellos mit dem internationalen Ansehen des Unternehmens zusammen, dem Mussolini bei dieser Gelegenheit seinen Dank abstattete, was aber auch Wagnière durch die Geste seiner Begleitung (und wohl auch der Anbahnung des Empfangs) unterstrich. Er wusste sich darin sicherlich mit seinem Chef in Übereinstimmung.

In diesem Kontext illustriert das Dokument eine zwar beiläufige, aber gleichwohl nicht uninteressante Episode der schweizerisch-italienischen Beziehungen wie auch der Kapitalverflechtungen in der Zwischenkriegszeit.

Den wesentlich kürzeren Bericht Wagnières geben wir im folgenden (mit Erlaubnis des Bundesarchivs Bern) auszugs- und anmerkungsweise vor allem da wieder, wo er denjenigen Pessinas ergänzt oder variiert.

Audienz bei Mussolini[11]

Do. 13. VI. 35 holte Min.(ister) Wagn(ière) mich ab, u. wir fuhren zum Pal.(azzo) Ven.(ezia), wohin wir auf 18.30 bestellt waren. Ein paar Minuten vor d. angegebenen Zeit betraten wir von S. Carlo her den burgartigen Palast:... Pietro Barbo, d. nachmalige Paul II., soll ihn hauptsächl. gebaut haben, um von s.(einen) Fenstern aus d. alljährl. zur Karnevalszeit stattfindenden Pferderennen ungestört beobachten zu können, deren «finish» am Ende des Corso war...

Tritt man v. S. Carlo her aus d. grell-römischen Sonne über d. Schwelle d.

rückwärtigen Eingangs dieser ehemaligen Papstresidenz in d. Schatten d. oft umgebauten u. im Lauf d. Jhdte. um Flügel u. Stockwerke vermehrten Gebäudes, so spürt man sofort d. Verzauberung, aber auch d. militärische Haltung, die vom Duce ausgehen.

An d. Schildwache vorbei (fascist. Miliz), die den Wagen mit dem C.D.-Schild ohne Formalitäten passieren lässt, gelangt man zur Lifttüre, wo e. livrierter Diener d. Begleitung übernimmt. Lautlos saust man [S. 2] durch den Mauerschacht, dessen Wände – wie übrigens fast d. ganze alte Teil des Pal. di Ven. – aus Travertinquadern vom Kolosseum bestehen, in d. obere Stockwerk. Durch e. wohl erst vor kurzem eingebauten, nicht sehr hohen Gang, der sein Licht durch Oberfenster u. vornehme venezian. Leuchter erhält u. in kühlem Grün gehalten ist, kommt man in d. grossen Ecksaal, der e. wundervolle Waffensammlg., Speere u. Rüstungen aller Art enthält.

Nach diesem martialisch wirkenden Saal erscheint d. nächste Raum friedl. u. freundl., obwohl auch er in ganz grossem Stil gehalten u. mit wertvollsten Gemälden kirchlicher Sujets d. Ferrareser Schule geschmückt ist. D. prachtvolle Kassettendecke, d. unerhört reichen Schnitzereien d. Türen u. Truhen u. d. mit rotem Samt bespannten Wände erwecken den Eindruck grossartiger Harmonie u. lassen den Wunsch erstehen, hier einmal länger verweilen zu dürfen. Doch schon wird man wieder v. e. Diener abgeholt; es ist jetzt d. Alte, ganz Vertraute, der immer in d. Nähe d. Regierungschefs ist. Von ihm wird man [S. 3] nun durch d. Sitzungszimmer d. Ministerrates geführt. Hier sind d. Wände blau bespannt, u. mächtige Leuchter mit meterhohen Kerzen in Liktorenbündel-Form fallen einem auf. Vom alten Diener erfährt man im Flüsterton, dass S. E. soeben e. einstündige Unterredung mit General dall'Olio, dem Fachmann für Ostafrikafragen im Generalstab d. Heeres beendet habe…

Mittlerweile ist punkt 18.30 geworden, u. wir nähern uns der letzten Pforte, die uns noch vom Duce trennt. Als letztes erfassen hier unsere hungrigen Augen d. prachtvollen Holzschnitzereien d. Türflügel, die – s. öffnend – uns nun den ersten Blick in d. Sala del Mappa Mondo, dem Arbeitsraum M.(usso-lini)s, erlauben.

D. Wirkung ist gewaltig: Einsamkeit u. Distanz erscheinen fast überbetont. Alles ist hier auf Perspektive abgestellt: d. lange Saal im Halbdunkel, worin d. Landkartenfresken v. Mantegna verdämmern, u. ganz, ganz weit hinten d. einzelne Arbeitstisch u. d. einsame Mann daneben. Keine Möbelstücke verkleinern den Raum; nichts ist da, was ihn wohnlich [S. 4] machte, was ihn verniedlichte. Erst später entdeckt man die unzähligen zerlesenen Tageszeitungen, die ungefaltet u. chaotisch hinter u. neben dem Arbeitstisch am Boden liegen u. ist ihnen fast dankbar f.(ür) d.(ie) Andeutung v. Leben u. Wirklichkeitsnähe, die sie mit ihrer Unaufgeräumtheit in d. Gegend bringen. U. viel später noch entdeckt man neben d. Lampe auf d. Schreibtisch e. dickes Buch, von dem man d. Aufschrift «Il Vangelio» entziffert. Man erinnert s. rasch, dass in diesem Saal, als d. Palast noch Sitz d. K.K. österr.-ungar. Botschaft beim Hl. Stuhl war, d. diplomat. Vertreter dieses Landes aus Arbeitsmangel Tennis gespielt haben sollen.

U. dann macht man d. letzten 30 Schritte, spürt den durchdringenden Blick, mit dem d. Duce seine Besucher empfängt, u. steht vor d. weissgekleideten Mann, den man schon so oft auf Bildern u. im Film gesehen hat.

Nachdem Hr. W.(agnière) mich dem Duce vorgestellt hatte, übergab ich ihm den Check mit folgenden Worten: [S. 5] … Muss.(olini) antwortete mit folgenden Worten: Dank, Anerbieten e. Pressenotiz. Abgelehnt[12]. Frage nach d. Geschäften in It. Lobende Antwort. Frage nach d. zwei triestin. Gesellschaften.

M.(ussolini) lenkte hierauf d. Gespräch auf d. Abstimmung vom 2. VI.: «La maggioranza non è stata schiacciante; tuttavia il popolo svizzero ha dimostrato, una volta di più, carattere e intelligenza» – worauf ich ihm antwortete: d. Kriseninitiative sei zum Glück verworfen worden, d. Krise als solche sei aber leider geblieben. Sie könne weder durch d. Parlamentarismus, noch durch marxistische Weisheiten u. noch viel weniger durch geographisch engbegrenzte Notbehelfe, sondern nur durch mutige, von wenigen Köpfen gefasste Entschlüsse, sowie durch zusammenhängende, strukturell verschiedenartige Wirtschaftsgebiete umspannende, dauerhafte u. weitsichtige Massnahmen beseitigt od. zum mindesten in ihren Auswirkungen gemildert werden.

Hierauf entwarf M. folgendes Bild: «Al poderoso blocco inglese constituitosi in [S. 6] seguito agli accordi di Ottava urge opporre un blocco degli Stati con valute auree, ovvero: la Francia, l'Olanda, la Svizzera e l'Italia. Questi Stati, seguendo una politica di reciprocità, potrebbero con vantaggio per tutti, realizzare quell'adeguamento frà importazione ed esportazione che la cura del Governo fascista si è proposta. Mèta della politica del blocco aureo dev'essere una stretta collaborazione nel campo economico e doganale, collaborazione impostata sull'equilibrio reciproco fra importazioni ed esportazioni. Proposi ad uno dei 30 governi francesi che si sono succeduto dopo la mia venuta al potere, una politica di scambi com. merciali basata sul predetto principio d'equilibrio della bilancia del dare e dell'avere; proposi alla Francia di comperare in Italia per un'ammontare di un milliardo di franchi, impegnando l'Italia a comperare per uguale somma in Francia. Non siamo giunti ad un accordo. Ora però che le relazioni con la Francia sono corrette è forse [S. 7] lecito sperare in un accordo non remoto. Il principio basilare del dare e dell'avere lo vedrei volontieri applicato anche nei rapporti colla Svizzera. La Svizzera ráppresenta per l'Italia un mercato importante e suscettibile di ampi miglioramenti in vari settori delle esportazioni italiane. In sintesi vorrei ripetere che al blocco politico-economico britannico costituitosi sugli accordi di Ottava e d'uopo opporre quanto prima il blocco dei paesi con valute auree. E facile per l'Inghilterra fare una politica economica autonoma e di raccomandare agli altri misura l'Inghilterra che è padrona di ¼ del globo e che domina 460 millioni di abitanti.» Als er von Engld. sprach, konnte er seine Erregung nicht ganz verbergen. Seine Augen wurden lebhaft, u. er stützte seine Fäuste auf d. beiden Hüften. «E vorrei anche aggiungere che i problemi sollevati dalla crisi non possono essere risolti con provvedimenti monetari, come lo credette di fare il Belgio recentemente[13].

Nun griff Hr. Min. W.(agnière) in d. Gespräch ein. Er dankte M.(ussolini) f. d. Verständnis, das er den italienisch- [S. 8] schweizer. Wirtschaftsbeziehungen entgegenbringe, machte ihn in ausgesuchtester diplomat. Form darauf aufmerksam, dass d. seit 2 Monaten dauernden hartnäckigen Verhandlungen («negoziazioni aspre») zwischen d. Unterhändlern d. Königreiches u. d. Schweiz noch zu keinem Ergebnis geführt hätten, u. dass überhaupt noch keine Einigungsgrundlage in Sicht stehe. D. Schweiz als einer d. wichtigsten Käufer italien. Agrar- u. Industrieprodukte habe zweifelsohne e. Recht auf bevorzugte Behandl. in d. italien. Wirtschaftspolitik.

M. fasste Hrn. Min. W. am Arm u. sagte ihm: «W., sono disposto ad agevolare le trattative in corso colla Svizzera e m'interesserò dello stato delle negoziazioni. Le dirò però che siamo stati gli ultimi ad adottare provvedimenti restrittivi negli scambi interstatali. Deploro questo stato di cose, ma non vedo la possibilità di riaprire integralmente i passaggi doganali ai prodotti esteri. Ripeto però che nei confronti della Svizzera sono [S. 8] animato dei migliori sentimenti[14].»

Das war am Donnerstagabend. Am Freitagabend traf ich den schweizer. Unterhändler, Hrn. Leg.(ations)r.(at) Dr. Vieli, der mir bestätigte, dass d.(ie)italien. Unterhändler in d. Sitzung vom gleichen Tage e. entgegenkommendere Haltung eingenommen hätten.

Hr. Min. W.(agnière) benützte d. gute Laune M.(ussolini)s (er habe ihn seit 13 Jahren noch nie so mitteilsam u. guter Laune gesehen), um s.(ich) f. e. Schweizerbürger, Direktor u. Verwalt.rat e.(ines) hauptsächl. mit Schweizerkapital in It. f. Rüstungszwecke arbeitenden Unternehmens zu verwenden, den man, eben weil Schweizerbürger, durch e. Italiener ersetzen wollte. M. versprach ungesäumte Untersuchung d. Angelegenh. u. fügte bei, dass Schweizerbürger sehr wohl in d. italien. Rüstungsindustrie tätig sein können. «Se fosse un suddito cecoslovacco o un jugoslavo, la cosa cambierebbe d'aspetto. Colla Svizzera non avremo mai conflitti. Classifico del resto gli Stati in trè gruppi: Stati con cui è probabile un conflitto armato, con cui un [S. 10] conflitto armato è possibile, e Stati con cui l'Italia non avrà mai conflitti armati: fra questi ultimi cito in prima linea la Svizzera, poi l'Olanda e gli Stati Scandinavi[15].»

Nach halbstündiger Unterredung[16] begleitete uns M. bis zur Türe, dankte mir nochmals u. sehr herzl. f. d. Spende u. hob in strammer Haltung den Arm zum römischen Gruss. Wir übrigens auch[a]. D. denkwürdige Begegnung war leider zu Ende. Kaum hatte s. d. prachtvolle Türe d. Sala del Mappa Mondo hinter uns geschlossen, als mir Hr. Min. W., sichtl. erfreut über s. Erfolg, der auch e. Erfolg f. unser Land war, sagte: «N'est-ce pas que c'est un charmeur?» womit ich vollkommen einverstanden war.

Mit dem ersten Satz, den M. sprach, war d. Bann gebrochen. Nichts von bewusster Pose, nichts von d. Maske, die er vor d. Photo- od. Filmapparat aufzuziehen pflegt, vielleicht auch, als berechnete Konzession a. d. Massen, aufziehen muss. Er macht e.[inen] einfachen, [S. 11] ungezwungenen, persönlich höchst sympathischen Eindruck. Seine Augen sind dunkelbraun, gross u. ausdrucksvoll. Sie verraten d. angeborene u. ausgeprägte Schlauheit d. Mittelmeermenschen. Kenner vergleichen M.'s Augen mit denjenigen d. Meisters Ghirlandajo. Seine Hände sind gepflegt; ihre anatomische Schönheit kommt zum Ausdruck, wenn er Worte mit e. entsprechenden Handbewegung begleitet. Seine Stimme ist überaus einschmeichelnd, d. Sprache einfach, eher lombardisch. Nichts von der in d. Phonetik mundartlichen Sprache, die man in u. um Rom u. in d. Toscana spricht. D. Kopf ist gross, d. Stirne hoch, d. Gesicht kardinalesk gepflegt.

M. macht schon rein äusserlich den Eindruck d. traditionsgebundenen, zielsichern Führers, der der Verantwortung, der Pflicht u. der Gefahr nicht spiessbürgerlich-ängstlich ausweicht, sondern d. Verantwortung sucht, d. Pflichterfüllung ins Unerhörte, Beispielhafte steigert u. der Gefahr kraftvoll u. entschlossen ins Auge schaut. Auf dem im August 1924 abgehaltenen Kongress d. fascistischen [S. 12] Zentralrats feierte er, unter Berufung auf e. Dichterwort Fr. Nietzsches, d. Schönheit e. «gefahrvollen Lebens»[17]. U.[nd] er führt tatsächl. e. derart gefahrvolles Leben (geht ohne Schutz unter d. Menge, fährt Motorrad, reitet, lenkt Land- u. Wasserflugzeuge u.a.m.), dass hervorragende Unterführer s. kürzlich veranlasst sahen, s. zu M. zu begeben, um ihm klar zu machen, dass es Selbsterhaltungspflicht d. Regimes sei, dafür zu sorgen, dass dessen Haupt s. nicht zu sehr exponiere. M. soll ihnen schlagfertig d. bezeichnende Antwort gegeben haben: er werde ihnen gehorchen, damit es ihm vergönnt sei, desto länger über sie zu befehlen.

Das ist d. Führer Italiens..., d. Tatmensch, der niederreisst u. aufbaut, f. viele zum Schmerz, f. mehr noch zur Freude, f. alle zum Interesse. D. ehemalige Syndikalist, der sich den bestehenden monarch. Überlieferungen u. Bindungen mit seltenem Takt fügt, der der Dynastie Savoyen treu ergeben ist, der aus den nur kriegsmässig u. journalistisch geschulten Cadres, [S. 13] wie sie im Jahre 1922 bei d. Machtübernahme zur Verfügung standen, e. Elite hervorragender Diplomaten (Grandi), Organisatoren (Balbo) u. Kolonisatoren (Grandi u. de Bono) machte, d. Mann, der d. landläufige u. althergebrachte Auffassung vom «Governo Ladro» bei d. Massen in Staatsgläubigkeit, Staatsvertrauen u. Staatstreue umwandelte, d. Mann, der der spiessbürgerlichen Nörgelei, den niederträchtigen Intrigen in Presse u. Parlament e. geschlossene u. entschlossene Staatsgesinnung u. Staatsautorität entgegenstellte. ...D. Mann, von dessen Dasein e. Regime abhängt, ist mehr als nur e. Massenführer. Seinem Verschwinden könnte d.[as] Chaos folgen.

D. unruhige Haltung M's, als er v. Engld. sprach, u. andere Beobachtungen, die ich während meines 2tägigen Aufenthalts in Rom machte, so vor allem d. Vorbeimarsch v. Abteilungen d. f. Ostafrika verladebereiten Division «Gran Sasso d'Italia», [S. 13] gaben mir Anlass, über 2 Fragen nachzudenken:
1. Kann die tiefgehende Erreg.[ung] über d. Halt.[ung] d. engl. Presse... d. tradit.[ionelle] u. f. d. Befriedung Europas unerlässl. engl.-ital. Freundsch.[aft] dauernd nachteilig beeinflussen?
2. Ist d. vom Fascismus method. gezüchtete kriegerische Geist in allen Volksschichten tatsächl. schon so tief u. unerschütterlich verankert, dass er im bevorstehenden Feldzug gegen Abessinien reelle Erfolgschancen gewährleistet?

Zu 1. Engld. stand in It. von jeher in hohem Ansehen. Hervorragende Italiener, u.a. Mazzini, waren nach Engld. ausgewandert, hatten engl. Verf.[assungs]leben, engl. Verf.[assungs]freiheit, d. polit. u. wirtschaftl. Tradit. Englds. kennen gelernt u. mit Begeisterung darüber geschrieben. Im 19.Jhdt. galt Engld. in It. in jeder Richtung als d. Muster, das nachzuahmen vaterländische Pflicht war. An diesem Ideal hatte s. kein [S. 14] Geringerer als Cavour selbst emporgerichtet. D. ital. Engld. liter.[atur], insbesondere die polit. u. wirtschaftspolit. Liter. d. 19.Jhdts. u. auch d. spätere atmete Anerkennung u. Hochachtung f. Engld. D. Verehrung ging so weit, dass d. deutschen u. französ. polit. u. wirtschaftspolit. Schriften f. den Italiener als entbehrlich, d. engl. als unentbehrl. bezeichnet wurden.

Zu dieser mehr geistigen Einstellung kam e. nicht unwichtiger freundschaftsfördernder natürl. Faktor: d. geogr. Lage d. beiden Länder. Es bewahrheitete s. d. alte geschichtl. Tatsache, dass d. Pflege u. Erhaltung freundschaftl. Bez.[iehung]en u.[nter] räuml. v. einander getrennten Staaten grössere Erfolge bietet als zw.[ischen] Nachbarstaaten.

Gefördert wurde d. ital.-engl. Freundschaftsverhl.[ältnis] auch durch d. allerdings mehr gefühlsmässige ideelle Einstell.[ung] hervorragender Engländer zu d. Bestreb.[ung]en u. Zielsetzungen d. Risorgimento. D. Wort Gladstones von d. sittl. Unmöglichk.[eit] d. Bourbonenherrsch.[aft] in Neapel, d.

italien. freundl. [S. 15] Haltung Lord Palmerstons, d. Zustrom engl. Freiwilliger zu d. Fahnen Garibaldis fanden in It. begeisterten u. anhaltenden Beifall. Schliessl. kommt hinzu, dass It. noch bis kurz vor d. Weltkriege in kolon. polit. Fragen e. negative, den Engländern daher sehr willkommene Einstellung zeigte. Als es um d. Jhdt.wende f. jeden europ. Grosstaat Sitte wurde, s. e. Stückchen China zu annektieren, hissten auch d. Ital. ihre Flagge im Hafen v. Sanmun. Doch entstand im ital. Volk e. solche Erregung über diesen kolon. Streifzug, dass d. Reg. es vorzog, d. Fahne wieder einzuziehen u. Sanmun den Chinesen zur.zugeben[18].

In d. veränderten Einstell. d. fasc. Italien zu d. Fragen d. Kolonialbesitzes liegt d. grosse Gefahr f. d. Fortbestand d. traditionell guten u. d. notwendigen ital.-engl. Freundsch.ver.[hältniss]es.

D. engl. Presse scheint zu übersehen, dass d. ½ Mill. Seelen betragende Geburtenüberschuss Italiens u. d. zahlreich aus d. Auslande zur. [S. 16] strömenden Italiener (es leben im europ. u. aussereurop. Ausland 12 Mill. Ital.) Unterkunft u. Nahrung haben müssen, u. dass d. Apenninenhalbinsel nur e. beschränkten Lebensraum bietet.

Der engl. Presse scheint ferner zu entgehen, dass Engl. im Burenkrieg in It. am wenigsten feindselige Beurteil.[ung] erfuhr u. nicht von d. taktvollen Linie guter Freundsch.[aft] abwich.

Engl. u. d. übrige Welt müssen s. damit abfinden, dass It. in Zukunft auch als Kolonialmacht aufzutreten gewillt ist. U. wer s. hierüber noch Illusionen hingeben sollte, dem empfehle ich d. Studium d. an d. Via dell'impero zu Rom angebrachten, auf hellgrünem Marmor gemeisselten Landkarten über d. einstigen u. heutigen territorialen Besitz Roms… Engl. wird im Interesse Europas gut tun, der veränderten kol.[onial]polit. Einstellung It.'s wohlwollend Rechn. zu tragen u. den 12 Divisionen Schwarzhemden u. den 8 Divisionen d. kgl. Armee, die nach Abess.[inien] entsandt werden sollen, keine Hindernisse in d. Weg zu legen. [S. 17]

Zu 2. D. Frage, ob d. vom Fascismus methodisch gezüchtete krieger. Geist im Volk schon so tief verankert sei, dass er im bevorstehenden Feldzug gegen Äthiopien reelle Erfolgsaussichten biete, drängte s. auf, als ich in Rom Abteilungen d. f. Afrika bestimmten Division «Gran Sasso d'Italia» in f. südl. Begriffe tadelloser Haltung defilieren sah.

Es ist keine schwierige Sache, in tadelloser Haltung in d. Strassen Roms, v. hübschen Römerinnen flankiert u. v. Blumen überschüttet, zu defilieren. E. derartige Schau sagt noch gar nichts über d. Geist u. d. Fertigk.[eit] e. Truppe. Ob diese Truppe auch in d. Niederungen Abess.[inien]s, wenn ihr d. Trinkwaser mangeln wird, s. bewähren wird, bleibt fraglich.

D. soeben erhobene Frage ist noch aus e. andern Grunde berechtigt. D. ital. Volk war im Grunde genommen noch bis vor wenigen Jahren v. Natur aus unkriegerisch, zum Krieg ungeeignet. D. Liebe zum Frieden u. d. [S. 18] Abneigung gegen d. Militarismus sind denn auch – trotz gegenteiliger amtlicher Regie – dem ital. Volkscharakter eigen. D. in It. nur an d. Oberfläche festzustellende Militärfreundlichk.[eit] entspringt lediglich einer staatl. bewusst gewollten Atmosphäre, ist aber nicht e. Seelenzustand wie in Dtschld. Wer Beweise will f. d. angeborene Untauglichk. d. Italieners zum Krieg od. Beweise f. d. bis zum Weltkrieg u. noch während d. Weltkrieges in massgebenden Schichten d. ital. Volkes bestehende Abneig.[ung] gegen d. Krieg, der braucht nur in d. Kriegsgeschichte nachzublättern od. d. meistens unbeantwortet gebliebenen Bittschriften Cadornas an d. Regier.[ung] in Rom

zu lesen. D. Begeisterung f. d. ostafrikan. Feldzug ist denn auch keine über-
schwängliche. Allegro, ma non troppo! Es ist eben nicht dasselbe, ob man d.
heimatl. Grenzen, Haus u. Hof verteidigen od. ob man weitabgelegene unbe-
kannte Gebiete erobern soll. Es sind nicht wenige Leute in It., die, sei es aus
wirtschaftl. od. aus polit. Gründen, dem Feld- [S. 19] zug gegen Abes.[inien]
mit grosser Sorge entgegensehen.

D. Erfolg wird v. d. vorbereitenden Massnahmen, v. d. innern Fertigk. d.
Truppe u. ihrer Führer, aber auch davon abhangen, ob u. inwieweit d. abess.
Führer s. bestechen lassen, u. ob es gelingt, in d. österr. Frage mit Berlin e. Art
Burgfrieden zu schliessen.

Das sind 2 Probleme, die gegenwärtig lebhaft erörtert werden u. f. d. polit.
u.[nd] wirtschaftl. Zukunft It.'s mitbestimmend sein werden.

19. VI. 35   Pl. Pessina   E. Gagliardi[b]

Anmerkungen

1 Bundesarchiv Bern. Bericht Wagnières an Motta, 14. Juni 1935. Wie mir
  Bundesarchivar Prof. Leonhard Haas mit Schreiben vom 27. Dezember 1973
  bestätigte, findet sich der erwähnte Brief Wagnières vom 8. März 1935 weder in
  den Beständen des Archivs noch unter den persönlichen Papieren des Gesandten.
2 Generaldirektor Dr. W. Leimbacher an den Vf. Zürich, den 28. Januar 1974.
  Einen knappen Überblick über die Entwicklung der SRG bietet Kurt Hasler,
  Schweizerische Rückversicherungs-Gesellschaft Zürich 1863–1963. Zürich
  1963.
  Übrigens war Dr. Charles Simon (1862–1942), von 1919–1942 Präsident des
  Verwaltungsrates der SRG, mit Ernst Gagliardi gut bekannt (vgl. den Beitrag
  von C. J. Burckhardt im *Buch der Freunde für J. R. von Salis*, Zürich 1971,
  S. 51ff.), was wahrscheinlich die Beiziehung des Historikers bei der Überset-
  zung und evtl. Bearbeitung des Dokumentes mitveranlasst hat.
3 Dazu Renzo De Felice, *Mussolini il duce. I: Gli anni del consenso 1929–1936*,
  Torino 1974. S. 579ff.
4 Vgl. Piero Melograni, *Gli industriali e Mussolini*, Milano 1972, insbes. S. 315f.
  Er fasst die Ergebnisse seiner Untersuchung u. a. dahin zusammen, Mussolini
  habe sich auf die Seite der Unternehmer gestellt, aus Angst, dass eine zu grosse
  Aktivität der Arbeiterklasse das Gleichgewicht seines Regimes gefährden
  könnte. Wirkungen des Korporativgedankens in der Schweiz: Peter Stadler,
  *Die Diskussion um eine Totalrevision der schweizerischen Bundesverfassung
  1933–1935*, SZG 19/1969, S. 86ff.
5 Georges Wagnière, *Dix-huit ans à Rome. Guerre mondiale et fascisme
  1918–1936*, Genève 1944. In diesen Erinnerungen, die zwar nach dem Sturz des
  Faschismus, aber noch vor dem Ende Mussolinis herauskamen, versucht der
  frühere Gesandte aus seiner Sicht, dem Duce in pietätvoller Kritik gerecht zu
  werden. Vgl. insbes. S. 109: «Son tort fut de se résigner trop tôt à l'échec de sa
  tentative de rapprochement avec la France et l'Angleterre. Son tort fut de ne pas
  attacher d'importance à la S. d. N. et au pacte signé par lui et par tous les états
  présents à Genève et qui aurait évité à l'Italie cette campagne d'Abyssinie,
  origine des catastrophes qui devaient suivre.»

6 Giorgio Rochat, *Militari e politici nella preparazione della campagna d'Etiopia. Studio e documenti 1932–1936*, Milano 1971. Hier (S. 376–379) das Promemoria Mussolinis an Badoglio vom 30. Dezember 1934 mit der entscheidenden Feststellung: «bisogna risolvere il problema il più presto possibile.»

7 Wenige Tage zuvor hatte er noch Ansprachen in Cagliari und Sassari gehalten: *Opera ommia di Benito Mussolini, vol. XXVII*, Firenze 1959, S. 84 f.

8 Zum Sanktionenproblem: Edgar Bonjour, *Geschichte der schweizerischen Neutralität*, Bd. 3, Basel-Stuttgart 1967. S. 161 ff.

9 Gonzague de Reynold, *Mes Mémoires*, t. III, Genève 1963, S. 519 ff., insbes. S. 504 f.: im Jahre 1934 besuchte er Mussolini zweimal, eine weitere Unterredung fand am 20. Februar 1935 statt. Dabei bildete der bevorstehende Stresapakt ein Gesprächsthema: Mussolini hätte ihn gerne durch die Beiziehung Polens erweitert gesehen.

Anlässlich einer Ferienreise Mottas nach Rom im Frühjahr 1934 kam es zu einer längeren Unterredung zwischen ihm und Mussolini; vgl. dazu J. R. von Salis, *Giuseppe Motta. Dreissig Jahre eidgenössischer Politik*, Zürich 1941, S. 410. Roland Ruffieux, *La Suisse de l'entre-deux-guerres*, Lausanne 1974, S. 265 (spricht von «plusieurs entretiens»).

10 Dazu Fritz Roth, *Die Schweizer Heimatwehr. Zur Frontenbewegung der Zwischenkriegszeit im Kanton Bern*, in: Archiv des historischen Vereins des Kantons Bern, 58. Bd. (1974), S. 32 f. Über Besuche Oltramares beim Duce vgl. Roger Joseph, *L'Union nationale, 1932–1939. Un fascisme en Suisse romande*, Boudry 1975, S. 179 f.

11 ZB Zürich, Nachlass Ernst Gagliardi, *Fasc. 21*. Aufzeichnung in einem linierten Schulheft mit blauem Kartonumschlag, auf dessen Etikette von Gagliardis Hand das Wort «Mussolini». Format: 22×17 cm, 20 beschriebene, 4 unbeschriebene Seiten. Die Unterstreichungen alle im Manuskript. Abkürzungen wurden da in runden Klammern ergänzt, wo es zum Verständnis notwendig war.

12 Wagnière: «Celui-ci (le Duce), sans nous faire asseoir, car il n'avait qu'une chaise dans son bureau en dehors de la sienne, nous a reçus debout, mais de la façon la plus cordiale. Il paraissait de fort bonne humeur et m'a tout de suite demandé quel était le but de notre visite. Je lui ai présenté M. Pessina, auquel j'ai laissé la parole.

Le Duce s'est montré fort satisfait et a déclaré qu'il allait examiner à quelle œuvre de bienfaisance il consacrerait la somme en question. Il nous a demandé s'il devait donner quelque publicité à cette donation. M. Pessina a répondu négativement, par crainte, sans doute, des commentaires des journaux socialistes suisses. J'avoue que je le regrette, pour le bon effet qu'une pareille nouvelle produirait dans les journaux italiens. J'examine encore avec M. Pessina s'il n'y a pas moyen, sous une forme quelconque, de faire connaître cette disposition.»

13 Wagnière: «Après quoi, M. Mussolini nous a parlé du vote du 2 juin. bien que la majorité ait été exigue, le peuple suisse a montré du caractère et de l'intelligence. Le vote du 2 juin du peuple suisse a contribué à renforcer le ‹bloc or› auquel appartiennent la France, l'Italie, la Hollande et la Suisse. Ce bloc, a-t-il dit, devrait, dans le champ del la politique économique ou, pour mieux dire, dans le domaine des échanges réciproques, former une sorte de ‹Sonderbund› (il a employé cette parole allemande) à opposer au bloc anglais, qui s'est crée à la suite des accords de Ottava. Il est facile pour une association économique et politique telle qu'elle est constituée par l'empire britannique, qui es maître du quart du globe terrestre, et qui comporte une population de plus de 450 millions

d'habitants, de proclamer certains principes de solidarité économique et politique. Au groupe britannique constitué à Ottava, il convient d'opposer le groupe européen des Etats du bloc or. Ces Etats devraient se mettre d'accord sur un volume déterminé d'échanges, volume à stipuler annuellement, de façon que chacun de ces Etats importerait et exporterait une valeur fixée d'avance de marchandises. A la France, a dit le Duce, j'avais proposé à l'un des trente gouvernements qui se sont succédés depuis douze années, un chiffre d'échanges d'un milliard de francs français. La France aurait donc acheté pour un milliard de produits italiens, et l'Italie pour un milliard de produits français. Ma proposition n'a eu jusqu'ici, aucune suite.»

14 Wagnière: «Je suis alors intervenu pour faire observer à M. Mussolini que nous nous débattions depuis bientôt quatre mois dans des négociations ardues et difficiles avec l'Italie, malgré la bonne volonté de ses négociateurs, et que les difficultés que nous rencontrions dans cette discussion me paraissaient nuire de façon évidente aux intérêts commerciaux de l'un et l'autre des deux pays. Nous serions donc heureux d'examiner une solution suggérée par le Chef du Gouvernement, et qui pourrait peut-être porter la discussion sur un autre terrain et faciliter l'accord que nous poursuivons avec tant de peine.
En effet, m'a répondu le Duce, ce système pourrait s'appliquer aussi dans nos relations avec la Suisse, laquelle est, en réalité, le seul Etat, avec la Hollande, qui a su maintenir intacte sa monnaie d'or, puisque l'Italie et la France ont dû, en leur temps, stabiliser leur monnaie afin d'en enrayer la dévaluation. Du reste, je sais que la Suisse est un des meilleurs acheteurs de produits italiens, raison de plus pour trouver les bases d'un accord.»

15 Wagnière: «J'ai saisi alors l'occasion de lui parler de la S.I.T.I., l'affaire qui motive la présence à Rome du Conseiller National Béguin, et pour laquelle j'avais conféré le matin même avec le Général Dall'Olio, chef de divison au Ministère de l'Agriculture et des forêts. Le Duce, qui venait de recevoir précisément la visite de M. Dall'Olio, que nous avons croisé dans l'antichambre, était parfaitement au courant. Il m'a tout de suite déclaré ce qui suit: ‹Je ne suis pas contraire à la présence de citoyens suisses dans les conseils d'administration d'entreprises domiciliées et agissant en Italie. Je divise les Etats en trois groupes: ceux avec lesquels un conflit peut être probable; ceux avec lesquels un conflit peut être possible, et la troisième catégorie comprenant les Etats avec lesquels l'Italie n'aura jamais aucun conflit armé. Parmi ceux-ci je compte la Suisse, la Hollande, le Danemark, la Suède et la Norvège. La présence de citoyens suisses dans des conseils d'administration d'entreprises qui travaillent pour l'industrie de guerre (bellica o semi-bellica) me paraît compatible avec certains critères de précaution nécessaires.›
J'ai remercié le Duce de cette déclaration, et je veux espérer qu'elle nous aidera à vaincre les difficultés qui rencontrent en ce moment les actionnaires suisses de la S.I.T.I. A ce propos, M. Mussolini m'a dit qu'il n'avait aucune objection au maintien de l'habile technicien qu'était M. Hammer dans cette administration et cela contrairement aux craintes qui étaient exposées par nos compatriotes intéressés dans cette affaire.»

Bei der S.I.T.I. handelt es sich um die «Società Industrie Telefoniche Italiane». Zu ihrem Verwaltungsrat gehörte auch der Ingenieur Walter Hammer. Mitteilung der «Confederazione Generale dell'Industria Italiana» in Rom vom 25. August 1975, aufgrund des «Annuario delle società per azioni italiane» für das Jahr 1935. Ich danke der «Camera di Commercio Italiana per la Svizzera» für ihre Rückfrage in Rom.

Edgar Béguin (1879–1957), gebürtig von St-Légier VD, freisinnig, gehörte dem schweizerischen Nationalrat von 1931–1935 an, war wohnhaft in Lausanne, Advokat und Vertreter der dortigen Handels- und Industriekammer. Freundliche Mitteilung von Prof. Dr. E. Gruner, Forschungszentrum für Geschichte und Soziologie der schweizerischen Politik der Universität Bern, vom 20. August 1975.

16 Wagnière: «notre entretien a duré 25 minutes.»

a Gestrichene Anmerkung, nicht von Gagliardis Hand: Schweinerei!

17 Über die Anfänge der Nietzsche-Verehrung Mussolinis orientiert Ernst Nolte, Marx und Nietzsche im Sozialismus des jungen Mussolini. HZ 191 (1960), S. 249ff.

18 Dieses wenig bekannte Zwischenspiel fällt in das Jahr 1899. Vgl. Otto Franke, *Die Grossmächte in Ostasien von 1894–1914*. Braunschweig und Hamburg 1923, S. 143ff. Allerdings war es demzufolge die chinesische Regierung, die auf die Forderung Italiens nicht einging, worauf Italien einen diplomatisch verhüllten Rückzug antrat. Zum militärischen Aspekt: Mario Valli, *Gli avvenimenti in Cina nel 1900 e l'azione R. Marina Italiana*, Milano 1905. S. 114f.

b Späterer Zusatz (wie a)

Die Schweiz als Exilland
Offenheit und Eigeninteressen in fünf Jahrhunderten

Als Land der europäischen Mitte ist die Schweiz schon aus geographischen Gründen stets ein relativ leicht zugängliches Exilland gewesen, seit es politisch motivierte Auswanderungen gibt. Dem Ausdruck «Exil» wohnt ja der Sinn des Vorübergehenden inne. Der Exilierte sucht Zuflucht in der Hoffnung, nach Veränderung der Lage, die seine Emigration veranlasste, wieder in die Heimat zurückkehren zu können. Diese Absicht unterscheidet ihn vom Auswanderer, der sie für immer und – mehr oder weniger – freiwillig verlässt. Doch kommt es immer wieder vor, dass Exilierte das Land ihrer Zuflucht zum Daueraufenthalt wählen, wählen wollen oder müssen.

Als Exilland machte die Schweiz erstmals im konfessionellen Zeitalter von sich reden. Es waren hugenottische und auch italienische Glaubensflüchtlinge, die sich in der zweiten Hälfte des 16. Jahrhunderts vor allem in Genf (das damals noch nicht eigentlich zur Schweiz gehörte, aber eine mit einzelnen Schweizer Kantonen verbündete Stadt war) niederliessen. Vereinzelte kamen in die welsche und die deutsche Schweiz. Aus Locarno – diesem zwar eidgenössischen, aber von einer katholischen Mehrheit verwalteten Tessiner Städtchen – mussten reformierte Angehörige der angesehenen Familien Orelli und Muralt 1555 aus Glaubensgründen auswandern; sie liessen sich grossenteils in Zürich und Bern nieder und trugen, wie andere italienische Glaubensflüchtlinge, zum Aufschwung der Wirtschaft bei, vor allem des Zürcher Seidenhandels. Auch Basel verdankte einen wesentlichen Teil seiner wirtschaftlichen Hausse seit dem späten 16. Jahrhundert den Refugianten, die grossenteils Franzosen, Lothringer oder Niederländer waren und Anstösse zur kapitalistischen Entwicklung der Seiden- und Bandindustrie boten. Als einzige Universitätsstadt der damaligen Schweiz konnte Basel zudem Gelehrten (z.B. Paracelsus oder Karlstadt) für kürzere oder längere Zeit Zuflucht gewähren.

Dem ersten Emigrationsschub folgte mehr als ein Jahrhundert später ein zweiter, ausgelöst in den 1680er Jahren durch die Unterdrückungspolitik Ludwigs XIV. gegen die französischen Hugenotten und des Herzogs von Savoyen gegen die Waldenser seines Territoriums, die sich seit dem 16. Jahrhundert zum reformierten Glauben bekannten. Auch hier war vor allem Genf eine erste Auffangstation; dann verteilten sie sich auf die diversen reformierten Schweizer Städte. Aber gerade dieses «Grand

Refuge» zeigte auch die Problematik eines Asylantenstroms. Man nahm sie als notleidende Flüchtlinge auf, nutzte auch ihr wirtschaftliches Können; als sie sich aber zu etablieren begannen und eine ernst zu nehmende Konkurrenz darstellten, suchte man sie loszuwerden. Ein grosser Teil wurde noch vor Ende des 17. Jahrhunderts weitergeschickt; die meisten dieser hugenottischen und waldensischen Zwangsauswanderer gingen nach Deutschland.[1] Dann folgte eine längere Zeit relativer Ruhe.

Erst die Französische Revolution löste wieder eine kleinere Welle der Emigration aus; diesmal von Aristokraten, die aber nicht lange blieben. Die letzten verliessen 1798 die Schweiz, als diese selber zum Opfer der Invasion Frankreichs wurde. Nach kurzer revolutionärer Zwischenphase gab es eine neue konservative Stabilisierung, konsolidiert durch die «Neuordnung» von 1815, eine Ordnung alten Stils. Die Schweiz war nun wieder sich selbst überlassen, ihre Neutralität völkerrechtlich anerkannt. Aber schon um 1820 kamen erneut politische Asylanten, Opfer der reaktionären Verfolgungen in Deutschland und Italien. Die konservativen Mächte verfolgten diese Entwicklung mit Argwohn. Die Schweiz hatte 1817 auf ihre Einladung den Beitritt zur Heiligen Allianz vollzogen, wobei ihr versichert wurde, der Vertrag enthalte keine politischen Verpflichtungen. Einige Jahre später zeigte sich aber, dass man es nach Tische anders las. 1823 wurde die schweizerische Tagsatzung von den benachbarten Grossmächten zum Abschluss eines Presse- und Fremdenkonklusums gezwungen, das nicht allein die bisher ziemlich unbeschränkte Pressefreiheit beschnitt, sondern auch die Asylanten der Überwachung unterstellte. Es sollte bewirken, «dass nicht durch Missbrauch der herkömmlich und einheimisch gewordenen Gastfreiheit der Schweiz solche Flüchtlinge in dieselbe eindringen oder sich darin aufhalten können, welche wegen verübter Verbrechen oder Störungen der öffentlichen Ruhe aus einem andern Staate entwichen und demnach signalisiert oder verfolgt würden».[2]

Fremde bedurften fortan der Legitimationsausweise ihrer Heimatbehörde, um sich in der Schweiz aufhalten zu können. In der Folge wurden nun zahlreiche Flüchtlinge abgeschoben; sie erhielten Pässe nach Überseehäfen, um von da nach Amerika weiterzureisen. Das Konklusum war ein Resultat Metternischer Politik. Der Staatskanzler räumte der Schweiz vermöge ihrer zentralen Lage eine grosse Bedeutung ein; sie gehöre zu den Ländern – heisst es in einer von ihm verfassten Instruktion an den österreichischen Gesandten vom 9. Juni 1826 –, die am meisten für das Gute und das Böse Europas vermöchten; da sie zwischen den revolutionären Brennpunkten Frankreich und Italien liege, diene sie als Kommunikationskanal und Vehikel aufrührerischer Aktivitäten; unter österreichischem Einfluss dagegen verliere sie diese Eigenschaft und höre auf, ein Pulverfass des Umsturzes zu sein.[3] Sicherlich hat Metternich in solchen Worten die

Gefährlichkeit der Schweiz etwas dämonisiert, aber man entnimmt seinen Worten doch die Sorge um die stete Gefährdung seines Systems. Bemerkenswert aber ist zugleich die Beschränkung der Souveränität, die der Eidgenossenschaft aus derart ideologischen Gründen nahegelegt, ja aufgezwungen wird – nicht zum letztenmal in ihrer Geschichte.

Repression und Überwachung liessen freilich schon nach einigen Jahren nach, je mehr die Heilige Allianz zerbröckelte. Die Julirevolution von 1830 hob sie dann vollends aus den Angeln und löste dafür in der Schweiz die sogenannte Regeneration aus, eine liberale Bewegung, die vor allem die industrialisierten Kantone erfasste. Als Folge ihrer Erziehungspolitik entstanden die Universitäten von Zürich und Bern, die zur Zuflucht deutscher Gelehrter wurden, die aus politischen Gründen ihre Heimat verlassen mussten. Das heute berühmteste Beispiel ist der Dichter Georg Büchner, der nach kurzer Wirkungszeit als Privatdozent in Zürich verstarb. Für ihn, der aus Hessen kam, offenbarte sich die Schweiz als ein prosperierendes Land des Kontrasts:

> «Ihr werdet überrascht sein, wenn ihr mich besucht», schrieb er am 20. November 1836 an seine Familie, «schon unterwegs überall freundliche Dörfer mit schönen Häusern, und dann, je mehr Ihr Euch Zürich nähert, und gar am See hin, ein durchgreifender Wohlstand; Dörfer und Städtchen haben ein Aussehen, wovon man bei uns keinen Begriff hat. Die Strassen laufen hier nicht voll Soldaten, Akzessisten und faulen Staatsdienern, man riskiert nicht, von einer adeligen Kutsche überfahren zu werden; dafür überall ein gutes, kräftiges Vok und um wenig Geld eine einfache, gute, rein republikanische Regierung, die sich durch eine Vermögenssteuer erhält, die man bei uns überall als den Gipfel der Anarchie ausschreien würde.»[4]

Büchner war von dem Gründungsrektor der Universität Zürich, dem in Jena aus politischen Gründen abgesetzten Naturforscher Lorenz Oken, gefördert worden – ein Beispiel für viele, wie ein Liberaler den anderen nachzog. Auch die diversen staatlichen Gymnasien – Kantonsschulen genannt – beschäftigten häufig deutsche Akademiker. Aber nicht nur in den oberen Rängen machten die Asylanten von sich reden. Eine radikalere Aktivität entfalteten die Handwerker- und Arbeitervereine, deren häufig deutsche Mitglieder sich in verschiedenen – nicht in allen – Kantonen ziemlich frei betätigten.[5] In Zürich hat der sogenannte Handwerkerkommunismus eines Wilhelm Weitling seinen Anfang genommen, dessen weitere Entfaltung dann allerdings durch den «wissenschaftlichen» Sozialismus von Marx und Engels unterbunden wurde. Von solchen Voraussetzungen her begreift sich, dass die Schweiz im konservativen wie im fortschrittlichen Lager Europas immer mehr als das Experimentierfeld kommender Auseinandersetzungen bertrachtet und ihre Entwicklung mit entsprechender Spannung verfolgt wurde.

Der Sonderbundskrieg, in dem sich der Sieg des Neuen über das Alte entschied, galt als Kampf von durchaus kontinentaler Tragweite. Ihm folgten wenig später die europäischen Revolutionsbewegungen von 1848/49 mit ihren Erfolgen, Rückschlägen und Niederlagen. Als deren Folge ergoss sich eine neue Flüchtlingswelle – diesmal kann man wirklich von einer solchen sprechen – über die Schweiz, vorzugsweise aus Italien und Deutschland. Sie machte dem jungen Bundesstaat, der sich 1848 im Gefolge des Sonderbundskrieges konstituiert hatte, schwer zu schaffen und belastete seine Beziehungen zu den wiedererstarkten konservativen Nachbarmächten. Auf Einzelheiten braucht hier nicht eingegangen zu werden.[6] Nach dem gescheiterten badischen Aufstand von 1849 kamen über zehntausend Flüchtlinge ins Land, eine erhebliche Belastung. Der Bundesrat verhielt sich keineswegs besonders freundlich, wies zunächst ein Dutzend Führer aus, dann weitere; Anfang 1850 verordnete er überhaupt eine Sperre. Die Reaktion im Volke war unterschiedlich. Die liberale «Neue Zürcher Zeitung» klagte: «Was wir nie erwartet, ist geschehen. Der Bundesrat gestattet kein Asyl. So haben wir die Neutralität nicht verstanden. Wir haben keinen Ausdruck für unseren Schmerz.»[7] Es gab auch Schwierigkeiten zwischen Bund und einzelnen Kantonen, vor allem dem Tessin, das italienische Flüchtlinge schützte. Immerhin schickte man sie nicht in die Hände der Feinde zurück, sondern suchte – wie schon in den 1820er Jahren – einen Transport über Frankreich nach Amerika zu ermöglichen.

Alles in allem darf man somit die Flüchtlingspolitik des «liberalen» 19. Jahrhunderts nicht über Gebühr idealisieren. Gewiss gab es die prominenten Flüchtlinge, die aufgenommen wurden, weil sie einflussreiche Gönner hatten oder gar Lehrstühle übernehmen konnten und dann zum kulturellen Glanz ihrer Zufluchtsorte –im besondern Zürichs – beitrugen. So Richard Wagner, der hier Teile des «Tristan» und des «Rings» komponierte, Theodor Mommsen, der an seiner «Römischen Geschichte» schrieb, den Architekten Gottfried Semper, der das neue Polytechnikum entwarf, Dichter wie Herwegh und andere. Man kennt aber nicht die vielen Namenlosen, die sich nicht oder höchstens vorübergehend in der Schweiz aufhalten durften.

Die Lage beruhigte sich dann wieder; die Einigungen Italiens und Deutschlands erfüllten die Hoffnungen der meisten 48er; manche waren schon vorher zurückgekehrt. Der Pariser Kommuneaufstand von 1871 spülte eine kleinere, rasch verebbende Welle diesmal französischer Flüchtlinge in die welsche Schweiz. Mit dem neuen Deutschen Reich Bismarcks waren die Beziehungen zunächst ausgesprochen gut. Der Kulturkampf wurde als gemeinsame Sache angesehen. Eine Klimaverschlechterung ergab sich nach 1878, als infolge des Sozialistengesetzes viele deutsche Sozialdemokraten in die Schweiz kamen, hier ihre Versammlungen abhielten und ihre in Deutschland verbotene Presse nicht nur herausbrachten, sondern auch ins Reich vertrieben.[8] Zürich wurde ihr wichtigstes Zentrum. Bereits in den Jahren zuvor waren russische Revolutionäre und Anarchisten – etwa Bakunin – in die Schweiz gekommen. Das an den Universitäten von Zürich und Bern früh zugelassene Frauenstudium wurde vor allem auch von Russinnen genutzt. Gegenüber dem fernen Russland brauchte der Bundesrat keine besonderen Rücksichten zu nehmen, zum deutschen Nachbarn hingegen musste die Schweiz auf gute Beziehungen bedacht sein. Anderseits konnte und wollte man auch nicht einfach Erfüllungsgehilfe der gegen eine Partei gerichteten Repression werden.

So legte sich die Landesregierung auf eine mittlere Linie fest. Politische Delinquenten sollten nur dann ans Ausland ausgeliefert werden, falls sie gemeine Verbrechen begangen hätten. Den aktiven Sozialdemokraten wiederum wurde nahegelegt, ihre Tätigkeit ins Ausland zu verlegen; so zogen die meisten nach dem asylantenfreundlichen London. Nach Bismarcks Sturz fiel das Sozialistengesetz dahin, und die Situation entspannte sich rasch. Es gab zwar nach wie vor eine starke Zuwanderung aus Deutschland und Italien, aber die war unpolitisch; die Deutschen gehörten vorwiegend dem Handwerkerstand und den gehobenen Schichten an; die Italiener waren zumeist Gastarbeiter – so auch Mussolini, der nachmals berühmteste unter ihnen. Die Immigration hinterliess gleichwohl ihre Spuren; in der eingeborenen Bevölkerung machten sich Besorgnisse hinsichtlich drohender Überfremdung geltend.

Der Erste Weltkrieg brachte neue Probleme. Viele Ausländer kehrten in ihre Heimat zurück, dafür kamen andere, Pazifisten, auch Deserteure und Refraktäre, in zunehmendem Masse überdies Schwarzhändler. Der Bund zog die bisher weitgehend den Kantonen überlassene Fremdenkontrolle an sich und schuf 1917 eine Zentralstelle für Fremdenpolizei, die bald schon einen umfassenden bürokratischen Apparat aufbaute und eigengesetzliche Tendenzen annahm. Ihr Leiter, der Jurist Dr. Edmund Rothmund, erarbeitete sich eine wichtige Schlüsselposition, die er immer mehr ausbaute und bis über den Zweiten Weltkrieg hinaus in der Hand behielt – gedeckt von den jeweiligen Bundesräten. Die Kontrolle nahm – trotz Widerständen aus Kreisen des Fremdenverkehrs – auch nach Kriegsende nicht ab, da die Zuwanderung (z.B. auch aus dem östlichen Europa) anhielt und wirtschaftliche Depressionen, schliesslich die grosse Wirtschaftskrise restriktive Massnahmen nahelegten. So setzte sich der Begriff der «Aufnahmefähigkeit des Landes» durch.[9]

Diese Politik der Zurückhaltung verstärkte sich noch in den Jahren nach 1933 mit dem neuen Zustrom von Flüchtlingen aus Deutschland und später auch aus Österreich. Sie konnten nur unterkommen, solange sie dem Gastland nicht zur Last fielen. Das «rote» Zürich war ihnen freundlicher gesinnt als andere Städte; Berühmtheiten wie Thomas Mann (der dann 1938 weiter nach den USA emigrierte) kamen allemal besser weg als Unberühmte – wie schon nach 1848. Die Abwehr galt besonders auch den Juden. Einen offiziellen Antisemitismus gab es zwar nicht, wohl aber einen in der Mentalität verwurzelten informellen, der dadurch verstärkt wurde, dass schon nach 1914 ziemlich viele Ostjuden zugewandert waren. Bereits im November 1933 verlautete in einem universitätsinternen Dokument, «Organe der eidgenössischen Fremdenpolizei» hätten «die Weisung gegeben, das jüdische Element nicht übermässig anwachsen zu lassen».[10] Von da an war es dann nur noch ein Schritt zu dem berüchtigten J-Stempel in den Pässen deutscher Juden, der zwischen reichsdeutschen und schweizerischen Instanzen abgesprochen wurde. Ihre tragische Eskalation erfuhr diese Verhaltensweise dann während des Zweiten Weltkrieges, als Verknappung der Lebensmittel und Bedrohung durch das Dritte Reich eine Verkrampfung bewirkten, die sich dann in der Redewendung «Das Boot ist voll» niederschlug. Viele geflohene Juden sind damals über die Grenzen zurückgeschickt und der Vernichtung preisgegeben worden.[11] Nichtjüdische Emigranten hatten es besser, weil sie politische Gründe geltend machen konnten; einige sind – unter der Hand – sogar politisch aktiv gewesen.[12]

Das dunkelste Kapitel schweizerischer Asylpolitik endete 1945. Seither trat eine merkliche Liberalisierung ein, zweifellos auch unter dem moralischen Nach-Druck eines schlechten Gewissens. Nach dem ungarischen Aufstand von 1956 und dem unterdrückten Prager Frühling von 1968 wurden Tausende von Asylanten aufgenommen. Aufnahme fanden auch geflüchtete Tibeter und Vietnamesen. Dabei spielte sicherlich mit, dass sie allesamt Opfer kommunistischer Systeme waren, weshalb die meisten Schweizer ihnen Sympathien entgegenbrachten.

Etwas anders verhält es sich mit den Drittweltflüchtlingen, deren Zustrom seit etwa 1980 stetig zugenommen hat – in die Schweiz wie in die Industriestaaten Westeuropas überhaupt. Hier sind die politischen Motivationen zumeist weniger deutlich; in vielen Fällen handelt es sich um Wirtschaftsflüchtlinge im Sog einer grossen Süd-Nord-Wanderung mit dem Ziel, aus armen in wohlhabende Gebiete umzusiedeln. Eine Parallele zu früheren Flüchtlingsströmen – wie sie in Unkenntnis der geschichtlichen Zusammenhänge oft gezogen wird – ist schon deshalb unzulässig, weil damals entsprechende wirtschaftliche Voraussetzungen kaum bestanden. Die Schweiz des 19. Jahrhunderts war – wie ihre eigene Auswanderung belegt – ökonomisch nicht attraktiver als ihre Nachbarstaaten, sie war den gleichen Depressionen und Krisen unterworfen wie diese.

Eher könnte man deshalb eine Parallele zu den überseeischen Kolonisationen und Auswanderungsbewegungen des 16. bis 19. Jahrhunderts ziehen, als es gleichfalls darum ging, Bevölkerungsüberschüsse abzubauen. Ein gewichtiger Unterschied besteht freilich darin, dass die Schweiz allein schon aus Gründen des beschränkten Raums als Einwanderungsland kaum in Frage kommt, ohne letztlich ihre Identität einzubüssen. Das muss bei allem Verständnis für menschliche Nöte stets bedacht werden, damit nicht neue Spannungen und Nöte entstehen. Ob und wie Behörden und Bevölkerung diese schwierigen Probleme zu bewältigen vermögen, bleibt – auch nach der eidgenössischen Volksabstimmung vom 5. April 1987 über ein revidiertes Asylgesetz – einstweilen noch offen. Die seitherigen Erfahrungen mit dem anschwellenden Zuwanderungsstrom (der vergleichbare europäische Länder zielbewusst umgeht, um in die Schweiz – und nur dahin – zu gelangen) stimmen da eher skeptisch.

Anmerkungen

1 Leo Weisz: *Die wirtschaftliche Bedeutung der Tessiner Glaubensflüchtlinge in der deutschen Schweiz*. Zürich 1958. Bruno Barbatti: Das «Refuge» in Zürich. Diss. Zürich 1957. Rémy Scheurer, in: Rudolf von Thadden und Michelle Magdelaine: *Die Hugenotten*. München 1985, S.38ff. (mit Zahlenangaben).
2 Eidgenössischer Abschied 1823, S.3ff.
3 Zit. bei Werner Näf: *Die Schweiz im «System» Metternichs*, in: *Gesamtdeutsche Vergangenheit*. Festgabe für Heinrich Ritter von Srbik. München 1938. S.248f.
4 Georg Büchner. *Gesammelte Werke*. Hrsg. von Carl Seelig. Zürich 1944. S.269F.
5 Hans-Joachim Ruckhäberle (Hrsg.): *Bildung und Organisation in den deutschen Handwerksgesellen- und Arbeitervereinen in der Schweiz*. Tübingen 1983.
6 Zur schweizerischen Aussenpolitik des 19./20.Jahrhunderts (bis 1945) das Standardwerk von Edgar Bonjour: *Geschichte der schweizerischen Neutralität*. 9 Bde., Basel 1965–78. Kurzfassung: *Schweizerische Neutralität*. Basel, Stuttgart 1978.
7 Zit. bei Jürg Frei: *Die schweizerische Flüchtlingspolitik nach den Revolutionen von 1848 und 1849*. Diss. Zürich 1977. S.351.
8 Klaus Urner: *Die Deutschen in der Schweiz. Von den Anfängen der Kolonienbildung bis zum Ausbruch des Ersten Weltkrieges*. Frauenfeld und Stuttgart 1976. S.223ff.
9 Uriel Gast: *Aufbau und Entwicklung einer eidgenössischen Fremdenpolizei in den Kriegs- und früheren Nachkriegsjahren des 1.Weltkrieges*. Liz.-Arbeit Zürich 1986.
10 Zit. bei Peter Stadler (Red.): *Die Universität Zürich 1933–1983*. Zürich 1983. S.53f.
11 Carl Ludwig u.a. *Die Flüchtlingspolitik der Schweiz seit 1933 bis zur Gegenwart*. Bern 1957. Alfred A.Häsler: *Das Boot ist voll... Die Schweiz und ihre Flüchtlinge 1933–1945*. Zürich, Stuttgart 1967.
12 Karl-Hans Bergmann: *Die Bewegung «Freies Deutschland» in der Schweiz 1943–1945*. München 1974.

III. Schwerpunkt Frankreich

Mazarin

Vier grosse Persönlichkeiten markieren den Aufstieg Frankreichs zur europäischen Vormacht im 17. Jahrhundert – zwei Könige und zwei Kardinäle. Am Anfang und am Ende des «grand siècle» stehen die beiden Monarchen: Heinrich IV., dem es gelang, das in den Wirren der Glaubenskriege zerrüttete Staatswesen neu zu ordnen und wiederaufzurichten; Ludwig XIV., der die Staats- und Monarchenallmacht vollendete und schliesslich hemmungslos übersteigerte. Zwischen diesen Herrschern aber sind es zwei Kardinäle, Diener des Staates und Wegbereiter seines Absolutismus, deren staatsmännisches Wirken das der beiden Könige überhaupt erst zu einer geschichtlichen Einheit verklammert hat: Richelieu und Mazarin. Richelieu ist der genialere, der bekanntere von den beiden, wogegen Mazarin mehr nur als sein Erbe und Epigone oder aber als Mentor des jugendlichen Sonnenkönigs in der geschichtlichen Erinnerung fortlebt – zu Recht und zu Unrecht.

Jules Mazarin oder, wie er eigentlich hiess, Giulio Mazzarino wurde am 14. Juli 1602 in dem Abruzzenstädtchen Pescina geboren, ein Römer sizialinischer Abkunft. Er ist keineswegs aus dem Nichts emporgestiegen (wie ihm dann seine Feinde später nachsagten), entstammt aber wahrscheinlich – allen Bemühungen hilfreicher Genealogen zum Trotz – einer nichtadeligen Familie: der Vater war Haushofmeister eines Colonna, und es kam dem Sohn zugute, der Klientel dieser mächtigen Familie zuzugehören. Den ersten Unterricht empfing er bei den Jesuiten, die den vielversprechenden Zögling gerne bei sich behalten hätten; dann ging er studienhalber nach Spanien; an der Sapienza in Rom promovierte er zum Doktor beider Rechte. Die Politik aber hat sich ihm erst auf dem Umweg über den Kriegsdienst erschlossen – einem Kriegsdienst, der bereits in die europäischen Zusammenhänge hineinspielt.

Es ist die Zeit des Dreissigjährigen Krieges. Seit dem Veltliner Mord vom Sommer 1620 hielten spanische Truppen das den Bündnern gehörende Veltlin besetzt, das als Verbindungstal zwischen Mailand und dem Tirol eine wesentliche Bedeutung für die Zusammenhänge der habsburgischen Politik besass. Indessen begann sich der Widerstand gegen diese unrechtmässige Kontrolle bereits zu regen – von seiten Frankreichs, aber auch von seiten der «Stati liberi» Italiens. Madrid spürte die heraufziehende Gefahr einer Koalition, suchte sie zu bannen und erklärte sich im Februar 1623 zur

Räumung der Talschaft bereit – unter der Bedingung, dass päpstliche Truppen sie besetzen, also machtpolitisch gleichsam neutralisieren sollten. Die Kurie stimmte dieser Regelung nach Überwindung einiger Bedenken zu. Mit den päpstlichen Truppen hielt auch der junge Mazzarino als Feldhauptmann seinen Einzug in die umstrittene Talschaft. Ob er dabei in politischen Kontakt mit den führenden Bündnern jener Zeit gekommen ist? Dank Alfred Zächs historisch-kritischer Ausgabe des «Jürg Jenatsch» wissen wir, dass Conrad Ferdinand Meyer in den «Notizen zum Jenatsch» auch an ein «Gespräch Julius Mazzarinos mit Jenatsch in Tirano» gedacht, diese (quellenmässig nicht zu belegende) Episode dann allerdings nicht in die endgültige Fassung aufgenommen hat.

Schon während dieser Dienstzeit, die in die Jahre zwischen 1623 und 1626 fällt, wurde der sprachkundige und gewandte päpstliche Offizier zu diplomatischen Missionen verwendet; eine Möglichkeit zu erweiterter, selbständiger Tätigkeit ergab sich beim Ausbruch des Mantuanischen Erbfolgekrieges. Ein an sich lokaler, rein dynastischer Streitfall: Herzog Vinzenz II. von Mantua, ein Gonzaga, war am 26. Dezember 1627 gestorben, damit die Nachfolge offen – zwei Bewerber aus Nebenlinien traten auf den Plan, der eine von Frankreich, der andere von Spanien unterstützt. Richelieu, an diesem Streitfall und an der Verteilung der politischen Gewichte in Italien brennend interessiert, war zum Losschlagen im Bunde mit Venedig gegen das Mailand beherrschende Spanien entschlossen. Und er hat seinen Kandidaten letztlich durchsetzen können, obwohl die Dinge sich rasch komplizierten: um Casale und Mantua wurde gekämpft; der Herzog von Savoyen nahm eine lauernde Haltung ein; die Pest breitete sich aus. Während des Krieges aber wurde hin- und herverhandelt, und dabei kam Mazzarino ein wesentlicher Anteil zu. Er war zu Beginn des Krieges in Mailand, als Helfer eines dorthin in diplomatischer Mission beorderten Kardinals; nun wurde er bald nach Turin, bald nach Mantua, Casale oder ins französische Feldlager entsandt. Auch mit Richelieu kam er bei einer solchen Gelegenheit erstmals in ein diplomatisches Zwiegespräch. Seither hat der Kardinal den angenehm klugen und fähigen Unterhändler nicht mehr aus der Erinnerung verloren.

Für den nach Rom Zurückgekehrten begann nun der Aufstieg. Er war an den Friedensverhandlungen beteiligt, wurde päpstlicher Kammerherr, Inhaber zweier Kanonikate, immer deutlicher aber auch ein Parteigänger Frankreichs. Dank französischer Fürsprache wurde er päpstlicher Vizelegat in Frankreich, um wenig später den Auftrag zu erhalten, in ausserordentlicher Mission nach Paris zu gehen – das war im November 1634. Aber damit war auch schon ein Höhepunkt erreicht, der zum Endpunkt zu werden drohte: ordentlicher Nuntius in Paris wurde Mazzarino entgegen seinen Hoffnungen nicht; Spanier arbeiteten gegen ihn und erreichten bei

Urban VIII., der in den letzten Jahren seines Pontifikates eher ihnen zuneigte, seine Rückberufung. Während dieses römischen Zwischenspiels erwiesen sich aber die in Paris geknüpften Fäden als wertvoll. Das Einvernehmen mit Richelieu führte dazu, dass Mazzarino im Jahre 1639 aus dem päpstlichen in den französischen Dienst hinüberwechselte und Untertan des allerchristlichsten Königs wurde. Im Jahr darauf konnte der Kardinal durch seinen Monarchen erreichen, dass der Papst auch seinem Schützling die Kardinalswürde verlieh. Ob Mazarin (wie wir ihn fortan nennen) jemals die Priesterweihe empfangen hat, steht dagegen nicht fest. Doch wuchs er mehr und mehr in jene Vertrauens- und Beraterstellung hinein, die vordem der Père Joseph innegehabt hatte.

Als Richelieu am 4. Dezember 1642 starb, ernannte König Ludwig XIII. Mazarin zu seinem Staatsminister und nahm ihn in seinen «Conseil» auf. Die Nachfolge schien damit – den Wünschen des Verstorbenen gemäss – gesichert, sie war es in Wirklichkeit nicht. Denn bereits nach wenigen Monaten, am 14. Mai 1643, folgte der König seinem grossen Staatsmann im Tode nach. Damit war alles wieder offen. Ludwig XIV. war ein noch nicht fünfjähriger Knabe; Regentin wurde die Königinmutter Anna d'Austria, eine Spanierin von Geburt und Schwester König Philipps IV., mit dem Frankreich im Kriege lag. Eine im Grunde paradoxe Situation. Würden die Zeiten der Maria Medici sich wiederholen und Frankreich den Primat des spanischen Weltreiches, das doch in allen Fugen krachte, noch einmal hinnehmen? Nichts derartiges geschah. Die Königinmutter war ganz Französin geworden, sie war aber auch ganz vom Gedanken der Stärkung der königlichen Zentralgewalt im Sinne Richelieus durchdrungen. Der Kampf gegen die «Casa d'Austria» wurde mit noch mehr Energie und Erfolg als bisher durchgeführt, und das Vertrauen der Herrscherin gewannen nicht die von Richelieu Niedergehaltenen, sondern sein politischer Erbe, der Kardinal aus Rom. Ja, die Verbundenheit der Königinmutter und Mazarins wurde so offenkundig, dass Gerüchte um den menschlich-all-zumenschlichen Charakter dieser Liaison sich schon bald gebildet und seither nur verdichtet haben. Damit nicht genug: Da und dort geistert sogar die Meinung herum, Mazarin und nicht Ludwig XIII. sei in Wirlichkeit der Vater des Sonnenkönigs gewesen. Das ist völlig ausgeschlossen; was das übrige betrifft, so wird man gut tun, sich des beispielhaften Taktes zu erinnern, mit dem Ranke diese Frage offenliess: «Ich finde davon keine authentische Kunde.»

Mazarins nächstes aussenpolitisches Ziel musste sein, den Frieden zu gewinnen. Seit dem Jahre 1644 liefen in Münster und Osnabrück die Unterhandlungen, wurden zähe geführt und zogen sich hin. Wohl hat Mazarin dabei im wesentlichen da ernten können, wo sein Meister gesät hatte; im einzelnen jedoch zeigte er viel taktisches Geschick in der Ausnützung der Schwäche des kaiserlichen Gegners: «C'est à nous à tenir bon», instruierte er seinen Gesandten; «il est indubitable qu'ils (les ennemis) se rangeront peu à peu.» Und die Feinde mussten sich rangieren. Fritz Dickmann hat in seinem grossen Werk über den Westfälischen Frieden darauf hingewiesen, dass Mazarin mit Erfolg darauf bedacht war, die Reichsstände als Verhandlungspartner heranzuziehen, während der Kaiser ausser den fremden Mächten ursprünglich nur eine Beteiligung der Kurfürsten wünschte, um die französischen Interventionsmöglichkeiten im Reiche nicht gefährlich zu erweitern. Aber Frankreich war es, das sich durchsetzte und damit ein weiteres Mal als Beschützer deutscher Libertät dastand. Dank den Forschungen von Julia Gauss sind wir auch darüber belehrt, dass es die französische Diplomatie war, die dem Basler Bürgermeister Wettstein in seinen Bemühungen um die völlige rechtliche Loslösung der Eidgenossenschaft vom Reich den noch neuartigen und umfassenden Begriff der Souveränität in die Hand spielte, der sich als brauchbares Instrument darbot.

Jedenfalls bedeutete der Westfälische Friede von 1648 einen der klassischen Gipfelpunkte französischer Aussenpolitik. Beträchtlich war der Gewinn: Er umfasste neben der endgültigen Anerkennung des Besitzes von Metz, Toul und Verdun auch die Übernahme von Positionen und Gebieten im Elsass und mit Breisach sogar einen rechtsrheinischen Brückenkopf – zwar nichts Geschlossenes, aber doch etwas, das sich ausbauen und arrondieren liess. Fast noch wichtiger waren die Kontroll- und Einmischungsmöglichkeiten, die sich aus dem Vertrag ergaben: Frankreich und Schweden konnten als Garanten des Friedens fortan allen Veränderungen im Reiche selbst entgegenwirken. Endlich war es gelungen, die säkulare Kampfgemeinschaft zwischen Wien und Madrid aufzulösen. Spanien setzte den Kampf gegen Frankreich allein fort, nachdem es im Januar 1648 die Vereinigten Niederlande auch rechtlich freigegeben, mit ihnen Frieden geschlossen und sich damit wenigstens nach dieser Seite um einen Kriegsschauplatz erleichtert hatte.

Dieser Friede (der also für Frankreich kein vollständiger war) tat Mazarin übrigens ebenso not wie dem Kaiser. Im Innern sammelten sich eben damals die Gegner, was als Symptom um so bedenklicher war, als die englische Revolution in jenen Monaten ihren Zenit erreicht hatte. Eine rückläufige Bewegung gegen den Absolutismus machte sich geltend, und auch in Frankreich brachen alte Wunden auf. Das Finanzsystem war ganz Willkür und Zerrüttung; die langen Kriegsjahre hatten es der Regierung zur Gewohnheit werden lassen, möglichst rasch und ohne zeitraubende Weiterungen zu Geld zu kommen. Da der administrative Apparat noch nicht hinreichend durchgebildet war, pflegte die Regierung die Steuererhebung finanzkräftigen Gruppen und sogenannten Partisans gegen sofortige

Barzahlung zu überlassen. Ein furchtbarer Missbrauch, da diese Steuer-
pächter möglichst hohe Eintreibungen vorzunehmen trachteten und sich
dadurch für das Risiko, das sie mit ihrer Charge übernahmen, schadlos
hielten. Ein anderer alter Missbrauch war die Käuflichkeit der Beamten-
stellen; jetzt aber wurden in steigendem Masse neue geschaffen und bestehende unterteilt. Die Parlamente erhoben dagegen Einspruch, vor allem
das Parlament von Paris. Dieser oberste Gerichtshof des Landes fühlte sich
mitverantwortlich für den Machtmissbrauch der Krone und ihrer Helfer –
um so mehr, als die «Etats généraux» als das eigentliche ständische Gegengewicht seit 1614 nicht mehr berufen worden waren. Und es leidet keinen
Zweifel, dass der energische Widerstand des englischen Parlaments gegen
den Absolutismus der Stuarts anfeuernd auf dasjenige von Paris gewirkt
hat. Die Einwohnerschaft von Paris aber empfand die Vorkämpfer des
Parlaments als Helden eines gemeinsamen Kampfes. Dazu kamen mar-
kante Vertreter des Hochadels, die sich mit der Ministerallmacht nicht
abfanden: so der Prinz von Condé, der Baron von Retz (Koadjutor des
Erzbischofs von Paris und späterer Kardinal), die Frau von Chevreuse;
zeitweise auch Gaston d'Orléans, der unstet ehrgeizige Bruder Ludwigs XIII., oder Turenne, der grosse Heerführer, um nur einige zu nennen.
Kein Zweifel: Die Fronde (d. h. Schleuder, nach einem damals polizeilich
verbotenen Kinderspielzeug benannt) richtete sich vor allem gegen die
Entartungserscheinungen des Absolutismus, dem Wesen nach aber doch
auch gegen diesen selbst. Einheitlich war die Bewegung nicht, zudem
verflochten sich in ihr berechtigte Anliegen und persönliche Eitelkeiten.
Gleichwohl sollte der Historiker – sofern er sich nicht einfach mit der Rolle
des Diagnostikers «notwendiger» Entwicklungsvorgänge begnügen will –
die Frage, ob ein Sieg der oppositionellen Tendenzen nicht auch seine
zukunftverheissenden Perspektiven gehabt haben könnte, wenigstens für
sich stellen.

Der Aufstand brach mit Macht gegen Ende 1648 los; mit dem Kardinal
mussten die Königinmutter und der kleine König die revoltierende Hauptstadt eilends verlassen, nahmen aber den Kampf gegen sie auf. Im Frühjahr
1649 kam es (wohl auch unter der Schockwirkung der Hinrichtung Karls I.
von England) zu einem Ausgleich. Aber das war nur ein Scheinfriede. Wir
können das Spiel von Intrigen und Gegenintrigen, das nun anhob, übergehen: Im Januar 1651 war es wieder so weit, dass der Hass gegen den
Kardinal sich gewaltsam zu entladen drohte; im Februar musste er fliehen,
diesmal allein. Das Parlament sprach seine Verbannung aus, sein Palast
wurde geplündert. In der Hauptstadt zirkulierten jene Spottlieder, die als
«Mazarinaden» in die Publizistik eingegangen sind – teils witzige, teils aber
auch nur unflätige. Jedenfalls schien der Kardinal aus Italien endgültig
erledigt, ein Mann von gestern zu sein. Er selbst wies die Hilfsangebote

einzelner treugebliebener Kommandanten ab und ging nach Deutschland, nach Schloss Brühl.

Aber bereits im Dezember kehrte er nach Frankreich zurück, gerufen von der Königinmutter, die mit dem König und einem Heer abermals gegen Hauptstadt und Aufrührer stritt. Es war ein schwerer Krieg, der in der verheerenden Weise der Zeit geführt wurde. Dazu kam, dass der Prinz von Condé mit den Spaniern gemeinsame Sache machte, ja zu ihrem gefürchtetsten Heerführer aufstieg. Aber die hochadeligen Feinde bildeten keine Schicksalsgemeinschaft, weder unter sich noch mit dem aufständischen Bürgertum der Städte. Das war Mazarins Rettung; er konnte als überlegener Taktiker das Gesetz des «Divide et impera» walten lassen. Zudem wirkte der als volljährig erklärte jugendliche König Ludwig XIV. nunmehr einigend – die Fiktion, man kämpfe nur gegen den Kardinal und nicht gegen ihn, liess sich je länger, je weniger aufrechterhalten. Endlich begann man ganz allgemein, wie schon zu Ende der Religionskriege, der Anarchie müde zu werden. So konnte der vierzehnjährige Monarch im Oktober 1652 umjubelt in seiner Hauptstadt (gegen die er zeitlebens ein gewisses Misstrauen nicht loswerden sollte) einziehen; bereits im Februar 1653 hat er Mazarin nachkommen lassen.

Damit war der Kardinal nicht nur rehabilitiert, sondern mächtiger denn je; im Hôtel de Ville wurde ihm ein feierliches Sühnebankett dargeboten; das Parlament musste sich besänftigen, wobei in schwierigen Fällen Bestechungsgelder das ihre taten – denn Mazarin wollte ein milder Sieger sein. Überall brachen die Widerstände zusammen, nur der Prinz von Condé setzte den seinen fort; sein Bruder heiratete dafür eine der Nichten Mazarins.

Nunmehr aber trat die Auseinandersetzung mit Spanien in ihr entscheidendes Stadium. Diese Macht hatte sich von ihren Rückschlägen erholt, einen gefährlichen Aufstand in Katalonien niedergekämpft. An einen leichten Sieg konnte Frankreich nicht denken. In dieser Situation wurde das England Oliver Cromwells für beide Kriegführenden zu der umworbenen, ausschlaggebenden Macht. Der Lordprotektor hat beide Bündnismöglichkeiten erwogen, entschieden hat er sich dann doch für den Krieg gegen Spanien. Mazarins Aussenpolitik aber gewann jetzt, da er wieder Herr der Kräfte Frankreichs war, an Weite und Schwung. 1657, als Kaiser Ferdinand III. starb, suchte er eine Erhebung Ludwigs XIV. auf den Kaiserthron in die Wege zu leiten und hat, als dies nicht gelang, in den Wahlkapitulationen Vorteile für Frankreich (zum Beispiel ein Versprechen des Reiches, sich nicht in die französisch-spanische Auseinandersetzung einzumischen) erwirkt. So konnte er mit einigem Recht den neugewählten Kaiser Leopold einen «gezäumten Kaiser» nennen; er war es wenigstens vorläufig. Mazarin hat Frankreichs Position in Deutschland noch dadurch verfestigt, dass er im August 1658 (einen Monat nach der Kaiserwahl) mit einer Reihe von deutschen Fürsten (darunter den drei geistlichen Kurfürsten) den Rheinbund schloss. Um diese Zeit starb auch Oliver Cromwell, der Bundesgenosse. So wurde die Lage reif für den Frieden mit Spanien. Die wichtigste Klausel wurde in den Vorverhandlungen im Dezember 1658 festgesetzt. Sie bestimmte, dass Ludwig XIV. als Gemahlin Maria Theresia, die Tochter des Königs Philipp IV. von Spanien, erhalten solle. Nicht umsonst hat sich die spanische Staatskunst lange gegen diese Übereinkunft gesträubt. Denn der Stamm der spanischen Habsburger war am Aussterben – als einziger männlicher Nachkomme lebte dem König ein schwächliches Söhnchen. Auf keinen Fall sollte das spanische Reich dem Bourbonenkönig zufallen. Deshalb musste Maria Theresia auf jegliches Thronfolgerecht für Spanien verzichten. Aber das geschah wiederum unter dem Vorbehalt einer hohen Mitgift, die das ruinierte Spanien vermutlich nicht würde aufbringen können und tatsächlich auch nicht aufgebracht hat. So blieb auch dieser Friede, wie zutreffend gesagt worden ist, entwicklungsfähig. Er wurde in feierlichen Formen zwischen den leitenden Ministern der beiden Mächte am 7. November 1659 auf einer Insel des Grenzflusses Bidassoa in den westlichen Pyrenäen abgeschlossen. Dieser sogenannte Pyrenäenfriede setzte die Pyrenäen als Grenze zwischen Frankreich und Spanien fest. Damit fiel die Grafschaft Roussillon an Frankreich, ebenso aber die Grafschaft Artois im Norden, dazu noch einige weitere Bastionen.

Mazarins Ansehen war nunmehr ein europäisches geworden. Er konnte mit seinem Erfolg auch deshalb besonders zufrieden sein, weil Ludwig XIV. der spanischen Heirat bis zuletzt widerstrebt hatte. Der junge Monarch war von einer tiefen Leidenschaft für Maria Mancini, eine der Nichten Mazarins, ergriffen worden und entschlossen, sie zu heiraten. Der Kardinal zögerte keinen Augenblick – eine derartige Familienverbindung kam für ihn nicht in Betracht. Sie hätte allen Verdächtigungen gegen ihn recht gegeben, die Fronde wiederaufleben lassen und damit das mühsam zuwege gebrachte Befriedungswerk zunichte gemacht. Es gelang ihm auch, den König von der Nichte zu trennen. Als er aber – an schweren Gichtanfällen leidend – den Pyrenäen entgegenreiste, vernahm er, dass der Monarch seiner Geliebten nach wie vor Hoffnungen mache. Da hat er Ludwig XIV. brieflich ermahnt, der Würde seiner Stellung eingedenk zu bleiben: «Dieu a établi les rois», heisst es da, «pour veiller au bien, à la sûreté et au repos de leurs sujets; et non pas pour sacrifier ce bien-là et ce repos à leurs passions particulières… C'est pourquoi je vous dis hardiment qu'il n'est plus temps d'hésiter, et quoique vous soyez le maître en certain sens de faire ce que bon vous semble, néanmoins vous devez compte à Dieu de vos actions pour faire votre salut et au monde pour le soutien de votre gloire et de votre réputation…» Der Kardinal setzte schliesslich seinen Willen durch, aber die von ihm gewünschte Ehe sollte die Ursache eines furchtbaren Verhängnisses für Frankreich und Europa werden.

Am 9. März 1661 ist Mazarin gestorben, anderthalb Jahre nach dem Abschluss des Pyrenäenfriedens. Er hinterliess ein machtvolles, straff organisiertes Frankreich. Eine fähige Verwaltungselite war da, vielfach Leute bürgerlicher Abstammung, kennzeichnende Instrumente bereits jenes «long règne de vile bourgeoisie» (wie Saint-Simon später die Regierungszeit des Sonnenkönigs apostrophieren wird). Allerdings zumeist auch tüchtige Spezialisten – keine einzige Persönlichkeit von schlechtin überragendem Ausmass. Um 1660 befinden wir uns aber auch in jener blühenden Zeit französischen Geisteslebens, da die Klassik sich verfestigte, ohne doch schon zu erstarren. Die grose Auseinandersetzung galt dem Jansenismus, jener eigentümlichen Rezeption und Weiterformung der Augustinischen Gnadenlehre, die schon als eine Art von «Ersatz-Calvinismus» gedeutet worden ist und deren Strenge einen anziehungskräftigen Kontrast zu der geselligen Festlichkeit jener Zeit bildete. Mazarin neigte in Glaubensfragen eher zur Toleranz und hat wohl auch zu der grossen Zahl der faszinierten und amüsierten Leser von Pascals «Lettres provinciales» gehört. Indessen war seine kritische Einstellung zum Jansenismus und zu Port-Royal schon dadurch gegeben, dass er hier den Geist der parlamentarischen Fronde fortleben sah und dass sein Todfeind, der auf das Erzbistum Paris erpichte Kardinal von Retz, aus taktischen Gründen mit den Jansenisten sympathisierte. Im übrigen waren Mazarins geistige Interesen rege, mehr sammlerisch und mäzenatenhaft freilich als persönlich ausgeprägt. Seine wundervolle Büchersammlung war während der Fronde versteigert worden. Das Gebäude der «Bibliothèque Mazarine» am linken Seineufer fügt sich dem eleganten Trakt des «Institut de France» an, dessen Errichtung auf ein Legat Mazarins zurückgeht. Das Bauwerk hiess ursprünglich «Collège des Quatre-Nations» und sollte Studierende aus den vier unter Mazarin für Frankreich gewonnenen «Nationen» (nämlich aus dem Elsass, den Grafschaften Roussillon und Artois und aus Pinerolo in Piemont) aufnehmen. Die Millionen, die Mazarin zu diesem Zweck vermachte, gehören zu dem gewaltigen Vermögen, das er bei seinem Tode hinterliess und dessen Anhäufung schon deshalb eindrucksvoll ist, weil ihn die Fronde um fast alle Ersparnisse aus früheren Zeiten gebracht hatte. In dem Drang nach Geld lebte sich seine ganze Vitalität aus, da kannte er keine Skrupel. Hier liegt vielleicht die grösste Schwäche seines Charakters. Eine andere: die Unverbindlichkeit seiner menschlichen Haltung, die ihn gefährliche Gegner freundlich umwerben, treue Anhänger dagegen kühl, ja herzlos behandeln liess. Das war denn eben die Kehrseite jener vollendeten Höflichkeit, die im Grunde doch mehr eine Höflichkeit berechnenden Ehrgeizes als eine solche des Herzens war. Menschen gegenüber, die von ihm abhängig waren, konnte er sich unglaublich gehen lassen. Und die Worte, die zwei seiner Geschwister – wie verlässlich berichtet wird – bei der Nachricht von seinem Tode sich zuriefen («Dieu merci, il est crevé»), werfen ein merkwürdiges Zwielicht auch auf sein Wesen.

Gewiss – die Dimensionen eines Richelieu hat Mazarin weder in der Grösse noch in der Härte erreicht. Und doch trug er gerade durch seine anpassungsfähige Geschmeidigkeit, seine Fähigkeit des Ausgleichens und Neutralisierens dazu bei, dem Absolutismus auf eine Weise die Bahn zu ebnen, die sich von der seines grossen Vorgängers wirksam unterschied.

Voltaires Geschichte Karls XII., König von Schweden

Es wäre ein lohnendes Unterfangen, den Wandlungen nachzugehen, die das Ideal des «uomo universale» seit der Renaissance erfahren hat. Dem 18. Jahrhundert käme dabei eine zentrale Bedeutung zu. In seinem Rahmen aber steht Voltaire als einer der grossen Repräsentanten dieser Universalität da. Mit ihm setzt sich auch der Typus des international gefeierten und berühmten Schriftstellers durch, von dem man gleichermassen in Paris, London oder Genf wie in Berlin, Venedig oder Stockholm spricht. Denn er verstand es, der Mann seines Jahrhunderts zu sein, Gedanken, die in der Luft lagen, zu kondensieren und zu einem allgemeinverbindlichen Ausdruck zu bringen, der doch durch Geist und Temperament sein ganz persönlicher blieb. Er wäre nicht denkbar ohne die Aufklärung, die mächtige Zeitströmung, die ihn trug – aber diese fast ebensowenig ohne ihn. Voltaire übermittelte ihr ein Fluidum eigener Art, jene Mischung von französischer Klarheit und Witz und von englisch bestimmtem gesundem Menschenverstand. Voltaires weltweites Ansehen hängt aber auch mit der Vielseitigkeit zusammen, die seiner Produktivität eigen war: als Dramatiker, Romancier, Philosoph, Geschichtsschreiber, Enzyklopädist hat er sein Anliegen ausgesprochen.

Die Geschichte Karls XII., Königs von Schweden, ist Voltaires erstes historisches Werk gewesen. Es erschien 1731, und zwar umständehalber nicht in Paris, sondern in Rouen. Sein Autor, damals 37jährig, war bereits ein bekannter Mann. Mit einem Trauerspiel hatte er frühen Ruhm geerntet, und die Salons der hohen und höchsten Gesellschaft nahmen ihn auf. Das war um und nach 1720 gewesen, in den Jahren der Régence und der Anfänge Ludwigs XV. Eine Zeitlang mochte sich der gefeierte Dichter unter den Vertretern des französischen Hochadels als unter seinesgleichen fühlen. Aber diese Illusion nahm ein jähes Ende. Ein Streit mit einem Chevalier de Rohan warf ihn zuerst in die Bastille und verschlug ihn dann ins Exil nach England. Drei Jahre, von 1726 bis 1729, hat er dort zugebracht, die entscheidenden Bildungsjahre seines Lebens. Die Begegnung mit der englischen Gesellschaft und der englischen Staatsordnung, mit der Philosophie John Lockes und der Naturwissenschaft Isaac Newtons wurde bahnbrechend für ihn und für das französische Publikum, dem er seine Erfahrungen und Erkenntnisse in den «Lettres philosophiques sur les Anglais» zukommen liess. Als er aus England zurückkehrte, war er gereift, ein Mann mit festen Massstäben. Zwar blieb er nach wie vor von einer grossen Aufnahmefähigkeit und Anregbarkeit, aber fortan fügten sich seine Eindrücke der Ordnung seiner Weltanschauung ein und unter. In England hatte er gesehen, wie eine durch Wohlstand und Bildung hervorgehobene Gesellschaftsschicht einen Staat so zu lenken vermochte, dass er prosperierte. Dieses Leitbild ist ihm nicht mehr aus der Erinnerung entschwunden; es stand ihm vor Augen, wenn er gegen die Willkür des Absolutismus und gegen die Schrankenlosigkeit des Pöbels eiferte.

In England hat Voltaire auch begonnen, Material für seine Geschichte Karls XII. zu sammeln. Er unterhielt sich mit Lord Bolingbroke über den Schwedenkönig, und selbst die Witwe des Herzogs von Marlborough liess ihm Mitteilungen zukommen aus der Zeit, da die Wege der beiden grossen Feldherren sich gekreuzt hatten. Voltaires Interesse für den königlichen Kriegshelden nahm zu: nicht nur las er alles Erreichbare über ihn, sondern er interviewte mit beinahe reporterhaftem Eifer die Menschen, die noch etwas berichten konnten. Dazu gehörte vor allem Baron Fabrice, der Sekretär des Königs, dann der Marquis de Fierville und der Herr von Villelongue, aber auch Moritz von Sachsen. Immer wieder weist er auf solche mündliche Mitteilungen hin, und sie sichern seinem Werk auch heute noch einen gewissen Quellenwert. Denn es war ja ein Stück Zeitgeschichte, das Voltaire zu schreiben unternahm: als das Buch erschien, lag der Tod des Königs noch keine dreizehn Jahre zurück. Und doch muss es eigentlich erstaunen, dass seine Anteilnahme ausgerechnet diesem König galt. Karl XII. war wirklich nur Kriegsheld, aller künstlerischen und geistigen Interessen bar, die für Voltaire ja die wesentlichste Voraussetzung wahrer historischer Grösse bildeten. Es tut sich also ein Abgrund auf zwischen Karl XII. und dem Fürsten, den der Franzose sich als monarchischen Idealtypus vorstellte. Gerade dieser Widerspruch zwischen dem Vorbild, das er eines Tages auf einem Throne vorzufinden hoffte, und der extremen Wirklichkeit des Machtmenschen ist ein wesentliches Element seines Geschichtswerkes. In dem einleitenden «Discours sur l'histoire de Charles XII» spricht Voltaire nämlich ganz deutlich aus, dass es als eine Art Fürstenspiegel im warnenden Sinne gedacht sei. «Es gibt gewiss keinen Fürsten, der nicht von der törichten Eroberungssucht geheilt sein sollte, wenn er das Leben Karls XII. gelesen hat.» Gute Fürsten hätten das meiste Recht auf Unsterblichkeit, die schlechten aber behalte man in Erinnerung, wie man sich der Überschwemmungen, Feuersbrünste und Epidemien entsinne. Zwischen den guten und den schlechten Fürsten, aber näher bei diesen, stehen die Eroberer. Auch sie verdienen eigentlich nicht, dass man so viel Aufhebens von ihnen macht – Voltaire lässt dies deutlich durchblicken –, indessen neigt menschliche Schwäche nun einmal zur Bewunderung derer, die auf glänzende Weise Böses tun. Man sieht: der

Autor verschmäht eine unmittelbar belehrende Wirkung keineswegs. Sein Buch reiht sich, so verstanden, in einen geistesgeschichtlichen Zusammenhang ein, der mit der Fürstenspiegelliteratur des späteren Mittelalters einsetzt und im 18. Jahrhundert allmählich abbricht – Friedrichs des Grossen «Antimachiavell» gehört zu den letzten grossen Zeugnissen von Gewicht. Aber nicht nur die Fürsten, auch die Gesellschaft soll darüber belehrt werden, wohin schrankenloser kriegerischer Ehrgeiz führt. Es ist kein Zufall, dass sich Voltaire als Historiker immer wieder mit den grossen absolutistischen Monarchen der Wende vom 17. zum 18. Jahrhundert beschäftigt hat – ausser der Geschichte Karls XII. wird er eine Geschichte Peters des Grossen und dann sein «Siècle de Louis XIV» schreiben. Immer geht es ihm darum, die Zeitgenossen des aufgeklärten – und im Falle Frankreichs auch: des heruntergekommenen – 18. Jahrhunderts ihrer Verpflichtung innewerden zu lassen. Deshalb auch die gelegentlichen Moralismen, die gleichsam mit dem Zeigefinger vorgenommenen Belehrungen und Räsonnements, die der Leser dieser Geschichtswerke über sich ergehen lassen muss. Sie sind mit eine Ursache der heftigen Reaktion, die dann im 19. Jahrhundert gegen die Aufklärungshistoriographie überhaupt eingesetzt hat. Vielleicht sind wir heute für solche Mahnungen und Warnungen offener als die historismusgesättigten Generationen früherer Zeiten. Die «Dämonie der Macht», d.h. das Phänomen, dass etwas ursprünglich Notwendiges und Schöpferisches unvermittelt zerstörerischen Charakter annehmen kann, ist uns wieder zum bedrängenden Erlebnis geworden. Wenn Voltaire von Karl XII. sagt, er habe «alle Heldentugenden so sehr ins Übermass gesteigert, dass sie ebenso gefährlich wurden wie die entgegengesetzten Laster», so legt er damit eine wesentliche Gefahrenquelle der historischen Grösse bloss. Und es bezeugt einen reifen Sinn für geschichtliche Wertstufen, wenn er im weiteren urteilt: «Seine Leidenschaft für den Ruhm, den Krieg und die Rache hinderte ihn daran, auch ein grosser Staatsmann zu sein, eine Eigenschaft, die unlöslich zu jedem wirklich grossen Eroberer gehören muss... Er war nicht so sehr ein wirklich grosser wie ein ausserordentlicher Mensch und mag wohl Bewunderung erregen, doch ist er nicht nachahmenswert.» Der Umstand, dass der Schlachtensieger erst noch ein einsamer und im Grunde asozialer Mensch war, hat ihn Voltaire vollends nicht geheuer werden lassen. «Halb Alexander, halb Don Quijote» hat er ihn gelegentlich genannt – ein böses Wort, das gleichwohl jene Mitte zwischen echter und forcierter Grösse mit eigentümlicher Präzision trifft.

Die Suche nach einem «nachahmenswerten» Fürsten hat dann Voltaire auf den Gedanken gebracht, eine Geschichte Peters von Russland zu schreiben, den er als wirklich Grossen und Aufbaufürsten im Sinne der Aufklärung dem blossen Soldatenkönig gegenüberstellen wollte. Freilich zeigten sich bei näherer Beschäftigung die allzu menschlichen und tyranni-schen Züge dieses Herrschers auf drastische Weise und nahmen Voltaire viel von seiner ursprünglichen Begeisterung. So stand er dem Schweden wie dem Russen letztlich fremd gegenüber. An den Marschall von der Schulenburg schrieb er im Jahre 1740, dass er dem einen wie dem anderen einen Fürsten vorziehe, der die Humanität als die erste der Tugenden betrachte, der sich nur notwendigkeitshalber zum Kriege rüste, der den Frieden liebe, weil er die Menschen liebe, der alle Künste ermutige und alle kenne – mit einem Wort, einen Philosophen auf dem Throne. Und er fügte hinzu, dass dieser Held in der Person eines jungen Königs bereits existiere und bald von sich reden machen werde.

Aber die Geschichte Karls XII. ist doch auch mehr gewesen als ein blosser Fürstenspiegel. Sonst wäre sie nicht zu einem der meistgelesenen Geschichtswerke ihres Jahrhunderts geworden. Zudem konnte Karl XII. nicht nur als warnendes Beispiel dienen. Schon deshalb nicht, weil er – wie Voltaire durchaus erkannte – ja eigentlich ein Eroberer wider Willen war. Die Kriege, die er führte und die ihn schliesslich alle Grenzen überschreiten liessen, wurden ihm aufgezwungen, einer nach dem anderen. Insofern kann die geschichtliche Laufbahn Karls XII. als tragisch bezeichnet wer-den. Ist es ein Zufall, wenn Voltaire gelegentlich gesteht, nur Leute, die Tragödien geschrieben hätten, vermöchten «unsere trockene und barbari-sche Geschichte» interessant zu gestalten? In einer Geschichte müsse es wie in einer Tragödie eine Exposition, einen Knoten und eine Lösung geben. Und Voltaire ist nun tatsächlich ein grosser Erzähler und Vergegenwärti-ger des Vergangenen. Als er an seinem «Siècle de Louis XIV» arbeitete, bekannte er: sein Geheimnis bestehe darin, den Leser zu zwingen, sich zu fragen: Wird Philipp V. König werden? Wird er aus Spanien vertrieben werden? Wird Holland zerstört werden? Wird Ludwig XIV. unterliegen? Solche Fragen bemächtigen sich auch des Lesers der Geschichte Karls XII. Und die dramatische, d.h. auf die Handlung ausgerichtete Gestaltungs-weise zeigt sich von Anfang an. Die Exposition: das Land Schweden, an dessen Spitze der König in jugendlichem Alter gestellt wird. Die erste Verknüpfung: das Bündnis, das die drei Mächte Dänemark, Polen und Russland miteinander eingehen, um gemeinsam über Karl XII. herzufallen. Wird er dieser Koalition standhalten? Von nun an brechen die Fragen nicht mehr ab, bilden sich immer neue Verknüpfungen. Dabei gilt es freilich eines klarzustellen. Voltaire spricht gelegentlich vom «Schicksal» Karls XII. Aber das ist nicht eine Notwendigkeit, die alle Freiheit ausschliesst, sondern vielmehr jenes Verhängnis, das der König aus der vollen Freiheit seines Handelns und Entscheidens schliesslich über sich heraufbeschwört. Denn er hätte innehalten können auf der Bahn, die ihn nach Poltawa führte und in die Türkei verschlug – nach seinen Siegen über Dänemark und

Polen/Sachsen war ihm die Möglichkeit dazu gegeben, um so eher, als er die Russen ja auch schon bei Narwa geschlagen hatte. Dass er dies nicht tat, sondern der Unbezwinglichkeit seines Feldherrengenius vertraute, liess ihn aus einem grossen Fürsten zu einem Abenteurer werden. Aus einem Alexander zu einem Don Quijote. Wobei man freilich die echt voltaireanische Einsicht nicht vergessen darf, dass der Erfolg über das Urteil der Nachwelt entscheidet.

Im übrigen bringt Voltaire der kriegerischen Tüchtigkeit und persönlichen Bedürfnislosigkeit seines Helden Sympathie und sogar offene Bewunderung entgegen – mehr als man bei seinen Maximen und seiner eigenen, durchaus unkriegerischen und zivilen Veranlagung erwarten könnte. Ob bei dieser ausgesprochen bürgerlich anmutenden Gelegenheitsbegeisterung für das Soldatische nicht kompensatorische Momente im Spiel sind, bleibe dahingestellt – jedenfalls bringt sie Wärme und Leben in das Buch. Friedrich der Grosse konnte allerdings die Bemerkung nicht unterdrücken, Voltaire habe seine militärischen Kenntnisse nur aus Homer und Vergil geschöpft. Die Geschichte Karls XII. ist wohl zur Hauptsache, aber nicht ausschliesslich Biographie. Auch die anderen Persönlichkeiten gewinnen Farbe und damit unsere Anteilnahme. Beispielsweise der unglückliche Patkul, dessen Anhänglichkeit an seine livländische Heimat der auf der Höhe seines Glückes stehende König so hemmungslos hart bestrafen liess. Wenn zu Beginn des dritten Buches der junge Polenkönig Stanislaus Leszczynski in überaus sympathischen Farben gemalt erscheint, so ist dabei wohl etwas Absicht von seiten des Historikers im Spiel – denn der also Gerühmte war eben doch der Schwiegervater Ludwigs XV. Überhaupt musste Voltaire allein schon aus diplomatischen Gründen in manchen Charakterisierungen behutsam sein. Vor höfischer oder amtlicher Farblosigkeit aber bewahren ihn sein Temperament und die Rücksicht auf seine Leser. Neben den Persönlichkeiten gilt sein Interesse den überpersönlichen, kollektiven Kräften und den Nationen. Auch da drückt sich bisweilen die fast schon zur Menschenverachtung gewordene Menschenkenntnis des Autors aus. Die Menschen sind leicht beeinflussbar, wenn sie in Massen zusammen sind – diese Einsicht wird sich später zur unverhohlenen Abneigung gegen Masse und Pöbel steigern. Oder er spottet im Tone des Erfahrenen über die Schwäche der Frauen für berühmte Leute. Die Völker, die ihm in der Geschichte Karls XII. begegneten, kannte er nicht aus eigener Anschauung. Um eine Schilderung der Zustände Polens kam er nicht herum: der Zerfallsprozess, in welchem sich diese Nation infolge der Magnatenwirtschaft befand, hat ihn wie auch andere Aufklärungsphilosophen tief beeindruckt – noch war ja, da er dieses Buch schrieb, die Auflösung in vollem Gange. Dem äusserlich imponierenden, aber machtlosen Polen gegenüber erscheinen gleichsam als Verkörperungen historischen

Niedergangs und Aufstiegs das kriegerisch-abgehärtete, jedoch durch seinen König überanstrengte Schweden und Russland, das Reich der weiten Räume und der gewaltigen Reserven, das die Zeitgenossen Voltaires faszinierte und erschreckte.

Voltaires Freude am Geschehen, an den Menschen und Mächten ist echt und unmittelbar. Auch er hatte, wie der junge Karl Moor, in seinem Plutarch gelesen von grossen Menschen. Condorcet hat in seiner panegyrischen «Vie de Voltaire», die am Vorabend der Französischen Revolution erschien, von der Geschichte Karls XII. gesagt: «Der Autor hat sich selbst vergessen, um seine Personen handeln zu lassen.» Ein Wort, das an die berühmte Äusserung Rankes gemahnt, er möchte sein Selbst gleichsam auslöschen und nur die Dinge reden, die mächtigen Kräfte in Erscheinung treten lassen. Dass der Autor sich selbst zu vergessen vermochte, zeigt aber – und die Feststellung des dogmatischen Aufklärers Condorcet erhärtet es –, dass in Voltaire der Schilderer und Geniesser der Geschichte immer wieder den Sieg über den moralistischen Deuter davontragen konnte.

Das Buch ist erst nach erheblichen Schwierigkeiten mit der Zensur an die Öffentlichkeit gelangt. Voltaire war viel daran gelegen; als das Erscheinen in Frage stand, bekannte er, es sei sein Lieblingswerk, für das er wie ein Vater empfinde. Das ist ein Wort des Augenblicks und für den Augenblick geschrieben. Voltaire hat später bedeutendere Geschichtswerke geschaffen. Im «Siècle de Louis XIV» erfasst er in höherem Masse auch das Zeitalter, die Verwaltung und Gesellschaft, während er durch den «Essai sur les mœurs et l'esprit des nations» zum eigentlichen Begründer der modernen Kulturgeschichte werden sollte. Von alledem ist in der Geschichte Karls XII. nur wenig zu spüren. Und doch hat sie, bei aller Einzelkritik, die ihr schon bald begegnete, ihren Platz behauptet, sogar über ihr Jahrhundert hinaus. Wenn sie auch heute sachlich überholt ist – als Gesamtdarstellung eigentlich erst durch die kürzlich erschienene grosse Biographie von Otto Haintz –, so bleibt sie gleichwohl ein schönes Beispiel lebendig erzählter, unkomplizierter und doch auf die grossen Zusammenhänge ausgerichteter Historie.

Benjamin Constant

Benjamin Constant war Schriftsteller, vor allem aber ein politischer Theoretiker von Rang, der einflussreichste vielleicht, den die Schweiz nach Rousseau hervorgebracht hat. Sein Werdegang freilich war zunächst wenig zielgerichtet und liess viele Optionen offen.

Geboren wurde Benjamin Constant de Rebecque am 25. Oktober 1767 in Lausanne. Die beiden Eltern entstammten Hugenottenfamilien. Der Vater stand als Offizier eines bernischen Regiments in holländischen Diensten, die Mutter starb kurz nach der Geburt ihres Sohnes. Das war der erste tiefe Einschnitt in diesem kaum begonnenen Leben. Der Vater blieb eine ferne, obgleich wohlwollende Respektsperson; das distanzierte Verhältnis zu ihm hat in «Adolphe» auf einigen knappen Seiten, die zu den fesselndsten des Romans gehören, seinen Niederschlag gefunden. Der Junge wurde Erziehern überlassen und wechselte häufig das Domizil: bald in der Schweiz, bald in Brüssel, dann wieder in Holland und in England, auch schon in Paris. Zweifelhafte Existenzen waren unter diesen Gelegenheitspädagogen, auch Originale. Einer brachte seinem Zögling die Anfangsgründe des Griechischen unter der Fiktion bei, es handle sich um eine nur ihnen beiden vertraute Geheimsprache. Sein «Cahier rouge» hält solche und weitere Episoden der frühen Jugend fest. Es folgten Studien in Erlangen und in Edinburgh. So erwarb er sich in jungen Jahren eine Europagewandtheit wie sie selbst in jener universellen Zeit selten war. Ihr entsprach freilich keine Bindung an ein bestimmtes Land. Seine rasche Auffassungsgabe verhalf ihm zu mühelosen Fortschritten in der Wissenschaft wie auch in der schwierigeren Kunst des Umganges mit Menschen. Früh schon säumten aber auch allerlei Liebschaften und Spielschulden seinen Weg. Mit 21 Jahren konnte er als Kammerjunker am Hof des Herzogs von Braunschweig untergebracht werden. Im Mai 1789, als in Versailles die Generalstände zusammentraten, ging er eine unbedachte Ehe mit einer vermögenslosen deutschen Adeligen ein, die bald schon in Krisen umschlug und nach wenigen Jahren zur Scheidung führte. Damit war ihm die Aussicht auf eine höfische Laufbahn verbaut: der herzoglich braunschweigische Legationsrat reichte seinen Abschied ein. 1794 war eine neue, diesmal schicksalhafte Begegnung über ihn gekommen, diejenige mit Madame de Staël. Sie wurde die grosse Leidenschaft und Belastung seines Lebens, machte ihn zum Vater ihrer Tochter Albertine, vor allem aber kam von ihr der Anstoss zur

politischen Publizistik. Bisherige Schreibversuche hatten sich in aufklä-
rungsnahem Dilettantismus bewegt; pessimistische, ja nihilistische
Anwandlungen waren in ihm aufgekommen. «Je sens plus que jamais le
néant de tout», hatte er 1790 notiert. Jetzt brachten die Zeitereignisse
Schwung in seine Gedanken. Die Französische Revolution mit der Terreur
wurde, obwohl aus der Ferne miterlebt, zum Schlüsselerlebnis seines politischen Denkens. Constant, bisher eine Art Kosmopolit, verwuchs nun
immer mehr mit Frankreich, kaufte sich, nachdem er schon früher gelegentlich mit Nationalgütern spekuliert hatte, ein Besitztum im Norden von
Paris. Das war zugleich ein Bekenntnis zu den materiellen Umgestaltungen
der Revolution, die für ihn ausser Frage standen. Seine Broschüre «De la
force du gouvernement actuel de la France et de la nécessité de s'y rallier»
von 1796 ist schon im Titel bezeichnend: es galt, das Direktorium gegen
reaktionäre Umtriebe zu unterstützen, und so warnte er denn auch in einer
weiteren Schrift – auch sie in Zusammenarbeit mit Mme de Staël entstanden
– vor politischen Reaktionen. Die Tochter Neckers hatte nicht vergessen,
welche Kräfte zweimal den Sturz ihres Vaters betrieben, zum Unheil
Frankreichs. Er wurde prominentes Mitglied eines Cercle constitutionnel,
dem ausser der Freundin auch Talleyrand und Sieyes angehörten. Constant
war nun Franzose, auf Grund eines Gesetzes, das den Nachkommen von
Glaubensvertriebenen die Wiedereinbürgerung ermöglichte. Er kandi-
dierte für den Rat der Fünfhundert, freilich erfolglos. Die Sorge vor einer
monarchischen Restauration – einem neuen 1660, wie man im Blick auf
England analogisierte – war stärker als diejenige vor einem neuen Cromwell. Die Machtergreifung Bonapartes schuf eine veränderte Situation und
bot – dank der guten Beziehungen der Freundin zu Joseph, dem Bruder des
Ersten Konsuls – auch Chancen. Constant schloss sich der neuen Regierung an und wurde Mitglied des Tribunats, jener Körperschaft, welche die
Möglichkeit der Diskussion von Gesetzen eingeräumt bekam. Dank dieser
Plattform zog er bald schon die Blicke auf sich; seine diversen Stellungnahmen zu Gesetzesentwürfen wurden beachtet, stiessen aber bald auch auf
das Misstrauen Napoleons. Der Versuch, dessen autoritäre Herrschaft
durch positive Kritik systemimmanent zu liberalisieren, endete mit der
«Säuberung» Constants, der zusammen mit anderen Gesinnungsgenossen
im Januar 1802 seinen Platz im Tribunat preisgeben musste. Damit war
auch die Stellung der Mme de Staël, welcher der Erste Konsul ohnehin
misstraute, erschüttert. Nach einigem Hin und Her, einem wahren Katz-
und-Maus-Spiel, wurde sie erst aus Paris, dann aus Frankreich verbannt. So
blieb ihr nur Coppet im Waadtland übrig, das Schloss ihres Vaters vor den
Toren des französisch gewordenen Genf. Es wurde zu einem Mittelpunkt
des geistigen Frankreich im kleinen, ein kleines Zentrum der Freiheit auch,
dieweilen das französische Geistesleben unter dem diktatorialen Zwang

der monokratischen Herrschaft Napoleons mehr und mehr verödete. Ein Wendepunkt aber auch insofern, als Mme de Staël ihren bisher fast ausschliesslich auf Frankreich und dessen Hauptstadt zentrierten Literaturgeschmack unter dem Zwang der Ereignisse europäisieren musste. Deutschland, bisher von ihr allenfalls mit wohlwollender Herablassung behandelt, gewann für sie eine neue Bedeutung. Constants Beziehungen zu ihr waren komplex und nicht selten stürmisch; er dachte gelegentlich an eine Heirat, verwarf aber den Gedanken wieder. Als «Minette» spielt sie in seinen intimen Tagebüchern eine zentrale Rolle. Sie belastete ihm Geist und Gemüt, und doch kam er nicht von ihr los. Dank den diversen Etappen seiner Jugend sprach er mühelos Englisch und Deutsch; diese Fähigkeit hatte er fast allen gebildeten Franzosen seiner Zeit voraus. Sie kam ihm nun zugute, zumal die Freundin sich erst jetzt und unter Mühen rudimentäre Deutschkenntnisse aneignete. Die grosse Deutschlandreise von 1803/04, gemeinsam mit der Freundin nach deren Ausweisung unternommen, sah ihn an zentraler Stelle als Vermittler und literaturgewandten Dolmetsch. «Il a une manière admirable de lire ses poésies», notierte er am 19. April 1804 unter dem Eindruck eines bei Goethe verbrachten Abends in Weimar. In Coppet fand sich dann auch August Wilhelm von Schlegel ein, den die Besitzerin während ihrer Reise als Erzieher engagiert hatte. Es kam nun zu einem geist- und spannungsreichen Zusammen- und Gegeneinandersein der Männer, zu denen sich zeitweilig der Genfer Historiker Sismondi und Johannes von Müller, dann auch Friedrich Schlegel gesellten. Bemerkenswert übrigens, wie in Constants Tagebüchern jener Zeit das Interesse an Literatur und Religion dasjenige an der Politik fast ganz in den Hintergrund zu drängen vermochte; der Aufstieg Napoleons zum Kaisertum hat da kaum mehr ein kommentierendes Echo gefunden. Nun geriet er, auf sehr persönliche Weise, in den Bannkreis der Romantik, so sehr er innerlich auch der Aufklärung verhaftet blieb. Prosper de Barante, später als Geschichtsschreiber der Burgunderherzöge einer der Begründer der historischen Schule Frankreichs, vollendete eines seiner literarhistorischen Werke (es handelte von der Literatur des 18. Jahrhunderts). Ihm, den er auch in Coppet kennengelernt hatte, anvertraute er, dass er am Ursprung aller Kultur die Religion finde. Sein grosses, damals konzipiertes Werk über die Religion ist dann freilich zu einem Alterswerk geworden. Ein Wallensteindrama, das zu seiner Zeit Aufsehen erregte, ist heute vergessen. Nach Italien hat er Mme de Staël nicht begleitet. Die Beziehungen begannen sich zu lockern; es gab einen Bruch, dann eine Neuanknüpfung. Andere Leidenschaften traten in den Vordergrund. So diejenige zu Julia Talma, deren Sterben er miterleben musste. Vor allem aber die Erneuerung der schon 1793 eingegangenen Bekanntschaft zu Charlotte von Hardenberg, die während Jahren seinem Gesichtskreis entrückt war, ihm dann wiederbegegnete. In ihr fand er, was er an der so viel brillianteren Mme de Staël («Celle-ci me donne la fièvre», heisst es einmal im Tagebuch) vermisste: die Ruhe, das Gewährenlassen. Nach längeren Präliminarien – denn die neualte Bekannte war eine zweite Ehe eingegangen, und die musste geschieden werden – konnte im Juni 1808 das Paar seine geheimgehaltene Hochzeit feiern. In der vorangegangenen Zeit hatte Benjamin Constant den im Herbst 1806 begonnenen Roman «Adolphe» vollendet, der zum einzigen literarischen Erfolg seines Lebens werden sollte. Die Geschichte seiner selbst, gleichsam das Jugendbildnis des Künstlers, der sich in eine etwas ältere Frau verliebt, ohne sie eigentlich zu lieben, ihre Hörigkeit dann aber willig erträgt, bis ihr Tod das unmögliche und zukunftslose Verhältnis beendet. Zugleich ein soziales Porträt: ein junger Mann, der es sich als Sohn des leitenden Ministers eines deutschen Staates leisten kann, seiner Leidenschaft zu leben, die der Vater zwar nicht billigt, aber auch nicht ernstlich behindert. Es ist nicht der ganze Constant, aber doch eine gefährliche Komponente davon. Der Autor hat wohl mit Absicht die Publikation hinausgezögert. Erst 1816 ist der Roman erschienen, übrigens in der Zweitauflage dann mit einem warnenden Vorwort bedacht – er habe «die Gefahr solch irregulärer Bindungen dartun wollen», liest es sich da. Ein Schlüsselroman ist «Adolphe» trotz einiger Anspielungen auf Mme de Staël nicht, da er Geschichten mehrerer Frauenbekanntschaften kombiniert. Die Beziehung zu Charlotte von Hardenberg ist in einem weiteren Roman «Cécile» festgehalten worden, der nach langer Verschollenheit 1951 erschien.

Das unstete, vom greisen Vater (der erst 1812 starb) missbilligte Leben nahm auch nach der Vermählung seinen Fortgang. Dass beständiges Arbeiten ihm Schwierigkeiten bereitete, bestätigen häufige Eintragungen in sein Tagebuch, ebenso das Fortleben seiner Spielleidenschaft. Einmal erlitt er an einem Tage einen Verlust von 20 000 Franken und musste sein Landhaus veräussern.

Politisch schien er resigniert zu haben. Da kam neuer Aufschwung von den Zeitereignissen her. 1811 übersiedelte er nach Deutschland, wenig später trat Mme de Staël ihre Reise nach Russland an. Der Niedergang des napoleonischen Empire bestätigte ihn in seinen Auffassungen. Gegen Ende 1813 schrieb er fast in einem Zug «De l'esprit de conquête et de l'usurpation» und entlud darin in scharfsinniger Analyse seinen lange aufgestauten Groll. In einem später von Hegel wiederaufgenommenen Gedanken legt er dar, dass jedes Zeitalter eines grossen Mannes bedürfe, der es verkörpere; aber nur solange, als er getreulich dessen allgemeinen Geist («esprit général») repräsentiere und sich nicht der Willkür eines falschen Weges überlasse. Eben darum gehe es im Falle Napoleons, der aus rein militärischem Denken heraus ein despotisches Machtgefüge errichtete und die Mentalität eines Volkes vergifte durch falsche Vorspiegelungen und ein Vokabular der Heuchelei und der Ungerechtigkeit. Die beiden Extreme des Despotismus und der Demagogie ergänzten sich da gegenseitig. Wenn er Rousseau einmal vorwirft, zwar das Gefühl, nicht aber eine Theorie der Freiheit gehabt zu haben, so ist damit ziemlich genau das Programm seines künftigen Einsatzes bezeichnet. Ihm ging es um eine Begründung der konstitutionellen Monarchie im liberalen Sinne. Sein Bekenntnis zur Charte constitutionnelle von 1814 war von dieser Überzeugung getragen und findet sich in den «Principes de Politique», die er 1815 während der Hundert Tage vollendete, da er vorübergehend an die Möglichkeit, Napoleon zu liberalisieren, glaubte. Hier steht der klassisch gewordene Satz, dass die monarchische Gewalt in der konstitutionellen Monarchie nicht mit exekutiven Befugnissen belastet werden müsse (die kämen den Ministern zu), sie stelle vielmehr eine «neutrale Gewalt» («un pouvoir neutre») dar, die über den Meinungen stehe und nichts anderes bezwecke, als die Aufrechterhaltung der Ordnung. Dieser Aufforderung, die Monarchie aus dem Tagesstreit herauszuhalten, sind die Bourbonen nicht oder nur ganz vorübergehend nachgekommen. Von 1820 zeichnete sich immer deutlicher eine Tendenz der Rückkehr zum Absolutismus ab. Angesichts dieser drohenden Pervertierung der politischen Gewichte nahm die Bedeutung des Parlaments als der Repräsentation der Öffentlichkeit immer mehr zu. Seit 1819 gehörte er der Kammer an und bildete fortan das Haupt der liberalen Opposition. Er stellte sich ganz auf den Boden der Charte und gegen jedes Abgleiten nach rechts. Sein Einsatz galt vor allem und immer wieder der Pressefreiheit als des Massstabes jeglicher Freiheit überhaupt. «La liberté de la presse perdue entraînerait la perte de toutes les libertés», heisst es in einer seiner Schriften. Deshalb auch, und das ist charakteristisch liberal, sein Glaube an die öffentliche Meinung als des notwendigen Korrektivs jeder Regierungspolitik, seine Forderung nach Öffentlichkeit der Kammerdebatten, nach freier Diskussion – denn die Kammern sind der öffentlichen Meinung als ihrer Richterin verantwortlich. Die politische Freiheit, um die es immer geht, definiert er als die durch keine Willkür zu störende Möglichkeit, glücklich zu werden. Es geht also nicht in erster Linie um aktive Beteiligung des einzelnen an der Politik, sondern um die Sicherung seiner Freiheit. Dies zu ermöglichen ist ja der Sinn der Repräsentation – darauf ist Constant immer wieder zurückgekommen, am klarsten vielleicht in seinem Vortrag «De la liberté des Anciens comparée à celle des Modernes» (1819 im Athénée royal gehalten). Da sieht er den entscheidenden Unterschied zwischen antiker und moderner Freiheit darin, dass im antiken Staat (d.h. der athenischen Demokratie) der Bürger die politische Gewalt direkt ausübe, dafür aber auch mit der ganzen Existenz am öffentlichen Leben partizipieren müsse, somit Teil eines Kollektivs werde. Anders in der Moderne: da habe der einzelne unbedingtes Recht auf ein staatsfreies Dasein als Privatmensch, was aber erst durch die Repräsentation möglich gemacht werde. Sie gewährleistet nämlich die Freiheit des unpolitischen Einzelmenschen, indem der Volksvertreter dafür sorgt, dass die Machthaber sie nicht missbrauchen. Dieses System hat folglich die Funktion einer permanenten Delegation, wobei die Nation die Repräsentanten zu Wächtern über die Respektierung der Freiheiten erhebt. Wir haben also bei Constant die beiden Komponenten des Liberalismus: die politische und die apolitische, aber nicht in willkürlichem, sondern in durchaus reflektiertem Zusammenhang. Liberale Politik ist seiner Überzeugung nach notwendig, damit der Privatmann ein unpolitisches Leben – doch frei von Unterdrückung – führen kann.

Constants Wirkung in seiner Zeit ist ungewöhnlich gross gewesen. Zwar hat sich sein Name nicht wie derjenige Montesquieus und Rousseaus durch den Aufhängetitel eines klassischen Buches erhalten, aber seine Reden und Broschüren wurden damals intensiv verarbeitet; er fand – nicht zuletzt dank der Lesevereine – zahlreiche Anhänger in Deutschland und der Schweiz. Lothar Gall hat das Eindringen seiner Gedankenwelt in den deutschen Konstitutionalismus und Liberalismus nachgewiesen, eine ähnliche Arbeit wäre auch für die Schweiz zu wünschen. Die Repräsentativverfassungen der schweizerischen Regeneration, die Staatsauffassung und Staatsdenken bis in die 1860er Jahre hinein bestimmt haben (z.T. aber noch heute mitbestimmen), gehen mit ihrem Prinzip der indirekten Demokratie wesentlich auch auf seine Impulse zurück.

Sehr viel geringer sind Constants Kontakte zum Wirtschaftsliberalismus gewesen. Im Unterschied zu seinem Zeitgenossen Sismondi wurde er kaum von der Industrialisierung und vom Fabrikwesen berührt, profitierte auch nicht von der neuen Wirtschaftsgesinnung. Seine persönlichen Finanzen blieben ungeordnet bis zuletzt; er lebte bisweilen an der Grenze der Dürftigkeit. Eine Charakterisierung hebt das Paradox hervor, dass dieser Verteidiger des Eigentums und der Bourgeoisie im Grunde etwas von einem Bohémien hatte.

Menschlich beruhigte sich sein Umfeld nach dem Tode der Mme de Staël (1817), mit welcher er sich kurz zuvor nochmals überworfen hatte, einigermassen, doch blieb das Privatleben bis zuletzt umstritten und skandalumwittert. Wie später Ferdinand Lassalle vermochte er nicht, ganz in Politik und Literatur aufzugehen. Die Académie française verweigerte Constant denn auch wiederholt die Aufnahme, zog ihm irgendwelche Mittelmässigkeiten vor.

Die grosse Rechtfertigung seiner Haltung kam mit der Julirevolution von 1830. Er starb am 8. Dezember 1830, gerade noch früh genug, um die plutokratische Erstarrung der Monarchie Louis-Philippes, die übrigens für seine Schulden aufgekommen war, nicht mehr erleben zu müssen. «Der Kampf für die Freiheit hielt ihn aufrecht, dem Siege unterlag er», schrieb Ludwig Böme in seinen Briefen aus Paris drei Tage nach Constants Tod: «Er hatte recht, durch und durch. Er hatte einen deutschen Kopf und ein französisches Herz.» Damit ist nochmals die schwierige Frage seiner nationalen Zugehörigkeit aufgeworfen.

Ein grosser Schweizer? Nach Herkunft und Bedeutung gewiss, wenn er sich auch seit früher Jugend – eigentlich seit den Braunschweiger Jahren – kaum noch auf sein Schweizertum berufen zu haben scheint, dessen Wert ihm als Waadtländer durch die bernische Untertanenschaft wohl ohnehin fragwürdig geworden war. Später ging er ganz in Frankreich auf. Die Schweiz war ihm wohl einfach zu klein. «Genève et la Suisse sont sans ressources, sans émulation» lesen wir (unterm 14. April 1804) einmal in seinem Tagebuch. Daran änderten auch gelegentliche Aufenthalte in seiner Heimat – ein letztes Mal 1824 – nichts. Er kritisierte die dortigen Verhältnisse kaum, schon gar nicht öffentlich, aber er hatte seine Welt fern von ihnen gefunden.

Literatur

Benjamin Constant. *Œuvres*. Texte présenté et annoté par Alfred Roulin (Bibliothèque de la Pléiade), Paris 1957 (umfassende Auswahl). Dtsch. Ausgabe der Werke, 4 Bde. Berlin 1970–1972.
Lothar Gall. Benjamin Constant. *Seine politische Ideenwelt und der deutsche Vormärz*. Wiesbaden 1963 (umfassende Bibl., auch Werkverzeichnis).
Paul Bastid. *Benjamin Constant et sa doctrine*, 2 Bde., Paris 1966.
Kurt Kloocke. Benjamin Constant. *Une biographie intellectuelle*. Genève-Paris 1984 (mit detaillierter Chronologie).

Michelet in seinen Tagebüchern

Geschichtsschreibung war im 19. Jahrhundert vor allem auch Geschichtserzählung, kunstvolle Komposition des Ablaufs, der Höhepunkte, Vergegenwärtigung menschlicher Schicksale. Analysen fehlten zwar nicht (Tocqueville!), gaben aber kaum den Ton an. Zu einer Zeit, da Bildung wesentlich historische Bildung war und geschichtliche Stoffe die Malerei, die Romanschriftstellerei und das Drama erfüllten, mussten die Historiker darstellen können, um beim Publikum «anzukommen». Dafür durften sie beim Bildungsbürgertum auch mit einem Interesse rechnen, das bis zum Ersten Weltkrieg fast ungebrochen anhielt.

Zu den grossen Geschichtserzählern seiner Zeit gehört auch Jules Michelet (1798–1874), dessen reiche Produktion bereits in der Restauration einsetzte, ein rundes halbes Jahrhundert währte, und dessen Themen von der römischen Geschichte bis zur eigenen Gegenwart reichten. Seine beiden Hauptwerke, die «Histoire de France» und die «Histoire de la Révolution française», einst vielgelesen, sind heute zu Titeln verblasst; die Revolutionsgeschichte ist auch durch die Ehre einer Pléiade-Ausgabe nicht wieder zu wirklichem Leben erwacht. Verblasst ist auch die Ideologie, die das Schaffen Michelets trug und sein Pathos färbte: Ein Messianismus des Volkes, der aber mehr romantisch als klassenkämpferisch empfunden war und als eine Art von säkularisierter Geschichtsbibel schlecht in irgendein Konzept sozialwissenschaftlich-marxistischer Orientierung passte.

Man muss sich also damit abfinden, dass Michelet kaum Tendenzen des 20. Jahrhunderts zu antizipieren vermochte. Freilich hatte er etwas den meisten Historikern seiner Zeit voraus: ein genuines Verständnis für die Landschaft als Schauplatz der Vergangenheit. Davon zeugt das «Tableau de la France», das sich im zweiten Bande seiner Geschichte Frankreichs findet. Das war nicht angelernte Geographie, sondern persönliches, durch Stimmungen bereichertes Betroffensein. Wir wissen anhand der Tagebücher nunmehr, dass diese Abschnitte oft wortgetreue Eindrücke wiedergeben, die Michelet auf seinen Reisen dem Tagebuch anvertraute.

Die Edition dieses «Journal» hat sich über fast zwei Jahrzehnte hingezogen. Ihre vier Bände umspannen die Jahre 1828 bis 1874 (mit Unterbrüchen) auf über 2200 Seiten; dazu kommen noch weitere Aufzeichnungen und ausgedehnte Anmerkungen.* Der oft mühsamen Entzifferungs- und Kommentierungsarbeit haben sich Paul Viallaneix und Claude Digeon unterzogen. Fragmente waren schon früher bekanntgeworden: in monographischen Untersuchungen, zudem in einer ersten Auswahlausgabe der Lebensgefährtin. Nun sind Witwen berühmter Männer überhaupt ein heikles Kapitel der Geistesgeschichte. In diesem Falle hatte der «démon du veuvage» allerdings gewichtige Gründe, den Nachlass unter Verschluss zu halten – wir werden darauf zurückkommen. Bleibt zu fragen, ob die Publikation nicht etwas spät kommt, um mehr als nur das Interesse von Spezialisten wachzurufen.

Michelets Tagebuch beginnt mit einigen knappen Notizen aus dem Jahre 1828, es breitet sich dann über die 1830er und 40er Jahre aus, wird hier zur Spiegelung einer reichen, in voller Entfaltung begriffenen Persönlichkeit, zum Zeugnis ihrer Zwiesprache mit der Erschliessung der historischen Welt durch Reisen, Monumente, Landschaften, archivalischen und bibliothekarischen Recherchen, Begegnungen mit Fachgenossen, Gesprächen mit Freunden. Es ist die Zeit des beruflichen Aufstiegs, des Wegs zum Erfolg, zum Ruhm. Nachdem Michelet noch vor 1830 eine Professur an der Ecole normale supérieure erhalten hatte und mit der Unterweisung einer bourbonischen Prinzessin betraut worden war, fiel ihm nach der Julirevolution die einflussreiche Stellung eines Chef de la section historique des Archives royales zu; statt der bourbonischen Prinzessin unterrichtete er nun eine der Töchter des Königs Louis-Philippe. 1833 erschienen die ersten beiden Bände der «Histoire de France», deren sechster (bis zum Ausgang des Mittelalters reichender) elf Jahre später herauskam. 1838 wurde der Historiker (nach einem vergeblichen Versuch, an der Sorbonne dauernd Fuss zu fassen) Professeur am Collège de France, was ihm viel Zeit und Arbeitsmöglichkeiten liess.

Die grossen Reisen durch Frankreich dienten auch der Erschliessung lokaler Archive ebenso wie der eigenen Bildung; Reisen nach Italien, Deutschland, Belgien, England und der Schweiz kamen hinzu. Als er 1838 erstmals eine eigentliche Schweizer Reise unternahm, konstatierte er bereits im Neuenburger Jura den «Contraste d'une terre pauvre et d'une population riche» im Gegensatz zum armen Frankreich und sieht im «rationalisme politique», der bis zum Exzess gehen könne («la logique fermentera avec une froide violence de Calvin à Rousseau, jusqu'à ce qu'elle délire en Marat»), das lebendigste Kennzeichen des Landes. Die deutsche Schweiz sorgt dann für weitere, ausgleichende Eindrücke, ohne den Historiker völlig für sich einzunehmen – sieht er doch in ihr eine «fausse Allemagne», die der Poesie Schwabens oder der fruchtbaren Weite Norddeutschlands ermangle. Die Sorge vor einer möglichen Radikalisierung der Schweiz bewog ihn, nach dem Sonderbundskrieg die Sieger vor Exzessen zu warnen, die in ein System des Terrors einmünden könnten. «La terreur nous apparaît comme un escalier rapide où l'on ne descend pas une première marche qu'on ne les descende toutes, et la dernière est l'abîme», schrieb er der eidgenössischen Tagsatzung. «Au nom de la fraternité, ne descendez pas la première.»

Nach 1840 zeichnet sich im Leben Michelets eine Krise ab. Der Historiker geriet in Opposition zum Julikönigtum und zu dessen zunehmend klerikaler Unterrichtspolitik. Gemeinsam mit seinem Freund Edgar Quinet und dem Polen Mickiewicz machte er Front dagegen, instrumentalisierte seine Lehrtätigkeit in diesem Sinne, lehrte und schrieb polemisch gegen die Jesuiten und die Priesterherrschaft. Doch scheint dies zugleich Ausdruck einer inneren Wende gewesen zu sein, einer gewissen menschlichen Vereinsamung nach dem Tode seiner ersten Frau, zugleich einer wachsenden Aversion gegen das Mittelalter, dem er über der Arbeit an der französischen Geschichte innerlich entwuchs. Nach der Beisetzung seines Vaters (1846) meditiert er über das Christentum, das zu einer Sklavenreligion, einem Herrschaftsinstrument entartete. «Religion des esclaves de quelle tyrannie n'avez-vous pas été complice? Religion de la grâce, du privilège, vous avez engendré, justifié, exalté le gouvernement de la grâce, c'est-à-dire de la faveur et de l'injustice?»

Beeindruckt vom Elend der arbeitenden Massen in England und Frankreich wie auch durch die sozialen Bewegungen des Spätmittelalters, wandte sich Michelet bewusst dem «Volk» als eigentlichem Helden der Geschichte zu. Daraus entstand das Werk über die Französische Revolution, das die Umwälzung nicht nur als bürgerlich-konstitutionelle Bewegung, sondern als Aufbruch der Volksmassen zu legitimieren trachtete. In dieser Bewertung schwang auch die in jugendlichem Alter empfangene Abneigung gegen den Korsen mit. «Le dernier héros qui ait paru, ce n'est pas Napoléon, comme ils disent, c'est la Révolution.» So notierte er 1845, um fortzufahren: «Un homme? Pourquoi pas plusieurs? Pourquoi pas mille? Pourquoi pas tous?» Kein Heroenkult, aber auch kein Kollektivismus – denn das Volk ist bei ihm stets lebendige Individualität, ein Zusammenwirken vieler Einzelgestalten.

Der Konflikt mit dem Regime hatte sich mittlerweile so zugespitzt, dass Michelets Vorlesungen Anfang Januar 1848 suspendiert wurden. Dann aber brach mit der Februarrevolution das Gericht über das Bürgerkönigtum herein, und der Historiker sah sich einmal mehr rehabilitiert und vom Erfolg bestätigt. Nicht eben für lange Zeit – die Wahl des ihm verhassten Prinzpräsidenten Louis Napoleon und die erneute Rechtswendung warfen ihn schon bald wieder ins Wellental hinab. Empfindlichkeiten kamen hinzu: er ertrug es nicht, bei der Wahl zum Garde général des Archives übergangen worden zu sein, und nahm seinen Abschied. Da er den Eid auf Napoleon III. verweigerte, fand auch seine Lehrtätigkeit am Collège de France ihr definitives Ende. Fortan lebte Michelet ganz seiner Schriftstellerei, war materiell und seelisch auf sie angewiesen.

Und doch brachte 1848 noch in anderer Hinsicht einen Einschnitt, einen Neuanfang, der Michelet als eigentliche Auferstehung vorkam. Er machte die Bekanntschaft einer jungen Verehrerin, Athénaïs Mialeret aus Montauban, die in dem Alternden einen Ätna aufbrechen liess, ihn völlig in ihren Bann zog. Nach wenigen Monaten, im März 1849, ging Michelet die Ehe, seine zweite, mit ihr ein. Die Leidenschaft bewahrte ihre Kraft bis zuletzt, und nach seinem Tode war die Witwe die berufene und eifersüchtige Hüterin seines geistigen Erbes. Dank ihr wusste sich der Historiker umsorgt, geleitet, auch wirtschaftlich in Obhut genommen – und erst noch in seiner wissenschaftlichen Produktion gefördert. Seine Gemahlin, die eine grosse Naturliebhaberin war, erschloss ihm die Welt der Tiere und Pflanzen und veranlasste ihn, zum Teil in Zusammenarbeit mit ihr, darüber Bücher zu schreiben. Das löste Kopfschütteln in der ohnehin befremdeten Fachgenossenschaft aus. Wichtiger aber war, dass sie ihn zur Weiterführung der «Geschichte Frankreichs» anregen konnte. Am 18. August 1854 notierte er, eben in eine neue Wohnung unweit des Jardin du Luxembourg umgesiedelt: «Le 16 et aujourd'hui, commencé d'écrire. Le XVIᵉ siècle, La Renaissance. Le local, la saison, tout m'invitait, même mon état d'esprit.» Wenige Monate später, am 20. Januar 1855, konnte er den Abschluss dieses siebenten Bandes melden. «Situation double et singulière. D'une part, l'anxiété habituelle d'une œuvre tellement immense, si rapidement accomplie. De l'autre, la plus complète et la plus douce harmonie domestique que nous avons eue jamais. Elle s'augmentait encore de la diversité de nos études.»

Es ist hier nicht der Ort, auf Michelets Renaissancebegriff weiter einzugehen. Dass er ihn umfassend, «modern» im Sinne eines erweiterten Lebensgefühls verstand, zeigt ein weiterer aus der vollen Arbeit geschöpfter Eintrag: «Luther lui-même appartient à la Renaissance. Lui aussi est naturaliste, et par mariage, et par sacerdoce dans le mariage (dès lors nulle virginité miraculeuse et mystique), et par lecture universelle qui supprimera le mystère, enfin par la musique et retour à l'harmonie de ce monde» (23. Februar 1855). Dass die «Wiedergeburt» darüber hinaus ganz von Michelets persönlichstem Lebensgefühl getragen und bestimmt ist, bricht allenthalben hervor, etwa in einem Lebensrückblick aus dem Jahre 1868, nach Abschluss des grossen Hauptwerkes. Da spricht er von der «double renaissance», die seinem Leben eine neue Richtung gab: «...l'élan pour recréer le monde moral, élan passionné vers la nature et les sciences naturelles. Sortie de mes inquiétudes pour sa vie et des difficultés matérielles... Il ne fallait pas moins pour me sortir des routines.»

Die Änderung der Lebensgewohnheiten (erleichtert durch den Wegfall beruflicher Bindungen) schloss fortan ausgedehnte Sommer- und Winteraufenthalte ein, letztere zumeist im Süden, auch gesellschaftliche Veranstaltungen, denen der Historiker zuvor wenig hatte abgewinnen können. Freilich verlagert und verengt sich das Interesse der Tagebücher von den späten fünfziger Jahren an immer deutlicher auf die Gemahlin, ihr Befinden, ihre Stimmungen, auf gemeinsame Schlaf- und Essensstörungen. Zeugnisse eines rührenden und quälerischen Besorgtseins breiten sich aus, verdrängen anderes, was den heutigen Leser mehr interessieren würde. Man liest zwar, dass Flaubert, Lamartine, Taine oder Renan zu Besuch waren, dass Gespräche stattfanden – über deren Inhalt aber verlautet wenig oder nichts; statt dessen häufen sich Nachrichten über Unpässlichkeiten aller Art, Stichworte wie «mal dormi, bien dormi, bien dormi, mais peu» bilden fortan stehende Formeln. «J'écris uniquement pour elle», notierte er 1865 einmal. Es ist ein ähnlich intensives Eingehen auf den Partner wie in den Tagebüchern der Cosima Wagner, freilich mit dem Unterschied, dass die Eintragungen des jüngeren Michelet denn doch eine wesentlich reichere Folie bieten.

Indessen fehlen auch in den späteren Tagebüchern die Aufschwünge und Selbstgespräche nicht. Wir erfahren von Romanplänen, die er aber hinter die Arbeit an der vertrauten Geschichte zurückstellt: «Pourquoi des rêves bizarres? Tu as la poésie sous la main. Reprends ton équilibre. Plus on jouit d'une personne pure, plus on s'épure et plus on s'harmonise. Reviens à la nature. Ton devoir est l'Histoire. Epanche le trop-plein dans l'histoire naturelle» (22. Juli 1861). Als Ausflug in novellistische Gefilde mögen allenfalls die «Mémoires d'une jeune fille honnête» gelten, eine Jugendgeschichte der Athénaïs Mialaret, die dem zweiten Band des «Journal» beigegeben ist. Landschafts- und Kulturerlebnisse brechen zwar nicht mehr mit gleicher Unmittelbarkeit hervor wie zuvor, finden sich aber auch später noch. Besonders beeindruckt war Michelet von einer Fahrt ins Engadin, im Sommer 1867 vom Julier her unternommen, der ihm als «grand sans grandiose» erscheint. In einer Kulturgeschichte dieses Tals müsste auch Michelet unter den Bewunderern genannt werden. In Pontresina, wo sich die «extrême difficulté de se loger» bemerkbar macht, steht der für seine menschliche Behutsamkeit bezeichnende Eintrag: «Nous couchâmes dans la même chambre, bonheur auquel j'ai renoncé depuis 4 ans pour ne pas troubler son sommeil si léger. Je craignais extrêmement de tousser et de l'éveiller. Mais je fus calme, dans une harmonie assez douce. Seulement je ne dormis pas, comptai toutes les heures (dix, onze, une, deux, etc)...»

Und die Politik? Es gehört zu den Eigentümlichkeiten des Tagebuches, dass das früher so ausgeprägte Engagement in den späteren Aufzeichnungen kaum noch hervortritt. Die Kriege von 1859 und 1866 werden nur nebenbei erwähnt, auch derjenige von 1870 tritt vor allem als Störung in Erscheinung, vertreibt das Ehepaar aus seiner Sommerfrische, nötigt es nach einem kurzen Aufenthalt in Paris, das gerade noch vor der Belagerung verlassen werden kann, zur überstürzten Weiterreise zuerst nach Montreux, dann nach Florenz, wo Michelet einen Schlaganfall erleidet. Der Krieg traf nicht nur sein Nationalbewusstsein, er erschütterte ein Europabild, zu dem Deutschland – das vielgestaltige Deutschland des Vormärz, wie er es kennengelernt hatte – neben Frankreich gehörte. Deshalb «l'idée de répondre à Bismarck qui part de la haine éternelle des deux nations» (27. Oktober 1870). Daraus ist dann die Broschüre «La France devant l'Europe» (1871) geworden. In den letzten Jahren werden die Notizen dürr und bruchstückhaft. Zwar schrieb Michelet an einer unvollendet gebliebenen «Histoire du XIXe siècle», die aber alle noch vorhandenen Kräfte in Anspruch nahm. Das Formelhafte, schon früher gelegentlich spürbar, nimmt nun vollends überhand.

Michelets Tagebücher bilden ein «hors d'œuvre» und können sich schon deshalb mit denen eines Amiel nicht messen. Aber gerade weil sie nicht auf eine Veröffentlichung hin geschrieben wurden, bilden sie in ihrer etwas nervösen Sensibilität ein eindrückliches menschliches Dokument zwischen Alltag, Wissenschaft und Kunst.

---

* Jules Michelet: Journal, Bde. I–II hg. von Paul Viallaneix, III–IV hg. von Claude Digeon. Gallimard, Paris 1960–62 (I–II) und 1976 (III–IV).

Adolphe Thiers: Profil eines konservativen Liberalen

Adolphe Thiers (1797–1877) gehört zu den prominentesten französischen Staatsmännern und ist gleichwohl nur spärlich mit Biographien bedacht worden; in deutscher Sprache existiert keine einzige. Noch immer unentbehrlich bleibt diejenige von Henri Malo (1932), der als Bibliothekar der «Bibliothèque Thiers» uneingeschränkte Einsicht in den Nachlass hatte. Zwölf Jahre später kam Charles Pomaret mit einem Buch, dessen Untertitel «Un vrai Chef d'Etat» (der dann bei einer Neubearbeitung dahinfiel) eine deutliche Absage an das Pétain-Regime markierte. Nun haben sich zwei englische Historiker ans Werk gemacht, J.P.Bury und R.P.Tombs, beide schon früher durch Publikationen zur französischen Geschichte ausgewiesen. Sie nahmen recht umfassende archivalische Recherchen vor (im besondern die Dossiers Thiers' der Bibliothèque nationale, Bestände des Aussenministeriums und die der Bibliothèque Thiers), so dass trotz konzentrierter Form eine wirkliche Forschungsleistung vorliegt, und das in fesselnder, vorwiegend erzählender Diktion.*

Es ist die Lebensgeschichte eines zielbewussten Aufsteigers, des sehr ordentlichen Sohnes eines unordentlichen Vaters, der wenige Monate nach der Geburt seines Sprösslings verschwand (sich dann allerdings mit Bettelbriefen wieder meldete, als dieser zu Wohlstand und Ansehen gelangt war). Der gebürtige Marseillaner verlebte seine frühe Jugend in dieser Hafenstadt, die wegen der napoleonischen Kontinentalsperre darniederlag, studierte dann die Rechte in Aix, wo es kein rechtes Weiterkommen für junge Leute ohne Familie und Beziehungen gab, zumal nicht in der Ära der Restauration. Eine Freundschaft überlebte diese etwas beengten Ausbildungsjahre, diejenige mit François Mignet, dem später prominenten Historiker. Beide übersiedelten 1821 nach Paris und fanden hier Möglichkeiten der Betätigung; beide schrieben französische Revolutionsgeschichten, die beim Publikum ankamen, nach Umfang und Anlage divergierten, aber in der Bejahung der bürgerlichen Umwälzung letztlich doch übereinstimmten. «La Révolution de 89 a détruit et elle devait détruire»: damit das Bürgertum (nicht der Pöbel) freie Bahn bekam.

Thiers wurde Mitarbeiter am «Constitutionnel» und am Vorabend der Julirevolution Mitbegründer des noch liberaleren «National». Bedeutungsvolle Kontakte hatten sich ergeben; zu Cotta, für dessen Augsburger «Allgemeine Zeitung» er Korrespondenzen schrieb, zum alten Talleyrand, zum Bankier Laffitte. So kam es, dass er nach Ausbruch der Julirevolution, die er publizistisch vorbereiten half, in den kritischen Tagen bereits zu den Königsmachern zählte und im Auftrag des Bankiers Sondiergespräche mit Vertretern des Hauses Orléans führte. Er wechselte dann unter das Protektorat des noch einflussreicheren Bankiers Casimir Périer, der Laffitte auch als Premierminister Louis-Philippes ablöste. Nach Périers plötzlichem Tod durch die Cholera – mit ihm «erlischt ein Stern, dem die Finanzkönige des Morgenlandes so gläubig folgten», spottete Heine – war Thiers aber bereits etabliert. Dank einer Vermögensmanipulation seiner künftigen Schwiegereltern wurde er trotz des hohen Zensus wählbar und avancierte auf dem Weg über ein Staatssekretariat auch bald schon zum Minister, des Innern zunächst, der öffentlichen Arbeiten sodann.

Als 36jähriger Minister heiratete Thiers ein 16jähriges Mädchen aus wohlhabender Familie, Elise Dosne. Mit ihr erheiratete er eine ganze Sippschaft, vor allem die Schwiegermutter Madame Dosne, mit der er sich bestens verstand und die ihm bis zu ihrem Tod als Beraterin und gleichsam als zweite Lebensgefährtin beistehen sollte. Damit war auch gesellschaftlich die ihm gemässe Stufe erreicht; ein schönes Haus reicherte sich mit Kunstwerken an, die zwar etwas parvenuhaft wirkten, aber doch unbestreitbare Werte repräsentierten. Der kühle und im tiefsten gegenromantische Thiers schätzte zwar vor allem Ingres, war aber sachverständig genug, sich schon in jüngeren Jahren auch für Delacroix und dessen umstrittene «Barke Dantes» einzusetzen. Victor Hugo misstraute er und fand seinerseits bei ihm wenig Sympathien. Als Minister für öffentliche Arbeiten leistete Thiers nicht Weniges, von dem Paris mitsamt seinen Touristen heute noch zehren – die Vollendung der Madeleine und des Arc de Triomphe sowie der Vendôme-Säule, dazu den Ausbau jener Befestigungen, die dreissig Jahre später den deutschen Vormarsch bremsten. Vor allem aber inszenierte er die Überführung des Leichnams Napoleons von St. Helena und verlieh dadurch dem bis dahin abseitig prunkvollen Invalidendom eine ganz neue Dignität.

Der kleine, ehrgeizige Mann (er mass 1,55 Meter), der seine schwache Stimme schonen musste, war zu einer Spitzenfigur seines Landes aufgestiegen. 1840, das Jahr jener Rückführungszeremonie, brachte auch Höhepunkt und Peripetie der Ministerpräsidentschaft mit der Kriegskrise, die Frankreich jäh der Gefahr eines Konflikts mit Europa aussetzte; es strebte erneut danach, in Ägypten Fuss zu fassen und so zur Auflösung des Osmanischen Reiches beizutragen. Nicht nur England trat ihm entgegen, auch jenseits des Rheins zeichnete sich Widerstand ab. Nach der Interpretation der Biographen versuchte Thiers allerdings zu bluffen, Mehmed-Ali – den ägyptischen Herrscher – zwar nach aussen zu decken und zu stärken, in Wirklichkeit aber von einer entschiedenen Kraftprobe abzuhalten. Der

König aber erschrak ob der feindlichen Machtkoalition und liess ihn fallen; das vergalt ihm Thiers damit, dass er in der Systemkrise der Februartage 1848 nichts tat, um Louis-Philippe auf dem Thron zu halten. Wirklich populär war er nicht, galt als zu berechnend, als wahrer Rastignac und schaffte nach der Achtundvierziger-Revolution den Einzug in die Nationalversammlung erst in einer Nachwahl. Zwar förderte er die Präsidentschaftskandidatur Bonapartes, aber nur in der Absicht, ihn manipulieren zu können. Als ein Führer des «Parti de l'ordre» betrieb er eine reaktionäre Wahlreform, unterstützte (entgegen früherer Überzeugung) eine kirchliche Beaufsichtigung der Schulen und bereitete eine Wiederkehr des Orleanismus vor; diese Operation kostete ihn nach dem Staatsstreich vom 2. Dezember 1851 vorübergehend die Freiheit.

Unter dem Second Empire war Thiers während Jahren ausgeschaltet, «rendu à ses chères lettres»; für seine «Histoire du Consulat et de l'Empire» hatte er schon unter dem Julikönigtum das phantastische Honorar von einer halben Million damaliger Franken zugesichert bekommen; die Musse, die er nun fand, das Werk zu vollenden, erfährt in einem Kapitel eine besonders liebevolle Nachzeichnung. Das politische Comeback kam von 1862 an, im immer noch eingeengten Rahmen des «Empire libéral», die grosse Stunde aber im Juli 1870, da Thiers in der Kammer den Dilettantismus der Kriegsentfesselung anprangerte. Als der Krieg schon nach wenigen Wochen zur Katastrophe wurde, riet er dem Kaiser davon ab, das Heer MacMahons aus seiner Auffangstellung herauszunehmen und zum Entsatz des in Metz belagerten Bazaine in Gang und damit aufs Spiel zu setzen. «Vous avez un maréchal bloqué, vous en aurez deux.» Sedan brachte nur zu bald die Bestätigung. Damit hatte Thiers seine Unentbehrlichkeit erneut bewiesen, die freilich den Erfolg nicht gewährleistete. Er setzte sich nach dem Sturz des Kaisertums mit seinem Drängen auf sofortigen Frieden nicht durch, so dass er für den späteren und ungünstigeren geradestehen musste – von Bismarck, wie die Biographen wohl überzeugend dartun, überspielt und vielleicht gerade deshalb fortan mit besonderem Vertrauen bedacht.

Schwierig, die Verantwortlichkeit Thiers' beim Commune-Aufstand abzuschätzen – sie war gross beim missglückten Coup vom 18. März, der die Eskalation auslöste, weniger eindeutig bei der blutigen Repression. Diese verlief sehr brutal und kostete vielen Tausenden ohne Not das Leben. Denn die Commune hatte Thiers auch sehr persönlich getroffen; sein Haus war zerstört worden (es wurde später auf Staatskosten wiederhergestellt). Der Staatsmann fand sich in seinem tiefen Misstrauen gegen das niedere Volk bestätigt, das er am liebsten von allen politischen Rechten ausgeschlossen hätte. Sein Slogan von der «vile multitude» ist als geflügeltes Wort in den negativen Sprachschatz seines Landes eingegangen. Jetzt aber war er, noch einmal, der Mann der Stunde. Er trat für die Republik ein, eine konservative Republik, weil er – anders als 1830 – keine monarchische Integrationsfigur mehr sah. Der Duc de Chambord mit seinem starren Festhalten am weissen Bourbonenbanner war jedenfalls keine, dann schon eher er selber. So wurde er denn als provisorischer Staatchef der kreditwürdige Vertrauensmann des anlagebereiten Publikums, gerade wegen seiner konservativen Finanzmethoden, die ihn schon früh die Zuflucht zu protektionistischen Massnahmen finden liessen. Konservativ war er gleichfalls in seinem Widerstand gegen die allgemeine Wehrpflicht, auch jetzt noch. Nicht aus Antimilitarismus; der lag ihm ferne. Wenn aber jeder Habenichts mit dem Gewehr umzugehen lernte, konnte das nicht bedenklich werden?

Nun, die Zeit schritt da über ihn hinweg. Der Siebziger-Krieg hatte gar zu augenscheinlich die zahlenmässige Überlegenheit des deutschen Volksheeres über das französische Berufsheer erwiesen, das mangelnde Quantität nicht durch Qualität zu ersetzen vermochte. Damit begann übrigens die Ära der wirklich praktizierten (und nicht nur auf dem Papier stehenden) allgemeinen Wehrpflicht in Europa, denn Österreich-Ungarn und Russland folgten dem preussisch-deutschen und nun auch französischen Vorbild. Dagegen hatte sich Thiers vergeblich gestemmt. In anderer Hinsicht aber ging sein staats- und gesellschaftsbewahrender Konservatismus der wirklichen Rechten, die nie aufgehört hatte, ihm zu misstrauen, zu wenig weit. Mit dem Abzug der Deutschen schien er entbehrlich, die Zeit für einen Wegbereiter der Monarchie gekommen. Hier liegt die eigentliche Tragik seiner Spätzeit. Die grosse Leistung der Jahre 1871–1873, die «Libération du territoire», war möglich nur dank der durch ihn und seine Beziehungen vermittelten, vorzeitigen Abzahlung der – für damalige Begriffe – ungeheuerlichen Kriegsentschädigung von 5 Milliarden Franken an die Deutschen. Zur Erinnerung: 1930 räumten die Franzosen ihre besetzte Rheinzone zwar ebenfalls vorzeitig, aber vor Abzahlung der Reparationen, die kurz darauf überhaupt eingestellt wurde.

Als Thiers im Mai 1873 als Staatchef stürzte und Marschall MacMahon als Vertreter der monarchistischen Rechten sein Nachfolger wurde, war alles wieder offen. Thiers, der bisher zwischen den Extremen zu vermitteln gesucht hatte, kehrte nun gleichsam in seine ideologische Ausgangslage zurück, verkörperte die liberale Opposition, näherte sich aus taktischen Gründen sogar seinem radikalen Gegenspieler Gambetta. Er blieb gespannt gleich einer Feder, zur Rückkehr bereit, denn auch der neue Präsident wirtschaftete schon binnen weniger Jahre ab. Die Monarchisten waren wohl noch immer stark, in der Armee und in der höheren Gesellschaft zumal gaben sie den Ton an, aber die Hoffnung auf eine baldige Realisierung der Monarchie begann sich zu verflüchtigen. Thiers erlebte noch den 16. Mai 1877, der MacMahons Niedergang einleitete, bewusst und voller Hoffnungen. Da trat nach wenigen Monaten am 3. September 1877 der Tod an ihn heran. «Was bei ihm anzog und was an ihm fesselte», schrieb Karl Hillebrand in seinem ihm gewidmeten Essay, «war die Persönlichkeit, die er jedesmal und an jeder Stelle voll einsetzte, die allem Leben und Bewegung gab, auch dem Unbedeutenden Bedeutung verlieh.» Damit sind auch gewisse Grenzen bezeichnet, die seine Nachwirkung einengen. Ein wahrhaft grosser, schöpferischer Staatsmann war er eben doch nicht. Sicherlich ein bedeutsamer Repräsentant seiner Zeit, aber er wies nicht über sie hinaus.

Die Biographie der beiden Autoren (deren Anteil an den einzelnen Kapiteln leider nicht verdeutlicht wird) akzentuiert kaum eigentlich neu, vertieft und nuanciert jedoch allenthalben. Mit ihren Worten (angewandt auf die «Histoire du Consulat et de l'Empire») kann man das Buch jedenfalls «simple, detached and highly readable» nennen.

* J.P.T. Bury; R.P. Tombs: Thiers, 1797–1877. A Political Life. Allen & Unwin, London 1986.

IV. Realitäten und Ideologien des 19. Jahrhunderts

Staatsstreiche im 19. Jahrhundert

Der Staatsstreich ist ein Mittel revolutionärer (bzw. gegenrevolutionärer) Politik. Er beruht in der Regel auf Gewaltanwendung oder Gewaltandrohung und zielt darauf hin, einen einzelnen oder eine Gruppe in den Besitz der staatlichen Machtmittel zu bringen. Im Unterschied zu einer Revolution ist ein Staatsstreich keine Massenbewegung, auch nicht die Fiktion einer solchen. Sein oder seine Urheber gehen aber doch meistens von der Annahme oder der Rechtfertigung aus, im Interesse der Gesamtheit, des Gesamtwohls oder der Mehrheit zu handeln, ohne dass jedoch diese Mehrheit Gelegenheit bekäme, beim Staatsstreich selbst in Erscheinung zu treten. Mit einer Revolution hat indessen ein Staatsstreich etwas Wesentliches gemeinsam – und deshalb nannten wir ihn eben ein Mittel revolutionärer (bzw. gegenrevolutionärer) Politik: er stellt die Legalität der bestehenden Zustände, der vorgefundenen Ordnung in Frage und will infolgedessen deren Aufhebung bewirken. Die erfolgreiche Bewerkstelligung eines Staatsstreiches setzt auch die Kontrolle über gewisse staatlich-politische Machtmittel – wenigstens über Teile des Heeres, der Polizei oder über eine Partei – voraus. Während also eine Revolution ihren Ursprung durchaus im Volke haben kann, werden Staatsstreiche fast immer von solchen Persönlichkeiten ausgelöst, die innerhalb der militärischen oder der politischen Hierarchie bereits einen bestimmten Rang einnehmen.

Mit dieser Definition ist auch schon ein Anhaltspunkt für die geschichtliche Lokalisierung unseres Themas gewonnen. Möglich sind Staatsstreiche nicht in allen Zeiten und Situationen; es müssen mindestens latent revolutionäre Voraussetzungen da sein. So kennt das Europa des Ancien Régime mit seiner ständisch gestuften Ordnung, seinen festverwurzelten Monarchien und Republiken nur ganz vereinzelt Staatsstreichversuche in unserem Sinne – wenn man von dem revolutionär erregten England des 17. Jahrhunderts absieht.

Das ändert sich mit dem Ausbruch der Französischen Revolution. Zwar schloss ihr Grundgedanke der Volkssouveränität im Prinzip jede vom Volke nicht gewollte Veränderung der Herrschaftsverhältnisse aus, setzte aber faktisch doch einzelne in die Möglichkeit, ihre besonderen Umwälzungsabsichten als übereinstimmend mit dem Willen aller auszugeben und damit revolutionär zu legitimieren. So löste sich die Revolution, die als grosse nationale Bewegung begonnen hatte, immer mehr in einen Machtkampf von Führungsgruppen auf und brachte sich gerade beim Volke selbst um ihre tiefere Wirkung. Der Staatsstreich, der ihr ein Ende setzte, ist in gewissem Sinne der Modellstaatsstreich für das ganze 19. Jahrhundert geworden – der «18 Brumaire», Napoleons Machtübernahme am 9. November 1799. Nur stichwortartig sei hier zusammengefasst, was dieser so bedeutsamen Veränderung in der Staatsordnung Frankreichs voranging: Volk und Land erschöpft durch die Anforderungen eines erfolglosen Krieges und einer schlechtorganisierten, bedrückenden Kriegswirtschaft, provoziert durch die sich vertiefenden Gegensätze von arm und reich, weite Kreise auch beunruhigt durch die in der Babeufverschwörung sichtbar gewordene Gefahr eines sozialen Umsturzes unter völliger Beseitigung bestehender Eigentumsverhältnisse, empört schliesslich auch über die Fünfmännerherrschaft des Direktoriums, die jeder moralischen und politischen Autorität ermangelte. Napoleon Bonaparte hat später, in den auf St. Helena diktierten Erinnerungen, seinen Willen zum Staatsstreich aus der Notwendigkeit der Situation folgendermassen begründet: «Wenn in den Beschlüssen der regierenden Gewalt eine beklagenswerte Schwäche und ein endloser Wankelmut sich kund geben; wenn sie ihre Unzulänglichkeit dadurch beweist, dass sie abwechselnd dem Einfluss der verschiedensten Parteien nachgibt und ohne festen Plan, ohne sicheres Ziel sich von einem Tage zum andern hinschleppt; wenn die massvollsten Bürger zugeben müssen, dass der Staat keine Regierung mehr hat, wenn endlich die Staatsverwaltung abgesehen von ihrer Unfähigkeit im Innern das schlimmste Unrecht begeht, das sie in den Augen eines stolzen Volkes tun kann, nämlich sich vom Auslande demütigen lässt: dann verbreitet sich in der Gesellschaft eine unbestimmte Unruhe, die Bürger fühlen das Bedürfnis der Selbsterhaltung, lassen ihre Blicke um sich schweifen und scheinen einen Mann zu suchen, der sie retten könnte.

Diesen Schutzgeist hat eine volkreiche Nation stets in ihrer Mitte; manchmal aber zögert er, zu erscheinen. Denn es genügt nicht, dass er vorhanden ist, er muss sich selber kennen. Bis dahin sind alle Versuche vergeblich, alle Anstrengungen zwecklos, die Trägheit der Überzahl schützt die nominelle Regierung, und trotz ihrer Dummheit und Schwäche vermögen die Anstrengungen der Feinde nichts gegen sie auszurichten. Aber dieser ungeduldig erwartete Retter braucht nur ein Zeichen zu geben, dass er da ist, sofort errät und ruft ihn der Volksinstinkt, alle Hindernisse ebnen sich vor ihm, ein ganzes grosses Volk fliegt ihm entgegen und scheint zu rufen: «er ist da!» (Napoleons Leben. Von ihm selbst erzählt. Übersetzt und herausgegeben von Heinrich Conrad. 5. Band, Stuttgart o. J., S. 173–174).

Napoleon umgibt sich hier mit dem Charisma historischer Einmaligkeit und Auserwähltheit – er weiss sich berufen zu seiner Mission. Und es kann

242

kaum bezweifelt werden, dass damals, in jenen trüben Frühwintertagen ein grosser Teil der Nation mit ihm eines Sinnes war. Denn er erschien seinen Landsleuten – paradoxerweise, würden wir sagen – gross nicht nur als Schlachtensieger, sondern vor allem als Friedensbringer – er, der trotz den Widerständen des Direktoriums den Frieden von Campo-Formio geschlossen und damit dem Kontinent die so dringend erwünschte Ruhe gebracht hatte. Nur dank seiner Abwesenheit in Ägypten (so folgerte man nicht zu Unrecht) hatten es die Österreicher hernach erneut auf einen Krieg mit Frankreich ankommen lassen.

Napoleons Staatsstreich verlief erfolgreich, aber doch nicht ganz programmgemäss. Das Heer und damit das eigentliche Instrumentarium der vorgesehenen Operation konnte als völlig sicher gelten. Die Direktoren – also die Häupter der Exekutive – wurden rechtzeitig entweder gewonnen oder unschädlich gemacht. Gewonnen oder wenigstens zu wohlwollendem Zuwarten veranlasst war noch eine andere wichtige Figur im Spiel: der Polizeiminister Joseph Fouché, der in seinen Memoiren betont, der Staatsstreich wäre gescheitert, hätte er sich dagegen gewandt. Aber es gab auch noch die beiden Kammern des Parlamentes: sie verkörperten nach geltendem Staatsrecht die Nation. Nun gelang es zwar, sie auf Grund einer Verfassungsbestimmung aus der Stadt hinaus nach Saint-Cloud zu verlegen, indem ihnen das Schreckgespenst eines drohenden Jakobineraufstandes vorgespiegelt wurde. Sowie die Volksvertreter aber sahen, dass es mit dieser Gefahr nichts auf sich hatte und die wirkliche von einer ganz anderen Seite drohte, besannen sie sich auf ihre Aufgabe. Als Napoleon vor der Ersten Kammer, dem Rat der Alten, seine Sache zu vertreten suchte und sie obendrein ungeschickt vertrat, drang er nicht durch; als er sein Glück vor der Zweiten – dem Rat der Fünfhundert – suchte, geriet er gar in persönliche Bedrängnis und wurde mit Ächtung bedroht – obwohl sein Bruder als Präsident dieser Kammer alles unternahm, die Situation zu retten. So ergab sich schliesslich die peinliche Notwendigkeit, das Parlament unter direkten militärischen Druck zu setzen – das verhalf dem Staatsstreich zum Erfolg, umgab ihn freilich auch mit dem Makel einer augenscheinlichen Illegalität. Es gehörte unmittelbar danach zu den dringlichsten Aufgaben des neuen Machthabers, dafür zu sorgen, dass dieser Makel hinter einem Schleier amtlicher Verlautbarungen über das Geschehene möglichst unsichtbar blieb. Die Macht aber war nun erstmals wieder seit dem Ausbruch der Revolution in einer Hand konzentriert, während dem Volke Gelegenheit geboten war, durch sein Ja die vollzogenen Tatsachen nachträglich zu sanktionieren. So ergab sich die Möglichkeit, sukzessive und auf gesetzlichem Wege die zuerst noch republikanisch verbrämte Alleinherrschaft schliesslich in die Monarchie überzuleiten. Und damit gewann das revolutionäre Mittel des Staatsstreichs eine Art überrevolutionärer Rechtfertigung. Das neue Kaisertum blieb freilich insofern seinem revolutionären Ursprung verhaftet, als sein Dasein letztlich immer von den militärischen Erfolgen des Kaisers abhing. Wie lebensgefährlich Rückschläge dem Regime werden konnten, zeigt ein abenteuerlicher Staatsstreichversuch, der in Paris in eben den kritischen Oktobertagen des Jahres 1812 unternommen wurde, da sich in Russland die Katastrophe der Grossen Armee abzuzeichnen begann. Der Urheber – ein seiner republikanischen Gesinnung wegen kaltgestellter General namens Claude François Malet – verschaffte sich einen gefälschten Senatskonsult, der ihm das Kommando über alle in Paris stehenden Truppen übertrug und gab die Nachricht aus, der Kaiser sei in Russland gefallen. Zuerst schien die Überraschung zu glükken: eine Truppenabteilung gehorchte dem Befehl, der Polizeiminister – es war nicht mehr Fouché, sondern sein Nachfolger – wurde verhaftet und unter Hausarrest gestellt, sogar der «Préfet de la Seine» fügte sich ins Unvermeidliche – bis dann die Fälschung entlarvt, der General überwältigt und gerichtlich abgeurteilt wurde. Auf die Frage des Gerichtspräsidenten nach seinen Komplizen gab er die stolze Antwort: «Frankreich und Sie selber, Herr Präsident, falls ich Erfolg gehabt hätte.» Was diesen Versuch über das Episodische hinaus erinnernswert erhält, ist einmal die Entschlossenheit zur Rettung eines Landes in einem Zeitpunkt, da schon viel, aber noch nicht alles verloren war. Und etwas anderes dazu: der Machtapparat eines totalitären Staates funktioniert wohl perfekt, solange es Unruhestifter von unten im Zaume zu halten gilt, er erweist sich aber als beherrschbar, wenn ein kundiger und entschlossener Techniker sich an die Schalthebel zu setzen weiss. Napoleon alarmierte erst noch der Umstand, dass im kritischen Augenblick der Todesnachricht in Paris niemand an eine Regentschaft für seinen Sohn gedacht hatte – er musste erkennen, dass er selbst für die Spitzenfunktionäre des Empire nur der Machthaber und nicht der legitime Monarch war.

Legitimität – dieses während der Revolution in französischen Emigrantenkreisen zur Geltung gekommene Wort wurde zu einem Schlüsselbegriff des Restaurationszeitalters. Eine – wie es schien – für ganz Europa und alle Zukunft verbindliche Ordnung war geschaffen: legitim waren jene Mächte, Regierungsformen und Dynastien, die sich am Wiener Kongress 1814/15 Anerkennung verschafft hatten – von nun an richtete sich jede Revolution, jeder Staatsstreich nicht nur gegen das Herrschaftssystem eines bestimmten Landes, sondern auch gegen das Gefüge eines ganzen Kontinentes. In weiten Kreisen war jedoch der Glaube an die Geltung überlieferter und obrigkeitlich verordneter Systeme dahin – und die Erhebung Europas gegen Napoleon war ja nur möglich geworden dank dem Appell an die Völker und dank der Initiative einzelner ziviler und militärischer Anführer. In Spanien wie in Italien hatten sich während der napoleonischen Fremdherrschaft politische Organisationen gebildet, deren Ziel mit der Befreiung des Landes zugleich dessen staatliche Erneuerung war. Dieses Ideal wurde nun zwar verfemt, blieb aber lebendig – und der südamerikanische Befreiungskampf hielt die politische Diskussion im spanischen Mutterland wach. So ist es zuerst in Spanien und alsbald in den beiden Königreichen Italiens – in Neapel und Sardinien-Piemont – um 1820/21 zu Staatsstreichen gekommen, die sich gegen die absolutistischen Regimes und mittelbar auch gegen das hinter ihnen stehende europäische System richteten. In allen drei Ländern ist die Bewegung von Offizieren ausgegangen, bezeichnenderweise nicht von solchen höchsten Ranges – aber sie waren durch ein konspiratives Netz verbunden, das sich im entscheidenden Augenblick als wirksam erwies und die Könige in ihrer Abwehr behinderte, obwohl die Erhebung an sich kein ausgedehntes Ausmass annahm. Absicht der Offiziere war die Einführung einer Verfassung. Das Muster lag bereits vor in Gestalt jener spanischen Konstitution, die 1812 von den napoleonfeindlichen Cortes – also den Ständen – erlassen, aber nach der Restauration der Bourbonen wieder ausser Kraft gesetzt worden war. Die Anhänger dieser Verfassung nannten sich «Liberale», und diese Bezeichnung sollte schon bald gesamteuropäische Bedeutung erlangen. Das Ziel der Verfassung wurde in allen drei Königreichen verhältnismässig leicht erreicht – ein aufsehenerregender Erfolg begrenzter Gewaltanwendung. Doch beherrschten die neuen Machthaber nur den Vordergrund der politischen Szenerie; die Gegner waren überrascht, nicht ausgeschaltet. Und die konstitutionelle Programmatik der Liberalen bedeutete eine Drohung für alle verfassungslosen Staaten. So war die nächste Folge die, dass die konservativen Mächte mit dem Österreich Metternichs als ihrem Kraftzentrum die Gegenbewegung auslösten – gemäss zwischenstaatlicher Verabredung. Gegen Neapel und Sardinien-Piemont setzte Österreich als Vormacht Italiens sein Heer in Bewegung, während das liberale Spanien einer französischen Expedition unterlag: die Verfassungen wurden überall beseitigt, die verschworenen Offiziere abgeurteilt, die Monarchen in ihren absolutistischen Funktionen wiederhergestellt. Es kam der erneuten Restauration zugute, dass das Volk von der Verfassungsbewegung nirgends ergriffen worden war – und erst die Teilnahme politisch aktiver Teile des Volkes hat dann den Revolutionen von 1830 und von 1848 jene Stärke verliehen, die den Staatsstreichen von 1820/21 versagt geblieben war.

Das Mittel des Staatsstreichs war gleichwohl nicht diskreditiert. Es blieb vor allem in solchen Ländern wirksam, wo einer kleinen Oberschicht als Trägerin des politischen Lebens eine grosse, aber politisch passive Einwohnerschaft gegenüberstand. So sind – im 19. wie im

20. Jahrhundert – Staatsstreiche bekanntlich in Süd- und Mittelamerika geradezu «normale» Faktoren politischer Veränderungen geworden.

In Europa dagegen zeichnet sich ein gewisser Bedeutungswandel ab: je mehr von 1830 und vor allem von 1848 ab die Revolution wieder in das politische Leben einkehrte, desto ausgeprägter gewann der Staatsstreich einen retardierenden und gegenrevolutionären Charakter. Das zeigt die Entwicklung der Jahre 1848/49 am Beispiel Preussens. Dieser Staat fiel zunächst ganz der Revolution anheim, obwohl die revolutionäre Bewegung bei weitem nicht die ganze Bevölkerung ergriffen hatte. Sie konzentrierte sich auf die grossen Städte, vor allem auf die Hauptstadt und auf das hier tagende Parlament, die preussische Nationalversammlung. Indessen verblieb die eigentliche, die wirkliche Macht beim Heere, das – ausserhalb der Revolution stehend – der Krone ergeben blieb und sich schliesslich als der ausschlaggebende Faktor erweisen sollte. Gestützt auf das Heer hat sich der König von Preussen nach längerem Schwanken bewegen lassen, über seine unruhige Hauptstadt den Belagerungszustand zu verhängen und die Nationalversammlung in die Provinz zu verlegen. Das geschah im November 1848, und bereits am 5. Dezember folgte dem ersten Schlag der zweite: die Nationalversammlung wurde für aufgelöst erklärt, nun aber nicht – was an sich durchaus möglich gewesen wäre – der vorrevolutionäre Absolutismus einfach wieder hergestellt, sondern eine Verfassung oktroyiert. Dem konstitutionellen Anliegen der Zeit war also entsprochen: das neue Preussen wurde zu einem Verfassungsstaat, doch sicherte der Staatsstreich zugleich die Präponderanz der Krone. Diese Entscheidung, welcher der Sieg der Gegenrevolution in Österreich zeitlich ziemlich genau entsprach, machte auch das Werk der Paulskirche und damit die Hoffnung auf eine Einigung Deutschlands im liberal-demokratischen Sinne zunichte. Der Gruppe konservativer Höflinge und Militärs, die damals den König von Preussen umgab und ihn in seinen Entschlüssen mitbestimmte, stand auch der 33jährige Otto von Bismarck nahe – fieberhaft in seinem gegenrevolutionären Eifer, im Drang nach politischer Betätigung. Die Erinnerung an jene verhältnismässig harmlose Machtprobe ist ihm unvergesslich geblieben: auch später hat Bismarck ganz gelegentlich mit der Eventualität eines Staatsstreichs gespielt, vor allem in jenen bewegten Wochen, die seiner Entlassung am 18. März 1890 vorangingen. Doch sah er darin nie etwas anderes als ein nur im äussersten Notfall anzuwendendes Behelfsmittel.

Das Paradebeispiel eines Staatsstreiches im Gefolge einer Revolution aber hat sich wiederum in Frankreich dargeboten, wobei das Leitbild des 18. Brumaire unverkennbar ist. Louis Napoléon Bonaparte, seit dem Dezember 1848 Präsident der Zweiten Republik, war sicherlich von Anfang an entschlossen, die ihm durch die Stimme des Volkes zugefallene

246

Stellung eines Staatsoberhauptes nicht mehr aus der Hand zu geben. Dennoch verstand er es mit viel Geschick, sich im verfassungsmässigen Rahmen seines Amtes zu bewegen. Was seinen Plan förderte, waren verschiedene Momente: das Ruhe- und Ordnungsbedürfnis weiter Volkskreise, vor allem des Bürgertums und der Bauern, die eine Wiederkehr von Revolution, Terror und Eigentumsbedrohung fürchteten. Den Prinzpräsidenten trug obendrein das Zutrauen der Armee, ihn trug vor allem der Name seines Oheims, den er schon als politischer Debütant mit einem fast modernen Sinn für Propaganda und Massensuggestion auszuwerten verstanden hatte. Was seine Popularität erhöhte, war sein Gegensatz zur Mehrheit der Nationalversammlung, die offensichtlich nicht nur die Ordnung, sondern die eigentliche Reaktion anstrebte und dies zu erkennen gab, indem sie das allgemeine Wahlrecht – diese wirklich demokratische Errungenschaft der 48er Revolution – radikal einschränkte. Würdelose Schacher- und Tumultszenen, die innerhalb dieses Parlamentes fast die Regel waren, steigerten das Ansehen des Staatsoberhauptes ohne dessen Zutun.

Im Sommer 1851 spitzte sich die Krise zu. Indem die Nationalversammlung eine Verfassungsrevision ablehnte, die eine Verlängerung der Amtszeit des Präsidenten ermöglicht hätte, setzte sie diesen unter Zeitdruck. Im folgenden Jahr würde sein Mandat erlöschen: so blieb ihm nur der Weg der Gewalt, wollte er nicht aus der aktiven Politik ausscheiden. Mit einem kleinen Kreis von Mitarbeitern – Männern von bewegter, ja anrüchiger Vergangenheit – hat er seine Vorbereitungen getroffen. Seine amtliche Stellung gestattete ihm, manche Massnahmen und personelle Veränderungen unauffällig vorzunehmen. So konnte er den Militärkommandanten von Paris, einen Royalisten, sowie den Kriegsminister – beides wichtige Figuren in der bevorstehenden Kraftprobe – ausbooten und durch Offiziere seines Vertrauens ersetzen. Der Staatsstreich selbst wurde nach einigen Terminverschiebungen auf den 2. Dezember, den Tag von Austerlitz, angesetzt. Obwohl es an warnenden Vorzeichen nicht fehlte, überraschte er doch die meisten Zeitgenossen. Noch in der vorangehenden Nacht wurden die wichtigsten Widersacher des Staatsoberhauptes festgenommen. Eine in der Morgenfrühe erlassene Proklamation verfügte nicht nur die Auflösung der Nationalversammlung und die Verlängerung der Präsidentschaft Napoleons auf zehn Jahre, sondern auch – und das war psychologisch geschickt – die Wiederherstellung des allgemeinen Wahlrechts. Zwar lief diese Machtergreifung nicht so kampflos ab wie der 18. Brumaire. In Arbeiterquartieren und vereinzelt auch in der Provinz wurde Widerstand geleistet, aber von einer wirklich erbitterten Abwehr konnte keine Rede sein. Das Land nahm die feste, autoritäre Leitung willig hin – und Napoleon umgab wie schon sein Oheim seine neue Machtstellung mit der Aureole eines Plebiszites: so wurden erst die Entscheidung des 2. Dezember, sodann der Übergang zum Zweiten Kaiserreich durch Volkszustimmung sanktioniert.

Karl Marx hat mit der wachen Aufmerksamkeit des Gegners das Neuartige an der Taktik Napoleons durchaus erkannt, das darin bestand, die Klassen gegeneinander auszuspielen, um sich auf diese Weise unentbehrlich zu machen. Er schrieb in seiner kurz nach dem Staatsstreich entstandenen Studie «Der achtzehnte Brumaire des Louis Bonaparte»: «Bonaparte als die verselbständigte Macht der Exekutivgewalt fühlt seinen Beruf, die ‹bürgerliche Ordnung› sicherzustellen. Aber die Stärke dieser bürgerlichen Ordnung ist die Mittelklasse. Er weiss sich daher als Repräsentant der Mittelklasse und erlässt Dekrete in diesem Sinne. Er ist jedoch nur dadurch etwas, dass er die politische Ordnung dieser Mittelklasse gebrochen hat und täglich von neuem bricht. Er weiss sich daher als Gegner der politischen und literarischen Macht der Mittelklasse.» Denn, fährt Karl Marx weiter unten fort: «Bonaparte weiss sich zugleich gegen die Bourgeoisie als Vertreter der Bauern und des Volkes überhaupt, der innerhalb der bürgerlichen Gesellschaft die untern Volksklassen beglücken will.» (MEW 8, S. 204 bis 205.) In dieser Feststellung wird zugleich etwas von der Enttäuschung vernehmbar, die Karl Marx am Ende der Revolutionsjahre darüber befiel, dass er – der Ideologe des Proletariats – mit seinen Überzeugungen nicht zum Zuge gekommen war. Er hatte als Chefredaktor der «Neuen Rheinischen Zeitung» alles getan, der Revolution einen proletarisch-klassenkämpferischen Schwung zu geben. Zur Auslösung einer Massenbewegung reichten jedoch die wenigen seiner Anhänger nicht aus, und zur Auslösung eines Staatsstreichs fehlte ihm der Zugang zu den Schalthebeln der Macht. So blieb ihm bis an sein Lebensende nichts übrig, als die Unabwendbarkeit der kommenden Revolution zu verkündigen, obwohl er als Alternder Zeuge einer gewissen sozialen Beruhigung werden musste.

Der Staatsstreich von 1851 ist der letzte seines Jahrhunderts gewesen, dem – europäisch gesehen – geschichtliche Bedeutung zukam. Die Ära der Revolutionen war vorbei und damit auch das für Staatsstreiche günstige Klima geschwunden. Die Dynamik verlagerte sich mehr auf die Aussenpolitik, auf die nationalen Einigungen oder die politische Durchdringung der Erde – lediglich die iberisch-iberoamerikanische Welt bot, wie bereits gesagt, ab und zu das fast schon anachronistisch gewordene Schauspiel eines Staatsstreiches.

Dieses Zeitalter relativ stabiler innerer Ordnungen hat dann bekanntlich im Ersten Weltkrieg sein Ende gefunden. Eine neue Ära der Staatsstreiche hebt mit dem Jahr 1917 an. Die Machtergreifung der Bolschewiken, die sich zwar sofort als Volkserhebung ausgab und in der geschichtlichen Tradition auch als solche fortlebt und gepflegt wird, war in Wirklichkeit ein eindeutiger Staatsstreich einer gutorganisierten Minderheit unter einem

Führer, der an sich keinen Anteil an der Staatsgewalt besass, dafür aber deren Auflösung bewusst förderte, wodurch seine Partei zum entscheidenden Machtfaktor werden konnte. Lenins Beispiel machte Schule – die faschistische Machtergreifung in Italien legte schon fünf Jahre später davon Zeugnis ab, sie wiederum wirkte in anderen Ländern (Spanien, Polen) nach. In den Vorgängen von 1917 und 1922 wiederholt sich eines: der Staatsstreich bringt jedesmal eine Partei zur alleinigen Herrschaft, die sich in der Folge mit der Nation identifiziert und so den Akt der politischen Machtergreifung nachträglich in einen solchen der Selbstbefreiung, des Zu-sich-Kommens eines Volkes umdeutet. Demnach vollzieht sich auch im Staatsstreich ein Akt nationaler oder sozialer Heilsgeschichte. Der Historiker kann diese revolutionäre Sinndeutung der Geschichte nicht aus der Welt schaffen, wird es auch in Zukunft nicht können. Es ist aber seine Pflicht, ihre Gefahren und ihren Opportunismus sichtbar zu machen, historisch zu klären und damit zur Verantwortung an seiner Gegenwart beizutragen.

Karl Marx und die Geschichte

Heute zählt Karl Marx zu den wirkungsmächtigsten Deutschen seines Jahrhunderts – nur zwei andere kommen ihm darin gleich: Bismarck und Richard Wagner; allenfalls noch, doch mit verblassender Faszination, Nietzsche. Während aber Marx im Unterschied zu Bismarck ein Dasein am Rande und im Exil führen musste, glänzt sein Name heute in säkularem Weltruhm, vergleichbar an Ausstrahlung fast nur denen der grossen Religionsstifter. Die wichtigste Ursache dieses Phänomens finden wir in der historisch wohl einmaligen Kombination von Wissenschaft und Revolution. Anders formuliert: einer Geschichtslehre und Philosophie, die ganz auf die revolutionäre Umgestaltung der bestehenden Welt angelegt ist und dieser die wissenschaftliche Legitimation, ja den Charakter einer gesetzmässigen Zwangsläufigkeit verleiht.

Marxens Satz, es gebe nur eine wahre Wissenschaft, nämlich die der Geschichte, widerspiegelt einerseits wohl das Selbstbewusstsein des Historismus und damit einer Zeit, für die Bildung primär historische Bildung war, die sich in Geschichtswerken wie Geschichtsdramen und -romanen, Historienmalereien oder architektonischen Historizismen artikulierte. Aber anderseits – und das ist wichtiger – reflektiert er die fundamentale Einsicht, dass jede Revolutionslehre auf der richtig verstandenen und richtig systematisierten Geschichte beruhen muss, soll sie den Ansprüchen der Wissenschaft genügen.

Also eine Art Wechselwirkung oder Zirkelschluss: die kommende Revolution bedarf der Wissenschaft, um gerechtfertigt zu sein, die Wissenschaft ihrerseits aber ist nur insoweit legitim, als sie die Revolution als wahre Sinnerfüllung der Geschichte vorbereitet. Die so verstandene Wissenschaft aber schliesst kraft ihres Monopolcharakters alle anderen ein oder ordnet sie sich zumindest unter – vergleichbar der Theologie in der Scholastik.

Umwälzend neu war die Erkenntnis der Ökonomie nicht als eines Beiwerks, sondern als der Triebkraft der Geschichte, der Ökonomie im Wortsinn als der der Wirtschaft zugrunde liegenden Gesetzlichkeit und Prozesshaftigkeit. Dies das Allgemeine. Sodann die Analyse des Kapitals als der dominierenden Wirtschaftsform der Neuzeit im besonderen.

Man kennt die Grundzüge der Hegelschen Geschichtslehre mit ihrer Dialektik, ihrem epochalen Charakter und ihrer Vergeistigung und Versittlichung des Staates – sie enthielt in sich konservative, aber auch revolutionäre Bestandteile. Vor allem ergab sich aus ihr die Einsicht in die Zwangsläufigkeit des geschichtlichen Stroms, wie auch immer er verlief, wo auch immer er sein Bett grub. Das Geschehende erschien da fast auch als ein bereits Geschehenes, und umgekehrt war der Zukunftscharakter allen historischen Prozessen gleichsam immanent. Hier konnte Marx bekanntlich einsetzen – jenseits aller Idealisierung, aber getragen von der Überzeugung einer Notwendigkeit, die nicht blindem Fatalismus entsprang, sondern die als erkannte Notwendigkeit zu wollen und dadurch in ihrem Ablauf zu beschleunigen war.

Aber das ist nur der eine Aspekt – denn eine solche Beschleunigung konnte ja auch im Sinne staatlicher Machtsteigerung und Nationalstaatsbildung verstanden und bejaht werden. Der andere artikuliert sich in Marxens bekanntem Diktum, er habe es unternommen, Hegels Lehre vom Kopf auf die Füsse zu stellen, sie auf die Gesetzlichkeiten der Ökonomie zurückzuführen – was ihr dann freilich ganz neue Dimensionen und Sprengwirkungen eröffnete. Da konnte die Ladung, einmal richtig angebracht, ein ganzes Gefüge herkömmlicher Gesellschaftsordnung hochgehen und damit, immer unter dem Zugzwang historischer Notwendigkeit, eine neue Ordnung erstehen lassen.

Dass die «luttes des classes» nicht genuin auf Marx-Engels zurückzuführen sind, darf wohl als bekannt vorausgesetzt werden, es ist dies von ihnen selbst auch offen zugegeben worden. Als permanenten Kampf zwischen arm und reich findet man sie in der französischen Spätaufklärung wie in der kommunistischen Lehre Babeufs. Wichtiger für die Begründer des wissenschaftlichen Sozialismus war wohl die Lehre der Saint-Simonisten, die Marx sehr wahrscheinlich durch Eduard Gans und dessen Aufsatz «Paris im Jahre 1830» übermittelt wurde. Der deutsche Philosoph attestiert nämlich den Saint-Simonisten, sie hätten «richtig bemerkt, dass die Sklaverei eigentlich noch nicht vorüber sei, dass sie sich formell aufhebe, aber materiell in vollkommenster Gestalt vorhanden wäre». Was hier auffällt, ist neben der schneidenden Sozialkritik vor allem die geschichtliche Abfolge der Klassengegensätze, die auf den gegenwärtigen Antagonismus zusteuert, sozusagen in ihm kulminiert. Die klassische Ausprägung bietet das «Kommunistische Manifest» von 1847/48. Einige Unstimmigkeiten oder Eigentümlichkeiten der Begriffsanwendung in der Schrift seien hier hervorgehoben, weil sie für den Duktus der geschichtlichen Gedankenführung bezeichnend sind – und um eine Führung handelt es sich durchaus. Die Geschichte aller bisherigen Gesellschaft wird programmatisch als die Geschichte der Klassenkämpfe deklariert – was auf die Gegenwart bezogen heisst: Gegensatz von Bourgeois und Proletariern (vorangegangen waren in saint-simonistischer Art die Gegensätze von Patriziern und Plebejern, von Baronen und Leibeigenen, Zunftbürgern und Gesellen). Dieser schlagkräftige Dualismus scheint einleuchtend – doch zeigt sich bei genauer Lektüre, dass die Bourgeoisie als Begriff keineswegs präzise festgelegt ist. Zunächst sprechen Marx-Engels von den beiden Heerlagern, die einander feindlich gegenüberstehen – folglich handelt es sich um grosse, auch sozial breite Schichten, sonst ergäbe das Bild keinen Sinn. Dann aber wird von den Begleiterscheinungen der industriellen Revolution gesprochen, und es heisst: «An die Stelle der Manufaktur trat die moderne grosse Industrie, an die Stelle des industriellen Mittelstandes traten die industriellen Millionäre, die Chefs ganzer industrieller Armeen, die modernen Bourgeois.»

Hier sind die Bourgeois plötzlich kein Heerlager, keine Klasse mehr, sondern Befehlshaber, eine Spitzengruppe. Dieser Widerspruch ist nicht vereinzelt, er durchzieht das ganze Manifest. Diese eigentümlichen Begriffs- und Grössenmanipulationen gehen wohl nicht auf Nachlässigkeit zurück; sie müssen vielmehr die Tendenz verdecken, dass der Kampf des Proletariats sich bald gegen die Ausbeuter richtet, die ja der Hauptfeind bleiben, bald aber und letztlich vor allem auf den Mittelstand überhaupt zielt, ohne dass dies ausdrücklich gesagt wird. Der Leser wird in der Illusion belassen, dass es eben nur Ausbeuter und Ausgebeutete gebe – ein Dazwischen wird nicht anerkannt, der Mittelstand letztlich negiert.

Offen bleibt aber noch die Frage nach dem Staatsverständnis dieses Programms. Bekanntlich schliesst der zweite Teil des Manifests mit einem revolutionären Massnahmenbündel für den Fall einer bevorstehenden Macht- und damit Staatsergreifung. Demokratie und Herrschaft des Proletariats sind mithin eng ineinander verknüpft, ja die Demokratie erscheint nur so weit sinnvoll, als sie die Herrschaft des Proletariats entweder bereits verkörpert oder doch vorbereitet.

Merkwürdig marginal erscheint in der ganzen Deduktion auch die Rolle des Staates. Mit dem Verschwinden der Klassenunterschiede verliere die öffentliche Gewalt ihren politischen Charakter, heisst es ohne klare Begründung. An sich lag es nahe, aus der Abfolge der Klassenkämpfe und der kommenden Machtergreifung den Schluss zu ziehen, dass das Proletariat – oder wer immer diese Klassenbezeichnung als Aushängeschild verwendete – die Staatsgewalt monopolisieren würde. «Wenn das Proletariat», lesen wir aber, «sich zur herrschenden Klasse macht und als herrschende Klasse gewaltsam die alten Produktionsverhältnisse aufhebt, so hebt es mit diesen Produktionsverhältnissen die Existenzbedingungen des Klassengegensatzes, der Klassen überhaupt, und damit seine eigene Herrschaft als Klasse auf.» Ein kühner Gedankensprung, eine eigentliche «petitio principii» wird damit vollzogen. Das Manifest aber schliesst mit der bekannten, harmonisierenden Zukunftsperspektive: «An die Stelle der alten bürgerlichen Gesellschaft mit ihren Klassen und Klassengegensätzen tritt eine Assoziation, worin die freie Entwicklung eines jeden die Bedingung für die freie Entwicklung aller ist.» Eine Vision, die letztlich zu den so bitter bekämpften Grundpostulaten des Liberalismus zurückführt.

Nun lautet ja das Thema unserer Betrachtung «Karl Marx und die Historie», es geht also nicht um den politischen Denker, der allerdings mit dem Geschichtstheoretiker in engstem, unauflöslichem Konnex steht. Das zeigt sich im geschichtlich-politischen Totalitätsanspruch des Proletariats ebenso wie in der Ablehnung des Staates, der mindestens so lange negiert wird, als er ein Machtinstrument im Besitz der Gegenseite darstellt. Im Grunde war die ganze revolutionäre Aktivität von Marx-Engels getragen vom Willen, den Staat unter die revolutionäre Kontrolle zu bringen. Die Bemühung scheiterte 1848, warf die beiden Revolutionäre endgültig ins Exil, worauf sie sich im Laufe der fünfziger Jahre ein neues Konzept erarbeiteten. Es gipfelte in der Einsicht bzw. Erwartung, dass eine neue Revolution nur möglich sei im Gefolge einer schweren Wirtschaftskrise. Wie die Krise der Jahre 1845–1847 die Revolution von 1848 ausgelöst habe, so werde eine neue Krise die nächste und diesmal entscheidende Erschütterung hervorrufen. Das Warten auf die Krise gewinnt im Briefwechsel der beiden manchmal fast tragikomische Züge, fiel es doch in eine Ära der Hochkonjunktur und des weltweiten Wirtschaftswachstums. Als dann 1857 endlich eine Krise kam, war der Triumph gross – vorübergehend, da die Lage sich rasch stabilisierte und das Warten von neuem anfing.

Bereits 1850, unter dem Eindruck des Scheiterns der Februarrevolution, behalf sich Marx in seiner Analyse der Klassenkämpfe in Frankreich mit der Erklärung, nicht eigentlich die Revolution habe eine Niederlage erlitten – vielmehr: «Es waren die vorrevolutionären traditionellen Anhängsel, Resultate gesellschaftlicher Verhältnisse, die sich noch nicht zu scharfen Klassengegensätzen zugespitzt hatten.» Anders gesprochen: das Jahrhundert war für das eigene klassenkämpferische Ideal nicht reif, die Realität sah anders aus, in Frankreich zumindest, wo – gemäss seinem eigenen Ausspruch – die Revolution durch das demokratische Wahlrecht verbaut und damit bonapartistisch umgebogen worden war.

Wesentliches ist somit im Denk- und teilweisen Umlernungsprozess jener 1850er Jahre angelegt gewesen. Aus alledem ergeben sich die bekannten Formulierungen im Vorwort der Schrift «Zur Kritik der politischen Ökonomie» von 1859 mit ihrer von den Produktionsverhältnissen ausgehenden Basis-Überbau-Theorie und dem seither vielzitierten und strapazierten Satz: «Es ist nicht das Bewusstsein der Menschen, das ihr Sein, sondern umgekehrt ihr gesellschaftliches Sein, das ihr Bewusstsein bestimmt» – wozu allenfalls zu fragen wäre, ob ein gesellschaftliches Sein ohne vorangegangenes Bewusstsein überhaupt möglich ist. Aber hier findet sich auch das Axiom, dass eine Gesellschaftsformation nie untergehe, bevor sie alle Produktionskräfte entwickelt habe, «und neue höhere Produktionsverhältnisse treten nie an die Stelle, bevor die materiellen Existenzbedingungen derselben im Schoss der alten Gesellschaft selbst ausgebrütet worden sind». Als Karl Marx an diesen Formulierungen schrieb, stand er bereits im Banne seines Lebenswerkes, das der theoretischen Auseinandersetzung mit dem beherrschenden ökonomischen Phänomen seiner Gegenwart galt. «Das Kapital» ist durch die Fülle seiner Materialien, Belege und Exkurse zu einer Wirtschaftsgeschichte der Neuzeit herangewachsen, das – von einer Fragestellung beherrscht – die revolutionären Enderwartungen zwar in Schranken hält, aber doch nicht gänzlich verdrängt.

Unser Thema ruft der bereits angerührten Frage nach dem Einfluss von Marx auf die Geschichtswissenschaft. Sicher ist es eines seiner Verdienste, die Historiker zur Auseinandersetzung mit dem Kapitalismus und mit wirtschaftlichen Phänomenen überhaupt gestossen zu haben. Doch gab es zu seiner Zeit und später eine von ihm durchaus unabhängige und auch weitgehend unpolitische wirtschaftshistorische Forschung. Und unabhängig von ihm, selbst wenn es ihn niemals gegeben hätte, würde sich dieser Trend verstärkt haben – ganz einfach, weil im Zeitalter und Zeichen der Weltwirtschaft und der weltweiten Industrialisierung darüber nicht mehr hinwegzusehen war. Freilich macht es einen Unterschied, ob man ökonomische Gesichtspunkte neben anderen in die gesamtgeschichtliche Betrachtung einbezieht oder sie als Triebkräfte schlechthin betrachtet und als Determinanten verabsolutiert. Die Diskussion darüber ist denn auch schon bald nach Marx im Kreise seiner Anhänger entbrannt.

Zweifellos verdankt die historische Erkenntnis der marxistischen Geschichtsauffassung wesentliche Impulse – man denke an Forschungen zur Französischen Revolution oder – ein illustrer Einzelfall – Eckard Kehrs Buch über den wilhelminischen Schlachtflottenbau, das vieles, aber nicht alles klärt. Doch fällt auf, dass gerade Historiker, die sich ausdrücklich auf Marx beziehen zwar durchaus marxistisch analysieren und interpretieren, soweit es um die Position der Gegenseite geht, diese ökonomisch-gesellschaftskritischen Ansätze jedoch preisgeben, sobald es die eigene Motivation zu durchleuchten gilt; da verfallen sie leicht der plattesten Apologetik hofhistoriographischen Stils. So gross also der Einfluss Marxens auf die Geschichtsschreibung nach 1945 auch war, so kann man doch fragen, ob ihn (zumindest im bundesdeutschen Bereich) nicht derjenige eines Max Weber noch übertraf. Denn Webers Hauptwerk «Wirtschaft und Gesellschaft» hat trotz seinem bipolaren Titel etwas Entscheidendes der Marxschen Sehweise voraus: das Sensorium für den Staat, das sich in dem gewaltigen Kapitel 9 über Herrschaftssoziologie niederschlägt mit seinen grundlegenden Analysen der bürokratischen, der patriarchalen und patrimonialen Herrschaftsform, seinen Erörterungen über das Charisma der Machthaber, das so Wesentliches zur Erhellung der Diktaturen beiträgt. Ferner ein Verständnis der Religion und ihrer sozialen Bedingtheiten, das Marx völlig abgeht – hier liegt gerade für den Historiker ein entscheidendes Manko des Marxismus.

Karl Marx ist am 14. März 1883 gestorben, fast genau einen Monat nach seinem grossen Zeitgenossen Wagner. Es ist unüblich, die beiden Namen zusammen zu nennen – beide wussten wenig voneinander, hatten auch kaum Anlass, sich gegenseitig zur Kenntnis zu nehmen. Von Marx gibt es in Briefen vereinzelte und abschätzige Gelegenheitsäusserungen über Wagner, von Wagner – der nach Cosimas Tagebüchern wiederholt Lassalle erwähnte – ist mir kein einziges Urteil über Marx bekannt. Und doch besteht eine innere Entsprechung – in der Auflehnung gegen die eigene Zeit ebenso wie im Durchbruch zu neuen Ufern. Wagners musikdramatisches Gesamtwerk mit seiner neuen Harmonik war auf seine Art nicht weniger umwälzend als Marxens Geschichts- und Gesellschaftslehre. Zutiefst charakteristisch aber ist die Erlösungsthematik, die beider Werk fast leitmotivisch durchzieht: bei Marx in der Aufhebung der Entfremdung des Menschen und der Revolution als einem Erlösungsvorgang gipfelnd, beim jungen Wagner (übrigens fast um die gleiche Zeit) im «Holländer» erstmals aufleuchtend und dann bis zur «Götterdämmerung» beziehungsweise zum «Parsifal» zwischen Selbstauslöschung und Mitleid sich bewegend und steigernd.

Von beiden Persönlichkeiten sind in ihrem Bereich, bei verweigerter oder später Anerkennung durch ihre Gegenwart, gewaltige Wirkungen auf das 20. Jahrhundert ausgegangen. Dass sie im Falle Marxens weitergespannt und kolossaler waren, ist doch mehr nur ein quantitatives Kriterium. Beide aber verbinden das Apodiktische und Revolutionäre ihrer Botschaft mit der Grossartigkeit ihres Werks – Ausdrucksformen jenes an Spannungen und Tragik so reichen Jahrhunderts, das ihr Leben umschliesst.

Beim Wiederlesen des Marx-Engelsschen Briefwechsels

Es wäre ein reizvolles Unterfangen, einmal die Geschichte der deutschen Briefgespräche thematisch und stilgeschichtlich zu verfolgen. Von den klassisch-romantischen Beispielen der Goethe-Zeit liesse sich da der Bogen spannen bis hin zu den Dialogen Strauss-Hofmannsthal oder der Brüder Mann. Innerhalb dieser Reihe nimmt der Briefwechsel zwischen Marx und Engels einen in jeder Hinsicht besonderen Platz ein, der sich mit Stichworten nur schwer umschreiben lässt. Gewiss: die zeitliche Nähe zum Meinungsaustausch Bismarcks mit Leopold von Gerlach verrät sich im Bemühen um eine «realpolitische» Meisterung und Durchdringung der jeweiligen Gegenwart. Dazu kommt aber noch ein weiteres. Der bekannte und bereits abgedroschene Satz, wonach heute das Telefon den Briefwechsel verdrängt habe, findet bei Marx/Engels seine Bestätigung: viele der brieflichen Äusserungen wirken in ihrer Spontaneität und Formlosigkeit tatsächlich wie Fetzen eines zum Brief gewordenen fernmündlichen Gesprächs. Die Behutsamkeit und die Rückversicherung, deren sich ein Briefschreiber überlicherweise auch gegenüber vertrauten Partnern zu bedienen pflegt, fällt ganz dahin, und der Jargon, der gelegentlich auch die Niederungen der Fäkaliensprache nicht scheut, trägt zum Eindruck uneingeschränkter Intimität das Seine bei.

Vor allem Marx führt seine niemals abreissenden gesundheitlichen Beschwerden mit soviel Ausführlichkeit und Detailfreude vor (Engels ist darin viel zurückhaltender, freilich auch in besserer Verfassung), dass dem Leser etwas viel an Furunkeln, Karbunkeln und weiteren Bresten (auch der Familie) zugemutet wird. Dennoch setzt das Interesse des Lesers eigentlich niemals aus – es ist, bei allen Menschlichkeiten, eben doch ein Zwiegespräch von grosser Dichte und Aussagekraft. Dieses wichtige Dokument, das 1929–1931 in der Rjazanow-Adoratskijschen Ausgabe der MEGA erschien, liegt nun (lediglich um den textkritischen Apparat gekürzt) als vierbändiges Taschenbuch neu vor. Der Nachdruck wird mit dem ausführlichen Besprechungsaufsatz eingeleitet, den Hermann Oncken 1914 in den «Preussischen Jahrbüchern» der noch vor dem Ersten Weltkrieg erschienenen, durch Mehring, Bernstein und Dietz besorgten, gekürzten und frisierten Ausgabe gewidmet hatte. Diese Einleitung imponiert noch heute durch den Sinn für das Wesentliche und die Weite des Horizontes.

Der Briefwechsel beginnt 1844, beschränkt sich bis 1847 ganz auf Engels' Briefe, wird dann zum Zwiegespräch, am dichtesten in den zwei Jahrzehnten des englischen Exils zwischen Ende 1850 und Ende 1870, als Marx in London und Engels in Manchester wohnt. Mit Engels' Übersiedlung nach der englischen Hauptstadt konzentriert er sich wieder mehr nur auf die Zeit saisonaler Abwesenheit – ausgenommen das Jahr 1882, als Marx fast immer fern von London lebt. Die diversen Themengruppen des Dialogs bleiben über diese Zeit hinweg im wesentlichen konstant. Es ist einmal die engagierte Anteilnahme an der sich wandelnden Welt, deren Entwicklung nach 1849 im Zeichen der Hochkonjunktur und der Nationalstaatsbildungen wie auch des nach Afrika kontinental übergreifenden Frühimperialismus einen wesentlich anderen Lauf nimmt, als die beiden Revolutionäre erwarteten.

So bleibt es – nachdem anfängliche Hoffnungen auf einen neuerlichen revolutionären Ausbruch und auf die grosse Krise zerrinnen – beim scharfsinnig bitteren Analysieren der jeweiligen Geschehnisse, beim Gedankenaustausch bisweilen auch für die von beiden Partnern zu schreibenden Zeitungsartikel, die für Marx eine Sache der täglichen Brotes werden. Bei Engels kommen noch seine spezifischen militärischen Interessen hinzu, die mit jedem Kriegsausbruch neuen Auftrieb erhalten. Von den Figuren jener Zeit ist es vor allem der als «Boustrapa» nie ganz ernstgenommene und doch mit stetem Argwohn beobachtete Napoleon III., der zu unermüdlichen Glossen Anlass gibt, wobei die «Travestie des 18. Brumaire» schon am Tag danach von Engels vermerkt wird (1, S.291: 3.12.1851): sie degradiere mit allen Zutaten «die Herren Franzosen doch wahrhaftig auf ein Niveau der Kinderei, das ohnegleich ist». Trotz allen fast alljährlich wiederkehrenden Untergangsprognosen wird es September 1870, bis derselbe Engels am einstweiligen Ziel seiner Wünsche anlangt: «Die Weltgeschichte ist doch die grösste Poetin, sie hat es fertiggebracht, selbst den Heine zu parodieren. Mein Kaiser, mein Kaiser gefangen.» (4, S.376: 4.9.1870)

Schwieriger wird es, mit Bismarck zu Rande zu kommen. Die anfängliche Interpretation: «Gewissermassen von Bonaparte (und Russland) ernannt» (3, S.111: 17.11.1862) erweist sich als zu kurz, das Umlernen fällt schwer; nach Königgrätz muss festgestellt werden, dass «der Krautjunker, wie es ist, seinem Meister plötzlich über den Kopf wächst» (3, S.345: 9.7.1866). Noch bis zu den letzten Lebensmonaten bleibt der «Staatssozialismus» des Kanzlers (z.B. 4, S.579: 8.12.1882) Gegenstand des Argwohns, während die innovativen Züge des Second Empire kaum wahrgenommen werden. Vollends episodisch bleibt das Interesse an Cavour, intensiv dagegen dasjenige an dem – durch die

Verbindung mit den Baumwollpreisen für beide Briefschreiber sehr vitalen – Sezessionskrieg der USA oder am Aufstand in Indien.

Inmitten dieser Veränderungen, die gewissermassen im Zentrum der damaligen Welt viel sorgfältiger registriert werden können als auf dem doch recht abgeriegelten Kontinent, erwächst das Hauptwerk, das dem «wissenschaftlichen Sozialismus» zu seinem Prestige verhelfen wird: «Der eigentliche Feind, der zu bekämpfen, ist das Kapital» (1, S.239: 14.8.1851), heisst es bei Marx. Dann wächst das Opus, immer wieder in seinem Werden verzögert, langsam heran; Ende Dezember 1865 sei das «verdammte» Buch fertig geworden (3, S.308: 13.2.1866), und im Sommer des folgenden Jahres, nach erfolgter Drucklegung, erhält Engels vom Autor eine der wenigen ganz spontanen Dankesbezeugungen für die jahrelangen Hilfeleistungen (3, S.408: 16.8.1867). Diese Unterstützung durchzieht den Briefwechsel ebenfalls, das ist bekannt und oft auch mit entsprechenden Kommentaren glossiert worden. Marx wusste ebensowenig mit Geld umzugehen wie sein grosser, von ihm perhorreszierter Zeitgenosse Richard Wagner (4, S.441: 25.7.1876). Dass er ohne Engels wahrscheinlich zugrunde gegangen wäre, dass sein eigener Beitrag zum Lebensunterhalt mehr nur marginal gewesen zu sein scheint, geht aus dem Briefwechsel mit fast penetranter Deutlichkeit hervor. Es wäre möglich und nicht ohne Reiz, die vom Freunde übersandten Geldbeträge zu addieren; sie nahmen ein solches Ausmass an, dass der unermüdliche und geduldige Engels sich einmal zur Frage verleitet fand, ob nicht alles mit einer jährlichen Pauschale von 350 Pfund abgegolten werden könnte.

Sicherlich waren noch andere Auslagen mit im Spiel. Man hört zwar nur von Haus- und Klaviermieten, Lebensmitteln, Steuern, notwendigen Erholungsaufenthalten an der See; einmal aber schimmert doch ein verräterischer Hinweis auf die durch momentane Geldknappheit entgangene Chance zu einem angeblich sicheren Börsengewinn durch (3, S.182: 4.7.1864). Das Bewusstsein, materiell völlig vom Freunde abhängig zu sein, mag zur Erklärung des eigenartigen Zynismus beitragen, der so viele Marxsche Briefe charakterisiert. Dazu gesellten sich die Auflagen, die aus der Organisation des Sozialismus erwuchsen, deren einer Mittelpunkt Marx war. Die vielen Rivalitäten und Gegnerschaften, die im Briefwechsel erkennbar werden, brauchen hier nicht angeführt zu werden: der Name Lassalle mag für andere stehen; die erbitterte Ablehnung des «Ephraim Gescheit» (2, S.487: 31.5.1860) oder des «jüdischen Niggers» (3, S.382: 30.7.1862) wird zwar nicht publik, illustriert aber doch zutiefst die Geistesverfassung des Exilierten wie auch seinen «jüdischen Selbsthass» (A. Künzli). Im Unterschied zu Lassalle kommt es zum offenen Bruch mit Bakunin, damit aber auch zur Auflösung der Ersten Internationale. Aber schon Ende 1865, also lange vor dieser dramatischen Eskalation, bekommt man zu lesen: «Was die International Association und was drum und dran hängt, angeht, so lastet sie daher wie ein Inkubus auf mir, und ich wäre froh, sie abschütteln zu können.» (3, S. 299: 26. 12. 1865)

Frankreich bildet immer wieder einen Mittelpunkt im Briefwechsel, am meisten – von Napoleon III. abgesehen – in den frühen Jahren des Aufenthaltes in Paris und Brüssel und der Auseinandersetzung mit dem französisch geprägten Frühsozialismus. Was Marx und Engels an den Historikern dieses Landes generell interessiert, ist ihre genuine Nähe zu den Problemen der Revolution – so in Blancs Revolutionsgeschichte «ein tolles Gemisch richtiger Ahnungen und grenzenloser Verrücktheiten» (1, S. 69: 9. 3. 1847), in Proudhons Revolutionsbuch oder in dem bekannten Interesse an Thierrys Interpretation des Dritten Standes (2, S. 46f: 27. 7. 1854). Und noch in den Tagen von Sedan und im Blick auf die bevorstehende Belagerung von Paris gewinnt Engels ein erweitertes Verständnis der Terreur: «Wir verstehn darunter nicht die Herrschaft von Leuten, die Schrecken einflössen; umgekehrt, es ist die Herrschaft von Leuten, die selbst erschrocken sind. La terreur, das sind grossenteils nutzlose Grausamkeiten, begangen von Leuten, die selbst Angst haben, zu ihrer Selbstberuhigung.» (4, S. 377: 4. 9. 1870) Während auf das «tanzende Wurzelmännchen Ranke» (3, S. 190) nur einmal ein verächtlicher Blick fällt, bleiben Burckhardt wie Tocqueville unerwähnt – dies auffallend angesichts der Fülle minderer Autoren, deren Namen der Briefwechsel wie das Namenregister speichern. Alles in allem umspannen die vier Bände ein gewichtiges Erbe an menschlichen wie politischen Beziehungen – ein Patrimonium an Grösse und Problematik, das dank dieser Taschenbuchausgabe nun einem weiteren Besitzer- und (hoffentlich) Leserkreis zugänglich wird.

Richard Wagners Judenfeindschaft

Richard Wagner ist die einzige wirklich grosse Persönlichkeit der neueren Kulturgeschichte gewesen, die man als judenfeindlich einstufen muss. Wohl gab es bereits damals noch andere Verfechter dieser Einstellung, aber selbst wenn es sich um Figuren von einigem Niveau handelt, wie Constantin Frantz oder Heinrich von Treitschke, kann man ihnen nach heutigen Massstäben nur noch mittleren Rang zubilligen. Durch Wagner aber ist der «Antisemitismus» zeitweise richtiggehend salonfähig geworden, und die Genialität seines künstlerischen Werks gab ihm gewissermassen eine höhere Weihe.

Wagners Musikdramen werden so häufig gehört wie die Opern Mozarts oder die Oratorien Bachs, die Textdichtungen entsprechend oft gelesen oder doch inhaltlich zur Kenntnis genommen. Die Wirkung des Prosaschriftstellers war dagegen nie sehr gross und ist heute fast ganz verblasst. Nur noch Spezialisten vertiefen sich in «Oper und Drama» oder in «Das Kunstwerk der Zukunft», und auch sie nicht mit ungeteiltem Gewinn. Eine Schrift aber hat schon sehr bald als Stein des Anstosses gewirkt, ihm – wie er selber nicht ohne Selbstbemitleidung klagte – viel Schaden zugefügt und ihn doch nicht daran gehindert, sie nach fast zwanzig Jahren neu und dazu mit eigenem Namen herauszugeben, nachdem er den Erstdruck von 1850 in einer Anwandlung von Vorsicht (und Schamgefühl?) noch unter dem Decknamen Karl Freygedank publiziert hatte.

«Das Judentum in der Musik» gehört sicherlich zu den besonders üblen Produkten seiner Art. Der Autor gibt sich eingangs als vorsichtiger Analytiker. Es gehe ihm keinesfalls darum, «etwas Neues zu sagen, sondern die unbewusste Empfindung, die sich im Volke als innerlichste Abneigung gegen jüdisches Wesen kundgibt, zu erklären». Der nach 1848/49 desillusionierte und in die Schweiz verschlagene Autor distanziert sich hier – und das gehört mit zu seinem Wandlungsprozess jener Jahre – von der Revolution und zugleich von ihren Emanzipationsidealen: «unser Eifer für die Gleichberechtigung der Juden» sei «vielmehr der Anregung eines allgemeinen Gedankens als aus einer realen Sympathie» entsprungen. Lassen wir offen, ob er sich wirklich für diese Gleichberechtigung ereiferte, jedenfalls schlägt die Diagnose schon bald in offene Gehässigkeit um. Wenn Wagner «die sonderliche Hartnäckigkeit des jüdischen Naturells in bezug auf Eigentümlichkeiten der semitischen Aussprachweise» zu schildern unternimmt, antizipiert er fast schon die Diktion des «Stürmers»: «Als durchaus fremdartig und unangenehm fällt unserem Ohre zunächst ein zischender, schrillender, summsender und murksender Lautausdruck der jüdischen Sprechweise auf: eine unserer nationalen Sprache gänzlich uneigentümliche Verwendung und willkürliche Verdrehung der Worte und der Phrasenkonstruktionen gibt diesem Lautausdrucke vollends noch den Charakter eines unerträglich verwirrten Geplappers, bei dessen Anhörung unsre Aufmerksamkeit unwillkürlich mehr bei diesem widerlichen *Wie,* als bei dem darin enthaltenen *Was* der jüdischen Rede verweilt.»

Theodor Adorno hat in seinem «Versuch über Wagner» daraus die These abgeleitet, gewisse Negativfiguren der Wagnerschen Dramen – beispielsweise Mime – seien zu lebendigen Illustrationen seines Antisemitismus geworden. Dem hat Dieter Borchmeyer («Wie antisemitisch sind Richard Wagners Musikdramen?», Bayreuther Festspielprogramm 1983) wohl mit Recht das Argument des Schweigens entgegengehalten: Hätte Wagner solche Absichten verfolgt, sie müssten sich in den zahlreichen Äusserungen über sein Werk doch niedergeschlagen haben. Zudem gehörte ja dann – wie wir hinzufügen möchten – die ganze Nibelungensippe mitsamt dem in grossartig dämonische Düsternis getauchten Hagen dieser Rasse an. Davon kann nicht die Rede sein. Auch die gelegentlich geäusserte Vermutung, Beckmessers missglücktes Werbelied ziele auf eine Verhöhnung des Synagogengesangs, scheint unbegründet.

Schwieriger und verhängnisvoller der Schluss der Schrift, worin der Autor sich direkt an die Juden wendet und ihnen zuruft: «Aber bedenkt, dass nur eines eure Erlösung von dem auf euch lastenden Fluche sein kann: die Erlösung Ahasvers, – der *Untergang!*» Es lag zumal nach 1945 nahe, in diese Worte die Absicht einer Auslöschung des Judentums hineinzulesen. Vermutlich und hoffentlich zu Unrecht. Der vorangegangene Kontext der Schrift wie auch spätere Äusserungen Wagners (etwa in dem Aufsatz «Kunst und Religion»») legen eher den Schluss nahe, im Einfluss des Judentums ein Symptom der modernen Genusskultur, der Veräusserlichung des Kunstlebens zu sehen. So heisst es von Heine: «Er war das Gewissen des Judentums, wie das Judentum das üble Gewissen unserer modernen Zivilisation ist.» Gar nicht unähnlich hat Karl Marx in der «Judenfrage», die er auf den «Schacher» reduzieren zu können glaubte, ein Krankheitssymptom des modernen Kapitalismus gesehen. Bei beiden Zeitgenossen bedeutet dies: Gelingt es, die Krankheit zu überwinden, die Menschheit aus Ausbeutung und der «Unfähigkeit unserer musikalischen Kunstepoche» herauszuführen bzw. zu «erlösen», dann verliert das Judentum von selbst seine zerstörerische Kraft.

Bleibt aber doch die Frage, warum Wagner den Einfluss des Judentums in der Musik um 1850 zu hoch ansetzt. Noch war die Zeit der Starsolisten und -dirigenten jüdischer Abstammung nicht gekommen. Nach vielen Seiten der Polemik erstaunt es denn auch, die ganze angestaute Aversion lediglich an zwei Namen exemplifiziert zu finden: an dem mit einiger «Teilnahme» genannten Mendelssohn und dem überhaupt nicht namentlich bezeichneten, aber unverwechselbaren («ein weit und breit berühmter jüdischer Tonsetzer unserer Tage») Meyerbeer. In ihm sieht Wagner nahezu alles, was ihn am Kunstbetrieb seiner Gegenwart abstösst: Reizeffekte mit banalen Pikanterien für ein gelangweiltes Publikum, bei grossem Aufwand und berechneter «Wirkung von eingewobenen Gefühlskatastrophen», so dass letztlich alles auf «Täuschung», ja vielleicht sogar auf «Selbsttäuschung» des Komponisten beruht.

Die Charakterisierung dieses erfolgreichen Kollegen ist viel zu emotional aufgeladen, als dass ihr nicht autobiographische Elemente zugrunde lägen. Tatsächlich wusste man schon immer, wie sehr Wagners Werdegang mit dem Beispiel und Vorbild der grossen Oper Meyerbeerschen Stils, dann aber auch mit dem Willen zur Emanzipation von ihr beladen war. Etwas genauer weiss man es, seitdem Georg Kinsky 1934 in der «Schweizerischen Musikzeitung» ein Bündel Briefe des jungen Wagner an Meyerbeer publizierte. Eine Veröffentlichung im damaligen Deutschland wäre wohl untunlich, ja unmöglich gewesen. Den Brief vom 18. Januar 1840 beschliesst Wagner nämlich folgendermassen: «Mit allen Sünden und Schwächen, Not und Jammer empfehle ich mich Ihnen ehrfurchtvoll, die Erlösung von allem Übel durch Gott und Sie erflehend. Bleiben Sie mir hold, so ist mir Gott aber auch nahe; deshalb gedenken Sie ein ganz klein wenig Ihres in glühendere Verehrung ergebenden (!) Dieners Richard Wagner.»

Selbst wenn man bei diesem Schreiben die Drangsal der ersten Pariser Zeit mildernd in Erwägung zieht, so bleibt doch die Schmeichelei dick aufgetragen genug. Etwas später entwarf Wagner einen Aufsatz über den verehrten Meister. «Meyerbeer schrieb Weltgeschichte», lesen wir darin, «Geschichte der Herzen und Empfindungen, er zerschlug die Schranken der Nationalvorurteile, vernichtete die beengenden Grenzen der Sprach-Idiome, er schrieb Thaten der Musik, – Musik, wie sie vor ihm Händel, Gluck und Mozart geschrieben, – und diese waren Deutsche, und Meyerbeer ist ein Deutscher... Er hat sein deutsches Erbteil bewahrt, die Naivetät der Empfindung, die Keuschheit der Empfindung.» Dass dieser Erguss damals ungedruckt blieb, geht – wie die Editoren der «Briefe und Tagebücher» Giacomo Meyerbeers (Bd. 3, Berlin 1975) wohl zu Recht vermuten – auf dessen eigene Intervention zurück, weil er die Kontraproduktivität solcher Lobeshymnen richtig einschätzte.

Die tieferen Gründe des Einstellungswandels bei Wagner liegen gleichwohl im dunkeln. Möglicherweise blieb die erhoffte Förderung aus – es gibt zwar einen Brief Meyerbeers an König Friedrich Wilhelm IV. von Preussen, in welchem er sich für die Werke deutscher Opernkomponisten einsetzt, aber darin figuriert Wagner eben nur als einer unter mehreren. Gewiss hat Meyerbeer für ihn an Bedeutung verloren, je mehr er in seinem eigenen Schaffen über ihn hinauswuchs. Dennoch bleibt zu fragen, ob die Judenfeindschaft für Wagner nicht zum bequemen Etikett und zur Erklärungsaushilfe für unbewältigte Emotionen wurde. Man fühlt sich an Nietzsches spätere Wendung von der Wagner-Verehrung zum Wagner-Hass erinnert, ja bei beiden früh vaterlosen Persönlichkeiten vermeint man der Zerstörung einer Vaterfigur beizuwohnen. Interessant denn auch, wie Wagner in den Cosima-Tagebüchern doch wieder auf das alte Vorbild zurückkommt, am enthüllendsten in jener Traumvision vom 3. April 1880, da man vermuten sollte, der verblassende Ruhm seines einstigen Rivalen stelle für ihn überhaupt kein Problem mehr dar. Richard, heisst es da, habe «gut geschlafen, aber von Meyerbeer geträumt, den er in einem Theater wiedergesehen und der ihm gesagt: ‹Ja, ich weiss schon, die lange Nase›, gleichsam als ob R. sich über seine Nase lustig gemacht hätte, worauf R. sich quasi entschuldigt, und das Publikum habe zu der Versöhnung applaudiert.»

Die reiche Quelle dieser Tagebücher zeigt übrigens, dass Wagners Judenfeindschaft im Alter nicht etwa nachgelassen, sondern in Wellen von Ereiferungen sich stets neu belebt hat. Aber selbst wenn man von diesen Peinlichkeiten absieht: auch in den publizierten Schriften der Spätzeit ist er wiederholt darauf zurückgekommen, Aufsätze wie «Was ist deutsch?» und «Deutsche Kunst und Politik», welche die Meistersinger-Ideologie widerspiegeln, bauen ein Feindbild auf, in dem «Welschtum», Überfremdung deutscher Fürsten (Schlussansprache des Hans Sachs!) und jüdisches Wesen fast untrennbar ineinander verwoben sind. Bereits erscheint auch die «Demokratie» der achtundvierziger Generation als Ausgeburt der Presse und der französisch-jüdischen Politik.

Dann kam in den letzten Jahren die Begegnung mit dem Grafen Gobineau und dessen rassistischer Geschichtslehre, die den Niedergang der «Arier» als zwangsläufige Folge der Rassenvermischung hinstellte. Unter diesem Einfluss versuchte sich Wagner – als schriftstellernder Denker ebenso eklektisch und weitschweifig wie als Musikdramatiker original und zutiefst wesentlich – seinerseits in einer Geschichtsphilosophie, die antijüdischen Rassismus mit Schopenhauerscher Mitleidslehre, Antivivisektionsüberzeugungen und Vegetarismus (den er für seine eigene Lebensführung zwar ablehnte) verknüpfte und die vor allem in «Religion und Kunst» (mitsamt den zugeordneten Fragmenten) ihren Ausdruck fand. Dass es auch anders ging, zeigt die König Ludwig II. zugedachte Schrift «Über Staat und Religion», wo Antisemitisches wohl schon deshalb fehlt, weil der Autor bei dem hiefür wenig empfänglichen Monarchen, der in Judenfeindschaft stets auch Unterschichtenressentiment wittern mochte, damit schlecht angekommen wäre.

Es gehört denn auch zu den Inkonsequenzen der Wagnerschen Haltung, die man oft als mildernden Umstand heranzog, dass er Juden in seiner Umgebung durchaus duldete, schützte, auch ausnützte, wenn sie seiner Sache dienten. Das gilt von dem Dirigenten Levi ebenso wie von jüngeren Verehrern, z.B. Porges oder Pringsheim. Dagegen scheint die oft geäusserte Vermutung, Wagner selbst sei jüdischer Abkunft gewesen, sein Antisemitismus letztlich «jüdischem Selbsthass» entsprungen, sogar dann unbegründet, wenn man seinen Stiefvater Ludwig Geyer als wirklichen Vater annimmt.

Man kann es als gütige Fügung betrachten, dass Meister wie Bach, Mozart oder Beethoven in Zeiten lebten, die sie davon dispensierten, eine «Weltanschauung» im Sinne des 19. Jahrhunderts zu entwickeln. Was die Unausgegorenheit derjenigen Wagners so gefährlich machte, war ihre Nachwirkung vermöge der Verflochtenheit mit einem Kunstwerk, das diese Ideologie weit über ihre Bedeutung hinaus erhöhte. Seit der Jahrhundertwende konnten sich völkischer Nationalismus und Antisemitismus auf das Haus Wahnfried berufen, ohne von hier desavouiert zu werden. Cosimas Schwiegersohn Houston Stewart Chamberlain systematisierte in seinen «Grundlagen des 19. Jahrhunderts» die geschichtsphilosophischen Ansichten Wagners (was ihm unter Plagiatsbezichtigung der Kunsthistoriker Henry Thode vorwarf, der andere prominente Schwiegersohn Cosimas) und schrieb sie in ein klareres Deutsch um, als Wagner dies selbst gekonnt hätte. Kurz vor seinem Tode empfing Chamberlain noch den jungen Hitler bei sich und sah in ihm eine Art Messias. Es ist müssig zu fragen, wie sich Wagner selbst zur Entwicklung dieser Ideologie im 20. Jahrhundert eingestellt hätte. Müssig, aber nicht uninteressant. Man kann ja, ohne ungebührlich zu vereinfachen, fünf Verhaltensmodelle des «Künstlers» gegenüber der totalitären Diktatur unterscheiden.

1. Sofortige Emigration unter offenem Bruch (Heinrich Mann, Bert Brecht).

2. Emigration, aber zunächst unter Aufschub des offenen Bruchs (Thomas Mann).

3. «Olympische» Distanz ohne Bruch, auch im Interesse des eigenen Werks (Richard Strauss, Gerhart Hauptmann).

4. Baldige Ernüchterung nach anfänglicher Zustimmung (Gottfried Benn).

5. Loyale Anhänglichkeit, selbst bei gelegentlichen Enttäuschungen (Hans Pfitzner).

Einer dieser Formen hatte jeder Künstler sich anzupassen, wobei mit dem Berühmtheitsgrad auch die Versuchung wuchs, vom Regime als kulturelles Aushängeschild verwertet zu werden. Dass der tote Wagner mit seinem Antisemitismus (und erst noch einer regimehörigen Schwiegertochter als Repräsentantin) die dankbarste Verwertungsmöglichkeit abgab, bedarf keiner Erörterung. Bleibt zu fragen, ob sich der lebende Wagner jemals Rechenschaft über die möglichen Folgen seines Schreibens (im Lichte unserer Erfahrung) ablegte. Vermutlich kaum. Weit eher sprechen die Indizien dafür, dass er aufrichtig und bis zuletzt der Meinung war, eine Art Kassandra und vergeblicher Warner vor drohendem nationalem und künstlerischem Zerfall zu sein.

V. Um die deutsche Geschichte

Was bleibt von Bismarck?

Zum hundertsten Jahrestag seiner Entlassung

Am 18. März 1890 wurde Bismarck von Kaiser Wilhelm II. entlassen, genauer gesagt: zum Rücktritt gezwungen. Die Verabschiedung kam trotz der brüsken Formen nicht ganz unerwartet, auch wenn man vom hohen Alter des Gestürzten absieht, den nur zwei Wochen von seinem 75. Geburtstag trennten. Sie war fällig. Ein Greis als Regierungschef ist selten ein Glück für ein Volk, selbst wenn er sich für unentbehrlich hält oder, schlimmer noch, es tatsächlich auch ist. Leistung, Erfahrung und Altersweisheit werden da nicht selten durch Eigensinn und Rechthaberei aufgewogen, was die Aufrechnung an Positivem oder Negativem manchmal bis zur Unentwirrbarkeit erschwert. Das trifft auch für die Märztragödie des Jahres 1890 zu, die dank Ernst Gagliardis klassischem, ebenso monumentalem wie einfühlsamen Werk «Bismarcks Entlassung» (2 Bände, Tübingen 1927–1941) abschliessend und fast überreich an Details geklärt ist. Nach ihm hat sich in der Schweiz vor allem Leonhard von Muralt der Bismarck-Forschung angenommen, mit bewundernder und beinahe religiös gefärbter Hingabe. Dann aber ist es in unserem Lande darum still geworden; andere Themen (auch die Zeitgeschichte) beanspruchten Aufmerksamkeit und Energien, mit gutem Recht.

Bismarck bleibt indessen die politisch wohl grösste Figur des 19. Jahrhunderts, das sein Leben fast ganz umschloss. Geschichtliche Achtungsstellung dispensiert aber den Historiker nicht von der Frage, was von diesem Werk noch bleibt. Vor einem halben Jahrhundert hätte man auf die Reichsgründung verweisen können, diese kleindeutsche Lösung als notwendige Machtbasis und Etappe auf dem Weg zu einem Grossdeutschen Reich, dessen Vollendung eben bevorzustehen schien. Ein Jahrzehnt später war alles dahin. Deutschland gleich einer Vase in zwei Teile (nebst verlorenen Restsplittern) zerborsten. Jetzt, nach dem Szenenwechsel von 1989, bietet sich abermals ein verändertes Bild. Eine Wiedervereinigung – dieser Parallelbegriff zum Zauberwort «Einheit» des 19. Jahrhunderts – erscheint zwar problematisch, aber nicht mehr unmöglich. Sollte es so weit kommen, so dürfte ein neuer Staat der europäischen Mitte – ganz abgesehen von den Grenzen – mit dem Bismarck-Reich kaum mehr etwas gemein haben. Sollte daraus gar eine Konföderation werden, so liesse sich schon eher eine Erinnerungsbeziehung an jenen Deutschen Bund knüpfen, den Bismarck 1866 zerschlug, um daraus das Reich seiner eigenen Prägung zu schaffen.

Damit aber sind wir schon inmitten unserer Frage. Historisches Denken ist fast immer fortschrittsorientiert, es bewegt sich in der Dimension «von – zu». Da lag es nahe, eines aus dem anderen sich «organisch» entwickeln zu sehen, als irgendwie sinnvollen Prozess. Und da stand ausser Zweifel, dass das Bismarck-Reich von 1871 einen «Fortschritt» gegenüber dem Bundesgebilde des Wiener Kongresses darstellte, schon weil es mächtiger war, eine wirkliche Grossmacht verkörperte, statt der unerfreulichen österreichisch-preussischen Dyarchie und Rivalität. Das schien so klar, dass es jedermann einging, fast so schlüssig wie ein Lehrsatz. Nun gibt es aber keine historischen Selbstverständlichkeiten, die nicht der Überprüfung bedürften. Der Zweck des Deutschen Bundes von 1815, der von Österreich zwar präsidiert, aber nicht eigentlich dominiert wurde, war (gemäss Artikel 2 der Bundesakte) «Erhaltung der äusseren und inneren Sicherheit Deutschlands und der Unabhängigkeit und Unverletzlichkeit der einzelnen deutschen Staaten». Rückblickend darf man sagen, dass er dieser Aufgabe gerecht wurde: es gab – im Unterschied zum 16.–18. Jahrhundert – keine Übergriffe fremder Mächte auf deutsches Gebiet. Die Besonderheit des Bundes war seine Stärke im Defensiven, ebenso wie seine Unfähigkeit zur Offensive. Sie bewahrte ihn vor allen Expansionsversuchungen, wie sie an Grossmächte früher oder später herantreten. Und man kann sich ernsthaft fragen, ob Deutschland mit einer Reform des Bundes, wie sie in den 1860er Jahren verheissungsvoll und auf höchster Ebene erörtert wurde, langfristig nicht besser gefahren wäre – diese Reform scheiterte bekanntlich weniger an inneren Schwierigkeiten als am prohibitiven Nein Bismarcks und an seinem Willen zu einer begrenzt kleindeutschen Lösung. Dieser Entscheid wurzelte in einem Werdegang, der geprägt war von den Erlebnissen und Frustrationen jener Gegenwart.

Otto von Bismarck (1815–1898) wurde 1862 preussischer Ministerpräsident, 1871 Kanzler des von ihm begründeten Deutschen Reiches. In die Politik war der Gutsherr 1847 als Landtagsabgeordneter eingestiegen, und er profilierte sich im Revolutionsjahr darauf als gewandter und undogmatischer Reaktionär. Als Günstling des Königs – damals Friedrich Wilhelm IV. von Preussen – stieg er dann in Spitzenstellungen der Diplomatie in Frankfurt (als preussischer Bundestagsgesandter), St. Petersburg und Paris empor. Ein glanzvoller Aufstieg somit, ohne jene sonst unvermeidliche Wartestellung in subalternen Positionen, ermöglicht nur dank der in jenem Revolutionsjahr errungenen königlichen Gunst. 1848/49 war aber zugleich das grosse Schockerlebnis des angehenden Staatsmannes gewesen, und zwar aus zwei Gründen. Zum ersten markierte es eine Demütigung des preussischen Königtums und damit des monarchischen Prinzips, über die er innerlich nie ganz hinwegkam. Darüber hinaus aber war es die Demütigung Preussens durch Österreich, dessen bewaffnetes Nein zu einer begrenzten Einigung Deutschlands durch Berlin ihn um so tiefer kränkte, als er die damalige Unmöglichkeit eines Krieges erkennen musste.

Bismarcks ganzes politisch-diplomatisches Wirken war fortan darauf ausgerichtet, Österreichs Stellung in Deutschland und Europa zu erschweren, ihm Steine in den Weg zu legen. Und die Entwicklung der 1850er Jahre vom Krimkrieg zur Einigung Italiens bot reichlich Gelegenheit dazu. Doch halfen solche Wandlungen der Konstellation wenig, wenn Berlin sie nicht aus eigener Kraft verwerten konnte. Zwar war Preussen für damalige Begriffe eher über- als unterbewaffnet; es hatte als einzige europäische Grossmacht nach 1815 die allgemeine Wehrpflicht beibehalten. Diesen Vorsprung galt es zu nutzen und im Rahmen einer Heeresreform zu unterbauen. Freilich nicht ohne Opposition von seiten des erstarkenden Liberalismus. Als der neue König Wilhelm I. sich im sogenannten Heereskonflikt mit dem preussischen Parlament verrannte, keinen Ausweg mehr wusste und die Abdankung erwog, war die Stunde Bismarcks als des neuen Ministerpräsidenten gekommen. Er erzwang durch eine autoritäre Übergangsphase unter faktischer Ausschaltung des Parlaments die Heeresreform, die er durch eine Reihe geglückter aussenpolitischer Operationen in erfolgreiche kriegerische Bewährung umzusetzen verstand. Die massgebenden Militärs, durch eine zu lange Friedensära um ihre innere Existenzberechtigung gebracht, waren zum Mitmachen gerne bereit. Einzig der liberale Kronprinz und Schwiegersohn der Queen Victoria hatte Bedenken, aber die liessen sich durch eine geschickte Instrumentalisierung des Vater-Sohn-Konflikts im Sinne der monarchischen Autorität aus dem Wege räumen.

Dem populären Krieg von 1864 gegen Dänemark, dem die Unterdrückung Schleswigs durch Kopenhagen einen nationalistischen Hintergrund verlieh, folgte 1866 der sehr viel waghalsigere und unpopuläre gegen das nunmehr bundesreformerische Österreich, der dieses aus Deutschland ausgrenzte und so den Norddeutschen Bund ermöglichte. Den glanzvollen Höhepunkt seines Ruhms und seiner Beliebtheit aber erreichte Bismarck 1870/71 mit dem Sieg über Frankreich, dessen viel zu schwaches Berufsheer von dem preussisch-deutschen Volksheer, das stärker und erst noch besser geschult war, regelrecht zusammengeschlagen wurde. Die Folge war nicht nur die Einigung des Deutschen Reiches, sondern – weniger bekannt – auch eine Welle der Militarisierung, die nun über Europa hinwegging und fast alle Mächte – einzig England ausgenommen – zwang, sich mit dem ungeliebten Prinzip der allgemeinen Wehrpflicht abzufinden. Jetzt, erst jetzt, entstanden eigentliche Millionenheere. Auch die Schweiz musste mitziehen und den bisher recht large praktizierten Artikel 18 der Bundesverfassung von 1848 («Jeder Schweizer ist wehrpflichtig») in die Wirklichkeit umsetzen.

Viele Zeitgenossen, so auch Jacob Burckhardt, erwarteten nach 1871 eine neue Ära europäischer Kriege. Dass sie ausblieb und dank Bismarck selbst durch ein erneuertes, kunstvolles System des europäischen Gleichgewichts im Zeichen einer deutschen Halbhegemonie ersetzt wurde, ist zu Recht als die wohl grösste politische Leistung des Reichsgründers bewundert worden. Dazu war ein Nur-Sieger wie Napoleon stets unfähig geblieben. Dass dieses Spiel mit fünf Kugeln (das auf der kunstvollen Eliminierung der einen Kugel Frankreich, der kontinentalen Neutralisierung Englands, der Einbeziehung Österreichs wie Italiens und – vor allem – der freundschaftlichen Ankettung Russlands beruhte) seine Tücken hatte und einen Balanceur erforderte, wie es ausser Bismarck keinen zweiten gab, ist nicht erst 1890 sichtbar geworden. Es war eben keine einfache Politik, die aus wenigen fassbaren Zielsetzungen bestand und die man – in der Art Richelieus – getrost auch einem begabten Nachfolger überlassen konnte. Es war die Verflechtung einer bereits zu starken Grossmacht in ein System anderer, und zwar ständig erstarkender Grossmächte. Deutschland war, zumindest europäisch, saturiert; die anderen Mächte waren es allesamt nicht. Dass Bismarck bis ins höchste Alter seine Ordnung aufrechterhalten konnte, grenzt an ein Wunder. Dass sie ohne ihn nicht weiterzuführen war und an der Schwelle einer gesamteuropäischen «Weltpolitik» imperialistischen Zeitstils keine Rezepte mehr verhiess, ist eine Fügung, für die er kaum verantwortlich gemacht werden kann. Wer als Historiker Deutschlands Irrwege nach 1890 kritisiert, sollte fairerweise überzeugende Alternativen aufzeigen können.

Neben der Aussenpolitik gab es stets auch eine Innenpolitik. Da ist Bismarcks grosse Leistung eben doch die, dass er nach Überwindung des Parlamentarismus nicht einfach den Obrigkeitsstaat alten Stils rekonstruierte, sondern der Opposition im Rahmen der neuen Reichsverfassung einen (wenn auch begrenzten) Spielraum beliess. Wieviel das wert war, zeigt nicht nur der Vergleich mit den gängigen bonapartisch-neuabsolutistischen Experimenten der 1850er Jahre, sondern auch derjenige mit den totalitären Modellen des 20. Jahrhunderts leninistisch-faschistischer Prägung, wo man jede Opposition eliminierte und Volksvertretungen zu reinen Akklamationsinstanzen degradierte. Dazu prostituierte Bismarck weder das Volk, noch gab er sich für derlei Schaustellungen selber her. Er blieb ein Herr, der zwar wusste, was oben und unten war, der aber – als grosser Dialektiker – Widerspruch nicht nur ertrug, sondern ihn innerlich sogar brauchte. Sein Wirken als Staatsmann, vorab als Redner, erscheint dadurch unendlich facettenreicher und nuancierter als das auf Selbstverklärung und Selbstwiederholungen angelegte Regieren der Absolutisten oder Diktatoren.

Dass die Verfassung mit ihrem Konstitutionalismus, der kein Parlamentarismus werden durfte und die Volksvertretung faktisch von der Regierungsbildung wie von der Aussenpolitik ausschloss, ihre grossen Schwächen hatte, steht ausser Zweifel. Zudem eignete dem Reich als scheinbarem Bundesstaat ein fast unheilbarer innerer Widerspruch, der sich aus den geradezu unsinnigen Grössenunterschieden der Teilstaaten ergab. Preussen allein war sehr viel ausgedehnter als alle übrigen Staaten zusammen – man denke sich eine Schweiz, deren grösster Kanton sich von Genf bis zum Fürstentum Liechtenstein und zum Urnersee erstreckte! Aber eben, ein Einheitsstaat nach italienischem Muster durfte und konnte das neue Reich nicht sein; die Widerstände, mit denen hier zu rechnen war, hat erst Hitler mit einem Federstrich beseitigt.

Probleme, Vorläufigkeiten somit, wohin man blickt – aber doch eine zukunftsträchtige Leistung: die Sozialpolitik, jener legislatorische Dreiklang, anhebend mit dem Gesetz von 1883 über die Krankenversicherung der Arbeiter, ein Jahr darauf fortgesetzt mit demjenigen über die Unfallversicherung und 1889 einstweilen abgeschlossen mit dem Gesetz über die Invaliditäts- und Altersversicherung. Das waren Marksteine, die z.B. in der Schweiz – wo 1900 der erste Entwurf einer obligatorischen Kranken- und Unfallversicherung am Nein des Volkes scheiterte – noch nicht ihresgleichen fanden. Bismarck, obwohl dem Junkerstand entstammend und an dessen Privilegien festhaltend, sah eben doch das grosse Problem seiner Zeit. Gewiss war auch da politisches Kalkül im Spiel. In der von ihm redigierten kaiserlichen Botschaft vom 17. November 1881 an den Reichstag hiess es, «dass die Heilung der sozialen Schäden nicht ausschliesslich im Wege der Repression sozial-demokratischer Ausschreitungen, sondern gleichmässig auf dem der positiven Förderung des Wohles der Arbeiter zu suchen sein werde». Angst vor dem Sozialismus wuchs sich bei Bismarck zum eigentlichen Cauchemar aus.

Zwangsvorstellungen? Sicherlich, wenn man an die damalige, im Grunde recht loyale deutsche Sozialdemokratie denkt. Und doch. Manchmal blitzt bei ihm eine Ahnung des Kommenden auf, die ihn beinahe zu einem antizipierten Orwell werden lässt. So am 17. September 1878, als er dem Reichstag das Sozialistengesetz nahe- und seine Visionen offenlegte:

> «Wenn jedem das Seinige von obenher zugewiesen werden soll, gerät man in eine zuchthausmässige Existenz, wo keiner seinen selbständigen Beruf und seine Unabhängigkeit hat, sondern wo ein jeder unter dem Zwang der Aufseher steht. Und jetzt im Zuchthaus, da ist wenigstens ein Aufseher zur Kontrolle, das ist ein achtbarer Beamter, über den man sich beschweren kann; aber wer werden dann die Aufseher sein in dem allgemeinen sozialistischen Zucht-

haus?... Das werden die erbarmungslosesten Tyrannen und die anderen Knechte der Tyrannen sein, wie sie je erfunden worden. Ich glaube, niemand wird in solchen Verhältnissen leben mögen, wenn er sich dieses Ideal ausmalt, was wir so durch die Ritzen zu erfahren kriegen – denn offen hat noch keiner der Herren ein positives Programm geben wollen.»

Niemand wird behaupten, der Kanzler habe da einfach tendenziös schwarzgemalt; es ist eine klare Voraussicht des totalitären Zwangsstaates, die ihn damals – und immer wieder – überkam.

Damit ist die Frage, was von Bismarck bleibt, teilweise beantwortet. Er war nicht nur ein grosser Sprachgestalter; unter den Staatsmännern – von Cäsar und allenfalls Churchill abgesehen – wohl der grösste überhaupt. Als genuinem Analytiker war es ihm gegeben, geschichtliche Augenblicke und Perspektiven gültig aufleuchten zu lassen, in jener konzentrierten Verdichtung, die zum Wesen des Dichterischen gehört. Sein Sprachkunstwerk hat sein politisches Werk überdauert. Man lese in «Erinnerung und Gedanke» und findet fast Seite für Seite jene eigentümliche Verbindung von juristischer Prägnanz, Humor und Fähigkeit zur Erfassung menschlicher Besonderheiten und Schwächen. Greifen wir ein ziemlich zufälliges Beispiel heraus, dem Kapitel «Besuch in Paris» entnommen, den Bismarck im Jahre 1855 – Weltausstellung, Krimkrieg – der französischen Hauptstadt abstattete, wo er mit Prinzgemahl Albert (wie Queen Victoria gleichfalls in Paris weilend) in Berührung kam.

«Der Prinz in seiner schwarzen Uniform, schön und kühl, sprach höflich mit mir, aber in seiner Haltung lag eine gewisse übelwollende Neugier, aus der ich annahm, dass ihm meine antiwestmächtliche Einwirkung auf den König nicht unbekannt war. Nach der ihm eigenen Sinnesweise suchte er die Beweggründe seines Verhaltens nicht da, wo sie lagen, nämlich in dem Interesse an der Unabhängigkeit meines Vaterlandes von fremden Einflüssen, welche in unserer kleinstädtischen Verehrung für England und Furcht vor Frankreich einen empfänglichen Boden fanden... In den Augen des Prinzen war ich, was ich natürlich nicht dem momentanen Eindruck bei meiner Vorstellung, sondern anderweitiger Sach- und Actenkunde entnahm, ein reaktionärer Parteimann, der sich auf die Seite Russlands stellte, um eine absolutistische und Junker-Politik zu fördern.»

Ob das nun zutrifft oder nicht, es liest sich suggestiv und bleibt als Charakterisierung des liberalen Fürsten mit aller unterschwelligen Negativfärbung haften. Ähnlich einprägsam die Schilderung eines Balles mit anschliessendem Souper im Schloss Versailles samt den organisatorischen Unzulänglichkeiten, trotz der Aufteilung der Gäste in Gruppen zwecks Erleichterung der Zirkulation und der Auswertung der Räume.

«Hier war den Soupirenden Nro. 1 für ihren Rückzug derselbe Weg angewiesen, wie den Hungrigen Nro. 2, deren stürmischer Anmarsch schon eine weniger höfische gesellschaftliche Gewöhnung verriet. Es kamen körperliche Zusammenstösse der gestickten und bebänderten Herren und reich eleganten

Damen vor, die in Handgreiflichkeiten und Verbalinjurien übergingen, wie sie bei uns im Schlosse unmöglich wären. Ich zog mich mit dem befriedigenden Eindruck zurück, dass trotz alles Glanzes des Kaiserlichen Hofes der Hofdienst, die Erziehung und die Manieren der Hofgesellschaft bei uns wie in Petersburg und Wien höher standen als in Paris…»

Das ist mehr als nur eine leicht nationalistisch zugespitzte Erzählpointe; der deutsche Leser – zumal der von 1898, als diese Erinnerungen erstmals erschienen – kam kaum darum herum, in dieser schmunzelnd registrierten Unordnung die Vorwegnahme des französischen Debakels von 1870 wahrzunehmen. Grossartig und von gesteigerter Bedeutsamkeit sodann das Kapitel «Rückblick auf die preussische Politik», das die Wirksamkeit als Ministerpräsident einleitet. Da gewinnt Episodisches wahrhaft historischen Rang – etwa jene Szene, da der resignierende König, im Konflikt mit dem Parlament und der öffentlichen Meinung seines Landes aufgerieben, für sich selber und den neuernannten Ministerpräsidenten ein schreckliches Ende voraussieht. Er denkt an Stafford und an Karl I., die beide als Opfer der Englischen Revolution hingerichtet wurden, auch an Ludwig XVI. Unvergesslich, wie Bismarck daraufhin den König am Portepee fasst, d. h. an den Offizier appelliert, für den die Gefahr und selbst das Risiko eines rühmlichen Todes nichts Furchterregendes bergen – denn Christen mit dem Glauben an eine Auferstehung sind sie ja beide. Deshalb kann der Premier getrost die Frage «Et après, Sire?» stellen und ist dabei erst noch des Urteils der Nachwelt sicher. Der entscheidende Vertrauensdurchbruch war damit geschaffen, der Monarch wusste nun, was er zu tun hatte. «Je länger ich in diesem Sinne sprach, desto mehr belebte sich der König und fühlte sich in die Rolle des für Königtum und Vaterland kämpfenden Offiziers hinein.»

Natürlich lassen sich an das entscheidende Gespräch, das ohne Zeugen in einem Eisenbahncoupé stattfand – auch abgesehen von der eher banalen Frage, ob es sich wirklich so zugetragen habe – allerhand Betrachtungen anfügen. War es von gutem, diese monarchisch-autoritäre Lösung in einem Moment zu erzwingen, da die allgemeinen Zeittendenzen selbst im franzjosephinischen Habsburgerreich und im Second Empire Napoleons III. so eindeutig auf den Liberalismus zuliefen? Wäre Preussen und damit Deutschland nicht der Umweg über «Blut und Eisen» erspart geblieben durch die mit Österreich gemeinsam an die Hand genommene Reform des Bundes, wie sie am Frankfurter Fürstenkongress angestrebt wurde, den Wilhelm I. unter Bismarcks Druck boykottierte? Bismarck somit als Verhinderer einer Konföderation, gegen die kaum eine Macht Europas interveniert hätte, schon gar nicht das innerlich geschwächte und isolierte Frankreich? Da diese Alternative verschüttet wurde, lässt sich die Frage der «richtigen» Entwirrung des deutschen Knotens nicht beantworten; gestellt zu werden verdient sie immerhin.

Anderseits kann niemand den Kanzler für das verantwortlich machen, was dann im 20. Jahrhundert mit dem Deutschen Reich geschah. Jeder Staat kann zerstört werden, wenn ihm die Kräfte des bewahrenden Masses abhanden kommen. Dass Reichsschöpfungen schon bald nach dem Tode ihrer Gründer zerfallen, ist auch nichts Unerhörtes. Es genügt, an das Alexanderreich und an die Imperien Karls des Grossen oder Napoleons zu erinnern. Doch gilt es zu differenzieren. Wohl überlebte das Grossreich Alexanders den Eroberer nicht, aber die weltgeschichtliche Wirkung der Hellenisierung des Ostens blieb bestehen. Ebenso überdauerte das mittelalterliche Kaisertum als Idee und als Realität seinen karolingischen Schöpfer um fast ein Jahrtausend. Frankreich behielt auch nach Napoleons Sturz die wesentlichen administrativen Elemente seines Staatsaufbaus bei, bis in unser Jahrhundert hinein. Von Bismarcks politischem Wirken ist dagegen fast nichts Greifbares mehr erhalten. Was noch fortlebt, ist die Erinnerung an seine geschichtliche Gestalt, an die Reichsgründung als einem Meisterwerk der politischen Balance, sind die mittlerweile längst weiterentwickelten Fundamente seiner Sozialpolitik (die früher oder später ohnehin gelegt worden wären) und – nicht zuletzt – das schriftstellerische Gedankenvermächtnis eines originalen Staatsmanns. Was dagegen fehlt, ist die Fähigkeit, wahrhaft wegweisend und gestaltend über die eigene Zeit hinauszuwirken.

Aspekte der Bismarckzeit im Spiegel der «Diplomatischen Dokumente der Schweiz»

Es gehört zum Wesen und zu den Reizen der «Diplomatischen Dokumente der Schweiz», dass sie den Auf- und Niedergang der Staaten wie auch den der grossen Staatsmänner des knappen Jahrhunderts zwischen 1848 und 1945 widerspiegeln. Zwar wäre es reichlich ideologisch anzunehmen, dass der Kleinstaat dazu ein besonders geeignetes Proszenium abgebe. Die Geschichte des letzten wie die unseres eigenen Jahrhunderts lehrt zur Genüge, dass Kleinstaaten ebenso sterblich sind wie Grossmächte, dass die so tröstliche Formel «moderata durant» leider keineswegs immer der geschichtlichen Realität entspricht. So sind nach 1848 alle italienischen Klein- und Mittelstaaten von der Bildfläche verschwunden; die deutschen zwar nur zum Teil, aber im wesentlichen sind sie doch ihrer politischen Selbständigkeit beraubt worden. Nach 1918 entstand wieder ein stattlicher Kranz ostmitteleuropäischer Mittel- oder Kleinstaaten, aber sie haben den Zweiten Weltkrieg entweder gar nicht überlebt – wie die baltischen Staaten – oder mit so stark beschränkter Souveränität, dass von wirklicher Selbständigkeit kaum noch die Rede sein kann. Spannt man den Bogen aber noch weiter, so muss man feststellen, dass die Schweiz einer von den ganz wenigen Kleinstaaten ist, die sich seit Beginn der Neuzeit wirklich ununterbrochen im geschichtlichen Daseinskampf behaupten konnten, dies ein wesentlicher und oft übersehener Aspekt, wenn man vom «Sonderfall Schweiz» spricht.

Damit aber zum engeren Thema unserer Betrachtung selbst. Streng genommen versteht man unter Bismarckzeit die 19 Jahre zwischen 1871 und der Entlassung im März 1890. Im weiteren Kontext kann man diese Zeitspanne auf ein rundes Vierteljahrhundert erstrecken, indem man das Jahr 1865 zum Ausgangspunkt nimmt, da Bismarck immer mehr zur zentralen Figur der europäischen Politik wurde und Napoleon III. in den Hintergrund zu drängen vermochte. Diese Ära gewinnt in den DDS besonderes Profil dank der Kontinuität der diplomatischen Berichterstattung, die 1867 mit der Errichtung einer schweizerischen Gesandtschaft in Berlin einsetzt und durch drei Gesandte von spezifischer Eigenart bestimmt ist. Zwei davon sind nach ihrer Gesandtenzeit Bundesräte geworden, nämlich der Glarner Landammann Joachim Heer und der Solothurner Oberst und Oberinstruktor der schweizerischen Artillerie Bernhard Hammer. Der dritte, der Appenzeller Landammann Arnold Roth, musste sein Land in den zunehmend schwierigeren Jahren des Sozialistengesetzes und des Wohlgemuth-Handels vertreten.

Am 17. Mai 1867 berichtete Heer von seiner Antrittsvisite bei Bismarck und hielt zunächst Äusserliches fest: «der Ausdruck seines Gesichtes, auf Abbildungen gewöhnlich streng und fast grimmig, ist in Wahrheit eher sanft, wie er denn auch im Sprechen einen durchaus sanften, liebenswürdigen, fast möchte ich sagen bescheidenen Ton anschlägt.» Aufs Politische übergehend hob Bismarck unter der Nachwirkung der Luxemburger Krise die im Grunde isolierte Stellung Frankreichs hervor, es werde keine Verbündeten finden. Abschliessend aber kam der Kanzler des Norddeutschen Bundes – seltsam genug – auf den Sonderbundskrieg zu reden: «1847 im September sei er durch Luzern gekommen, gerade als man dort und in Alpnach Schanzen aufgeworfen habe. Es schien mir, er verbinde mit diesen Reminiscenzen einen etwas spöttischen Rückblick auf die damalige schweiz. Armee und ergriff daher die Gelegenheit zu erklären, dass seither sehr vieles geschehen sei, dass die Armee von 1847 mit der heutigen in keiner Weise verglichen werden dürfe.»[1]

Dass Berlin als Orientierungspunkt schweizerischer Politik nach 1867 immer wichtiger wurde, hängt nicht nur mit dem zunehmenden Gewicht des Norddeutschen Bundes und dann des jungen Reiches in Europa zusammen, es ergab sich aus der Notwendigkeit der Straffung des eigenen Bundes zwischen 1870 und 1874 – ein Vorgang bundesstaatlicher Zentralisation, wie er eben nur in Deutschland eine verwertbare Entsprechung fand. Dazu kam, dass zumindest anfänglich noch keineswegs alle Hoffnungen auf Erweiterung des eigenen Territoriums begraben waren. Im Herbst 1870 riet Bernhard Hammer aus Berlin dringend, die schwierige Lage Frankreichs zu einer Besetzung Nord-Savoyens auszunutzen, und im Februar 1871 musste der Pariser Gesandte Kern gegen eigenen Willen und bessere Einsicht bei Bismarck in Versailles einer Gebietserweiterung der Schweiz in Richtung Mülhausen das Wort reden – natürlich ohne den geringsten Erfolg. Nach 1871 stabilisierten sich die Grenzen, und nun musste die Schweiz froh sein, nicht selber zum Objekt irredentistischer Wünsche von seiten Italiens zu werden. Dass aber im Zeitalter des Imperialismus und seiner charakteristischen Torschlusspanik auch hierzulande – wenn auch ganz vereinzelt – Wünsche laut wurden, bei kolonialen Unternehmungen in irgendeiner Form dabei zu sein, zeigt die Anfrage eines Nationalrates. Die von Numa Droz entworfene Antwort des Bundesrates lautete nun allerdings kategorisch: «Mit der Beteiligung an Kolonisationsunternehmungen würde der Bund eine Verantwortlichkeit übernehmen, der er unter Umständen absolut nicht gerecht werden könnte. Darüber sind alle Nationalökonomen einig, dass, um zu kolonisieren ein Staat ein Küstenland sein und also auch eine Flotte haben muss. Ohne eine solche wird eine Kolonie früher oder später sich dem Einfluss des Mutterlandes vollständig entziehen. Dass durch Anlegen von Kolonien der Handel und die Industrie des Mutterlandes belebt werden, hat sich fast immer als Illusion erwiesen; der Handel ist kosmopolitisch und kauft und verkauft, wo ihm das Absatz- resp. das Bezugsgebiet am günstigsten zu sein scheint und keineswegs aus patriotischen Motiven.»[2]

Das waren kleine Spritzer grosser weltgeschichtlicher Wellengänge. Wichtiger waren schon die Auseinandersetzungen, die sich im Zentrum Europas abspielten. In den früheren 1870er Jahren dominierte ganz eindeutig der Kulturkampf. Ich will mich da nicht wiederholen, sondern lediglich festhalten, dass dieser Konflikt, den manche Zeitgenossen als den Jahrhundertkonflikt betrachteten, die offizielle Schweiz und das Bismarckreich zeitweilig eng aneinander band. «Wir kämpfen auf dem nämlichen Boden und um die nämlichen Ziele», sagte Bismarck dem schweizerischen Gesandten, als er die Eidgenossenschaft zur Vertreibung Mermillods beglückwünschte. Daran knüpfte er ein perspektivenreich monologisierendes Gespräch mit der Vision des unaufhaltsamen Niedergangs des Katholizismus[3].

Aber der Kulturkampf, der doch die Bundesrevision von 1874 entscheidend voranbringen half, verlor schon in diesem Jahre an Kraft und verebbte in den folgenden vollends. Andere Probleme traten in den Vordergrund. Die grosse Depression mit dem von Deutschland eingeleiteten Übergang zum System der Schutzzölle griff auf Europa über und traf die ganz auf Exporte ausgerichtete schweizerische Wirtschaft besonders empfindlich. «un peu partout sur le Continent et même en Angleterre il faut compter avec les protectionnistes», sagte Gambetta einmal zum schweizerischen Gesandten Kern[4].

Die Schweiz konnte da nicht einfach nachziehen, durfte sich aber auch nicht ins Abseits drängen lassen. Die Jahre zwischen 1875 und 1890 sind die Zeit des mühsamen Aufbaus einer Aussenhandelspolitik des Bundes, des schwierigen Ringens um neue oder um die Erneuerung bestehender Handelsverträge. Es sind die Jahre der Eisenbahnkrise, die sogar die Vollendung der Gotthardlinie gefährdete. Wir können diese Aspekte hier nicht weiterverfolgen, müssen uns aber im klaren sein, dass sie einen wesentlichen Teil der Dokumentenmassen des neu erschienenen Bandes 3 der DDS ausmachen, ja ihn streckenweise bis zur Monotonie beherrschen. Wer sich in diese Details vertieft, sieht, wie zähe z. B. bei Handelsverträgen oft um jede Position gefeilscht wurde, er sieht auch den unaufhaltsam wachsenden Einfluss der Wirtschaftsverbände. Das ergab sich aus der Tatsache, dass das spärliche Bundespersonal den Problemen und technischen Anforderungen der neuen Aussenhandelspolitik schlicht nicht gewachsen war. Gerne wolle sich, heisst es in einem Schreiben an den Präsidenten des Schweizerischen Handels- und Industrievereins vom 12. September 1882, «der Bundesrat der vom Vorort d. Schweiz. Handels- und Industrievereins in so entgegenkommender Weise offrirten Mithülfe bedienen und lässt denselben daher freundlichst ersuchen, … sich gewissermassen als Centralstelle für die Reclamanten organisiren und dem Bundesrate die einzelnen Reklamationen … zur Weiterbeförderung an die betreffenden Schuzmächte übermitteln zu wollen.»[5]

Ohnehin stand es damals sehr bescheiden bestellt um die Vertretung der schweizerischen Interessen im Ausland. Fremde Gesandtschaften in Bern waren recht zahlreich, schweizerische dagegen gab es nur in den unmittelbaren Nachbarstaaten, also in Paris, Wien, Rom und Berlin, dazu kam 1882 Washington, und zwar in Erwägung des Auswanderungsdruckes und der rasch wachsenden handelspolitischen Interessen. Daneben und darunter gab es freilich schon ein recht dichtes Netz konsularischer Vertretungen, vollamtliche Generalkonsulate und Konsulate, nebenamtliche Vizekonsulate. Man kann also fast von einer Lastenverteilung sprechen. Bis ca. 1880 gab es Gesandtschaften insbesondere da, wo politische Beziehungen traditioneller Art im Spiele waren, während den Problemen der Handelspolitik und der Auswanderung vor allem die Konsulate dienten. Dann aber trat ein Wechsel ein, so dass auch die jüngeren Gesandtschaften – ausser Washington und London später auch Buenos Aires, Tokio und St. Petersburg – nicht zuletzt der wirtschaftlichen Interessen wegen eingerichtet wurden.

Blenden wir aber zurück auf die politische Konstellation der Bismarckzeit. Das Jahr 1875, da der Kulturkampf an Virulenz verlor, ist auch das erste Jahr einer erneuten, drohenden Kriegsgefahr gewesen, das der sog. Krieg-in-Sicht-Krise. Diese hat für viele schweizerische Zeitgenossen einen förmlichen Schock bedeutet und das bisschen Sekurität erschüttert, in der man sich aufgehoben wähnte. Wir müssen, um dies zu verstehen, uns die ganz andere Optik der Generationsgenossen jener Jahre zu eigen machen suchen. Sie hatten in den 15 Jahren zwischen 1855 und 1870 nicht weniger als fünf europäische Kriege erlebt, d. h. im durchschnittlichen Dreijahresrhythmus einen. Was lag nach solchen Erfahrungen näher als die Erwartung einer baldigen neuen Explosion. Jacob Burckhardts Diktum vom Herbst 1870 («… nun kommt der deutsch-russische Krieg in den Mittelgrund und dann allmählich in den Vordergrund des Bildes zu stehen») war wohl nur eine unter ähnlichen Befürchtungen. Die Hoffnung auf vier Friedensjahrzehnte für Mitteleuropa wäre damals wohl als Schönfärberei beiseitegelegt worden. Weit realistischer erschien es, sich auf einen baldigen Krieg gefasst zu machen, der die Schweiz möglicherweise keineswegs verschonen werde. Unter solchen Umständen ist es begreiflich, dass neben Bismarck ein anderer Gesprächspartner wachsende Bedeutung gewann, zumal er recht gerne mit sich reden liess und durch knappe, aber gewichtige Ratschläge auf die Schweiz einzuwirken suchte: Generalfeldmarschall Helmuth von Moltke. Mehrere Male figuriert der grosse Schweiger als Gesprächspartner in den DDS, und zwar immer in dem Sinne, dass die Schweiz gut tue, sich auf den Ernstfall vorzubereiten. Dass eine akute Bedrohung niemals von Deutschland, sondern nur von Frankreich ausgehen könne, bildet ein weiteres Leitmotiv dieser Ermahnung. Nehmen wir das Gespräch vom 5. Januar 1887, über welches der Gesandte Roth schon am folgenden Tage berichtete. Moltke liess sich darin folgendermassen verlauten: «Die Schweiz hat von uns im Falle eines Krieges nichts zu befürchten. Wir werden nie daran denken, die schweiz. Neutralität zu verletzen. Das wäre ja widersinnig. Dagegen könnte es allerdings den Franzosen eventuell einfallen, den Weg durch schweizerisches Gebiet zu nehmen, um in Süd-Deutschland einzufallen. Wenn die Schweiz aber gerüstet, wenn sie gewillt ist, fest für die Wahrung der Neutralität einzustehen und wenn man in Paris weiss, dass man bei einer derartigen Combination also vorerst mit dem Widerstand einer vorzüglich geschulten und ausgerüsteten Armee von 100 000 Mann zu rechnen haben würde, ehe man überhaupt an unsere Grenze gelangen könnte, so darf man doch als ziemlich sicher annehmen, dass die Schweiz auch von dort her nichts zu fürchten hat. Hierauf kann aber nur unter der Bedingung gezählt werden, dass man schweizerischerseits wirklich gerüstet ist und deutlich zu verstehen giebt, dass man fest entschlossen wäre, die Neutralität mit dem ganzen Aufwande der verfügbaren Kräfte zu vertheidigen. ... Übrigens setzen wir das nöthige Vertrauen in die Schweiz. Wir sind überzeugt, dass man sich dort rechtzeitig vorsieht und auch den festen Willen hat, die Neutralität unter allen Umständen zu wahren. Weniger zweifellos erscheint uns die eventuelle Haltung Belgien's. Wären wohl dort die Regierung und die Kammern geneigt und stark genug, sich bei einem Kriege zwischen Frankreich und Deutschland einem Durchmarsche der französischen Armee zu widersetzen? Es herrscht in Belgien eben immer ein gewisses Misstrauen gegen Deutschland, wegen dessen angeblicher Annexionsgelüste.»[6]

Nachdem der Balkan zweimal (1877/78 und nochmals 1885) als Blitzableiter europäischer Konflikte gedient hatte, eskalierte die Kriegsgefahr bekanntlich eben in jenem Frühjahr 1887. Während einiger Wochen sah es ganz nach einem antizipierten 1914 aus. Damals ist – interessanterweise von Frankreich – die Savoyerfrage nochmals ins Gespräch gezogen worden. Die Schweiz möge, so die von Paris kommende Anregung, eine Neutralisierung und vorübergehende Besetzung Nordsavoyens ins Auge fassen. Der Hintergrund dieser Pariser Demarche bestand offensichtlich in der Befürchtung, im Kriegsfall mit der Feindschaft des Dreibundpartners Italien rechnen zu müssen – dagegen wollte man der Schweiz einen Teil der Sicherung Savoyens überwälzen. Bern war zunächst überrascht, alsdann interessiert. Je erkennbarer aber dieses schweizerische Interesse wurde, desto mehr schwand dasjenige der Franzosen dahin, zumal auch die Kriegsgefahr an Dringlichkeit verlor. So verschanzte man sich am Quai d'Orsay hinter scheinbaren oder wirklichen Missverständnissen und liess die Angelegenheit zu seinen eigenen Gunsten auf sich beruhen.

1887 war das letzte Jahr einer realen Kriegsgefahr. Die wilhelminische Ära liess sich – zumindest in ihrem ersten Jahrzehnt friedlicher an als die zuendegehende Bismarckzeit. Ohnehin hatte sich die deutsch-schweizerische Harmonie der Kulturkampfzeit nicht aufrechterhalten lassen. Das Jahr des Sozialistengesetzes 1878 markierte eine Zäsur, indem die deutschen Sozialdemokraten ihre Aktivität nach der Schweiz verlegten und dadurch während der ganzen 1880er Jahre das Verhältnis des Gastlandes zum amtlichen Deutschland strapazierten. Jetzt wurde der Reichskanzler für die in Bern tätigen Schweizer Diplomaten wieder zunehmend unnahbar. Stattdessen bekamen sie es mit dem Sohn und Staatssekretär des Auswärtigen, dem Grafen Herbert von Bismarck zu tun, dessen nervöse Reizbarkeit manches politische Gespräch färbte und ägrierte. Immer ging es um den Vorwurf, dass die Schweiz der sozialistischen Agitation zu unbeteiligt zusehe und dadurch den Umsturz zumindest passiv fördere. Der Gesandte Roth, selber entschiedener Antisozialist, befand sich in der unkomfortablen Situation, einerseits diese Vorwürfe in Berlin entkräften und als haltlos hinstellen, andererseits doch in Bern auf mehr Kontrolle und Repression dringen zu müssen. Eine zusätzliche Bedrohlichkeit zeichnete sich durch das Bemühen von Bismarck Vater und Sohn ab, den Kampf gegen die Sozialdemokratie auch aussenpolitisch zu nutzen. Und zwar sollte das im Zeichen der Zwei- und Dreibundpolitik kritisch gewordene Verhältnis Berlins zu St. Petersburg durch eine konservativ-antirevolutionäre Interessenkoalition im Innern wieder gefestigt werden. Die Schweiz war ja nicht nur eine Basis deutscher Sozialdemokraten, sie gab auch eine Plattform für russisch-revolutionäre Aktivisten ab. Freilich funktionierte diese Dreierallianz Deutschland-Österreich-Russland nicht mehr so richtig; der russische Gesandte in Bern selbst stand – wie gelegentliche Hinweise erkennen lassen – den konservativen Bemühungen skeptisch gegenüber und suchte sie, wenn nicht zu hintertreiben, so doch leerlaufen zu lassen. Weitere Aufschlüsse dazu sind wohl erst zu erwarten, wenn einmal die Akten des Moskauer Zentralarchivs, das auch die Gesandtschaftsberichte aus Bern birgt, der Forschung zugänglich werden.

Der Bundesrat blieb fest. Politische Delinquenten – auch Attentäter auf Staatsoberhäupter – sollten nur dann ans Ausland ausgeliefert werden, wenn sie gemeine Verbrechen begangen hätten. Das wurde als Extremposition verstanden, und selbst der wohlgesinnte österreichische Aussenminister liess Bern wissen, dass diese Fixierung auf das absolute Asylrecht nicht mehr zeitgemäss sei. Dennoch: die konzertierte Aktion der Mächte gegen die schweizerische Asylpraxis fand nicht statt.

Kulmination und Scheitern dieser um und gegen die Schweiz gerichteten Bemühungen Bismarcks brachte bekanntlich der Wohlgemuth-Handel, auf den ich hier nicht weiter eingehen möchte, der aber die ganze Duplizität dieser Politik – antirevolutionär unter dem Anstrich der Komplizenschaft mit einzelnen als «agents provocateurs» eingesetzten Agitatoren – aufzeigte und dadurch die Schweiz in nicht geringere Verlegenheit brachte als das Deutsche Reich. Dass nach Bismarcks Sturz das Sozialistengesetz fiel, und damit eine entscheidende Wiederverbesserung der Beziehung zwischen Berlin und Bern möglich wurde, muss als wesentlicher und positiver Aspekt der Politik des sog. Neuen Kurses bewertet werden.

Das Thema dieser Betrachtung brachte es mit sich, dass Deutschland die Macht war und blieb, auf die es im Koordinatensystem der Schweiz jener Jahre vor allem ankam. Österreich-Ungarn war kaum mehr als ein uns zumeist wohlgesinnter Sekundant des Reiches; im übrigen kehrte die Donaumonarchie der Schweiz allein schon geopolitisch den Rücken zu. Das einzige gemeinsame Geschäft – ein über Jahrzehnte sich hinziehender Dauerbrenner und Aktenfüller – war die unpolitische Frage der Rheinkorrektur. Italien dagegen wurde seines unkontrollierbaren Irredentismus wegen als problematischer Nachbar eingestuft. Zudem gab es an der Südgrenze laufend Kleinkonflikte wegen des gewerbsmässigen Tabakschmuggels, der wiederum eine Folge der abnorm hohen Tabakbesteuerung in Italien war. Zu Frankreich war das Verhältnis ambivalent. Seine jähe Schwächung infolge des 70er Krieges erwies sich – glücklicherweise, muss man im Interesse des Gleichgewichts sagen – als vorübergehend. Es gab zwar einige Probleme mit geflüchteten Communards, aber die hielten nicht vor. Die Beziehungen zu Paris bzw. zu Versailles (dem vorübergehenden Sitz der Regierung) waren dank dem persönlichen Einfluss des Ministers Kern (dessen Bedeutung ja in der grossen Biographie Schoops herausgearbeitet ist) gut eingespielt.

Die Präsidentschaft Thiers und die Person seines Berner Vertreters Lanfrey flössten Vertrauen ein. Dann aber kam recht brüsk die Präsidentschaft MacMahons mit ihren klerikalen Sympathien und beargwöhnten Diplomaten, sowie gewissen Manifestationen zugunsten der katholischen Jurassier im Kulturkampf. Das gab Anlass zu Besorgnis und auch zu gelegentlicher Kooperation mit der deutschen Botschaft in Paris – denn selbst auf Symptome der Förderung des sog. Ultramontanismus durch das Ausland reagierte man in Bern empfindlich, im Bundesrat wie in der dortigen Kantonsregierung. Nun, diese Beziehungskrise konnte schon 1874 als überwunden gelten. Mit der grossen innenpolitischen Wende Frankreichs weg vom Konservatismus, die sich gegen Ende der 70er Jahre vollzog und mit der Konsolidierung der 3. Republik verlor sich vollends diese Variante der Bedrohung. Aber ein gewisser Grad militärischer Gefährdung von seiten Frankreichs wurde doch angenommen und schien sich durch die systematischen Befestigungen längs der Juragrenze zu bestätigen. Dringende und wiederholte Nachfragen in Paris erbrachten eine wenigstens teilweise Beruhigung: diese Fortifikationen, weit davon entfernt, die Schweiz zu gefährden, dienten vielmehr ihrer Sicherung, da sie allfällige deutsche Durchmarschabsichten erschwerten. Bei dieser Auskunft, der eine gewisse Logik nicht abzusprechen war, musste man es wohl oder übel bewenden lassen.

Jedenfalls war die Konstellation nunmehr gegeben, die bis zum Ausbruch des Ersten Weltkrieges das aussenpolitische Umfeld der Schweiz bestimmte. Für die meisten schweizerischen Zeitgenossen sah es um 1890 wohl so aus, dass der im allgemeinen verlässlichen Nachbarschaft Deutschlands und Österreich-Ungarns die etwas minder verlässliche Frankreichs und die unsichere Italiens gegenüberstand. Aufs Ganze gesehen wusste man sich nicht gerade in Sicherheit, aber doch – nach den überstandenen Krisen der Bismarckzeit – nicht mehr unmittelbar gefährdet. Das imperialistische Zeitalter mit seinen neuen Horizonten und seinen wettlaufähnlichen Ansätzen zur Weltpolitik, was uns im Rückblick als die grosse Gefahr für den Frieden erscheint, trug eben doch auch dazu bei, die europäische Mitte und damit die Schweiz zu entlasten – wenigstens für die nächste Zukunft.

Anmerkungen

1 *Diplomatische Dokumente der Schweiz*, Bd. 2, Nr. 92, 17. 5. 1867
2 *DDS 3*, Nr. 290, 26. 5. 1885.
3 *Ibid.*, Nr. 2, 23. 2. 1873.
4 *Ibid.*, Nr. 204, 26. 11. 1881.
5 *Ibid.*, Nr. 220, 12. 9. 1882.
6 *Ibid.*, Nr. 308, 6. 1. 1887.

Herbert von Bismarck

Das geschichtliche Bild der späten Bismarck-Zeit ist im letzten Jahrzehnt durch die Veröffentlichungen aus dem Holstein-Nachlass bereichert, nuanciert, aber auch gefärbt und sogar entstellt worden. Der Geheime Rat war ein Beobachter wie kaum ein anderer, ein Schilderer von beinahe Fontaneschen Gaben, ein scharfer Erfasser menschlicher Schwächen inmitten einer glanzvollen Umwelt: es kam ihm entscheidend zugute, dass er den Machtaufstieg des Neuen Reiches gleichsam von innen her, als Mitarbeiter im Auswärtigen Amt, erleben konnte. Insofern bildeten seine Aufzeichnungen ja auch eine wertvolle Ergänzung der in der «Grossen Politik» und der Friedrichsruher Gesamtausgabe gebotenen Bestände. Das letzte Wort zum Kapitel Bismarck konnten und können sie freilich nicht sein.

So ist es allein schon der Ergänzung des menschlich-politischen Bildes wegen unschätzbar, dass wir nun auch mit den Aussagen des Grafen Herbert von Bismarck vertraut gemacht werden. *Walter Bussmann* hat aus den Briefen des Friedrichsruher Archivs eine Auswahl getroffen und unter Mitwirkung von Klaus-Peter Hoepke herausgegeben; seine schöne Einleitung hilft uns die Gestalt des ältesten Kanzlersohnes in ihrer menschlichen Kompliziertheit, Begabung und Einsamkeit näherzubringen.* Worin beruht eigentlich die Bedeutung Herberts von Bismarck? Schon Wolfgang Windelband hatte geurteilt: «Kein anderer ist, soweit Bismarck überhaupt sich und sein eigentliches Wollen jemandem offenbarte, in solchem Masse in seine geheimsten Gedankengänge und Absichten eingeweiht gewesen, keiner konnte deshalb geeigneter sein, gerade an entscheidenden Wendepunkten der auswärtigen Beziehungen als ausführendes Organ zu dienen, als sein ältester Sohn.»

Herbert von Bismarck wurde am 28. Dezember 1849 in Berlin geboren. Nachdem er während einiger Semester Jurisprudenz studiert hatte (in Berlin und Bonn), wandte er sich der militärischen Karriere zu. Als Fähnrich beim 1. Garde-Dragoner-Regiment nahm er an der Schlacht von Mars-la-Tour teil und wurde verwundet. Das war ein Höhepunkt kriegerischen Miterlebens, dem keine weiteren folgten. So quittierte Herbert schliesslich den militärischen Dienst, dessen Eintönigkeit ihm zu wenig bedeutete, und schlug 1874 die diplomatische Laufbahn ein. Zuerst auf kleineren Missionen in Deutschland, vor allem aber als Privatsekretär seines Vaters. Der Aufstieg in die eigentliche grosse Politik setzte 1881 ein, als der Kanzlersohn als Botschaftsrat nach London ging. Hier nahm er kraft seines Herkommens, obwohl er dem eigentlichen Botschafter formell unterstellt blieb, eine gesellschaftlich ganz exzeptionelle Stellung ein: der Lebensstil der englischen Aristokratie war für ihn fortan das Mass, an das keine der europäischen Gesellschaftsformen ihm heranzureichen schien. Von England hat er stets mit einer Art von Heimweh gesprochen, und die englische Sprache blieb ihm wie keine des Auslandes vertraut. 1884 ging er – wiederum als Botschaftsrat – nach Sankt Petersburg, 1885 wurde er (nach einem ganz kurzen Gesandtenintermezzo im Haag) Unterstaatssekretär, 1886 Staatssekretär des Auswärtigen Amtes und damit nach Bismarck der höchste verantwortliche Leiter der Aussenpolitik.

Dass in diesem vielbesprochenen und vielbeneideten Aufstieg auch etwas wie Verzicht auf die Entfaltung der eigenen Persönlichkeit enthalten war, steht ausser Zweifel: «Die Abhängigkeit des Sohnes von den Gedankengängen und Intentionen des Kanzlers ist selbstverständlich», bemerkt Bussmann und fügt hinzu: «Wenn man die langsam errungene und gelegentlich immer wieder in Frage gestellte Einheitlichkeit des auswärtigen Dienstes unter Bismarck bedenkt, wirkt es geradezu verblüffend, ausgerechnet von dem Sohne eine andere Haltung als die zu erwarten, welche die Einheitlichkeit erst recht wirkungsvoll machte.» Dass Herbert von Bismarck trotzdem eine Individualität von eigener Prägung und Aufnahmebereitschaft war, zeigt der ebenso persönliche wie sensitive Duktus seines Briefstils. Vielleicht hängt auch die eigentümliche Schroffheit des Charakters, die Herbert von Bismarck so vielen Mitmenschen schwierig machte, mit der Besonderheit und Prädominanz des Vater-Sohn-Verhältnisses zusammen.

Der Titel des Briefbandes «Politische Privatkorrespondenz» scheint eine «contradictio in adiecto» zu enthalten. Und doch entspricht er genau dem Charakter dieser Aufzeichnungen. Es handelt sich um Briefe von und an Herbert von Bismarck, die meist mehr oder weniger privaten Charakter tragen und doch politischen oder selbst hochpolitischen Inhalts sind. Das gilt natürlich vor allem von den an den Reichskanzler gerichteten Schreiben, es gilt aber auch von den an den Bruder Wilhelm (Bill) oder an den Schwager Kuno Graf zu Rantzau adressierten Schriftstücken, die sehr oft indirekt doch wieder den Vater als Empfänger anvisieren. Und bei vielen für Herbert von Bismarck bestimmten Briefen spürt man wiederum, dass deren Verfasser über den Sohn auch den Vater zu informieren, ihn in einem für sie günstigen Sinne zu beeinflussen suchten. So hat der junge und ehrgeizig emporstrebende Bernhard von Bülow als Botschaftsrat in St. Petersburg an Herbert von Bismarck farbige Diplomatenbriefe geschrieben, die in mancher Hinsicht geradezu als Korrektur der Berichterstattung seines Chefs erscheinen und sicherlich vom Bedürfnis mitbestimmt waren, sich dem Staatssekretär und dem Reichskanzler als diplomatische Kraft in Präsenz zu erweisen.

Die Briefe setzen mit dem Jahre 1872 ein. Den Anfang macht Friedrich von Holstein, der sich als Mentor des angehenden Diplomaten gibt und ihm im Unterschied zu anderen Briefschreibern auch nie schmeichelt. «Es wird die Zeit kommen, lieber Herbert, und vielleicht ziemlich bald, wo Sie persönlich etwas werden leisten müssen, um den Unterschied gegen Ihre jetzige exzeptionelle Stellung nicht gewahr zu werden.» Und als der Reichskanzler 1875 vorübergehend ans Abschiednehmen dachte: «Wird Ihr Vater, der das Deutsche Reich geschaffen hat, nicht mehr Ärger als jetzt haben, wenn er nachher machtlos zusieht, wie andere Dummheiten machen? Wird er sich plötzlich zu vollständiger Gleichgültigkeit bringen können?... Er ist aus dem Rahmen der Minister heraus-, in den der Souveräne hineingestiegen. Ein Souverän dankt nicht ab, er tritt nur einen Teil der Regierungslast ab, wenn er älter wird.»

In der Berichterstattung Herberts lässt sich frühzeitig eine charakteristisch kühle Illusionslosigkeit wahrnehmen. Aus Wien, wo er sehr höflich aufgenommen wird («natürlich in sehr verschiedener Abstufung, je nachdem wir ihnen sympathisch sind oder nicht: über Mangel an Formen kann man sich aber auch bei denen nicht beklagen, die innerlich keine andern Gefühle als Hass und Feindschaft für uns haben»), schreibt er am 8. März 1877: «Bummeln, Theater, Billard und Kartenspiel – darauf beschränkt sich die Tätigkeit und die Unterhaltungsfähigkeit des jungen Österreichs! Die Deutsch-Österreicher (Mittelstand und allenfalls kleiner Adel) sind immer in Sorge, dass sie einmal von Ungarn oder Slawen ganz regiert werden, und stehen deshalb den Majoritäts-Grafen und Fürsten, die eigentlich alle ultramontan sind, feindlich gegenüber.» Bei aller Bewunderung englischer Lebensart herrscht der Ton überblickender Herablassung auch in den Berichten aus London vor, wenigstens im Politischen. Allerdings war das zweite Kabinett Gladstones, das während Herberts Aufenthalt an der Macht war, im Hause Bismarck zum vornehrein nicht gut angeschrieben. Zu Gladstone selbst scheinen sich auch kaum Kontakte ergeben zu haben. Über den Aussenminister Granville äussert sich dagegen Herbert mit einiger Hochachtung: «ein Mann von vollendeten Formen und vornehmen Manieren, wie man sie bei der jüngeren Generation wohl nur noch selten antrifft». Allerdings überträgt sich dieses positive Werturteil nicht auf die staatsmännische Begabung des Geschilderten. Mit einigem Grund. Was sollte der Bismarck-Sohn von einem Aussenpolitiker halten, der folgendermassen zu ihm sprach: «Ich weiss augenblicklich wirklich nicht, was für England im Hinblick auf Ägypten die richtigste Politik sein würde, und wäre sehr dankbar, wenn Sie Ihren Vater gesprächsweise (in your conversations) fragen wollten, ob er uns nicht einen Wink geben wolle (if he would not give me any hint), wie wir in dieser Sache am besten verfahren würden. Wir wünschen nichts sehnlicher, als uns einer deutschen Führung in der ägyptischen Frage anzuschliessen, and would support anything, was Ihr Vater uns vorschlagen würde.» Das unbedingte Vertrauen in die Loyalität Bismarckscher Staatskunst, das aus dieser treuherzigen Äusserung zu uns spricht, hat doch – aufs Ganze gesehen – bei Herbert von Bismarck eher zwiespältige Gefühle hinterlassen.

«Ein Unglück ist nur, dass England solch nonvaleur im europäischen Spiel ist», klagt er als Staatssekretär im Jahre 1887. «Hätte Gladstone das Land nicht ruiniert und würde es jetzt auch nur einen halbwertigen Pitt erzeugen können, so stände unser Spiel noch viel besser als so. Der fluchwürdige Parlamentarismus hat das alte England aber ganz entmannt, and nothing can save it but a great war. Wäre ich englischer Staatsmann, so würde ich meine Kunst darauf richten, mich von Frankreich oder Russland angreifen zu lassen. Das würde die in England noch vorhandene, aber eingeschlafene Kraft noch einmal erwecken.»

In solchen Urteilen werden doch auch die Grenzen sichtbar, die der Beobachtungsgabe Herberts von Bismarck gesteckt sind – er ist eben abhängig von Kriterien der Meinungsbildung, wie sie in seinem Umkreis gelten. Vermutungen über «Gladstones rücksichtsloses Streben nach unumschränkter Diktatur», wie sie in Torygesellschaften herumgeboten wurden, nimmt er durchaus ernst, wie überhaupt das «on dit» fashionabler Cercles für ihn nie ohne Interesse ist. Dafür vermisst man in seiner englischen Berichterstattung fast jeden Hinweis auf die soziale Frage. Während Herbert von Bismarck in London weilte, starb hier Karl Marx. Mit keinem Wort hat der Botschaftsrat dieses Ereignis erwähnt. Innen- und sozialpolitische Entwicklungen interessieren den Kanzlersohn begreiflicherweise fast nur im Hinblick auf die Aussenpolitik. Für sie bietet der vorliegende Band, vor allem was die 1880 er Jahre betrifft, eine Fülle neuer Details. So über den Ausbau und die Erhaltung des Bismarckschen Bündnissystems, die Battenbergerfrage, die es gefährdet, schliesslich den Rückversicherungsvertrag. Herbert von Bismarck, kein Russenfreund, gehörte offensichtlich nicht zu den eigentlichen Förderern oder gar Initianten dieses Paktes. Er äussert sich darüber eher distanziert und nennt ihn im Endergebnis «ziemlich anodyn»; im ganzen befürwortet er Russland gegenüber eine entschiedenere, schroffere Haltung, als der Kanzler sie einnahm.

In diesem Zusammenhang stellt sich die Frage, die den Historiker von jeher beschäftigte: ob Herbert von Bismarck wohl *der* geeignete Nachfolger seines Vaters gewesen wäre? Man kann auf Grund des hier vorliegenden Materials keine wirklich eindeutige Antwort finden. Gewiss, er war ein treuer und sehr sachkundiger Erspürer und Vollstrecker Bismarckschen

Willens, solange er diesen fühlte und erkannte. Wenn er aber einmal spontan urteilt, so werden doch Veränderungen in der Tonart vernehmlich, die aufhorchen lassen. Ein Beispiel: In Briefen aus St. Petersburg vom Februar/ März 1884 ist vom Thema «Pression auf die Schweiz» die Rede – nämlich des Asyls wegen, das dieses Land russischen Emigranten gewährte. «Dabei möchte ich, übrigens in Parenthese, meine Meinung dahin aussprechen», schreibt Herbert seinem Schwager Rantzau, «dass eine militärische Aktion gegen die Schweiz, wenn es jemals zu einer solchen käme, mit ihrer Aufteilung zwischen den benachbarten Monarchien, besonders Österreich und Italien, enden müsste. Dann bleibt nichts mehr, was in Frankreichs Arme getrieben werden kann, denn die französischen Kantone bleiben im Notfall noch lieber allein Republik.» Wozu dann der Reichskanzler allerdings bemerkte, «das wären so gefährliche Gedanken, dass man sie eigentlich nur mündlich von sich geben sollte; zu einer militärischen Aktion wird es ja aber sicherlich nicht kommen, das war nur so eine façon de parler». Auch findet man bei Herbert von Bismarck gelegentlich Verallgemeinerungen, wie sie eher der «wilhelminischen» als der «bismarckischen» Formulierungsweise eigen sind, beispielsweise: «Die Slawen muss man mitunter schlecht behandeln: nichts ist bei ihnen verkehrter als Nachlaufen.»

Nun darf man freilich bei alledem nicht vergessen, dass die Lebensentwicklung des Grafen Herbert von Bismarck keine freie und ungebrochene war. Sein Wunsch, die geschiedene Fürstin von Carolath-Beuthen zu heiraten, scheiterte 1881 am entschiedenen Widerspruch seines Vaters. Für Herbert stellte das einen eigentlichen Schicksalsschlag dar: er hinterlässt zwar in den hier vorgelegten Dokumenten keine direkte Spur; aber eine Stimmung der Resignation, ja des eigentlichen Überdrusses bricht doch immer wieder hervor. «Jetzt gähnt mich die Berliner Gesellschaft wieder in ihrer ganzen Hohlheit an, und ich bedaure die Einladungen, die ich annehmen muss.» Oder: «Wollen sehen, wie lange die Sache geht – da ich mich doch für nichts mehr, was mich selbst betrifft, begeistern kann, ist es ja für mich ganz gleichgültig, wie es wird.» Wohl denkt er hin und wieder ans Heiraten («wenn ich auch keine blasse Ahnung habe, wen»), und so hat er sich tatsächlich 1892 doch noch zu einem Ehebund entschlossen – zwei Jahre nachdem er zusammen mit seinem Vater aus allen seinen politischen Ämtern geschieden war. Ihm wurde das Los eines Epigonen zuteil, ob er wollte oder nicht: nur um sechs Jahre hat er seinen Vater überlebt. Das schöne Lenbach-Bildnis, das dem Band beigegeben ist, zeigt seinen Kopf im Halbprofil, die leuchtenden Augen blicken am Betrachter vorbei. Haltung und Züge sind durchaus herrenhaft, nur um den Mund nimmt man einen bitteren Zug wahr.

Wir verdanken der Edition Bussmanns viel an Kenntnissen über den Menschen und über die Politik seiner Zeit. Noch ist allerdings nicht alles bekannt, was ein abschliessendes Urteil gestattete. Der Herausgeber weist auf die Tagebücher und auf die Erinnerungen Herberts von Bismarck hin, die unveröffentlicht geblieben sind. Vielleicht wird eine künftige Historikergeneration auch diese Dokumente, deren Inhalt eben noch nicht ganz «Geschichte» geworden ist, publiziert finden. Aber auch dann wird die «Politische Korrespondenz» die wohl gültigste, weil am meisten authentische Voraussetzung einer Bewertung des Diplomaten Herbert von Bismarck darstellen.

* Staatssekretär Graf Herbert von Bismarck. Aus seiner politischen Privatkorrespondenz. Hg. und eingeleitet von Walter Bussmann unter Mitwirkung von Klaus-Peter Hoepke. (Deutsche Geschichtsquellen des 19. und 20. Jahrhunderts. Hg. von der Historischen Kommission bei der bayerischen Akademie der Wissenschaften. Bd. 44). Göttingen 1964.

Rathenau und Harden in ihren Briefen

Die zwei Repräsentanten der Wilhelminischen Ära, der Grossunternehmer Walther Rathenau und der Publizist Maximilian Harden, von der Forschung unter vielfältigen Aspekten erspürt, sind auch menschlich in recht engen Beziehungen zueinander gestanden. Noch vor der Jahrhundertwende beginnt ein Briefwechsel, der sich zu fast intimer Vertraulichkeit steigert, ohne doch die Schranken des «Sie» zu überschreiten; dann kommt es 1912 zum Bruch, in der Euphorie des Kriegsausbruchs zur Wiederbelebung des Gesprächs, aber die zwanglose Freundschaft von früher ist dahin. Sehr Wesentliches enthalten die Briefe bis auf einige Stücke zwar nicht, aber von zeitgeschichtlichem Reiz sind sie gleichwohl. Im Rahmen der langsam vorankommenden Rathenau-Gesamtausgabe hat sie Hans Dieter Heilige herausgegeben und mit einer lesenswerten, fast 300 seitigen Einleitung («Rathenau und Harden in der Gesellschaft des Deutschen Kaiserreichs») versehen.*

Was die beiden Persönlichkeiten aneinander band, war primär das Judentum ihres Herkommens und paradoxerweise der daraus erwachsene latente bis aggressive Antisemitismus, den der Herausgeber unter Anknüpfung an eine Formel Theodor Lessings wohl zutreffend als «jüdischen Selbsthass» diagnostiziert. Maximilian Harden-Witkowski liess in seiner für die politische Willensorientierung so wichtigen Zeitschrift «Die Zukunft» (neben Karl Kraus' «Fackel» wohl die bedeutendste der Ära überhaupt) 1897 pseudonym Rathenaus Aufsatz «Höre, Israel» erscheinen, diese polemische Absage an das nicht assimilierte und nicht assimilierungswillige Judentum. Die Publikation bildete auch den Auftakt zum brieflichen Dialog. In der Dreyfus-Affäre waren konsequenterweise beide Anti-Dreyfusianer, Harden noch etwas militanter als Rathenau. Für den Redaktor der «Zukunft», der sich vom anfänglichen Bismarck-Kritiker zum Bismarck-Bewunderer gewandelt hatte, blieb der eiserne Kanzler eine politische Vaterfigur von fast Strindbergscher Dämonie. In seinem Arbeitszimmer war ein Lenbach-Porträt so aufgehängt, dass der Besucher mit dem seinen stets auch Bismarcks Antlitz vor Augen hatte.

Von seiner Bismarck-Bewunderung her fühlte sich Harden zum Kritiker seiner Zeit berufen, der er Schwäche und Verweichlichung vorwarf und deren Repräsentanten er zutiefst misstraute – daher auch die von ihm so zielbewusst eingeleitete Eskalation seiner Artikel gegen die Kamarilla bis hin zum Eulenburg-Prozess. Gegen «harte» Wilhelminer hatte er nichts einzuwenden. Den Ausrottungskrieg in Südwestafrika fand er ganz in Ordnung, und an der deutschen Marokkopolitik beanstandete er vor allem ihre mangelnde Entschiedenheit. Weil man seit fünfzig Jahren «alles Nützliche, Notwendige, Starke, Schöpferische befehdet und verschrien», sei man nun da angelangt, meinte er nach dem grossen Erfolg der Sozialdemokraten in den Reichstagswahlen von 1912.

Auch in der Kunst hielten sich Harden und vor allem Rathenau lieber ans Bewährte und Heimische – also besser Gustav Frenssen, Paul Ernst und Hermann Stehr als Thomas Mann oder Rilke. Gorkis «Nachtasyl» findet Rathenau «höchst merkwürdig», voller «Arrangement» und «Reporterphantastik». Und an anderer Stelle zieht er eine Parallele zwischen der Adelskultur des späten 18. Jahrhunderts, welche «die Brücke zum Volk» abgebrochen habe, und dem Fin de siècle der eigenen Gegenwart.

Nur die Bekämpfung alles «Undeutschen» durch Henry Thode im sogenannten Kunststreit von 1905 ging den beiden doch etwas zu weit. Schliesslich war Rathenau auch Maler und hatte in seiner Jugend, da sein allmächtiger Vater den jüngeren, früh verstorbenen Sohn Erich bevorzugte und Walthers Aufstieg in die Führungsstellung der AEG so lange als möglich blockierte, sehr ernsthaft daran gedacht, sich ganz der Kunst zuzuwenden. Konservativer Ästhetizismus war denn auch im Spiel, als der Unternehmer 1909 das königliche Schloss Freienwalde, den Landsitz der Gemahlin Friedrich Wilhelms II., erwarb (von dessen Existenz der bisherige Besitzer, Kaiser Wilhelm II., erst anlässlich dieser Veräusserung erfuhr) und geschmackvoll neuklassizistisch herrichtete.

Rathenau als schriftstellernder Philosoph der «Mechanisierung» und Industrialisierung mit darwinistisch-rassistischen Untertönen – Sieg des Starken über das Schwache usw. – profiliert sich mitsamt seiner Ideologie auch im vorliegenden Briefwechsel. Für beide schien der Sozialismus mit seiner auf das Wohlergehen der Massen hin orientierten Weltanschauung überholt zu sein, bei allen gelegentlichen Wahlerfolgen. Mit seiner Theorie konnten sie vollends nichts anfangen. «Das starke Hirn Marxens interessiert mich immer wieder», heisst es zwar einmal in einem Brief Hardens, aber gemeint ist nicht etwa Karl, sondern ein Grossunternehmer namens Salomon Marx. Überhaupt ist die Bewunderung alles Reichen und Erfolgreichen durch Harden ein stehender Zug, ja ein manchmal fast peinlich penetrantes Leitmotiv seines Wertens und Denkens, das ihn so richtig als sozialen Aufsteiger und Emporstreber enthüllt. Die Beziehungen zu Rathenau, dem «Moordskerl» (wie er ihn gelegentlich anspricht), gewinnen für ihn nicht zuletzt durch diese Charakterschwäche ihren Wert, obwohl anderseits feststeht, dass Harden den Schriftsteller Rathenau doch erst entdeckte. Aber die wirtschaftlichen Tips des Unternehmers waren gleichwohl nicht zu verachten. «Glauben Sie, dass ich General Electric noch halten soll?» fragt ihn Harden. «Und schlesische Litara B? und Elektrobank? Von dieser noch zukaufen?» Bei allem Antisemitismus und Darüberstehen (über den einfacheren Juden natürlich) fehlt es also nicht ganz an Zügen, die der kleine Mann von damals als rassenspezifisch empfunden hätte.

Dem Judenhass der Zeit und vor allem der Nachkriegszeit fielen schliesslich beide zum Opfer. Rathenau ganz direkt, durch das scheussliche Attentat von 1922. Harden entkam zwar im gleichen Jahr einem ähnlichen Anschlag mit Verletzungen. Aber er war fortan ein gebrochener Mann. Als solchen hat ihn Jakob Wassermann in seinem letzten Roman, «Josef Kerkhovens dritte Existenz», der Nachwelt überliefert.

Gestorben ist Harden am 30. Oktober 1927 in Montana. «Mässig besetztes Haus», notierte Harry Graf Kessler über die im Deutschen Theater Berlin abgehaltene Trauerfeier. «Von den Reden war bemerkenswert nur die von Emil Ludwig, der in einer hohen Fistelstimme geistreiche Aperçus gab, die sich darum drehten, dass Harden Einsamkeit nötig gehabt habe, aber trotzdem politisch führen wollte, was ihn in einen unlösbaren, tragischen Widerspruch verwickelt habe.»

Die Schweiz kommt übrigens im Briefwechsel kaum vor. Missmutig lässt sich Rathenau einmal aus Lugano (Briefkopfadresse: Le Grand Hôtel & Lugano Palace) vernehmen: «Es liegt eine Trübsal über diesem Ort und seinen gelangweilten Pensionären, die mich opprimiert. Schwindsucht und enttäuschte Hochzeitspaare. Billige Engländer und naturwollene Zwikkauerinnen.» So fährt der grosse Herr denn auch gleich nach Venedig (Briefkopfadresse: Hôtel Royal Danieli) weiter. «Konrad Falke soll besonders gut behandelt werden», schreibt Harden ein andermal, denn Rathenau hatte ihm diesen Schweizer Schriftsteller, der mit bürgerlichem Namen Karl Frey hiess, als «Sohn meines Elektrobankkollegen und Kreditanstaltsdirektors» besonders ans Herz gelegt. Wieso aber Robert Faesi in einer Anmerkung unter die «Schriftsteller aus jüdischen Unternehmer-, Bankiers- oder Kaufmannsfamilien» (S. 230) gerechnet wird, ist unerfindlich. Faesi selbst, der literarische Grandseigneur aus altzürcherischem Geschlecht, hätte – so wie wir uns seiner entsinnen – diesen kleinen kommentatorischen Lapsus wohl eher mit Amüsement denn mit Verärgerung registriert.

* Walther Rathenau. Maximilian Harden. Briefwechsel 1897–1920. Mit einer einleitenden Studie hg. von Hans Dieter Heilige. (Walther Rathenau, Gesamtausgabe, Bd. VI) München/Heidelberg 1983. 1077 S.

Die «Deutsche Frage» in der deutschschweizerischen Geschichtswissenschaft nach 1945

Als der Zweite Weltkrieg entbrannte, beendete er eine Ära, in welcher deutsche und deutschschweizerische Historiker seit rund einem Jahrhundert in regem geistigen Austausch standen. Die meisten Lehrstuhlinhaber in Basel, Zürich, Bern oder Fribourg hatten – sofern sie nicht Deutsche waren – in Deutschland oder doch bei deutschen Lehrern studiert, angefangen beim jungen Jacob Burckhardt. Zwar minderte stets das Bewusstsein einer gewissen Distanz oder der politischen Verschiedenheit dasjenige der Übereinstimmung. Aber noch im Ersten Weltkrieg waren die Sympathien vieler dieser Universitätslehrer pro-deutsch bis zur Einseitigkeit gewesen. In den Jahren nach 1933 dagegen verlor diese Zuneigung immer mehr an Grund. Statt dessen traten Abwehrreflexe hervor, im Zeichen und unter den Impulsen der «Geistigen Landesverteidigung». Sie nahmen teilweise extreme Formen an – so etwa, wenn der Zürcher Mediävist Karl Meyer in seinen Publikationen der Kriegsjahre über die Anfänge der schweizerischen Eidgenossenschaft den «Freiheitskampf der eidgenössischen Bundesgründer» gegen das werdende habsburgische Grossreich um 1300 in Parallele setzte zum Abwehrwillen der Schweiz von 1940 gegenüber dem Dritten Reich, dies zuletzt in scharfer Konfrontation mit dem damaligen MGH-Präsidenten Theodor Mayer[1]. Der grosse Zusammenbruch von 1945 brachte Erleichterung und auch eine gewisse Ratlosigkeit. Erleichterung, weil man sich – anders als 1918 – mit den westlichen Siegermächten in ideologischer Übereinstimmung wusste und ihnen dafür dankbar war und blieb, dass sie die Schweiz vor den Gefahren hitlerischer wie stalinistischer Diktatur bewahrten. Dankbar auch dafür, dass die Eidgenossenschaft erstmals wieder seit langem nicht mehr direkt dem Kräftefeld rivalisierender Grossmächte ausgesetzt war. Aber auch eine gewisse Ratlosigkeit. Was sollte aus dem Deutschland werden, in dessen geistiger Nachbarschaft sich die eigene Identität eben doch entwickelt hatte? Gab es überhaupt irgendwelche Richtlinien? Das waren Fragen, denen sich die damalige Professorengeneration – durchweg um die Jahrhundertwende geboren – stellen musste. Da ich selber in jenem Herbst 1945 zu studieren anfing, mag ich mich der damaligen Situation recht gut entsinnen. Man darf, ohne grob zu vereinfachen, zwei Formen der Ausrichtung unterscheiden. Die eine predigte eine Rückkehr Deutschlands zur Demokratie, was man als eine Anknüpfung an die nach den freiheitlichen Aufbrüchen von

1848 und 1918/19 wieder verschütteten Traditionen der Selbstverwaltung und sogar der Gemeindefreiheit umschreiben kann. Adolf Gasser (1903–1985), Schüler Karl Meyers, als Privatdozent in Basel keiner der grossen Lehrstuhlinhaber, aber als Kolumnist der «National-Zeitung» und Verfasser eines Buches «Gemeindefreiheit als Rettung Europas» (Aarau 1943) von nicht zu unterschätzender publizistischer Wirkung, vertrat solche Thesen[2]. Differenzierter und ohne Gassers doktrinären Anflug wirkten aber auch die Basler Historiker Werner Kaegi (1901–1979) und Edgar Bonjour (geb. 1898) – beide Schüler deutscher Universitäten – in dieser Richtung. Kaegi schrieb damals an seiner grossangelegten Biographie Jacob Burckhardts, deren eine erkennbare Tendenz darin bestand, sichtbar zu machen, dass der Basler erst in der Emanzipation von seinen deutschen Lehrern und Studienfreunden wirklich zu sich selber und zum Geiste seiner Vaterstadt zurückfand – ein Gedanke, den er erstmals in seinem 1943 erschienenen Essay betitelt «Geschichtswissenschaft und Staat in der Zeit Rankes» (Schweizer Beiträge zur allgemeinen Geschichte, Bd. 1, 1943, S. 168–205) umriss. Edgar Bonjour wiederum legte in seiner 1946 erstmals erschienenen (später fundamental erweiterten) «Geschichte der schweizerischen Neutralität» dar, dass die Bedrohung dieser Neutralität in den letzten Jahrzehnten vor allem von Deutschland ausgegangen war. Schon der Titel war für jeden, der sich in schweizerischer Historiographie auskannte, ein Programm: 1895 war Paul Schweizers gleichbetiteltes Werk erschienen, als Reaktion auf die Herausforderung und – wie es damals schien – Gefährdung dieser Neutralität durch Bismarck im Zeichen des Wohlgemuthhandels. Bonjour hat diese Thematik in seiner Basler Rektoratsrede von 1946 «Europäisches Gleichgewicht und schweizerische Neutralität» konzentriert und variiert. Anders als Frankreich oder England sah Deutschland «das Gleichgewicht in einer europäischen Rechtsorganisation, deren starke, bestimmende Mitte es selber ausfülle, und von wo aus es die Führungsaufgabe für den ganzen Erdkreis übernehme» – darin aber wirke «ein unvertilgbares Gedenken an das Heldenalter des mittelalterlichen Kaisertums nach»[3]. Sehr anders die Stellungnahme seines – ihm menschlich übrigens eng verbundenen – Zürcher Kollegen, meines Lehrers Leonhard von Muralt (1900–1970). Er las im Winter 1945 wohl nicht ganz zufällig über Bismarck, und dieses Kolleg war eine einzige, höchst emotionale Auseinandersetzung mit der kurz zuvor in der Schweiz herausgekommenen dreibändigen Bismarck-Biographie des deutschen Demokraten und Emigranten Erich Eyck, die auch von Bonjour wohlwollend besprochen worden war[4]. Leonhard von Muralt dagegen lehnte sie scharf ab; überhaupt liess er nicht zu, den Kanzler in irgendeinem, auch indirekten Zusammenhang mit dem Dritten Reich zu sehen. Er betonte, «dass es keinen schärferen Massstab gegen das nationalsozialistische Deutschland geben konnte als gerade Bismarck». Für ihn wuchs vielmehr diese Figur zur Verkörperung einer protestantisch verstandenen «Europäischen Mitte» empor, einer richtigen Staatskunst des Masses, des wahren Ausgleichs und der in christlicher Ethik wurzelnden «Verantwortlichkeit»[5]. Das war kaum bestreitbar. Allerdings: Probleme und Diffizilitäten einer allfälligen Kontinuität vom bismarckischen (oder gar lutherischen) zum hitlerischen Obrigkeitsstaat wies er, der kein Historiker der Gesellschaft, der Mentalitäten oder der Strukturen war, sondern vor allem personalistisch dachte, entschieden von sich. Sein historiographisches Vorbild war Bismarcks Zeitgenosse Ranke, den er weit höher schätzte als Burckhardt, gerade weil er ihm das Positive einer richtigen Konstellation der «Grossen Mächte» – auch sie unter protestantischen Vorzeichen – entnahm. Seine Ranke-Anthologie «Völker und Staaten» (1945) legt davon ebenso Zeugnis ab, wie die vielen Ranke und Bismarck gewidmeten Seminarübungen, die er während Jahren regelmässig abhielt – nicht immer zur ungeteilten Freude aller Geschichtsstudenten. Leonhard von Muralts Auffassungen fanden – was mit der restaurativen Ära der jungen Bundesrepublik zusammenhängt – in Deutschland dankbaren Widerhall. Dankbar deshalb, weil sie eine zwar ausländische, aber eben doch von genuinem Verständnis für eine traditionelle Sicht der deutschen Vergangenheit zeugende Stimme war. Davon zeugen Kontakte zu Vertretern der älteren wie der jüngeren Bismarckforschung (Wilhelm Schüssler, Gerhard Ritter, Otto Becker, Walter Bussmann).

Einer seiner Schüler, der damals (und in gewissem Sinne auch heute noch bzw. wieder) prominenteste von ihnen, Walther Hofer (geb. 1920), hat sich des Themas eines aktiv verstandenen Wiederaufbaus der deutschen Geschichtswissenschaft angenommen. Er orientierte sich nun allerdings nicht an Ranke, sondern am greisen Friedrich Meinecke. Seine zu einem gewichtigen Buch herangewachsene Dissertation «Geschichtsschreibung und Weltanschauung. Betrachtungen zum Werk F. Meineckes» (1950) trug ihm nicht nur das Zutrauen des Altmeisters, sondern auch eine Dozentur an der kurz zuvor gegründeten Freien Universität Berlin ein. Mit einer scharfen Kritik an Srbiks Alterswerk über deutsche Geschichtsschreibung[6] und seinem zweiten Buch über die «Entfesselung des Zweiten Weltkrieges» (1954) leitete Hofer seine zeitgeschichtliche Auseinandersetzung mit dem NS-Regime ein, die für ihn fortan ein Leitthema seines geschichtswissenschaftlichen Engagements bildete und ihm grossen, breiten Widerhall verschaffte.

Jean-Rudolf von Salis (geb. 1901) wiederum, irenischer veranlagt als Hofer, einer der wenigen an der Sorbonne promovierten deutschschweizerischen Historiker und international bekannt durch seine weltpolitischen Überblicke im Radio, hat im kriegsversehrten Wien 1947 in Vorlesungen seine Sicht der Geschichte entwickelt, die dann in die dreibändige «Weltge-schichte der neuesten Zeit» (Zürich 1951–1960) eingegangen ist[7].

Wir haben damit einige der wichtigsten Positionen abgegrenzt und müssen doch abschliessend noch eine Persönlichkeit erwähnen, die eine Kontinuität der Beschäftigung mit deutscher Geschichte über Jahrzehnte markiert: Werner Näf (1894–1959). Dieser in Bern als Ordinarius wir-kende St. Galler Historiker war Doktorand von Erich Marcks gewesen und früh mit den Problemen deutscher Geschichte und deutsch-schweizeri-scher Wechselwirkungen vertraut geworden, wobei ihm die Perspektiven von 1848 ebenso nahe standen wie die der Bismarckzeit. Schon 1938 hatte er seinem langjährigen Bekannten und Briefpartner Heinrich Ritter von Srbik, der über den Anschluss jubelte, seine Bedenken kundgetan, bei allem Verständnis. «Ich habe auch menschlich genug unter dem Eindruck des Kriegsabschlusses von 1919 gestanden, um die materielle und geistige Not Ihres Vaterlandes mitfühlen zu konnen», schrieb er damals dem Wiener Historiker, um fortzufahren: «Aber wird das Resultat des gross-deutschen nationalen Staates nicht mit teuersten menschlichen und menschheitlichen Werten erkauft?»[8] Zweieinhalb Jahre später, im Herbst 1940, führte er in einer Studie «Die Eidgenossenschaft und das Reich» (SA aus der «Neuen Schweizer Rundschau», Oktober 1940, S. 15) pro-grammatisch aus: «Die Tatsache des Lebens im Kleinstaat – im klein-staatlichen Raume und in kleinstaatlicher Mentalität – führt zurück zum Ur-Unterschied deutscher und schweizerischer Staatsgestaltung, der im ausgehenden Mittelalter angelegt wurde und bis heute nicht verwischt worden ist, – so wenig er zu allen Zeiten ein absoluter oder ein gegensätz-licher Unterschied war. Der genossenschaftlich gefügte Staat verhält sich zum Menschen anders als der herrschaftlich errichtete. Er wird inner-halb des ewigen Problems: Mensch und Gemeinschaft, andere Lösungen finden.» Das ist wohl eines der markantesten Bekenntnisse jener Zeit und auch eines der gültigsten, weil es von geschichtlich gewordenen Unterschieden ausgeht und sich freihält von apodiktischer Überheb-lichkeit. Seine 1945/46 erschienenen und seither vielbenutzten zwei-bändigen «Epochen der neueren Geschichte» sind rankeanischer dem Titel als der Gedankenführung nach, die weniger der Aussenpolitik als dem typologisch erfassten inneren Aufbau der Staaten und Staatengemein-schaften gilt. Noch während des Krieges, als die deutschen Zeitschrif-ten ausfielen, hatte Näf die damals jährlich erscheinenden «Schweizer Beiträge zur allgemeinen Geschichte» ins Leben gerufen und damit die Fortdauer deutschsprachiger Geschichtsforschung über die schwierigen Jahre hindurch sicherzustellen geholfen. Als diese Beiträge nach seinem 1959 erfolgten Tode eingingen, hatten sie gewissermassen ihre Mission erfüllt.

Man sieht: aus der Abhängigkeit der schweizerischen Geschichtsforschung von Deutschland, wie sie das 19. Jahrhundert im wesentlichen bestimmte, war um 1950 eine echte Zwiesprache geworden, eine Dialektik aus Anregung und Widerspruch, freilich auch – das darf am Ende noch hinzugefügt werden – eine ganz westlich bzw. mitteleuropäisch geprägte Diskussion. Für marxistische Anregungen irgendwelcher Art war die Stunde noch nicht gekommen, wie auch die Sozialgeschichte zu warten hatte, bis die ihre kam. Die zweite grosse Herausforderung, die der späten 1960er Jahre, fand dann eine neue Generation mit neuen Horizonten.

Anmerkungen

1 Peter Stadler, *Zwischen Klassenkampf, Ständestaat und Genossenschaft. Politische Ideologien im schweizerischen Geschichtsbild der Zwischenkriegszeit*, in: HZ 219 (1974) 290–358.
2 Adolf Gasser, *Gemeindefreiheit als Rettung Europas* (Basel 1947) 131. Hier betont der Autor, die Unselbständigkeit der preussischen und deutschen Landgemeinden sei nichts anderes als «eine abgewandelte Form der mittelalterlichen Bauernunfreiheit». In seiner *Geschichte der Volksfreiheit und Demokratie* (Aarau 1949) 250 erhebt er – lange vor Wehler – die Forderung nach einem «Primat der Innenpolitik» und verlangt «strikt dezentralisierte, von dem menschlichen Gewissen getragene echt volkserzieherische Staatsordnungen». Später wurde Gasser bekanntlich zu einem der entschiedensten Mitstreiter Fritz Fischers im Disput um den Ursprung des Ersten Weltkrieges.
3 Wiederabgedruckt in: Edgar Bonjour, *Die Schweiz und Europa* (Basel 1958) 30.
4 Zeitschrift für schweizerische Geschichte 24 (1944) 608–10.
5 Vgl. seine Aufsatzsammlung: Bismarcks Verantwortlichkeit (Göttingen 1955). Hier (auf 218–234) der sich mit Eyck und anderen Autoren kritisch auseinandersetzende Beitrag «Bismarck-Forschung und Bismarck-Problem». Die zitierte Stelle 220. Eine 2. Auflage des Buches erschien in erweiterter Fassung 1970.
6 Walther Hofer, *H. von Srbiks letztes Werk*, in: HZ 175 (1953) 55–66.
7 Jean Rodolphe von Salis, *Im Lauf der Jahre* (Zürich 1962) 229–262: Wiener Sommer 1947.
8 Zitiert bei Peter Stadler, *Das schweizerische Geschichtsbild und Österreich*, in: Friedrich Koja/Gerald Stourzh, *Schweiz-Österreich. Ähnlichkeiten und Kontraste* (Graz 1986) 45. Eine Edition der Briefe Srbiks brachte die Historische Kommission bei der Bayerischen Akademie der Wissenschaften in München heraus: Boppard 1986 (bearbeitet durch Jürgen Kämmerer). Einen sehr gerechten und abgewogenen Nachruf auf Srbik publizierte *Werner Näf* in: HZ 173 (1952) 95–101.

H.-U. Wehlers «Deutsche Gesellschaftsgeschichte»

Deutsche Geschichten haben gegenwärtig Hochkonjunktur; allen seinerzeitigen Voraussagen vom «Verlust der Geschichte» zum Trotz, konkurrenzieren sie einander, oft sogar in den gleichen Verlagshäusern. Neben den bekannten und bewährten Handbüchern laufen grosse Unternehmen von teilweise lukrativer Ausstattung und entsprechender Exklusivität. Vor allem aber sind es die auf das 19./20. Jahrhundert ausgerichteten Werke von Gordon A. Craig und von Thomas Nipperdey, die «ankamen» und denen sich nun die Deutsche Sozialgeschichte Hans-Ulrich Wehlers beigesellt.[*]

Erst- und einmalig ist solcherlei Interesse nicht. Wer sich in der Historiographiegeschichte der Zwischenkriegszeit auskennt, wird sich an die seinerzeitigen Erfolgsbücher der Johannes Haller, Friedrich Stieve und Suchenwirth erinnern, deren handfester Nationalismus sicherlich – wenn auch auf sehr unterschiedlichem Niveau – zum Verhängnis beitrug. Es folgte die Aufbauphase der Bundesrepublik. Hermann Heimpel und Gerhard Ritter trugen sich in den 50er Jahren noch mit Plänen einer deutschen Geschichte, kamen aber nicht dazu, sie zu schreiben. Golo Manns glänzend geschriebene «Deutsche Geschichte des 19. und 20. Jahrhunderts» hatte mehr die künstlerische Form eines Essais, die kaum Nachfolger fand. So ist es wohl kein Zufall, dass die neue «Welle» zu einer Zeit einsetzt, da die Hitlerzeit einer gewissen Historisierung unterworfen zu werden droht. Das mag manches Konzept mitbestimmt haben, wenn auch diese Werke erheblich vor dem «Historikerstreit» angelegt oder abgeschlossen wurden. Denn für die gegenwärtigen Deutschen stellt die Hitlerzeit eine ähnliche Zäsur dar, wie die grosse Revolution für das französische Publikum des 19. Jahrhunderts. Mit dem Unterschied freilich, dass der «Totalschaden» moralischer wie materieller Art im Falle Deutschlands so viel greifbarer ist, dass sich die Frage nach dessen Vermeidbarkeit, nach Ursachen, Fehlentscheidungen und Fehlentwicklungen zwangläufig stets neu stellt.

Sie gab wohl auch den Impuls zu dieser Gesellschaftsgeschichte. Hans-Ulrich Wehler, um 1970 einer der meistgenannten Namen der jüngeren Generation und kritischer Spezialist des deutschen Imperialismus der Bismarck- und der wilhelminischen Zeit, hat die reichen Möglichkeiten einer Professur in Bielefeld – welche ihren Dozenten wohl mehr Freisemester als eine andere Hochschule im europäischen Kulturbereich bietet – genutzt, um zu einem grossen Werk auszuholen. Mit ertragreicher Energie greift er in die frühe Neuzeit zurück, behandelt in den ersten beiden Bänden seiner Deutschen Gesellschaftsgeschichte die anderthalb Jahrhunderte zwischen 1700/1850 und meistert in souveränem Überblick Forschungserträge im Sinne seiner «erkenntnisleitenden Interessen», die er eingangs darlegt. Eine der Thesen, zugleich eine «Hauptfrage jeder historischen Sozialforschung» lautet: «Die Entwicklung auch der deutschen Gesellschaft in den vergangenen beiden Jahrhunderten ist durch die Dauerhaftigkeit struktureller Ungleichheit dauerhaft bestimmt.» Es soll also doch nicht einfach auf eine deutsche Sonderentwicklung rekurriert werden, obgleich hier gewisse «Basisprozesse der gesellschaftlichen Evolution» ihre eigene Art angenommen haben. Wehler will auch keinen Kult der Kontinuitäten treiben. «Relative Stabilität ist genauso erklärungsbedürftig, wie Spannung und Konflikte es sind.» Somit bedürfen gerade auch ausgebliebene Revolutionen der Interpretation, und Interpretation – nicht einfach Schilderung oder Darstellung – ist die eigentliche Aufgabe der auf «Wechselwirkungen innerhalb einer historischen Totalität» ausgerichteten Gesellschaftsgeschichte. Der «Modernisierungsprozess» bildet den allgemeinen Rahmen, belastet wurde er im speziellen Falle Deutschlands durch dessen politische Fragmentierung, seinen Ausschluss von der überseeischen Expansion und das Entwicklungsgefälle zwischen West- und Mitteleuropa. Wehlers Stärke beruht da weniger in der eigenen Quellenforschung denn in der zielgerichteten «Synthese» (zu der er sich offen bekennt), der umsichtig kritischen Verarbeitung einer gerade in den letzten Jahrzehnten gewaltig angewachsenen Spezialliteratur. Das ergibt Überblicke von den Ungleichheiten auf dem Land wie in den Städten zur Analyse des fürstlich-adlig-patrizischen Kondominats im Absolutismus, zur kameralistischen Wohlfahrtslehre und zur entsprechenden Einstufung der höheren Schulen und Universitäten, die ganz auf Elitebildung im Interesse der Herrschenden angelegt sind.

Bei allem Detailreichtum bleibt doch der Eindruck einer gewissen Monotonie und Monochromie: das Bild einer durch kunstvolles und sogar geistvolles System darniedergehaltenen, dabei aber durch scheinbare Mannigfaltigkeiten über ihren wahren Zustand hinweggetäuschten Gesellschaft. Ein äusserlich zwar farbig, in Wirklichkeit jedoch grau in grau wirkendes Gebilde, das immerhin Persönlichkeiten eine Entfaltung ermöglichte, für die heute kein Raum mehr besteht, offensichtlich. Ein Widerspruch, auf den Wehler nicht hinweist und den er auch nicht zu lösen unternimmt. Immerhin befasst er sich mit dem Problem der ausgebliebenen deutschen Revolution um 1800 und verweist auf die Politik des aufgeklärten Absolutismus, die dazu beitrug, «in wichtigen Lebensbereichen die Situation durch seine Massnahmen so weit zu entspannen, dass die vorhandenen Missbräuche weniger eklatant als in Frankreich wirkten, wohl auch tatsächlich manchmal besser bekämpft worden waren.» So wurde aus dem Knistern im Gebälk des alten Reiches kein lautes Krachen; es gelang, die Schubkräfte systemimmanent abzufangen. In Anlehnung an die Thesen seines Bielefelder Kollegen Koselleck entwickelt Wehler diejenige von den «Reformen als Antwort auf die Revolution», die in den Rheinbundstaaten durchgreifender erfolgten als in Preussen, wo bei aller administrativen Leistungssteigerung stärker auf die Interessen der traditionellen Kräfte Rücksicht genommen wurde. Generell aber stabilisierte eine wohlfunktionierende Verwaltung das Herrschaftssystem überhaupt, verbesserte zudem seine sozialen Stützpfeiler, indem die Beamtenschaft den Kern einer effizienten «Beamtenpartei» bildete, die überall im Lande eingesetzt werden konnte. Diese richtige Feststellung beschränkt sich jedoch keineswegs auf Deutschland, ja sie gilt im Blick auf das bonapartistische System Frankreichs, dessen administrative Struktur bekanntlich alle Regierungswechsel überlebte, in womöglich noch höherem Masse. Eine wirkliche Nachholwirkung aber zeitigte der durch Besetzungs- und Kriegsjahre erwachte Nationalismus, der da «eine Art sozialpsychisches Vakuum» auszufüllen vermochte, wo die Zerschlagung altständischer Staatsformen kleinere Regional- und Gruppenzugehörigkeiten eliminiert hatte.

Der zweite Band, der die Thematik fast bruchlos fortführt und die Zeit von 1815 bis 1848/49 umspannt, läuft auf die «Deutsche Doppelrevolution» dieser beiden Jahre zu. Wehler versteht und kontrapostiert darunter die erfolgreiche industrielle und die gescheiterte politische Revolution. Zwar keine politische Freiheit für die Massen, dafür Einbau des Industriekapitalismus in den obrigkeitlich bemessenen Verfassungsstaat, Zulassung der Aktiengesellschaften im Bankenwesen und so weiter. Anders gesprochen: wirtschaftliche ohne entsprechende politische Modernisierung – fast könnte man die Formel Pascals «Science sans conscience» anwenden, die den Beginn eines Verhängnisses – ganz wörtlich als ein Verhangensein zu definieren – ankündet. Den Beginn, wohlverstanden, der die späteren Ausmasse noch nicht erkennen lässt. Hier haben wir tatsächlich einen signifikanten Unterschied zur Schweiz, wo Industrialisierung, Modernisierung und politische Liberalisierung bis Demokratisierung doch recht synchron und übergreifend verliefen. Im übrigen gliedert Wehler die Fortsetzung weitgehend analog zum ersten Band, beginnt mit dem – trotz fast unverändert hoher Säuglingssterblichkeit – explosiven Bevölkerungswachstum, leitet dann von den Strukturen und Prozessen der Wirtschaft die entsprechenden Faktoren der sozialen Ungleichheit und der politischen Herrschaft ab. Das alles wirkt sozioökonomisch determiniert, und doch wäre es unrichtig, von angewandtem Marxismus zu sprechen. Vielmehr widerspricht er dessen «Mythologie des Kapitals» und betont – übrigens in Übereinstimmung mit englischen Forschungsergebnissen – dass das

Grosskapital weniger eine Voraussetzung als eine Folge der Industrialisierung darstellte; schon 1824 berichtet ein Bankfachmann, es sei «nur ausnahmsweise der Mangel an Kapital, welcher solide Unternehmungen hindert.» Die drohende Gesellschaftskrise des Pauperismus aber wurde durch die um 1840 voll anlaufende Industrialisierung nicht etwa akut, sondern vielmehr vermieden.

Bei aller Problembezogenheit ist dieser Band doch vor allem ein Handbuch, Fülle an Informationen vermittelnd, büschelnd, klug interpretierend, gehe es nun um Staatsfinanzen, um militärische Reformen und oder Nichtreformen, um zunehmende Professionalisierung bestimmter Berufe, um die Entwicklung der Technischen Hochschulen, des Zeitungswesens (bzw. des «literarisch-publizistischen Markts») oder das Vordringen des Industriekapitalismus. Überall erweist sich Wehler als souveräner Analytiker und bei der Lektüre seiner zwei Bände mag manchen Leser das Aha-Erlebnis einer – endlich – begriffenen Mathematikaufgabe überkommen. Nur etwas verschmäht der Autor: die historische Erzählung. Dass er dazu allenfalls fähig wäre, zeigen immerhin Ansätze: Wartburgfest mit Folgen, Ausbreitung der 1830er Revolution in Mitteldeutschland, Bewegungen im Katholizismus der 1840er Jahre. Seine Distanz zum Narrativen aber ergibt sich fast zwangläufig aus seiner engen Beziehung zu Max Weber, die er mit vielen anderen Historikern seiner Generation teilt. Der grosse, schon 1920 dahingegangene Soziologe hätte es sich wohl nicht träumen lassen, welch gewaltigen Einfluss er ein halbes Jahrhundert nach seinem Tode noch auf die Geschichtswissenschaft seines Landes zu gewinnen vermöchte. Der Vorgang erinnert fast an einen entsprechenden in der Musikgeschichte: wie fast alle Komponisten der letzten Jahrhundertwende nach Harmonik, unendlicher Melodie und Orchesterbehandlung wagnerisierten, so weberisieren die heutigen Historiker. Bei Wehler geht das mitunter bis hart an die Grenzen der Parodie. Ein Beispiel (Bd. 2, S. 442): «Wiederum empfiehlt es sich, den diffusen Allgemeinbegriff des deutschen Konservativismus in einige idealtypische Varianten zu zerlegen. Ziemlich trennscharf kann man den Beamtenkonservativismus von einem altständisch-patrimonialen, einem legitimistisch-neuständischen und einem pragmatischen Staatskonservativismus sowie schliesslich von einem Reformkonservativismus unterscheiden.» Oder er fragt (Bd. 1, S. 584): «Wer kann, da Herrschaft soziallegitimierte Macht mit Sanktionsgewalt ist, wo, wann, wie und gegen wen Verhalten erzwingen, neue Interessen in Normen um- und gegen alte Normen durchsetzen?» Über das Sprachliche und das Bedürfnis nach begrifflicher Klärung (bis hin zur Schubladisierung) hinaus erweist diese Sichtweise neben ihren grossen Möglichkeiten freilich auch ihre Grenzen. Nicht nur, weil die «Lesefreundlichkeit» unter dieser historischen Soziologie leidet. Persönlichkeiten spielen mehr nur eine Statistenrolle. Und die

302

Aussenpolitik z. B. glänzt in den beiden Bänden fast ganz durch Abwesenheit. Derlei mag sich von der Themastellung zwar einigermassen rechtfertigen lassen, ganz aber eben doch nicht. So erörtert Wehler auf kaum einer Seite die «Legende», wonach die deutsche Einigung 1848 an der Intervention des Auslandes gescheitert wäre, sicherlich teilweise zu Recht. Aber das entscheidende Nein brauchte gar nicht erst von Paris oder St. Petersburg zu kommen, es genügte dasjenige Österreichs, das gegenüber einer kleindeutschen Einigung eben auch «Ausland» war. Auch sonst könnte man da und dort mit dem Verfasser diskutieren (war das «Kommunistische Manifest» wirklich «pragmatisch abwägend im Katalog der tagespolitischen Postulate»? wir glaubens nicht recht). Aber im ganzen überwiegt doch der Respekt vor einer eindrucksvollen Meisterung der selbstgestellten Aufgabe und ihrer Perspektive. Belehrung, Anregungen bieten sich immer auch da, wo gegenüber so viel Modernisierungszwängen innere Vorbehalte bestehen bleiben.

Ein letztes noch. «Die Einsicht in die Interdependenz von Aussen- und Innenpolitik» – lehrt Wehler – «verbindet Metternich mit Bismarck, der nach der Reichsgründung eine strukturell ähnliche Defensivstrategie in der inneren und äusseren Politik verfolgte, da er dieselbe unterminierende Wechselwirkung zwischen den beiden Bereichen fürchtete. Es ist aber kaum bestreitbar, dass es sich schon bei Metternich um eine rückwärtsgewandte Utopie handelte» etc. (Bd. 2, S. 333). Das Wörtchen «schon» lässt vermuten, dass auch Bismarck (und erst recht die Späteren) dem Utopieverdacht und damit dem Vorwurf ausgesetzt ist, die weitere gesellschaftspolitische Entwicklung bzw. Fehlentwicklung Deutschlands bestimmt zu haben. Die Fortsetzung wird zeigen, ob und wie Wehler diese These verifizieren und instrumentalisieren kann.

* Hans-Ulrich Wehler: *Deutsche Gesellschaftsgeschichte.* Bde. 1–2. Beck, München 1987.

VI. Geschichte als Rückblick, Vergegenwärtigung und universalhistorischer Entwurf

Betrachtung über den Historismus

Unsere Betrachtung soll dem Historismus, seinen Ausprägungen und Grenzen gelten. Eine kurze Klärung des Begriffs dürfte dabei am Platze sein. Unter «Historismus» versteht man eigentlich zweierlei. Zunächst einmal eine geistige Haltung, die den Menschen und seine Schöpfungen – also die Kulturwelt im weitesten Sinne – aus ihren geschichtlichen Bedingungen heraus zu verstehen sucht. Sie ist nur möglich, wenn der Mensch sich selbst als geschichtliches Wesen begriffen hat, der die Geschichte gleichermassen gestaltet, wie er von ihr gestaltet wird, sie leidend über sich ergehen lassen muss. Dabei vollzieht sich vom Historiker her über den Akt wissenschaftlichen Forschens und Erkennens hinaus noch etwas mehr, eben das, was sich mit dem Wort «Verstehen» zusammenfassen lässt, das den Akt des Erkennens zu einem Akt der Einfühlung, der Sympathie erhebt und weitet.

Neben dieser einen Umschreibung des Historismus gibt es aber noch eine zweite, die sich mit ihr teilweise verknüpft. Unter «Historismus» versteht man geistesgeschichtlich auch das Zeitalter, das durch die geschichtlich verstehende Haltung vorwiegend bestimmt wird. Allerdings ist es kein epochal genau abgrenzbares Zeitalter, wie etwa Aufklärung, Klassik, Romantik, Realismus usw., sondern eine geistesgeschichtliche Dimension, die diese Zeitalter überwölbt und auch auf ihnen gründet. In dieser zugleich vagen und weiten Erstreckung unterscheidet sich der Historismus von jenem anderen, ganz ähnlich benannten Phänomen, dem Historizismus. Darunter versteht man gemeinhin jenen Abschnitt der Kunstgeschichte und vor allem der Architekturgeschichte, der unter Verzicht auf eigenen künstlerischen Ausdruck die verschiedenen geschichtlichen Stile zu kopieren sich begnügte – sicherlich auch das ein Niederschlag des Historismus und zugleich ein Symptom für die werbende und prägende Kraft des Geschichtlichen überhaupt, die vielleicht nirgends in der bisherigen Vergangenheit stärker zutage getreten ist als im 19. Jahrhundert.

Wie ist es dazu gekommen? Die Diskussion um das Phänomen des Historismus ist so richtig erst in den Jahren nach 1918 in Gang gekommen, also zu einer Zeit, da das Ansehen und die Würde des Geschichtlichen einen schweren Stoss erlitten hatten. «Die Entstehung des Historismus» lautet der Titel des grossen Alterswerkes, das Friedrich Meinecke 1936 erscheinen liess. Darin behandelt er das, was er selbst einmal die Umgestaltung des geistigen Lebens um 1800 benannt hat, beschreibt das Aufkommen einer neuen Denkweise, die sich um 1700 mit Leibniz und Vico ankündigt, dann über die französischen und englischen Aufklärer hinführt zu Möser und Herder und sich in Goethe vollendet. Die starke Strömung geschichtlichen Grundgefühls, die mit dem 19. Jahrhundert beherrschend wird, bildet nicht mehr den Gegenstand von Meineckes Darstellung – indessen: die Linien sind gezogen, das Verständnis des Späteren ist vom Früheren, eben von jener geistesgeschichtlichen Grundlegung des Historismus her möglich. Darin liegt ein entscheidendes Verdienst von Meineckes Leistung. Der Begriff Historismus lag schon seit Jahrzehnten in der Luft; er war übrigens nicht von einem Historiker, sondern von einem Nationalökonomen in die Diskussion geworfen worden. Aber diese Diskussion litt unter der Unklarheit des Begriffes, einer Unklarheit, die letztlich daraus entsprang, dass das geschichtliche Denken nur unter Schwierigkeiten und Hemmnissen zum Verständnis seiner Ursprünge zu gelangen vermochte. Seit Meineckes Werk ist das, was man «Krise des Historismus» nennt, zum mindesten terminologisch überwunden, wenn auch das Phänomen selbst uns weiterhin aufgegeben und vor allem die Frage offen bleibt, ob die Meineckeschen Kategorien («Individualität» und «Entwicklung») zur geistigen Bewältigung des Historismusproblems ausreichen.

Wir wollen hier nicht die ganze Entwicklung des Historismus abrollen lassen, sondern uns darauf beschränken, einige Ausprägungen, Typen sozusagen, zu umreissen. Lange Zeit hat das 18. Jahrhundert, das Aufklärungsjahrhundert, als unhistorisch, als wider die Geschichte gerichtet gegolten. In Wirklichkeit hat es gerade in entscheidender Weise zu Bereicherung und Wandlung des Geschichtsbildes beigetragen. «Wandlung», «Veränderung» – dieses Wort taucht gleich in der Einleitung zu einem der bedeutendsten Geschichtswerke auf, die das Jahrhundert hervorgebracht hat, zu Voltaires «Essai sur les Mœurs et les nations». Da heisst es: «Il se peut que notre monde ait subi autant de changements que les Etats ont éprouvé de révolutions. Il paraît prouvé que la mer a couvert des terrains immenses, chargés aujourd'hui de grandes villes et de riches moissons. Il n'y a point de rivage que le temps n'ait éloigné ou rapproché de la mer.» Wir sehen: die Veränderungen der Weltgeschichte werden hier in Parallele, in Beziehung zu denen der Erdgeschichte gebracht. Das heisst aber: sie werden relativiert. Überhaupt ist es eines der Anliegen Voltaires, neue Zusammenhänge allenthalben wahrzunehmen und das Geschichtsbild dem Rahmen der geographisch erforschten Welt anzupassen. Sein «Essai» war eigentlich als Fortsetzung von Bossuets «Discours sur l'histoire universelle» gedacht, der nicht über die Zeit Karls des Grossen hinausgelangt war: Voltaire führt seine Darstellung nicht nur bis in die

Neuzeit fort, sein Geschichtsbild ist durch Einbeziehung der asiatischen und der amerikanischen Völker zu einem eigentlich globalen geworden. Natürlich war er darin nicht Schöpfer schlechthin: der Chinakult des 18. Jahrhunderts, das sentimental-präromantische Interesse an der amerikanischen Wildnis wirkten da mit, ebenso das Sichtbarwerden der jungen Grossmacht Russland im Osten. Nun darf die Universalität eines Voltaire nicht darüber hinwegtäuschen, dass seine innersten Sympathien doch dem Abendlande zugekehrt blieben: sehr bezeichnend ist jene programmatische Äusserung in seinem «Siècle de Louis XIV», wonach vier Zeitalter – nämlich das klassisch-griechische, das augusteische, dasjenige der Medici und endlich das Zeitalter Ludwigs XIV. – die Höhepunkte der Geschichte darstellten. Ob er damit die christliche Lehre von den vier Weltzeitaltern bewusst hat säkularisieren wollen, steht dahin: jedenfalls wird hier ein wählerisches Moment sichtbar; die Geschichte ist wertvoll wegen der kulturellen Höchstleistungen, die sie hervorbringt – denn das Böse, die Herrschaft des Pöbels versteht sich ja doch immer von selbst: «Tous les siècles se ressemblent par la méchanceté des hommes.» Diese skeptische, ja pessimistische Grundstimmung darf neben dem bisweilen überschätzten Fortschrittsglauben Voltaires nicht verkannt werden – sie ist bemerkenswert auch deshalb, weil sie Voltaire zwar als einen grossen Anreger des Historismus erweist, dem jedoch ein Misstrauen gegenüber der Vielfalt des Geschichtlichen zeitlebens eigen geblieben ist.

Über diese Grenzen hinaus hat sich der historische Sinn bei anderen Zeitgenossen weiterentfaltet: es ist bemerkenswert, wie im 18. Jahrhundert die Anteilnahme an der Vergangenheit um ihrer selbst willen sich allenthalben verstärkt und die Beispiele dafür immer zahlreicher werden – ein Symptom dafür, dass es sich nicht um Äusserungen genialer Alleingänger handelt, sondern um einen geistigen Prozess, der auch solche Persönlichkeiten erfasste, die sich von Berufs wegen mehr dem Edieren von Quellen als der geschichtsphilosophischen Meditation hingegeben haben. Lodovico Antonio Muratori, der Herausgeber der gewaltigen Sammlung «Rerum Italicarum scriptores» kann einmal in der Auseinandersetzung um geistliche Privilegien bemerken, er überlasse die Streitfrage, ob die Immunität auf göttliche Ordnung oder menschliche Satzung zurückgehe, den Kanonisten, um sich nur auf den Hinweis auf das, was war, zu beschränken: «Mia intenzione unicamente si è di accennare brevemente, piuttosto che mostrare, ciò che anticamente si fece, e non già cosa presentamente s'abbia da fare...» Diese Vertiefung in die Vergangenheit führt gelegentlich auch schon zu Äusserungen des Unmutes über die Gegenwart und ihre Ideologien: «colle idee, e co' fantasmi de' tempi nostri, sarà impossibile capire, in che consistessero tali donazioni... (es war von Vergabungen an die Kirche die Rede) ...o come passasse l'affare ne' governi dell'Italia in que' secoli d'altro sistema... Bisogna confrontare la storia coi documenti d'allora.»

Die Einsicht in die Andersartigkeit entlegener geschichtlicher Zeiten und im besonderen des Mittelalters verband sich mehr und mehr mit dem Sinn für das Stimmungshafte: der junge Turgot, späterer Reformminister König Ludwigs XVI., konnte sich um die Mitte des 18. Jahrhunderts schon für die Gotik begeistern und ihre Bauwerke als «monuments respectables de la piété des Princes chrétiens et de l'esprit de la religion» preisen. Wir stehen damit auch schon an der Schwelle der Romantik. Chateaubriand wird in seinem «Génie du Christianisme» von 1802, Jahrzehnte nach Turgot, das Mittelalter als die grosse, christliche Zeit Frankreichs aufleben lassen – in entschiedener und bewusster Antithese zu den Wertungen der Französischen Revolution. Damit ist die Bahn freigelegt, auf der dann verschiedene Historiker des romantischen Liberalismus in Frankreich weitergegangen sind – die Michaud, Sismondi, Barante und der junge Michelet haben zur Erschliessung und zur gefühlhaften Durchdringung des Mittelalters Wesentliches beigetragen.

Das klassische Land des triumphierenden Historismus ist Deutschland geworden. Meinecke hat die beiden Kategorien herausgearbeitet, an denen er die Form des geschichtlichen Denkens sich entfalten und vollenden sieht: «Individualität» und «Entwicklung». Beides waren ältere Begriffe, die nun aber in der Goethe-Zeit und dank Goethe selbst gleichsam neu auffunkelten – man denke etwa an jene Briefstelle, in der Goethe Lavater von dem Spinoza-Wort «individuum est ineffabile» berichtet, aus dem er eine Welt ableite. Und das Wunder der Entwicklung, das Goethe über die Betrachtung der Natur offenbar wurde, ist wesentlich durch ihn – allerdings ohne sein Zutun – zu einem wirkenden Mittel der geschichtlichen Betrachtung geworden. Auch hier gibt es Vorläufer und weitläufige Verwandtschaften. In Montesquieus «Esprit des lois» gibt es eine schöne Stelle, wo der französische Jurist die feudalen Ordnungen mit einer alten Eiche vergleicht, deren Laubwerk man von weitem sieht und deren Stamm man von nahem erkennen kann, deren Wurzeln aber in der Erde verborgen ruhen. Diese ansatzweise organische Betrachtungsart steigert sich zur geschichtsphilosophischen Vision in Herders genialem Jugendfragment «Auch eine Philosophie der Geschichte zur Bildung der Menschheit» von 1774 – einer Studie, in der wir das ganze Bilder- und Begriffsintrumentarium des werdenden Historismus kondensiert vorfinden. Wir lesen da: «Sollte es nicht offenbaren Fortgang und Entwicklung, aber in einem höheren Sinne geben, als man's gewähnt hat? Siehst du den Strom fortschwimmen: wie er aus einer kleinen Quelle entsprang, wächst, dort abreisst, hier ansetzt, sich immer schlängelt und weiter und tiefer bohrt –

bleibt aber immer Wasser! Strom! Tropfen! immer nur Tropfen, bis er ins Meer stürzt – wenn's so mit dem menschlichen geschlecht wäre? Oder siehst du jenen wachsenden Baum! jenen emporstrebenden Menschen! er muss durch verschiedene Lebensalter hindurch! alle offenbar im Fortgange! ein Streben aufeinander in Kontinuität! Zwischen jedem sind scheinbare Ruheplätze, Revolutionen, Veränderungen! und dennoch hat jedes den Mittelpunkt seiner Glückseligkeit in sich selbst!» Viel ist in diesen paar Worten zusammengefasst: das Bild vom immer fliessenden Strom – panta rhei –, vom Baum als dem wachstümlichen Gebilde; der Fortgang, der nicht Fortschritt zu sein braucht, endlich der bedeutsame Hinweis, dass jede Wachstumsstufe ihren Mittelpunkt, ihre Glückseligkeit in sich selbst habe. Einige Sätze weiter unten heisst es: «Es geht ins Grosse! es wird, womit die Hülsengeschichte so sehr prahlt und wovon sie wenig zeigt – Schauplatz einer leitenden Absicht auf Erden! wenn wir nicht gleich die letzte Absicht sehen sollten, Schauplatz der Gottheit, wenngleich nur durch Öffnungen und Trümmer einzelner Szenen.» Man sieht schon in diesen Äusserungen eine latente Kluft, die sich in Herders Denken zwar noch nicht eröffnete, aber dann doch eröffnen konnte: Geschichte als eine Offenbarung Gottes, aber auch als ein organisch in sich geschlossener und in sich determinierter Vorgang. In seinen späteren, systematisch angelegten «Ideen zur Philosophie der Geschichte der Menschheit» vertraut Herder der Macht des Geschichtlichen trotz allen Schattenseiten, die ihr anhaften: «Das Maschinenwerk der Revolutionen irrt mich also nicht mehr: es ist unserem Geschlecht so nötig, wie dem Strom seine Wogen, damit er nicht ein stehender Sumpf werde. Immer verjüngt in seinen Gestalten, blüht der Genius der Humanität auf und zieht palingenetisch (das heisst in Formen der Wiedergeburt) in Völkern, Generationen und Geschlechtern weiter.»

Es ist der Glaube, dass sich in der Geschichte die Freiheit manifestiere und vielleicht letzten Endes verwirkliche – ein Glaube, der in den geschichtsphilosophischen Systemen eines Fichte oder Hegel dominiert und sich dabei mehr und mehr abwandelt zum Glauben an die Bewältigung der Geschichte durch den Geist. Erinnern wir hier nur an eine Bekundung, die den Bogen schlägt zwischen idealistischer Geschichtsphilosophie und empirischer Historie: Wilhelm von Humboldts Rede «Über die Aufgabe des Geschichtsschreibers». Hier werden in behutsamer Weise zwei Schichten der geschichtlichen Vergangenheit voneinander geschieden. Einmal die Schicht der Tatsachen, das nackte Geschehen, «das Gerippe der Begebenheit». «Was man durch sie erhält, ist die notwendige Grundlage der Geschichte, der Stoff zu derselben, aber nicht die Geschichte selbst.» Vielmehr beruhe die Wahrheit alles Geschehenen auf dem Hinzukommen des unsichtbaren Teils jeder Tatsache – dies in Erscheinung treten zu lassen sei Aufgabe des Historikers, und von dieser Seite seiner Aufgabe her gesehen sei er selbsttätig, ja schöpferisch, und sein Tun dem des Dichters verwandt. «Um dies aber zu können», sagt Humboldt, «muss er mit der Beschaffenheit, dem Wirken, der gegenseitigen Abhängigkeit dieser Kräfte überhaupt vertraut sein, wie die vollständige Durchsuchung des Besondern immer die Kenntnis des Allgemeinen voraussetzt, unter dem es begriffen ist. In diesem Sinn muss das Auffassen des Geschehenen von *Ideen* geleitet sein.» Indem Humboldt hier den entscheidenden Begriff der Idee einsetzt, der ihn der idealistischen Geschichtsphilosophie am meisten anzunähern scheint, zieht er aber doch auch einen unübersehbaren Trennungsstrich. Denn er fährt fort: «Es versteht sich indes freilich von selbst, dass diese Ideen aus der Fülle der Begebenheiten selbst hervorgehen oder, genauer zu reden, durch die mit echt historischem Sinn unternommene Betrachtung derselben im Geist entspringen, nicht der Geschichte wie eine fremde Zugabe geliehen werden müssen, ein Fehler, in welchen die sogenannte philosophische Geschichte leicht verfällt. Überhaupt droht der historischen Treue viel mehr Gefahr von der philosophischen als der dichterischen Behandlung, da diese wenigstens dem Stoff Freiheit zu lassen gewohnt ist. Die Philosophie schreibt den Begebenheiten ein Ziel vor; dies Suchen nach Endursachen, man mag sie auch aus dem Wesen des Menschen und der Natur selbst ableiten wollen, stört und verfälscht alle freie Ansicht des eigentümlichen Wirkens der Kräfte. Die teleologische Geschichte ‹also die durch ein telos, ein Endziel, bestimmte Geschichte› erreicht auch darum niemals die lebendige Wahrheit der Weltschicksale, weil das Individuum seinen Gipfelpunkt immer innerhalb der Spanne seines flüchtigen Daseins finden muss und sie daher den letzten Zweck der Ereignisse nicht eigentlich in das Lebendige setzen kann, sondern es in gewissermassen toten Einrichtungen und dem Begriff eines idealen Ganzen sucht.»

Man geht wohl nicht zu weit, wenn man sagt, dass in diesen paar Sätzen das Programm des reifen Historismus zusammengefasst ist, die Leitsätze einer geistig belebten und auch geistig bedingten Geschichtsschreibung. Es bedarf kaum der zusätzlichen Bemerkung, dass wir hier in die unmittelbare Nachbarschaft Rankes herangerückt sind, wenn man sich auch hüten sollte, von einem «Einfluss» zu sprechen. Humboldts Gedankengänge drücken eben in sublimer und gültiger Weise das aus, was aus der Begegnung von Goethe-Zeit, Platonismus und neuerwachtem historischem Denken hervorging, ja man möchte fast sagen: hervorgehen musste. So konnte sich diese Ideenlehre auch mit dem lutherischen Gottesglauben eines Ranke verbinden. Die Ideen waren ja nicht einfach waltende Kräfte, welche die Geschichte schicksalhaft bestimmten, sondern sie ergaben sich aus dem geschichtlichen Leben, seinen Zusammenhängen und Gegensätzen selbst, unterstanden also letztlich auch jener Gottesunmittelbarkeit, die Ranke in seinem berühmten Satz für die Epoche in Anspruch genommen hat. Das heisst, die Persönlichkeiten, Staaten, Nationen, aus deren Betrachtung sich die leitenden Ideen ergeben, sind als solche immanent, dem Geschichtlichen, seinem Werden und Vergehen verhaftet – und doch stehen sie unter Gottes Gebot und entspringen letztlich seinem Schöpfungswillen: das verleiht jeder Einzelerscheinung innerhalb der geschichtlichen Welt ihren besonderen Rang. Vielleicht hat Ranke dies nirgends klarer formuliert als in jener «Idee der Universalhistorie» betitelten, 1831 gehaltenen Vorlesung, die Eberhard Kessel 1954 in der «Historischen Zeitschrift» publiziert hat. Da heisst es (und die Worte muten fast wie eine Anknüpfung an Humboldtsche Gedankengänge an): «Während der Philosoph, von seinem Felde aus die Historie betrachtend, das Unendliche bloss in dem Fortgang, in der Entwicklung, der Totalität sucht, erkennt die Historie in jeder Existenz ein Unendliches an, in jedem Zustand, jedem Wesen ein Ewiges, aus Gott Kommendes – und dies ist ihr Lebensprinzip. – Wie könnte irgend etwas sein ohne den göttlichen Grund seiner Existenz?» Ranke fährt fort: «Die Erscheinung selbst an und für sich wird ihr [der historischen Bemühungen] wegen dessen, was sie enthält, gehoben – wichtig – geheiligt. Sie widmet dem Concreten ihr Bemühen, nicht allein dem Abstracten, das in demselben enthalten wäre.»

Dieser liebevollen Versenkung in die Welt der Einzelheiten, der geheiligten Konkreta verdanken wir eine Fülle neuerschlossenen Materials, um die sich Ranke in mühsamen archivalischen Forschungen bemüht und die er im Laufe eines langen Lebens in sein Werk hineinverwoben hat – aber dieses Material, von dem die venezianischen Gesandtschaftsberichte vielleicht die bedeutsamste wissenschaftliche Entdeckung darstellen, wurde doch gesichtet mit dem Blick auf das Ganze der romanisch-germanischen Staaten- und Völkerwelt. Aus dieser verfeinerten Fähigkeit des Erkennens und Verstehens erwuchs nun freilich ein Problem, das zwar noch nicht so sehr Ranke, aber um so mehr den späteren Historismus belasten sollte. Drohte sich nicht der feste Standpunkt gänzlich zu verlieren, bestand nicht die Gefahr des «tout comprendre, c'est tout pardonner» und damit der verstehenden Rechtfertigung aller geschichtlichen Individualitäten und Verhaltensweisen aus ihrem Zusammenhang heraus? Man kann übrigens nicht sagen, dass Ranke dieses Problem nicht gesehen hätte. In den Vorträgen «Über die Epochen der neueren Geschichte» heisst es unmittelbar nach dem bekannten, vielzitierten Ausspruch, dass jede Epoche unmittelbar zu Gott sei und ihr Wert nicht auf dem beruhe, was aus ihr hervorgehe, sondern in ihrer Existenz selbst: «Wenn nun aber auch jede Epoche an und für sich ihre unmittelbare Berechtigung und ihren Wert hat, so darf doch nicht übersehen werden, was aus ihr hervorging.» Und im weitern deutet er an, dass ihm die Kultur als solches Wertkriterium vorkomme. Immerhin: Ranke neigte doch dazu, den Ablauf der Geschichte als einen Vorgang zu deuten, der – im weiteren Sinne – gottbestimmt und harmonisch blieb, wie ja auch in der Auseinandersetzung der grossen Mächte dafür gesorgt war, dass kein Prinzip und keine Macht dauernd überwogen.

Dieses Grundgefühl einer geschichtlich abgestimmten Harmonie, das Ranke eigen war und den Historismus überhaupt trug, ist von Jacob Burckhardt um die Mitte des 19. Jahrhunderts in Frage gestellt, aber noch nicht nachhaltig erschüttert worden. Jacob Burckhardts Stellung innerhalb der geistigen Bewegung des Historismus ist komplex. Werner Kaegi hat in seiner Biographie sorgsam herausgearbeitet, was Burckhardt Ranke verdankt und inwieweit er sich von ihm distanziert hat – man könnte im Lichte unserer Erfahrung auch sagen: inwieweit er über ihn hinausgewachsen ist. In seinen grossen Werken, dem «Constantin», der «Kultur der Renaissance in Italien» und der «Griechischen Kulturgeschichte» erscheint Burckhardts Sehweise wie eine letzte Verfeinerung der durch den Historismus eröffneten – insofern hier über die Staatengeschichte hinaus Kultur und Religion als weitere Potenzen in das Bild der Geschichte eingeordnet sind. Aber schon in den Themastellungen, der Beschränkung auf kulturell bedeutsame und schöpferische Zeitalter tut sich jenes im Grunde widerhistorische Auswahlprinzip kund, dem Burckhardt 1852 in einem Briefe an Paul Heyse so temperamentvollen Ausdruck verlieh: «Es ist für mich die höchste Zeit, von dem allgemeinen falsch-objektiven Geltenlassen von Allem und Jedem endlich frei und wieder recht intolerant zu werden.» Der Panhistorismus war bei ihm erschüttert durch das Erlebnis der Macht als des Bösen, wie es Ranke nie an sich hat erfahren müssen. In Rankes «Politischem Gespräch», jenem Bruchstück einer grossen geschichtlichen Konfession, ist einmal beiläufig von der Macht die Rede; es heisst von ihr: «sie ist ein Instrument, bei dem es erst darauf ankommt, wozu man es braucht, ob man es überhaupt zu brauchen versteht.» In Jacob Burckhardts «Weltgeschichtlichen Betrachtungen» aber steht der lapidare Ausspruch, dass die Macht an sich böse sei – ein Satz, dessen elementare Bekenntniskraft auch dadurch nur wenig vermindert erscheint, dass Jacob Burckhardt ihn ausdrücklich als Übernahme aus Schlosser kennzeichnet.

Wir betreten damit Grenzgebiete des Historismus. Friedrich Christoph Schlosser war von allen deutschen Historikern derjenige, der in seinem Denken am stärksten von Kant geprägt und viel tiefer als seine geschichtschreibenden Zeitgenossen von dem radikal Bösen, das auch in der Historie wirksam sei, erfasst wurde. Diese geistesgeschichtliche Abstammung weist auf Gegenkräfte zum Historismus innerhalb der Geschichtschreibung selbst hin. Das Vorwalten eines strengen Sittenprinzips ist ja nicht nur bei Schlosser, sondern – eindrucksvoller noch – auch in der Geschichtschreibung und historischen Dramatik Schillers wahrzunehmen, der in seiner Jenenser Antrittsvorlesung den Satz prägte, dass im Kreise der Geschichte die ganze moralische Welt beschlossen liege. Hier tun sich Bereiche auf, die mit den Kategorien Individualität und Entwicklung nicht mehr zu erfassen sind. Der Croce-Schüler Carlo Antoni hat in seinem Buche «Lo Storicismo» gegen Meinecke den Gedanken vertreten, dass innerhalb des Historismusproblems das Naturrecht stärker berücksichtigt werden müsse – ein fruchtbarer Gedanke gerade auch im Hinblick auf eine noch nicht geschriebene Geschichte des deutschen Historismus im 19. Jahrhundert. Es wäre überhaupt interessant, dem Gedanken nachzugehen, inwieweit das Naturrecht durch den deutschen Idealismus umgeformt worden ist und auf diese Weise das geschichtliche Denken des 19. Jahrhunderts befruchtet hat. Ein zentraler Platz in einer solchen Untersuchung käme auch der «Historik» Johann Gustav Droysens zu, wo immer wieder darauf hingewiesen wird, dass die Geschichte das Gewissen der Menschheit, die geschichtliche Welt eine sittliche Welt sei – aber nicht im Sinne eines beruhigten Geschichtsquietismus: «Die wirkliche Geschichte», sagt Droysen, «verläuft eben nicht so in Stadien und Abschlüssen, die Ruhe und Beruhigung geben, sondern als rastlose Kontinuität immer neuen Ringens, immer neuer Katastrophen.»

Vollends lässt die französische Geschichtschreibung deutlich werden, dass innerhalb der Historie die normativen Kategorien neben den betrachtsamen Momenten und über sie hinaus mahnend und fordernd ihr Recht behauptet haben. Was auch damit zusammenhängt, dass es in diesem Lande eigentlich keine Zeit der Ruhe und der blossen Beschränkung auf einen ungestörten Wissenschaftsbetrieb gab: die Jahrzehnte zwischen 1789 und 1871 sind eine Verkettung von Erschütterungen, die letzten Endes alle auf den grossen Ausbruch der Revolution zurückgehen – allen Erholungspausen war das Kennzeichen der Vorläufigkeit eigen, bis dann mit der Katastrophe des Spätsommers 1870 das französische Sekuritätsgefühl für immer dahinschwand.

Erfahrungen dieser Art liessen die Geschichte zum vornherein als fragwürdigen Lebenstrost erscheinen. Wie bezeichnend, wenn Alexis de Tocqueville in seinen um 1850 entstandenen «Souvenirs» im Rückblick auf die verschiedenen Revolutionen seit 1789, die man jedesmal für den Anfang einer endgültigen sozialen Ordnung hielt, die Äusserung entfährt: «Quant à moi, je ne puis le dire, j'ignore quand finira ce long voyage; je suis fatigué de prendre successivement pour le rivage des vapeurs trompeuses, et je me demande souvent si cette terre ferme que nous cherchons depuis si longtemps existe en effet, ou si notre destinée n'est pas plutôt de battre éternellement la mer.» Diese Stimmung der Resignation verband sich aber mit der Einsicht, dass die eigentlichen Wandlungen der Geschichte sich hinter dem Kulissenspiel der vorgründigen Veränderungen vollziehen; diese Erkenntnis ist dann eminent fruchtbar geworden in der grossen Strukturanalyse des vorrevolutionären Frankreich, die Tocqueville etwas später unter dem Titel «L'Ancien Régime et la Révolution» erscheinen liess. Bei Michelet hat sich das Erlebnis der geschichtlichen Krisen in anderer Weise umgesetzt: anfangs war er noch Romantiker und geschichtsphilosophischer Idealist gewesen; die späteren Bände seiner «Histoire de France» sind getragen von einem Pathos der Anklage gegen den monarchischen Absolutismus als der zum System erhobenen Willkür. Es ist lehrreich, etwa die Schilderungen der Regierungszeit Ludwigs XIV. in Rankes und Michelets Französischen Geschichten vergleichend zu lesen: bei Ranke eine ungleich höhere Meisterschaft des historischen Taktes, der Erfassung der Zusammenhänge und der machtpolitischen Gegensätze; bei Michelet dagegen ein Spürsinn für die Nacht- und Schattenseiten des ludovizischen Regimes, überhaupt für das, was man heute «Dämonie der Macht» nennt.

Der Name Michelet weist aber noch auf andere Energien hin, die das Gefüge des Historismus bedrohten. In einer noch vor dem Krisenjahr 1848 erschienenen Kampfschrift «Le Peuple» hatte Michelet mit begeisterter Vehemenz die unteren Volksschichten als das eigentlich bewegende und zukunftsträchtige Element der Geschichte gepriesen – wogegen die Bourgeoisie ihre Rolle ausgespielt habe: «Elle a perdu le mouvement.» Es ist die Voraussicht einer sozialen Erschütterung, die sich hier eröffnet – einer Umwälzung, deren Notwendigkeit für Michelet in der Ungerechtigkeit der Zustände begründet liegt. Seine Stimme war dabei nur eine und keineswegs die heftigste unter vielen: neu war nur, dass ein Historiker von Rang sich mit Forderungen auseinanderzusetzen und sich ihrer anzunehmen begann, die eigentlich die Dimension der Vergangenheit entwerten mussten zugunsten der Zukunft. Wir können diesen Prozess der Gewichtsverlagerung vom Gegenwärtigen zum Künftigen in den Frühschriften von Karl Marx besonders deutlich verfolgen: hier finden wir die Elemente, die sich im Kommunistischen Manifest dann schlagkräftig verdichten werden. In der 1845/46 entstandenen «Deutschen Ideologie» stehen die Worte: «Wir müssen bei den voraussetzungslosen Deutschen damit anfangen, das wir die erste Voraussetzung aller menschlichen Existenz, also auch aller Geschichte konstatieren, nämlich die Voraussetzung, dass die Menschen imstande sein müssen, zu leben, um «Geschichte machen» zu können. Zum Leben aber gehört vor allem Essen und Trinken, Wohnung, Kleidung und noch einiges andere. Die erste geschichtliche Tat ist also die Erzeugung der Mittel zur Befriedigung dieser Bedürfnisse, die Produktion des materiellen Lebens selbst, und zwar ist dies eine geschichtliche Tat, eine Grundbedingung aller Geschichte, die noch heute, wie vor Jahrtausenden, täglich und stündlich erfüllt werden muss, um die Menschen nur am Leben zu erhalten.» Diese Zerlegung der Geschichte in ihre

Grundbestandteile ist logisch gewiss völlig einwandfrei, sobald man die Gleichung «alle menschliche Existenz, also auch alle Geschichte» unbesehen hinnimmt; sie wird aber fragwürdig, sobald man erkennt, dass die Geschichte wohl aus der menschlichen Existenz hervorgeht, aber zu etwas Reichhaltigerem, Vielfältigerem wird. Indessen: der Ansatzpunkt ist für Karl Marx gewonnen, und so erwächst die Forderung nach einer neuen Geschichtsauffassung, die darauf beruht, «den wirklichen Produktionsprozess, und zwar von der materiellen Produktion des unmittelbaren Lebens ausgehend, zu entwickeln und die mit dieser Produktionsweise zusammenhängende und von ihr erzeugte Verkehrsform, also die bürgerliche Gesellschaft in ihren verschiedenen Stufen, als Grundlage der Geschichte aufzufassen und sie sowohl in ihrer Aktion als Staat darzustellen, wie die sämtlichen verschiedenen theoretischen Erzeugnisse des Bewusstseins, Religion, Philosophie, Moral, aus ihr zu erklären und ihren Entstehungsprozess aus ihnen zu verfolgen, wo dann natürlich auch die Sache in ihrer Totalität (und darum auch die Wechselwirkung dieser verschiedenen Seiten aufeinander) dargestellt werden kann». Und in scharfer, nicht unberechtigter Polemik erklärt Marx: «Die ganze bisherige Geschichtsauffassung hat diese wirkliche Basis der Geschichte entweder ganz und gar unberücksichtigt gelassen oder sie nur als eine Nebensache betrachtet, die mit dem geschichtlichen Verlauf ausser allem Zusammenhang steht... Sie hat daher in der Geschichte nur politische Haupt- und Staatsaktionen und religiöse und überhaupt theoretische Kämpfe sehen können und speziell bei jeder geschichtlichen Epoche die Illusion dieser Epoche teilen müssen.» Es ist das mehr als nur die Forderung nach einer neuen historischen Methode, diese selbst wird zum Sprengmittel an den bestehenden, geschichtlich überlieferten Zuständen. In der «Kritik der Hegelschen Rechtsphilosophie» heisst es ganz offenkundig: «Der Kampf gegen die deutsche politische Gegenwart ist der Kampf gegen die Vergangenheit der modernen Völker, und von den Reminiszenzen dieser Vergangenheit werden sie immer noch belästigt... Das moderne Ancien Régime ist nurmehr der Komödiant einer Weltordnung, deren wirkliche Helden gestorben sind. Die Geschichte ist gründlich und macht viele Phasen durch, wenn sie eine alte Gestalt zu Grabe trägt. Die letzte Phase einer weltgeschichtlichen Gestalt ist ihre Komödie. Die Götter Griechenlands, die schon einmal tragisch zu Tode verwundet waren im gefesselten Prometheus des Äschylus, mussten noch einmal komisch sterben in den Gesprächen Lucians. Warum dieser Gang der Geschichte? Damit die Menschheit heiter von ihrer Vergangenheit scheide. Diese heitere geschichtliche Bestimmung vindizieren wir den politischen Mächten Deutschlands.»

Der Verlauf der Krise von 1848–50 hat Karl Marx dann allerdings darüber belehrt, dass das Ancien Régime den Zeitpunkt noch nicht für gekommen hielt, in Heiterkeit aus dieser Welt zu scheiden. Und doch konnten die heraufziehenden Symptome des Massenzeitalters als warnendes Zeichen erscheinen und ein gesichertes Geschichtsbewusstsein erschüttern. Die Fähigkeit, Künftiges zu ahnen, ist indessen stets nur wenigen Historikern beschieden gewesen. Dass Jacob Burckhardt zu diesen wenigen gehörte, wissen wir aus seinen Briefen: den gebildeten Zeitgenossen, die seine Bücher lasen, blieb das verborgen. Und Michelets zukunftsfreudig soziale Verkündungen stiessen auf Befremden. Denn die politische und soziale Ordnung blieb erhalten, noch auf Jahrzehnte hinaus. Die eigentliche Krise des Historismus ist, wie gesagt, erst viel später eingetreten. Aber seine Grenzbereiche waren sichtbar geworden – innerhalb der Geschichtswissenschaft selbst, doch auch von aussen her. Die Umgestaltungen des 20. Jahrhunderts haben dann vollends die überlieferte Welt der geschichtlichen Zusammenhänge und damit auch des historischen Denkens aus den Angeln gehoben.

Struktur und Erzählung in der Geschichtschreibung des 19. Jahrhunderts

Das Verhältnis von Struktur und Erzählung wird in der Geschichtschreibung des 19. Jahrhunderts in hohem Masse vom Leser bestimmt, oder präziser: von den Erwartungen, die der schreibende Historiker an seine Leser stellt, von deren Gefolgschaft oder Nichtgefolgschaft die Wirkung seines Werkes abhängt.

Die These ist am 19. Jahrhundert besser zu exemplifizieren als am 20., weil der Historiker damals in höherem Masse für eine gebildete Öffentlichkeit schrieb, also mehr publikumsorientiert war als heute.

Die Gründe dafür liegen auf der Hand: es gab zu jener Zeit ein relativ grosses Publikum, das bereit war, gutgeschriebene Geschichtswerke zu rezipieren – Bildung war im 19. Jahrhundert sehr weitgehend historische Bildung (anders als heute!) –, es gab hingegen nur einen relativ begrenzten Konsumentenkreis von reinen Fachhistorikern – während sich das Verhältnis heute weitgehend ins Gegenteil verkehrt hat, so dass ein Grossteil der heute veröffentlichten Geschichtswerke nach Themastellung und Diktion von vornherein nur für die Fachwelt bestimmt sind – ich sage: ein Grossteil, nicht alle.

Das aber hiess: der schreibende Historiker musste, ehe er seinen Leser dahin führte, wo er ihn haben wollte, darauf bedacht sein, ihn weder zu unter- noch zu überschätzen; er musste also, ehe er narrativ ausholte, soviel an Voraussetzungen, an strukturierenden Zustandsschilderungen einbauen, dass die Leserschaft auf die Höhe gebracht wurde und ihm in seinen weiteren narrativen, d. h. geschichtsentfaltenden Bemühungen folgen konnte.

Diese Voraussetzungen werden gerade bei grösseren Historikern nicht selten zweistufig gelegt – in einen weiteren und einen engeren Kreis sozusagen. Stichwortartig seien dafür zwei Beispiele angeführt:

1. Rankes «Deutsche Geschichte im Zeitalter der Reformation» (1839–45) bietet im 1. Buch als Einleitung eine weitgespannte «Ansicht der früheren deutschen Geschichte» vom Hochmittelalter zu den engeren Kreisen von Reichsreform und religiöser Gärung in der Maximilianzeit. Dann wiederholt das 1. Kapitel des 2. Buches diese Verengung «Ursprung der religiösen Opposition» ausgehend von den Erlösungsreligionen Indiens und der Erneuerung des Buddhismus im 16. Jahrhundert, dem Dualismus von Brahma und Buddha, hin zu jenem Dualis-

mus, der aus der Opposition der beginnenden Reformation zum Papsttum erwuchs, worauf dann nach kunstvoll verzögernden und strukturierenden Ritardandi die eigentliche Erzählung einsetzt.

2. Das andere Beispiel: Macaulays Englische Geschichte, die «History of England from the Accession of James II.» (1849–61), mit der weiten Einleitung des über 100seitigen 1. Kapitels und deren abschliessender These von der Modifikation der beschränkten Monarchie mittelalterlicher Prägung in eine beschränkte Monarchie der bürgerlichen Gesellschaft. Im 2. Kapitel sodann die engere Einleitung mit der kunstvollen Darstellung der Zeit Karls II., die alles noch in der Schwebe lässt. – Ihr folgt zu Beginn des 2. Bandes (im 3. Kapitel) die strukturierende Zustandsschilderung Englands im Jahre 1685, womit der Weg freigelegt ist für die eigentliche, mit dem Tode Karls II. anhebenden Erzählung.

3. Das gleiche liesse sich noch an anderen Werken erläutern – etwa an Albert Sorels klassischem Werk «L'Europe et la Révolution française» (1885–1904) mit dem wuchtigen einleitenden Band betitelt: «Les mœurs politiques et les traditions» – und der These, dass die wichtigen aussenpolitischen Stossrichtungen durch die Kontinuität aber auch die – modern gesprochen – Mentalität von Ministern und Diplomatie gegeben waren.

4. Andere Historiker verfahren dann so, dass bei ihnen die strukturierenden und retardierenden Partien vor allem kulturgeschichtlichen Charakter bekommen, sich aber über das ganze Werk verteilen: Struktur und Erzählung folgen sich gewissermassen rhythmisch – der Leser wird sozusagen vom Katarakt der dramatischen Erzählung zum Staubecken der jeweiligen Zustandsschilderung geführt. Ein Beispiel ist die vor 100 Jahren vielgelesene «Geschichte des deutschen Volkes seit dem Ausgang des Mittelalters» (1876–94) von Johannes Jannssen, wo die Querschnitte mit tendenzieller Niedergangstheorie zuerst in die vorreformatorische Zeit gelegt werden, dann aber wieder die narrativ weniger ergiebigen Zeiten nach 1550 bestimmen.

Ähnlich, aber komplexer das Vorgehen Lamprechts in seiner «Deutschen Geschichte» (1899–1909) mit ihrer Theorie der dominierenden Kulturzeitalter.

Zum Schluss möchte ich noch eine Typologie der im 19. Jahrhundert üblichen Geschichtswerke versuchen, die sich zu weiterer Analyse im Sinne unseres Themas eignen könnte.

Ich unterscheide im wesentlichen 4 Typen – nämlich:

1. Die Darstellung traditionellen Stils, von narrativer Zielsetzung: also «Geschichte von – bis», aber mit strukturierenden Elementen. Dazu gehören die bisher genannten Historiker und Geschichtswerke (insbe-

sondere Ranke und Macaulay), überhaupt die Mehrzahl derselben, auch z. B. Michelet und Treitschke.

2. Weit weniger häufig: die strukturellen, auf Zustände oder sozialökonomischen oder mentalitätsmässigen Analysen ausgerichteten Werke – etwa Tocquevilles «L'Ancien Régime et la Révolution» (1856), auch H. Taines «Les Origines de la France contemporaine» (1876–94), obwohl hier in die strukturierenden Abschnitte meistens narrative Einzelpartien eingebaut sind. Auch die beiden zeitgeschichtlichen Frankreichstudien von Karl Marx «Die Klassenkämpfe in Frankreich 1848 bis 1850» (1850) und «Der achtzehnte Brumaire des Louis Bonaparte» (1852) kann man hiezu zählen. Sie fanden zu ihrer Zeit allerdings wenig Leser und ihr Einfluss blieb dementsprechend marginal.

3. Die Kulturgeschichte, die in der Regel ihre eigenen Kompositionsformen aufweist, sich von daher aber häufig mehr der strukturierenden Darstellungsweise annähert. Klassische Beispiele verkörpern die drei grossen kulturgeschichtlichen Werke Jacob Burckhardts vom Konstantin über die die Renaissance in Italien bis zur Griechischen Kulturgeschichte, aber auch Ludwig Friedländers wissenschaftlich bedeutende Sittengeschichte Roms.

4. Die Biographie – sie gewinnt, wenn ich recht sehe, erst etwa vom letzten Drittel des 19. Jahrhunderts an wirkliche historiographische Bedeutung – zuvor gab es sie natürlich auch, aber wenn man von den Essais Macaulays oder Treitschkes absieht doch mehr nur als Parergon; das gilt etwa vom Wallenstein Rankes. Das ändert sich von etwa 1870/80 an, wobei das Grundmuster der Durchsetzung einer narrativen Form mit strukturalistischen Elementen, auch da gilt – besonders eindrücklich etwa in der dreibändigen Darstellung von Pasquale Villari «Niccolo Machiavelli e i suoi tempi» (1877–82), wo freilich die Figur Machiavells hinter dem Überreichtum der «tempi» und ihrer Zustandsschilderungen manchmal fast verlorengeht. Ein anderes, ausgeglicheneres Beispiel bietet der erste und einzige Band der Colignybiographie (1892) von Erich Marcks.

Eine abschliessende Feststellung: Historiographische Deutungen sollten sich nie nur auf einige wenige, heute noch geläufige Standardnamen (wie Marx oder Max Weber) stützen, sondern müssen von Werken ausgehen, die zu ihrer Zeit eine Wirkung ausübten, auch wenn sie heute – zu Recht oder Unrecht – weitgehend der Vergessenheit anheimgefallen sind.

Der alte Burckhardt

«Er ist jeder Zeit gemäss, weil er alle in sich fasst.»
Karl Wolfskehl

Diese wohl umfangreichste Historikerbiographie deutscher Sprache ist zum Werk eines Lebens geworden, das zu einem guten Teil Jacob Burckhardt gewidmet war.* Bald nach seinem Leipziger Doktorat hat sich ihm Kaegi zugewandt, als Mitarbeiter an der um 1930 erschienenen Gesamtausgabe zunächst, dann in verschiedenen kleineren Studien, worauf ihn die grosse Lebensgeschichte, deren erster Band 1947 herauskam, bis zu seinem Tode am 15. Juni 1979 in ihren Bann zog. Freilich erweiterte sich dieses Thema zu einem eigentlichen Kosmos historischer Bildung, der die Geschichte von der Antike bis zur Gegenwart Burckhardts ebenso wie die Geschichtsschreibung, aber auch die Kultur Basels vom Ausgang des Ancien Régime bis zur Demokratisierung und Integration in den schweizerischen Bundesstaat umfasste. So ist das Werk mit seinen sieben Bänden weit mehr als eine Biographie im üblichen Sinne geworden, es repräsentiert einen wesentlichen Abschnitt der Kultur- und Bildungsgeschichte des 19. Jahrhunderts. Das hängt mit der genialen Spannweite der Interessen Burckhardts zusammen, die sich über die Bücher hinaus in Briefen, Vorlesungen und Nachlassveröffentlichungen erschloss, aber natürlich auch mit der adäquaten Sensibilität und Darstellungskraft des Biographen, dem es gegeben war, in die Diversität dieser Sphären einzudringen. Gewiss mag sich die Frage der Proportion, des gar grossen Umfanges da und dort stellen. Da aber das Werk ohnehin keine spezifische Pflichtlektüre ist – auch nicht für den Fachgenossen –, da knappere und gute Orientierungen über Burckhardt zudem nicht fehlen, ist es doch in erster Linie für Kenner bestimmt, die das Buch seiner Detailfülle wegen lesen und auch geniessen. Denn hier liegt der eigentliche Reiz: im Reichtum der Bezüge, im Eingehen auf die Reisen, Begegnungen, Lektüren, auf die Menschen seines Umkreises, die Wertungen, Ahnungen und Befürchtungen, gelegentlich auch Voreingenommenheiten – kurz auf die vielen Elemente und Nuancen, die zum geistigen Reichtum Burckhardts gehören. Die kompositorische Problematik des Werkes bestand angesichts dieser Fülle freilich darin, dass es nach dem 4. Bande eigentlich aufhörte, «Biographie» im strengen Sinne zu sein und sich zu ausführlichen Berichterstattungen über Formen und Wirkungen Burckhardtschen Denkens erweiterte, dabei aber doch immer wieder in den Lebenslauf einmündete, ihn gleichsam vom Werk her interpretierte und weiterverfolgte.

Der Abschluss der «Biographie» bedeutet nicht deren Vollendung in der vom Autor vorgesehenen Gestalt. Niklaus Röthlin, der die Edition des nachgelassenen siebenten Bandes in die Hand nahm – Edgar Bonjour hat ihn mit seinem Vorwort versehen – und auch ein Register des Gesamtwerkes anfertigte, berichtet abschliessend über den Torso. Der grossangelegte sechste Band befasst sich mit den sog. «Weltgeschichtlichen Betrachtungen», den Vorlesungen über die Kultur des Mittelalters, vor allem mit den kunstgeschichtlichen Vorlesungen, die Burckhardt erst im Jahre 1874 auszuarbeiten begann, als er zu dem (bis 1886 versehenen) Lehrstuhl der Geschichte neu denjenigen für Kunstgeschichte übernahm, den er bis zum Rücktritt 1893 beibehielt, sodann über die späten Jahre und den Tod. Der Abschlussband gilt der «Griechischen Kulturgeschichte», dem «Leben im Stadtstaat», dem Kollegen- und Freundeskreis – dieser Teil ist unvollendet und wird durch ein Fragment über Burckhardt und Böcklin ergänzt. Ungeschrieben blieben, ausser Abschnitten über weitere Bekanntschaften, die Kapitel über die öffentlichen Vorträge («Der Erzieher der Bürgerschaft») sowie über die Nachlasswerke («Erinnerungen aus Rubens», «Beiträge zur Kunstgeschichte Italiens»). Aufs Ganze gesehen ist doch die eigentliche Lebensgeschichte ohne störende Verkürzungen zum Abschluss gelangt. Auch die Würdigung der Werke ist weit gediehen, wenn man bedenkt, dass sowohl die kunstgeschichtlichen Nachlassarbeiten wie auch die Vorträge im Umkreis der Vorlesungen gewissermassen vorbehandelt wurden.

Die Thematik der letzten Bände aber ist das Bild eines Menschen, der mit dem Jahrhundert, das sein Leben umschliesst, altert, dieses gemeinsame Altern in einem fort registriert und – bald gelassen, bald impulsiv – kommentiert. Der baslerische Umkreis des Altersgenossen von Karl Marx (den er übrigens nie zur Kenntnis genommen zu haben scheint[1]) brachte es mit sich, dass er früher als manche deutsche Zeitgenossen mit der Realität geschichtlicher Umwälzungen konfrontiert wurde – bedeutete doch die Teilung des Kantons von 1833 die Zerstörung einer herkömmlichen und sehr geliebten politischen Lebensform. Der Sinn für die Hinfälligkeit alles Irdischen ist ihm nicht nur durch den frühen Tod seiner Mutter, sondern auch durch diesen geschichtlichen Einschnitt bewusst geworden. Es gehört wohl zu den charakteristischen Zügen des politischen «Weltbilds» von J. Burckhardt, dass es darin keine Restauration im Sinne einer Ruhephase gab, wie sie das Schaffen Rankes so wesentlich bestimmte. Die schweizerische Gegenwart war eigentlich seit dem Aufbruch von 1830/31 stets durch revolutionäre Agitation geprägt, und noch der Tessinerputsch von 1890 hat Burckhardt – wie der letzte Band der Biographie Kaegis erhellt – empört, ja verstört. Doch stets gab es im Leben Burckhardts auch das andere: die Orientierung am Gültigen, an einer Vergangenheit, deren künstlerisches

Patrimonium so etwas wie bergenden Schutz verhiess. Dieser Zug ist, wie aus unlängst bekanntgewordenen Jugendbriefen Burckhardts erneut hervorgeht, schon sehr früh entwickelt gewesen[2]. Dieses «Sowohl-Als-auch» verleiht dem Leben Burckhardts und seinen Äusserungen den eigentümlichen und ganz persönlichen Spannungsgehalt, es ist eine wesentliche Voraussetzung dafür, dass er seiner eigenen Gegenwart sozusagen nie frohwerden, an der Geschichte als einer kreativen Ganzheit aber auch nie völlig irrewerden konnte. Doch gibt es in diesem Leben auch keine Stufenfolgen etwa in dem Sinne, dass Früheres unter dem Eindruck späterer Erlebnisse oder Erkenntnisse verblasst – wie nach Burckhardts eigenem Ausspruch die Menschheit, so ist auch diese Persönlichkeit eigentlich früh komplett gewesen, neuer Eindrücke wohl fähig, aber doch nur selten zu grundsätzlichen Revisionen und Wandlungen veranlasst oder gezwungen.

Man kann die Ausarbeitung der Vorlesungen «Über das Studium der Geschichte» als den Auftakt zum Alter betrachten. Diese Texte haben, als sie 1905 von Jakob Oeri als «Weltgeschichtliche Betrachtungen» herausgegeben wurden, nicht nur eine neue Phase der Berühmtheit Burckhardts initiiert, die nach 1945 zur Weltberühmtheit wurde – Kaegi berichtet darüber kenntnisreich in Bd. 6 –, sie haben zusammen mit der «Griechischen Kulturgeschichte» und den Briefen (vor allem denjenigen an Friedrich von Preen) Burckhardt eigentlich zum einzigen deutschsprachigen Historiker jenes uns so rasch entschwindenden Jahrhunderts werden lassen, der auch heute noch Aktualität beanspruchen kann. Ein Ruhm, der lediglich auf den zu Lebzeiten publizierten Büchern gründete, wäre möglicherweise schon bald nach 1914 verblasst, nicht unähnlich demjenigen der Gregorovius, Hermann Grimm und selbst dem Rankes. Überlebt hätte sicherlich die «Kultur der Renaissance in Italien», während der «Cicerone» (noch von Carl Justi als «unser Geschmacks-Vormund» apostrophiert) schon eher Patina anzusetzen drohte – zumal er als «Anleitung zum Genuss der Kunstwerke Italiens» auch aus rein praktischen Gründen in den Hintergrund gedrängt wurde. Sein klassisches Schönheitsideal aber erscheint mittlerweile dank den Forschungen Kaegis anhand der kunsthistorischen Vorlesungsmanuskripte etwas entkanonisiert, durch neue Akzente bereichert und erweitert. Das wachsende Interesse am späteren Burckhardt ist also ganz unzweifelhaft auch dem jüngeren zugutegekommen; die Nahtstelle aber liegt ungefähr um (und kurz vor) 1870, da der Zusammenschluss nationaler Grossstaaten im Norden und Süden der Schweiz in Burckhardt einen förmlichen Schub der Verunsicherung und der Sensibilisierung auslöste, der sich in seinem wachsenden Krisenbewusstsein manifestierte. Kaegi hat freilich die Publikation der von ihm selbst befürworteten kritischen Textausgabe der Vorlesungen «Über das Studium der Geschichte» nicht mehr erlebt; sie ist auf Grund der Vorarbeiten seines Schülers Ernst Ziegler von Peter Ganz vorgelegt worden[3]. Nun kann jeder Leser die zwei Phasen der Textentwicklung auseinanderhalten, über die Kaegi zu Beginn seines 6. Bandes anhand der Manuskripte ausführlich berichtet: das «Alte Schema» vom Sommer 1868, eine Frucht der Konstanzer Ferienwochen, und das der Vorlesung des Winters 68/69 zugrundegelegte «Neue Schema», das für die folgenden Wiederholungen vorhielt und 1873 noch um wesentliche Erweiterungen bereichert wurde, so dass Karl Joel von dem «spekulativen Lustrum» dieser fünf Burckhardtschen Lebensjahre sprechen konnte.

Deutlicher lässt sich nun anhand der Forschungen Kaegis und Ganz' das unterscheiden, was Burckhardt in seiner Arbeit anregte: es reicht von einzelnen Stichworten – so der vielzitierten (angeblich Schlosserschen, in Wirklichkeit wohl Burckhardtschen) Formel von der «an sich bösen» Macht, dem schon bei Schelling nachweisbaren Satz vom «Staat als Kunstwerk» und seinem gewichtigeren Anstoss zu Burckhardts Potenzenlehre (der durch Kaegi wahrscheinlich gemacht wird) bis zur Rolle eines Ernst von Lasaulx (die weniger in direktem «Einfluss» als in der Funktion eines «Geburtshelfers» zu sehen ist) und Hegels – dessen Geschichtsphilosophie Burckhardt im Herbst 1868 konsultierte und teilweise exzerpierte –, aber auch Schopenhauers und Hartmanns.

Burckhardts bekannte Abwehrhaltung gegenüber der Geschichtsphilosophie, dem «Kentauren», erscheint dabei als zwiespältig und vielschichtig. Zutreffend spricht Ganz einmal von «seiner sich oft hinter Demutsformeln und bewusst missverständlichen Ironien verbergenden Polemik» (S. 71). So unsystematisch und unphilosophisch wie es nach den Eingangssätzen der «Weltgeschichtlichen Betrachtungen» aussieht, ist ja seine Ordnung mit ihrer Lehre von den drei Potenzen und der damit verknüpften «Betrachtung der sechs Bedingtheiten» keineswegs, auch wenn ihr Ausgangspunkt vom «duldenden, strebenden und handelnden Menschen, wie er ist und immer war und sein wird», sich denkbar unspekulativ ausnimmt. Sie unterscheidet sich aber von den herkömmlichen Geschichtsphilosophien vor allem durch den Verzicht auf einen chronologisch fassbaren Prozess und durch die übergreifende Akzentverlagerung auf das Typische und Analoge. Damit antizipiert sie Modelle der Moderne, von Max Weber[4] (in gewissem Sinne auch Oswald Spengler) bis hin zu den Strukturalisten. So gesehen, verkörpert diese Geschichtslehre eine Zäsur und bietet – bei allem Kulturkonservatismus – gerade auch methodisch weitreichende Perspektiven. Allerdings wirft die Nähe Hegels immer wieder ihre Schatten. Das erweist sich in der zentralen Funktion des Staates (neben den Potenzen der Religion und der Kultur) sozusagen auf Schritt und Tritt – auch Schlüsselbegriffe wie die der Krisen, der Sekurität und die Betrachtung «Über Glück und Unglück in der Weltgeschichte» sind wesentlich durch diese Omnipräsenz geprägt. Ins Positive gewendet bzw. geläutert wird sie angesichts der sozusagen allseitigen staatlichen Machtzusammenballung allerdings durch die berühmte Definition des Kleinstaates – die sich (was häufig übersehen wird) vom üblichen Gebrauch aber dadurch unterscheidet, dass sie von der Polis ausgeht, also keinen Staatenbund oder Bundesstaat meint[5]. Aber auch der mit Misstrauen und Faszination wahrgenommenen historischen Grösse (die ja stets auch Staatsallmacht personifiziert) eignen Züge Hegelscher Geschichtsteleologie. Wenn in den «Vorlesungen über die Philosophie der Weltgeschichte» Hegel die «grossen Menschen in der Geschichte» dadurch kennzeichnete, dass deren «eigene partikuläre Zwecke das Substanzielle enthalten, welches der Wille des Weltgeistes ist», so weicht Burckhardt darin nicht grundsätzlich ab: «(Die Bestimmung) der Grösse scheint zu sein, dass sie einen Willen vollzieht, der über das Individuelle hinausgeht, und der je nach dem Ausgangspunkt als Wille Gottes, als Wille einer (Nation oder) Gesamtheit bezeichnet wird. Hierzu bedarf es eines Menschen, in welchem Kraft und Fähigkeit von unendlich vielen concentriert sind» (S. 401). Bei aller Übereinstimmung in der Feststellung des Sachverhalts wird allerdings auch die Distanz spürbar: Bewunderung des «Mysteriums» und zugleich Mangel an Sympathie für die «Grösse», die aber letztlich doch – bei mancherlei Bedenken – als «notwendig» erkannt wird, «damit die weltgeschichtliche Bewegung sich periodisch und ruckweise frei mache von blosse(n) (abgestorbenen Lebensformen und vom) reflectierenden Geschwätz» (S. 405). Dass es aber mit der «Verwirklichung des Sittlichen auf Erden» durch den Staat nichts auf sich hat (sie «müsste tausendmal scheitern an der inneren Unzulänglichkeit überhaupt und auch der Besten insbesondere») (S. 263), steht ausser Frage und nimmt diesem Wechselbezug von Grösse und Staat dann doch die geschichtserzieherische Mission, die ihr in idealistischer Sicht zufällt. Zudem geht die Machtsteigerung des Staates keineswegs nur mit Gewaltsteigerung parallel; «die grosse heutige Gefahr» ergibt sich auch aus dem Aufgabenzuwachs sozial- und wohlfahrtspolitischer Art. «So bekömmt er ein buntes Programm von allerlei öconomischen, moralischen und andern Aufgaben. Manche geben sich auch gar keine sonderliche Mühe mehr, Staat und Gesellschaft zu unterscheiden, und stellen über Beide die gefährlichsten Definitionen auf. Bis in relativ kurzer Zeit wird man von Stufe zu Stufe bei der Ernährungspflicht des Staates anlangen» (S. 137). Die innere Konsequenz dieses Agglomerationsprozesses liegt also nicht zuletzt darin, dass der Staat wohl die Individuen in sich aufsaugt, damit sich aber seinerseits wieder der Gefahr aussetzt, seine Identität gegenüber der Gesellschaft zu verlieren und von ihr vereinnahmt zu werden. Diese genuin sozialbezogene Optik zeigt sich auch in seiner Diagnose der geschichtlichen Krise, die nicht einfach mit Systemveränderung und Revolution im herkömmlichen Sinne gleichzusetzen ist, sondern eine völlige Umwälzung im Sinne des Verschwindens der alten Führungsschichten voraussetzt. So stellt es ein Kennzeichen der römischen Revolutionen in der Spätzeit der Republik dar, dass sie «die grosse, gründliche Crisis, d.h. der Durchgang der Geschichte durch Massenherrschaft» vermieden haben und es statt dessen beim Übergang «von Mächtigen an Mächtige» bewenden liessen. «Erst die Völkerwanderung ist dann wahre Crisis gewesen» (S. 346–48), im Sinne einer endogenen wie einer exogenen Umwälzung. Das berühmte Diktum von «diesen 83 Jahren Revolutionszeitalter», und von der «Geschwindigkeit und Kraft der Bewegung, in welcher wir selber leben» (S. 248), lässt den bei aller Dynamik langfristigen Charakter der Krise erkennen, die 1789 erst ihren Anfang nahm. «Aus diesem Allem entsteht die grosse Crisis des Staatsbegriffs in welchem wir leben: Von unten herauf wird kein besonderes Recht des Staates mehr anerkannt; Alles ist discutabel; ja im Grunde verlangt die Reflexion vom Staat beständige Wandelbarkeit der Form nach ihren Launen; zugleich aber verlangt sie eine stets grössere und umfangreichere Zwangsmacht, damit der Staat ihr ganzes sublimes Programm, das sie periodisch für ihn aufsetzt, verwirklichen könne» (S. 324). Man sieht die Konvergenz der geschichtlichen und der gesellschaftlichen Krise, die sich in der Gegenwart um 1870 vollzieht und sich in der sozialen Transformation und schliesslichen Aushöhlung des herkömmlichen Staatsbegriffs symptomatisch manifestiert. Was aber die Krisen «und selbst ihre Fanatismen» als notwendig – «als echte Zeichen des Lebens» – erscheinen lässt und somit der historischen Grösse an die Seite stellt, ist ihr heilsam-heilender Charakter «als eine Aushilfe der Natur, gleich einem Fieber ... als Zeichen, dass man noch Dinge kennt, die man höher als Habe und Leben schätzt» (S. 364). Es ist etwas von Katharsis und reinigendem Gewitter in diesen elementaren Offenbarungen geschichtlichen Daseins, und das gilt auch vom Krieg, den Burckhardt zwar weder glorifiziert noch ethisch veredelt, aber doch als Teil einer Krise und natürlichen Vorgang des Kräftemessens gelten lässt. Dies alles gehört zu den Erscheinungsformen des Lebens, des «Willens der Macht» (S. 115) – eine Formel Burckhardts, die der junge Nietzsche als sein Hörer möglicherweise mitbekommen und variiert hat – und des damit verbundenen Leidens.

Kaegi weist in seinen Ausführungen auf das Steigen der «Aktien Schopenhauers» hin, das sich im Denken Burckhardts um 1870 zuungunsten Hegels (der «nun seine Retraite nehmen könne») vollzog, vor allem aber auf das Ausbleiben des inneren Gesprächs mit Droysen, der doch drei Jahrzehnte zuvor sein grosser geschichtsphilosophischer Mentor gewesen war, ihm nun aber als Künder des Grossstaates in griechischer wie in preussisch-deutscher Gestalt diskreditiert erschien. Hier lag ja die bezeichnende Schranke, die ihn bei allem zeitweiligen Respekt für Bismarck vom neuen Deutschland schied. Dieser Umstand ist im Zuge der deutschen Burckhardt-Rezeption sehr wohl erkannt und in der NS-Zeit dann sogar zu dem völlig sinnlosen Vorwurf der «staatsfremden Kulturgeschichte» vergröbert worden. Schon Friedrich Meinecke hat, als er 1906 in der Historischen Zeitschrift die Erstauflage der «Weltgeschichtlichen Betrachtungen» durchaus anerkennend würdigte, auf die «Kluft» hingewiesen, «die seinen historischen Standpunkt von dem seiner deutschen Zeitgenossen trennt. Unser historisches Denken ist im grossen und ganzen durch den Kampf um Staat und Nation entwickelt worden. Die Schule dieses Kampfes hat Burckhardt nicht mitgemacht. Er hat sie sich wohl mit teils interessiertem, teils skeptischem Blicke mitangesehen, aber er hat sich wohl gehütet, auch nur so weit daran teilzunehmen, wie etwa sein Landsmann C. F. Meyer, der doch mit starker Gemütsbewegung die grossen Geschicke der deutschen Nation miterlebt hat. Damit ist gesagt, dass eine Fülle von Erfahrungen, Eindrücken und Idealen, aus denen sich unsere historischen Begriffe und Urteile genährt haben, für Burckhardt nicht existiert. Weder atmet er die Luft der grossen politischen Weltverhältnisse, die Ranke geatmet hat, noch hat er sein Herz an die Vervollkommnung des Staates überhaupt gehängt ...»[6]. Da schwingt bei grundsätzlicher Benevolenz des Urteils eine unverkennbare Nuance von Überlegenheit mit, als gewähre doch erst die Zugehörigkeit zu (bzw. die Identifikation mit) einer Grossmacht dem Historiker jene besondere Dimension geschichtlicher Erlebnisfähigkeit, die einer «bloss» kleinstaatlichen Haltung letztlich eben fremdbleiben müsse. Die Frage, ob nicht gerade eine grundsätzliche Distanz zur Grossmacht andere Möglichkeiten und Räume historischer Sensibilisierung eröffne – eine Frage, die übrigens keineswegs vorbehaltlos bejaht zu werden braucht –, bleibt ungestellt. Es bezeugt vielleicht weniger die zeitlose Gültigkeit der Burckhardtschen als die hochgradige Zeitbedingtheit der nachrankesch-«wilhelminischen» Geschichtsauffassung, dass Meinecke im hohen Alter noch «die Überlegenheit Burckhardts im Urteil über Gegenwart und Zukunft» attestieren musste[7]. Im Grunde ist damit auch gesagt, dass die «Weltgeschichtlichen Betrachtungen» – die in der Bearbeitung Jakob Oeris gegenüber der kritischen Fassung doch den höheren Grad der Lesbarkeit behalten – das wohl gültigste und «aktuellste» geschichtsphilosophische Vermächtnis des 19. Jahrhunderts an das 20. bleiben wird.

Das eigentlich Neue der Kaegischen Biographie (und besonders ihres 6. Bandes) bilden die breit ausgefächerten und dabei doch straff geführten Darlegungen über Burckhardts Vorlesungsmanuskripte, die sich durch Kolleg-Nachschriften einzelner Studenten ergänzen lassen. Was man davon in Gedankengängen und Glanzlichtern einzelner Formulierungen erfährt, gibt einen Widerschein dessen, was Burckhardt an Publikationsvorhaben zeitweilig noch gehegt haben mochte. Das gilt von der «Kultur des Mittelalters», die Burckhardt unter Verzicht auf ereignisgeschichtliches Beiwerk bis ins letzte Jahr seiner geschichtlichen Professur (also bis 1886) vierstündig vortrug, bezeichnenderweise mit stärkerer Akzentverlagerung auf das frühere Mittelalter, aber unter universalhistorischer Einbeziehung von Byzanz und des Islam. Dabei ist er sich schon zu Beginn über die «Fraglichkeit» der Kulturgeschichte («zu einseitig») im klaren gewesen. «Ihre äusseren Flügel: rechts: Antiquitäten, links: Geschichtsphilosophie.» Und: «Wir werden Kirchengeschichte, Rechtsgeschichte, Literaturgeschichte berühren, aber nicht ersetzen wollen.» Vorangegangen war ein Ringen um die Definition der Kultur und dabei eine Doppelbedeutung herausgekommen: «1) Ausbau der Welt, 2) Geistige Bildung, ihre Grade, Zu- und Abnahme» (VI, S. 158–59). Gerade der alte Burckhardt ist sehr zurückhaltend gegenüber Adepten gewesen, die sich der Kulturgeschichte zuwenden und damit einer Richtung verschreiben wollten, die er doch selber gewiesen hatte. «Kulturgeschichte ist ein vager Begriff, jeder versteht darunter etwas anderes. Gegenwärtig ist sie noch gar nichts.» Mit solchen Worten wurde der 18jährige Heinrich Wölfflin abgespeist, der sich damit freilich nicht zufriedengab und im Jahr darauf von Wilhelm-Heinrich Riehl den Trost empfing, «dass die noch so junge Wissenschaft der Kulturgeschichte in ihrer Vollendung einst die einzige wahre Philosophie der Geschichte sein werde»[8].

Hinter einem Schutzschirm von Rückversicherungen ist also Burckhardt an sein Thema herangegangen, was ihn indessen keineswegs davon abgehalten hat, seine Auswahlkriterien so zu treffen, dass ihm die Kulturgeschichte eben doch als Refugium (und gewissermassen auch als Reservat) verblieb. Wie kräftig die Anregungen auf seine Hörer ausstrahlen, zeigt das Beispiel Heinrich Gelzers, der es zwar verschmähte, Burckhardts Nachfolger auf dem Lehrstuhl für Geschichte zu werden, aber unter die profilierten Byzantinisten der Jahrhundertwende zu rechnen ist. Wenn der «Mediaevist» Burckhardt es auch verwarf, sich in rechtsgeschichtliche oder urkundenkritische Details zu verlieren, so behielt er statt dessen Vorlesungszeit und Kräfte frei für andere Quellen in einer Spannweite, die von der «Gloria Martyrum» und von Victor Uticensis bis Tabari und Ibn Chaldun reicht. Dazu kommt der fortlaufende Disput mit den Historikern, den Vorläufern und Fachgenossen, den Kaegi kunstvoll in seine Untersuchungen einflicht, wobei die Zuneigungen und Abneigungen Burckhardts sich – wie schon in früheren Bänden – auf den Biographen übertragen[9]. Was Kaegi einmal «eine Antiphon gegen die moderne Bildung» nennt, liegt auch der Mittelalterbewunderung Burckhardts zugrunde, wenn er dessen «Feinden» gewiss nicht ohne nostalgisch-veredelnden Rückblick entgegenhält: «Das Mittelalter hat aber wenigstens leben können – ohne Nationalkriege – Zwangsindustrie – Credit und Capitalismus – ohne Hass gegen Armut, (ohne) die Steinkohlenfrage. Es hatte seine eigene Grösse und seine eigenen Leiden. Seine Kunde aber ist ein grosses, unentbehrliches Glied der Kunde von der Kontinuität der menschlichen Entwicklung, ohne welche der heutige Mensch ein Barbar ist. Es ist ein Teil vom Ganzen der Leben der Menschheit» (VI, S. 162).

Dieser zuletzt feierliche Ton, den Burckhardt nur an gelegentlichen Höhepunkten der Vorlesung anzuschlagen pflegte, durchzieht auch das Bekenntnis zur Kunst, «die aus der wirren Welt das Unvergängliche zusammenfasst» (S. 182). Zum «Amt der Kunstgeschichte» äussert sich Kaegi auf über 500 Seiten seiner Darstellung. In den fast zwanzig Jahren, da Burckhardt als Inhaber dieses für ihn neugeschaffenen Lehrstuhls wirkte, behandelte er die Kunst von ihren orientalischen Anfängen bis zum Ausgang des 18. Jahrhunderts, mit den damals üblichen Behelfen – Photographien und Bildern, die während der Vorlesung herumgereicht wurden und die Hörer erst erreichten, wenn bereits ein anderes Werk besprochen wurde. Zugleich aber boten diese Pflichten Burckhardt den Anstoss zu seinen letzten grossen Reisen, die nicht nur zu intensiv verarbeiteten Kunsterlebnissen, zu Umlernungsprozessen, sondern auch zu neuen Begegnungen mit Ländern und Kulturen führten, was sich in zahlreichen Briefen niederschlug. Kaegi hat schon früher über die «europäischen Horizonte», die sich Burckhardt teilweise neu oder doch wieder auftaten, berichtet[10]. Das Glück des späten Neubeginns, das ihm in dieser Phase widerfuhr, bildet ein wesentliches Element seines schöpferischen Alters. Einzelheiten dieser kunstgeschichtlichen Arbeit können hier nicht einmal auszugsweise vermittelt werden. Zu den wesentlichen «Neuentdeckungen» gehört bekanntlich der Barock, der ihm eigentlich in zwei Formen zuteil wurde: im originalen, früher verschmähten Barocco Roms, aber auch – wenn dieser Ausdruck hier schon angewendet werden darf – im hellenistischen «Barock», der ihm am Beispiel des nach Berlin überführten Altars von Pergamon begegnete[11]. Vor diesem Werk empfand er ganz unmittelbar «den Charakter einer erstaunlichen Eruption, neben welcher alle bisherigen Götterdarstellungen förmlich still und gemässigt erscheinen», aber in ihm regte sich darüber auch «immer wieder der Gedanke an Rubens» (VI, S. 345). Mit diesem Namen ist ja auch die andere grosse Altersoffenbarung genannt, die dem Umkreis des Barock angehört und die für Burckhardt zum Quell einer tiefen Begeisterung geworden ist. Ihr steht in entschiedenem Kontrast die bekannte und oft erörterte Ablehnung Rembrandts gegenüber, die anhand der Vorlesungsmanuskripte nicht etwa gemildert, sondern eher noch verschärft erscheint. Dies übrigens einer der wenigen Abschnitte, da innere Vorbehalte des Biographen erkennbar werden, da er förmlich um mildernde Umstände und Verständnis für die

Burckhardtschen Schroffheiten wirbt. Sicher spielt der Rembrandtkult des späten 19. Jahrhunderts eine Rolle, gegen den sich der Basler wandte; der «Rembrandtdeutsche» hat seinen Urteilsweg gerade noch gekreuzt. Aber es hatte schliesslich auch einen z.T. recht einfältigen Raffaelkult gegeben, über Jahrhunderte hinweg, und der hatte Burckhardt wenig anhaben können. Möglich, dass die instinktive Aversion gegen Calvin und den Calvinismus seine Urteile über Rembrandt mitbestimmte und gewissermassen einen kumulativen Effekt zeitigte – möglich auch, dass er in dem Holländer einen Vorläufer jener mit Lichteffekten psychologisierenden Malerei seiner eigenen Gegenwart sah, wie ihm überhaupt die ganze mit Hässlichkeit verkoppelte Innerlichkeit dieser Kunst zuwiderlief: jedenfalls muss man sich mit diesen Urteilen, wie sie nun einmal dastehen, ebenso abfinden wie mit der zutiefst emotionalen Antipathie gegen die Person und Kunst eines Richard Wagner[12]. Es gehört eben wesentlich zum Profil und Reiz Burckhardts, dass er kein farbloser Allversteher und Kulturkonsument war, der mit allem und jedem etwas anfangen konnte. So mag denn auch seine kühle Zurückhaltung gegenüber Dürer befremden, die wohl (nach Kaegis überzeugender Motivation) durch gewisse Exaltationen des Jubiläumsjahres mitbedingt war. Aber eben, solche Begleiterscheinungen bildeten höchstens den äusseren Anlass zur Aktivierung von Reserven, die ohnehin schon bestanden. Um so überraschender die Aufgeschlossenheit, ja beinahe die Begeisterung Burckhardts für den von der Kunstwissenschaft noch nicht lange entdeckten «rätselhaften Grünewald» als einem Maler des «visionären Lichts». Burckhardt blieb also, selbst wenn er an bestimmten Urteilen und selbst Vorurteilen festhielt, doch immer für neue Eindrücke offen, bis in Beobachtungen und Aufzeichnungen der letzten Jahre hinein.

Aus Vorlesungen hervorgegangen ist auch die «Griechische Kulturgeschichte», die jedoch – wie Kaegi gegen damals lautgewordene Kritik überzeugend dartut – von Jakob Oeri mit dem Einverständnis Burckhardts posthum publiziert wurde. Da das Werk seine eigene Sprache spricht, konnte sich die Werkanalyse auf bestimmte Akzentuierungen beschränken. Ein historiographischer Exkurs schildert die wesentlichen Etappen der für Burckhardt wichtigen darstellerischen Gesamterschliessung der griechischen Geschichte, wobei neben der in Curtius gipfelnden deutschen Tradition auch die englische (Grote, Freeman) und die französische (Fustel de Coulanges) ihre Spuren zogen. Dazu kam als gräzistischer Mentor der Jugend sein Griechischlehrer Wilhelm Vischer, der später als Ratsherr Nietzsches Berufung nach Basel durchsetzte, endlich die nicht zu unterschätzende Anregung durch Nietzsche selbst, dessen Griechenbild aber – im Sinne einer Wechselwirkung – gleichfalls durch Burckhardt mitbestimmt wurde. Die Entfremdung, durch Nietzsches Weggang von Basel auch äusserlich bedingt, lässt sich anhand der immer formelhafteren Briefe ablesen, mit denen Burckhardt für die Zuschriften des Philosophen dankte und sie innerlich von sich wies: der Kult des Übermenschen wurde ihm um so peinlicher, als er ohnehin im Begriff war, das Renaissancebild seiner früheren Jahre zu korrigieren[13]. Wie sehr sich gerade der spätere Burckhardt als Ethiker fühlte, zeigt unausgesprochen das Alterswerk mit seiner grossartig kritischen Analyse der Polis, dieser so illustrativen und korrigierenden Erläuterung seiner früheren Worte zum Kleinstaat, die nun dessen Schattenseiten zeigt und doch seine innere Notwendigkeit als Wurzelgrund der griechischen Kultur bejaht. Aber diese Polis ist eben auch eine Zwangsgemeinschaft für jeden Bürger, die ihn einschliesst – die griechische Kultur aber erblüht aus dem Boden einer «città dolente» mitsamt ihrer in steten inneren Konflikten sich erneuernden Tragik. Burckhardt hat die Ablehnung, die seinem Griechenbild widerfahren würde, vorausgesehen und gescheut. Im wegwerfenden Urteil eines Wilamowitz mag dessen Disput mit Nietzsche noch nachgewirkt haben; es fand Gefolgschaft bei Philologen geringeren Ranges. Doch stand dem die gewichtige Zustimmung Robert von Pöhlmanns gegenüber; der Münchener Althistoriker und Autor der «Geschichte des antiken Kommunismus und Sozialismus» erkannte den eminent sozialgeschichtlichen Zug der Sehweise Burckhardts, die sich in Stichworten wie «Die Verstärkung des Gefühls für die Klassenunterschiede. Klassenkämpfe. Güterverteilung» niederschlägt. Burckhardts «Pessimismus», der nach Kaegis Erläuterungen allerdings nie zum Kulturpessimismus degenerierte[14] und «sich auf die nächste Zukunft Europas, nicht auf die Geschichte der Menschheit» bezog (VII, S. 84), mag indessen eine weitere Ursache für die zunächst zurückhaltende Aufnahme der «Griechischen Kulturgeschichte» gewesen sein. Im idealistischen Historismus des ausgehenden 19. Jahrhunderts, diesem Späterbe der Aufklärung, lebte durchaus ein progressives Element, das sich in der imperialistischen Ära neurankeanisch bestätigt fand. Die Identitätskrise des wilhelminischen Gelehrtentums nach 1918 war ja nicht zuletzt auch eine Krise dieses – zwar wenig reflektierten, im Grunde aber kaum bestrittenen – Fortschrittsglaubens, der sich nationalstaatlich wie weltpolitisch verbrämen liess. Daher auch die jähe Konjunktur Spenglers, der die nationale Katastrophe in den weiteren Rahmen des «Untergangs des Abendlandes» stellte, ihn zur «Vollendung» umstilisierte und ihm mit dem bejahten Cäsarismus einer Spätzeit zugleich einen neuen Sinn verlieh[15]. Von solchen Illusionen und Akkomodationen hat und hätte Burckhardt sich freigehalten, und das war wohl mit ein Grund, warum die eigentliche Zeit seines Verständnisses doch erst während und nach der zweiten Katastrophe anbrach.

In seiner akademischen Lehrtätigkeit beschränkte sich Burckhardt ganz auf Vorlesungen. Von ihnen ging eine besondere Faszination aus. «Welche

Fülle der Gedanken! und welche Philosophie, die die Erfahrung eines langen Lebens zum Fundament hat! Es ist wunderbar!» So Wölfflin nach dem Besuch der ersten Vorlesungsstunde über «Kultur des Mittelalters»[16]. Allerdings verzichtete Burckhardt auf Seminarübungen, was damals schon etwas aus dem Rahmen der üblichen Ausbildung fiel. Eine Begründung dieser eigenartigen Abstinenz bietet Kaegi wenigstens indirekt mit dem Hinweis auf Burckhardts Erklärung der «Disputà» Raffaels, wonach mit diesem Wort nicht etwa Diskussion, sondern «nur Inspiration und Meditation» gemeint sei. Offenbar scheute sich Burckhardt, der ja lange am Paedagogium unterrichtete, den unvermeidlichen Lehrbetrieb auf die Universität zu übertragen. Sein schon 1862 geschriebenes Wort «Ich werde nie eine Schule gründen», hat sich bewahrheitet: im Unterschied zu seinem Zürcher Kollegen Büdinger, aus dessen Seminar eine ganze Generation schweizerischer Historiker hervorging, hat er nur ganz wenige Doktoren kreiert. Möglicherweise war bei diesem Mangel an Ehrgeiz auch die Einsicht im Spiel, dass – wie Hanno Helbling in seinem Essay über Burckhardt formuliert – ein Historiker «entsteht, dass er nicht gemacht wird. Das Fach – wenn es eines ist – beruht nicht auf Ausbildung, sondern auf Bildung; seine wirklich eigenen Methoden kommen zustande durch eine Steigerung der persönlichen Sensibilität. Für keine Wissenschaft ist so sehr, wie für diese, alles Vorbereitung; jeder künstlerische Eindruck, jeder gesellschaftliche Anlass, jede menschliche Beziehung»[17].

Und von den menschlichen Beziehungen des alten Burckhardt handelt auch der letzte Band – im kollegialen wie im engeren Freundeskreis. Es waren zumeist keine Fachkollegen; ihnen gegenüber konnte er höflich, zurückhaltend bis ablehnend sein; letzteres bekam sein wenig glücklicher Nachfolger Pflugk-Harttung zu spüren. Von den Historikern stand ihm ausser dem frühverstorbenen Kollegen Vischer eigentlich nur sein Schüler Markwart (der dann sein Biograph wurde) nahe; in der letzten Lebenszeit allerdings auch noch Ludwig Pastor. Die Sympathien für den Papsthistoriker gründen in der tiefen Bewunderung Burckhardts für die katholische Kirche und wohl auch in einer gewissen Abwehrhaltung gegenüber reichs-deutschem Historikertum, nicht zuletzt aber auch in der ihnen gemeinsamen Aufgeschlossenheit für die christlichen Seiten der Renaissance, die dem Burckhardt von 1890 mehr bedeuteten als dreissig Jahre zuvor. Obendrein war Pastor ein Schüler Johannes Janssens, den Burckhardt stets hochgeschätzt, ja vielleicht sogar etwas überschätzt hat. Pastor übermittelt ein Urteil Burckhardts, der Janssens Werk als «grundlegend» bezeichnet habe. «Aber nicht bloss das, er hat uns über die sogenannte Reformation endlich die Wahrheit gesagt. Bisher hatten wir darüber nur Erbauungsgeschichten protestantischer Pastoren» (VII, S. 175). Sollte dieser Ausspruch wirklich wortgetreu überliefert sein, so enthielte das schon mehr böse als boshafte Verschweigen der «Deutschen Geschichte im Zeitalter der Reformation» einen verräterischen Hinweis auf die innere Kluft, die Burckhardt von seinem Lehrer Ranke trennte. Während Pastor sich in der Gunst Burckhardts zu behaupten verstand, scheint sie Eberhard Gothein verscherzt zu haben, obwohl der Altmeister auf seinen Erstling über die Kultur der Renaissance in Süditalien sehr freundlich reagiert hatte und ihn die Auseinandersetzung mit Dietrich Schäfer über Wert und Unwert der Kulturgeschichte hätte interessieren können. Distanzierend aber wirkte die liberale Einstellung Gotheins, die sich in seinen Publikationen über die Gegenreformation niederschlug und den ausgeprägt katholischen Alterssympathien Burckhardts zuwiderlief. Diese Sympathien wiederum sind offenbar durch das Erlebnis des Kulturkampfes aktiviert worden, auf das Kaegi relativ ausführlich und in verschiedenen Zusammenhängen zu sprechen kommt. Burckhardt nahm daran, ohne sich jemals durch offene Stellungnahmen zu exponieren, als Zeitungsleser und Kommentator in einzelnen Privatbriefen sehr engagierten Anteil – seine Optik entsprach da im wesentlichen der des konservativen Basel und der «Allgemeinen Schweizer Zeitung». Die gegen die katholischen Minoritäten des Berner Jura und Genfs gerichtete Repressionspolitik der radikalen Regime hat – ebenso wie die Massnahmen in Preussen – in- und ausserhalb der Schweiz Anstoss erregt, ja vielfach eine eigentliche Schockwirkung gezeigt. «In den letzten zwei Jahrzehnten ist es mir dann gegangen wie Unzähligen unter den protestantischen Indifferenten; wer von uns beim deutschen Culturkampf nicht mit Händen griff, dass ein Geistiges misshandelt wurde und dass dieselbe Misshandlung auch ein anderes Geistiges treffen könnte, dem war eben nicht zu helfen»[19]. Diese Worte haben insofern autobiographischen Bekenntnischarakter, als sie eine Entwicklung von protestantischem Indifferentismus zur aktiven Sympathie markieren, die er dem leidenden Opfer – nämlich der katholischen Kirche – entgegenbrachte. Dass die Dinge vielfach doch etwas komplizierter lagen, dass Aggressionen von beiden Seiten zur Eskalation führten, hätte der alte Burckhardt wohl kaum wahrhaben wollen. Kaegi ermittelt denn auch verschiedene schroffe, ja wegwerfende Urteile über Bundesrat Welti, die diesem Staatsmann – dessen grosse politische Ausgleichsleistung ja gerade in der Schlichtung des schweizerischen Kulturkampfs bestand, was später in den Memoiren des päpstlichen Legaten Domenico Ferrata denn auch offen anerkannt wurde – keineswegs gerecht werden. Burckhardt verkannte die schwierige Position dieses Politikers zwischen den kämpferischen Extremisten beider Seiten, er konnte vollends nicht wissen, was Welti noch vor Kampfabbruch an einen Freund schrieb: «Wir hätten auf das Anathema des obersten der Priester mit der Proklamation der unbedingten Freiheit antworten sollen. Aber das Vertrauen in die Macht des Geistes hat uns gefehlt und wir haben uns hinter

334

die Landjäger verkrochen»[20]. Diese selbstkritische Bilanz lag grundsätzlich gar nicht so weit von derjenigen, die auch Burckhardt aus dem Geschehen zog. Aber Burckhardt war vor allem auch durch die politische Entwicklung in Basel-Stadt, seiner Polis, mitbetroffen. Das Jahr 1875 markierte hier den entscheidenden Einschnitt, das Ende einer Oligarchie (die ja nie ein «Patriziat» im strengen Sinne gewesen war), die demokratische Verfassungsrevision, welche die Partizipation aller Einwohner – keineswegs nur der Unterschichten, vor allem die der aufsteigenden «Erwerblinge» – an der Macht inaugurierte. Gab es auch gelegentlich noch Rückschläge zugunsten der Konservativen, so sahen sich diese doch fortan hoffnungslos in die Defensive gedrängt, Burckhardt selber sich vor allem zur Verteidigung der Universität – die er zeitweilig für gefährdet hielt und zur «metaphysischen Notwendigkeit» erhob – verpflichtet. Daneben gab es den Freundeskreis, der sich jeweilen in der Veltlinerhalle traf (und den Kaegi in seiner Zusammensetzung prosopographisch minutiös und unterhaltsam zugleich charakterisiert), es gab die kleinen – bis zum Wohnungswechsel von 1892 geradezu rührend engen – Lebensverhältnisse. Die letzten Jahre hat der Biograph mit einer gewissermassen kongenialen Anteilnahme aus den Quellen gehoben, die seinen ganzen Sinn für Alter und Altwerden bekundet. Die Geschichte eines Lebens ist in diesen sieben Bänden zur Schöpfung eines Lebens geworden, das fast so lange währte wie das des «Helden». Sie wirkt in der ruhigen Ausgeglichenheit des Stils als Beispiel einer Kunst der Darstellung, die angemessen erscheint und Burckhardts Wesen entspricht. So darf für ihren Autor wie für Burckhardt selber das Wort gelten, mit dem dieser die Persönlichkeit eines Rubens erfasste: «Das Grösste ist bei seinen vielen und enormen Kräften das Gleichgewicht derselben: der grosse, gesunde Menschenverstand» (VI, S. 698).

Anmerkungen

* Werner Kaegi, *Jacob Burckhardt. Eine Biographie.* Bd. VI: *Weltgeschichte – Mittelalter – Kunstgeschichte – Die letzten Jahre 1886–1897.* Bd. VII: *Griechische Kulturgeschichte – Das Leben im Stadtstaat – Die Freunde.* Mit Personen- und Ortsregister zum Gesamtwerk. Basel/Stuttgart, Schwabe 1977–1982. XXI, 898 S. u. XIV, 317 S.

1 Dass der Name Marx im Briefwechsel Burckhardts nicht vorkommt, bestätigte mir Dr. Max Burckhardt brieflich am 17.3.1983. Allerdings glaubt er, eine «indirekte Anspielung» auf das «Kommunistische Manifest» im Brief Nr. 735 vom 30.5.1877 an F. v. Preen (Briefe, Bd. VI, S. 134) zu finden, mit seinem Hinweis auf die «Stimmung der ‹arbeitenden› Klassen (Würde man nur einmal diesen infam ungerechten Terminus los, es wäre schon viel gewonnen)». Kaegi erwähnt (VII, S. 75) das Stichwort «Klassenkämpfe» auch einmal im Zusam-

menhang mit der «Griechischen Kulturgeschichte». Freilich waren das Termini, die sozusagen in der Luft lagen und noch keinen Bezug zu Marx gewährleisten. Dass bedeutende Zeit- und sogar Ortsgenossen mehr oder weniger beziehungslos nebeneinander herleben können, belegt auch der kaum vorhandene Kontakt zwischen Burckhardt und Bachofen (VII, S. 195f.).

2 Dazu nun einige aus einem Basler Nachlass kürzlich bekanntgewordene frühe Briefe: Heinrich Oeri-Schenk und Max Burckhardt, Aus Jacob Burckhardts Jugendzeit. Ein Nachtrag zu seiner Bildungsgeschichte, in: *Basler Zeitschrift für Geschichte und Altertumskunde*, Bd. 82 (1982), S. 97–146.

3 Jacob Burckhardt. *Über das Studium der Geschichte*. Der Text der «Weltgeschichtlichen Betrachtungen» auf Grund der Vorarbeiten von Ernst Ziegler, nach den Handschriften herausgegeben von Peter Ganz. München 1982. Die folgenden Zitate beziehen sich auf diese Ausgabe.

4 Eine nicht uninteressante, fast blitzlichthafte Antizipation der M. Weberschen Formel von Calvinismus und Kapitalismus bei Burckhardt: «Der anglo-americanische Compromiss: calvinistischer Pessimismus in der Theorie und rastloser Erwerb in der Praxis.» (S. 201, A.1 – übereinstimmend S. 339, wo noch «in starkem Einfluss auf Europa» hinzugefügt und anmerkungsweise ergänzt wird: «Die calvinistischen Länder die erwerbenden, schon wesentlich von der Reformation an.»)

5 Auf Burckhardts Gegenwart übertragen ist das Beispiel eines solchen Kleinstaates der Stadtstaat Basel (und nicht etwa die durch Zentralisations- und Nivellierungstendenzen gezeichnete Schweizerische Eidgenossenschaft).

6 HZ 97 (1906), S. 559.

7 Friedrich Meinecke, *Ranke und Burckhardt* (1948), wiederabgedruckt in: *Zur Geschichte der Geschichtsschreibung* (Werke – Bd. VII), München 1968, S. 94.

8 Heinrich Wölfflin 1864–1945, Autobiographie, *Tagebücher und Briefe*. Hrsg. von Joseph Gantner. Basel/Stuttgart 1982, S. 11, 17.

9 Besonders spürbar in der Ablehnung des «Cultur-Dahn», den man aber doch nicht einfach als «Nachkomme von Schauspielern und Lockenkünstlern» (so K. VI, S. 239) abtun sollte, und der einmal eine monographische Untersuchung unter neueren Gesichtspunkten verdiente. Was Burckhardt gegen den gelehrten und verdienten Rechtshistoriker möglicherweise besonders aufbrachte, war neben seinem Kulturkämpfertum seine Romanschriftstellerei: lehnte Burckhardt doch den historischen Roman als eine Art von unlauterem Wettbewerb mit der Quelle, als simplifizierenden Zugang zur Vergangenheit für halbgebildete Zeitgenossen, ab.

10 Werner Kaegi, *Europäische Horizonte im Denken Jacob Burckhardts*, Basel/Stuttgart 1962.

11 Der Begriff des hellenistischen «Barock» z. B. bei Arnold von Salis, *Die Kunst der Griechen*, Leipzig 1919, S. 253ff. Dieser bedeutende Archäologe war der Sohn des gleichnamigen Basler Münsterpfarrers, der als Student Hörer Burckhardts gewesen war (eine wichtige Kollegnachschrift *«Über das Studium der Geschichte»* stammt von ihm), der Burckhardts Vertrauen auch später genoss und ihm die Grabpredigt hielt.

12 Bezeichnend denn auch, dass die zu Recht bewunderte prognostische, ja prophetische Kraft vieler seiner brieflichen Äusserungen – die hier wohl als bekannt vorausgesetzt werden dürfen – da nachlässt, wo Wunschvorstellungen ins Spiel kommen – etwa bei der Voraussage, Wagners Werk werde sich schon nach kurzer Zeit überlebt haben.

Die Antipathie ist übrigens eine gegenseitige gewesen. In den Tagebüchern

Cosimas spricht Wagner vom «Renaissance-Mann Burckhardt» (1.12.1881) und ärgerte sich zuvor schon in Siena über das Urteil des *«Cicerone»:* «Wir lesen in Burckhardt einiges über den Dom nach und finden in dem hochnäsigen, kalt absprechenden Ton Spuren des Einflusses auf Nietzsche. R. sagt: «Woher nimmt er denn die Regeln, um die Erbauer des Domes z.B. zu kritisieren?» (28.8.1880). Die Vermutung, Burckhardt stehe auch hinter der feindlichen Wendung Nietzsches gegen Wagner, ist wohl hypothetisch, die durch gewisse Einschränkungen beeinträchtigte Anerkennung des Sieneser Doms (Gesamtausgabe 3. Bd., S. 120ff.) traf bei Wagner einen wunden Punkt, da er in dem von ihm besonders bewunderten Kuppelraum ein Urbild seines Gralstempels sah.

13 Doch war es Burckhardt, der nach Empfang der Wahnsinnskarte aus Turin unverzüglich die Rettungsaktion durch Overbeck veranlasste, der den Kranken zunächst nach Basel überführte. Zu einer Begegnung mit Burckhardt ist es jedoch nicht mehr gekommen. Details nunmehr im letzten Band der Biographie von Curt Paul Janz, *Friedrich Nietzsche*, 3. Bd., München-Wien 1979, S. 9ff.

14 Dazu auch Werner Kaegi, *Jacob Burckhardt und sein Jahrhundert.* Gedenkrede zum 150. Geburtstag, gehalten in der Universität Basel am 24. Mai 1968 (Basler Universitätsreden, 58. Heft), Basel 1968, S. 25f.

15 Spengler: Man dürfe den «Untergang des Abendlandes» nicht «mit dem Untergang eines Ozeandampfers verwechseln. Der Begriff einer Katastrophe ist in dem Worte nicht enthalten. Sagt man statt Untergang Vollendung …, so ist die ‹pessimistische› Seite einstweilen ausgeschaltet, ohne dass der eigentliche Sinn des Begriffs verändert worden wäre.» Oswald Spengler, Pessimismus? (1921), in: *Reden und Aufsätze,* München 1937, S. 63f.

16 Wie Anm. 9, S. 20. Brief an die Eltern vom 21.4.1884.

17 Hanno Helbling, *Die Zeit bestehen. Europäische Horizonte,* Zürich-München 1983, S. 148.

18 Kaegi verweist (VII, S. 169) auf die «Zweistromlehre», nämlich den christlichen und den heidnischen Strom in der italienischen Renaissance, die als Erfindung Pastors gelte. Freilich findet sie sich mit Blick auf den deutschen Humanismus auch im 1. Band von Janssens Hauptwerk, mit seiner Abgrenzung des «älteren Humanismus im Gegensatz zur späteren jungdeutschen Humanistenschule».

19 Brief Nr. 1256 vom 12.5.1889 an Ludwig Pastor: *Briefe IX,* S. 185.

20 Zit. bei Hans Weber, *Bundesrat Emil Welti,* Aarau 1903, S. 128.

Das europäische Geschichtsbild und die weltpolitischen Wandlungen des 20. Jahrhunderts

Es gehört zu den Einsichten, die uns der Historismus vermittelt hat, dass das Geschichtsbild aus historischen Wandlungen entsteht, in Wandlungen sich verändert und schliesslich auflöst. Das Bild, das der Mensch sich von der Vergangenheit macht, ist auch die Kraft, durch die diese Vergangenheit auf ihn einwirkt. Ja, man kann sagen: neben der Umwelt und den eigenen Erinnerungen ist das Geschichtsbild eine von jenen Kräften, die den Menschen – einzeln oder kollektiv – am stärksten bestimmen. Wo immer ein Staat, eine Gemeinschaft sich verändern, einen Teil ihres bisherigen Ganzen verlieren oder einem neuen Ganzen sich einfügen – stets erwachsen die Widerstände dagegen aus der Bindung an die geschichtliche Vergangenheit, wobei es sich oft um eine bewusst und in Verantwortung getragene, häufig aber auch um eine mehr emotional empfundene Vergangenheit handelt. Das Thema der vorliegenden Betrachtung steht mit diesem Phänomen in engem Zusammenhang. Es handelt von den geistigen Begleiterscheinungen jenes Vorgangs, den man mit dem Stichwort «Zusammenbruch der europäischen Hegemonie» umschreibt: die Welt, die als politischer Wirkungszusammenhang eigentlich bis an die Schwelle des 20. Jahrhunderts ein wesentlich von Europa gestaltetes und bestimmtes Ganzes war, formt sich zu eigenem Dasein in eigenen Systemen, setzt sich über den alten Kontinent hinweg, rückt ihm auf den Leib.

Eine radikale Veränderung, die Europa um so empfindlicher getroffen hat, als es geistig kaum darauf vorbereitet war. Denn die öffentliche Meinung in den europäischen Staaten war um die Wende des 19. zum 20. Jahrhundert ganz allgemein getragen vom Vertrauen in die geschichtliche Kraft, die unbegrenzte Fortdauer der eigenen Nation und des sie tragenden Kontinentes und schöpfte dieses Vertrauen eben aus der geschichtlichen Vergangenheit. Indem der idealistische Historismus einen rationalen Optimismus früherer Zeiten überwand, legte er die Wurzel zu einem organischen Geschichtsoptimismus, der den Akzent weniger auf das «Stirb» als auf das «Werde» setzte.

Dabei ist auf eines zu achten: Einer weitverbreiteten Auffassung nach gilt das 18. Jahrhundert als das Jahrhundert der Zukunftsgläubigkeit, das 19. hingegen eher als das der Wirklichkeitsnähe, der realistischen Besinnung. Es wäre von Interesse, die Zeugnisse zu durchmustern, auf welche dieser «consensus» sich stützt. Die Akzente liessen sich unschwer auch anders setzen – in Anbetracht vieler skeptisch-pessimistischer Äusserungen eines Montesquieu, Voltaire und auch Rousseau einerseits, des hoffnungsfrohen Vertrauens so vieler wissenschaftlich repräsentativer Persönlichkeiten des 19. Jahrhunderts anderseits. Es ist nicht ohne Gewicht, wenn ein Mann von dem geistigen Format eines Hermann Grimm in seinem «Leben Raffaels» bekennen konnte: «Es stehen mir Entwicklungen der Menschheit vor Augen, die mitzumachen mir versagt sein wird, die mir aber als so glänzend schön erscheinen, dass es um ihretwillen wohl der Mühe wert wäre, das menschliche Dasein noch einmal zu beginnen» (S. 9 der Phaidon-Ausgabe, Wien o. J.). Dieses Vertrauen in die regenerierende Kraft der geschichtlichen Menschheitsentwicklung war zu Ende des 19., zu Anfang des 20. Jahrhunderts fast allbeherrschend und verband sich mit dem stolzen Selbstbewusstsein einer Geschichtswissenschaft, die ihrer Methoden und Forschungsinstrumente gewiss war. Vielleicht noch nie und sicherlich nie mehr haben die Historie und ihre Schwesterwissenschaften, die Kunst-, die Philosophie- und die Literaturgeschichte, in den Augen des gebildeten und gesellschaftlich tonangebenden Publikums mehr Ansehen besessen als in den Jahren vor 1914, da der Historismus äusserlich überall triumphierte, die Warnungen eines Jacob Burckhardt und die scharfsinnigen Einseitigkeiten eines Karl Marx jede Aktualität verloren zu haben schienen. Vielleicht gibt es kein bezeichnenderes Zeugnis eines solch sublimierten Geschichtsgenusses als den Aufsatz des Philosophen Wilhelm Dilthey «Die Typen der Weltanschauung und ihre Ausbildung in den philosophischen Systemen», wo die Fähigkeit der Philosophie zur Aufstellung verbindlicher Normen in Frage gestellt wurde mit der relativierenden Begründung: «Vor dem Blick, der die Erde und alle Vergangenheiten umspannt, schwindet die absolute Gültigkeit irgendeiner einzelnen Form des Lebens, Verfassung, Religion oder Philosophie» (Gesammelte Schriften, Bd. 8, S. 77). Das ist ein Geständnis des alten Dilthey. Der jüngere bereits hatte in seinem Buche «Einleitung in die Geisteswissenschaften» die Hingabe an das Einzelne, Individuelle als höchste Aufgabe des Geschichtsschreibers hingestellt und damit die Historie gegen zwei Seiten abgeschirmt: einmal gegen den Positivismus, die Soziologie eines Auguste Comte, der die Geschichte zu einer Funktion der Gesellschaftswissenschaft zu reduzieren suchte, aber auch gegen die Naturwissenschaften, die mit ihren auf Gesetzen und Experimenten beruhenden Methoden den Anspruch, Wissenschaft im strengen, exakten Sinne zu sein, einmal mehr für sich allein erheben zu dürfen glaubten.

Die Historie nahm diese schon von Droysen ausgegangene, von Dilthey verfeinerte Klärung ihrer Grundbegriffe dankbar auf und hat – vor allem in Deutschland – jeden Versuch, soziologische oder naturwissenschaftliche Kategorien in ihr Arbeitsverfahren hineinzutragen, während längerer Zeit entschieden und selbstbewusst abgelehnt.

Jener Satz Diltheys ist aber noch aus einem anderen Grund von Interesse. Es ist ein weltweite Zusammenhänge umspannendes Postulat, das darin aufgestellt wird. Die Forderung nach einer globalen Weltgeschichte geht letztlich auf Voltaire zurück. Sie ist im Sinne dieses Franzosen lange unerfüllt geblieben, obwohl im 19. Jahrhundert mehrere Weltgeschichten entstanden sind. Aber das waren fast durchwegs europäische Geschichten, wenn auch aufbauend auf den altägyptisch-orientalischen Voraussetzungen. Selbst Rankes grosses Alterswerk machte darin eigentlich keine Ausnahme. Nun aber, im Zeitalter des Imperialismus, wurden weltgeschichtliche Zusammenhänge wirksam, die auch auf das Geschichtsbild abfärben mussten: die Rivalität der grossen Mächte, dieses Lieblingsthema der Geschichtsschreibung des späteren 19. Jahrhunderts, übertrug sich jetzt auf die Kontinente und widerspiegelte sich in den Auseinandersetzungen um Asien und Afrika. Dabei hat das Wort Rankes, dass die Idee der Menschheit historisch nur in den grossen Nationen repräsentiert sei, stimulierend, und zwar sicherlich auch verhängnisvoll stimulierend gewirkt[1]. «Weltmacht» wurde zu dem Schlagwort einer historisch-politischen Publizistik, unter dem sich Kolonialstreben und imperiales Ausgreifen vollzog. Einer der führenden Historiker des wilhelminischen Deutschland, der Berliner Professor Dietrich Schäfer, hat die Kolonisation geradezu als den massgebenden Geschichtsfaktor dargestellt und erklärt: «Diejenigen Völker, die in dieser Arbeit sich auszeichneten vor anderen, sind die leitenden und führenden geworden, Weltmächte, denen die Zukunft beschieden war und noch heute beschieden ist. Man behauptet nicht zuviel, wenn man sagt, dass die Bedeutung des einzelnen Volkes für den Gang der Weltgeschichte sich in erster Linie abmisst nach seinen Leistungen auf dem Gebiete der Kolonisation; jedenfalls ist dies die Arena, in der um Macht und Dauer gerungen wird. Nur wer hier besteht, kann einen Platz behaupten im Leben der Völker.» (Kolonialgeschichte, Leipzig 1903, S. 10.) Und ein anderer der repräsentativen deutschen Geschichtsschreiber jener Zeit, Erich Marcks, begrüsste in seiner 1903 gehaltenen Rede über «Die imperialistische Idee in der Gegenwart» den Imperialismus als das natürliche Wachstumsgesetz der mächtigen Staaten; die Weltpolitik Kaiser Wilhelms II. sei die organische Fortsetzung der Europapolitik Bismarcks, wenn auch, wie er zugab, «das Temperament unserer obersten Leitung, die Form des Auftretens, möglicherweise auch das Verfahren» etwas geändert hätten, «an einen Sprung der innerlichen Entwicklung unserer Politik aber», so fährt er fort, «möchte ich nicht glauben». Und er schliesst seine Betrachtung mit den Worten: «Auch von dem Imperialismus der neuesten Tage, der die Blicke überall ins Weite und Helle zieht, der die Kräfte und die

Kraft überall entfesselt und steigert, der die Arbeit überall wichtiger, die Luft stärker und freier, das Selbstgefühl stolzer und kühner machen muss, auch von diesem starken Erzieher, so scharf und hart er sei, von seiner schöpferisch weiten Phantasie und seinem realistisch herben Willen, von seiner ganzen gewaltigen Mannhaftigkeit darf der Historiker freudig erhoffen, dass auch an seine Sturmfahne der innere Segen für unsere Welt und für unser Volk sich hefte.» (Männer und Zeiten, 2. Bd., Leipzig 1911, S. 288, 291). Es liegt auf der Hand, dass solche Auffassungen sich mit den Tendenzen der Tirpitzschen Flottenpolitik weitgehend deckten – Tendenzen, die in ein Wettrüsten zur See mündeten, das mit zu einem Anlass zum Ausbruch des Ersten Weltkrieges werden sollte. Nun wäre es allerdings eine ungebührliche Simplifikation, anzunehmen, dass die Geschichtsschreibung sich hier einfach zur willigen Dienerin politischer Gewalten hergegeben habe: es war eben vielmehr so, dass gerade solche Historiker, die sich dem Geist ihrer Zeit willig eröffneten, auch dem bestechenden Reiz solch weltweiter Perspektiven besonders ausgesetzt waren. Zudem finden sich Parallelen ja auch in der Geschichtsschreibung anderer seemächtiger Nationen – man denke an Seeleys zwar massvoll nüchterne «Expansion of England» oder – wesentlich später noch – an die solide Kolonialapologetik des Franzosen Georges Hardy. Und man kann die Beziehung noch erweitern. Wenn ein Erich Marcks das Bedürfnis empfand, den Imperialismus mit den Massstäben Bismarckscher Staatskunst in Einklang zu bringen, so kam diesem Bemühen besondere Bedeutung zu, denn er war der grosse Bismarckforscher und Bismarckverehrer unter den Historikern seiner Zeit. Aus ganz anderen geistigen Voraussetzungen und doch einem merkwürdig verwandten Anliegen heraus hat Wladimir Iljitsch Lenin sich mit dem Imperialismus auseinandergesetzt. Dieser prominente Vorkämpfer der russischen Sozialdemokratie und Begründer der bolschewistischen Bewegung war überzeugter Marxist; er widmete dem Imperialismus eine besondere Untersuchung, um dieses Phänomen in Beziehung zum Kapitalismus zu bringen, der ja von seinem Meister Karl Marx eingehend analysiert worden war. Das Ergebnis der Leninschen Erörterung war, das zeigt schon ihr programmatischer Titel («Der Imperialismus als höchstes Stadium des Kapitalismus»), dass der Imperialismus den Kapitalismus nicht etwa aufhebe – denn das hätte ja die ganze Lehre vom Klassenkampf in Frage gestellt –, sondern dass er eher das höchste und letzte Stadium des Kapitalismus, sozusagen das Delirium desselben darstelle. Lenin untersucht die Einstellung der verschiedenen Klassen zum Imperialismus und stellt fest: «Auf der einen Seite die gigantischen Dimensionen des in wenigen Händen konzentrierten Finanzkapitals, das sich ein aussergewöhnlich weitverzweigtes und dichtes Netz von Beziehungen und Verbindungen schafft, durch das es sich nicht nur die mittleren und kleinen, sondern selbst die kleinsten Kapitalisten und Besitzer unterwirft; auf der andern Seite der verschärfte Kampf mit den anderen nationalstaatlichen Finanzgruppen um die Verteilung der Welt und um die Herrschaft über andere Länder – all das führt zum angemeinen Übergang aller besitzenden Klassen auf die Seite des Imperialismus. «Allgemeine» Begeisterung für seine Perspektiven, wütende Verteidigung des Imperialismus, seine Beschönigung in jeder nur möglichen Weise – das ist ein Zeichen der Zeit. Die imperialistische Ideologie dringt auch in die Arbeiterklasse ein. Diese ist nicht durch eine chinesische Mauer von den anderen Klassen getrennt.» (Lenin, Ausgewählte Werke, Bd. I, Berlin 1960, S. 799–800.) Gerade die abschliessende Bemerkung zeigt, dass diese von Lenin diagnostizierte «Krankheit des sterbenden Kapitalismus» (wie er sie an anderer Stelle nennt) der beunruhigenden Symptome auch für die revolutionäre Front nicht ermangelt: es gilt darum, jene chinesische Mauer aufzurichten, dem Arbeiter das Klassenbewusstsein einzuimpfen und ihn damit zum eigentlichen Proletarier zu machen.

Lenins Abhandlung ist im Frühjahr 1916 in Zürich entstanden. Der Erste Weltkrieg mit seinen Ausweitungen, seinen Umwälzungen und Neuschöpfungen kulminierte in den Jahren 1917 und 1918. Von den drei Kaisermächten Mittel- und Osteuropas, die in den Krieg getreten waren, hörte Österreich-Ungarn gänzlich zu existieren auf und zerfiel in mehrere Teilstaaten. Russland war in einer ungeheuren revolutionären Erschütterung begriffen und hatte seine westlichen Randgebiete so weit eingebüsst, dass es aussenpolitisch wieder auf den Stand des 18. Jahrhunderts zurückfiel. Eine nationale Katastrophe also, die aber doch Möglichkeiten in sich barg, die Lenin, der nunmehr an die Macht gelangte Schöpfer des neuen Russland, klar erkannte. In einem 1918 niedergeschriebenen Aufsatz «Die Hauptaufgabe unserer Tage» zieht er kühl triumphierend die Bilanz: «Der Krieg hat die Massen aufgerüttelt, hat sie durch unerhörte Schrecken und Leiden aus dem Schlaf geweckt. Der Krieg hat die Geschichte vorwärtsgetrieben. Sie fliegt jetzt mit der Geschwindigkeit einer Lokomotive dahin. Millionen und aber Millionen Menschen machen jetzt selbständig Geschichte. Der Kapitalismus ist jetzt reif geworden für den Sozialismus.» Und er verschweigt auch die schweren Einbussen Russlands an äusserer Macht nicht, ja er rechtfertigt sie ausdrücklich mit dem Beispiel Preussens, das ja vor mehr als hundert Jahren aus der grossen Katastrophe von Jena und dem Verlustfrieden von Tilsit schliesslich doch als die säkulare Siegermacht hervorgegangen sei: «Wir haben einen ‹Tilsiter› Frieden unterzeichnet... Jedem, der denken will und zu denken versteht, zeigt das Beispiel des Tilsiter Friedens (der nur einer von jenen vielen drückenden Friedensverträgen war, der den Deutschen in der damaligen Epoche aufgezwungen wurde) ganz klar, wie kindisch, wie naiv der Gedanke ist, dass ein drückender Frieden unter allen Umständen den Untergang bedeute, ein Krieg aber der Weg zu Ruhm und Rettung sei. Die Epochen der Kriege lehren uns, dass der Frieden in der Geschichte nicht selten die Rolle einer Atempause und der Sammlung der Kräfte für neue Schlachten gespielt hat. Der Tilsiter Frieden war die grösste Erniedrigung Deutschlands, gleichzeitig aber die Wendung zu einem gewaltigen nationalen Aufschwung. Damals hat die historische Situation diesem Aufschwung keinen anderen Ausweg geboten als den des bürgerlichen Staates… Und wenn also Russland jetzt – woran nicht gezweifelt werden kann – vom ‹Tilsiter› Frieden einem nationalen Aufschwung, einem grossen vaterländischen Krieg entgegengeht, so ist der Ausweg für diesen Aufschwung nicht der bürgerliche Staat, sondern die internationale sozialistische Revolution. Wir sind seit dem 25. Oktober 1917 Vaterlandsverteidiger. Wir sind für die ‹Vaterlandsverteidigung›, aber der vaterländische Krieg, dem wir entgegengehen, ist ein Krieg für das sozialistische Vaterland, für den Sozialismus als Vaterland, für die Sowjetrepublik als Teil der Weltarmee des Sozialismus.» (Lenin, Ausgewählte Werke, Bd. 2, Berlin 1959, S. 354–356.) Man sieht: das proletarische Klassenbewusstsein wird im Denken Lenins zur Quelle eines erneuerten, ja – man kann sagen – eines bei ihm überhaupt erst jetzt erweckten nationalen Selbstbewusstseins von internationaler Zielsetzung.

Wie aber stand es nach der schweren militärischen Niederlage um die einst führende Macht der europäischen Mitte? Deutschland befand sich sowohl der Donaumonarchie als auch Russland gegenüber in einer vergleichsweise günstigeren Position: wohl büsste es Grenzgebiete und alle Kolonien ein, musste furchtbare Reparationen auf sich nehmen und sah sich obendrein noch mit dem moralisch-politischen Makel der Kriegsschuld belastet – aber die Reichseinheit und die Substanz des Territoriums blieben doch gewahrt. Gleichwohl ist das überlieferte Geschichtsbewusstsein vielleicht nirgends schwerer getroffen worden als gerade in Deutschland. Denn mit dem Krieg war auch die Welt des monarchischen Obrigkeitsstaates, die eben doch eine Welt der geistig-politischen Geborgenheit gewesen war, verloren gegangen – der neuen, aus der Niederlage hervorgegangenen Weimarer Republik aber stand man gerade in den geistig führenden Schichten misstrauisch gegenüber. Damals, im November 1918, schrieb ein Zeitgenosse: «Das Ende ist da, der Schleier des vierjährigen Geheimnisses ist gelüftet. Es ist ein Ende mit Schrecken, weit schrecklicher als es auch diejenigen erwarteten, die seit der Marneschlacht, dem Eintritt Amerikas in den Krieg und der sichtbar werdenden Ermüdung der Bundesgenossen einen Sieg immer unmöglicher fanden und daher eine rechtzeitige Beendigung auch unter Opfern für Gewissenspflicht gegenüber unserm Volke hielten» (Ernst Troeltsch, Spektator-Briefe, S. 1). Diese Worte stammen von Ernst Troeltsch, der in einer Reihe von Artikeln, die dann unter dem Titel «Spektator-Briefe» in Buchform erschienen sind, die

Umwälzungen von 1918 bis 1922 kommentierte: überlegen, zukunftsoffen, ganz ohne sentimental-romantische Verklärung einer untergegangenen Welt. Troeltsch – übrigens kein Historiker, sondern ein zur Philosophie übergegangener Theologe – hat damals auch jenes gewaltige Werk «Der Historismus und seine Probleme» geschaffen, das 1922 – ein Jahr vor seinem Tode – erschien. Es stellt eigentlich eine grosse Auseinandersetzung mit den geschichtsphilosophischen Systemen und Werten des 19. und des beginnenden 20. Jahrhunderts dar. «Weltkrieg und Revolution», sagt Troeltsch, «wurden historischer Anschauungsunterricht von furchtbarster und ungeheuerster Gewalt. Wir theoretisieren und konstruieren nicht mehr unter dem Schutze einer alles tragenden und auch die kühnsten oder frechsten Theorien zur Harmlosigkeit machenden Ordnung, sondern mitten im Sturm der Neubildung der Welt, wo jedes ältere Wort auf seine praktische Wirkung oder Wirkungslosigkeit geprüft werden kann, wo Unzähliges Phrase oder Papier geworden ist, was vorher feierlicher Ernst zu sein schien oder wirklich auch war. Da schwankt der Boden unter den Füssen und tanzen rings um uns die verschiedensten Möglichkeiten weiteren Werdens...» (S. 6). Die Frage, die Troeltsch bewegt, spitzt sich eigentlich darauf zu, wie der Reichtum des geschichtlichen Lebens eingefangen und bewahrt werden könne, ohne dass der, der diesen Reichtum vor Augen hat, sich einer «Anarchie der Überzeugungen» (dies ein von Troeltsch übernommener Ausdruck Diltheys) auszuliefern brauche. Es ist im Grunde die Frage nach Nutzen und Nachteil der Historie für das Leben – aber sie erwächst bei Troeltsch nicht aus antihistoristischem Affekt. Eine Handhabe zur Beantwortung findet Troeltsch in dem Begriff des Massstabes, der unentbehrlich ist zur Erkenntnis des Geschichtlichen, der zwar aus der Anschauung des geschichtlichen Lebens heraus gewonnen werden muss, aber an dieses geschichtliche Leben doch auch angelegt werden soll, also ordnend und klärend zu wirken hat. Der Massstab ist bei aller geschichtlichen Immanenz an den Standort dessen gebunden, der ihn anlegt, ja er ist letzten Endes – Troeltsch sagt dies ausdrücklich – Sache des Glaubens (S. 175). Und dem Historiker erwächst nicht nur die Aufgabe des Verstehens – die kann dann eben jene fragwürdigen Ausmasse annehmen, die Troeltsch ausdrücklich dem «schlechten Historismus» zuweist –, sondern er soll aktiv mitarbeiten an der Bildung einer Kultursynthese. Sie stellt das eigentliche Ziel der Geschichtsphilosophie dar. Mit Hilfe einer solchen Kultursynthese kann man – wie Troeltsch meint – «Geschichte durch Geschichte überwinden und die Plattform neuen Schaffens ebnen» (S. 772). «Geschichte durch Geschichte überwinden» – das heisst: die so bewältigte Historie ist dann nicht mehr ein Mittel ästhetischen Geniessens, sondern ein Moment ethisch bestimmten Wollens und Vollbringens.

Dieser konstruktive Gedanke hat Troeltsch bis in seine letzten Wochen hinein beschäftigt. Aber nicht er ist der meistgelesene und meistdiskutierte Geschichtsphilosoph Deutschlands in den 1920er Jahren geworden, sondern Oswald Spengler. «Der Untergang des Abendlandes» lautet der alarmierende Titel, den dieser Autor seinen 1918 und 1922 in zwei Bänden erschienenen «Umrissen einer Morphologie der Weltgeschichte» gab. Es war das Werk eines Alleingängers. Noch in jüngeren Jahren hatte Spengler seine Stellung als Gymnasiallehrer aufgegeben, um ganz seinem Werk zu leben, dessen Gedankenlinien für ihn schon vor dem Ausbruch des Weltkrieges festlagen; als der erste Band abgeschlossen war, und der Verfasser nach langer Bemühung einen Verleger gefunden hatte, endete der Weltkrieg in einer Katastrophe, und das Werk schlug ein wie kein anderes seiner Art zuvor. Was war das Neue daran? Einmal, dass Spengler mit dem Willen zur Deutung der Weltgeschichte als einer Ganzheit – nicht einer erweiterten europäischen Geschichte – wirklich ernst machte. Und zwar nicht durch Schaffung einer künstlichen Synthese, vielmehr durch Abgrenzung: es gibt nicht etwa eine sich nach und nach erweiternde Kultur, sondern eine Mehrzahl von Kulturen, insgesamt acht: die ägyptische, die babylonische, die indische, die chinesische, die antike, die arabische, die mexikanische oder Mayakultur und endlich die abendländische oder faustische. Diese Kulturen stellen in sich organische Gebilde dar, die pflanzengleich sich entfalten, blühen, verblühen und endlich zunichte werden, und zwar dann für immer. Eine untergegangene Kultur lebt nicht mehr auf – allen Renaissancen, die nur Schein sind, zum Trotz. Das hängt im tiefsten damit zusammen, dass der Mensch eigentlich nur die eigene Kultur erleben, nur ihre Formen verstehen kann. Spengler sagt einmal: «Alle Kunst ist sterblich, nicht nur die einzelnen Werke, sondern die Künste selbst. Es wird eines Tages das letzte Bildnis Rembrandts und der letzte Takt Mozartscher Musik aufgehört haben zu sein, obwohl eine bemalte Leinwand und ein Notenblatt vielleicht übrig sind, weil das letzte Auge und Ohr verschwand, das ihrer Formensprache zugänglich war. Vergänglich ist jeder Gedanke, jeder Glaube, jede Wissenschaft, sobald die Geister erloschen sind, in deren Welten ihre ‹ewigen Wahrheiten› mit Notwendigkeit als wahr empfunden wurden» (I[33], 219–220). Doch hat Spengler zeitlebens und mit Entschiedenheit die Auffassung, als sei er Pessimist, von sich gewiesen – vielmehr habe erst er die Möglichkeit geboten, den geschichtlichen Vorgang in seiner Notwendigkeit zu erfassen: «Es steht keiner Kultur frei, den Weg und die Haltung ihres Denkens zu wählen; hier zum erstenmal aber kann eine Kultur voraussehen, welchen Weg das Schicksal für sie gewählt hat» (I[33], 208). Eine entscheidende Stelle, die auch begreiflich macht, wieso Spengler sich gelegentlich als den Kopernikus der Geschichte bezeichnen konnte. Allerdings ist eines gewiss: diese organisch determinierte Geschichtsauffassung, die sich auf Goethe beruft und auch auf die Romantik hätte berufen können – sie allein wäre kaum imstande gewesen, aus dem «Untergang des Abendlandes» die Sensation zu machen, zu der das Buch wurde. Da spielte etwas anderes mit. Wohl sind nach Spengler Kulturen in sich geschlossene und nur aus sich heraus verstehbare Wesenheiten, aber sie machen doch alle ähnliche Wachstumsstufen durch, die sich feststellen lassen – Spengler spricht von der «Homologie» der Kulturphasen. Und vor allem: eine Kultur hört nicht abrupt zu existieren auf: sie geht vor ihrem Untergang durch eine Spätphase, sie wird *Zivilisation*. In dieses letzte Stadium ist die abendländische, die faustische Kultur eingetreten – das gibt dem Titel des Buches den tieferen Sinn und dem Buche selbst den aufrüttelnden, zeitkritischen Charakter. Der Übergang setzte ein mit der Französischen Revolution und der Emanzipation des Bürgertums – damals begannen die beiden ursprünglichen, eigentlich kulturtragenden Stände ihre Bedeutung zu verlieren: der Adel und das Bauerntum. «Adel und Bauerntum», lehrt Spengler, «sind ganz pflanzenhaft und triebhaft, tief im Stammlande wurzelnd, im Stammbaum sich fortpflanzend, züchtend und gezüchtet... In allen Kulturen erscheinen Adel und Bauerntum in der Form von Geschlechtern, und das Wort dafür berührt sich in allen Sprachen mit der Bezeichnung der beiden Geschlechter, durch die das Leben sich fortpflanzt, Geschichte hat und Geschichte macht» (II, 414–415). Diese beiden Stände haben den ursprünglichen Sinn für den ererbten Besitz, und dieser Sinn ist ein wesentlicher Charakterzug einer blühenden Kultur überhaupt. Mit dem Bürgertum beginnt dieser Sinn seine Ursprünglichkeit zu verlieren, sich zu abstrahieren – Kennzeichen: Geld, Wertpapiere – wie denn die Plebs, der dritte Stand, nach Spengler vorwiegend negativ zu bestimmen ist: «nur der Protest hält sie zusammen» (II, 443). Spenglers hohnvolle Abneigung gilt infolgedessen der modernen, parlamentarisch gelenkten Demokratie – dieser politischen Schöpfung des Bürgertums – sie gilt aber auch dem reinen Denken überhaupt. «Das reine, auf sich selbst gestellte Denken war immer lebensfremd und also geschichtsfeindlich, unkriegerisch, rasselos. Es sei an den Humanismus und Klassizismus, an die Sophisten Athens erinnert, an Buddha und Laotse, um von der leidenschaftlichen Verachtung alles nationalen Ehrgeizes durch die grossen Verteidiger priesterlicher und philosophischer Weltanschauungen zu schweigen... Es fängt an mit den Menschen der ewigen Angst, die sich aus der Wirklichkeit in Klöster, Denkerstuben und geistige Gemeinschaften zurückziehen und die Weltgeschichte für gleichgültig erklären, und endet in jeder Kultur bei den Aposteln des Weltfriedens. Jedes Volk bringt solchen – geschichtlich betrachtet – Abfall hervor» (II, 223). Das Schicksal einer Nation hänge jeweilen davon ab, wie weit es der Rasse – und darunter versteht Spengler die lebenskräftige Elite – gelinge, solche Krankheitserscheinungen unwirksam zu machen. Spenglers apodiktisch und fraglos vorgetragene Geschichtslehre gipfelt dann in dem Bekenntnis, dass echte Geschichte nicht «Kulturgeschichte» im antipolitischen Sinne sein könne, «sondern ganz im Gegenteil Rassegeschichte, Kriegsgeschichte, diplomatische Geschichte, das Schicksal von Daseinsströmen in Gestalt von Mann und Weib, Geschlecht, Volk, Stand, Staat, die sich im Wellenschlag der grossen Tatsachen verteidigen und gegenseitig überwältigen wollen» (II, 419). Es ist eine klare Folgerung aus diesen Einsichten, wenn Spengler auch die Moral relativiert. Bereits im ersten Band hatte er deduziert, dass es soviel Moralen als Kulturen gebe (I, 442); im zweiten erklärte er, dass «gut und schlecht» adelige, «gut und böse» hingegen priesterliche Unterscheidungen seien (II, 422). Das Sichdurchsetzen der Zivilisation kündet sich auf verschiedene Weise an. Einmal mit dem Aufkommen der grossen Weltstädte: «Der Steinkoloss ‹Weltstadt› steht am Ende des Lebenslaufes einer jeden grossen Kultur» (II, 117). Damit verbindet sich das Aufkommen des vierten Standes, der Massen. «Es ist», sagt Spengler, «das neue Nomadentum der Städte… ein flutendes Etwas, das mit seinem Ursprung gänzlich zerfallen ist, seine Vergangenheit nicht anerkennt und eine Zukunft nicht besitzt. Damit wird der vierte Stand zum Ausdruck der Geschichte, die ins Geschichtslose übergeht. Die Masse ist das Ende, das radikale Nichts» (II, 445). Dieses letzte Wort – nichts, nihil – gemahnt ganz unmittelbar an Nietzsche, auf den sich Spengler schon bei seinen Betrachtungen über das Doppelwesen aller Moral anerkennend berufen hatte: Nietzsche fasste seine Vision der Zukunft in die Worte: «die Heraufkunft des Nihilismus», dieser werde den Inhalt der nächsten zwei Jahrhunderte ausmachen. «Diese Geschichte», heisst es in seinem sog. «Willen zur Macht», «kann jetzt schon erzählt werden: denn die Notwendigkeit selbst ist hier am Werke. Diese Zukunft redet schon in hundert Zeichen, dieses Schicksal kündigt sich überall an; für diese Musik der Zukunft sind alle Ohren bereits gespitzt. Unsere ganze europäische Kultur bewegt sich seit langem schon mit einer Tortur der Spannung, die von Jahrzehnt zu Jahrzehnt wächst, wie auf eine Katastrophe los: unruhig, gewaltsam, überstürzt: einem Strom ähnlich, der ans Ende will, der sich nicht mehr besinnt, der Furcht davor hat, sich zu besinnen.» (Werke, Hg. von K. Schlechta, Bd. III, München 1956, S. 634.) Spengler steht diesen Erwartungen innerlich nahe, geht aber nicht ganz in ihnen auf. Die Schlusssätze seines Werkes legen davon Zeugnis ab: «Für uns aber, die ein Schicksal in diese Kultur und diesen Augenblick ihres Werdens gestellt hat, in welchem das Geld seine letzten Siege feiert und sein Erbe, der Cäsarismus, leise und unaufhaltsam naht, ist damit in einem eng umschriebenen Kreise die Richtung des Wollens und Müssens gegeben, ohne das es sich nicht zu leben lohnt. Wir haben nicht die Freiheit, dies oder jenes zu erreichen, aber die, das

Notwendige zu tun oder nichts. Und eine Aufgabe, welche die Notwendigkeit der Geschichte gestellt hat, wird gelöst, mit dem einzelnen oder gegen ihn. Ducunt fata volentem, nolentem trahunt» (II, 635). Diese Schlussworte erschienen 1922, im Jahre des Rathenaumordes. Es ist sehr schwer zu entscheiden, ob und wie weit Spengler den dumpfen, demokratiefeindlichen Instinkten den Ausdruck seiner Worte lieh, für das Aufkommen des Nationalsozialismus geistig mitverantwortlich gemacht und als Wegbereiter angesprochen werden kann. Nähere Beziehungen zu dieser Bewegung hatte er bestimmt nicht gehabt, und das einzige Gespräch, das er im Sommer 1933 in Bayreuth mit Hitler führte, bedeutete für ihn eine niederschmetternde Enttäuschung.

Sein letztes Buch, «Die Jahre der Entscheidung», erschien in eben diesem Sommer 1933, geschrieben aber war es zur Hauptsache schon vor der Machtergreifung Hitlers. Immerhin konnte Spengler in der «Einleitung» noch auf dieses Ereignis der jüngsten Vergangenheit Bezug nehmen, und da klingt es wie ein Triumph: «Niemand konnte die nationale Umwälzung dieses Jahres mehr herbeisehnen als ich. Ich habe die schmutzige Revolution von 1918 vom ersten Tage an gehasst, als den Verrat des minderwertigen Teils unseres Volkes an dem starken, unverbrauchten, der 1914 aufgestanden war, weil er eine Zukunft haben konnte und haben wollte. Alles, was ich seitdem über Politik schrieb, war gegen die Mächte gerichtet, die sich auf dem Berg unseres Elends und Unglücks mit Hilfe unserer Feinde verschanzt hatten, um diese Zukunft unmöglich zu machen. Jede Zeile sollte zu ihrem Sturze beitragen, und ich hoffe, dass das der Fall gewesen ist» (S. VII). Aber in dem gleichen Buche stehen auch schroffe Worte über die innere Sinnlosigkeit eines Einparteienstaates und über die mangelnde politische Begabung der Deutschen überhaupt: «Das Volk der Dichter und Denker, das im Begriff ist, ein Volk der Schwätzer und Hetzer zu werden» (S. 5). Und das letzte Kapitel des Werkes lautet, bezeichnend genug, «Die farbige Weltrevolution» und mündet in eine Frage aus: «Wie, wenn sich eines Tages Klassenkampf und Rassenkampf zusammenschliessen, um mit der weissen Welt ein Ende zu machen? Das liegt in der Natur der Dinge, und keine der beiden Revolutionen wird die Hilfe der anderen verschmähen, nur weil sie deren Träger verachtet. Gemeinsamer Hass löscht gegenseitige Verachtung aus... Und würden die weissen Führer des Klassenkampfes je verlegen sein, wenn farbige Unruhen ihnen den Weg öffneten? Sie sind in ihren Mitteln nie wählerisch gewesen... Wir haben vor den Augen der Farbigen unsere Kriege und Klassenkämpfe geführt, uns untereinander erniedrigt und verraten; wir haben sie aufgefordert, sich daran zu beteiligen. Wäre es ein Wunder, wenn sie das endlich auch für sich täten?» (S. 164/165). Es kann nicht erstaunen, wenn Spenglers letztes Werk gerade solcher Perspektiven wegen von der nationalsozialistischen Kritik als gegenwartsfremd empfunden und scharf abgelehnt wurde. Der Verfasser des «Unterganges des Abendlandes» zog sich wieder ganz auf sich selbst zurück und blieb seinen Überzeugungen treu, zu denen auch die gehörte, dass für die Menschheit «das Zeitalter der Weltkriege» begonnen habe. Wenige Wochen vor seinem Tode, im Frühjahr 1936, beantwortete er eine amerikanische Rundfrage, ob Weltfriede möglich sei, mit einem schroffen Nein: solange es menschliche Entwicklung gebe, werde es Kriege geben. «Der Pazifismus wird ein Ideal bleiben, der Krieg eine Tatsache, und wenn die weissen Völker entschlossen sind, keinen mehr zu führen, werden die farbigen es tun und die Herren der Welt sein» (Reden und Aufsätze, München 1937, S. 293). Das war sein letztes zu Lebzeiten veröffentlichtes Wort.

Wie bedeutend die Nachwirkung Spenglers war, zeigt der umfassendste Versuch einer geschichtsphilosophischen Synthese, der nach ihm unternommen wurde, die «Study of History» des Engländers Arnold J. Toynbee. Auch er geht von den Kulturen oder Gesellschaftskörpern als selbständigen Gebilden aus, deren er insgesamt 21 nachweist. Aber diese Kulturen sind nicht in sich geschlossen, sondern wirken über sich hinaus, aufeinander ein: es gibt Abhängigkeiten – zum Beispiel Mutter-Tochter-Kulturen –, es zeigen sich verbindende Kräfte, vor allem Religionen, die Kulturen miteinander verknüpfen, so das Christentum oder auch der Islam. Zudem gelangen nicht alle Kulturen zur Entfaltung – das hatte auch Spengler angedeutet –; es gibt gehemmte Kulturen, die nicht weitergedeihen, zum Beispiel die der Eskimos oder der Polynesier. Und vor allem: das Leben der Kulturen spielt sich nicht organisch und gleichförmig ab; es wird von fortwährenden Impulsen bestimmt, deren wichtigster für Toynbee in der Doppelheit «Herausforderung und Antwort» («Challenge and Response») beschlossen liegt. Herausforderungen sind beispielsweise naturbestimmte Abläufe – etwa für Ägypten und Babylonien die periodischen Überschwemmungen, die von den Menschen durch die Anlage von Dämmen und Kanälen beantwortet wurden. Oder in Griechenland zwischen dem 8. und dem 6. vorchristlichen Jahrhundert der wachsende Bevölkerungsdruck, auf den die verschiedenen Staaten unterschiedlich reagierten. Korinth und Chalkis leiteten den Bevölkerungsüberschuss in grosse kolonisatorische Unternehmungen ab, Sparta unterwarf die benachbarten Gebiete und musste infolgedessen immer mehr den Charakter eines militärischen Zwangsstaates annehmen. Athen wiederum intensivierte Handel und Gewerbe und fügte dadurch den Bevölkerungsüberschuss dem eigenen Sozialkörper ein, was die Veranlassung zur schrittweisen Demokratisierung seiner politischen Institutionen bot. Ja, Toynbee kann diesen Gedanken dann weiter verästeln und in einer fast physiologisch anmutenden Betrachtungsweise die verschiedenen Anreize unterscheiden, also den Anreiz der harten Länder, den Anreiz des Neulandes, der Schläge, des Druckes, der Belastungen. Das Wachstum der Kulturen besteht eigentlich in erfolgreichen Antworten auf die verschiedenen Herausforderungen, es vollzieht sich im Zeichen einer fortwährenden Differenzierung, der Bildung von Untergesellschaften, von Staaten. Dabei kann es bisweilen so etwas wie eine schöpferische Pause geben, die Toynbee «Rückzug und Wiederkehr» nennt, das heisst ein Staat kann sich – wie eine grosse Persönlichkeit – zeitweise auf sich selbst zurückziehen, um dann um so gekräftigter wieder hervorzutreten. Ein Beispiel: England nach der Niederlage im Hundertjährigen Krieg und vor dem Sieg über die grosse Armada.

Natürlich musste sich Toynbee auch mit dem Niedergang und dem Zerfall der Kulturen beschäftigen. Auch da scheint ihm keine der deterministischen Theorien zu taugen – weder die organische Spenglers, noch die Kreislauftheorie der Antike und Machiavellis. Der Niedergang beginnt, wenn der Gesellschaftskörper die Fähigkeit zur Selbstbestimmung verliert, wenn die herrschende Gruppe aus einer «schöpferischen» zu einer «unterdrückten» Minderheit wird. Es kommt dann zur Erstarrung, zur Vergötzung vergänglicher Ideale, Institutionen und Techniken. Aber auch der Militarismus kann dazu beitragen, weil – wie das Beispiel der Assyrer zeige – fortwährende Aggressivität zu einer Erschöpfung selbst dann führen muss, wenn das Heer technisch auf der Höhe bleibt. Soziale Spaltungen, die Bildung eines inneren und eines äusseren Proletariats (das heisst der von aussen her vordrängenden Barbaren) sind Begleiterscheinungen des Zerfalls. Und dieser Zerfall vollzieht sich in der Regel nicht gleichförmig, sondern rhythmisch – in einer Wechselwirkung von Flucht und Sammlung.

Toynbee hat bekannt, dass er durch Spenglers Buch, «in dem ein wahres Sprühfeuer geschichtlicher Erkenntnisse auffunkelt» (Kultur am Scheidewege, Zürich 1949, S. 15), in seinen Überlegungen bestärkt worden sei – also auch hier eine Art von «Challenge and Response». Vieles und Entscheidendes weist bei Toynbee über Spengler hinaus – vor allem die Hervorhebung der Handlungsfreiheit, die in sich ja auch die Möglichkeit der Unzerstörbarkeit der Kultur einschliesst. Zudem hat Toynbee immer wieder betont, dass seine Geschichtslehre letzten Endes auf die Religion ausgerichtet sei, ja er hat sogar das Geständnis ausgesprochen, dass die Kulturen Dienerinnen der Religion darstellten und dies in ein merkwürdiges Bild gefasst: «Stellen wir uns die Religion als einen Triumphwagen vor, so sind die Räder, auf denen er gen Himmel rollt, die immer wiederkehrenden Zusammenbrüche der Kulturen auf Erden» (Kultur am Scheidewege, S. 243).

Es soll hier nicht unsere Aufgabe sein, das kühne Gedankengebäude Toynbees im einzelnen auf seine Tragfähigkeit zu prüfen. Für den Historiker kann die Geschichtsphilosophie ohnehin nie Offenbarung sein, sie mag und soll hingegen immer wieder anregende, stimulierende Impulse vermitteln. Oder, wie es Friedrich Meinecke einmal formuliert hat: «Jeder Historiker führt seine Geschichtsphilosophie mit sich wie der Wanderer seinen Kognak, aber er nimmt nur von Zeit zu Zeit einen Schluck».[2]

Auch steht ja Toynbees Lehre geistesgeschichtlich, wie gesagt, nicht im luftleeren Raume: neben Spengler ist da die fundamentale Bedeutung der in den angelsächsischen Ländern besonders gepflegten «social sciences» zu nennen: Kulturen sind soziale Wesenheiten und aus ihren sozialen Strukturen heraus zu erforschen – das sind Lehren, wie sie in Amerika von den Brüdern Henry und Brooks Adams bis zu Pitrim A. Sorokin vorgetragen und methodologisch differenziert wurden.[3] Ausdrücklich hat Toynbee denn auch den Kulturen den Primat vor den Staaten eingeräumt und betont, dass die «Staaten als ziemlich untergeordnete und vorübergehende Erscheinungsformen im Leben der Kulturen» anzusehen seien (Kultur am Scheidewege, S. 232). Verwandte Anliegen hat die um die Zeitschrift «Annales» sich sammelnde Gruppe französischer Historiker vorgetragen, und es ist wohl kein Zufall, wenn Lucien Febvre, der seine Fachgenossen schon früh auf Toynbee aufmerksam machte, in dem «Face au Vent» betitelten «Manifeste des Annales nouvelles» bekannt hat: « ... une civilisation peut mourir. La civilisation ne meurt pas.» Und er sagte voraus, dass sich zwar nicht eine «Ökumene», nicht eine weltumfassende Kultur, wohl aber eine oder zwei «civilisations intercontinentales» bilden würden, jede darnach trachtend, die andere in sich aufzusaugen (Combats pour l'histoire, Paris 1953, S. 36). So sprach er 1946. Damals war Toynbees grosses Werk noch nicht abgeschlossen, dessen erster Band 1934 erschienen war, und dessen letzter erst 1955 vorliegen sollte.

In diesen Zeitraum fällt der Zweite Weltkrieg, seine Vorgeschichte, seine Folgen, der Krieg, der als europäischer Krieg begonnen hatte, zerstörte als Weltkrieg das politische Gefüge unseres Kontinents.

Kommt der europäischen Geschichtswissenschaft eine geistige Mitverantwortung an dieser Entwicklung zu? Insofern sicher nicht, als ihre Hauptaufgabe ja schon immer die Erforschung und das Verstehen des Vergangenen war. Dass der Historiker sich nicht auf die Erspürung des Künftigen einlassen dürfe, hat Charles Seignobos selbstironisch betont, wobei er auch die Erinnerung nicht unterschlug, dass er selbst 1913 und 1914 in zwei Zeitungsartikeln vorausgesagt habe, dass es keinen Krieg zwischen Deutschland und Frankreich geben werde. «Cette expérience m'a suffi, j'espère que vous la trouverez suffisante» (Etudes de Politique et d'Histoire, Paris 1934, S. 396). Die Frage bleibt indessen bestehen, ob die wissenschaftliche Historie sich während der Zwischenkriegszeit den weltpolitischen Wandlungen gegenüber nicht doch sehr zurückhaltend, ja bei-

nahe desinteressiert verhalten hat. Es ist ein bezeichnendes (und nur teilweise durch den Zwang zur Kriegsschuldergründung erklärbares) Symptom, dass damals die Weltkriegsforschung sich vorwiegend dem «europäischen» Jahr 1914 und nur ganz gelegentlich dem «weltgeschichtlichen»
Jahr 1917 zugewandt hat. Und der Rückzug der Vereinigten Staaten aus der
Weltpolitik nach 1920 trug sicher mit dazu bei, dass viele europäische
Historiker auch nach einem Weltkrieg «Weltgeschichte» als eine ins Globale transponierte europäische Geschichte aufzufassen geneigt blieben –
allenfalls mit wechselnden nationalen Dominanten. Selbst Henri Berrs
originaler Gedanke einer universalhistorischen Synthese lässt in seiner
Verankerung im Weiterleben eine solche Transparenz des Nationalen
deutlich werden. «La guerre de 1914–1918 est, dans l'évolution de l'huma-
nité, un point d'arrivée, un point de départ… Nous désirions opposer aux
tentatives allemandes de ‹Weltgeschichte› une entreprise française, conçue
et réalisée à la française» (En marge de l'histoire universelle, Paris 1934,
S. XI). Und ein an sich beachtlicher Wurf wie Erich Brandenburgs «Europa
und die Welt» (Hamburg 1937) bleibt, zumal auch was die Gegenwartsana-
lysen betrifft, fast verbissen europäozentrisch und auf die weisse Rasse
bezogen; an diagnostischer Kraft kommt das Buch bei weitem nicht an die
«Jahre der Entscheidung» des Aussenseiters Spengler heran. Vollends
haben dann die deutschen Anfangserfolge im Zweiten Weltkrieg ein fast
hektisches Hegemonial- und Kontinentbewusstsein emporschiessen lassen, dessen Spiegelungen auch in der Geschichtsschreibung erkennbar
werden. Die Deutung der Gegenwart, die daraus erwuchs, blieb jedoch
unschöpferisch und restaurativ. Mit der Formel «Weltchaos hier, Reichs-
kosmos dort», auf die der Hamburger Historiker Otto Westphal (Das
Reich. Aufgang und Vollendungs, I. Bd., Stuttgart und Berlin, S. 6) anfangs
1941 das Weltgeschehen bezog, war schon damals nicht mehr weiterzu-
kommen – zu einem Zeitpunkt, da das britische Weltreich den Kampf
weiterführte, und das bikontinentale Russland, Japan und die Vereinigten
Staaten als selbständige Kristallisationszentren der Macht neben Deutschland bestanden. Und wenn Heinrich Ritter von Srbik sich in dem 1942
erschienenen Schlussband der «Deutschen Einheit» (Bd. IV, S. 483) auf den
«Glauben an den europäischen Ordnungsberuf des alten deutschen Ord-
nungsvolkes» berief, knüpfte er an ein im Grunde imaginäres Reichsbe-
wusstsein an, das von den andern Nationen nicht einmal in der Zeit des
Hochmittelalters widerspruchslos hingenommen worden war. Das Jahr
1945 vernichtete die Grundlage solcher Konstruktionen für immer und
leitete zugleich den Auflösungsprozess der europäischen Kolonialimpe-
rien ein. Und nun verwirklichte sich eine Vision, die einsichtsvollen Beob-
achtern schon im 19. Jahrhundert vor Augen gestanden hatte – wofür
Tocqueville nur das berühmteste, aber nicht das einzige Beispiel ist: die

Vereinigten Staaten von Amerika und Russland traten als die beherrschenden Weltmächte hervor, die sich den interkontinentalen Vorrang streitig machten – mit ganz anderen Machtgrundlagen und Machtmitteln, als sie je einem europäischen Hegemonialstreben zur Verfügung gestanden hatten. Ein Gegensatz, der doch auch das Ergebnis eines grossen Nivellierungsvorganges darstellt. Der Prozess der Entmachtung Europas, der sich in den letzten Jahrzehnten vollzogen hat, ist parallel gegangen mit dem Zerfall der letzten Weltkulturen, die neben dem Westen und neben dem Bolschewismus noch so etwas wie autochthone Gebilde darstellten. Die Welt lebt heute – das ist eine bekannte Erscheinung – weitgehend aus der Übertragung westlicher Modelle, und zwar gilt das auch für den Osten, wenn man die europäisch-naturrechtlichen Wurzeln des Marxismus und damit des Leninismus im Auge behält. Ja, vielleicht ist überhaupt erst auf der Grundlage dieser zivilisatorischen Vereinheitlichung die grosse west-östliche Weltpolarität, in die wir hineingestellt sind, möglich geworden. Eine Polarität der Welt- und damit auch der Geschichtsanschauungen: hinter Amerika und dem europäischen Westen die bürgerlich-demokratischen, aber auch die ständisch-kirchlichen und selbst die sozialistischen Kräfte und damit weitgehend das überlieferte Geschichtsbild. Dabei gilt es freilich das zu bedenken, worauf Max Silberschmidt (in dem Werner-Näf-Gedenkband der «Schweizer Beiträge zur Allgemeinen Geschichte») hingewiesen hat: «die Kommandoübernahme Amerikas ist so glatt abgelaufen, weil Amerika und Europa strukturell, geistig, ethisch, wirtschaftlich, militärisch, maritim sehr nahe verwandt sind, aber doch eben nur verwandt: Amerika ist nicht ‹wir›, und Empfindlichkeiten sind bekanntlich da besonders stark, wo die Unterschiede klein sind, aber doch als wesentlich empfunden werden. ... Amerikas Aufstieg ist unabweisliches Symbol unseres Versagens; wir bedürfen seiner Hilfe, ohne dass wir uns das gerne eingestehen» (Schweizer Beiträge zur Allgemeinen Geschichte, Bd. 18/19 [1960/ 61], S. 526).

Und der Osten? Der Aufstieg Russlands aus dem machtpolitischen Nichts der Revolutionswirren war, wie wir sahen, von Lenin vorausgesehen und bewusst eingeleitet worden. Dass diese Möglichkeit auch Aussenstehenden nicht entging, zeigt sich an den Worten des klugen Diagnostikers Ernst Troeltsch, der schon im Herbst 1920 in seinen «Spektatorbriefen» schrieb: «Der Bolschewismus in seinem wirklichen russischen Verstand, der sich von den bei uns im allgemeinen so benannten verschiedenen Radikalismen und Aufgeregtheiten sehr unterscheidet, ist eine Weltmacht, mächtig durch Militär, Diplomatie und Propaganda... Unter diesen Umständen sind seine Diplomaten und Cäsaren sehr wohl befähigt, Weltpolitik zu treiben, um so mehr, als sie über beträchtliche diplomatische Talente und neue, verwirrende Methoden der Diplomatie verfügen» (Ernst

Troeltsch, Spektator-Briefe, S. 152–153). Und Oswald Spengler führt in seinen «Jahren der Entscheidung» einmal die Äusserung eines Russen an, der zu ihm sagte: «Was wir in der Revolution geopfert haben, bringt das russische Weib in zehn Jahren wieder ein.» Wozu der Verfasser des «Untergangs des Abendlandes» bemerkt: «Das ist der richtige Instinkt. Solche Rassen sind unwiderstehlich» (S. 158). Übrigens weist Oswald Spengler in der gleichen Schrift darauf hin, dass der damals noch in Entwicklung begriffene Aufbau einer russischen Industrie in Zentralasien strategisch zur Folge habe, dass ganz Westrussland zu einem Glacis werde, das im Kriegsfall geräumt werden könne. Und er zieht daraus (schon 1933) die Konsequenz: «Aber damit ist jeder Gedanke einer Offensive von Westen her sinnlos geworden. Sie würde in einen leeren Raum stossen» (S. 44).

Der Zweite Weltkrieg bestätigte die Richtigkeit dieser Vorhersage in einem für Deutschland und Ostmitteleuropa verhängnisvollen Ausmass. An seinem Ende entstand ein bis in das Zentrum unseres Kontinentes hineinreichendes russisches Grossreich, das die panslawistischen Träume des 19. Jahrhunderts der Verwirklichung nahebrachte – ein Imperium, dessen altes Staats- und Sendungsbewusstsein ungeheuer verstärkt wurde durch den zu der alleingültigen Lehre erhobenen Marxismus-Leninismus. Das ist ja das Singuläre und Erschreckende an der Erscheinung der östlichen Macht, dass sie mit einem Anspruch auftritt, den noch nie ein Grossstaat der neuern Geschichte erhoben hatte – dem Anspruch nämlich, die Wissenschaft schlechthin zu verfechten. Damit implizit auch die Geschichtswissenschaft, die wiederum nur ein Mittel ist, den schrittweisen, aber unaufhaltsamen Sieg der kommunistischen Gesellschaftsordnung in seiner Notwendigkeit darzutun und ideologisch vorzubereiten. Der Sowjethistoriker A. L. Sidorov sagte in seinem Exposé für den X. Internationalen Historikerkongress in Rom von 1955: «Es ist eine kolossale und bei weitem noch nicht gelöste Aufgabe der historischen Wissenschaft, eine jede weltgeschichtliche Epoche in ihrer ganzen Kompliziertheit und Mannigfaltigkeit zu zeigen, in der widerspruchsvollen Verflechtung des Neuen, Heranreifenden, dem die Zukunft gehört, mit dem Alten, das hartnäckig versucht, seine Positionen zu halten, und im Kampf mit ihm unabwendbar unterliegt» (Relazioni, Vol. VI, S. 398–399). Durch die Schlussfolgerung, die ein klares Glaubensbekenntnis darstellt, sind der Gang und das Resultat der Untersuchung zwar bereits vorgezeichnet, aber die Andeutung, dass es sich um eine «bei weitem noch nicht gelöste Aufgabe der historischen Wissenschaft» handle, gestattet einen Rückschluss auf die Wegstrecke, die auch nach der Ansicht dieses führenden Mannes der Sowjetwissenschaft noch zu durchmessen ist. Trotz der Fixierung der Lehre bleibt eben das Werk der Klassiker des Marxismus-Leninismus so ausgedehnt, dass es immer wieder zu nicht genehmen Interpretationen, zu Beschiessungen mit unbequemen Zitaten kommen konnte. Vera Piroschkew hat in einem interessanten Aufsatz «Sowjetische Geschichtswissenschaft im inneren Widerstreit (1956–1959)» (Saeculum, Bd. II, 1960, S. 180–198) auf das Tauwetter hingewiesen, das der 20. Parteikongress der Kommunistischen Partei der Sowjetunion vom Februar 1956 mit seiner Verurteilung Stalins durch Chruschtschew in der Sowjethistorie auszulösen begann – was sich vor allem in den Aufsätzen der Zeitschrift «Voprosy istorii» (Fragen der Geschichte) spiegelte, wo nicht nur eine kritische Beurteilung Stalins einsetzte, sondern sogar die Rolle der Menschewiki in der Vorrevolution positiver gewürdigt wurde, wie auch die Wertungen über die ältere russische Geschichte allenthalben ins Rutschen kamen. Das dauerte ungefähr ein Jahr, bis ein im März 1957 erschienener Leitartikel «Für die Leninsche Parteilichkeit in der historischen Wissenschaft» den Kampf gegen diesen sogenannten Revisionismus eröffnete. Die neue Richtung – hiess es nun – habe «zur falschen Beleuchtung der Ereignisse der Vergangenheit, zur Entstellung von Fragen, die schon längst entschieden sind und keine Zweifel erregen» geführt. Indirekt wird auch das gefährliche Verfahren, aus erweiterten Quellenbeständen tiefere Einsichten zu gewinnen, gerügt. Denn (so heisst es wörtlich): «Der sowjetische Historiker ist kein abseitsstehender Beobachter, kein Kanzleimensch und mechanischer Kopist der Materialien, kein Kollektionär der ihm zufällig in die Hand geratenen Kenntnisse.» Sodann wird ein klarer Trennungsstrich gezogen und der russischen Geschichtsschreibung warnend vor Augen gehalten: «Wenn die bourgeoise Historiographie bemüht ist, den Klassencharakter ihrer historischen Forschungen zu verbergen, wenn sie zu diesem Zweck verschiedene Maskierungen anwendet, so handelt das Proletariat und die von ihm angeführten Volksmassen ganz anders. Dem falschen Spiel der Bourgeoisie und ihrer Gelehrten, die eine Vorurteilslosigkeit mimen, ihren Erklärungen, dass die Geschichte und die anderen Gesellschaftswissenschaften über den Klassen stünden, stellt das Proletariat und seine marxistisch-leninistische Avantgarde die kommunistische Parteilichkeit in der Wissenschaft entgegen, die feste und folgerichtige Behauptung seiner Klassenposition, die in ihren Wurzeln dem bourgeoisen Objektivismus entgegengesetzt ist. Der Marxismus-Leninismus hat unumstösslich bewiesen, dass es in der Gesellschaft, die in zwei feindliche Klassen geteilt ist, keine über den Klassen stehende Ideologie gibt und geben kann.» Die Schärfe dieser Erklärung ist in einer zwei Jahre später erlassenen Verlautbarung noch prononciert worden – unter gleichzeitigem Hinweis auf eine Äusserung Chruschtschews am 21. Parteitag, wonach auch nach dem Sieg des Kommunismus – also im kommunistischen Endzeitalter – nicht nur der Staat, sondern auch die Diktatur bestehen bleiben würde.

Wir stehen damit vor dem eigenartigen Phänomen, dass eine Revolution mehr als 40 Jahre nach ihrem siegreichen Durchbruch im Begriffe ist, sich immer mehr zu radikalisieren – zumindest im ideologischen Bereiche. Vielleicht auch deshalb, weil sie in China noch jüngere und schärfere Radikalismen gezeitigt hat. Es unterliegt keinem Zweifel, dass die magnetische Kraft dieser östlichen Ideologien sich gegenwärtig fast als stärker denn je erweist – trotz oder vielleicht gerade ihrer zivilisatorischen Rückständigkeit wegen. Denn sie beanspruchen herrisch eine Dimension ganz für sich, welche die Dimension menschlichen Hoffens ist: die Zukunft.

Das ist eine Schranke, welche die wissenschaftliche Historie nicht überwinden kann, so wenig sie gültige Gesetze zur Bewältigung der Vergangenheit aufzustellen vermag. Und doch ist sie, wie Jan Huizinga schon vor mehr als dreissig Jahren feststellte, durch diese Beschränkung «ihrer eigenen Vollwertigkeit und Unantastbarkeit jetzt besser bewusst als früher. Gerade in ihrem inexakten Charakter, in der Tatsache, dass sie nie normativ sein kann noch zu sein braucht, liegt ihre Sicherheit» (Wege der Kulturgeschichte, München 1930 S. 65).

Und wir müssen hinzufügen: ihre einzige Sicherheit. Der Historiker sieht sich einer Welt gegenüber, die in Wandlung begriffen ist – das ist zu einer Formel geworden und gilt für die heutige Zeit doch so gut wie für diejenige des Thukydides oder Jacob Burckhardts. Der Historiker kann keinen Fixpunkt ausserhalb dieser Wandlungen beziehen, er ist ihnen unterworfen wie jeder Zeitgenosse und muss sie doch in Verantwortlichkeit zu erkennen und verstehen suchen. Darin liegt die Rechtfertigung und die Vergänglichkeit seiner Aussage.

Anmerkungen

1 Vgl. dazu Ludwig Dehio: *Ranke und der deutsche Imperialismus.* Hist. Ztschr., Bd. 170 (1950), S. 307 ff. (wiederabgedruckt in: Deutschland und die Weltpolitik im 20. Jahrhundert, München 1955).
2 Mündlich überliefert von Prof. S. A. Kaehler (Göttingen).
3 Vgl. dazu wie zu Toynbee: Joseph Vogt, *Wege zum historischen Universum. Von Ranke bis Toynbee*, Stuttgart 1961.

Rückblick auf einen Historikerstreit –
Versuch einer Beurteilung aus nichtdeutscher Sicht

Historikerdispute haben in der deutschen Geschichtswissenschaft ihre Tradition und reflektieren fast immer auch das Ringen um eine politische Standortbestimmung. Hinter der Auseinandersetzung zwischen Sybel und Ficker stand die Frage einer österreichisch-deutschen Behauptung Oberitaliens im Sog der nationalen Einigungen. Die Lamprechtfehde spiegelte bei allen wissenschaftsimmanenten und persönlichen Aspekten zugleich die Begegnung oder Nichtbegegnung mit einer historischen Sozialtypologie und -psychologie westlichen Zuschnitts wider. Es gibt aber auch ausgebliebene Dispute wie den in der Zwischenkriegszeit fälligen um die Kriegsursachen von 1914. Statt dessen konzentrierte sich die Forschung aus begreiflichen Gründen so sehr auf die Widerlegung der Versailler Kriegsschuldthese, dass statt einer Alleinschuld Deutschlands schliesslich immer deutlicher das Gegenteil, nämlich die These einer Allein- oder doch Hauptschuld der Entente, herauskam – am eindrücklichsten etwa in Hermann Onckens Zweibänder «Das Deutsche Reich und die Vorgeschichte des Weltkrieges», der 1933 (und damit kurz vor der Absetzung des nunmehr als Weimarer Systemkonformisten gebrandmarkten Autors durch das NS-Regime) erschien. Die Kontroverse um Fritz Fischer, die anfangs der 1960er Jahre entbrannte, war in gewisser Hinsicht nichts anderes als jener nachgeholte Disput. Ging es darin ursprünglich um die deutschen Kriegsziele während des Ersten Weltkrieges, so verlagerte sich die eigentliche Thematik bald schon auf die Kriegsursachen und die Kriegsurheber, die Fritz Fischer – zweifellos nicht ohne gewisse Einseitigkeiten – nun fast ausschliesslich wieder auf deutscher Seite sah. Dagegen verwahrten sich die älteren Wissenschaftsrepräsentanten der Bundesrepublik, die eine solche Alleinschuld des Reiches wohl für 1939, nicht aber für 1914 hinzunehmen gewillt waren.

Rund ein Vierteljahrhundert später zuckte gleich einer Stichflamme der neue Streit hervor, bei dem es nun nicht mehr um Kriegsursachen, sondern um die Einmaligkeit der Judenausrottung durch das Dritte Reich als einer von oben verordneten, systematischen Menschenvernichtung ging. Einzelheiten brauchen hier nicht rekapituliert zu werden. Wie immer in solchen Fällen traten neben sachlichen Aspekten auch latente Gegensätze hervor, die jetzt Gelegenheit fanden, sich in aller Öffentlichkeit zu manifestieren. Bezeichnend denn auch, dass es neben engagierten Kombattanten, deren

Zahl im Sommer und Herbst 1986 von Woche zu Woche zunahm, stets auch Nichtbeteiligte und Neutrale gab, darunter mit besonders gewichtigen Voten der Vorsitzende des deutschen Historikerverbands Christian Meier. Wieder andere profilierten sich zusätzlich. Während der Dokumentationsband «Historikerstreit»[1] bereits die wichtigsten Voten enthielt, publizierte der hier schon vertretene Ernst Nolte, ein Hauptauslöser der Debatte, noch einen weiteren Band[2], der nun wirklich alles umfasst, was er seinerseits für sammelnswert hält. Auf der Gegenseite wiederum trat der bis dahin dem Streite ferngebliebene Hans-Ulrich Wehler mit einem rund 250seitigen Beitrag[3] hervor, einer Art Historiographie der Debatte, versehen mit einer – wie es sich bei diesem Autor fast von selbst versteht – reichhaltigen und nützlichen Bibliographie, darüber hinaus aber auch einer sehr engagierten Stellungnahme. Nur noch wenig fehlt, und das Thema ist dissertationsreif, damit aber beinahe schon der Sphäre des unmittelbar Interessanten entrückt.

Für einen zwar nichtdeutschen, der deutschen Geschichtswissenschaft jedoch eng verbundenen Historiker entsteht beim Lesen und kritischen Durchmustern der diversen Beiträge leicht eine gewisse Unschlüssigkeit. Sie entspringt keineswegs dem Sicherheitsgefühl des Unbeteiligten. Wäre die Schweiz (oder ein anderer neutraler Staat, wie z.B. Schweden) dem Herrschaftsbereich einer totalitären Macht anheimgefallen, so hätte es sicherlich Widerstand, aber gewiss auch Anpassung und selbst aktive Kollaboration gegeben, hier wie überall. Max Frischs «Andorra» spricht da (auch wenn man keineswegs mit allen politischen Äusserungen dieses Schriftstellers übereinstimmt) eine deutliche und leider keineswegs unangebrachte Sprache. Nein, die Unentschiedenheit rührt davon her, dass fast jeder der Beteiligten nach dem Schiedsspruch jenes schwäbischen Richters «e bissele Recht» oder besser: Unrecht im Recht hat.

Beginnen wir mit Nolte. In seinem 1980 niedergeschriebenen Aufsatz «Zwischen Geschichtslegende und Revisionismus» steht der lapidare Satz: «Die Gewalttaten des Dritten Reiches sind singular»; «die Vernichtung von mehreren Millionen europäischer Juden – und auch vieler Geisteskranker und Zigeuner – ist nach Motivation und Ausführung ohne Beispiel, und sie erregte insbesondere durch die kalte, unmenschliche technische Präzision der quasi-industriellen Maschinerie der Gaskammern ein Entsetzen ohnegleichen.»[4] Damit ist Wesentliches in fast schulbuchreifer Konzentration gesagt: hätte es dabei sein Bewenden gehabt, kein Widerspruch würde sich erhoben haben. Doch Nolte wollte mehr; ihm ging es um «mancherlei Präzedentien und Parallelen», und damit löste er recht eigentlich die Fehde aus. Hier gilt es nun allerdings zu differenzieren. Der Autor ist ein sehr belesener, bisweilen überbelesener Historiker, den seine zahlreichen Funde nicht selten zu fast abenteuerlichen Konstruktionen verleiten. So besagt es wenig, wenn irgendein malthusianischer Autor des 19. Jahrhunderts von einer gewaltsamen Reduktion der Menschenmassen spricht. Nicht, was einmal geschrieben oder am Stammtisch debattiert wurde, zählt letzten Endes, sondern die Realität. Auch die von ihm als Entdeckung fast feierlich beschworene Äusserung Chaim Weizmanns von Anfang September 1939 («Jedenfalls muss ich mir selbst den Vorwurf machen, diese Äusserung 1963 nicht gekannt und verwendet zu haben», meint er bedauernd[5]), wonach die Juden in diesem Krieg auf der Seite Englands kämpfen würden, bringt in Wirklichkeit nichts. Abgesehen von der Tatsache, dass sie kaum auf der Seite Deutschlands kämpfen konnten (selbst die es gewollt hätten, durften es als Juden gar nicht) – wie vielen später ausgerotteten Juden Osteuropas war der Name Weizmann wohl überhaupt bekannt? Dass es damals wie heute (angesichts der neu aufgeflammten Diskussion um Israel) kein «Weltjudentum» gab und gibt, dass dieser Begriff nur ein propagandistisches Reizwort war, wusste zweifellos niemand besser als Hitler selbst, der – wie Stalin auch – einen geradezu raubtierhaften Instinkt für Machtverhältnisse hatte und sehr wohl realisierte, dass die Millionen unorganisierter Juden Europas widerstandsunfähige Opfer sein würden, sobald sie in deutsche Hand fielen. So ist auch der Vorstellung nicht beizupflichten, was geschehen würde, «wenn es der PLO gelänge, mit Hilfe ihrer Verbündeten den Staat Israel zu vernichten. Dann würde die Geschichtsdarstellung in Büchern, Hörsälen und Schulstuben Palästinas zweifellos nur auf die negativen Züge Israels fixiert sein.»[6] In Palästina wohl schon, aber gewiss nicht in der übrigen Welt. Bekanntlich sind die baltischen Staaten vernichtet worden; das geschichtliche Urteil ist hingegen keineswegs auf deren «negative Züge» fixiert. So opportunistisch sind die Historiker denn doch nicht, glücklicherweise. Und der Vergleich mit Pol Pot wäre wohl – stammte er von einem nichtdeutschen Historiker – mit einigem Grund als Ausdruck gehässiger Deutschfeindlichkeit empfunden worden.

Und doch. Bei manchen Verzeichnungen im einzelnen vertritt Nolte eine durchaus verteidigungsfähige Position, nämlich eben die der «Präzedentien und Parallelen». Dass Geschichte in Zusammenhängen und Aufeinanderfolgen besteht, zwar aus Einmaligkeiten, aber eben doch auch aus Entsprechungen anderswo; dies zu sagen, ist beinahe eine Banalität. Treiben wir die Vereinfachung noch etwas weiter. Dass um 1910/11 eine Unterdrückung und Ausmerzung der Juden Deutschlands unmöglich gewesen wäre, versteht sich von selbst. Nicht nur des noch unentwickelten (wiewohl vorhandenen) Antisemitismus wegen; die politische Kultur jener Zeit hätte dergleichen ganz einfach nicht zugelassen. Ein Jahrzehnt später hatten die Erhitzungen und Verhetzungen durch Revolution und Gegenrevolution, das vorangegangene Massentöten des Weltkrieges eben diese politische Kultur und ihre Mentalität bereits entscheidend verändert. Und es kann – man drehe und wende es, wie man will – keinem Zweifel unterliegen, dass zwei Präzedenzfälle menschlicher Massenvernichtung der «Endlösung» vorangegangen sind und dazu beitrugen, ihr die Bahn zu brechen. Zum ersten die nach verschiedenen Vorstufen im Ersten Weltkrieg gipfelnde Armenierausrottung mit ihren schätzungsweise anderthalb Millionen Opfern. Nolte macht mit grosser Wahrscheinlichkeit geltend, dass gerade dieser Eliminierungsvorgang Hitler bekannt war; die durch den Krieg relativ gut abgeschirmte Heimlichkeit jener Vernichtung wie ihre relativ geringe Publizität auch nach dem Kriege zeigten erstmals die Machbarkeit eines solchen Genozids. Dabei waren die Aktionen nicht etwa Gewaltsamkeiten kurdischer Gruppen oder tragische Fehlplanungen, auch nicht blosse «Asiatismen»; sie sind vielmehr dem bewussten Willen der westlich geschulten, progressiv jungtürkischen Führungsgruppe um Enver Pascha entsprungen. Es wäre eine Untersuchung wert zu zeigen, wie viel oder wie wenig man in der deutschen Öffentlichkeit davon Kenntnis nahm und überhaupt Interesse bekundete. Zwar schrieb Franz Werfel den Roman «Die vierzig Tage des Musa Dagh», der sich streckenweise bis zur Paraphrase in Quellennähe bewegt, jedoch gerade 1933 erschien und dadurch um seine Wirkung gebracht wurde; auch nach 1945 ist er kaum wirklich ins Bildungsbewusstsein eingedrungen.[7]

Der zweite und wesentlich bekanntere, auch im «Historikerstreit» breit dargelegte Präzedenzfall, sind die in mehreren Wellen sich vollziehenden Massenvernichtungen von Menschen in Sowjetrussland. Dabei handelt es sich wohlverstanden nicht um Begleiterscheinungen oder unmittelbare Nachwirkungen von Revolution und Bürgerkrieg, als Rote und Weisse sich gegenseitig vertilgten. Die Kulakenvernichtung begann vielmehr nach der relativen Normalisierungsphase der NEP und leitete brüsk eine auf Stalin zurückzuführende neue Epoche der Ausrottungsstrategie ein, die durch die damit zusammenhängenden Hungersnöte eine zusätzliche Eskalation erfuhr. Ihr folgte in den dreissiger Jahren der Vernichtungsfeldzug gegen den sog. Trotzkismus. Diese Säuberung ist der Judenausrottung insofern vergleichbar, als die «Trotzkisten» (bzw. die so etikettierten Opfer Stalins, die oft nicht einmal Gegner waren) unterschiedslos der Liquidation preisgegeben wurden. Auch wenn es schwer ist, festzustellen, ob und wieweit Hitler durch diese von der NS-Presse genau registrierten und hochgespielten Geschehnisse in Russland animiert wurde, so steht doch ausser Frage, dass sie die politische Kultur der Umwelt abermals und grundlegend veränderten. Ein in demokratischer Liberalisierung befindliches Russland – und dass es Tendenzen dieser Richtung gab, zeigt die Sowjetverfassung von 1936, die alsbald ebenso deklarativ wurde wie die französische Revolutionsverfassung von 1793 – hätte Hitlers Absichten schon deshalb entscheidend erschwert, weil es ihm die propagandistisch so unentbehrliche Negativfolie geraubt und ihm damit das in Westeuropa wirkungsvolle Charisma des kämpferischen Antibolschewismus entzogen hätte. So aber wertete die eine Diktatur mit ihren Hungersnöten und Massenhinrichtungen (besonders der Massakrierung von Offizieren) die andere Diktatur gewissermassen auf, liess sie jedenfalls als das geringere Übel erscheinen. Der Verfasser dieser Miszelle (Jg. 1925) kann sich noch sehr gut erinnern, wie die politischen Verhältnisse des Dritten Reiches mit Konzentrationslagern und Judengesetzen dem schweizerischen Bürgertum jener Jahre zwar überwiegend als höchst unsympathisch, diejenigen der Sowjetunion ihm hingegen als grauenhaft vorkamen. Dass sie das auch wirklich waren, kann heute höchstens noch Apologetik bezweifeln. Das Herunterspielen der Millionenopfer des Stalinismus nimmt sich deshalb fast ebenso peinlich aus wie das Heruntermarkten der Millionenopfer des Holocausts. Zudem wird dadurch erst noch die Geheimhaltungstaktik der Sowjetunion honoriert, die archivalische Forschungen über den Stalinismus verunmöglicht und am Klischee des zwar grossen, aber leider auch mit Fehlern behafteten Mannes festhält. Geschichtlich bedeutend im Sinne epochaler Repräsentanz waren Hitler wie Stalin zweifellos, doch müssen sie gleichzeitig – bis zum schlüssigen Beweis des Gegenteils – auch als die grössten Menschenvertilger der neuzeitlichen Geschichte gelten. Dabei eigneten ihrem Erscheinungsbild freilich signifikante Unterschiede. Während Hitler für alle, die seinem Banne nicht verfielen, als hysterischer Mime und permanent überheizter Dampfkessel erschien, verstand es Stalin ungleich besser, sich als Vaterfigur von sarkastischem Bonsens zu präsentieren. In der so unterschiedlichen Gewichtung dieser Phänomene stehen sich die Protagonistengruppen der Nolte/Hillgruber einerseits, der Habermas/Wehler andererseits vielleicht näher, als ihnen selber bewusst ist. Wirkt im einen Fall ein in einzelnen Formulierungsnuancen deutlicher als im Gesamturteil vernehmbarer – und vielleicht auf Jugenderinnerungen zurückgehender? – Rest an Achtung vor dem deutschen Machthaber nach, so im andern ein Respektrest vor dem russischen, der bei aller Blutrünstigkeit eben doch einen Widerschein von Fortschritt zu verkörpern schien. Stalin hat freilich auch mit der – zwar unter gewaltigen und grossenteils wohl vermeidbaren Menschenopfern erzwungenen – Industrialisierung Innerrusslands eine objektive Leistung vollbracht, der Hitler nichts Entsprechendes entgegensetzen kann. Denn die vereinzelten Modernisierungsaspekte seines Regimes (damals am sichtbarsten verkörpert in den Reichsautobahnen und anderen technischen Innovationen) lagen, soweit sie nicht rein militärisch bedingt waren, ohnehin im Zugzwang der Zeit. Andreas Hillgrubers Thesen von «zweierlei Untergang» endlich, die in nicht gerade sublimer Wortwahl die «Zerschlagung des Deutschen Reiches» und das «Ende des europäischen Judentums» in Verbindung bringen, halten immerhin zwei unbestreitbar wesentliche Ergebnisse des Zweiten Weltkrieges fest. Man kann diese Bilanz noch erweitern um die Zerstörung der – bis 1938/39 leidlich intakten – ostmitteleuropäischen Zwischenzone, welche geopolitisch die Grossreiche des Ostens und der Mitte voneinander sonderte, sowie um den Anfang vom Ende der europäischen Kolonialreiche. Dass die von dem Kölner Historiker (und gebürtigen Ostpreussen) wohl etwas apologetisch überhöhte «kämpfende Ostfront» nicht nur die Heimat, sondern auch deren Konzentrations- und Vernichtungslagerdiktatur verteidigte, verdient gewiss kritisch vermerkt zu werden. Aber gilt dasselbe nicht auch von den russischen Soldaten des «grossen vaterländischen Krieges», die zweifellos ihre Heimat, aber zugleich – und sicherlich oft nicht ohne inneren Konflikt – das Herrschaftssystem eines Machthabers verteidigten, der sich nicht nur als Töter grossen Ausmasses, sondern in den kritischen Tagen vor und nach dem 22. Juni 1941 auch als politischer und militärischer Versager erwiesen hatte? Fragen über Fragen. Sie stellen sich auch dann, wenn Jürgen Habermas – dessen gewiss aufrichtige Sorge vor der Wiederkehr eines neokonservativen Nationalismus unbestritten sei – Hillgruber vorwirft, sich «nicht mit den Widerständlern, nicht mit den Insassen der Konzentrationslager» zu identifizieren, sondern «mit dem konkreten Schicksal der Bevölkerung im Osten» und hinzufügt: «Das wäre vielleicht ein legitimer Blickwinkel für die Memoiren eines Veteranen, aber nicht für einen aus dem Abstand von vier Jahrzehnten schreibenden Historiker.»[8] Den einen Teil des Vorwurfs halten wir für sehr vertretbar, den andern hingegen für problematisch. Nehmen wir an, Hitler hätte seinen Krieg gewonnen und grosse Teile Polens, des westlichen Russlands sowie die baltischen Länder seinem Reiche einverleibt und «eingedeutscht» – wäre die Sorge um das «konkrete Schicksal» der vertriebenen Ostvölker wirklich nur noch eine Sache der russischen, polnischen oder baltischen Veteranen? Das liefe ja auf die ausdrückliche Akzeptanz einer politischen Ordnung hitlerischer Prägung hinaus. Gewiss ist es dem Weltfrieden förderlich, wenn die Deutschen von heute sich mit dem Verlust ihrer Ostgebiete abgefunden und verzichtet haben, daraus ein ostmitteleuropäisches Palästinaproblem mit allen Begleiterscheinungen der Verunsicherung und des Terrors zu machen. Aber es darf doch – gerade aus der Sicht eines Nichtdeutschen – nicht verschwiegen werden, dass damit ein grosser und dauernder Verlust an kultureller Substanz verbunden bleibt. Hier liegt auch der fundamentale Unterschied zum Hin und Her von Strassburg (und dem Elsass) zwischen Deutschland und Frankreich. Nichts gegen Kaliningrad und Wrocław, aber dass sie jemals die kulturelle Bedeutung von Königsberg und Breslau erreichen werden, ist – vorsichtig formuliert – zumindest unwahrscheinlich. Wobei man freilich auch nie ungesagt lassen darf, dass es die Tragik eines selbstverschuldeten Verlustes ist. Es gab eben kein sichereres Mittel zur Bewahrung der «Grenzen von 1937» als den strikten Verzicht auf jede expansive Aussenpolitik über diese Grenzen hinaus.

Damit kommen wir zu einem weiteren Aspekt unseres Themas, dem des Konsenses grosser Teile des deutschen Volkes mit Hitler, solange dessen Politik erfolgreich war. Hier liegt auch ein in der Historikerdebatte – soweit ich sehe – etwas verdrängtes Problem: Wie weit sind Völker mit totalitären Regimen dafür verantwortlich oder doch mitverantwortlich gewesen? Über manche Staaten kommen Diktaturen gleich Naturkatastrophen, anderen werden sie – und das war vor allem nach 1945 der Fall – von oben aufoktroyiert. Wieder andere Völker haben sich plebiszitär dagegen ausgesprochen, aber vergeblich. Ziehen wir kurz Bilanz. Das erste Regime der Moderne, das man als totalitär bezeichnen kann, die Jakobinerherrschaft, ging eindeutig nicht aus französischem Volksentscheid hervor. In den relativ freien Wahlen zum Nationalkonvent vom Spätsommer 1792 – relativ frei deshalb, weil mit Ausnahme der Monarchisten ziemlich alle Richtungen konkurrieren konnten – rangierten die Jakobiner als eine allerdings höchst aktive Minderheit hinter und neben der Plaine und den später als Girondisten etikettierten Brissotins. Ihre Machtübernahme war bekanntlich das Ergebnis eines mit Hilfe der Sektionen anfangs Juni 1793 organisierten hauptstädtischen Putsches; die Folgen bestanden in der Errichtung eines terroristischen Systems von annähernd moderner Prägung mit Massenhinrichtungen von fast mechanischer Perfektion, z.B. in den Noyaden von Nantes und den Tötungen durch Kartätschen in Lyon. Die Gesamtzahl der Opfer belief sich auf rund 40 000; dass es nicht wesentlich mehr wurden, hängt doch auch mit den technisch begrenzten Möglichkeiten damaligen Tötens zusammen. Der andere Paradefall revolutionärer Machtergreifung, derjenige der Bolschewiki im Herbst 1917, zeigt auffallend verwandte Züge – so dass ein marxistisch-leninistischer Historiker wie Soboul die Jakobiner zustimmend sogar als die Bolschewisten der Französischen Revolution bezeichnen konnte. Auch in Russland zogen die Bolschewisten in den freien Wahlen, denen zum Allrussischen Sowjetkongress vom Frühsommer 1917, eindeutig den Kürzeren und rangierten hinter den Sozialrevolutionären und den Menschewiki, so dass ihnen nur der gewaltsame Ausweg des Staatsstreichs mittels Bemächtigung der Hauptstadt verblieb. In Italien bildeten die Faschisten parlamentarisch ebenfalls eine deutliche Minderheit hinter Sozialisten und Popolari, als der Marsch auf Rom stattfand und der König Mussolini mit der Regierungsbildung betraute. Und Spanien? Hier ergaben die Wahlen vom 16. Februar 1936 – die letzten vor dem Bürgerkrieg – einen Sieg der linken Mitte und führten zur Bildung einer Volksfrontregierung; marginalisiert blieben aber nicht nur die Falangisten, sondern auch die an Moskau orientierten Kommunisten.[9] Erst der Ausbruch des Krieges steigerte deren Bedeutung, da einzig die Sowjetunion die Republik mit modernen Waffen versorgte; dadurch nahm der direkte Einfluss Moskaus zu und führte alsbald zur blutigen Ausrottung des «Trotzkismus». Von einer politischen Extremisierung des spanischen Volkes kann aber generell vor dem Sommer 1936 nicht gesprochen werden.

Anders bekanntlich Deutschland. Hier vollzog sich 1931/32 in den meisten Ländern und dann auch im Reich der Aufstieg der NSDAP zur eindeutig stärksten Partei auf demokratische Weise. Hitlers Legalitätsbeteuerungen waren zweifellos von der Überzeugung getragen, dass die Zeit ohnehin für ihn arbeite und er eines Staatsstreichs bolschewistisch-faschistischer Art gar nicht mehr bedürfe. In der Tat: nach den üblichen parlamentarischen Spielregeln hätte er bereits nach den Reichstagswahlen vom 31. Juli 1932 mit der Kanzlerschaft betraut werden müssen. Wenn die Geschichtsforschung in meisterhaften Analysen – etwa in Brachers Standardwerk – die unmittelbare Vorgeschichte des 30. Januar 1933 herausgearbeitet und die Verantwortlichkeit des Kreises um den Reichspräsidenten ins Licht gerückt hat, so trug sie wohl wesentlich zur Erhellung wichtiger Vorgänge bei, liess anderseits aber doch auch die leidige Tatsache etwas zurücktreten, dass die Hauptverantwortung letztlich eben nicht bei den Papen usw., sondern beim deutschen Durchschnittswähler zu suchen ist. Gewiss hätte ein hartnäckiges Nein Hindenburgs die Chancen Hitlers mit der Zeit schwinden lassen, vermutlich noch im Lauf des Jahres 1933. Anderseits ist nicht zu verkennen, dass das Staatsoberhaupt trotz seines bescheidenen politischen Formats und seiner angeblichen Senilität mit seinem langen Zögern vor dem künftigen Diktator immer noch mehr gesunden Instinkt bewies als die meisten seiner Landsleute. Wohl konnte keiner von den NS-Wählern jener Jahre den Holocaust voraussahnen. Dass es den Juden unter Hitler aber schlechter gehen würde und sollte als bisher, war gewiss den meisten von ihnen klar. Die Details dieses Schlechtergehens überliess man dann vertrauensvoll der künftigen Regierung, ohne zu bedenken, dass der Teufel im fürchterlichsten Sinn des Wortes in eben diesen Details steckte. Was aber Krieg und Expansion betraf, so musste auch der Nichtleser von «Mein Kampf» wissen, dass die NSDAP von ihrer Programmatik und ihren propagandistischen Verkündigungen her unmöglich eine Partei des dauerhaften Friedens innerhalb der bestehenden Grenzen sein würde. Vollends ausser Zweifel stand das Kommen einer Diktatur mitsamt deren Machtkonzentration im Falle eines Sieges der Hitlerpartei. In diesem Ja einer Mehrheit zur Diktatur in der einen oder anderen Form – denn auch die KPD mit ihrem stets wachsenden Wähleranteil befürwortete ja diese Lösung – liegt eine schwerwiegende deutsche Sonderverantwortung, die trotz der Wirtschaftskrise im Wählerverhalten anderer vergleichbarer Staaten kann ihre Entsprechung findet.

Kommen wir nach diesen ausgreifenden Überlegungen abschliessend zur Debatte selbst zurück. Man muss ihr alles in allem zubilligen, dass sie – von ganz vereinzelten Entgleisungen und Überspitzungen abgesehen – sich doch auf recht hohem Niveau bewegte. Transparent hinter der Thematik der «Entsorgung» bleibt allemal die Sorge um deutsche Gegenwart und Zukunft erkennbar – einer kommenden Forschung vielleicht deutlicher noch als der gegenwärtigen. Und es ist grundsätzlich positiv zu bewerten, dass sich manche deutsche Kollegen intensiver und ergriffener mit den hitlerischen Gewalttaten beschäftigen als mit denen der anderen. Überhaupt muss gerade der Aussenstehende der deutschen Geschichtswissenschaft attestieren, dass sie den Problemen um den Holocaust weit intensiver nachgeht und nachgehen darf als bisher – soweit bekannt – die türkische der Armenier- oder die russische Geschichtsforschung der Kulaken- und Trotzkistenausrottung. Selbstverständlichkeiten? Sogar französischen Historikern fällt es nach bald zweihundert Jahren mitunter – keineswegs in allen Fällen – schwer, von einer rechtfertigenden Mythisierung der «Terreur» loszukommen.

Ein Letztes noch. Bei aller Divergenz der Meinungen besteht von «links» bis «rechts» doch darin ein wichtiger Konsens: dass Hitlers Verantwortlichkeit am Krieg und an der Judenvernichtung nicht zur Diskussion steht. Absurde Thesen wie die von der Hauptschuld Englands am Kriegsausbruch 1939 oder vom Holocaust als einer böswilligen Erfindung sind verblasst, neonazistische Spukgestalten der Historiographie innerhalb und ausserhalb Deutschlands, wie sie im «Revisionismus» der 1960er Jahre ihr Unwesen trieben, haben sich verflüchtigt. In alledem spiegelt sich doch ein gewisser Fortschritt an Erkenntnis wider, über alle «Erkenntnisinteressen» hinaus.

Anmerkungen

1 *«Historikerstreit». Die Dokumentation der Kontroverse um die Einzigartigkeit der nationalsozialistischen Judenvernichtung.* München/Zürich 1987.
2 Ernst Nolte, *Das Vergehen der Vergangenheit. Antwort an meine Kritiker im sogenannten Historikerstreit.* Frankfurt am Main/Berlin 1987.
3 Hans-Ulrich Wehler, *Entsorgung der deutschen Vergangenheit? Ein polemischer Essay zum «Historikerstreit».* München 1988.
4 Ernst Nolte, *Zwischen Geschichtslegende und Revisionismus,* in: *Historikerstreit* (wie Anm. 1), 15.
5 Ebd. 24.
6 Ebd. 17.

7 Eine der Quellen Werfels waren die Schriften des deutschen Theologen Johannes Lepsius (1858–1926), Vorstehers der Deutsch-Armenischen Gesellschaft. Ihm gelang es dank Verbindungen zum Auswärtigen Amt, in Konstantinopel eine Audienz bei Enver Pascha zu erwirken; er berichtet darüber in dem Buch: *Der Todesgang des armenischen Volkes. Bericht über das Schicksal des armenischen Volkes während des Weltkriegs.* Potsdam 1919, insbes. XIIf. Auf die direkte Frage an Enver Pascha, «ob das, was im Innern vor sich geht, mit ihrem Wissen und Willen vor sich geht», bekam er zur Antwort: «Ich übernehme die Verantwortung für alles.» Lepsius schreibt sodann: «Ich berührte einiges von dem, was ich in den letzten Tagen über Massendeportationen und Abschlachtungen von Frauen und Kindern erfahren hatte und sagte ihm offen, dass der moralische Kredit, den sich die junge Türkei durch den Sturz Abdul Hamids und die Einführung der Konstitution erworben hätte, durch derartige Vorgänge vernichtet würde. Er hörte mich ruhig an, von allem, was ich sagte, unberührt, und erging sich dann in langen Reden über militärische Notwendigkeiten, die in der Kriegszeit das Vorgehen gegen die revolutionären Elemente des Reiches zur Pflicht gemacht hätten.» Vgl. auch Johannes Lepsius (Hrsg.), *Deutschland und Armenien 1914–1918. Sammlung diplomatischer Aktenstücke.* Potsdam 1919. Hier (457ff.) auch ein ausführlicher Bericht über die Kämpfe um den Musa Dagh (wo die Armenier erfolgreich Widerstand leisteten), vor allem aber ein Schreiben des von Nolte erwähnten deutschen Konsuls in Erzerum, Max Erwin von Scheubner-Richter (1884–1923), der später zum engeren Anhängerkreis Hitlers gehörte und am 9. November 1923 vor der Feldherrnhalle fiel; ihm ist, wie den übrigen Opfern des Münchener Putsches, «Mein Kampf» gewidmet. Er rapportierte (113) am 28. Juli 1915 aus Erzerum u.a.: «Von den Anhängern letzterer» – d.h. der weiter oben erwähnten «schroffen Richtung» – «wird übrigens unumwunden zugegeben, dass das Endziel ihres Vorgehens gegen die Armenier die gänzliche Ausrottung derselben in der Türkei ist. Nach dem Kriege werden wir ‹keine Armenier mehr in der Türkei haben›, ist der wörtliche Ausspruch einer massgebenden Persönlichkeit.» Man sieht: Nicht nur ist auf Regierungsebene der Plan zur vollständigen Ausrottung einer bestimmten Minderheit (Säuglinge eingeschlossen) aus eiskalter sog. Staatsräson heraus schon vor dem Dritten Reich gefasst und zu erheblichen Teilen verwirklicht worden, es muss auch mit einer an Sicherheit grenzenden Wahrscheinlichkeit angenommen werden, dass Hitler davon detaillierte Kenntnisse hatte. Lepsius gehörte dann übrigens zu den Herausgebern des amtlichen Aktenwerkes *Die grosse Politik der europäischen Kabinette 1871–1914;* auf seine Schriften zum Armenierproblem wurde ich aufmerksam dank einer Seminararbeit über Werfels Roman *Die vierzig Tage des Musa Dagh* im Rahmen einer 1987/88 durchgeführten Übung *Der historische Roman als Quelle geschichtlicher Bildung.* Werfel hatte damit in Armenierkreisen und in den USA grossen Erfolg: er stand jedoch bereits unter dem Eindruck des sich verschärfenden Antisemitismus seiner Heimat, als er ihn 1929 in Angriff nahm.

8 Jürgen Habermas, *Leserbrief an die «Frankfurter Allgemeine Zeitung»,* 11. August 1986, in: *Historikerstreit* (wie Anm. 1), 97.

9 Paul H. Ehinger, *Die Wahlen in Spanien von 1936 und der Bürgerkrieg von 1936 bis 1939. Ein Literaturbericht,* in: SZG 25, 1975, 284–330.

Weltgeschichte und Staatstraditionen.
Ein Rückblick gegen Ende des 20. Jahrhunderts

Weltgeschichte ist jüngeren Datums als man gemeinhin denkt; es gibt sie im strengen Sinne des Wortes erst in diesem Jahrhundert. Das aber heisst – Welt nicht einfach als vergrösserter Annex Europas, als dessen globale Widerspiegelung oder Expansionsmöglichkeit, als geographisch erschlossenes Ganzes, sondern Welt als Dimension einer Geschichte, die transkontinental und unabhängig von Europa, gegebenenfalls auch gegen Europa sich vollzieht. Weltgeschichte ist somit keineswegs identisch mit Universalgeschichte, d. h. der Geschichte als grossem, über die Nationen hinausgreifendem Sinnzusammenhang. Solche Universalgeschichte gibt es bereits seit der Antike mit ihrer Lehre von der zyklischen Wiederkehr historischer Abläufe etwa bei Polybios, die dann in der Renaissance durch Machiavell wiederaufgenommen wurde. Man kann nicht sagen, dass dieses Modell völlig überholt wäre. Die Auffassung, dass Glück und Unglück menschlicher Unternehmungen eng mit den Staatsverfassungen verknüpft sind, dass Staatsformen sich jedoch wandeln, ineinander übergehen und wieder an ihren Ursprung zurückkehren, dass in der Entfaltung auch schon der Keim des Niedergangs angelegt sei, der Mensch also niemals Anlass habe, sich inmitten seiner gesellschaftlichen Ordnung wirklich sicher zu fühlen, ist eine Einsicht von durchaus zeitlosem Rang. Polybios, ein Grieche des zweiten vorchristlichen Jahrhunderts, stand unter dem Eindruck der umsichgreifenden römischen Weltmacht, welche – wie er sagt – beinahe die ganze Ökumene (also den ganzen zivilisierten Erdkreis) sich unterworfen habe; er führt dies auf die Tyche zurück, was man als Geschick, auch Zufall oder Glück verdeutschen kann. Noch stand die Römische Republik einigermassen fest, als Polybios diesen Geschichtsentwurf schuf; der Umschlag in Diktatur und Kaisertum lag noch in verhüllter Zukunft. Ein anderes geschichtliches Konzept, das im Altertum wurzelt und bis in unsere Gegenwart hinein von tragender Bedeutung geworden ist, findet sich in der Lehre von der Abfolge der grossen Reiche. Angelegt ist es in der Bibel, und zwar dem 2. Buch Daniel mit dem Traum Nebukadnezars von den vier aufeinanderfolgenden Reichen, den nur der Prophet dem ratlosen Herrscher zu enträtseln vermag. Damit ist die Sequenz der Grossreiche gegeben, die sich vom ägyptischen und mesopotamischen Orient über das Alexanderreich bis zum Römischen Reich deuten liess. Da die Bibel nach christlicher Überzeugung stets recht behält, war ein Grossreich nach dem

Römischen nicht mehr möglich, weshalb die Reichstradition auch nach dem Untergang Roms im 5. Jahrhundert hier wieder anknüpfte – die verschiedenen Erneuerungen des Römischen Reiches von Karl dem Grossen durch das Mittelalter hindurch bis zum Hl. Römischen Reich deutscher Nation sind ein Nachhall dieser Tradition, die eigentlich erst zu Beginn des 19. Jahrhunderts zerbrach, als Napoleon nach fast einem Jahrtausend diesem Imperium durch die bewusste Gegenschöpfung seines Empires ein Ende setzte.

Neben dieser gleichsam offiziösen universal-historischen Weltfolge gab es eine andere, mehr inoffizielle, die auf das Hochmittelalter zurückging und ihren Verkünder in dem Franziskanermönch Joachim von Fiore hatte – er baute weniger auf Daniel als vielmehr der Lehre von der Trinität und der Offenbarung Johannis auf. Seine Jünger errichteten daraus eine Abfolge vom Reich des Vaters über das des Sohnes bis zu demjenigen des Heiligen Geistes. Das mag als beiläufige Variante erscheinen, ist aber wesentlich mehr. Denn dieses Reich des Geistes hat dem etablierten Römischen Reich voraus, dass es als kommendes oder doch eben beginnendes Reich der Verheissung verstanden werden konnte, als Tausendjähriges Reich auch, das den Beladenen und Zukurzgekommenen dieser Welt eine Ordnung versprach, welche die bisherige nicht geschaffen hatte. Es ist kein Zufall, dass Thomas Müntzer – der einzige Revolutionär unter den Reformatoren – sich einmal auf Joachim von Fiore berief. Die Vision der Geschichte, die weniger die Vergangenheit als die Zukunft heraufbeschwor, ist von grosser und vorantreibender Kraft gewesen. Marxismus und Nationalsozialismus haben bei allen grundsätzlichen Unterschieden dieses eine gemeinsam, dass die Gegenwart als unmittelbarer Auftakt zu einer Weltwende begriffen wird, die aus dem Handeln der vom Willen zur Umwälzung ergriffenen Menschen hervorgeht, der sich in der klassenlosen Gesellschaft des Kommunistischen Manifests oder im Dritten Reich der völkischen Rassenreinheit manifestiert.

Freilich – zu weit darf der Vergleich auch wieder nicht gezogen werden. Denn die christliche Geschichtsdeutung, deren zwei Spielarten wir kurz skizzierten (es gibt noch andere), stimmt doch immer darin überein, dass sie Heilslehre im Sinne des göttlichen Schöpfungsplanes ist. Der Mensch weiss sich eingebettet in den Willen Gottes, den er als Geschehen der Mächte und der Mächtigen über sich ergehen lässt und lassen muss. Deshalb widersetzte sich auch der Kirchenlehrer Augustin an der Wende von der Antike zum Mittelalter der Zyklenlehre eines Polybios mit ihrer ewigen Wiederkehr, weil sie im Grunde die schöpferische Allmacht Gottes negierte. Nach Augustin, dessen grosser geschichtsphilosophischer Entwurf «Vom Gottesreich» – «De civitate Dei» – heisst, läuft zwar wohl alles auf das jüngste Gericht zu, nach welchem das Gottesreich kommen wird. Aber wir Menschen leben geschichtlich handelnd in einem durchmischten Reich, der civitas permixta, wo nicht nur Christen und Heiden, sondern auch fromme und nichtfromme Christen koexistieren. Das liegt an der Sündhaftigkeit dieser Welt, die nicht aufzuheben ist. Aber in dieser Welt gibt es auch den Zwiespalt der Staaten – er ist gleichfalls gottgewollt, geht letztlich auf den Zwiespalt von Kain und Abel zurück, der sich hienieden dann auch im symbolischen Gegensatz von Babylon und Jerusalem widerspiegelt.

Damit sind wir aber beim anderen zentralen Aspekt unserer Fragestellung: es gibt wohl Universalgeschichte, die in der Antike und noch im Mittelalter mit der damals erschlossenen Welt weitgehend identisch war, es gibt jedoch auch den Gegensatz und das Aufeinanderprallen einzelner Staaten, seit der antiken, ja seit der ihr vorangehenden Geschichte des vorderen Orients. Dann allerdings war das Römische Reich gekommen und hatte die ganze erschlossene Welt erobert, aus ihr die Einheit des Imperium Romanum geformt. Im Mittelalter war dann in den Wirren der Völkerwanderungszeit ein neuer Staatenpluralismus entstanden, weniger auf Staaten im antiken Sinne denn auf Stämmen beruhend: daraus war das stärkste, nämlich das Frankenreich, zum Träger eines neuen Unviversalreiches geworden, eines – wir hörten es schon – neuen Kaisertums, das aber im Unterschied zum alten Imperium Romanum die Entstehung und Rivalität anderer Staaten nicht verhindern konnte. Und am Ausgang des Mittelalters, an der Wende zur Neuzeit gab es ein sehr reichhaltiges Nebeneinander von Staaten in Europa und etwas Neues dazu: ein eigentliches europäisches Staatensystem. Es waren dies nun keine Stammesstaaten mehr wie im früheren Mittelalter, sondern Nationalstaaten, hinter denen sprachlich und kulturell geeinte Völker standen: Frankreich (das nur noch im Namen an das alte Frankenreich erinnerte), England, dann auch Spanien, im Osten Polen, Böhmen (der heutigen Tschechei ohne Slowakei entsprechend), Ungarn, bald auch Russland, im Norden die skandinavischen Staaten zeitweilig geeint, dann in Dänemark und Schweden sich teilend, wobei Norwegen bis zu Beginn des 19. Jahrhunderts einen Teil Dänemarks bildete. Im Südosten aber als stete Gefahr und Herausforderung die expandierende und Mitteleuropa bedrohende Türkei. Neben diesen grösseren oder doch geschlossenen Nationalstaaten gab es freilich auch und in grosser Zahl Staatlichkeiten von mehr regionaler Art – darunter (als abgesondertes Teilstück des Reiches) die Eidgenossenschaft als einer der wenigen Nichtnationalstaaten jener Zeit, die ihre Existenz bis in die Gegenwart forterhalten konnten. Zu nennen wären aber auch die vielen italienischen Staaten von kleiner bis mittlerer Erstreckung, die unter sich ein kunstvoll balanciertes System bildeten: Mailand, Venedig, Genua, Florenz, der Kirchenstaat, Neapel, Savoyen-Piemont (um nur die wichtigeren zu nennen).

«System» – dieses Wort umschreibt etwas Neues, das es in dieser Form weder in der Antike noch im Mittelalter gegeben hatte: Staaten existieren nicht einfach mehr oder weniger beziehungslos nebeneinander, sie bilden einen Zusammenhang, der nicht unbedingt Ordnung bedeuten muss, sehr oft sogar Unordnung mit sich bringt. Jedenfalls gilt für dieses europäische Staatensystem ab etwa 1500, also seit Beginn der Neuzeit, folgendes Axiom: Veränderungen, Gewichtsverschiebungen innerhalb dieses Staatensystems wirken auf ganz Europa zurück, bewirken Reaktionen, führen zur Bildung von Koalitionen, aber auch zu eigentlichen Machtkristallisationen und Konfrontationen, die über Jahrhunderte andauern und die politische Geschichte gliedern und oft schicksalhaft bestimmen können. Ich möchte dies an zwei Beispielen kurz erläutern. Im letzten Viertel des 15. Jahrhunderts zerfiel, wie Sie wissen, das Reich des Burgunderherzogs Karls des Kühnen, das von den Niederlanden (unter Einschluss von Belgien, des heutigen Nordfrankreich und Luxemburg) nach Burgund, der Franche-Comté seinen Einflussbereich bis nach der heutigen Westschweiz erstreckte. Die Auseinandersetzung um dieses Erbe fand – da die Eidgenossenschaft sich als eigentliche Siegerin zurückhielt – im wesentlichen zwischen Frankreich und Habsburg-Österreich statt; sie blieb unentschieden, da jeder Rivale das Ganze beanspruchte, und gab den Anlass nicht nur zum traditionellen Gegensatz dieser beiden Mächtegruppen, sondern auch zum Gegensatz zwischen Frankreich und Deutschland, den das burgundische Zwischenreich bis dahin verhindert hatte. Ein Gegensatz, der sich erweiterte und vertiefte, als das Haus Habsburg durch Erbgang auch in den Besitz der beiden spanischen Monarchien Kastilien und Aragon gelangte und somit Frankreich mit permanenter Umklammerung bedrohte. Das andere Beispiel bietet das in Einzelstaaten zerklüftete Italien. Frankreichs Versuch, sich durch die Eroberung Mailands und Neapels als Vormacht Italiens durchzusetzen, misslang; vielmehr war es Habsburg-Spanien, das letztlich zur Führungsmacht Italiens aufstieg. Im Kampf um Italien aber gruppierten sich die Mächte je nachdem gegen Frankreich oder Habsburg. Sogar die italienischen Staaten benutzten ihre begrenzten Machtmittel, um ihren Spielraum zu erweitern oder doch wenigstens zu bewahren.

Denn jede Macht, jeder Staat verkörpert auch ein Bündel von Traditionen. Beginnen wir bei der Eidgenossenschaft, die bekanntlich als Passstaat, besser als Staatenbund rund um Gotthard und Vierwaldstättersee begann und sich gegen ihre Umwelt abgrenzte, dann durch Zuzug weiterer Bundesgenossen wie durch Eroberungen sich erweiterte, als Staatlichkeit zwischen Alpen, Oberrhein, Jura und schliesslich Genfersee entfaltete – kein Nationalstaat, jedoch anfänglich keineswegs ein Vielvölkerstaat; angesehen und gefürchtet vor allem als Produzent von Söldnern, dabei stets ein föderatives Gebilde. Andere, monarchische Staaten wurden vor allem durch die Dynastie zusammengehalten, sie expandierten in der Regel auch kraft der Erbansprüche dieser Dynastien. Das gilt von Frankreich und England ebenso wie von Spanien oder Habsburg-Österreich. Das Nationale war von zusätzlicher, aber vorerst sekundärer Bedeutung – es brauchte oft Jahrhunderte, bis das nationale Prinzip die dynastische Tradition sprengte: in Frankreich ist das eigentlich erst in der Französischen Revolution geschehen, in England etwas vorher, im 17. Jahrhundert. In anderen Staaten wiederum verschmolz das Nationale sehr eng mit dem Dynastischen. Einzelne Staaten wie Ungarn oder Böhmen büssten mit dem Aussterben ihrer Dynastie auch ihre nationale Souveränität ein, ohne doch ganz ihre Identität preiszugeben: sie bildeten fortan und bis ins 20. Jahrhundert hinein einen Bestandteil Habsburg-Österreichs, das sich zur Donaumonarchie ausweitete. Staatstradition umschliesst auch soziale und verfassungsrechtliche Strukturelemente. Zwar war die gesellschaftliche Schichtung im Europa des Ancien Régime relativ homogen, altständisch-feudalistisch, wenn auch mit manchen Nuancen und Abstufungen. Verfassungsrechtlich aber gab es starke Unterschiede von der ständischen Republik oder sogar Demokratie (wie im Falle der Innerschweiz und Graubündens), der ständisch modifizierten oder absoluten Monarchie bis zur konstitutionellen Monarchie modernen Zuschnitts, wie sie seit Ende des 17. Jahrhunderts in England bestand und während der Aufkärung dem gebildeten Europa als Modell voranleuchtete. Jede dieser Staatsformen beinhaltete aber auch ein Stück Staatstradition, eine Tradition, die von den Untertanen lange Zeit unkritisch hingenommen wurde, seit dem 18. Jahrhundert aber zunehmender Kritik vonseiten einer öffentlichen Meinung ausgesetzt war. Am Beispiel der Schweiz und ihrem Wechsel der Staatsformen von 1798 über 1815 und 1830 schliesslich bis zum Bundesstaat von 1848 (in erneuerter Form 1874) kann man ablesen, unter welcher oft erregten Diskussion dieser Staat seine allmähliche Modernisierung und Umwandlung erlebte, aber auch, wie hinter aller modernisierender Zentralisation stets der Wille zum bewahrenden Föderalismus konstant blieb. Die Schweiz war ein Sonderfall nicht nur dadurch, dass sie sich von der Entwicklung zum Nationalstaat ausklammerte und an keine Dynastie gebunden blieb, sondern auch dadurch, dass sie frühzeitig – eigentlich seit Mitte des 16. Jahrhunderts – auf jede Expansion verzichtete, sich aus fremden Machtkämpfen heraushielt (Stichwort Neutralität), ihre überschüssigen Energien folglich in anderen Bereichen investieren konnte. Möglicherweise hängt der schon im 18. Jahrhundert sich abzeichnende Aufstieg zu einem der wohlhabendsten Länder des Kontinents damit zusammen – aber beweisen lässt sich das nicht.

Soviel aber ist sicher: die meisten Staaten, zumal die expandierenden Grossmächte befanden sich unter Prestigedruck, ihren Traditionen wie ihrer Öffentlichkeit gegenüber. Verzicht auf Erweiterung sah nach Stagnation, ja Schrumpfung aus. Schon das Motto Kaiser Karls V., der die Häuser Habsburg-Österreich und Habsburg-Spanien mit der römisch-deutschen Kaiserwürde vereinte, lautete «Plus ultra» – «darüber hinaus» – und zielte auf Grenzenlosigkeit hin. Die rund vierzig Regierungsjahre dieses Herrschers 1516–1556 markierten die Anfänge der überseeischen Expansion Spaniens, im südlichen und mittleren Amerika vorab, auch in Afrika und Asien – sie legten den Grund zum ersten eigentlichen Weltreich der Geschichte. Damit ging in geringerem Ausmass das portugiesische zeitgleich einher; beiden Mächten verdankt Lateinamerika noch heute seine iberische Kultur, aber auch seine sozioökonomische Zurückgebliebenheit. Andere Mächte folgten nach: Frankreich, Holland, vor allem England, dessen überseeische Expansion erst im 17. Jahrhundert richtig einsetzte, im 18. Jahrhundert dann die aller anderen Konkurrenten weit hinter sich liess. Gerade im Falle Englands aber zeigt sich der Zusammenhang zwischen Expansion, Auswanderung und innenpolitischer Konfliktlage, zumal im 17. Jahrhundert. Verfolgte kolonisierten und bauten eine neue Welt nach ihren Vorstellungen auf. Hand in Hand zur Eroberung ging die Missionierung, die geographische Aufschliessung und Erforschung dieser Welt, die als letzten Kontinent Australien erst Ende des 18. Jahrhunderts einbezog. Einiges wurde einstweilen nur am Rand erfasst, so Afrika, anderes nicht oder höchstens durch einzelne Missionare – nämlich China und Japan. Überhaupt war diese Welterschliessung ganz auf Europa bezogen, weshalb ich zu Beginn dieser Betrachtung den Ausdruck «Weltgeschichte» vermied – es ist eine Fortsetzung abendländisch konzipierter, europäozentrischer Eroberung, die sich oft in Wechselwirkung zur kontinentaleuropäischen Politik vollzog, deren Misserfolge kaschierte und kompensierte. Ein Beispiel: Kaiser Karl V. war Mitte des 16. Jahrhunderts in seiner europäischen Politik gescheitert, am doppelten Widerstand Frankreichs und der deutschen Protestanten die sich seinen Rekatholisierungsbestrebungen widersetzten. Umso mächtiger stand Spanien als überseeisches Imperium da, vergrösserte sich unter Philipp II. sogar vorübergehend um den portugiesischen Kolonialbesitz, litt dafür Schiffbruch in dem jahrzehntelangen Abnützungskrieg gegen die aufständischen Niederlande. Damit zerbrach auch die Hoffnung, eine habsburg-spanische Vormacht oder Hegemonie unter katholischem Vorzeichen in Europa aufzurichten. Ein rundes Jahrhundert später versuchte Ludwig XIV. die Errichtung einer französischen Vormacht, erreichte manches (so die Verdrängung des spanischen Rivalen aus der Grossmachtstellung), scheiterte aber nicht zuletzt auch in der Übersee- und Kolonialpolitik. Die Bilanz dieser rund zweihundertjährigen Auseinandersetzungen aber besteht im Sieg eines Prinzips, das fortan die Politik der Grossmächte als unwiderlegliche Maxime begleitet: des Prinzips vom europäischen Gleichgewicht, wonach keine Macht zu stark werden darf, ansonsten sie – und das ist ein beinahe physikalisches Gesetz – eine Koalition der minder starken und bedrohten Mächte und Staaten gegen sich heraufbeschwört. Auf englisch heisst diese Maxime die «Balance of power», und sie hat sich wohl nicht zufällig auch in der englischen Innenpolitik zuerst durchgesetzt, wo die absolutistischen Bestrebungen der Stuart-Könige an der Gegenkraft des Parlaments scheiterten, so dass der Grundsatz der konstitutionell modifizierten Monarchie sich im Endergebnis durchsetzte – und zwar auch dann durchsetzte, wenn England im ganz strengen Wortsinn gar keine geschriebene Verfassung, nur ein Bündel von Grundgesetzen besass. England aber war auch die stärkste Macht des 18. Jahrhunderts, respektiert gerade auch deshalb, weil es keine europäische Hegemonialpolitik trieb, nicht auf den Kontinent drückte, sondern den Ausgleich in der überseeischen Expansionspolitik suchte. Indiens Eroberung ist das sichtbare Triumphzeichen dieser Ableitung von Energien. Aber der Rückschlag blieb auch da nicht aus: die Auflehnung der dreizehn nordamerikanischen Kolonien gegen das britische Mutterland begann als interner Konflikt, als Machtprobe der Kolonisten gegen die Kolonialverwaltung. Es wurde jedoch weit mehr daraus: der Anfang einer Emanzipation, der kein halbes Jahrhundert später diejenige der lateinamerikanischen Kolonien gegen Spanien und Portugal folgen sollte. Doch zeigen gerade diese Abläufe, dass sich die Geschichte nie wiederholt. Im Falle Nordamerikas resultierte daraus die föderalistische Einheit eines Bundesstaates. Eine ähnliche Lösung schien sich dank dem Befreier Simon Bolivar wenigstens für das nördliche Südamerika abzuzeichnen, aber die Vereinigten Staaten von Kolumbien (das spätere Kolumbien samt Venezuela, Ecuador und Panama umfassend) zerfielen schon nach wenigen Jahren; damit war die Zersplitterung vorprogrammiert, zumal die feudalen Strukturen im wesentlichen erhalten blieben. Dekolonisation hiess in Lateinamerika eben, dass nur die einheimische spanische Herrschaftsschicht und nicht etwa das Volk die Kolonialherren ablöste.

Zwischen den Emanzipationen der beiden Amerika, die den Auftakt zur eigentlichen Weltgeschichte bilden, liegt die Französische Revolution. Sie entbrannte vor genau zweihundert Jahren zu einem Zeitpunkt, da Frankreich etwas aufgehört hatte, die Aufmerksamkeit der europäischen Mächte auf sich zu ziehen. Vielmehr galt das Interesse eben damals einer ganz anderen Reizzone Europas, nämlich den türkischen Meerengen, dieser strategisch so wichtigen Verbindung zwischen dem Mittelmeer und dem Schwarzen Meer. Russland, während des ganzen 18. Jahrhunderts in stetem Vormarsch und als neue Grossmacht des Ostens zu bedrohlicher Stärke angewachsen, hatte sich auf breiter Front dem Schwarzen Meer zugewandt, die Ukraine vereinnahmt und stand im Begriff, sich den Meerengen zu nähern – ein Konflikt mit Habsburg-Österreich, dessen Expansionsrichtung gleichfalls der Balkan bildete, zeichnete sich ab. Dieser Konflikt, der auch England als Seemacht einbezogen hätte, wurde vertagt, als die grosse Revolution in Frankreich ausbrach und zu einer Revolutionierung des westlichen Europas ausartete.

Diese grosse Revolution löste einerseits einen Modernisierungsschub aus, der in Europa und der Welt bis heute noch nachwirkt, brachte anderseits die Terreur und damit das erste Modell eines totalitären Staates, der sich mit rücksichtslosem Vernichtungswillen über seine Gegner hinwegsetzte, sie zu Zehntausenden ausrottete. Napoleon als Erbe, Bändiger und Fortsetzer der Revolution, disziplinierte zwar ihre chaotischen Seiten, aber nur durch das Mittel einer straffen Militärdiktatur. Indem er sich zum Kaiser erhob, sanktionierte er eine Bewegung zurück zur Monarchie, die für das kommende Zeitalter und in gewissem Sinne für Europa bis an die Schwelle des 1. Weltkrieges bestimmend werden sollte. Das Jahrhundert zwischen dem Wiener Kongress von 1815 und dem Kriegsausbruch von 1914 ist noch einmal ein europäisches und monarchisches Zeitalter par excellence gewesen, beruhend auf dem Konzert – d. h. Zusammenspiel – der fünf europäischen Grossmächte, also den traditionellen Mächten Frankreich, der Donaumonarchie und England, dazu dem jüngeren Preussen und vor allem Russland, dem eigentlichen Besieger Napoleons. So spielte sich erneut eine Ära des europäischen Gleichgewichts ein, zuerst im Zeichen des österreichischen Aussenministers und Staatskanzlers Metternich, der sich gelegentlich als «Baron de la Balance» bezeichnete, dann im Zeichen Bismarcks. Dazwischen lag die revolutionäre Empörung des Jahres 1848, in welcher sich alle enttäuschten Hoffnungen auf eine nationale und soziale Erneuerung zusammenballten.

Von den nationalen Hoffnungen erfüllten sich diejenigen Italiens und Deutschlands auf Einheit, dagegen blieben diejenigen des geteilten Polen unerfüllt. Unerfüllt aber blieb auch die Hoffnung auf eine soziale Erneuerung und Umwälzung. Zwar steht das 19. Jahrhundert im Zeichen der Industrialisierung und der Verbürgerlichung, aber auch der Verproletarisierung der Unterschichten. Das Kommunistische Manifest, das mehr zufällig im Revolutionsjahr 1848 erschien, drückte ein Malaise aus, das sich früher oder später auch dann artikuliert hätte, wenn Marx und Engels nie gelebt hätten. Beide waren mehr Theoretiker, ohne wirklichen Bezug zu den politischen Realitäten des Tages. Der grosse Realist und Gestalter seiner Gegenwart war Bismarck, der das Deutsche Reich einigte, die rivalisierenden Mächte Österreich und Frankreich nacheinander besiegte, ohne – und das ist seine entscheidende politische Leistung – das europäische Gleichgewicht zu zerstören. Gewiss: es war eine unter deutschen Vorzeichen betriebene Politik der europäischen Mitte, die Bismarck lenkte; man hat mit Recht von einer halbhegemonialen Stellung des Deutschen Reiches in der Bismarckzeit gesprochen. Das aber war nur möglich durch gute Beziehungen mit Russland einerseits, dank dem Vermeiden aller Reibungsflächen mit England anderseits. Auch innenpolitisch führte der konservative Kanzler ein recht effizientes Krisenmanagement, indem er – und das war zu seiner Zeit bahnbrechend – eine staatliche Sozialpolitik inaugurierte, die dann gesamteuropäische Nachahmungen fand und Weiterentwicklungen auslöste. Bismarck stand damit im Banne einer Staatstradition, der brandenburgisch-preussischen und protestantischen, welche die deutsche Frage unter sogenannt kleindeutschen Vorzeichen löste, d.h. unter Ausschluss Österreichs, das dafür dann als Bündnispartner des Deutschen Reiches in Bismarcks System einbezogen wurde. Mitteleuropa blieb also in losem Rahmen auch in dieser Ordnung bestehen.

Bismarcks Zeitalter markierte aber auch, und ohne sein aktives Dazutun, den Anfang des Imperialismus. Wir stehen an der Schwelle unseres eigenen Jahrhunderts und damit in den Anfängen der eigentlichen Weltgeschichte. Dabei muss man zwei Stufen unterscheiden. Imperialismus – der Ausdruck knüpft ja nicht von ungefähr an die römische Antike an – ist europäische Expansion über Europa hinaus, darin der älteren Kolonisation verwandt, aber nunmehr Expansion im Zeichen der Industrialisierung, des Bevölkerungsdrucks, des Aussenhandels, der Kapitalinvestitionen, der seestrategischen Aufrüstung. Auch von Staaten, die bisher keinen Kolonialbesitz gehabt hatten, wie Deutschland und Italien. Eine andere Variante bot Russland, dessen Imperialismus sich dank der gewaltigen territorialen Basis transkontinental entfaltete, ohne überseeisch ausgreifen zu müssen – nun stiess Russland in Ostasien an den Pazifik, in Zentralasien an die Grenzen Afghanistans und Tibets vor, wurde zur imperialistischen Grossmacht noch ehe seine Industrialisierung richtig eingesetzt hatte. Den grossen Vorsprung hatten die traditionellen Kolonialmächte England und Frankreich.

Aber nun zeichnete sich etwas anderes ab. Neben dem europäischen Imperialismus baute sich ein nichteuropäischer auf, der mit dem europäischen rivalisierte. Er ging einmal aus von den USA, die nach siegreichem Krieg mit der alten Kolonialmacht Spanien sich der Philippinen bemächtigten, über Kuba eine informelle Herrschaft errichteten und eine ähnliche dann auch auf Teile Lateinamerikas erstreckten. Die andere aussereuropäische Macht war Japan, das nach einem rasch und weitgehend unbemerkt vollzogenen Modernisierungsprozess kriegerisch erst gegen China (1894), dann ein Jahrzehnt später (1904) gegen Russland zum Schlag ausholte, in beiden Fällen siegreich, und damit zur Vormacht Ostasiens erwuchs. Das war ein Zeichen, ein erster Hinweis darauf, dass moderne Technologie und Kriegskunst erlernbar waren, ein Herrschaftswissen, zugänglich der Macht und dem Volke, die entschlossen waren, solche Errungenschaften macht-politisch zu handhaben. Darin ist – wie schon ganz am Anfang gesagt – der Auftakt einer nicht von Europa gesteuerten Weltgeschichte zu erkennen. Gewiss hatte es Bedrohungen Europas durch Aussenmächte schon früher gelegentlich gegeben – die Mongolenstürme des Hochmittelalters, die türkische Herausforderung der frühen Neuzeit. Sie hatten sich abschotten lassen. Was sich jetzt ankündete, war keine offene Bedrohung Europas, noch nicht, aber doch ein Symptom, dass die Tage der Herrschaft des kleinsten Kontinents über den grössten Teil der Welt gezählt sein würden. Man kann nicht sagen, dass man in Europa daraus entsprechende Schlüsse gezogen hätte. Der Erste Weltkrieg entbrannte im Sommer 1914 als euro-päischer Krieg konventioneller Art um europäische Ziele; zum Weltkrieg wurde er fürs erste nur dadurch, dass die Kolonien mit einbezogen waren. Dass Japan punktuell teilnahm, hatte wenig zu besagen. Entscheidend aber wurde 1917 der Kriegseintritt der USA – dank ihm gelang es den West-mächten, das ergebnislos sich hinziehende Ringen zu ihren Gunsten zu entscheiden. 1917 aber war ein doppeltes Epochenjahr: dem Kriegseintritt der Vereinigten Staaten stand der Kriegsaustritt Russlands im Zeichen der bolschewistischen Revolution und der Machtergreifung Lenins gegenüber. Erst jetzt wurde die Herausforderung der Revolution, die fast ein Jahrhun-dert drohte, ohne irgendwo Boden zu fassen, zur realpolitischen Wirklich-keit; sie gewann jetzt eine feste Basis, im grössten Reich der Welt. Aller-dings vorerst um den Preis einer gewaltigen inneren Schwächung und Isolierung; für ein Jahrzehnt schied Russland als Machtfaktor aus der Weltpolitik aus, den Bürgerkriegen, dann den Hungersnöten – dem Chaos, wie es schien – preisgegeben. Erst von etwa 1930 an zeichneten sich neue Machtstrukturen ab: die unter gewaltigen und vermeidbaren Menschenop-fern erzwungene agrarische Kollektivierung auf der einen Seite, die ebenso rücksichtslos durchgeführte Industrialisierung Innerrusslands auf der anderen, darüber aber die totalitäre Diktatur des Leninnachfolgers Stalin, der mit dem Reich zugleich die Komintern und damit die zentralisierte Organisation aller kommunistischen Parteien und Gewerkschaften befe-stigte.

Den anderen Sonderfall der Zwischenkriegszeit stellten die USA dar. Sie hatten den Krieg durch ihren Eintritt entschieden; der Völkerbund als Friedensordnung war wesentlich unter den Impulsen des Präsidenten Wil-son entstanden (und ist 1945 in veränderter Form als UNO wiederentstan-den), die Friedensordnung von Versailles erwuchs unter prominenter ame-rikanischer Mitwirkung. Die Wahlniederlage Wilsons aber stellte alles in Frage, warf die Vereinigten Staaten in die Isolation zurück. Das war umso prekärer, als die Niederlage der Zentralmächte mit dem Untergang ihrer Monarchien eine Reihe improvisierter Republiken – vor allem diejenigen

Deutschlands und Österreichs, aber auch die der Nachfolgestaaten der Donaumonarchie – ins Leben gerufen hatte, deren Zukunftsaussichten letztlich auf der Solidarität der westlichen Welt (Amerika inbegriffen) beruhten. Diese Hoffnungen sind schon bald zerronnen, zumal die Akzeptanz der Unterlegenen dadurch belastet blieb, dass die Demokratie ihnen als Staatsform der Niederlage erschien.

Hinzu kam das Erlebnis der Nachkriegsrevolutionen, die in einzelnen Ländern – nicht nur in Deutschland und Ungarn, auch in Italien – den Charakter kommunistischer Umwälzungsversuche angenommen hatten. Der Faschismus ist als Antwort auf die bolschewistische Herausforderung entstanden. Das steht wohl ausser Zweifel, obgleich es weiter zurückliegende Ursprünge gibt: völkische Ideologien antisemitischen Charakters, Krieg als ein Gemeinschaftserlebnis, das man in die Nachkriegszeit weitertragen wollte; in Deutschland die Kriegsziele der Alldeutschen und der Glaube an den Dolchstoss in den Rücken eines angeblich siegreichen Heeres, nicht zuletzt der Führer- und Unterordnungskult. Die Bedrohung Europas durch den Kommunismus liess nach 1923 zwar rasch nach, da Stalin (im Unterschied zu Trotzki) den Revolutionsexport gar nicht anstrebte, vielmehr den Sozialismus in einem Lande sichern wollte. Aber die Kommunistenfurcht wurde hochgespielt, sie schuf ein Klima des Sich-Bedroht-Fühlens, das die Machtergreifung Mussolinis in Italien und Hitlers in Deutschland entscheidend begünstigte. Hinzu kam im letztern Fall die Weltwirtschaftskrise, eine wahrhaft fatale Interdependenz eines drohenden Systemzusammenbruchs, welche die inflationsgeschädigte und auslandverschuldete Weimarer Republik in besonderem Masse heimsuchte. Hitler stellt denn auch insofern den Ausnahmefall eines Diktators dar, als er – im Unterschied zu Lenin, Mussolini oder gar Franco – seinen Aufstieg wirklich den Wählern zu verdanken hatte, welche seine Partei (die NSDAP) zur mächtigsten Partei des Reichstags machten. Hier liegt in der Tat eine deutsche Sonderverantwortung, die von der Geschichtswissenschaft nicht immer in ihrer Bedeutung erkannt worden ist. Dabei haben wohl die wenigsten Hitlerwähler realisiert, was auf sie zukam; die meisten wünschten eine autoritäre Staatsführung mit straffer Wirtschaftspolitik und allenfalls einigen Grenzberichtigungen. Aber Diktaturen, einmal etabliert, folgen ihren eigenen Gesetzen und haben ihre eigene Dynamik – das gilt seit Robespierre und Napoleon.

Nun aber entstand ein eigentümliches und verhängnisvolles Konkurrenz- und Stimulierungsverhältnis zwischen den Diktaturen. Von Lenin und Mussolini lernte Hitler, wie rasch man mit der innenpolitischen Opposition fertigwerden konnte; Hitlers Mordaktion vom 30. Juni 1934 wiederum scheint Stalin zu seinen gewaltigen Säuberungen inspiriert zu haben, die sich in den Jahren 1935–1938 zu einem wahren Blutrausch steigerten. Hitler seinerseits ersah daraus, wie man ungestraft Millionen von Menschen zu Feinden deklarieren und umbringen konnte. Sein Wille, alle in seinem Machtbereich befindlichen Juden zu vernichten, verband sich ganz offensichtlich mit seinem Willen zur Entfesselung eines Zweiten Weltkrieges; beides scheint spätestens seit 1938 festgestanden zu haben. Bekanntlich ist in Deutschland vor einigen Jahren der sog. «Historikerstreit» entbrannt über der Frage, ob dieser Holocaust Hitlers eine ungeheuerliche Erst- und Einmaligkeit darstelle oder ob er seine Vorläufer habe. Dass dabei gerade von deutscher Seite die Unvergleichbarkeit des Verbrechens unterstrichen wurde, ist dankbar anzuerkennen. Allerdings kommt der nichtdeutsche Historiker, so sehr er die Einmaligkeit und Ungeheuerlichkeit unterstreichen möchte, doch nicht ganz um die Wahrnehmung herum, dass die stalinistischen Massenmorde, die nach den Feststellungen des sowjetischen Forschers Roy Medwedew rund 15 Millionen (nach anderen Schätzungen sogar 20 Millionen) Menschenopfer gekostet haben, eine düstere Parallele darstellen, wenn es auch – im Unterschied zum Holocaust – nicht um die Ausrottung eines bestimmten Volkes ging. Aber selbst dafür gibt es einen Präzedenzfall, leider: die im 1. Weltkrieg von der türkischen Regierung angeordnete Ausmordung der Armenier, die durchaus – das geht aus den Quellen einwandfrei hervor – als Genozid konzipiert war und rund anderthalb Millionen Armeniern das Leben kostete. Es kann auch mit Sicherheit angenommen werden, dass Hitler davon wusste – denn einer seiner frühesten Anhänger, der übrigens 1923 beim Hitlerputsch umkam, war während des Krieges deutscher Konsul in Erzerum gewesen und hatte einlässlich über die Armenierverfolgungen berichtet. Die Tatsache, dass ein derartiger Völkermord geschehen konnte, ohne grössere Diskussionen oder gar Strafverfolgungen auszulösen, dürfte Hitler in seinem Vernichtungswillen bestärkt haben.

Auf den von Hitler im Alleingang entfesselten Zweiten Weltkrieg brauche ich nicht im einzelnen einzugehen. Er vollzog sich ja auf zwei Ebenen. Er begann – wie der Erste – als europäischer Krieg und endete mit der politischen Selbstzerstörung Europas, der Expansion des stalinistischen Reiches bis an die Schwelle Mitteleuropas. Zum andern aber wurde er – diesmal im Unterschied zum Krieg von 1914/18 – zu einem wirklichen Weltkrieg. Das hing mit der Expansion Japans zusammen, die derjenigen des 3. Reiches durchaus vergleichbar war, auch darin, dass sie nach gewaltigen Anfangserfolgen schliesslich steckenblieb: die Eroberung Chinas gelang nicht, führte zu einem uferlosen Abnützungskrieg. Als Japan sich durch seinen Angriff auf die USA und Grossbritannien Luft machte und die bis dahin getrennten deutschen und japanischen Kriege Ende 1941 zu einem wirklichen Weltkrieg verschmolzen (wenn auch mit getrennten Fronten), da wiederholten sich zwar die Anfangserfolge, aber nach einem

Vierteljahr schon war ihre Kraft gebrochen – und das Jahr 1943 wurde zum Siegesjahr der mit der Sowjetunion zu einer Kriegskoalition zusammengeschweissten westlichen Demokratien. Als zwei Jahre später der Krieg zu Ende ging, stand als wichtigstes und dauerhaftes Ergebnis die Niederlage der faschistischen Mächte fest – sie haben sich davon nie wieder erholt. Der Faschismus oder Rechtsextremismus ist zwar nicht ganz ausgestorben, wohl aber weltpolitisch marginalisiert worden, auf einzelne Diktaturen der iberischen und iberoamerikanischen Welt beschränkt geblieben.

Viel weniger eindeutig aber war der Sieg über das Prinzip der Diktatur, des totalitären Staates überhaupt. Wenn auch seine faschistische Variante vernichtet war, so triumphierte um so mehr die andere, die leninistisch-stalinistische, ja sie erreichte jetzt – erst jetzt – ihre weltweite Dimension. Eine wirkliche Revolution war es freilich nicht, was um und nach 1945 in Ostmitteleuropa vor sich ging, vielmehr eine Sowjetisierung von oben, vollzogen kraft der Eroberung, in einigen Staaten (so in Ungarn, der befreiten Tschechoslowakei und auch Ostdeutschland) nach kurzen Zwischenphasen einer Redemokratisierung erzwungen. Im Gefolge der Stalinisierung gab es nun auch die stilverspätet durchgesetzten Säuberungen mitsamt der ideologischen Gleichschaltung. Ob der «Kalte Krieg», der so bald schon die Siegermächte des Krieges entzweite und den von Churchill so benannten Eisernen Vorhang über Europa herabsenkte, ob dieser Kalte Krieg eine zwangsläufige Folge der Wiedererrichtung eines totalitären Systems war – wie man im Westen damals annahm und auch heute noch überwiegend annimmt – oder ob er eine legitime Selbstbewahrung, eine Art sowjetischer Verteidigungsreaktion, z. B. gegen den Marshallplan darstellte, wie es die östliche und nach ihr auch eine westmarxistische, sog. revisionistische Interpretation haben wollte, sei hier nicht entschieden. Eine echte Streitfrage ist es meines Erachtens schon deshalb nicht, weil im westlichen – von den USA und England befreiten – Europa eine ähnliche Gleichschaltung wie in Osteuropa nicht vorgenommen wurde; da durften sich alle Parteien, selbst die kommunistische, frei betätigen.

Dennoch hüllte sich die westliche Welt damals – bei aller Bedrohung – in eine Art von selbstzufriedener Euphorie, die nach der gemeisterten Berlinkrise (1948/49) vor allem von dem um 1950 einsetzenden, nicht vorhergesehenen Wirtschaftswunder getragen wurde. Lebte sie doch der festen und in Europa auch wohlbegründeten Überzeugung, dass der Kommunismus nur da eine wirkliche Gefahr darstelle, wo er die stärkeren Bajonette hinter sich habe. Und dieser Bedrohung konnte man mit technischen Mitteln – dazu gehörte ja anfänglich auch das Atomwaffenmonopol, später immerhin noch über Jahrzehnte die bessere atomare Bewaffnung sowie das Verteidigungsbündnis der NATO – begegnen. Dieser Auffassung aber lag trotz Einbeziehung der USA eben jene Europazentrik zugrunde, über welche die Weltgeschichte – nämlich die Geschichte ausserhalb Europas und unabhängig von Europa – bereits hinweggegangen war. Die erste Ernüchterung kam von China her. Hier war Marschall Tschiang Kai-Shek, der Erbe der Erneuerungsbewegung des Kuomintang und Held des nationalen Widerstandes gegen Japan, als ein Sieger von 1945 zunächst unbestrittener Staatschef – unbestritten auch von Moskau, das lange und eigentlich bis zuletzt auf seine Karte setzte. Ihm aber war schon in den 30er Jahren in Mao Tse-tung ein Gegner erwachsen, der in gewissem Sinne Lenin kongenial war, weil er es verstand, einen den spezifisch chinesischen Verhältnissen angepassten Kommunismus zu entwickeln – dies im Gegensatz zum orthodoxen Marxismus, den es auch im Reich der Mitte bereits gab. Das aber hiess: nicht beim Fabrikarbeiterproletariat einer eben erst anlaufenden Industrialisierung, sondern auf dem Lande, bei den Massen der Kleinbauern und Landarbeitern anfangen. Hier baute er seine Organisation und eine Armee auf, die sich allen Zugriffen der überlegenen staatlichen Streitkräfte entzog und Mitte der 30er Jahre in dem legendären langen Marsch aus dem südlichen nach dem nördlichen China eine feste Position mit klarer räumlicher Basis schaffen konnte. Am Krieg gegen Japan nahm Mao mit eigenen Streitkräften, aber unabhängig von der Zentralregierung Tschiang Kai-Sheks teil. Als bald nach Kriegsende ein neuerlicher Bürgerkrieg entbrannte, zeigte sich, wie sehr seine Armee an innerer Stärke wie an taktischer Operationsfähigkeit den korrupten staatlichen Streitkräften überlegen war. Nach drei Jahren Krieg war die Partie zu seinen Gunsten entschieden, Tschiang Kai-Shek auf die Insel Taiwan (ehemals Formosa) zurückgeworfen, auf welcher ihn nur die USA vor dem völligen Debakel bewahrten. Es war ein schwerer Schock für die abendländische Welt. Erstmals seit der Russischen Revolution hatte sich ein Kommunismus von innen, ohne äusseres Zutun durchgesetzt, gestützt offensichtlich auf den Konsens eines grösseren Teils der Bevölkerung. Zugleich widerspiegelte diese Gewichtsverlagerung im Weltstaatensystem wie im Kommunismus den Sonderfall Chinas, das ja – seit dem Boxeraufstand der Jahrhundertwende – immer wieder bedroht, oft besiegt und doch nie unterworfen, allen westlichen und auch marxistisch-leninistischen Herausforderungen gegenüber seine Eigenheit bewahrt hatte. Eine Eigenheit, die – wie sich zeigen sollte – mehr defensiv als offensiv war: trotz gewaltigen Potentials ist es China nie gelungen, wirklich zu expandieren; stets vermochte es nur, sich seine Feinde vom Leibe zu halten.

Das zeigte sich schon im Sommer 1950, als plötzlich und aus bis heute nicht ganz geklärten Ursachen der Koreakrieg entbrannte. Der kommunistische Norden trat – wohl mit russischer Unterstützung oder doch Genehmigung – gegen den antikommunistischen Süden an, errang Anfangserfolge, forderte aber eben dadurch die USA und die erstmals vereinte UNO zu einer geschlossenen Reaktion heraus, die schliesslich den Krieg trotz chinesischer Intervention mit einer «partie remise» beendete. Wenig später aber setzte sich im französischen Nordvietnam die kommunistische «Befreiungsbewegung» eindeutig gegen die französische Kolonialherrschaft durch und schuf einen eigenen, nordvietnamesischen Staat.

Dieser südostasiatische Einzelvorgang ist von grosser Bedeutung und charakteristisch für Bewegung und Tendenzen der Dekolonisation, die in den späteren 1940er Jahren einsetzte – in Asien zuerst, in Afrika später –, und die in den 1960er Jahren sich allgemein durchsetzte. Man kann sie als Fortsetzung und Vollendung jenes emanzipatorischen Trends interpretieren, der sich in Nord- und Lateinamerika zuerst angekündigt hatte, dann im Zuge des Imperialismus zum Stillstand gekommen war. Eine Emanzipation weniger der Volksmassen als einer politisch aktiven Elite, die nach Selbständigkeit und Führerschaft strebte und die bekanntlich das Antlitz, die Zusammensetzung und Machtverhältnisse der UNO völlig veränderte. Diese Emanzipationsbewegungen, deren Führer begreiflicherweise mehr aus der Linken denn aus der Rechten hervorgingen, zeigten aber auch eine grössere Bereitschaft, sich dem Kommunismus zu öffnen; anfänglich nicht oder noch nicht im Sinne der Gefolgschaft, wohl aber aus einer gewissen ideologischen Verbundenheit und auch der Bereitschaft heraus, sich zwischen den beiden Blöcken zur Geltung zu bringen. Denn die persönliche und wirtschaftliche Freiheit, die der Westen auf sein Banner schrieb, galt wenig in Entwicklungsländern mit ihrer noch nicht alphabetisierten, von Hungerkrisen bedrohten Bevölkerung – dafür gab der Kapitalismus, wie ihn die USA und der Westen mit ihrer Markteroberung und ihrem nicht immer sehr taktvoll zur Schau getragenen Konsumaufwand verkörperten, ein viel kommoderes Feindbild ab. Demgegenüber fielen die Repressionen, wie sie die Sowjetunion etwa in Europa gegenüber Ostdeutschland 1953 oder beim Ungarnaufstand drei Jahre später ausübte und die bei uns ein so gewaltiges Echo fanden, minder schwer ins Gewicht, ja wurden wohl von manchen Drittweltländern – wie sie nun genannt wurden – kaum registriert.

Das also ist die entscheidende weltpolitische Gewichtsverlagerung, wie sie sich in jenen Jahrzehnten vollzog und wie sie auch heute noch das politische Kräfteverhältnis bestimmt – eine ganz neuartige «Balance of power», umso komplexer, als das ja von Anfang an etwas prekäre Verhältnis der beiden kommunistischen Grossmächte Russland und China sich rasch trübte und in Misstrauen und Rivalität umschlug. Die USA reagierten auf ihre Weise, bauten ein Südostasiatisches Paktsystem auf, die SEATO, die vor allem gegen kommunistische Expansion ausgerichtet war. Die Problematik dieser Allianz und der amerikanischen Containment-Strategie bestand darin, dass sie wirtschaftliche mit politischen Interessen vermengte und zumeist auf Herrschaftsstrukturen beruhte, welche einseitig die herrschenden Klassen begünstigten. Zwei Krisen haben dies mit aller Deutlichkeit gezeigt. Einmal die Kubakrise. Diese von den Amerikanern schon 1898 dekolonisierte, dann aber prompt in ihren Einflussbereich einbezogene Insel scherte 1958 mit der Machtergreifung Fidel Castros aus der amerikanischen Hemisphäre aus und fügte sich, nicht von Anfang an, aber zunehmend zielbewusster, dem sowjetischen Machtbereich ein, was im Herbst 1962 zur Krise und zur bisher einzigen akuten Gefahr eines dritten Weltkrieges führte: eine offene Herausforderung Chruschtsches an den kurz zuvor gewählten jugendlichen Präsidenten Kennedy, eine Art Testfall, den dieser aber mit seinem Staff zu einem Kompromiss führte: Rückzug der sowjetischen Raketen, aber Systemerhaltung in Kuba und damit die Möglichkeit, von dieser Basis aus auch weiterhin in Lateinamerika zu operieren. Die zweite, längerwirkende Krise bildete der Vietnamkrieg, nicht eigentlich ein imperialistischer Angriffskrieg der USA, mehr ein Abwehrkrieg gegen das nach Süden expandierende kommunistische Nordvietnam und die im Süden selbst operierenden Guerilleros. Es war aber ein grosser propagandistischer Erfolg dieser Seite, den Krieg als Befreiungskrieg international hochzustilisieren, während er im Grunde – was schon bald nach Kriegsende zutagetrat – doch vor allem ein Machtkampf war. Die Brutalität der Kämpfe, die Masslosigkeit der von den USA eingesetzten Mittel und – vor allem – letzlich die Erfolglosigkeit, der ruhmlose Abzug haben der westlichen Supermacht einen schweren Schlag zugefügt, von dem sie sich nur sehr langsam wieder erholte. Vietnam aber hatte auch die Wirkung, die USA von Europa abzulenken. Eine um 1960 von Chruschtschew entfesselte neue Berlinkrise war an amerikanischer Entschiedenheit gescheitert und führte mit dem Mauerbau zur totalen Abkapselung des Ostens, damit zu einem Erfolg des auch wirtschaftlich enger zusammengeschlossenen Westens. 1968 aber, auf dem Höhepunkt des Vietnamkrieges, konnte die Sowjetunion den Prager Frühling militärisch niederwalzen, ohne Abwehrreaktionen vonseiten des Westens zu riskieren. Die beiden Machtbereiche hatten sich verkrustet, liessen sich nicht mehr verrücken. Zudem blickte Russland auf eine Phase des Erstarkens und des technischen Aufschwungs zurück, der in dem Sputnikschock seinen markantesten Ausdruck fand. Innenpolitisch aber wurde die Breschnew-Ära zu einer Zeit der neostalinistischen Verhärtung, welche das Tauwetter der späteren 50er Jahre ablöste, des Imponiergehabens nach aussen, wie es sich in gewaltigen Aufrüstungen zu Land, zu Wasser und im Weltraum manifestierte. Aus diesem Kraftbewusstsein ist offenbar die Herausforderung erfolgt, die sich als grosse Fehlrechnung erweisen sollte: die Invasion in Afghanistan, einem Lande also, das niemals zum Ostblock gehört hatte, vielmehr schon im 19. Jahrhundert sich gegen englische wie russische Beherrschungsversuche als resistent erwies und auch in beiden Weltkriegen seine Neutralität zu bewahren vermochte. Der Augenblick schien geschickt gewählt, da in Iran der Sturz des Schahs dem amerikanischen Sicherungssystem eine klaffende Seitenwunde gerissen hatte. Dennoch ging die Rechnung nicht auf – was folgte war ein für die afghanische Bevölkerung entsetzlich blutiger Abnützungskrieg, der mit einem russischen Vietnam und entsprechendem Prestigeverlust endete. Man geht wohl nicht fehl in der Annahme, dass die seitherige Entkrampfung des russischen Systems mit diesem schweren Rückschlag (und dem Menetekel Tschernobyl) genuin zusammenhängt.

Es kommt aber noch ein wesentliches Element dazu. Wie die Vereinigten Staaten in Iran, so sahen sich die Russen in Afghanistan mit einer Renaissance des Islam konfrontiert, die zweifellos zu den stärksten Eigentümlichkeiten und Provokationen der letzten Jahre gehört. Diese Weltreligion, zu Beginn des Jahrhunderts in Stagnation begriffen, bisweilen fast schon totgesagt, brach mit der Gewalt eines Vulkans wieder auf, für West- und Ostmächte gleichermassen unberechenbar und unheimlich. Eine Ursache dieses Phänomens war zweifellos die Wiedergeburt des Judentums, die Gründung und erfolgreiche Selbstbehauptung des Staates Israel seit dem Jahre 1948 gewesen, der mehr und mehr zu einem Machtfaktor und amerikanischen Stützpunkt inmitten der Unberechenbarkeit der nahöstlichen Welt geworden war. Die Reaktion der arabischen Staaten, die eine Anerkennung des neuen Staates von vornherein ablehnten, richtete sich immer mehr gegen die westliche Welt. Ein bemerkenswertes Phänomen: nach den grossen Ideologien des Liberalismus, des Faschismus und des Kommunismus führen nun wieder die Religionen die Dynamik und Reserven ihrer Fundamentalisten ins Gefecht, im Falle des Islam zweifellos gefördert durch die grossen Völkerwanderungen und Völkerverschiebungen der letzten Jahrzehnte. Lange Zeit hat man diese Migrationen etwas einseitig nur unter dem Aspekt der Süd-Nordwanderung gesehen und dabei übersehen, welch gewaltiges Potential der Unzufriedenheit und des Protestes man damit ins eigene Land einliess. Die vergangenen Monate haben uns da eines besseren belehrt und gezeigt, welch anonyme und selbstbewusste Macht da in aller Stille herangewachsen ist. Unser eigenes Land ist davon keineswegs auszunehmen – es könnte dies noch ein sehr aktueller Aspekt des Asylantenproblems werden, das überhaupt nicht zu vergleichen ist mit den zaghaften und temporären Flüchtlingsbewegungen des letzten Weltkrieges.

Wir stehen damit vor dem Abschluss unserer Betrachtung. Weltgeschichte hat sich in diesem Jahrhundert vor allem als Gegensatz von Mächten und Machtgruppen abgespielt, seit 1945 vornehmlich und doch nicht ausschliesslich zwischen der westlichen und der östlichen Supermacht. Beide verkörpern bestimmte Staatstraditionen: die USA waren erst allmählich und widerstrebend zur Vormacht geworden, in beide Weltkriege gewissermassen erst verspätet hineingezogen worden. Sie hatten lange unter dem Primat der Innenpolitik und des ökonomischen Wachstums gestanden, nach aussen eine «Open door-Politik» verfolgt, des möglichst freien Handels nach allen Seiten. Hatten sie sich nach 1918 wieder gerne in die Isolation zurückgezogen, so war das 1945 nicht mehr möglich: England als die westliche Mit-Siegermacht war im Begriff, sein Kolonialreich zu liquidieren und einfach zu schwach, um der gewaltig erstarkten Sowjetmacht die Stirne zu bieten. Diese wiederum hatte unabhängig von allen Regimes seit dem 18. Jahrhundert eine aussenpolitische Tradition, die den Vereinigten Staaten abging – sie zielte nach den Weltmeeren, dann auch nach Zentralasien: das Afghanistanabenteuer war ein (vorläufig letzter) Anlauf in dieser Richtung. Dazu kam die von den Regierungen lange Zeit virtuos gehandhabte Kunst der Abschliessung und des gesteuerten Misstrauens gegen aussen, einer weitgehenden Fernhaltung der Öffentlichkeit von allen aussenpolitischen Entscheidungen – auch dies ein flagranter Unterschied zur westlichen Vormacht, wo stete Überwachung der Aussenpolitik durch die Öffentlichkeit zu einer ungeschriebenen Staatsmaxime geworden ist. Und doch haben sich, gerade in letzter Zeit, die so ungleich langen Spiesse eher wieder angeglichen. Zugleich aber sind immer mehr die beiden Supermächte aus Vertretern einer Vorherrschaft zu Spielbällen politischer Kräfte geworden, die sich ihren Machtbereichen entziehen – vorab solchen der Dritten Welt, die – so vielfältig und verschiedenartig ihre Stukturen und Richtungen sich auch entwickeln – sich immer weniger dirigieren lassen. Viele dieser Drittweltstaaten haben durchaus ihre Staatstradition, etwa das aus portugiesischer Kolonialherrschaft mit feudalistischen Strukturen in die Unabhängigkeit entlassene Kaiserreich Brasilien, das vor rund einem Jahrhundert ohne wirkliche Revolution zur Republik wurde. Oder Staaten mit orientalisch-antiker Vergangenheit wie Persien, Ägypten oder das traditionelle Zweistromland Irak, in mancher Hinsicht auch Indien. Wieder andere Staaten sind improvisierte Gebilde spätkolonialer oder nachkolonialer Zeit, mit geraden, bisweilen reissbrettartig zugeschnittenen Grenzen. Fast allen aber ist gemeinsam der innere Widerstand gegen die übermächtigen Industriestaaten, die Verschuldung, die Überbevölkerung mit allen Bedrängnissen. Die moderne Medizin hat ihre Kindersterblichkeit gesenkt und damit die Hungersnöte umso akuter werden lassen. Trotz dieser sich verknappenden Ressourcen ist eines sozusagen allen Drittweltländern eigen – die gewaltig vorangetriebene Militarisierung, die alle rationalen Bedürfnisse sprengt. Länder, die vor einem halben Jahrhundert keine oder allenfalls Armeen von operettenhaftem Zuschnitt hatten, sind heute zu erheblichen militärischen Macht- und

Risikofaktoren geworden – man denke an Kuba oder Nicaragua. Schon deshalb muss in den Industriestaaten Bemühungen um weitgehende oder totale Abrüstung – lies: Abschaffung der Armee – mit Vorsicht begegnet werden. Gibt es doch nicht mehr nur mögliche Kriege zwischen den bisherigen Machtblöcken; es besteht durchaus auch die Eventualität, dass aussereuropäische Staaten im Sog grosser Wanderungsbewegungen ihr Potential in Bewegung setzen könnten. Das erschien bisher unwahrscheinlich, aber die Geschichte setzt sich immer wieder zusammen aus Unwahrscheinlichkeiten, die eines Tages zu Realitäten werden. Und die früher so beliebte und für uns oft auch beruhigende Unterscheidung zwischen soldatischen und kriegsuntüchtigen Völkern ist ebenfalls hinfällig geworden, spätestens seit den kriegerischen Bewährungsproben Israels.

Weltgeschichte bedeutet also seit 1945 nicht nur definitive Enteuropäisierung der Geschichte. Das Wort meint auch eine zunehmende und immer schwieriger zu überblickende Pluralisierung der politischen Kräfte und Mächte. Staaten, die vor Jahrzehnten überhaupt noch nicht existierten oder ein Schattendasein am Rande der Geschichte spielten wie Libyen oder Iran können mindestens zeitweilig zu bedrohlichen Potenzen der internationalen Politik aufsteigen, Staaten wiederum, deren Existenz und Sosein unbestritten war, wie z.B. Südafrika, wegen Verschiebungen der Mentalität und der internationalen Urteilsbildung ins Kreuzfeuer der Kritik geraten, ja praktisch abgeschrieben werden. Anderseits hat sich ein Staat wie Frankreich, dessen Rolle nach der katastrophalen Niederlage des Sommers 1940 ausgespielt schien, erstaunlich gut wiedererholt und seine lange retardierte Modernisierung in Gang gebracht – Beweis dafür, dass ein Staat mit seiner (im Falle Frankreichs nun gut 1000jährigen) Tradition nicht nur eine Kontinuität über alle Wechsel der Staatsformen verkörpert, sondern eben auch einen bestimmten geopolitischen Raum ausfüllt, ohne den Geschichte gar nicht möglich ist. Anderseits hat Deutschland wiederum nach 1945 seine einschneidende Raumverminderung im Osten und erst noch die Teilung erstaunlich gut überstanden; die Bundesrepublik so gut, dass selbst für westliche Beurteiler der Gedanke an ein wiedervereinigtes Deutschland allein schon wegen seiner wirtschaftlichen Präpotenz Sorgen bereitet. Dass Unterdrückung von Staaten nationales Leben langfristig eher stärkt als schwächt, zeigt das Wiederaufleben der Nationalismen im ostmitteleuropäischen, nahöstlichen und im armenischen wie im kurdischen Bereich. Ehemalige Kolonial- und imperiale Grossmächte wie Spanien und England sind, ihrer Kolonien entledigt, wieder auf Umfang und Gewicht der frühen Neuzeit reduziert, aber dank ihrer – im Falle Spaniens besonders beachtlichen – Demokratisierungsenergien nicht einfach auf die geschichtliche Abstiegsrunde verwiesen. Weltpolitische Zukunftsprognosen über Aufstieg und Niedergang von Staaten und Staatensystemen sind da überhaupt höchst ungewiss, Schwergewichtsverlagerungen und Szenenwechsel jederzeit möglich.

Seitdem im Frühling 1989 dieser Überblick entstand, hat die weltpolitische Entwicklung in ihren Umwälzungen und Nicht-Umwälzungen einen beschleunigenden Gang angenommen, zugleich aber die Polarität unserer Fragestellung neu bestätigt und dynamisiert. Zunächst die Nicht-Umwälzungen. China, das anfangs 1989 von allen kommunistischen Staaten einer demokratisch-liberalen Öffnung am nächsten schien, hat überraschend zu seiner jahrhundertealten Tradition einer zentralistisch gesteuerten Abschliessung gegen den Westen zurückgefunden und durch eine leninistisch-neostalinistische Altmännerdiktatur, die von einer Studentenbewegung ausgegangene Erneuerung, im Juni 1989 blutig niederwalzen lassen – gestützt nicht nur auf die Armee, sondern auch auf den Fatalismus grosser Teile des Volkes. Ob diese Gerontokratie sich längerfristig an der Macht halten bzw. systemimmanent verjüngen oder durch neuaufbrechende Reformkräfte von der Macht verdrängt werden kann, ist noch nicht abzusehen. Die Hoffnungen orthodoxer Marxisten auf entsprechende Gegenbewegungen in anderen kommunistischen Ländern haben sich jedenfalls bis zur Stunde nicht realisiert. Im Gegenteil. Nicht die Antidynamik Pekings, sondern die Dynamik Moskaus gab den Ausschlag, der Wille der Führungsequipe Gorbatschows, die Reformen des verkrusteten Systems voranzubringen, allen wirtschaftlichen Schwierigkeiten und Rückschlägen zum Trotz. Das aber setzte die Bereitschaft voraus, den eisernen Griff auf Osteuropa zu lockern, überhaupt die Erblasten einer ehrgeizig-überspannten Supermachts-Weltpolitik Breschnewscher Prägung, die in das Afghanistandebakel hineingeführt hatte, abzustreifen. Die Folgen dieser Neuorientierung traten nach einer Phase des Zuwartens, der stockenden Liberalisierung – in Polen oder Ungarn bzw. der repressiven Verhärtung in den übrigen kommunistischen Staaten im Herbst 1989 überraschend und fast synchron ein. Je mehr diese Staaten spürbar aufhörten, sich als Werkzeuge in eine kommunistisch verstandene Weltgeschichte eingebunden zu fühlen, desto stärker traten ihre eigenen Staatstraditionen hervor. Am deutlichsten natürlich da, wo sie in der Zwischenkriegszeit (unter Anknüpfung an frühere historische Identitäten) bereits eine erhebliche Eigenkraft gewonnen hatten wie in Polen, Ungarn, der Tschechoslowakei (Böhmen), Bulgarien und schliesslich auch – in blutigem Aufstand gegen das zu pathologischen Formen entartete Ceaucescu-Regime – in Rumänien. Überall zeigte sich in frappanter Übereinstimmung, wie wenig die zu stalinistischer Zeit als Fremdherrschaft aufgezwungene kommunistische Diktatur dem Volkswillen entsprochen hatte, wie sehr sie eine mehr oder minder verhüllte Form des russischen Besatzungsregimes geworden war, wenn auch mit landeseigenen Machthabern und Parteiapparaten und (wie in Rumänien) mit weitgehender Autonomie.

Eine ähnliche Umwälzung vollzog sich, diesmal hart an einer gewaltsamen Konfrontation vorbei, in der DDR. Hier aber sind die Vorgegebenheiten insofern andere, als es eine eigentliche «Staatstradition» dieses Besatzungsgebietes niemals gab und sie offensichtlich auch nur von einer privilegierten Minderheit ihrer Bewohner als Staat eigener Identität bejaht worden war. Dass sie neben allen wüsten Attributen der Repression, Korruption der Herrschenden und der ideologischen Gleichschaltung doch auch bestimmte Qualitäten aufwies – bei bemerkenswerter kultureller Dichte und sozialer Sicherung für die Schwachen eine bisweilen fast altpreussisch anmutende Austerität gegenüber der Konsumhaltung des Westens – verschwand in der Euphorie der Umwälzung und wird vielleicht erst von einer späteren Zeit wieder gewürdigt werden können. Wichtiger aber und aktueller auch wird das Problem der Wiedervereinigung, das bis zum Herbst 1989 mehr nur von rhetorisch-nostalgischer Bedeutung gewesen war. Es ergibt sich aus dem Mangel an staatlicher Eigentradition seitens der DDR ebenso wie aus der Sehnsucht nach dem grösseren und reicheren Vorbild der Bundesrepublik, vor allem aber aus dem Bewusstsein der Zusammengehörigkeit. Aufhalten lässt sich dieser Prozess nicht, zumal die Grossmächte – Russland überraschenderweise eingeschlossen – sich damit abgefunden haben. Offen bleibt einstweilen – vom gewaltigen Wirtschaftspotential des wiederauferstehenden Mitteleuropa-Kolosses abgesehen – die heikle Frage der Zugehörigkeit der beiden Teile zu den einstweilen noch bestehenden militärischen Machtblöcken, ungelöst auch die noch heiklere der deutschen Ostgrenze. Für nationalgesinnte Deutsche mag eine Wiederherstellung der «Grenzen von 1937» (die 1937 völlig unangefochten waren, dann aber im Vabanquespiel des mutwillig entfesselten Krieges verlorengingen) wünschenswert, ja gerecht erscheinen, für Polen und auch die Tschechoslowakei aber wäre eine Neubildung der beiden Greifarme Ostpreussen und Schlesien gefährlich – für Russland wegen Königsberg/Kaliningrad zusätzlich bedrohlich. Von daher könnte sich somit sehr leicht eine erneute Konsolidierung des im Absterben befindlichen Ostblocks ergeben. Denn die Demokratie lässt in jedem Lande – Deutschland inbegriffen – alle möglichen politischen Kräfte zu, auch solche eines extremen Radikalismus.

Ungeklärt erscheint aber auch die Lage in Russland selbst. Die Nationalitäten, während den Jahrzehnten der Diktatur zurückgedrängt und dem System äusserlich integriert, sind um dieselbe Zeit in Bewegung geraten wie Ostmitteleuropa und erstreben teilweise die volle Unabhängigkeit: das gilt vor allem für die baltischen Republiken mit ihren jahrhundertealten estnisch-kurländisch-livländischen und litauischen Traditionen. In den asiatischen Gebieten tritt der Islam als Ferment hervor, in der Ukraine die Erinnerung an die russenfreien Zeiten vor Katharina und an die kurzen autonomen Phasen dieses Jahrhunderts. Was daraus alles noch werden soll, ob von da her nicht elementare Gefahren für Glasnost und Perestroika erwachsen, bleibt einstweilen offen. Noch lebt Russland unter einem Einparteiensystem, wenn es sich auch in pluralistischer Auflockerung befindet. Die Möglichkeit einer jähen Wende aber besteht jederzeit, sie könnte zur akuten Gefahr werden, wenn der Kernbestand des russischen Reiches gefährdet erschiene und als Reaktion einen Gegenschlag nationalistisch-militaristischer und orthodox-marxistischer Kräfte auslösen würde. Eine solche Abkehr von westlich-liberalen Reformexperimenten hat sich in der Geschichte Russlands schon einige Male vollzogen; sie liegt durchaus in der russischen Staatstradition.

Einstweilen aber zeichnet sich noch keine derartige Trendwende ab. Vielmehr hat sich der dogmatische Marxismus-Leninismus (von China und dem europäischen Sonderfall Albanien abgesehen) auf Länder der Dritten Welt zurückgezogen. Jugoslawien, dessen föderalistischer Sozialismus in der Ära Titos beinahe Modellcharakter angenommen hatte, sieht sich in einer Krise des Gesamtstaates, welche diejenige innerhalb der Sowjetunion an Bedrohlichkeit noch übertrifft; hier geht es – nicht nur, aber doch vor allem – um die Vorherrschaft oder Zurückbindung Serbiens. So ist es fast nur noch das Kuba Fidel Castros, welches an der Diktatur alten Stils mitsamt dem ganzen Repressionsarsenal (gelegentliche Schauprozesse inbegriffen) eisern festhält. Späteres historisches Urteil wird – nachdem sich in Nicaragua das Volk überraschend (auch für den Westen) von den marxistischen Experimenten des Sandinismus abgewandt hat – in der Herrschaft des gealterten «grand old man» von Havanna möglicherweise Donquijoterie, vielleicht aber auch einen Bannerträgerdienst im Blick auf die Zukunft sehen. Denn die sozialen Probleme der Entwicklungsländer nehmen an Dringlichkeit ständig zu; je mehr der Marxismus als Nothelfer ausscheidet, desto grösser wird die Alleinverantwortlichkeit des Westens. Und damit der Vereinigten Staaten als der eigentlichen Vormacht dieser Hemisphäre. Sie haben unter der Präsidentschaft Bushs fast ohne eigenes Zutun die Erfolge ernten können, die sich aus der Schwächung der Rivalitätsmacht Sowjetunion, dem Zerfall und Abfall ihrer Satelliten ergaben. Aber es ist eine sehr vorläufige Siegesposition. So zeigt die im Spätsommer 1990 plötzlich ausgebrochene Golfkrise, dass auch weltpolitische Schönwetterlagen den Frieden nicht unbedingt vor regionalen Gewaltstreichen bewahren. Die alten Fronten sind zwar in Auflösung begriffen, dafür tun sich neue auf, welche die erste und die zweite Welt gemeinsam gefährden.

Die Bedrohung durch die Drogen, verstärkt durch die damit oft verkoppelte Immunschwäche Aids, sprengt alle bisherigen Ausmasse und stellt

die Welt vor Probleme, die an die Heimsuchungen durch die Seuchen-
krankheiten der frühen Neuzeit gemahnen. Die Bemühungen, sich dieser
Gefahren wirksam zu erwehren, erscheinen bisweilen fast ebenso hilflos
wie die im 16. oder 17. Jahrhundert angepriesenen Abwehrmittel gegen die
Pest. Wohl weiss man mehr als man damals wusste, aber die Mittel sind nur
sehr begrenzt einsetzbar. Ähnliches gilt von den gewaltigen Wanderungsbewegungen vom Süden gegen den Norden, deren sich die verantwortlichen Regierungen aus einer Mischung von Fatalismus und schlechtem
Gewissen kaum noch erwehren wollen oder können. Endlich die Umwelt-
zerstörung, der wohl Einhalt zu gebieten wäre, wenn dieser Einhalt nicht
allzutief in die Gewohnheiten und Bequemlichkeiten menschlichen Alltags
eingriffe und obendrein dirigistische Massnahmen erheischte, die man vom
Staate kaum mehr hinnimmt, die zudem der Staat selbst – weil mit diversen
ökonomischen Interessen eng verflochten – gar nicht auf sich zu nehmen
gewillt ist. Von daher drohen Gefahren und Veränderungen, welche die
althergebrachten Machtgegensätze ebenso überfluten könnten wie einst
die Meereswogen das sagenhafte Vineta.

Damit aber stehen wir vor einer weiteren, der letzten Perspektive unserer Betrachtung. Möglich ist nämlich – und das möchte ich ganz zum
Schluss doch sagen – auch etwas völlig anderes, nämlich dass Geschichte in
bisheriger Form und im üblichen Rahmen überhaupt aufhört. Wir wissen
es alle, selbst wenn wir es einstweilen lieber noch verdrängen: unser
Lebensraum ist bedroht, von verschiedenen Seiten her. Mit der Zerstörung
der Ozonschicht wäre über kurz oder lang jedes Leben und damit auch jede
Geschichte in Frage gestellt, ganz von selbst, ohne dramatische Atomkata-
strophe. Noch allmählicher, aber kaum weniger gewiss wäre eine Zerstörung der ökologischen Grundlagen durch Ausrottung der Wälder und
damit der wichtigsten Sauerstoffproduzenten, eine daraus folgende Ver-
steppung mit gesteigerten Wanderbewegungen aus der dritten in die erste
Welt, sofern dann nicht hier auch schon die Lebensgrundlagen den Lebensgewohnheiten zum Opfer gefallen sind. Denn eben darin liegt das fast
Unabwendbare des Verhängnisses – grosse Kriege lassen sich mittels Krisenmanagement vermeiden (einigermassen vernünftige Führung vorausgesetzt), Lebensgewohnheiten aber, die zum Alltagskonsum gehören, kaum
noch ändern. Anderseits kann man es den Drittweltvölkern auch nicht
verdenken, wenn sie – endlich an der Schwelle der ersehnten Industrialisierung und damit des erhofften Wohlstandes angelangt – ungern auf ihre
umweltzerstörerischen Vorhaben verzichten. So ist es alles in allem durchaus denkbar, dass schon bald nach der nächsten Jahrtausendwende die
grosse Abrechnung auf die Menschheit zukommt, allenfalls mit einem Aufschub, den technische Aushilfen oder Innovationen der letzten Stunde
noch gewähren könnten. Ich bin weder Naturwissenschafter oder Techni-

ker, noch Futurologe, nur Historiker – aber eben, das grosse und gottesgerichtliche Ende, das der Universalgeschichte seit ihren antiken oder biblischen Anfängen stets vor Augen stand, der «Untergang des Abendlandes» (und aller übrigen Länder dazu) oder der «Abschied von der bisherigen Geschichte», wie ihn Geschichtsphilosophen nach dem Ersten bzw. Zweiten Weltkrieg prognostizierten – dies alles muss in einer solchen Betrachtung stets gegenwärtig bleiben, als Mahnung und als Drohung.

Bibliographische Nachweise

Vorwort in Form einer kleinen Geschichtstheorie.
Geschichtsstudium um die Jahrhundertmitte. Erstveröffentlichung.
Die «Landi» als Jugenderinnerung eines Historikers. In: Kenneth Angst und Alfred Cattani (Hg.), *Die Landi. Erinnerungen – Dokumente – Betrachtungen*. Stäfa 1989. S. 108–112.
Eidgenossenschaft und Reformation. In: Heinz Angermeier (Hg.), *Säkulare Aspekte der Reformationszeit*. München-Wien 1983. S. 91–99.
Vom eidgenössischen Staatsbewusstsein und Staatensystem um 1600. SZG 8 (1958), S. 1–20.
Pestalozzi – eine verkannte dramatische Begabung? NZZ 20./21.8.1988, Nr. 193.
Henri Monod und die Krise der Eidgenossenschaft 1813–1815. NZZ 27./ 28.3.1976.
Der Föderalismus in der Schweiz. Entwicklungstendenzen im 19./20. Jahrhundert. In: *Federalism. History and current significance of a form of Government*. The Hague 1980. S. 177–180.
Die Hauptstadtfrage in der Schweiz. In: Theodor Schieder und Gerhard Brunn (Hg.), *Hauptstädte in europäischen Nationalstaaten*, München-Wien 1983, S. 61–69.
Amerikanischer Bürgerkrieg und mitteleuropäischer Einigungskampf – ein Vergleich am Beispiel der Schweiz. Erstveröffentlichung.
Der Kulturkampf in der Schweiz – Versuch einer Bilanz. In: *Civitas 41* (1986), S. 81–84.
Konfessionalismus im schweizerischen Bundesstaat. In: François de Capitani und Georg Germann (Hg.), *Auf dem Weg zu einer schweizerischen Identität 1848–1914*. Freiburg/Schw. 1987, S. 85–92.
Föderalismus und Zentralismus bei Philipp Anton von Segesser. NZZ 25./ 26.6.1988, Nr. 146.
Zürcher Geist und schweizerische Identität. NZZ 13.5.1985, Nr. 283.
Alfred Escher: Wirtschaftsführer und Politiker. NZZ 4./5.12.1982, Nr. 283.
Die Universität Zürich von 1833 bis 1983. Von der Liberalen Erneuerung zu den Grenzen der Expansion. NZZ 26.4.1983, Nr. 96.
Gottfried Keller und die Zürcher Regierungen. Zürichsee-Zeitung 28.12.1987, Nr. 300.

Das «Geschichtsbild» der Schweiz von Österreich. In: Friedrich Koja und Gerald Stourzh (Hg.), *Schweiz-Österreich. Ähnlichkeiten und Kontraste.* Wien-Köln-Graz 1986, S. 33–47. Leicht abgeändert.

Eine schweizerische Audienz bei Mussolini (1935). In: SZG 26 (1976), S. 195–208.

Die Schweiz als Exilland. In: Heinz Duchhardt (Hg.), *In Europas Mitte. Deutschland und seine Nachbarn.* Bonn 1988. S. 101–107.

Mazarin. NZZ 5.3.1961, Nr. 798.

Voltaires Geschichte Karls XII. In: *Voltaire, Geschichte Karls XII., König von Schweden,* Karlsruhe 1963, S. V–XIV.

Benjamin Constant. In: *Grosse Schweizerinnen und Schweizer 1990.*

Michelet in seinen Tagebüchern. NZZ 26./27.8.1978, Nr. 197.

Adolphe Thiers: Profil eines konserativen Liberalen. NZZ 26./27.9.1987, Nr. 223.

Staatsstreiche im 19. Jahrhundert. SM 47 (1967), S. 442–450.

Karl Marx und die Geschichte. NZZ 12./13.3.1983, Nr. 60.

Beim Wiederlesen des Marx-Engelsschen Briefwechsels. NZZ 10.3.1984, Nr. 59.

Richard Wagners Judenfeindschaft. NZZ 9./10.11.1985, Nr. 261.

Was bleibt von Bismarck? NZZ, 17.3.1990, Nr. 64.

Aspekte der Bismarckzeit im Spiegel der «Diplomatischen Dokumente der Schweiz». In: *Itinera, Fasc. 7* (1987), S. 30–40.

Herbert von Bismarck. NZZ 28.3.1965, Nr. 1291.

Rathenau und Harden in ihren Briefen. NZZ 29./30.6.1985, Nr. 148.

Die «deutsche Frage» in der schweizerischen Geschichtswissenschaft nach 1945. In: Ernst Schulin (Hg.), *Deutsche Geschichtswissenschaft nach dem Zweiten Weltkrieg* (1945–1965), (Schriften des Historischen Kollegs. Kolloquien 14), München 1989, S. 223–237.

H.-U. Wehlers «Deutsche Gesellschaftsgeschichte». NZZ 6./7.2.1988, Nr. 30.

Betrachtung über den Historismus. NZZ 4.3.1962, Nr. 832.

Struktur und Erzählung in der Geschichtsschreibung des 19. Jahrhunderts. NZZ, 30.6./1.7.1990, Nr. 149.

Der alte Burckhardt. Zum Abschluss der Biographie Werner Kaegis. HZ 237 (1983), S. 623–640.

Das europäische Geschichtsbild und die weltpolitischen Wandlungen des 20. Jahrhunderts. SM 43 (1963), S. 831–848.

Rückblick auf einen Historikerstreit – Versuch einer Beurteilung aus nichtdeutscher Sicht. HZ 247 (1988), S. 15–26.

Weltgeschichte und Staatstraditionen. Ein Rückblick gegen Ende des 20. Jahrhunderts. Erweiterte Fassung der Büfa-Schriftenreihe Nr. 2, Zürich 1989.

394

Abkürzungen:

DDS	=	Diplomatische Dokumente der Schweiz
HZ	=	Historische Zeitschrift
NZZ	=	Neue Zürcher Zeitung
MEW	=	Karl Marx, Friedrich Engels – Werke
SM	=	Schweizer Monatshefte
SZG	=	Schweizerische Zeitschrift für Geschichte

Für Beiträge, welche das Zustandekommen
dieses Werkes ermöglicht haben, danken Autor und Verlag
den folgenden Firmen, Institutionen und Personen:

- Bank Vontobel, Zürich
- Zürcher Hochschulverein
- Dr. Paul Sacher